Thomas Gage

Neue merkwürdige Reise-Beschreibung nach Neu Spanien

Thomas Gage

Neue merkwürdige Reise-Beschreibung nach Neu Spanien

ISBN/EAN: 9783743622210

Hergestellt in Europa, USA, Kanada, Australien, Japan

Cover: Foto ©Andreas Hilbeck / pixelio.de

Weitere Bücher finden Sie auf **www.hansebooks.com**

THOMAS GAGE
Neue merckwürdige Reise-Beschreibung Nach
Neu Spanien/

Was ihm daselbst seltsames begegnet / und wie er durch die Provintz Nicaragua wider zurück nach der Havana gekehret:

In welcher zu finden ist

Ein ausführlicher Bericht von der Stadt Mexico, wie selbte so wol vor Alters gewesen/ als auch wie sie ietzo beschaffen sey:

Ingleichen

Eine vollkommene Beschreibung aller Länder und Provinzen/ welche die Spanier in gantz America besitzen; von ihrem Kirchen- und Policey-Regiment; ihrem Handel; wie auch von ihren und der Criollen, Mestisen, Mulaten, Indianer und Schwartzen/ Sitten und Lebens-Art.

Deme allem zum Beschluß noch beygefüget ist

Ein kurtzer Unterricht von der Poconchischen oder Pocomanischen Sprache,

Aus dem Frantzöschen ins Deutsche übersetzt.

LEIPZIG/
Verlegts Johann Herbordt Kloß/ Buchhändl.
ANNO M. DC. XCIII.

Geehrtester Leser/

DJr wird hiermit eine Reise/ und Beschreibung derer jenigen Königreiche und Länder / welche die Spanier auff dem festen Lande von America besitzen/ in unser deutschen Sprache zu lesen geliefert. Daß selbte dir nicht unangenehm seyn werde/ ist kein Zweiffel/ in dem man nicht allein von dieser Länder Zustand nun / beynahe von anderthalbhundert Jahren her/ keine eigendliche Nachricht hat; massen die Spanier keinem Ausländer/ dahin zu reisen mit willen verstatten; selbst aber auch nichts davon ans

Tage-Licht bringen: sondern auch darumb/ weil der Autor desselben/(ein Frembder/welches desto wunderlicher/)ein Gelehrter gewesen; und in einem solchen Stande zehen Jahre daselbst gelebet/in welchem er alles genau zu beobachten und anzumercken genugsame Gelegenheit haben können. Umb dieser Uhrsachen willen hat auch der Weltberühmte Frantzösche Staats-Minister Mr. Colbert dieses Wercklein so werth geschätzet/ daß Er selbst Befehl ertheilet/ selbtes aus der Englischen/ als des Autoris Mutter-Sprache ins Frantzösche zu übersetzen. Aus diesem Frantzöschen Exemplar, [weil man des Englischen nicht hat habhafft werden können/] welches Anno 1677. in Pariß gedruckt worden/ hat man diese deutsche Ubersetzung verfertiget/und sich der reinen deutschen Red-Art/ welche ins gemein bey dergleichen Dolmetschungẽ Frantzöscher Bücher gar schlecht in in acht genommen wird / so viel möglich gewesen / beflissen.

Lebe wol / und / so dir dieses Wercklein nicht mißfället / so bleibe mir für / die zu deinem Dienst und Belustigung angewendete Mühe / gewogen.

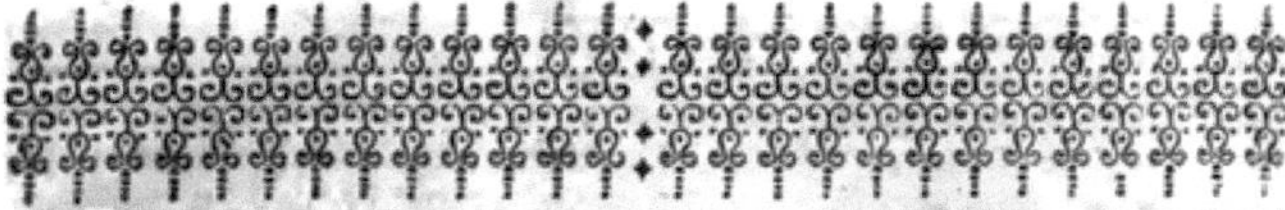

Neuer Bericht
Von denen West-Indien/ und von denen Verschickungen der Geistlichen in Indien.

Das I. Capitel
Wie und nach welchen Provinzen in Ost- und West-Indien/ so der Cron Spanien zugehören/ die Geistlichen verschicket werden: insonderheit von der im Jahr 1625.

GLeich wie alle Königreiche/ welche der König von Spanien sich in America unterwürffig gemachet/ in unterschiedliche besondere Regierungen/ was die weltliche Beherrschung betrifft/ vertheilet sind: also werden sie auch/ was die Geistlichen Dinge anlanget/ in vielerley Bottmässigkeiten/ unter dem Namen gewisser unterschiedenen Geistlichen Orden/und ihren Provincialen zugehöriger Provincien/ eingetheilet: Diese/ ungeachtet sie sehr weit von Europa entfernet sind/leben dennoch alle dem Römischen Hofe unterworffen/ und sind auffs genaueste verpflichtet/ außführlichen Bericht von allen merckwürdigen Sachen/ so sich in diesen Landen begeben/ nebenst einem Verzeichnüß derer Prediger/ so iede Provintz von nöthen hat/ einzusenden/ damit ihnen allezeit eine genugsame Anzahl Geistlicher Personen möge zu Hülffe geschicket werden/ welche an der Bekehrung des armen eingebohrnen Völckleins arbeiten. Und dieses versenden/ welches sie Missiones nennen/ geschiehet auff folgende weise.

Ein ieder geistlicher Orden in der Römischen Kirchen/ erwehlet alle sechs Jahr einen Obersten Regenten/ unter dem Nahmen eines Generals/

über alle die / so zu solchem Orden gehören. Doch bleibet der Jesuiten und Jacobiner (Dominicaner) General biß an seinen Todt am Regiment / ausser wenn er mit einem Cardinal-Hut beehret / und dadurch zu grösserer Würde erhoben wird.

Die Geistlichkeit / so diesem General unterworffen / und durch Welschland / Deutschland / Franckreich / Niederland / Spanien / Ost- und West-Indien außgebreitet ist / wird in unterschiedliche Provinzen abgetheilet.

Als in Spanien sind die Provinzen Andalusien / Neu- und alt Castilien / Valencia, Arragonien / Murcia, und Catalonien.

Also sind in America die Provinzen Mexico, Mechoacan, Gvaxaca, Chiapa, Gvatimala, Comayagua, Nicaragua, und andere.

Jedere dieser Provinzen / hat ihr besonderes Haupt / welches man den Provincial nennet / und wird von denen vornehmsten in der Provintz alle drey Jahr erwehlet / in einer Versammlung / welche sie das Provincial-Capitul nennen / zum unterscheid der oben gedachten / so das General-Capitul genennet / und allezeit in einer der vornehmsten Städte / Italiens / Franckreich / oder Spanien gehalten wird.

Wann das Provincial-Capitul gehalten wird / so wird mit einhelligem willen aller derer / so zugegen sind ein Procurator bestellet / welcher / im Namē der gantzen Provintz / der nechsten Wahl des Generals beywohnen / daselbst dasjenige / so Jhm anbefohlen / fürtragen / und den Zustand der Provintz / von welcher er ist gesendet worden / fürstellen muß.

Dergleichen Procuratores werden auch aus West-Indien geschickt / welche gemeiniglich die beste Beute sind / so die Holländischen Schiffe ertappen können: Denn sie führen allezeit grosse Schätze mit sich / von welchen sie denen Generalen / dem Pabst / Cardinälen / und Grossen in Spanien / herrliche Geschencke geben / damit sie dasjenige / so sie begehren sollen / desto leichter erhalten mögen.

Jhre Verrichtung ist unter andern / daß sie den grossen Mangel der Arbeiter in der so reichen und fruchtbaren Erndte derer Indien (wie wol keine von denen Provinzien Spanische Prediger verlanget / wie ich unten erzehlen wil) vorstellen / und dreissig oder vierzig junge Priester / welche die unterschiedene Sprachen / so in Indien geredet werden / leichtlich / erlernen / und denen Alten im Ampte nachfolgen können / begehren.

Wann dieses der Provintz Begehren für dem General oder seinem Capitul

pitul ist gelesen worden / so wird dem Procurator ein offener Brieff / unter des Generals Nahmen / der ihn seinen General Vicarium über gedachte Provintz nennet / gegeben / worinnen seine grosse Geschicklichkeit und gute Eigenschafften / die grosse Sorge und Mühe / welche er in solcher neuen Kirche in Indien trage / gepriesen wird; und daß man ihn umb deßwillen würdig geschätzt / eine Mission derjenigen Geistlichen / so sich freywillig zu fortpflantzung des Christenthumbs unter den Heyden erbiten würden / an selbige Orthe zu führen.

So bald nun dieser auß Indien gekommene Münch / mit der Recommendation-Schrifft versehen ist / reiset er nach Rom / und übergiebet selbte dem Pabste. Dieser lässet für ihn eine Bulle außfertigen / Krafft welcher er / als ein Apostolischer Commissarius, macht hat in alle Klöster / so seines Ordens in Spanien sind / zu gehen / und auß selbigen die dreyssig oder vierzig junge Prediger / so er von nöthen hat / außzusuchen.

Diese / damit sie desto bessere Lust bekommen mögen / haben alsobald / von dem Tage an / da sie angenommen werden / auß Päbstlicher Gewalt / so diesem Commissario mitgetheilet worden / vollkommenen Ablaß ihrer Sünden / so wol von der Schuld als von der Straffe: Und die / welche ihm oder seinen geworbenen / auff einigerley weise verhinderlich seyn / sind in die Straffe des Bannes verfallen / davon sie niemand / ausser dem Commissario oder dem Pabst selbst / loß sprechen kan.

Es hat aber aller Orten in America, welches Spanien unterworffen ist / zweyerley Gattung Spanischer Einwohner; welche beyde einander mehr zuwider seyn / als hier in Europa die Spanier und Frantzosen.

Die erste Gattung sind die / so in Spanien gebohren sind / und sich dorthin zu wohnen begeben haben; Die andere sind die / so zwar von beyden Spanischen Eltern / aber in Armerica, erzeuget sind / und werden von denen gebohrnen Spaniern zum unterschied Criollen, oder Innländische genennet.

Diese Feindschafft ist so groß / daß / meines bedünckens / nichts zu eröberung derer Americanischen Länder fürträglicher seyn könte / als diese Spaltung. Dann die Criollen würden leicht zu gewinnen / und zu bereden seyn / sich zu der Spanier Feinden zu schlagen / damit sie sich der Schlaferey / worinnen sie stecken / entreissen möchten: Massen überaus strenge mit ihnen verfahren wird / und in Ertheilung des Rechtens man sich allzupartheiisch erweiset / und denen aus Spanien gekommenen / zu jener höchsten Nachtheil / iederzeit allzugünstig ist.

Dieses alles fället den armen Criollen so schwer und unerträglich / daß ich sie offt habe sagen hören / sie wolten lieber / ich weiß nicht was für einem Printzen als denen Spaniern unterthan seyn / wann sie die Freyheit ihrer Religion haben könten: Und andere / daß sie wüntschten die Holländer hätten sich zu Truxilles fest gesetzet / als sie solches eingenommen / und wann sie nur ins Land kommen wären / würden sie gar willkommen gewesen seyn: es sey ihnen die freye Ubung der Religion unter so harter Dienstbarkeit gar nicht annehmlich / und könten keinen Trost davon empfinden.

Diese Todfeindschafft zwischen gedachten zweyen Gattungen Spaniern / war die Uhrsache warumb sich die Criollen so leichtsinnig wieder den Marggrafen von Gelves, damahligen Vice-Re zu Mexico verbunden / und an Don Alphonso de Zerna ihren Ertzbischoff / welchen Er verjagte / sich hingen: Und sie würden die Spanische Beherrschung gäntzlich über einen Hauffen geworffen haben / wofern ihnen solches nicht von etlichen Priestern wäre widerrathen worden. Hiervon aber werde ich unten weitläufftiger zu reden Gelegenheit haben.

Solcher tödtliche Haß aber rühret her von dem Verdacht / in welchem die Criollen iederzeit bey den Spaniern gewesen / welche sich fürchten / daß jene das Joch von sich werffen / und sich der Botmässigkeit des Spanischen Oberregenten / welcher sie aller Ehrenämpter und Staats-Bedienungen beraubet / entziehen möchten.

Es ist niemals erhöret warden / daß einiger auß denen Criollen wäre Vice-Re von Mexico oder Peru: oder Præsident von Gvatimala, Santa Fede, oder San Domingo: oder Gouverneur von Jucatan, Carthagena und der Havana: Oder auch Alcalde Major von Soconuseo, Chiapa, San Salvador &c. gewesen / oder ihme andere wichtige Aempter wären anvertrauet worden.

Auch die Cancelleyen selbst / als zu S. Domingo, Mexico, Gvatimala, Lima, und anderer Orthen / wo es iederzeit sechs Räthe / welche man Auditores nennet / und einen Fiscal-Procurator hat / werden niemahls denen Criollen vertrauet / obgleich selbiger Orthen unter ihnen sind / welche von denen vornehmsten Helden / so diese Länder anfangs erobert haben / herstammen.

Es sind in Lima und Peru die Pizarri; in Mexico und Gvaxaca das Hauß des Marggraffen de la Valle, oder die Nachkommen Ferdinandi

Cortez

Cortez oder die auß dem Hause Giron, von Alvarado, oder Gusman; mit kurtzem/ von den vornehmsten Geschlechtern auß Spanien; und dennoch ist keiner auß ihnen zu einigen öffentlichen Ehren-Ampt erhoben worden.

Und über diß/ daß sie aller Aempter beraubet sind/ so werden sie von den gebohrnen Spaniern stündlich beschimpffet/ als Leute / die andere zu regieren nicht geschickt / und halbe Indianer oder Barbaren wären.

Diese grosse Verachtung erstrecket sich auch biß in die Kirche selbst/ wo man wol schwerlich einen Priester / der ein Criolle ist/ finden wird/ welcher zu einem Bischoffthumb oder Canonicat in einiger Dom-Kirchen gelanget wäre / als wozu man keinen andern/ als der auß Spanien kommen ist/ gelangen lässet.

Ja/ in denen Geistlichen Orden hat man von vielen Jahren her sich aufs höchste bemühet/ alle die Criollen, so in solche Orden aufgenommen worden/ zu unterdrücken/ auß Furcht/ sie möchten die jenige/ so auß Spainen kommen/ an der Zahl übertreffen.

Und ob sie zwar ie zu weilen einen und den andern von denen Eingebohrnen haben einnehmen müssen; so sind doch allezeit die Provincialen/ und Priores, und alle die vornehmsten/ gebohrne Spanier gewesen: biß daß für wenig Jahren einige Provincen, nach dem sie die Oberhand über die Spanier erhalten ihre Klöster dergestalt mit Criollen angefüllet haben/ daß sie schlechter Dinges sich weigern/ einige Mission, dergleichen noch biß heute denen andern zugeschickt werden/ auß Spanien mehr anzunehmen.

In der Provinz von Mexico hat es Jacobiner/ Barfüsser/ Augustiner, Carmeliten, barmhertzige Brüder / und Jesuiten / unter denen heut zu Tage nur noch die Carmeliten und Jesuiten die Oberhand über die Criollen behalten/ in dem sie jährlich zwey oder drey Missiones ihres Ordens auß Spanien kommen lassen.

Die letzte Mission, welche denen barmhertzigen Brüdern zugesendet wurde / geschahe Anno 1625. worauff zwischen denen von dieser Mission und denen Criollen eine so heftige Spaltung entstunde / daß/ in der nechstfolgenden Wahl des Provincials im Kloster zu Mexico, sie zu den Messern griffen/ und einander gewiß niedergestochen hätten/ wofern nicht der Vice-Re, sie zu stillen / ins Kloster kommen wäre/ und etliche auß ihnen in verhafft genommen hatte.

Nichts desto weniger behielten zuletzt die Inländischen durch die meisten

Stimmen das Vorrecht: und von selbiger Zeit an/sind sie von den Missionen befreyet. Denn sie sagen/ es wären Münche genug in ihren Klöstern/und hätten nicht nöthig/ daß ihnen auß Spanien mehr zugesendet würden. Sie unterwerffen sich aber so wohl als die andern dem Pabst/ und senden ihm so kostbare Præsente/ als iemahls die gebohrne Spanier gethan.

In der Provintz von Gvaxaca werden keine Missionarii auß Spanien angenommen/wiewol erst für kurtzer Zeit im Dominicaner Orden die Spanier von den Criollen sind übermannet worden. Und jene rechten noch mit diesen zu Rom/ fürwendend/ daß das Ansehen der Religion sehr abgenommen habe/ seindher man keine Mitbrüder auß Europa zu hülffe nehmen wollen.

In der Provintz von Gvatimala, welche sich weit erstrecket/ und ausser Gvatimala noch Chiapa Zoqve, ein Theil von Tabasco, Zeldalos, Scapula, Vera Pas, das gantze Ufer von der Süder-See/ Suchutepeca, Soconusco, Comayagua, Honduras, San Salvador, und Nicaragua unter sich begreiffet/ hat es allerhand Orden/ als Dominicaner/ Franciscaner/ Augustiner/ so nach Mexico gehören/ und nur ein armes Convent zu Gvatimala haben; Jesuiten/ die auch nach Mexico gehören/und Mönche/ so man barmhertzige Brüder nennet.

Unter allen diesen haben allein die Jacobiner/ Baarfüsser/ und Barmhertzige macht zu predigen/ und die Pfarr-Kirchen zu bestellen.

In der gantzen Provintz/ haben diese drey Orden allezeit der Criollen Parthey auffs hefftigste unterdruckt/ daß niemals einiger auß ihnen hat können Provincial werden/ und haben zum wenigsten alle zwey Jahr eine Anzahl ihres Ordens Mönche auß Spaunien kommen lassen/ damit sie denen Criollen möchten gewachsen seyn.

Die Provinzien in Peru sind zwar am weitesten von Spanien entfernet/ und ist zu Wasser viel schwerer dahin zugelangen/ als an die Orte wovon ich ietzund geredet habe/ so/ daß aus Spanien keine Mission dahin geschehen kan: nichts destoweniger wird aus denen benachbarten Provinzen ihnen Hülffe gesendet/ und hat es aldort so wol als anderer Orten allerley geistliche Orden/ unter denen doch die Jacobiner die mächtigsten sind. Allein alle mit einander/ so viel ihrer sind/ ungeachtet sie die Armuth gelobet/ besitzen überflüssigen Reichthum/und leben in aller Freyheit und Wollust.

Im Königreich neu Granada, Carthagena, S. Fede, Barinas, Popayan, und in der Herrschafft S. Martha, hat es Jacobiner / Jesuiten / Barfüsser / Carmeliten / Augustiner / und Barmhertzige / unter denen die Jacobiner / Jesuiten und Barfüsser itzo noch auß Spanien Missionen bekommen.

Die Insuln / Cuba, Jamaica, Margarita und Porto ricco, gehören alle unter den Provincial von S. Domingo, und die Mönche so in den selbigen sich gesetzet / sind alle Dominicaner / Franciscaner / oder Jesuiter Ordens / und werden alle von Zeit / zu Zeit mit neuen Missionen auß Spanien versehen.

In der Provintz Jacatan hat es keine andere Mönche als Franciscaner / welche überauß reich sind / und unterhalten / durch Hülffe der Missionen / so sie auß Europa bekommen / die Spanische Faction kräfftiglich.

Die Provintz von Mechoacan, welche denen Mexicanischen Religiosen gehöret / wird gleich wie diese regieret.

Also habe ich nun gantz America, so weit solches der Cron Spanien zugehöret / durchlauffen / und gewiesen / welche geistliche Orden / sich daselbst befestiget haben.

Was Ost-Indien und Brasilien betrifft / gehöret selbiges dem Königreich Portugal zu / weil die Portugisen es zu erst entdecket; und ist heut zu Tage dem Don Juan, Könige von Portugal unterwürffig.

Jedoch sind die Philippinischen Insuln des Königes von Spanien: Darinnen hat es Jacobiner / Baarfüsser / Augustiner / und Jesuiten / welche sich alle in Manilha, der Hauptstadt dieser Insuln auffhalten / und erwarten in selbiger beqveme Schiffe / welche sie nach Japon führen / welches Königreich zum Christenthum zu bekehren sie sehr bemühet sind.

Es ist ihnen bey 36. Jahren her Japon zu betreten durch selbigen Käyser verbothen; welcher niemand / als allein denen Holländern / und zwar unter ihnen sehr schimpffliche Bedingungen / hinein zu kommen gestattet.

Diese / ob sie zwar einige Criollen unter sich aufnehmen / insonderheit võ denen jenigen / so sie in China uud Japon bekehret haben / iedennoch bestehet der gröste Theil von ihnen aus Spanischen Missionarien / welche man öffterer dahin bringet als an die andern Armericanische Orthe / von denen ich hieroben geredet habe.

Denn erstlich kommen sie mit denen Schiffen / so nach neu Spanien fahren / nach Mexico, wo sie zwey oder drey Jahre verharren; hernach werden sie nach Aqva pulco, so an der Süder-See gelegen / versendet / wo sie auff die grossen Galiotten / so nach Manilha fahren / und alle Jahr mit Chi-

Chinesischen/Japonischen/und Ost-Indianischen Wahren reichlich beladen/ wieder zurück kommen/eingeschiffet werden.

Itzgemeldete Wahren / werden von Aqva-pulco nach Mexico übergebracht / welche unvergleichlich mehr Reichthum daher gewinnet/ als ihr nicht wol aus der Norder-See zugeführet wird.

Das 2. Capitel.

Wie sich der Autor nach denen Philippinischen Insuln zu fahren verspricht; und was sich/ biß Er nach Cadiz verreiset/ zugetragen.

IM Jahr 1625. als ich in der Stadt Xerez in Andalusien mich unter den München Dominicaner Ordens befand; wurden vier Missiones verschickt. Die eine von den Franciscanern nach Jucatan; die andere von den Barmhertzigen nach Mexico; und die übrigen zwey von den Jacobinern und Jesuiten nach den Philippinischen Insuln.

Der Commissarius welchen der Pabst zu dieser Mission ernennet hatte/ hies Fr. Matthæus de la Villa, und hatte macht dreissig Münche ein zuschreiben. Und nachdem Er derer bereits biß 24. in Castilien und umb Madrid auffgebracht hatte/ schickte er selbige mit Geld wolversehen nach Cadiz/ woselbst sie in einem Hause/ welches er für sich und sein Gefolge gemietet/ biß auff die Zeit/ da die Schiffs-Flotte nach Indien absegeln solte/ verwarten musten.

Indessen ließ dieser Commissarius einen andern Münch/ Nahmens Anton Calvo, die Klöster im Königreich Andalusien/ welche ihm auff seiner Reise unterwegens gelegen/ als zu Corduba, Sevilien, S. Lucar und Xerez besuchen/ und auß selbigen die Zahl der dreissig Missionarien/ worauff sich seine Commission erstreckte/ vollmachen.

Zu Ende des Mayens kam itzgedachter Calvo zu Xerez an/ und brachte einen andern Münch mit sich/ Anton Melendez genandt/ aus dem Collegio S. Gregorii von Valladolid, mit welchem ich vor diesem eine geraume Zeit umbgegangen war/ und genaue Freundschafft gemachet hatte.

So bald dieser meiner ansichtig ward/ erfreuete er sich so hefftig/ daß er mich selbigen Abend auff seine Kammer zur Abend-Mahlzeit bat; und weil er mit Reichs-Thalern wol versehen war/ bewirthete er mich auffs beste als er konte.

Der

Der gute Wein von Xerez, der bey dieser herrlichen Bewirthung nicht gespahret wurde/ erhitzte seinen Eiffer dermassen/ daß er diesen gantzen Abend von nichts anders redete als wie Er die Japonesen bekehren wolte; er discurrirte von diesen auf die sechs tausend Meilen weit entferneten Landen/ die Er niemals mit einigem Auge gesehen/ so/ als ob er die Zeil seines Lebens darinnen gewohnet hätte. Mit kurtzem/ Bacchus hatte ihn auß einem Theologo in einen Redner verwandelt, und als einen andern Cicero in allen theilen der Wolredenheit unterrichtet. Er vergaß im geringsten nichts/ was/ ihme in diesem Apostolischen Ampte Gesellschafft zu leisten/ mich zubereden dienlich war; und stellete mir unter andern vor/ daß kein Prophet in seinem Vaterlande was gelte; man müsse sich in die frembde machen/ wenn man Reichthum und Ansehen erlangen wolle.

Als er aber sahe/ daß auff dergleichen Arth ich seinem Vorhaben beyzufallen/ und ihm zu folgen nicht zubereden wäre/ versuchte er/ mich mit andern kräfftigen Gründen zu gewinnen.

Er stellete mir die Indien für/ als wären sie mit lauter Gold und Silber gepflastert/ die Steine wären eitel Perlen/ Rubine/ und Diamanten; und Bäume voller Mußcatnüsse/ die Felder mit Zucker-röhren angefüllet/ die Sinesische Seyde so gemein/ daß die Segeltücher von Taffend und Attlaß gemacht würden: mit kurtzem/ es war dieses ein Land/ wo man warhafftig alles das finde/ was in den Historien und Fabeln vom Crœsus und Midas gesagt wird.

Er beschrieb mir die Philippinische Insuln als ein Irdisches Paradies/ da aller überfluß zufinden/ und nichts zu einem wollüstigen Leben ermangele.

Und weil ihn dauchte/ er wäre bereits an selbigen Orthen/ so beschrieb er mir seine Reisen/ wie ihn auff selbigen die Indianer mit Trompeten und Schalmeyen-Klang begleiteten; wie bey seinem Einzug in die Städte die Strassen mit Blumen bestreuet/ mit Triumphbogen gezieret/ alle Glocken geläutet/ und er von den Einwohnern mit demüthigster Ehrbezeugung empfangen würde.

Weil auch der Mensch von Natur zu lernen begierig ist/ so führete er mir hierauff zu Gemüthe/ was vor Vergnügung wir in selbigen Landen empfinden würden/ wenn wir sehen würden/ wie das Gold und Silber tieff in der Erden sich zeuge; wie der Pfeffer/ Mußcaten Nüsse/ und Nägelein

lein wüchsen / und wie der Zimmet nichts anders als die Rinde eines besondern Baumes sey.

Wir würden alda sehen / wie der aus einem Rohr gezogene Safft zu Cassonada, und diese hernach zu Zucker-Hütten gemachet würde: Mehr / die seltzame Verwandelung der Cochenille in einen Wurm / woraus die kostbahre Scharlach-Farbe gemacht wird: Und wie aus dem Kraut Tinta der blaue Indigo werde. In Sum̃a / wir würdẽ allda ohne alle Mühe uñ studiren tausend schöne Dinge erlernen / durch welche nicht allein unsere Curiosität vergnüget / sondern auch unsere Wissenschafft vermehret / und unser Verstand zur Vollkommenheit werde gelangen können.

Und ob wol damals der Wein von Xerez alle diese schöne Wolredenheit verursachete / so unterließ er dennoch nicht / den Philippinischen Wein diesem weit vorzuziehen / als welcher von den hohen Cocos Bäumen / von welchen die Historien-Schreiber so viel wunderdinges erzehleten / gesamlet werde: Ja er wünschte / daß er bereits da wäre / damit er mir von selbigem / auff Gesundheit aller guten Freunde / eines zubringen könte.

Nachdem wir abgespeiset / begehrte Melendez zu wissen / was meine Gedancken von seiner Reise wären / und schwur / er würde eher nicht ruhen können / biß ich ihm versprochen hätte / Gesellschafft zu leisten: und damit er mich desto mehr verbünde / both er mir ein halb dutzent Pistolen an / mich versichernde / daß ich nicht den geringsten Mangel haben solte / und daß den folgenden Morgen Calvo mir so viel geben würde / daß ich alles / was auf eine so lange Reise nöthig / würde kauffen können.

Ich antwortete ihm / daß eine übereilete Antwort öffters nur Reue und Traurigkeit verursachte; Ich wolte mich die Nacht über bedencken: Ich setzte hinzu / daß ich ihm zugefallen viel thun würde / und dafern ich mich mit zu reisen entschlüssen solte / hätte ich willens einen von meinen Freunden / einen Irrländischen Mönch / Nahmens Fr. Thomas von Leon mit mir zu nehmen.

Hiermit nahm ich von Melendez Abschied / und verfügte mich in meine Kammer / allwo ich die Ruhe / derer ich bißher gewohnet war / nicht mehr fand; nicht so wol daß mich seine Reden beweget hätten; sondern vielmehr weil ich bedachte / daß dieses eine erwünschte Gelegenheit seyn könte / mich von meinen Verwandten so weit zu entfernen / daß sie forthin einige Nachricht von mir nicht erlangen möchten.

Denn

Denn ich hatte kurtze Zeit vorher ein Schreiben von meinem Vater erhalten/ worinnen er voller Eiffers mich versicherte/ daß alle meine Verwandten über mich erzörnet wären/ und er selbst hefftiger denn sie alle/ weil/ nach dem sie so viel auf mich und mein Studieren gewendet/ ich nicht allein mich/ wie er gehoffet/ in die Societät JESU zu begeben/ geweigert/ sondern auch durchauß einen tödtlichen Haß gegen dieselbige hätte spühren lassen: Er hätte lieber sehen wollen/ daß ich ein geringer Sudelkoch im Jesuiter Collegio, als General im Dominicaner-Orden wäre: Ich dörffte mir nimmermehr einige Hoffnung machen/ daß ich meinen Brüdern oder ihm würde willkommen seyn: Ja/ ich solte ihm nimmermehr unter die Augen treten/ wenn ich gleich wieder zurücke nach Engeland kommen würde: Und wenn ich kommen würde/ wolte er die Jesuiten/ die ich verlassen hätte/ wieder mich erwecken/ daß durch ihr Anstifften ich wieder solte zum Lande hinaus gejaget werden: Er wolte mit Verwilligung meines ältesten Bruders/ welcher itzt Gouverneur zu Oxfurth ist/ den Palast zu Hailing verkauffen/ und mich alles Rechtens/ so ich auf seine Güter haben könte/ berauben.

Ob mich nun zwar itzgedachtes Schreiben hefftig beunruhigte/ und mich/ sothane Reise vor die Hand zu nehmen/ fast schlüssig machte/ so hielt mich doch davon noch zurücke die Begierde/ mein studieren völlig zu Ende zu bringen/ umb dessentwillen ich mich gerne noch eine Zeitlang in Spanien hätte auffhalten/ und alßdenn wieder nach Engeland zurücke kehren mögen. Als ich aber hierauf auch bedachte/ daß/ so bald ich meine studia würde zu Ende bracht haben/ mich die Jacobiner auf Befehl des Pabstes/ so bald als einen Missionarium in mein Vaterland schicken würden; und mir dabey meinen erzörnten Vater/ und den wider mich ergrimmeten Bruder fürstellete/ und wie alsdenn ihre Freunde/ die Jesuiten/ allerhand Mittel und Räncke erfinden würden/ damit ich mit Schimpff und Spott auß Engeland bannisiret würde: So überlegte ich nochmahls bey mir selbst dasjenige/ was mir Melendez fürgesaget hatte/ wie ich durch Beschauung derer Reichthümer von America, und derer Schönheiten Asiens so leicht zum Erkäntnüs derer natürlichen Dinge kommen/ und durch Betrachtung dieser neuen Kirche/ und durch den Umbgang mit ihren Stifftern/ mich in denen geistlichen Sachen vollkommen machen könte.

Nachdem ich nun die gantze Nacht in dieser Gemüths-Unruhe zugebracht/ und mich mit denen Gedancken herumb geschlagen hatte; entschloß ich mich endlich nach America zu reisen / und daselbst so lange zu bleiben/ biß entweder mein Vater würde gestorben seyn/ oder biß ich daselbst so viel würde gewonnen haben/daß ich meines Väterlichen Erbtheils/welches er mir umb der Jesuiten willen entzogen/dabey würde vergessen können.

Mit diesem Entschluß ging ich mit anbrechenden Tage hin zu dem Anton Melendez, und offenbahrte ihm/ daß ich mir vorgenommen hätte/ ihm in seiner so weiten Reise Gesellschafft zu leisten: worüber er sich ja so sehr erfreuete/ alß wenn ich ihn wieder eben so köstlich/wie er gestern mich/ gastiret hätte. Und diese Freude wurde Nachmittag noch viel grösser/ als ich meinen Irrländischen Freund / den Thomas de Leon, zu einem Reise-Gefährten mit mir brachte.

Er führete uns hierauff zu unserm Superiore, dem Calvo, welcher uns auffs freundlichste empfing / und uns alle Liebe und Freundschafft auff solcher Reise zu erweisen versprach.

Unter andern laß Er uns ein langes Verzeichnüß alles desjenigen vor/ was er zu unserer Unterhaltung / so lange wir auff der See seyn würden/ eingeschaffet hatte: Da war so und so viel an Fischen / so viel an Fleisch / so viel Schaffe / so viel eingesaltzne Schweine / so viel Schincken und Hüner; so viel Fässer vol weisses Zwierbacknes; so viel Kuffen Wein von Casalla; so viel Reiß/ Feigen/ Oliven/ Cappern/ Rosinen Citronen/ süsse und saure Pomeranzen/ Granat-äpffel/ Trisenet Conserven, Marmeladen/ und allerley andere Arthen von Portugesischen Confituren.

Uber dieses sagte er/ daß Er in Manilha uns als Magistros der freyen Künste/ und Doctores in der Theologie zu sehen hoffete: Zog zugleich seinen Beutel herfür / und gab uns / über die reise Unkosten / noch so viel / daß wir diesen Tag über in Xerez reichlich zehren / und das/ was wir mit uns nach Cadiz zu nehmen willens seyn möchten / einkauffen konten. Endlich gab er uns mit von sich gestrâckten Händen den Päbstischen Segen/damit uns auf der Reise kein Unglücke wiederfahren möchte.

Ob nun zwar die vornehmsten Geistlichen / unsere Freunde / in Xerez sich auffs beste / als ihnen möglich war/bemüheten / uns den Muth zu solcher Reise zu benehmen/ und uns davon abwendig zu machen; so war es doch alles umbsonst: Dann die Freyheit / welche wir diesen Tag über in des Melendez Gesellschafft genossen/ hatte alle Bekümmernüß die uns eine so eilfertige abreise hätte erwecken können / auß unsern Hertzen gäntzlich außgebannet.

Und

Und weil Calvo besorgete / es möchte etwan die Zuneigung zu einigen Nonnen / als denen insgemein die Spanische Mönche sehr zugethan sind / unsere Reise verzögern / so wuste er uns gar artig zu bereden / daß wir folgenden Morgen von Xerez, in Gesellschafft des Melendez und noch eines andern Spanischen Mönches / so aus dieser Stadt bürtig war / abreiseten / und unsere Küsten / und Bücher dem Calvo, welcher sie uns nach Cadix nachschicken solte / zurücke liessen.

Wir traten demnach selbigen Tages unsere Reise an / und ritten auff unsern kleinen Eseln daher / als die Spanische Cavalliere / immer nach dem Hafen S. Maria zu, bey dem prächtigen Cartheuser Kloster vorbey / längst dem Flusse Gvadalethe hin / und assen von denen Früchten dieser Elisischen Felder / und truncken auß denen Crystallinenen Bächlein des Flusses Gvadalethe, welcher bey denen alten Poeten den Namen des Flusses der Vergessenheit geführt hat / umb durch solchen Trunck das Andencken dererjenigen lieben Dinge / so wir in Spanien und zu Xerez verliessen / wie auch alles dessen / was uns an die Rückreise zu dencken Uhrsache geben möchte / Gedächtnüß gäntzlich außzulesc̈hen.

Noch selbigen Abend langeten wir an vorgemeldetem Hafen / welcher / weil er denen vornehmsten Spanischen Galeeren eine sichere Behältnüß giebet / berühmet worden ist / glücklich an. So bald nun der Gouverneur selbigen Orths / Don Federic de Toledo von unserer Ankunfft Nachricht bekommen hatte / schickte er / als der es für ein gantz besonderes Glück achtete / vier Indianische Apostel bey sich zu haben / und also diese Gelegenheit / nicht verabsäumen wolte / nach uns / und ließ uns zu sich zum Abendessen einladen.

Alle Einwohner schätzeten ihre Stadt für gebenedeyet / weil wir durch ihre Gassen gingen; sie sahen uns an / als solche Leute / die umb JEsu Christi willen Märtyrer zu werden bestellet wären; und wünscheten / von unsern reliqvien etwas zu haben / ja die Sclaven auff denen Galeren / schlugen sich unter einander / weil einer den andern mit ihren Trompeten und Schalmeyen zu überschreien suchete.

Don Federic ließ an nichts / was uns wol zu tractiren dienete / ermangeln / und nach vollendeter Abendmalzeit ließ er uns durch seine Edelleute biß in das Kloster der Minimen, bey denen er uns die Herberge bestellen lassen / begleiten / welche uns so freundlich auffnahmen und empfingen / daß sie uns auch selbiger Abend umb ihre Brüderliche Zuneigung zu bezeugen / die Füsse waschen wolten/ worauff sie uns als wir schlaffen gingen sanfft und wol zu ruhen wüntscheten.

Folgenden Morgen Frühe/nachdem uns diese armen Münche ein Frühstück gegeben / funden wir ein Schiff fertig / welches Don Federic für uns und für seine Edelleute / die uns begleiten solten/ hatte zurichten lassen/ auff welchen wir nach Cadix führen.

Als wir alhie anlangeten / funden wir unsere andere Reise-Geferten/ und den Päbstlichen Commissarium, den Bruder Matthæus de la Villa, welcher uns empfing/und die Mittag-Mahlzeit gabe.

Wir verharreten zu Cadix, allwo wir von aller Welt hochgeehret wurden/und des schönen Prospects, so dieser Orth so wol zu Lande als auf der See hat/genossen/so lange biß die Zeit / da die Flotte absegeln solte / herbey kam.

Als selbige nun fürhanden war/ kam Bruder Matthæus de la Villa, welchen wir von Begierde und Eiffer die Märter-Crone zu erlangen brennen glaubeten/und nam von uns Abschied; weisete uns zugleich eine Commission so er vom Pabst erhalten hatte/ Krafft welcher er an seine statt ernennen mochte wen er wolte/ und setzte uns den Calvo zu unsern Oberen vor/ und kehrete also wieder zurücke nach Spanien zu.

Dieser sein Abschied erweckete einen Auffstand unter uns / und machte den Eiffer zweyer unserer Missionarien so sehr erkalten/ daß sie uns heimlich verliessen.

Die andern aber waren endlich mit dem Calvo zu frieden; weil er ein guter alter Mann war/ wiewol er wenig geschickt war / dasjenige Ansehen/ welches sein Ampt erforderte/sich zu wege zu bringen.

Denn er war zimlich ungeschickt / und sein Kleid sehr besudelt/so wol als seine Hände/weil er immer mit seinen Schincken zu thun hatte/ so daß er eher einen Küchen-Jungen/als einem Apostolischen Commissario gleich sahe. Dessen allen aber ungeachtet so wurde ihm die Auffsicht über diese Mission vertrauet / welche von Spanien auß biß nach Mexico, 3000 Spanische Meilen / und wieder so viel von Mexico, biß nach Manilla, der Hauptstadt der Philippinischen Insuln / allwo der Vice-Re Hof hält/ beträget ꝛc.

Das

Das 3. Capitel.
Von Außlauffen der Indianischen Flotte/ und von dem/ was sich auff der Reise denckwürdiges zugetragen.

Den ersten Julii nach Mittag/ ließ Dom Charles de Vbarra Admiral über die Gallionen/so sich in der Bay von Cadix befunden/ eine Canon lösen/umb dadurch denen Passagirern/ Soldaten und Matrosen die Losung zu geben/ daß sich folgenden Morgen ein ieder an seinem Bord befinden solte.

Den andern Julii des morgends/ erhielten wir Nachricht/ daß ein Englischer Münch/ Nahmens Bruder Paul von Londen/ welcher zu St. Lucar wohnete/ von dem Duc de Medine ein Schreiben an dem Gouverneur zu Cadix erhalten hätte/ in welchem diesem befohlen worden/mich aufsuchen zu lassen/ und mich/ ich sey an welchem Orth ich wolle/ zu arrestiren/ weil der König von Spanien verbothen keinen Engelländer nach denen Indien reisen zu lassen/unter was Vorwand es auch immer seyn möchte.

Dieser Alte hatte solches einzig umb deßwillen zu wege gebracht/ damit er mich an meiner Reise verhindern wolte/ nachdem er mir zu vorher unterschiedene mal dessentwegen geschrieben/ auch gar von Pater Diego de la Tuente, dem Provincial in Castilien, welcher mit dem Graffen de Gondomar in Engelland gewesen war/ selbst ein Schreiben zugeschicket hatte/ in welchem Er sich erboth/ selber bemühet zu seyn/ daß ich befördert würde/ dafern ich von meiner fürgenommenen Reise abstehen/ und mit ihm wider zurück in Castilien kehren wolte.

Ich ließ mich aber keines dieser Schreiben anfechten/ vielweniger konte mir des Gouverneurs suchen an meiner Reise hinderlich seyn: Denn ich würde/ alsbald wir die Nachricht bekamen/ gantz allein in unser Schiff geführet/und heimlich in ein Faß/ daraußman das Zweyback mit Fleiß umb deßwillen außgeschüttet hatte/ gestecket.

Als nun kurtz drauff der Gouverneur ankahme/ und ernstlich nachfragte ob nicht einiger Engelländer im Schiff wäre/ antwortete Pater Calvo trotziglich mit nein/ weil er wol wuste/ daß man mich nimmermehr im holen Fasse suchen würde/ und dannenhero mich unmöglich finden würde. So daß/

als der Gouverneur wieder weg gehen muste ohne mich gefunden zu haben/ diese Begebenheit unserer Gesellschafft selbigen gantzen Tag zur Zeitverkürtzung dienete.

Hierauff lieffen alle Schiffe eines nach dem andern auß dem Haffen/ und gaben denen von der Stadt das gewöhnliche Adieu, und diese hingegen wünschten jenem eine glückseelige Reise.

Als sie nun sämtlich in der offenen See waren/ und nun keine Hoffnung mehr übrig war/wieder zu kehren/uñ der Freyheit und Ergötzlichkeiten von Cadix zu geniessen/ fing sich in unsern jungen München an ein Verlangen zu regen/wider zurücke nach dem Lande zu kehren; andere bedachten nun erst recht die herrlichen Speisen/womit sie waren tractiret worden: und die übrigen betrachteten die Menge der prächtigen Schiffe/ woraus unsere Flotte bestund/ die/ mit denen acht Gallionen/ die uñs biß an die Canarien Insuln convoyiren solten/ sich biß auf ein und viertzig Seegel belieff/ und in unterschiedene Indianische Häfen einlauffen solten.

Zwey derselben solten nach Porto vicco gehen/ drey nach St. Domingo, zwey nach Jamaica; eines nach der Insul Margarita, zwey nach der Havana, drey nach Carthagena, zwey nach Campeche zwey nach denen Honduras, und Truxille, und sechzehn nach St. Johan. de Ulhua, oder Vera cruz.

Sie waren sämtlich beladen mit Wein/Feigen/Rosinen/ Oliven/ Oel/ Leinwand/Tuchen/Eisen/und Queck silber für die Bergwercke/um mit demselben das feine Silber aus denen Erdschlacken mit welchen es vermischet ist/ herauß zu ziehen.

Die vornehmsten Personen so dieses Jahr auff gemeldeten Schiffen überfuhren; waren der Marqvis de Serralvo mit seiner Gemahlin/ welcher nach Mexico ging/ an statt des Marqvisen de Gelves, welcher sich in ein Kloster retiriret hatte/ auß Furcht für dem gemeinen Pövel/ so dieses Jahr wider ihn auffrührisch worden war/ Statthalter daselbst zu seyn.

Dieser Marqvis de Serralvo fuhr auf dem Schiffe St. Andreas, und hatte bey sich Dom Martin de Carillo, Priestern und Inqvisitor von Valladolid, welcher in qvalität eines General Visitators nach Mexico ging/ umb daselbst die Streittigkeit so zwischen dem Marqvis de Gelves und dem Ertzbischoffe schwebete/ und den Auffruhr/ so ihrentwegen entstanden zu untersuchen/und hatte völlige Gewalt und Authorität alle die so er schuldig befinden würde/ in Verhafft zu nehmen und zu straffen.

Indem

In dem Schiffe/ welches den Nahmen St. Gertrud führete/ befand sich Don Jean Nino de Tolede, welcher nach denen Philippinen gehen solte umb Præsident zu Manille zu seyn; und in diesem Schiffe befand sich die gantze Mission der Jesuiten/ welche in 30. Personen bestand/ so alle mit dahin gingen.

Sie hatten sich allbereits vorher seine Gewogenheit zuwegen gebracht/ und umb selbe desto leichtlicher zu unterhalten/ hatten sie es durch ihre Geschicklichkeit so einzurichten gewust/ daß sie eben auff das Schiff/ worauff er fuhre eingelagert wurden. Dann diese Leute mögen hinkommen wo sie wollen/ so bemühen sie sich allezeit bey denen Königen und Printzen/ oder denen jenigen/ so das Regiment führen/ die nächsten zu seyn.

Unsere Mission vom Orden St. Dominici, welche in sieben und zwantzig Mönchen bestund/ befand sich auff dem Schiffe St. Antonio: und auff dem Schiff unsere Frau von der Regel/ wovon vier und zwantzig vom Orden de la Mercy (der Barmhertzigen) welche nach Mexico gingen/ unter denen einige waren/ die hernach ihre Messer auf die Criollen ihres Ordens gezucket hatten.

So lieff dann unsere Flotte in See/ begleitet von denen acht Gallionen welche sie wider die Türcken und Holländer/ als welchen zu begegnen/ die Spanier sich sehr fürchten/ beschützen solten.

Wir seegelten also mit sanfften und favorablen Winde auff einer stillen und annehmlichen See daher/ biß wir in den Golpho de las Yegvas, oder Pferde Busen kahmen/ da begunten die Wellen sich so hefftig zu erheben/ daß immer eine nach der andern so hefftig an unsern Bord schlugen/ daß wir alle Augenblick meineten/ sie würden das Bild St. Antonii so hinten an dem Schiff stund/ herunter schlagen/ und alle Gallerien von unsern Schiffen mit ihrer Ungestümigkeit zerschmettern.

Als wir nun über diesen Gefährlichen Busen kommen waren/ nahmen die acht Gallionen von uns Abschied/ und liesen unsere Kauffardey-Schiffe ein jedes sich selbst beschützen so gut es mochte.

Die Trennung dieser zwo Flotten geschah von beyden theilen mit grossen Gepränge/ und nach dem sie mit etlich mahl widerholeter Lösung des Geschützes einander gegrüsset hatten/ besucheten sie einander auf ihren Nachen/ und der Admiral von unser Flotte tractirte den Admiral der Gallionen an unserm Bord auffs herrlichste zu Mittage; desgleichen bewirtheten auch die

Capitaine ieder auff seinem Schiffe die Officirer der Königlichen Flotte/ als welche ausser dem ihre Verwandten und Freunde waren.

Es war aber merckwürdig zu sehen/ was an diesem Tage unter uns Indianischen Aposteln vorging: Denn da hörete man einige alle Augenblick erseufftzen/ und zu wünschen/ daß sie mit denen Gallionen wieder möchten zurück nacher Spanien kehren:. Andere sahe man sich auffs äuserste wiewol gantz vergebens bemühen/ ihren Abschied und Erlassung von unserm Oberen dem Calvo zu erhalten; die übrigen aber mit Brieffschreiben an ihre Schwestern und andere Freunde so sie in Cadix gelassen hatten/ beschäftiget seyn.

Als nun das Mittagmal vollbracht war/ und die beyden Admiralen sich mit einander beurlaubet hatten/ wurde durch einen Canonen-Schuß das Zeichen zum Auffbruch der Gallionen gegeben; welche nachdem sie sich zurück zu kehren versammlet hatten/ nahmen sie von uns Abschied/ und wir wünschten einander Glück zur reise: also nahmen sie ihren Strich nach Spanien zu/ und wir setzten unsern Lauff fort nach America, und hatten allezeit den Wind im Rücken/ biß wir daselbst anlangeten.

Merckwürdig ist/ daß/ so bald man die Höhe der Canarien Inseln erreichet hat/ man biß in die Occidentalischen Indien von einerley Winde getrieben wird/ als welcher das gantze Jahr/ von Osten in Westen wehet: Und dieser Wind ist dem dahin schiffenden so favorabel/ daß/ wenn er nicht durch die Windstillen unterbrochen würde/ man diese Reise ungezweiffelt in Monats frist würde verrichten können.

Allein wir wurden/ von itztgedachten Windstillen so offt überfallen/ daß wir vor dem 20. Augusti kein Land konten zu sehen bekommen; so daß wir bey nahe sechs Wochen schiffeten/ nicht anders als ob wir auf einem Fluß süssen Wassers führen/ und uns die Zeit mit fischen verkürtzeten/ massen wir allerley Arten Fische fingen/ und unter andern sonderlich eine Gattung/ welchen die Spannier Dorado nennen/ weil seine Schuppen/ wann er unter dem Wasser ist/ scheinen/ als ob sie von lauterem Golde wären.

Wir funden aber von dieser Arth Fische eine solche menge/ daß/ wann wir die Angel kaum ins Meer hatten fallen lassen/ so war der Dorado schon gefangen/ also daß wir derselben sehr viel mehr zur Lust als zur Nothdurfft fingen/ wie wir denn offters nach dem wir sie gefangen hatten/ sie wieder ins Meer worffen/ weil sie besser frisch als eingesaltzen zu essen sind.

Auff solche weise verkürtzten wir uns die Zeit mit Anmuth auff unserm Schiffe / wie wir denn auch sonsten allerley erbare und anständige kurtzweil fürnahmen / biß wir zum erstenmal wieder Land erblicketen / welches die so genandte Insul Desiderata war.

Am letzten Julii, welcher der Festtag war des H. Ignatii, des Patrons und Stiffters des Jesuiter Ordens / Abends zuvor / erschien uns das Stifft St. Gertrude, auf welchem wie ich oben gesagt habe / dreissig Personen von diesem Orden waren / durchaus mit weissen Seegeltüchern bezogen / die Wimpffel und Trincqvete stelleten der Jesuiten Wapen und Sinnbilder für / und die andern das Bildnüß des H. Ignatii, alle Maste und Seegelstangen waren mit Papirnen Laternen / darinnen die gantze Nacht durch Lichter brandten / bestecket; mitler Zeit hörete man die Spanier unablässig singen / und auf ihren Flöten und Schalmeyen spielen / und wurden zum wenigsten funffzig Canonen schüsse auß selbigem Schiffe gezehlet / und mehr denn fünfhundert Raqveten / welche einen wunderbahren effect thaten / weil die Lufft sehr stille und rein war.

Der Tag des Festes selber / wurde mit noch grösserer Magnificentz celebriret: Es hatten die Jesuiter eine general Procession in dem Schiffe / und sungen Chorweise Lieder dem Heiligen zu Ehren / worauff die Artillerie des Schiffes offters gelöset wurde: Wie denn auch die Spanische Schiffs-Matrosen ihrer seits nichts unter liessen was zu Beehrung dieses Tages und zu Vermehrung der Freude dienen könte.

Dem vierdten Augusti, welcher dem H. Dominico, dem Stiffter der Jacobiten / oder des Prediger Ordens gewidmet ist / bemühete sich das Schiff St. Antonio mit Hülffe derer 27. Münche / so darauff waren / das Gepränge des Schiffs St. Gertrudis zu übertreffen / nicht allein durch lösung des Geschützes / mit Raqveten / Fackeln / Schalmeyen / Musik und anderen Außzierungen des Schiffs:

Sondern mit einem magnifiqven Gast-Gebot / auf welchem Fische und Fleisch gespeiset wurden / zu welchem sie alle Jesuiten nebst dem Don Jean Nino de Tolede, bestimten Præsidenten von Manilha, wie auch den Capitain des Schiffes St. Gertrude einluden. Nach der Mittags-Mahlzeit præsentireten sie ihnen eine Comödie aus dem Lopez de Vega durch etliche von unsern Soldaten / Passagiren und jungen München / mit so grosser Pracht und ausputzung des in dem engen Raum unsers Schiffes / als auf dem besten Theatro am Königlichen Hofe zu Madrid hätte geschehen können.

Auff die Comödie folgete eine herrliche Collation von allerhand confituren/ umb die Freude dieses Tages desto annehmlicher zu beschliessen. Worauff denn unser und des Schiffs St. Gertraud Boote unsere Gäste unter dem Schall der Trompeten und Schalmeyen/ und dem Krachen unterschiedener Canon-Schüsse/ so im abstossen gelöset worden/ wieder nach ihrem Schiffe führeten.

Auff solche Weise nun setzten wir unsere Reise mit angenehmen Winde/ und offters einfallenden Windstillen/ fort/ und vertrieben die Zeit mit allerley Spielen und Ergötzligkeiten/ biß wir am zwantzigsten Tage des Monats Augusti das erste Land sahen/ welches/ wie ich bereit gedacht habe/ die Jnsul Desiderata war.

Das 4. Capitel.
Von denen Jnsuln/ so wir entdeckten/ und von dem was uns in denselben begegnet ist.

Es hatte den Tag vorher den Admiral unserer Flotte sehr befrembdet/ daß wir so wenig für uns gebracht/ in dem wir vom zehenden Julii kein ander Land als die Canarien Jnsuln zu Gesichte bekommen hatten/ derowegen ließ er selbigen Tages alle Pilotten von den andern Schiffen zu sich an Bord kommen/ umb ihre Meinung zu vernehmen/ an welchem Orthe wir uns befinden/ und wieweit wir noch vom Lande seyn möchten.

Umb dieser Ursachen Willen naheten sich die andern Schiffe alle eines nach dem andern unserm Admiral, damit im vorbey fahren ein iedem der Pilotte seine Meinung sagen konte.

Die so gar unterschiedliche Meinungen aber der Piloten gaben allen denen Passagirern Uhrsach hefftig zu lachen/ weil sie so gar schlecht miteinander zutraffen.

Denn der eine sagte wir wären noch 300. Meilen vom Lande/ der andere sagte von 200/ der dritte von 100/ ein anderer von 50/ einer mehr der andere weniger/ und irreten doch wie es der Ausgang erwiese/ alle miteinander/ biß auff einen alten Mann/ welcher in dem kleinesten Schiffe Pilotte war/ als der beständig versicherte/ daß ungeachtet wir sehr schwachen Wind hätten/ wir dennoch folgenden Morgen würden an der Jnsul Gvadaloupo anlangen.

Ob nun zwar die andern alle ihn verlachten/und seiner spotteten/so hatte er doch mehr Uhrsach ihrer ingesamt/ wegen ihrer Unerfahrenheit zu spotten. Denn folgenden Morgen als die Sonne auffging/ entdeckten wir vollkömlich die Insul/welche die Spanier Desiderata nennen/weil dieses das erste Land war/ welches sie anfangs/ als die Indien entdecket worden/ zu erst ins Gesicht bekamen; massen sie eben so wol als wir/ein hefftiges Verlangen trugen/ Land zu sehen/ nachdem sie so lange Zeit auff dem Meere zubracht hatten.

Bald darauff entdeckten wir eine andere Insul, Marigalante genandt/ und hernach noch eine andere so St. Domingo heisset/ und letzlich noch eine/ welches die Insul Gvadaloupe war/ die wir suchten uns darinnen zu erfrischen /unser leinen Zeug zu waschen/ und uns mit frischem Wasser zu versehen/ als daran wir grossen Mangel lidten.

Umb zwey oder drey Uhr Nachmittag kamen wir vor dieser Insul auf eine gantz sichere Reede/da wir die Ancker fallen liessen ohne alle Furcht für denen nacketen Wilden/ so sich auff dieser und andern benachbarten Insuln auffhalten/ weil sie mit grossen Freuden jährlich die Ankunst der Spanier erwarten. Sie zehlen die Monath nach denen Mondscheinen/und durch dieses Mittel wissen sie die Zeit wann jene ankommen sollen.

Sie samlen einige Zeit vorhero einen Vorrath von Zucker-Röhren/ Früchten/ die man Ananas nennet/ Schildkröten/ und anderen dergleichen zu essen tauglichen Waaren ein; welche sie hernach mit den Spaniern gegen ihre Waare vertauschen; nemlich gegen Eisen/Messer/oder andere Dinge/derer sie sich im Kriege/ so sie mit denen Einwohnen einiger anderen Insul zuführen pflegen/ gebrauchen können.

Eher wir aber noch unsere Ancker fallen liessen/ kamen ein Menge Indianer in ihrem Kähnlein zu uns an Bord/ unter denen waren einige so unsere Engelländer gemahlet hatten/ andere waren von denen Holländern oder Frantzosen/gemahlet worden/ wie man aus dem Unterscheid ihrer Wappen uhrtheilen konte/ dann dieser Reede bedienen sich alle Nationen so nach America reisen.

Diese Indianer nun brachten uns nach ihrer Gewohnheit unterschiedliche Indianische Früchte: Keine aber unter allen/ stund uns/ so wol an Geschmack/ als am Ansehen besser an als die Ananas.

Wir konten uns anfangs unmöglich enthalten/ daß wir uns nicht entsetzet hätten über dem Anschauen gantz nacketer Leute/ denen die Haare biß mitten in den Rücken über die Schultern hingen/zumahlen die Gesichter auf unterschiedliche Weise auff Blumen Art zerfetzet waren / und sie an denen Nasenküppen kleine dünne Blechlein hangen hatten / auff die weise / wie man in Engelland denen Schweinen Ringe an ihre Rüssel machet/ damit sie nicht die Erde auffwülen können.

Sie liebkoseten uns/ wie man den Kindern zu thun pfleget / und etliche aus ihnen redeten uns in ihrer Sprache an/ die wir aber nicht verstunden/ die andern aber gaben durch Zeichen zu verstehen / was ihr verlangen war. Unter andern Zeichen aber verstunden unsere Leute über aus wol diejenigen/ womit sie Spanischen Wein forderten; Welchen sie ihnen auch/um sich eine Lust zu machen / gaben; Da sie denn / wenn man sie ein zimlich Glaß voll austrincken lassen / gantz truncken auff dem überlauff des Schiffes darnieder fielen / und wie die Schweine sich herumb weltzeten.

Weil es nun bereit etwas spät am Tage war/ entschlossen sich unsere Münche noch auff dem Schiffe biß auff dem Morgen zu verbleiben / und alsdenn ans Land zu gehen / und das inwendige der Insul zubesehen; wohin ein grosser Theil unserer Matrosen und Passagirer noch diesen Abend gingen / derer ein theil wieder nach den Schiffen zurücke kehrete / die andern aber blieben die gantze Nacht bey den Indianern auffm Lande.

Folgendes Tages frühe ging ich nebenst / dem grössesten Theil derer andern Religiosen ans Land/und nach dem wir etliche Spanier gemietet hatten/ daß sie uns unser leinen Geräthe waschen solten / gingen wir auf der Insel hin und her / itzt alle miteinander/ itzt zwene und zwene / etliche gingen auch gantz alleine / und traffen unterwegens unterschiedene Indianer an/die uns aber kein übels thaten/sondern uns vielmehr liebkoseten / und schmeichelten/ und uns von ihren Früchten anbothen/und dafür einige Stecknadeln/ Nesteln/oder alte böse Handschuh/ so sie bey uns sahen/ forderten / welches uns den so treiste machte/ daß wir in ihre Wohnungen oder Hütten gingen/ welche am Ufer eines schönen Flüßleins stunden/allwo sie uns aufs freundlichste empfingen und uns Fische und Rehe-Fleisch zu essen gaben.

Umb den Mittag traffen wir mitten auff dem Gebirge etliche Jesuiten von dem Schiffe St. Gertraud an/welche sich in eine eifrige Unterredung eingelassen hatten mit einem Mulatten / welcher / wie die andern Indianer gantz nackend war.

Das

Das 5. Capitel
Denckwürdige Geschicht von einem in Spanien gebohrnen Christlichen Mulatten / welchen die Jesuiten ohngefähr auf der Insul Gvadalupa antraffen.

DJeser Mulatte war ein Christ/und war zu Sevelien in Spanien gebohren / allwo er eines reichen Kauffmanns Sclave gewesen: er hieß Ludwig und redet vollkommen gut Spanisch.

Er war ohngefähr für zwölff Jahren seinem itzt gedachten Herren/ weil er ihn allzu übel gehalten hatte/ entlauffen / und als er nach Cadix kommen / hatte Er sich bey einem Edelmann / welcher nach America ging/in Dienste begeben/mit welchem er auch zu Schiffe gegangen/der Hoffnung/es würde sein Herr nimmermehr einige Nachricht / von ihm bekommen können/wenn er in diese neue Welt würde übergefahren seyn.

Zeit währender Reise hatte dieser Mulatte bey sich selbst überleget die unzehlichen Streiche/die er von seinem ersten Herren empfangen hatte; und weil er fürchten muste/derselbe möchte vielleicht Nachricht von ihm auß America erhalten/und ihn/ wenn er sichs am wenigsten versehen würde/wider nach Spanien bringen lassen; oder es möchte dieser neue Herr ja so grausam seyn als der erste gewesen/welches zu besorgen / ihn die Streiche/so er bereits auff dem Schiffe von ihm empfangen hatte/ veranlasseten / entschloß er sich / als die Schiffe an der Insul Gvadalupe anländeten / gantz verzweiffelt/viel lieber unter denen Indianern zu sterben/ als länger unter derer Spanier Dienstbarkeit zu leben.

Als er nun sein Leben auf Glück und Unglück in die Schantze geschlagen / versteckte er sich hinter die Bäume auff dem Gebürge / so lange biß die Schiffe wieder unter Seegel gegangen: Als ihn die Indianer gefunden/und er sie mit einigen gar geringen Dingen/ die er seinem Herrn entwendet hatte/ beschenckete/hatten sie ihm gantz friedlich auffgenommen/so/ daß/ weil er sich bey ihnen angenehm zu machen gewust/ und sie sich hinwiederumb freundlich gegen ihm erwiesen/sie beysammen wohneten/als ob sie von einerley Nation wären.

Er hatte indessen iederzeit sich fleissig in acht genommen/ daß er sich/wann die

die Spanischen Flotten ankahmen / verstecket / und hatte also zwöff Jahr unter diesen Wilden gelebet / derer Sprache er mitler Zeit gelernet / und mit einer Indianerin / die er ihm zum Weibe genommen / drey Kinder / die damals noch lebeten / gezeuget.

Als ihn nun die Jesuiten ohngefähr angetroffen / und ihn vielmehr an denen krausen Haupthaaren / als an der braunen Farbe seiner Haut erkennet hatten / daß er ein Mulatte war / weil diese Indianer sich über den gantzen Leib mit rother Farbe mahlen / bildeten sie ihnen alsbald ein / wie es mit ihm würde beschaffen seyn / und daß er durch keinen andern Weg als vermittelst einiger Spanier hieher müste kommen seyn; und forscheten dannenhero nach dem wahren Verlauff seiner Geschichte.

Nachdem wir zu ihnen komen waren / fingen wir an diesen armen Christen zu bereden / daß er diese elende Lebens-Art / dariñen er seiner Seelen Heil nicht wahrnehmen könte / verlassen solte / und versprachen ihm die Freyheit / so fern er mit uns kommen wolte.

Dieser arme Mensch / welcher in zwöff Jahren nicht ein einiges Wort vom wahren GOtt gehöret hatte / und Holtz und Steine unter diesen Heyden anbetete; fing gleichwohl / so bald er von JESU Christ / von der höllischen Verdamnüß / und der ewigen Freude im Paradieß wider reden hörete / an heisse Thränen zu weinen / und versicherte uns / daß er hertzlich gerne wolte mit uns kommen / wenn sein Weib und Kinder nicht wären / als welche er hertzlich liebete und sie keines weges verlassen könte.

Wir antworteten ihm / daß / wann Er sie auch mit sich nehmen wolte / er dadurch ihre Seelen erretten würde: und daß er uns sicherlich trauen solte / daß weder ihm / noch seinem Weibe / noch seinen Kindern iemahls etwas zu ihrem Auffenthalt ermangeln solte.

Dieses alles hörete der Mulatte mit Fleiß an: Er wurde aber im Augenblick hefftig erschrecket / als er einige Indianer vorüber gehen sahe / welche auff die lange Unterredung / so wir mit ihme hielten / achtung gegeben hatten: Dannenhero sagte dieser arme Mensch gantz furchtsamlich / zu uns / er sey in grosser Lebens-Gefahr / daß wir ihn erkennet hätten / und daß er fürchte er werde von denen Indianern erschlagen werden / weil sie argwohnen würden / als wolten wir ihn wegführen / welches / wo es geschehe / würden wir in kurtzem ihre Freundschafft in Raserey und Auffruhr verwandelt sehen.

Wir aber antworteten ihm hierauf/er habe deswegē/was sie wider uns vornehmen möchten/nichts zu sorgen/ als die wir mit Soldaten und Geschütze so versehen wären/daß wir unser und sein Leben wohl beschützen könten/ er solte sich nur entschlüssen/ sein Weib und Kinder an das Ufer des Meers/alwo unsere Leute das Leinen-Geräthe trockneten/ zu bringen/ diese würden ihn/gegen diejenigen/so ihm übels thun wolten/genugsam beschützen; es stünde daselbst ein Boot bereit/ welches ihn aufnehmen/und ihn samt Weib und Kind an eines unserer Schiffe führen würde.

Hierauff versprach uns der Mulatte/unserm rathe zu folgen/ und daß er sein Weib und Kinder mit List an das Ufer des Meers bringen wolte/unter dem Vorwand/ als ob er einige seiner Früchte gegen unsere Wahren vertauschen wolte/ doch solten einige von denen Jesuiten/ welche er leichtlich an ihren schwartzen Röcken erkennen könte/ daselbst auff ihn warten/ damit sie ihn in ein Bootgen auffnehmen/ und ihn alsbald nach denen Schiffen führeten.

Hiermit ging er von uns/mit gäntzlichem vorhaben/ wie uns dauchte/ dasjenige/ was er uns versprochen hatte/werckstellig zu machen.

Wir unser seits waren voller Freude/ weil wir hoffeten/ fünff Seelen aus der Finsternüß der Heidnischen Abgötterey herauß zu reissen/ und sie zum Lichte des Christenthums zu bringen.

Insonderheit aber erfreueten sich die Jesuiten/weil sie die conference mit dem Mulatten zuerst angefangen hatten/und hoffeten/daß/ dafern dieser Anschlang nach Wuntsch gelingen würde/sie nicht wenig Ehre und Ansehen in fernerem Verfolg ihrer Mission dadurch erlangen würden.

Als sie nun Abschied von uns genommen hatten/ eileten sie zurücke nach dem Meer zu kehren/umb dem Admiral von ihrer Verrichtung Nachricht zu geben/ und Anstellung zu machen/ damit das Boot von ihrem Schiffe fertig gehalten würde/ den Mulatten Ludwig und seine Familie einzunehmen.

Wir gingen gleichfals zurück an das Ufer des Meers/umb zu sehen/ob unsere Hembder/und das übrige Geräthe getrocknet sey; und weil wir alles fertig/und das Boot am Lande funden/kehrete der meiste Theil von unserer Gesellschafft mit mir nach unserem Schiffs-Bord/und liessen nur etwan zweene oder drey von unsern Leuten/nebst vielen von den andern Schiffen/ insonderheit aber von denen Jesuiten/die auff ihre Beute warteten/am Lande.

So bald wir auff unserm Schiffe angelanget waren/ befand sich der gröste Theil unserer Münche von heiligem Eiffer / gegen die Wilden / welche sich so friedlich gegen sie bezeuget hatten/so sehr erhitzet / daß sie sich fast entschlüssen wolten / auff dieser Insul zu bleiben / und dieses arme Volck zum Christenthumb zu bekehren / sich einbildend/daß es gar eine leichte Sache seyn würde / weil diese Leute einer gar sanfftmühtigen Natur wären und man dannenhero sich keiner Gefahr unter ihnen zu besorgen hätte / zumaln jährlich die Flotten hier anlandeten/ welche nachforschen könten/wie sie wären von den Wilden gehalten worden.

Andere hingegen unter ihnen/die so eifrig nicht waren/wandten dagegen ein/daß dieses ein unbesonnener Eiffer wäre/ und eine lautere Thorheit/ sein Leben unter diesen Barbaren in Gefahr setzen wollen / als welche mehr wie die tummen Bestien/ als wie vernünfftige Menschen lebeten.

Allein jene Eifferer verachteten diesen Einwurff und sagten/ daß das ärgste/was ihnen widerfahren könte/ wäre das sie von den Wilden würden erschlagen / auffgeopffert / und gefressen werden / da sie doch eben umb der Uhrsache willen aus Spanien verreiset wären/ umb die Märter-Krohne zu erlangen und umb der Bekennung des Namens JEsu Christi/und der Predigt des Evangelii willen zu sterben.

In dem eiffrig hiervon miteinander disputiren / wurden wir plötzlich gewar/ daß am Ufer ein grosser Tumult entstunde / indem unsere Leute ihr leinen Geräthe verliessen und hin und her flohen/ihr Leben zu retten/ und aufs schnelleste über Halß über Kopff in die Naachen sprungen / in solcher Menge/ daß einige davon mit allen denen die drinnen waren zu Grunde suncken.

Was aber am meisten zu erbarmen war/war das erbärmliche Geschrey der armen Weiber/ von denen ihrer viel ins Meer sprungen / und lieber die Gefahr wagten/ daß sie von irgend einem Boot möchten gerettet werden/ damit sie nicht ertruncken/ als daß sie sich von denen Indianern wolten fangen und hernach grausamlich erwürgen lassen.

Mitten in der Bestürtzung / worein wir durch diese so schnelle Veränderung / derer Uhrsache wir nicht wusten / geriethen / sahen wir eine Menge Pfeile auß dem Holtz hinter den Bäumen herfür geflogen kommen/woduech wir genugsam versichert wurden / daß die Wilden auffrührisch woroen waren.

Es wehrete aber dieser Aufflauff nicht eine halbe Stunde; dann unser Admiral ließ alsobald zwey oder drey Canonen-Schüsse abgehen/ und schickte eine Compagnie Soldaten nach dem Lande/ um das Ufer und unsere Leute zu beschirmen/ welches denn in kurtzer Zeit verrichtet war/ indem die Indianer alsbald zerstreuet und in die Flucht getrieben wurden.

Unser Nachen brachte uns drey von unsern München/ die nebst einer Anzahl Passagirern am Lande geblieben waren/ zu Schiffe; unter denen einer/ Nahmens Fr. Jean de la Gveva, gefährlich beschädiget war: Er hatte mich inständig gebeten/ bey ihm am Lande zu bleiben/ ich wolte aber nicht/ und entging also dem grimmigen Anfall der Indianer.

Ausser denen/ die ertruncken waren/ und nachmahls wider ans Ufer gezogen worden/ an der Zahl funffzehen Personen/ fand man zwene Jesuiten Todt im Sande liegen/ drey andere gefährlich beschädiget/ wie auch drey Passagirer Todt und zehne verwundet: und über dieses wurden noch drey andere Personen vermisset/ welche man weder Todt noch lebendig finden konte/ und dannenhero davor hielt/ daß sie vielleicht von denen Indianern in dem Gehöltze möchten ertappet und erschlagen worden seyn.

Unser Mulatte Ludwig/ kam nicht/ wie er versprochen hatte; sondern an seine statt eine Armee verrätherischer Indianer. Dannenhero wir dafür hielten/ daß entweder er selbst den Anschlag/ den die Jesuiter ihn mit seinem Weib und Kindern/ zu entführen gehabt hatten/ entdecket: Oder daß die Indianer/ weil sie solches auß der vermerckten Unterredung geargwohnet/ ihn solches zu bekennen/ müsten gezwungen haben.

Und allem Ansehen nach/ war dieses die Uhrsache ihres Auffstandes: Denn gleich wie Ludwig sagte/ daß er die Jesuiten an ihrer schwartzen Kleidung am besten erkennen würde; also scheinet es/ daß er sie den Indianern am eigentlichsten werde beschrieben haben; Denn man hat wahrgenommen/ daß ihre Pfeile grösten theils noch denen schwartzen abgeschossen worden/ und daß innerhalb weniger Zeit als einer Viertelstunde/ ihrer fünffe tod und verwundet gewesen sind.

Die folgende gantze Nacht hielten unsere Soldaten Wache am Ufer/ und löseten öffters ihre Mußqveten/ umb die Indianer zu erschrecken/ welche nach der Zeit uns ferner nicht zu Gesichte kamen.

Unter dessen legten wir uns nicht zur Ruhe nieder/ sondern hielten die gantze Nacht Schildwacht/ auß Furcht/ es möchten die Indianer bey finsterer

sterer Nacht unser Schiff in ihren Canoas angreiffen/und uns/wenn wir entschlaffen sein würden/ überfallen.

Einige unter uns beklagten die Todten und die Ertrunckenen / andere beweineten unsern verwundeten Frater Jean de Gveva, welcher die gantze Nacht durch grosse Schmertzen außstunde/ und andere spotteten unserer eiferigen Münche / die da hatten in dieser Insul bleiben wollen / umb diese Barbarn zum Christenthum zu bekehren; und sagten zu ihnen / sie hätten nun Gelegenheit gehabt sich der Märtyrer-Würde zu versichern; denn wenn sie nur biß diesen Abend wären bey den Indianern geblieben/ würden sie ungezweiffelt von ihnen zur Abend-Mahlzeit zubereitet und verzehret seyn worden.

Wir sahen aber/ daß nach dieser Begebenheit ihr Eifer sehr erkaltet / und daß sie keine Lust mehr hatten bey einem/ so barbarischen Volcke zu bleiben; sondern sie wünschten vielmehr / daß der Admiral ie ehe ie besser/ die Losung zum Auffbruche geben liesse / damit man die Ancker auffwinden/und von einem so gefährlichen Orte sich weg machen möchte.

Folgenden Morgen ware man von allen Schiffen beschäfftiget/ das zu der übrigen Reise benöthigte süsse Wasser einzuladen/ und wurden starcke Wachten am Ufer und am Flusse gestellet / welche unsere Leute/ so lange biß sie solches verrichtet hatten / beschirmeten.

Man sahe in dessen den gantzen morgen nicht einen einigen von denen Indianern/ konten auch nicht die geringste Nachricht / von denen drey Personen / so uns mangelten / erfahren/ so daß / da wir uns zur Genüge erfrischet hatte/wir zu Mittage die Ancker hoben/und unsere Reise nach dem festen Lande zu fortsetzten/ mit gutem dienlichen Winde/ durch dessen Hülffe wir nach Wunsch die Reede der Insul Gvadaloupe verliessen.

Das 6. Capitel
Verfolg unserer Reise/ nach S. Jean de Vlhva, sonst Vera Crus genandt/ und wie wir daselbst angelandet.

DEn 22. Augusti, gingen wir wieder unter Seegel/ mit so gutem Winde/daß wir in kürtzen die Insuln aus unserm Gesichte verlohren.

Der Indianer Auffstand gab uns lange Zeit materie zu reden/und veruhruhrsachte / daß einige von unsern Mönchen anfingen zu bereuen / daß sie sich unterfangen hatten die Indianer zu unterrichten und zu bekehren / und wünscheten / wieder loß zu kommen.

Calvo aber / unser Oberer / ließ sichs auffs beste / als er konte / angelegen seyn / uns wieder einen Muth und Hertze einzusprechen / indem er uns ein Hauffen Historien von der Philippinischen Indianer / zu welchen wir reiseten / ihrem guten naturel zuertzehlen / derer grössester Theil bereits Christen wären / und die Priester auffs höchste in ehren hielten / und das diejenigen / so noch nicht zum Christenthum gebracht worden / würden durch die Macht der Spanier in solchen Furchten gehalten / daß sie nicht das geringste wider sie vorzunehmen sich unterstehen dürfften.

Die grosse Sorge / die wir die ersten zweene Tage nach unserer Abreise von Gvadaloupe hatten / war daß wir unserer Ananas, die wir von denen Indianern erhandelt hatten / wol warteten. Diese Frucht gefiel uns sämtlichen wol / und war keiner unter uns / der sie nicht so köstlich und auch wohl für besser gehalten hätte / als die beste Frucht die in Spanien wächst. Mann lässet sie nicht am Stocke gantz reiff werden / sondern schneidet sie ab / weil sie noch grün ist / hänget sie hernach etliche Tage an die Wand / da sie vollend zeitig / gelbe und mürbe wird / so das ieder Bissen davon weit süsser schmecket als Honig.

So waren uns auch unsere Zucker-Röhren nicht weniger angenehm; auß denen wir das Marck sogen / umb uns mit ihrem Zucker-Safft den Mund zu erfrischen.

Die erste Woche assen wir fast nichts anders als Schildkröten / welche uns / die wir vorher keine gesehen hatten / Meerwunder zu seyn dauchten / weil etliche derselben breiter als eine Elle waren. Ihre Schaalen sind so harte / daß ein Wagenrad / ohne sie zu verletzen / darüber gehen würde.

Als sie zum ersten mahl in unserer Gegenwart geöffnet worden / erstauneten wir / als wir die grosse Anzahl Eyer / so sie hatten / sahen / indem die geringste unter ihnen mehr denn Tausend in sich hatte. Unsere Spanier machten mit Speccerey gute Suppen davon: Und das Fleisch scheinet vielmehr von einem vierfüssigem Landthiere zu seyn als von einem Meerfische; Denn wenn es ein wenig mit Saltz eingesprenget / und drey oder vier Tage an die Lufft gehenget wird / schmecket es so guth als Kalbfleisch / dannenhero wir etliche Tage lang unserer Hüner / Schöpsen / Pöckelfleisches / und Schincken nichts achteten/ so lange wir unserm appetit mit unserm Meer-Kalb-fleisch ein Genügen thun konten.

Als wir vier Tage gefahren waren / starb unser Frater Jean de la Gveva, an der Wunde / so er von denen Indianern empfangen hatte: Sein gantzer Leib war auffgelauffen / welches uns zu glauben veruhrsachte / daß der Pfeil/mit welchem er an der Achsel war verwundet worden / müste vergifftet gewesen seyn.

Sein Leichbegängnüß wurde mit solchen Ceremonien gehalten/ als auff der See geschehen konte/ und sein Grab war das grosse Meer.

Man band ihm zwey schwere Steine an die Füsse/zwey an die Achseln/ und einen auff die Brust: Und nach dem man die Seelmesse gesungen hatte/ wurde sein Leichnam mit zwey Seilen gefasset / und aus dem Schiffe gezogen/und also ließ man ihn auff einmal ins Meer fallen/ da dann alles was auf dem Schiffe war ihm Glück auff dem Weg wünschte; Zu gleicher Zeit wurde das Geschütz auff dem Schiffe gelöset / umb damit dem Cörper/welcher wegen der schweren Steine alsbald zu Grunde sanck/ und auff einmal auß der Menschen Augen verschwand/die letzte Ehre zu beweisen.

Wir sahen mit dergleichen Ceremonien auf dem Schiffe S. Gertrud einen von denen dreyen Jesuiten / welche von denen Indianern auff der Insul Gvadaloupe waren verwundet worden / begraben / welcher eben so wie unser Münch starb/und durch den gantzen Leib von der Hefftigkeit des Giffts auffgelauffen war.

Hierauff begunte unsere Schiffart lustiger und annehmlicher zu werden/als sie bißher gewesen war: Dann wir fuhren im Angesicht des Landes Porto vicco, und hernach der grossen Insul S.Domingo fürbey.

An diesem Orthe begunte sich unsere Gesellschafft zu vergeringern; denn etliche von denen Schiffen gingen nach Porto vicco und S. Domingo, andere richteten ihren Lauff nach Carthagena, nach der Havana, Jamaica, Honduras und Jucatan.

Blieben also nur diejenigen Schiffe von unserer Flotte beysammen/ welche nach Mexico gehen solten/ mit denen wir unsere Reise fortsetzeten / biß wir an den Orth kamen / den die Spanier den Bleywurff (la fonde) von Mexico nennen; Denn an diesem Orth worffen wir offt das Bley aus/umb die Tieffe deß Meers zu erforschen / welches so gantz stille war / daß wir innerhalb acht Tagen wegen Mangel des Windes fast nicht von der stelle kamen.

In-

Indessen verkürtzten wir uns die Zeit mit fischen / und hatten besondere Freude am Fange des Fisches Dorado, mit welchem wir uns herrlich tractirten / und indessen den Vorrath / so wir auß Spanien mit uns gebracht hatten / verspareten.

Es war aber die Hitze so groß / daß wir den Tag über keine ergötzligkeit geniessen konten: Denn die aus dem Wasser widerprällende Sonnenstralen veruhrsachten in der Lufft eine solche brennende Hitze / daß wir den gantzen Tag durch im Schweisse fast badeten / ungeachtet wir den meistentheil unserer Kleidung von uns legten.

Der Abend und die Nacht waren wol etwas erträglicher; Allein die Balcken und Bretter in unserm Schiffe waren den Tag über / durch die Sonne so sehr erhitzet / daß es uns unmöglich war unter dem Uberlauff des Schiffes / oder auch in unsern Cajuten / zu schlaffen; Dannenhero wir die Nacht in den Hembdern mit reden und spatziren gehen auff dem Uberlauf zubrachten.

Die Matrosen begunten sich mit Baden und Schwimmen im Meer zu erlustigen: Allein der unglückselige Tod eines ihrer Cammeraden / wie ich bald erzehlen wil / verursachte / daß sie diese Kurtzweil bey Zeiten wieder unterliessen.

Je näher man zum festen Lande komt / je mehr wird man gewahr / daß das Meer voller grosser ungeheurer Fische sey / welche die Spanier Tuberon, die Frantzosen Reqviem, die Holländer aber Hayen nennen.

Die jenige die diesen Fisch für den Cayman oder Crocodil halten / betrügen sich / in dem sie glauben / daß allein der Crocodil oder Cayman, den zwar etliche auch fälschlich Tuberon nennen / Menschen Fleisch fresse / und auf einen Bissen / ein gantzes Glied eines Menschen im Wasser abbeisse.

Allein sie irren gar gröblich / denn der Cayman ist über den gantzen Leib mit Schuppen bedeckt / da hingegen der Haye gar keine Schuppen hat / sondern nur eine dicke feste Haut / wie alle andere grosse Meerfische.

Ob auch gleich die Indianer den Cayman essen / so thun doch solches die Spanier nicht / hingegen essen sie vom Haye ungescheuet.

Wir fingen einen mit einer dreyzanckigten Hapune / welchen man mit einem taun mitten umb den Leib fassete / und hernach ins Schiff zog.

Er war so groß / daß funffzehen Mann genug zu thun hatten / ihm hin-

auff

auff zu bringen: Es war ein abscheulich Thier/ anzusehen/ zum wenigsten zwölff ellen lang: er wurde eingesaltzen/ und schmackte wie Fleisch/ eben wie ich von den Schildkröten gesaget habe: er ist so begierig nach Menschen-Fleisch als der Crocodill/ und sahen wir dieser Fische eine grosse Anzahl in dem dem Mexecanischen Busen.

Gleich wie sich die Spanier täglich an der Seiten ihrer Schiffe/allwo wegen der Hayen es keine grosse Gefahr hat/ als die sich nicht leichtlich so nahe zu den Schiffen machen/ zu baden pflegeten/ also that es auch unter andern ein Matrose vom Schiffe St. Franciscus, und weil er verwegner war als die andern/ unterstunde er sich von seinem Schiffe zu einem andern/ so zimlich nahe war/ zu schwimmen/ und einige seiner guten Freunde zu besuchen; allein er wurde unterwegens einem dieser Fische zum Raube/ und ehe man einen Boot/ ihm zu helffen/ ins Wasser bringen könte/sahen wir/ daß er dreymahl von diesem Meer-Wunder unter das Wasser gezogen/ und ihm ein Bein/ ein Arm/ und ein Stücke von der Achsel abgebissen würde: Der übrige Leib wurde hernach gefunden/ und aus dem Wasser gezogen/ und auff das Schifft St. Franciscus gebracht/ auff welchem man ihm das Leichbegängnüß mit eben denen Ceremonien hielt/ wie ich oben vom Fr. Jean de la Gveva erzehlet habe.

Der königliche Prophete David sagt wol recht im 107. Psalm: Daß die so auff dem Meer auff Schiffen/ fahren/ sehen die Wercke des Herren/ und seine Wunder in der Tieffe des Wassers.

Denn sie sehen daselbst nicht allein Wallfische/ sondern auch andere Fische die/ als Wunder-Thiere die stärcksten und bravesten Menschen mit ihren langen und spitzigen Zähnen anfallen/ und gantze Glieder mit Fleisch und Bein auff einmahl verschlingen.

Dieser Unglücks-Fall betrübete unsere gantze Flotte/ drey tage lang/ biß es GOtt gefiel/ die übermässige Hitze/ so wir bißher erlitten hatten/ durch einen kühlen/ und favorablen Wind zu mildern/ und uns aus den Meerstillen/ in der wir/ wann sie noch eine Zeitlang gewehret hatte/ nothwendig hätten müssen kranck werden/ herauß zu reissen.

Drey Tage hernach/ als wir von selbigem Orth abgefahren waren/ an einem Montag ohngefähr umb 7. Uhr/ als einer von unsern München Messe laß/ und alles Volck auff den Knien lag/ stund ein Matrose plötzlich auf und schrie mit heller Stimme zu dreyen mahlen/ Land/ Land/ Land!

Dieses erweckte eine solche Freude auff dem Schiffe/ daß iederman auff-stund das feste Land von America zu sehen/ und liessen den Priester alleine beym Altar stehen/ und das Amt vollenden; so gar waren sie ausser sich selbst gerissen/ als sie den Orth sahen/ nach welchem sie sich so lange Zeit gesehnet hatten.

Die Freude war diesen Tag in allen Schiffen groß/ und unser Oberer Calvo fing unter seinem Feder-Vieh/ welches er bißher immer gespahret hatte/ ein grosses würgen an/ umb seine Münche diesen Tag wohl zu tractiren.

Umb zehen Uhr sahen wir das Land vollkömmentlich/ und setzten alle unsere Seegel auff umb daselbst anzugelangen.

Unser Admiral aber/ welcher ein kluger Mann war/ und dem nicht unwissend war/ wie gefährlich dieser Orten anzulanden sey/ und sonderlich mit was für Gefahr man in den Hafen einlauffe/ wegen der vielen Klippen/ so unter dem Wasser verborgen sind/ und an denen Tonnen und Zeichen/ so die Schiffe zu warnen/ dahin geleget worden/ erkant werden/ erkante gar wol daß wir mit dem Winde/ den wir damals hatten/ für Abends nicht würden in den Port einlauffen können.

Und weil er über dieses fürchtete/ es möchte sich des Nachts ein Nord-Wind/ welcher an dieser Küste sehr gefährlich ist/ und gewöhnlich im September entstehet/ erheben/ und unsere Schiffe auff die Klippen treiben/ so forderte er alle Schipper und Pilotten zusammen/ umb mit ihnen zu rathschlagen/ ob es rathsamer sey/ diesen Tag über mit vollen Seegeln/ wie wir thaten/ zu schiffen in der Hoffnung/ noch bey Tage in den Hafen einzulauffen/ oder nur allein mit dem Mezan Seegel näher hinan zu rücken/ damit wir Morgẽ frühe mit desto grösserer Sicherheit/ durch Hülffe der Boote die man denen Schiffen vom Lande pflegt entgegen zu schicken/ einlauffen möchten.

Nach gehaltenem Rath wurde beschlossen daß man sich diesen Tag nicht allzusehr an den Hafen nahen solte/ umb nicht von der Nacht überfallen zu werden/ und daß man alle Seegel biß auff die Mezane solle fallen lassen; weil sich aber der Wind zum theil legete/ naheten wir langsam genug gegen dem Lande/ ob wir gleich biß auff den Abend seegelten.

Die folgende Nacht wurde die Wacht auff unserm Schiffe verdoppelt/ und der Pilote selbst wachete viel sorgfältiger/ als er noch iemals gethan hatte: Unsere Münche aber legeten sich in ihre gewöhnliche Ruhe/ die aber nicht lange währete: Denn noch vor Mitternacht/ wande sich der

Wind in Norden/und erregte ein allgemeines und plötzliches Geschrey und ungemeines Getümmel so wol in unsern als in allen andern Schiffen.

In diesem Tumult machten sich unsere Matrosen an uns Münche/ und baten uns/daß wir den Beystand vom Himmel erbitten möchten: Ihre Furcht war grösser wegen der Gefahr/ so dieser Wind hernach erst veruhrsachen möchte/ als daß er uns alsbald schaden würde; Denn er war weder hefftig noch stürmisch.

Dessen aber ungeachtet/ so zündeten die Münche ihre geweihete Kertzen an/richteten ihr Gebet zu der Jungfrau Maria/ sungen Litaneien/ und andere Lieder und Gebete ihr zu Ehren/ biß der Tag anbrach/ da sich durch Gottes Gnade der Nordwind legte/ und unser gewöhnlicher Wind wieder zu wehen begunte; da fingen unsere Matrosen an zu ruffen/ ein Wunderwerck! ein Wunderwerck! Denn sie glaubten gäntzlich/ es sey ihnen dieses Glück/auff Vorbitte der heiligen Jungfrauen widerfahren.

Ohngefähr umb acht Uhr des Morgends kamen wir so nahe ans Land/ daß wir die Häuser sehen konten/und gaben ein Zeichen/ daß man uns Boote entgegen schicken solte/ die uns in den Hafen leiteten; Welches alsobald mit grossen Freuden geschahe/und führeten diese Boote unsere Schiffe eines nach dem andern/ mitten zwischen denen Steinfelsen/ welche diesen Hafen einen von denen gefährlichsten machen/die ich auff meiner gantzen Reise beydes in der Norder-und Süder-See gesehen habe/ hindurch.

Bey dieser Einfarth liessen sich unsere Trompeten lustig hören/ und wir grüsseten gewöhnlichem Brauche nach/ mit unserem Geschütze die Stadt und das Castell/ so fornen an liegt/ und waren gantz außgelassen für Freuden/als wir uns im sicherem Haafen angelandet sahen.

Wir liessen dann unsere Ancker in Haafen fallen; weil sie aber nicht starck genung waren unsere Schiffe in einem so gefährlichen Hafen zuerhalten/wurden diese mit viele Tauen an grosse eiserne Ringe/so mit Fleiß zu dem Ende in die Maure der Citadelle eingemauret waren/ angebunden und befestiget/ um sie dadurch vor der Gewalt des Nord-Windes zu beschützen.

Nachdem wir nun einander zu glücklicher Ankunfft in dieser neuen Welt Glücke gewüntschet hatten/ rüsteten wir uns voller Freuden/ in die Nachen und Boote/so uns an das feste Land America überzuführen ankommen waren/außzusteigen.

Das

Das 7. Capitel
Von unserm Außsteigen zu Vera Cruz, sonst S. Jean de Ulhua genandt/ und wie wir daselbst sind angenommen worden.

DEn zwölfften September langeten wir/ wie gedacht/ glücklich in America an/ in der Stadt/ die da heisset S. Jean de Vlhua, oder Vera Cruz, welche deßwegen bekant ist/ daß Ferdinand Cortez mit derselben den Anfang seiner so berühmten Eroberungen gemachet hat.

An eben diesem Orthe fassete er die großmütige resolution aus einer zuvor unerhörten politicke/ alle die Schiffe zu versencken/ auff welchen die Spanier in dieses feste Land/ welches an Grösse alle drey andere Theile der Welt übertrifft/ kommen waren/ damit/ wann sie sich der Schiffe beraubet sehen/ und also keine Hoffnung haben würden/ wider in die Insul Cuba, oder nach Jucatan, oder an irgend einen andern Orth/ von dannen sie kommen waren/ zu rücke zu kehren/ sie an nichts anders als an die Eroberung dieses Landes gedencken könten.

Dieses war auch eben der Orth/ wo die ersten 500. Spanier/ so allhier außstiegen/ sich gegen Millionen Feinde/ und gegen das gröste unter denen vier Theilen der Welt befestigten.

Mit kurtzem/ dieses war der Ort/ da die erste Obrigkeit/ Richter/ Rathherren/ und Officirer von der Gerechtigkeit eingesetzet wurden.

Der eigentliche Nahme der Stadt ist S. Jean de Vlhua, sonst Vera Cruz, wegen des alten Hafens/ dieses Nahmens/ welcher sechs Meilen von diesem Orth entlegen ist/ und welcher deßwegen so heisset/ weil er am Charfreytage/ an welchem man das heilige Creutz anbetet/ erfunden worden ist.

Weil aber der alte Hafen Vera Cruz für die Schiffe sehr gefährlich ist/ wegen der hefftigen Nord-Winde/ so haben ihn die Spanier gäntzlich verlassen/ und sich nach S. Jean de Vlhua gemacht/ allwo ihre Schiffe eine sichere Reede funden hinter einem Felsen/ welcher die Schiffe vor den Winden beschirmet/ und zum Andencken dieser glücklichen Ankunfft am Char-Freytage/ haben sie zu dem Nahmen St. Jean de Vlhua noch den Nahmen des alten Hafens Vera Cruz, welcher am CharFreytage im Jahr 1519. erfunden worden/ hinzugesetzet.

Als wir ans Land außstiegen / funden wir daß die sämtlichen Einwohner der Stadt an das Ufer des Meers kommen waren / wie nicht weniger alle geistliche Orden / die Dominicaner / die Franciscaner / die Barmhertzige / die Jesuiten / welche Creutz und Fahnen für sich her tragen liessen / umb den neuen Vice-Re von Mexico in Procession nach der Domkirchen zuführen.

Die Mönche und Jesuiten liessen sichs weit angelegener seyn ans Land zu steigen / als der Marggraffe de Serralua und seine Gemahlin: Etliche unter ihnen küsseten die Erde / die sie vor heilig hielten / wegen der Bekehrung der Indianer zum Christenthum / welche zuvor die Götzen angebetet / und den Teuffeln geopffert hatten; Die andern fielen auff die Knie / umb ihr Gebete zu verrichten / theils an die heilige Jungfrau Maria / und theils an andere Heiligen nach dem sie ihre Andacht triebe / und hernach gingen sie hin und geselleten sich zu denen / so ihres Ordens waren.

Bald hernach wurden alle Geschütze auff den Schiffen und der Citadella gelöset / den Vice-Re zu grüssen / welcher mit seinem Weibe / und gantzem Gefolge zu Lande trat / in Gesellschafft des Don Martin de Carrillo, welcher als general-Visitator abgeschickt wurde / die Streitigkeiten zwischen dem Marqvisen de Gelves vorigem Vice-Re von Mexico, und dem Ertzbischoff von Mexico zu untersuchen.

Der Vice-Re und sein Weib / wurden unter einen Himmel gestellet / und das Te Deum laudamus mit Beystimmung vieler Musicalischer Instrumenten gesungen: Unter solchem Gesang ging man in Procession biß in die Thum-Kirchen / allwo das H. Sacrament auf dem hohen Altar auffgestellet war: im hineingehen fiel iedermann auff die Knie / und nach dem ein Priester allem Volck das Weihewasser gegeben hatte / wurde ein Danck lied gesungen / und endlich die hohe Messe von einem Priester / deme zweene andere beystunden / hochfeyerlich gehalten.

Nachdem diese Ceremonien geendiget waren / wurde der Vice-Re von dem Gerichts-Præsidenten / den sie Alcalde Major nennen / von denen Stadt-Officirern / und etlichen Richtern / so besonders deswegen von Mexico kommen waren / und der gesamten Soldatesca von denen Schiffen / und aus der Stadt biß in sein Logiament begleitet.

Die Geistlichen wurden ebenfals in Procession, mit vorgetragenem Creutze / ein jeder biß in das Convent seines Ordens geführet.

Fr. Jean Calvo præsentirte seine Jacobiner dem Prior des Convents vom

Or-

Orden S.Dominici, welcher uns auffs freundlichste empfing / indem er uns alsobald einige confituren und einem jeden ein Glaß voll eines Indianischen Geträncktes/welches man Chocolatte , nennet/ und wovon ich folgends weitläufftiger Handeln werde/reichen ließ.

Diese kleine Bedienung war nur eine Vorbereitung zu einer viel bessern / nemlich zu einer prächtigen Mittags-Mahlzeit an Fleisch und Fischen Hier war nichts an Feder-Wilpret/ viel weniger an Capaunen / Indianischen und andern Hünern gesparet/ auff daß wir den Uberfluß an Lebens-Mitteln dieses Landes sehen solte.

Der Prior in diesem Convent, war nicht ein alter gravitätischer Mann/ dergleichen sonsten die jungen Münche zu regieren/ erwehet werden: Sondern es war ein junger Höffling / welcher/ wie uns gesagt wurde/ dieses Ampt vom Pater Superior durch Hülffe eines præsents von 1000. Ducaten/ erhalten hatte.

Nach der Mittags-Mahlzeit ließ er etliche von uns zu sich in seine Kam̃er kommen/in welcher wir seine Leichtsinnigkeit / und wie so gar wenig er seine Lüste zäumete / erst recht gewahr wurden.

Wir dachten daselbst etwan eine feine Bibliotheck anzutreffen/worauß wir von seiner Gelehrsamkeit und Beliebung zum studieren hätten muthmassen können: Allein wir sahen da nichts / als etwa ohngefähr ein dutzent alte Bücher / in einem Winckel liegen/mit Staub und Spinnen-Gewebe gantz bedecket / gleich als ob sie sich schämeten / daß die Schätze/so sie in sich hielten/ so geringe geachtet würden/daß man ihnem eine Guitarre, so oben drauf lag/ vorzöge.

Es war diese Kammer reichlich mit Baumwöllenen Teppichten / und schönen Federwercken von Mechoacan bekleidet / und mit einem hauffen schöner Gemälde gezieret/ die Tische waren mit seydenen Tischdecken beleget/und die Schencktische mie allerley Porcellanen Geschirren: die mit allerhand Confituren nnd Conserven angefüllet waren/ besetzet.

Diese Mundirung dauchte uns eiffrigen Geistlichen voller Eitelkeit und einem armen Bettelmünche gantz unanständig zu seyn: Denjenigen aber/ die bloß umb der Uhrsache willen auß Spanien abgereiset waren/ damit sie ein freyes Leben führen / und sich bereichern möchten / war dieses ein sehr lieblicher Anblick / und erweckte in ihnen eine grosse Lust tieffer in diß Land / in welchem man in kurtzer Zeit so reich und wolhabend werden könte/ hinein zu kommen.

Die Dißcurse / womit uns dieser junge Prior unterhielt / waren von nichts anders als von seinem eigenen Lobe / von seinem herkommen / von seinen guten qvalitäten / wie er bey dem Pater Superior von dieser Provintz so wol stünde / wie die vornehmsten Damen / un Weiber der reichesten Kauffleute in der Stadt / in ihm verliebt wären / von seiner anmuthigen Stimme / und guten Wissenschafft in der Musik: Wie er uns dem alsobald eine Probe davon gab indem er etliche Verse / die er einer schönen Amarillis zu ehren gemacht hatte / in seine Gvittarre sang: Gab also immer ein Aergerniß über das andere / unsern guten Mönchen / welche verdrüßlich wurden / solche freche Freyheit an einem Oberern zu sehen / welcher vielmehr ihnen mit Worten und Geberden Anleitung zur Bußfertigkeit / und Bezähmung des freyen Willens geben solte.

Unsere Ohren hatten sich kaum sattsam vergnüget an der Musik / und die Augen sich an den schönen Baumwöllenen / seydenen und von Federn gemachten Wercken noch nicht gar müde gesehen / alß unser Prior uns aus seinen Vorraths-Kammern eine unglaubliche Menge von allerhand köstlichen Leckereyen bringen ließ / umb auch den Geschmack zu belustigen / und unsern appetit zu erfüllen.

So daß wie wir warhafftig auß Europa in Americam übergefahren waren / also schiene auch die Welt sich gantz und gar verändert zu haben / und unsere Sinnen / dauchten uns gantz einer andern Natur zu seyn / als sie die vorige Nacht und Tag gewesen waren; Denn da höreten wir das gräßliche Geschrey der Matrosen / und sahen den Abgrund des Meeres mit seinen Wunderthieren / truncken stinckendes Wasser / und rochen Trahn und Pech: Hier aber höreten wir eine liebliche reine Stimme / nebenst einem wolgestimmeten Instrument erklingen / wir sahen lauter Schätze und Reichthümer / wir assen lauter süsse Sachen / und rochen in denselben Biesen und Ambra / mit welchen dieser lüsternde Prior seine Trisenete und Confituren hatte anmachen lassen.

Das 8. Capitel.

Beschreibung des Hafens und der Stadt S. Jean de Vlhua, und von einem Erdbeben / auch andern Dingen / so sich bis zu unserer Abreise von hier nach Mexico zugetragen.

Wir

Wir machten endlich dieser Unterredung ein Ende/ damit wir spatzieren gehen/ uñ die Stadt besehen konten/ weil wir zumal nur diesen und folgenden Tag allhier zu bleiben hatten. Also umbgingen wir sie diesen Nachmittag/ uñ befunden/ daß sie auff einem sandigten Boden erbauet/ außgenommen gegen Suden/ da der Grund morastig und sumpffîcht ist/ welches/ wann die grosse Hitze/ so allhier ist/ darzu kömmt/ den Orth sehr ungesund machet.

Der Einwohner mögen ohngefehr 3000. an der Zahl seyn/ unter denen viel reiche Kaufleute sind/ derer etliche zweymalhundert tausend/ andere auch drey biß viermal hundert tausend Ducaten vermögen.

Wir hielten uns mit Beschauung der Gebäude nicht lange auff/ denn sie sind sämtlich aus Holtz gebauet/ so wol Kirchen und Klöster/ als die Privat-Häuser: Indem die Wände am Hause des reichesten Kauffmanns/ nur von Brettern; Dannenhero/ weil der Nord-Wind allhier auch sehr ungestüm ist/ diese Stadt zu unterschiedenen mahlen rein ausgebrennet ist.

Die starcke Handlung/ die aus Spanien nach Mexico, und über Mexico nach denen Orientalischen Indien; wie nicht weniger von Cuba, S. Domingo, Jucatan, Portobelo, item auß Peru nach Porto belo, von Carthagena, und allen Insuln in der Nord-See/ und auff dem Fluß Alvarado auffwerts nach denen Zopotecas, S. Alphonso, und nach Guaxaca, wie auch auff dem Fluß Grijaval auffwarts nach Tabasco, denen Loqvischen und Chiapadischen Indianern getrieben wird/ machet diese kleine Stadt so begüttert/ und veruhrsachet einen überfluß an allerhand Reichthum und Kauffmanschafft des festen Landes America und derer Orientalischen Indien.

Die ungesunde Lufft ist Uhrsache/ daß es in dieser Stadt nicht mehr Einwohner hat/ und weil bey so starckem Handel ihrer so wenig sind/ so werden die Kauffleute überaus reich/ und würden noch reicher seyn/ wann sie nicht allemal/ wenn die Stadt abgebrennet ist/ so grossen Schaden gelitten hätten.

Die gantze Befestigung dieser Stadt bestehet darinnen/ daß erstlich der Eingang des Hafens so schwer und gefährlich ist; zum andern in einem Felsen/ der eines Musqveten Schusses weit für der Stadt lieget/ auff welchen man eine Festung oder Citadelle gebauet hat/ in der eine geringe Garnison gehalten wird: In der Stadt selbst hat es weder befestigung noch einigen Soldaten. Der Felsen und die Festung sind gleichsam an statt der Mauren/

des Walles / und Einschliessung des Hafens/als welcher sonsten gantz offen/ und denen Nordwinden unterworffen seyn würde.

Es darff sich kein Schiff in diesem Hafen zu anckern unterstehen/ ohne hinter diesem Felsen und unter der Festung; und dennoch sind sie darhinter nicht sicher / wann sie nicht mit tauen an denen mit Fleiß hierzu in den Felsen eingemacheten eisernen Ringen befestiget werden. Dannenhero komt es/ daß zuweilen die Schiffe von dem Strom der Meer-fluth von einer seite des Felsen gerissen / und an andern Felsen geschmissen / oder in die weite See gerissen werden/wann die Tauen womit sie befestiget worden/ wegen hefftigkeit des Windes zerreissen.

Dergleichen Unfall wiederfuhr auch einem unserer Schiffe bald die folgende Nacht nach unserer Landung: Und war unser Glücke/daß wir nicht mehr in See waren: Denn es entstund ein so hefftiger Sturm und Ungewitter auß dem Norden/ daß die Tauen womit dieses Schiff angehefftet war / zusprungen/und es in die freye See getrieben wurde.

Wir die wir am Lande waren / meineten alle Augenblick / es würde uns dieser Sturm aus unsern Betten wegführen: Dann diese leichte höltzerne Häuser wackelten so sehr/daß wir nur immer warteten/ wañ sie uns über den Halß fallen würden.

In Warheit / wir hatten diese Nacht gar schlechte Ruhe/ als in der wir St. Jean de Vlhua kennen lerneten; Denn ob uns gleich unser Prior eben so eine herrliche Abendmahlzeit gegeben hatte/ als die zu Mittage gewesen war / und uns über dieses noch die Füsse hatte waschen lassen/ ehe wir zu Bette gingen/damit wir desto sänffter in seinen weichen Betten schlaffen solten / nach dem wir zwey gantzer Monat so lange wir in See gewesen waren/ in unsern engen Cajüten übel gelegen hatten: Nichts desto weniger/weil der Wind unauffhörlich so ungestüm bließ/ daß unsere Kammern immer wackelten/und wir solch wiegen ohnmöglich in die Länge vertragen kunten: So wurden wir gezwungen unsere Bette umb Mitternacht zu verlassen / und Baarfuß in den Hoff zu fliehen / alwo wir hoffeten ausser Gefahr zu seyn/ wann schon / wie es alle Augenblick zu fürchten war/ das Hauß über einen Hauffen fallen solte.

Als es aber Tag war worden/ spotteten die Mönche im Kloster / die solches Ungewitter wohl gewohnet waren / unserer Furcht / und sagten sie schliefschliessen niemals besser/als wenn ihre Betten durch dergleichen Sturmwetter hin und her beweget würden.

Allein/das Schrecken/so wir diese Nacht über gehabt hatten/machte/ daß wir einen Eckel an dem köstlichen Tractament/womit man uns begegnete/ hatten/und nur wünscheten/ie eher ie besser das Ufer des Meeres zu verlassen. Worein denn unser Superior Calvo auch leichtlich willigte/nicht so wol wegen der Furcht so wir gehabt hatten/als vielmehr auß Beysorge/ daß wir zuviel von den Früchten des Landes essen/und das Wasser zu begierig drauff trincken möchten / wovon wir im kurtzem alle kranck werden/ und an diesem Orthe sterben möchten; Dergleichen nach unserer Abreise unterschiedenen widerfahren / weil sie sich in Genüssung derer Früchte/ dergleichen sie zuvor ihr Lebenlang nie gessen hatten / nicht hätten mässigen können. Hiezu komt noch/ daß das Wasser dieses Orts gewöhnlich allen denen / so neulich auß Spanien kommen sind/ gefährliche Durchbrüche veruhrsachet.

Wir hatten dreyssig Maul-Esel drauff zu reiten / welche absonderlich unsert wegen von Mexico nach S. Jean de Vlhua waren gesendet worden/ und bereit sechs Tage vor Ankunfft unserer Flotte auff uns gewartet hatten.

Unser Superior Calvo war diesen Tag über am Schiffs-Bord beschäfftiget mit Außladung unserer Köffer / und dem Rest unsers Proviants / an Wein / Biscuit, Schincken/Peckel-Fleisch / einem dutzend Hüner/und drey Schöpsen / worüber sich iederman verwunderte / daß nach einer so langwierigen Reise/ wir dennoch so einen grossen Vorrath übrig hatten.

Wir indessen besuchten unsere Freunde / und nahmen vor Mittag Abschied von ihnen / Nachmittag aber machte man uns sitze in der Dom-Kirchen / damit wir beqvemlich eine Comödie/ welche die Einwohner der Stadt dem neuen Vice-Re zu Ehren spieleten / sehen konten.

Nach dem wir also nur zwey Tage in S. Jean de Vlhua verzogen hatten/ so reiseten wir von dannen ab/ und nahmen unsern Weg nach Mexico zu.

Das 9. Capitel

Von unser Reise von Jean de Vlhua biß nach Mexico, und von denen Flecken und vornehmsten Dörffern/ so unterwegens angetroffen werden.

Den vierzehenden Septembris reiseten wir aus St. Jean de Vlhua auß/und machten uns auff den Weg nach Mexico: Er war drey oder vier Meilen lang sehr sandicht und so breit und flach/als der von Londen nach St. Alban ist.

Die ersten Indianer/so uns begegneten / waren von dem alten Vera Cruz, welches eine Stadt ist am Ufer des Meers gelegen / in der sich die Spanier/ so erstlich dieses Land eingenommen / sich fest zu setzen willens waren. Weil sie aber hernach befanden / daß die Schiffe daselbst vor denen Nordwinden keine Sicherheit hatten / verliessen sie sie / und machten sich nach S. Jean de Vlhua, wo sie noch heute zu tage sind.

An diesem Orthe wurden wir zum erstenmahl gewahr / wie grosse Gewalt die Priester und Münche über die armen Indianer haben / wie sie sie ihnen unterthänig gemacht/und wie willig diese jenen gehorsamen.

Es hatte den Tag vorher der Prior von S. Jean de Vlhua diesen Leuten geschrieben / und ihnen unsere Ankunfft zu wissen gethan/ mit Befehl daß sie uns entgegen kommen / und uns auffs beste empfangen solten.

Diesem Befehl lebten die armen Indianer genau nach: Denn als wir noch ohngefehr eine Meile von der Stadt waren / kamen uns biß zwantzig der vornehmsten zu Rosse entgegen/ und præsentireten einem jeden unter uns einen Blumen-Strauß.

Hierauff wendeten sie sich / und ritten ohngefähr eines Bogenschusses weit vor uns her / biß wir zu einem andern Hauffen/ welcher zu Fusse war/ und auff Trompeten und Schalmeyen anmuthig bliesen/ kamen.

Unter diesen waren die Bedienten der Kirchen/ die Glöckner/und Meister der Brüderschafften / die uns gleichfals einem jeden einen Blumen-Strauß verehreten: Ihnen folgeten die Chor-Knaben / und andere Personen die langsam für uns hergingen / und das Te Deum laudamus sungen/ biß wir mitten in die Stadt und auff den Marckplatz / worauff zwene überaus schöne Ulmen-Bäume stunden/ kommen waren.

Man hatte an diesen Ort eine lange Lauben auffgerichtet/ unter der eine mit vielen Schaalen voller conserven/ und andern Arten confituren und Biscuit besetzte Taffel stund/umb uns bey selbiger die Chocolate zu præsentiren.

In dem nun einige beschäfftigt waren/ selbige mit heissen Wasser und Zucker sie zum trincke fertig zu machen/empfinge uns indessen die vornehmste Indianer und Beampten von der Stadt / mit einer Oration, nachdem sie

zuvor/

zuvor/vor uns niederkniende einem nach dem andern die Hände geküsset hatten.

Der Inhalt ihrer Rede war/daß wir in ihrem Lande willkommen wären/und daß sie uns unendlichen Danck sageten/daß wir umb ihrentwillen unser Vaterland/unsere Anverwandten und Freunde/ja uns selbst verlassen hätten/und von so fernen Landen kommen wären/für ihrer Seelen Heyl zu arbeiten; sie wolten uns derowegen als irdische Götter/und als Apostel JEsu Christi/iederzeit ehren: und mit derogleichen Complimenten hielten sie sich auff biß man uns die Chocolate fürtrug.

Nach dem wir eine Stunde lang außgeruhet/und uns erfrischet hatten/ dancketen wir denen Indianern vor so häuffig erzeigete Guthwilligkeit/und versicherten sie/daß uns nichts auff der Welt liebers wäre/als ihre Seeligkeit/und damit wir selbe befördern möchten/hätten wir keine Scheu getragen/uns aller Gefahr zu unterwerffen/so zu Wasser als zu Lande; fürchteten auch nicht die Grausamkeit derer andern Indianer/welche noch keine Erkäntnüß des wahren Gottes hätten/zu dessen Dienst wir unser Leben auffzuopffern willig und bereit wären.

Hiermit namen wir von ihnen Abschied/und schencketen denen Vornehmsten aus ihnen Rosenkräntze/Medaillen/küpfferne Kreutzlein/Agnus Dei, und einige Reliqvien/so wir aus Spanien mitgebracht hatten: Und ertheileten einem jeden unter ihnen Ablaß auff viertzig Jahr/wie uns denn der Pabst/völlige Macht gegeben hatte/selbigen auszutheilen/wañ/wo und weme wir es nöthig und guth zuseyn erachten würden.

Als wir aus der Läuben heraus gingen/umb wieder auff unsere Maul-Esel auff zu sitzen/sahen wir den gantzen Marckt voller Indianer/so wohl Weiber als Männer/welche alle auff den Knien lagen/und uns gleichsam anbeteten/und von uns den Seegen begehreten/welchen wir auch im vorüber reiten mit auffgehobenen Händen und über sie gemachten Creutze ihnen ertheileten.

Die Unterthänigkeit dieses armen Volckes und die Eitelkeit/mit allen diesen Ceremonien und öffentlicher Ehrbezeigung empfangen zu werden/ macheten etliche unserer jungen Münche so auffgeblasen stoltz/daß sie sich weit mehr zu seyn dauchten als einige Bischöffe in Spanien/welche/ungeachtet sie nur allzugrossen Pracht trieben/doch niemals mit so vielen öffentlichen Zuruffen auff ihren Reisen beehret werden/als uns an diesem Orthe geschach.

 Denn

Denn die Schalmeyen und Trompeten wurden bey unserm Auffbruch wider für uns her geblasen / und die vornehmsten von der Stadt begleiteten uns, eine halbe Meile weit / ehe sie wieder nach Hause kehreten.

Die ersten zwene Tage nach unserer Abreise von diesem Orthe herbergeten wie nur in lauter kleinen Indianischen Dörfflein / nichts destoweniger wurde uns in selbigen auch mit aller Höffligkeit begegnet / und funden wir allezeit einen grossen Ueberfluß an Lebens-Mitteln/insonderheit an Hünern/Capaunen/ Indianischen-Hünern und allerhand Arten von Früchten.

Den dritten Tag des Abends kamen wir in einen grossen Flecken/ oder Stadt/in welcher bey nahe zwey tausend Inwohner/ theils Spanier theils Indianer wohnen / und wird Xalappa de la Vera Cruz genandt.

Im Jahr 1634. wurde diese Stadt zu einem Bischoffthum erhöhet/ durch die Theilung des Kirchspiels der Stadt der Engel/ so die Spanier Cividad Angel nennen; und ob zwar dieses neue Bischoffthum nur der dritte Theil des gantzen ist/ so werden doch die jährlichen Einkommen desselbigen auff 10000. Ducaten geschätzet/fürnehmlich weil der Boden desselbigen sehr fruchtbar so wol an Mahis,oder Indianischen,als an Spanischen Korne ist.

Es hat rings herumb viel Indianische Dörffer: Was sie aber am reichesten macht / sind die Meyerhöfe/ auff welchen der Zucker gebauet wird/ und andere die man Estancias nennet/ in welchem eine grosse Anzahl Maul-Esel und ander Vieh auffgezogen wird / wie auch noch andere/ wo man die Cochenille samlet.

In dieser Stadt ist nicht mehr als eine grosse Kirche / und eine Capelle/ welche beyde zu den Francißkaner Kloster gehören/in welchem wir diesen Abend / und den folgenden Tag / welches ein Sontag war/herbergeten.

Die Einkünffte dieses Klosters sind groß; nichts destoweniger halten sich nur ein halb Dutzent Münche darinnen auf/wiewol es so viel vermag/ daß ihrer mehr als zwantzig gar vergnüglich darinnen leben könten.

Der Superior oder Gardian in diesem Kloster war der Eitelkeit ja so sehr ergeben/als der zu St. Jean de Vlhua: Und wiewohl er nicht unsers Ordens war/ so empfing er uns doch nichts destoweniger wohl/ und bewirthete uns auffs prächtigste.

Wir funden nicht allein an diesem Orthe/ sondern überall wo wir auff un-

unserer Reise hinkamen / daß die Priester und Münche sehr zärtlich lebeten / und sich durchaus gantz anders hielten / als ihr Gelübde und Profession von ihnen erforderte.

Der Orden St. Francisci, gelobet nicht allein die Keuschheit und den Gehorsam sondern auch die Armuth viel genauer zu halten / als irgend einer von denen andern Bettel Orden: Denn ihre Kleidung soll von grobem grauen Tuche seyn / ihre Gürtel ein hänffener Strick / ihre Hembde leinen / ihre Schenckel sollen nackend seyn / ohne Strümpffe / und sollen keine lederne Schuh oder Solen / sondern Holtzschuh oder Klötzer tragen.

Es ist ihnen nicht allein verbothen Geld zu haben / sondern es auch nur anzurühren / und sollen nicht das geringste eigenthumblich besitzen: Wann sie reisen / dörffen sie sich nicht unterstehen Beqvemligkeit halber / zu reiten / sondern sie müssen mit Mühe und Verdrüßligkeit zu fusse gehen; denn sie halten dafür / daß das geringste Verbrechen in diesen Dingen eine Todt-Sünde sey / und den Bann und die ewige Verdamnüß verdiene.

Ungeachtet aber alles dessen was sie zu genauer Beobachtung derer Regeln ihrer Profession verknüpfft; so leben diejenige / welche man in diese Lande überbracht hat / auff solche weise / als ob sie niemahls GOTT einiges Gelübde gethan hätten / und erweisen mit ihrem wüsten und unordentlichen Leben / daß sie solche Dinge gelobet haben / welche sie weder können noch wollen halten.

Es kam uns nicht allein fremde vor / sondern es ärgerte uns auch aus dermassen / als wir einen Münch aus dem Kloster zu Xalappa, zu Pferde sitzen sahen / mit seinem Laqveien hinter ihm her / bloß umb einen sterbenden Menschen am Ende der Stadt beichte zu hören: Er hatte sein langes Kleid auffgeschlagen / und an den Gürtel gehäfftet / damit man die Oranienfarben seydene Strümpffe / die nette Cardubanische Schuh / und die aus Holländischer Leinwand gemachte Unterhosen / oben am Schenckel mit vier Over-finger breiten Posamenten gebrehmet / sehen konte.

Dieses veruhrsachte / daß wir etwas genauer auff das Verfahren dieses und der andern Mönche achtung gaben; und wurden gewahr / daß sie unter ihren weiten Ermeln ihre seidene gestochene Wämster / und Holländische Spitzen an ihren Hembdern sehen liessen / so daß wir weder an ihren Habit noch in ihrer conversation nicht die geringste Anzeigung einiger mortification, sondern im Gegentheil ja so viel Eitelkeit sahen / als an irgend einem Weltlichen.

Nach der Abendmahlzeit/ fingen einige unter ihnen von Karten und Würffelspiel an zu reden / und luden uns / als neu-ankommende Gäste ein/ eines mit ihnen zu primiren/ welches aber der gröste theil unter uns abschlug/ zum theil weil sie nicht Geld hatten / zum theil auch/ weil sie das Spiel nicht verstunden: Doch brachten sie mit vieler Mühe es endlich dahin/ daß zwene von unsern München die partie mit zwenen von ihnen annahmen.

Hierauff wurden nun die Karten auffs artigste gemischet / schlecht und doppelt gepasset: Einem verdroß der Verlust; und die andern machte der Gewin begierig / so daß diese Nacht auß dem Kloster ein Spielplatz / und aus der Geistlichen Armuth ein weltliches unheiliges Wesen wurde.

Weil wir also ihren spielen zusahen/ hatten wir ein Theil der Nacht durch Zeit unsere Gedancken über dieser Lebens-Arth zu haben; dann ie länger gespielet wurde/ ie grösser wurde das Aergernüß/ so wol wegen des Trunckes und der vielen Schwüre/ als des Gespöttes und Gelächters/ so sie über dem Gelübde der Armut trieben.

Einer aus diesen München / ungeachtet er bereits viel im Gelde gemehret / und selbiges mit seinen Fingern auff die Taffel geleget hatte; nichts desto weniger/ wann es ihm zuweilen glückte/ daß er eine ansehnliche Summa gewann (wie denn offters mehr als zwantzig Silberkrohnen auff dem Spiele stunden/) so machte er umb der Gesellschafft ein Lachen zu erwecken/ einen seiner Ermel auff/ und mit dem Zipffel des andern raffete er alles Geld so auffgesetzet war zusammen/ und schüttete es in den offenen Ermel/ und sagte; er hätte ein Gelübde gethan / kein Geld anzurühren oder zu besitzen; seinem Ermel aber wäre wohl erlaubet es zu verwahren.

Ich konte endlich unmöglich mehr so vieles schweren vertragen; und hätte ihnen gern deswegen meine Meinung gesagt/ und sie darumb gestraffet; weil ich aber bey mir bedachte/ daß ich mehr nicht als ein durchreisender Frembder wäre/ und daß alles/ was ich sagen würde/ werde vergebens seyn/ so gieng ich/ ohne viel Wesens zu machen / von diesen Spielern / die es biß an den Morgen getrieben hatten/ und legte mich schlaffen.

Folgenden Morgen hörte man von diesem Mönche / der so viel Gespöttes gemacht hatte/ und einem liederlichen Tropffen ähnlicher sahe/ als einem Geistlich vom Orden S. Francisci, und der sich besser in die Schule eines Sardanapali oder Epicuri als in ein Closter geschicket hätte/ daß er mehr denn achtzig Cronen verspielet hatte / so daß es schiene / als ob sein Ermel das/ was er nimmermehr eigen zu haben angelobet hatte / nicht hätte verwahren wollen.

Hier lernete ich nun auß dieser Münche Art zu leben erst recht erkennen daß vielmehr die ungezäumete Freyheit Ursache sey/ das jährlich eine so grosse Anzahl Mönche und Jesuiten auß Spanien nach diesen Landen übergehen/ als daß sie der Eyffer zum Evangelio, und zur Bekehrung der Seelen dazu bewegen solte: Welches weil es eines von denen grössesten Wercken der Barmhertzigkeit ist/ billich vor eines der vornehmsten Kennzeichen der wahren Religion gehalten wird.

Allein ihr wollüstiges Leben giebt klahr genug an den Tag/ daß die Liebe zum Gelde / die eitele Ehrsucht / die Begierde zu herrschen und die Gewalt über die armen Indianer/ vielmehr der Zweck ist/ wornach sie ziehlen/ als die Liebe und Beförderung der Ehre Gottes.

Von Xalappa kamen wir auff einen andern Orth/ welchen die Spanier Rhinconada nennen/ und weder ein Marckflecken noch ein Dorff ist/ und nicht werth wäre / daß ich seiner allhier gedächte/ wann er nicht umb zweyer Dinge willen absonderlich merckens werth wäre.

Das erste ist/ daß er vor allen andern Oerthern so weit entfernet ist/ daß es denen Reisenden unmöglich ist/ ihre Tagereise zu verbringen/ daß sie nicht entweder zu Mittag oder zu Nacht allhier einkehren müsten/ wollen sie anders nicht zwey oder drey Meilen seitwarts von der rechten Strassen abgehen/ umb einen Flecken der Indianer anzutreffen.

Es ist ein einziges Hauß/ dergleichen die Spanier Venta nennen / auff die Arth/ wie in Engelland die Wirthshäuser sind / so einzelen an den Strassen stehen: Es stehet zu ende eines Thals/ welches die allerheisseste Gegend ist zwischen S. Jean de Vlhua und Mexico.

Das vornehmste aber was diesen Orth merckwürdig macht/ ist dieses/ daß allhier die besten Qvellen und Brunnen sind/ so auff dieser Reise angetroffen werden/ wiewohl das Wasser wegen der grossen Sonnenhitze warm ist.

Weil aber die Wirthsleute dieses Orths wohl wissen/ daß die grosse Hitze/ so man auff dem Wege ausstehen muß / durch einen kühlen Trunck zu mildern nöthig habe; so pflegen sie grosse irdene Gefässe voller Wasser in nassen Sand zuvergraben/ darinnen es so kalt als ein Eiß wird.

Diese Bestürtzung/ darein wir durch dieses süsse und frische Wasser gesetzt wurden / als wir es in einem so heissen und brennenden Lande antraffen/ war ja so groß bey uns / als die Erqvickung die wir hatten / als wir so unverhofft antraffen/womit wir die allzugrosse Hitze dämpffen kunten.

Doch war es der Trunck nicht allein; man trug uns auch so viel Rind-Schöpsen und Ziegen-Fleisch / so viel Hüner / Indianische Hahnen/ Kaninichen / Vogel-Wildbret/ und insonderheit Wachteln auff/ daß wir uns höchlich darüber verwundern musten.

Das Thal und die Gegend herumb sind sehr reich und fruchtbar; voller Meyerhöfe/ in welchen die Spanier Zucker/ Cochenille, Korn und Indianischen Weitzen bauen.

Was mir aber am meisten diese Venta im Gedächtnüß erhält/ ist/ daß ob schon der Fleiß der Menschen Mittel erfunden hat / die Reisenden an einem so heissen Orthe mit frischem Wasser und überflüssigen Lebens-Mitteln zuversehen/so ist doch dieses alles nur bey Tage annehmlich; dann des Nachts nennen es die Spanier höllisches Confect.

Dañ es ist nicht allein die Hitze so überauß groß/ daß man unmöglich essen kan/ uñ einem der Schweiß unauffhörlich über das Gesichte lauffe: Sondern es plagen einen auch die Mücken so sehr/ daß man sich unmöglich für ihnen weder wachend noch schlaffend verwahren oder erwehren kan: Und ob schon der meiste Theil von uns Gezelte hatte / so konten wir doch nicht darunter für ihnen sicher seyn / massen sie/ wie die Egyptische Frösche/uns auch in unsern Betten funden.

Das Tages über mercket man sie gantz nicht; so bald aber die Sonne untergehet/so finden sie sich mit Hauffen/ und verlieren sich eher nicht/als biß die Sonne wieder auffgehet.

Nachdem nun diese lange und verdrüßliche Nacht endlich vergangen war / und die auffgehende Sonne dieses Ungezieffer verjaget hatte / dauchte uns auch am rathsamsten zu seyn/ auffs baldeste aus diesem Orthe zu entfliehen.

Dannenhero wir sehr frühe auff waren/ umb in einen Flecken zu gelangen / welcher so lustig und so reich an Lebens-Mitteln ist/ als diese Rinconada, und da man von diesen Feinden/welche uns die vorhergehende gantze Nacht so verdrüßliche Gesellschafft geleistet hatten/ befreiet ist.

Das

Das 10. Capitel

Von unserer Ankunfft zu Segura de la Frontera, einer Stadt/ so Cortez erbauet/ samt ihrer Beschreibung/ und dem Anlaß sie zu erbauen.

WIr kamen auff den Abend in einen andern Flecken oder kleine Stadt/ Nahmens Segura, von Indianern und Spaniern bewohnet/ ohngefähr 1000. an der Zahl/ da wir ebenfals köstlich von den Franciscanern/ so denen zu Xalappa an Zärtligkeit und Eitelkeit nichts bevorgaben/ bewirthet worden.

Diese Stadt ist von Ferdinand Cortez angeleget/ und Segura de la Frontera, das ist die Sicherheit der Gräntze/ genennet worden: weil er sie als eine Gräntzfestung bauen ließ/ und die Spanier so von St. Jean de Vlhua nach Mexico gingen/ gegen die Culhuacanen und die von Tepeacac, so der Mexicaner Bundsgenossen waren/ und die Spanier sehr beunruhigten/ zu versichern.

Denn es kränckete den Cortez sehr/ daß/ als er das erste mahl von Mexico war abgetrieben worden/ und die Indianer seiner und derer übrigen seines Volckes spotteten/ weil sie vernommen hätten/ daß sie gefährlich verwundet wären/ und sich nach Tlaxcallan geflüchtet hätten/ sich zu erfrischen/ und sich wieder zu erholen; Daß/ sage ich/ die Einwohner derer zweyen Städte/ Culhua und Tepeacac, so damals der Mexicaner Bundsgenossen waren/ wider den Cortez und die Stadt Tlaxcallan, nach dem sie sich heimlich verstecket gehabt/ zwölff Spanier gefangen/ und sie gantz lebendig ihren Götzen geopffert/ und hernach gefressen hatten.

Dannenhero bath Cortez den Mexicaca, einen von denen vornehmsten Hauptleuten der Stadt Tlaxcallan, und etliche andere Edelleute der Stadt/ daß sie ihm Gesellschafft leisten/ und ihm helffen wolten/ damit er sich an denen von Tepeacac, wegen der/ an denen zwölff Spaniern verübten Grausamkeit/ und wegen des Schadens/ den sie denen Einwohnern der Stadt Tlaxcallan, mit Hülffe ihrer Bundsgenossen/ der Culhuacaner und Mexicaner/ thäten/ rächen möchte.

Mexicaca und die vornehmsten zu Tlaxcallan rathschlageten über diesem Vortrag mit der Obrigkeit und Gemeine der Stadt/ und schlossen endlich einmütiglich/ihme dem Cortez mit 40000. streitbaren Männern/ ohne die Tamemez, oder Lastträger/ so der Armee die Bagage und andere nöthige Dinge nachtragen/ beyzustehen.

Hierauf rückte Cortez mit denen von Tlaxcallan, seinen Soldaten und Reutern für Tepeacac, uñ forderte von ihnen/daß sie zur satisfaction für die zwölff erschlagene Christen/sich dem Käyser und Könige von Spanien seinem Herrn ergeben/und hinführo keinem einigen Mexicaner oder Einwohner der Provinz Culhua auffnehmen solten.

Die zu Tepeacac antworteten/ sie hätten die zwölff Spanier zu tödten guten fug und recht gehabt/ weil sie zur Zeit des Krieges mit Gewalt durch ihr Land/ohne erhaltene/ja ohne verlangete Erlaubniß/ hätten gehen wollen. Die Mexicaner und Culhuacaner wären ihre Bundsgenossen / derohalben würden sie sie in ihre Stadt und Häuser auffnehmen/so offt sie zu ihnen kommen würden; und schlugen sie hiermit des Cortez Begehren gäntzlich ab/ mit protestation, daß sie keines weges einen unbekandten Volcke wolten unterthänig seyn; bittende wieder nach Tlaxcallan zurücke zu kehren / wofern sie ihr Leben lieb hätten / und nicht wie ihre zwölff Spießgesellen wolten geopffert und gefressen werden.

Alß nun Cortez nach offtermals vergebens wiederholeten Vermahnung zum Frieden / sahe daß er nichts schaffete / griff er sie mit rechtem Ernst an.

Die Tepeacacer, von denen Culhuacanen secundiret/ waren tapffer und behertzt/und schickten sich denen Spaniern den Eingang in die Stadt zu verwehren / und weil ihrer eine grosse Anzahl/und unter ihnen viel wackere Leute waren / fielen sie zu unterschiedenen mahlen auß / und scharmutzireten tapffer mit einander; allein sie wurden endlich geschlagen/ und blieben ihrer viel auff dem Platz/ da doch nicht ein einiger Spanier getödtet wurde/ ungeachtet die von Tlaxcallan auch nicht wenig todte hatten.

Als nun die Herren/und vornehmsten von Tepeacac sahen daß sie geschlagen und nicht starck genug zum Widerstand waren / ergaben sie sich dem Cortez als des Käysers Vasallen/mit Bedingung/ daß ihre Freunde von Culhua auf ewig solten verbannet seyn / und daß er macht haben solte/ diejenigen/welche am tode derer zwölff Spanier Uhrsach wären/ nach seinem gefallen zu straffen.

Also verdammete nun Cortez alle diejenigen Bürger/ welche in diesem

Mord eingewilliget hatten/ daß sie Sclaven seyn und ewig dienen solten/ und das wegen ihrer Grausamkeit und Halßstarrigkeit.

Andere sagen/ daß er sie alle ohne Unterschied dienstbar gemacht/ und sie wegen ihres Ungehorsams/ und weil sie Sodomiten/ Abgöttische/ und Menschenfresser wären/ gestraffet habe/ damit die andern alle sich ein Beyspiel davon nehmen solten.

Dem sey nun wie ihm wolle/ so ists gewiß daß er sie zu Sclaven gemacht; und innerhalb 20. Tagen/ [denn so lange wehrete dieser Krieg] brachte er diese gantze grosse Provintz zur Ruhe; Er jagte die Culhuacanen auß/ schmiß die Götzen über einen Hauffen/ und die Vornehmsten ergaben sich in seinem Gehorsam.

Und damit er sich desto mehr versicherte/ ließ er diese Stadt bauen/ die er Segura de la Frontera, das ist/ die Versicherung der Gräntze/ nennete; mit ertheiletem Befehl an die Beampte in selbiger/ daß sie wol acht darauf haben solten/ damit die Christen und Außländische/ sicher von Vera Cruz nach Mexico reisen könten.

Diese Stadt/ so wol als alle die andern/ so zwischen St. Jean de Vlhua und Mexico liegen/ hat einen grossen Ueberfluß an Lebens-Mitteln und allerhand Arthen von Früchten: Insonderheit aber von denen so genandten Ananes, Sapoten, und Chicosapotten, welche inwendig einen grossen schwartzen Kern haben/ in der Grösse einer Pflaumen; die Frucht ist von aussen so roth als ein Scharlach/ und schmeckt so süsse als Honig: Doch sind die Chicosapotten nicht so groß/ und ein Theil derselben sind roth/ die andern aber braun-roth und sind so voller Safft/ daß wenn man sie isset der Safft tropffen weise als ein Honig daraus treufft; und riechen fast wie eine gekochte Birne.

Es wurden uns auch allhier Weintrauben fürgesetzt/ welche so schön waren als die Spanischen Trauben sind: Wir erfreueten uns nicht wenig drüber/ weil wir seidher unserer Abreise auß Spanien keine gesehen hatten.

Wir schlossen darauß/ daß die Gegend daherumb zum Weinbauen sehr dienlich seyn würde/ wann der König von Spanien selbigen erlauben wolte; welches er aber zu unterschiedenen mahlen abgeschlagen hat/ weil er besorget/ es möchte dadurch die Handlung zwischen Spanien und diesen Landen gehindert werden.

Diese Stadt liegt unter einen viel temperirtern Himmel/ alß einige derer andern/ so zwischen Vera Cruz und Mexico sind/ und ihre Einwohner/ so vormals

mals Menschenfresser waren/ sind ietzo so leutselig und höfflich/ als irgend einige andere/ so auff dieser Reise angetroffen werden.

Als wir diese Stadt verliessen/ gingen wir ein wenig seitwarts nach dem Westen/ von der grossen Strasse/ so sich gegen Nord-West ziehet/ ab/ weil wir die berühmte Stadt Tlaxcallan, besehen wolten/ derer Einwohner sich mit dem Cortez vereinigten/ und ihm so sehr treu waren/ daß man mit Warheit sagen kan/ daß sie das vornehmste Instrument/ so zu Eroberung dieser Lande gedienet/ gewesen seynd: Massen denn auch umb deßwillen die Könige von Spanien sie biß auff den heutigen Tag von allem Tribut und Beschwerungen befreyet haben/ und geben mehr nicht von der jährlichen taxa, so alle Indianer bezahlen müssen/ als eine ähre ihres Indianischen Weitzens/ den sie Mays nennen.

Das II. Capitel.

Beschreibung der grossen Stadt Tlaxcallan und des herumb liegenden Landes.

DEr Nahme dieser grossen Stadt Tlaxcallan heisset in der Indianischen Sprache so viel als ein schönes Brod/ weil hier des Kornes/ so sie Centli nennen/ mehr eingeerndet wird/ als irgend in einer andern herumliegenden Provintz: Vormals aber hat sie Texcallan, das ist ein Thal zwischen zweien Gebürgen/ geheissen.

Sie liegt am Ufer eines Flusses/ welcher aus einem Gebürge Nahmens Atlancapetec entspringet/ und den meisten Theil der Provintz wässert/ hernach fliesset er durch Zacatullan, und fällt endlich ins Meer.

Es sind in dieser Stadt vier schöne Gassen/ und heissen Tepetiepac, Ocotelulco, Tizatlan, Qviahuiztlan.

Die erste ist auff einen Felsen gebauet/ ohngefähr eine halbe Meile weit vom Flusse/ und weil sie auff einem Felsen ist/ heist sie Tepetiepac, das ist ein Berg oder Felsen: An diesem Orthe ist der erste Anfang zu der Stadt gemacht worden/ und zwar auff dieser Höhe/ weil es zur Zeit des Krieges geschahe.

Die andere Gasse lieget an der seiten des Berges gegen dem Flusse zu/ und weil/ damahls als man sie anlegte/ viel Fichten an selbem Orthe stunden/ wurde sie Ocotelulco, das ist/ Fichten äpffel-platz genennet.

Diese

Diese Gasse war sehr schön / und am Volckreichesten für den andern/ und da/wo auff derselben der vornehmste Marckt/auff welchem allerley Eßwahren verkauffet werden/gehalten wird/ wurde sie Tianqvintzli genennet/ auff dieser Gassen wohnete auch der Maxixca.

In der Ebene am Ufer des Flusses war die dritte Gasse / Nahmens Tizatlan, weil es viel Kalck und Kreyde daselbst hatte; in dieser Gasse wohne Xicontencatl der General über die gantze Armee der Republiq.

Xicotencatl war Generalissimus über die Tlascollanen Armee/so sie wider Ferdinand Cortez und die Spanier führeten / damals als diese sie überwunden.

Und Maxixca war General-Leutenant über gedachte Armee / und einer derer vier Hauptleute über der Stadt Troupen.

Die vierdte Gasse hieß Qviahuitzlan, wegen des gesaltzenen Wassers. Nachdem sie aber denen Spaniern in die Hände kommen ist/ist alles verändert/ und sind schöne steinerne Häuser erbauet worden.

Das Rathhauß und etliche andere gemeine Stadt-Gebäude sind der Ebene am Ufer des Flusses/ schier wie zu Venedig gebauet.

Diese Stadt wurde von denen edelsten und Reichesten der Stadt regieret; weil sie die Arth von einem regieret zu werden für tyrannisch hielten; und dannenhero hasseten sie auch den Montezuma als einen Tyrannen.

Wann sie Krieg führeten / so hatten sie vier Capitäne/derer jeder eine Gasse der Stadt regierete / und aus diesen wurde einer zum Generalissimo erwehlet/ unter ihnen aber waren noch etliche wenige andere Edelleute / die gleichsam Unter-Capitäne oder Leutenandte waren.

Im Kriege liessen sie ihre Fahne zu Ende der Armee tragen; wenn sie aber eine Schlacht lieffern solten/ so wurde sie an einem solchen Orth gestellet/ da sie von der gantzen Armee konte gesehen werden/ und welcher sich alsdenn nicht alsbald unter seinen Officirer stellete/wurde zur Straffe gezogen.

Unter dieser Fahne waren zweene Pfeile/ welche sie als Reliqvien von ihren Vorfahren in hohen Ehren hielten / und die/ welche sie tragen solten/ musten zweene alte tapffere Soldaten und aus der Zahl der vornehmsten Capitäne seyn. Sie hatten bey diesen Pfeilen den Aberglauben/daß sie ihnen wahrsageten/ob sie die Schlacht gewinnen oder verlieren würden: Sie schossen nehmlich einen von diesen Pfeilen gegen den ersten unter denen Feinden/ so ihnen begegnete / und wann er dadurch getödtet oder verwundet wurde/ hielten sie es vor ein gewisses Zeichen des Sieges: Wenn aber der Pfeil den/ nach den er geschossen wurde/ weder tödtete noch verwundete/ so glaubten sie festiglich/ daß sie die Schlacht verlieren/ oder doch schaden leiden würden.

Diese Provintz oder Herrschafft von Tlaxcallan hatte 28. Dörffer und Flecken unter sich/ darinnen 150. Häupter derer Geschlechter gezehlet wurden.

Sie sind alle starcke wolgestalte Leute/ und die besten Soldaten unter allen Indianern: Sie sind sehr arm/ und haben kein ander Reichthum als das Korn oder Getreidig/ welches sie Centli nennen/ welches sie verkauffen/ und für das gelösete Geld ihnen Kleidung und was sie sonst nöthig haben/ schaffen.

Sie haben unterschiedene Marcktplätze/ der Fürnehmste aber/ und wo der gröste Zulauff ist/ ist in der Gassen Ocotelulco, denn auf selbigen hat man ehedessen an einem Tage in die zwantzig Tausend Personen kommen sehen/ welche ihre Wahren eine gegen der andern verstochen haben: Denn es ist damals das gemüntzte Geld noch nicht bräuchlich gewesen.

Es hat von Alters her/ wie auch noch/ eine sehr gute Policey/ und unterschiedene Arthen von Handwercks-Leuten in dieser Stadt gehabt. Man findet da Goldschmiede/ Federschmücker/ Barbierer/ Bader und Töpffer/ welche so schönes thönernes Gefässe machen/ als etwan in Spanien gemachet wird.

Das Erdreich ist fett und fruchtbar/ und sonderlich geschickt zum Getreide/ Früchten und Viehe-Weide: Denn es wächset zwischen den Fichten so viel Graß/ daß die Spanier ihr Vieh daselbst weiden lassen/ welches man in Spanien wol würde müssen bleiben lassen.

Zwey Meilen von der Stadt ist ein runder Berg 6000. Schritte hoch/ und hat 14000. Schritte im Umbsfang/ auf welchem allezeit Schnee gesehen wird: Itzo heisset er S. Bartholomæi Berg; in voriger Zeit aber hieß er Matealcucie, das ist/ der Wasser-Gott.

Sie hatten auch einen Wein-Gott/ den sie Ometochtli nenneten/ weil sie der Trunckenheit sehr ergeben waren.

Ihr vornehmster Gott hieß Camaxllo, oder auch Mixcovall, dessen Tempel in der Gassen Ocotelulco war/ worinnen jährlich zum wenigsten 800. Menschen geopffert wurden.

Es

Es werden drey unterschiedene Sprachen in dieser Stadt geredet; die erste heisset Nahuahl, welches die Hoffsprache ist/ und die zierlichste im gantzen Mexicanischen Lande. Die andere wird Otonciu genandt/ und ist die gewöhnliche Sprache in denen Städten. Die dritte/ wird nur in einer einigen Gasse geredet/ und ist die Bäurischte unter allen/ und heist Pinomer.

Es hat vormals ein gemeines Gefängnüß allhier gehabt/ worein man die Gefangenen gesetzet/ und darinnen alle diejenigen die man einer Uebelthat schuldig erachtet/ gestraffet hat.

Es trug sich zu/ als Cortez sich daselbst befand/ daß ein Einwohner einen Spanier etwas weniges Gold stahl; worüber sich Cortez bey dem Maxixca beklagte: Dieser forschete alsobald so embsig nach/ daß der Dieb zu Cholollà, einer andern grossen Stadt/ fünff Meilen von dieser entlegen/ gefunden ward.

Als nun der Gefangene samt den gestohlnen Golde wieder zurücke bracht ward/ wurde er dem Cortez überlieffert/ daß er mit ihm machen solte/ was er wolte: Dieser aber gab ihn den Maxixca wieder/ und bedanckte sich/ daß er ihm mit so grossen Fleiß hätte suchen lassen.

Maxixca aber welcher ihn andern zum Beyspiel wolte straffen/ ließ ihn durch alle Gassen der Stadt führen/ und für ihm her sein Verbrechen außruffen/ biß er endlich auff den Marckt gebracht wurde/ da muste er auff ein Schavot steigen/ auff welchen ihm mit einem Hebebaum alle Gelenckel entzwey geschlagen wurden.

Die Spanier verwunderten sich über eine so strenge Bestraffung/ und schlossen daraus/ daß/ wie die Einwohner ihnen in diesen Stücke so völlige Gnüge thun wollen/ also würden sie sich ins künfftige auch willig finden lassen/ alles dasjenige zu thun/ was zu Eroberung Mexico, und den Montezuma zu bezwingen nöthig seyn würde.

Ocotelulco und Tixatlan, sind itziger Zeit die Gassen/ die am meisten bewohnet sind: Denn in der Gassen Ocotelulco ist ein Franciscaner Kloster/ dessen Münche dieser Stadt Prediger sind/ sie haben eine sehr schöne Kirche zunechst an ihrem Kloster/ zu welcher ohngefähr funfftzig Indianer gehören/ und alle Sänger/ Organisten/ Kunstpfeiffer und Trompeter sind/ die allemahl bey der Messe auffwarten/ da sie denn mit ihrer wundervollen Zusammenstimmung iedermann bestürtzt machen; massen ich denn glaube/ daß nichts hertzbeweglichers als diese Musik zu finden sey.

In denen Gassen Tepetiepac und Qviahuiztlan, sind nur zwo Capellen/ in welchen am Sonntage und bey andern Gelegenheiten die Mönche aus gedachtem Kloster Messe halten.

Wir blieben einen Tag und zwey Nächte in diesem Convent, da man uns sehr wohl bewirthete. Es war ein überfluß an Fleische dar/ noch mehr aber an Fischen/ wegen des Flusses so an der Stadt hinfleust. Denn es hat die Stadt denen Mönchen ein dutzent Indianer zugeeignet/ welche für sie fischen müssen / wofür diese hingegen von allen andern Beschwehrungen befreyet sind.

Sie gehen nicht alle zugleich auß auff die Fischerey/ sondern nur iede Woche ihrer vier/es sey denn das bey sonderbahren Begebenheiten/viel Fische von nöthen wären: Dann alsdann sind sie schuldig/ alle andere Arbeit stehen zu lassen/und mit gesamter Hand für das Kloster zu fischen.

Die Stadt wird ietzo von Spaniern und Indianern durcheinander bewohnet; und ist der Sitz eines Præsidenten, oder Ober-Officirers von der Justitz / welcher alle drey Jahr aus Spanien abgesendet/ und daselbst Alcalde Major genennet wird/ und sein Gebiete strecket sich über alle Städte und Flecken/so biß auff zwantzig Meilen umbher liegen.

Ausser diesen Ober-Richter haben die Indianer noch andere unter sich/ welche sie Alcalden, Regidors, und Algvazils nennen / und sind Ober- und Unter-Bediente bey den Gerichten / und werden jährlich vom Alcalde Major erwehlet / welcher sie allezeit in Furchten hält/ und nach seinem Gefallen für seine Mühewaltung sich selbsten belohnet / da er hingegen denen andern für ihre Dienste nichts durchaus zur Vergeltung giebet.

Das üble Verfahren des Alcalde Majors und derer andern Spanier/ hat diese Stadt/ so ehemahls sehr Volckreich gewesen / zimlich verwüstet: ungeachtet sie billich sanftmüthiger mit diesen/als mit den andern Indianern umbgehen solten / weil sie die vornehmste Uhrsache gewesen sind/daß dieses Land ist erobert worden.

Das 12. Capitel
Fernere Reise von Tlaxcallan nach Mexico, durch Civdad Angel, und Gvacocingo.

Als wir von Tlaxcallan unsere Reise fortsetzeten/ war der merckwürdigste

Orth

Orth / darauff wir zu kamen / die Stadt / welche die Spanier la Puebla de los Angeles, das ist / die Engel-Stadt / nennen. Wir trugen ein grosses Verlangen dahin zu kommen / weil wir wusten / daß ein Dominicaner-Kloster / nehmlich des Ordens / welchem wir zugethan waren / daselbst wäre / dergleichen keines wir noch angetroffen hatten / seind wir von St. Jean de Vlhua abgereiset waren.

Wir ruheten an diesem Orthe drey gantzer Tage aus / nach aller Lust / als die wir unsern Brüdern sehr willkommen waren / wie sie denn auch nichts spahreten / uns auffs beste als sie kundten zu bewirthen.

Wir spatzirten durch die gantze Stadt / und hatten also Gelegenheit / alles / was daselbst ist / zu erkundigen. Wir / sahen daß sie sehr herrlich und reich ist / nicht allein / weil ein starcker Handel daselbst getrieben wird / sondern auch weil viel Münchs und Nonnen-Klöster in selbiger erbauet worden / und noch unterhalten werden.

Dann es hat ein sehr grosses Dominicaner Kloster daselbst / in welchem auffs wenigste funfftzig biß sechtzig Münche leben: Und auser diesem haben die Franciscaner / die Augustiner / die Barmhertzige / die Baarfüsser-Carmeliten und Jesuiten ihre Klöster; ohne noch vier Nonnen-Klöster / so man allhier findet.

Diese Stadt ligt in einem lustigen Thal / ohngefehr zehn Meilen weit von einem sehr hohen Gebürge / welches allezeit mit Schnee bedecket ist. Sie liegt ohngefehr zwantzig Meilen weit von Mexico, und ist Anno 1530. auf Befehl Don Antonio de Mendoza, damahligen Vice-Re zu Mexico, mit Bewilligung des Bischoffs Sebastian Ramurez, erbauet worden. Dieser war zuvorher Præsidente zu S. Domingo gewesen / und verwaltete dieses Jahr die Præsidenten-Charge in der Mexicanischen Cantzeley an stadt des Nunnio de Gusman welcher sich so wohl gegen die Spanier als Indianer sehr übel erwiesen hatte / und waren ihme dem Bischoffe vier Richter oder Räthe zugegeben / nehmlich der Licentiat Salmeron, Gasco Qviroga, Francisco Ceynos, und Alonso Maldonado.

Diese Räthe regierten das Land weit besser / als zuvor Nunnio de Gusman gethan hatte: und unter andern merckwürdigen Sachen / so sie thäthen / war / daß sie die Stadt Volckreich macheten / und denen Indianern / welche vorher daselbst gewohnet hatten / und wegen des üblen Tractaments / womit ihnen die Spanier begegnet waren / die Stadt verlassen hatten / und theils nach Xalixco, theils nach Honduras, Gvatimala und andern Orthen/ wo zwischen denen Indianern und Spaniern Krieg war/ geflohen waren/ Freyheit gaben wieder zu kehren.

Diese Stadt war zuvorhero von den Indianern Guetlaxcoapan, das ist/ die Wasser-Schlange/ genennet worden/ weil in derselben zweene Brunnen sind/ derer einer böses, der andere aber gutes und zum trincken bequemes Wasser hat.

Itziger Zeit ist sie ein Bischöfflicher Sitz/ dessen Einkünffte ohngeachtet man Xalappa de la Vera Cruz davon abgesondert hat/ noch jährlich über zwantzig tausend Ducaten betragen.

Die Lufft ist so gesund / daß die Zahl der Einwohner/ wegen des grossen Zulauffs des Volckes/ welches von unterschiedenen andern Orthē dahin kömt sich täglich mehret. Es begab sich im Jahr 1634/ als man in sorgen stund/ es würde die Stadt Mexico, wegen Auffschwellung des Sees ersäuffet werden/ eine grosse Menge Volcks von Mexico hieher; dann es flohen sehr viele/ mit ihren gantzen Familien/ und allen ihrem Vermögen von dorten weg/ und liessen sich hie häußlich nieder: und man hält dafür/ daß itziger Zeit gar gewiß zehen tausend Einwohner darinnen gefunden werden.

Sie ist am meisten berühmt/ wegen der Tuche/ die daselbst gemachet/ und in unterschiedene Länder verführet werden: Dann sie werden für so gut gehalten als die Tuche von Segovien, welches die besten sind/ so in Spanien gemachet werden. Diese sind auff sehr geringen Preiß kommen/ weil man ihrer nicht mehr so viel nach America, als vormahls geschehen/ verführet/ und ihrer jährlich eine grosse Menge in dieser Engel-Stadt gemachet wird.

Die Hüte/ so allhie gemachet werden/ sind die besten in der gantzen Provintz.

Es ist auch eine Glaßhütten daselbst/ welches in Warheit was seltzames ist/ weil dieses die eintzige ist/ so itziger Zeit noch in diesen Ländern gefunden wird.

Das aber/ was sie am reichsten machet/ ist die Müntze/ in welcher die helffte des Silbers/ so aus den Bergwercken von Sacatecas kommet/ verarbeitet wird/ welches sie gleichsam zu einen andern Mexico machet/ und Uhrsache seyn wird/ daß sie künfftiger Zeit eben so Volckreich seyn wird/ als jene ist.

Ausser-

Ausserhalb der Stadt hat es sehr viel Gärten/welche die Marckt-Plätze mit Kräutern und Salate versehen. Das Erdreich trägt viel Getraide/ so sind auch daherumb viel Meyerhöfe/ auff welchen der Zucker gebauet wird/und unter andern liegt einer sehr nahe an der Stadt/welcher denen Dominicanern zugehöret/ und so groß ist/ daß darinnen mehr als zweyhundert Schwartze/Männer und Weiber/ihre Kinder ungezehlet/unterhalten werden.

Zwischen dieser Stadt und Mexico liegt die Stadt Gvacocingo, in welcher ohngefähr 500. Indianer/ und hundert Spanier wohnen: Es ist auch ein Franciscaner Kloster daselbst/ in welchem wir wol empfangen wurden/ und liessen uns in selbigem die Mönche sehen/ wiewol sie ihre Indianer in der Singekunst/Musik/und auf allerhand Instrumenten zu spielen/abgerichtet hätten.

Es mangelte diesen München eben so wenig an allerley Gattung von nöthigen Lebens-Mitteln/ als denen andern. Womit sie sich aber am meisten sehen liessen/ war die Aufferziehung etlicher Kinder selbigen Orthes; und insonderheit derer/so in ihrem Kloster dieneten/welche sie auf Spanische Arth nach einer Citharre hatten tantzen lernen.

Sie liessen uns selbigen Abend eine Probe davon sehen: Dann sie liessen derer selbigen ein dutzent/unter denen der älteste noch nicht 14. Jahr alt war/kommen/uns die Zeit zuverkürtzen/ die sungen biß umb Mitternacht allerley Spanische und Indianische Lieder/ und tantzeten mit vielen capreol sprüngen nach denen castagnetten, mit solcher Geschicklichkeit/daß wir nicht allein hertzlich dadurch erlustiget wurden; sondern uns auch darüber verwundern musten/und fast erstauneten.

Es ist wohl nicht ohne/ es dauchte uns/als wir solches sahen/ die Münche würden besser gethan haben/ wann sie die Zeit im Chor zugebracht hätten/ so wie es ihre profession von ihnen erforderte: Allein/ ie tieffer wir ins Land kamen/ ie mehr funden wir/ daß die Schuldigkeit des geistl. Standes verachtet wurde/ und die Eitelkeit an ihrer statt unter denen herrsche/ welche der Welt solten abgesaget und aller ihrer Lust sich entzogen haben.

Die Stadt Gvacocingo hat von denen Königen in Spanien fast eben so viel Freyheiten erhalten/ als Tlaxcallan, weil sie sich mit dieser wider die Mexicaner verband/ und dem Ferdinand Cortez und denen andern Spaniern/welche zuerst dieses Land einnahmen/Hülffe leisteten.

Die Einwohner von Gvacocingo, welche derer von Tlaxcallan, Chololla, und Huacacolla Bundsgenossen waren/beschirmeten die von Chalco mannlich. Denn als diese von denen Mexicanern / die vorher ihre Land schon sehr verwüstet hatten / angegriffen wurden / schicketen sie zu dem Cortez und fleheten ihn umb Hülffe an: Weil aber Cortez damals gleich in Außrüstung seiner Brigantinen / mit welchen er Mexico zu Wasser und zu Lande zu belägern willens war / beschäfftiget war / konte er ihnen die verlangte Hülffe nicht senden; Derowegen bath er die Tlaxcaltecas, die von Gvacocingo, Cholollá und Huacacolla, daß sie denen zu Chalco beystehen wolten: welches sie auch so hertzhafftig und tapffer verrichteten / daß solche That noch heutiges Tages in aller Gedächtnüß ist; massen sie die zu Chalco von der Unterdruckung des Montezuma gäntzlich befreyet / ohngeachtet seiner grossen Macht/mit welcher er aus Mexico außgegangen war/den Spaniern die Annäherung zu verwehren.

Diese That nun ist die Uhrsache gewesen / daß diese Stadt nebst denen andern oben genenneten so viel Freyheiten von denen Spaniern erhalten hat/bey denen sie auch noch heut zu Tage in grossem ansehen ist.

Von hier aus thäten wir unsere letzte Tagereise biß nach Mexico, über das hohe Gebürge/welches wir in der Engelstadt bereits gesehen hatten / und in die dreyssig Meilen davon entfernet ist.

Dieses Gebürge ist viel höher als die Alpen sind/ und ist dahero auf selbigen auch viel kälter/weil es immer mit Schnee bedecket ist.

Wir hatten / seind wir aus Spanien abgereiset waren/nie keine so grosse Kälte empfunden/ als an diesem Orthe/ welches die Spanier/ als welche aus einem hitzigen Lande kamen/und auff der See noch grössere Hitze hatten außstehen müssen / nicht wenig bestürtzt machte.

Wir rechneten/daß wir diesen letzten Tag von Gvacocingo aus biß nach Mexico ohngefähr dreyssig Englische Meilen gereiset waren / derer helffte zum wenigsten Berg auff und ab gewesen war.

Als wir am höchsten auff dem Gebürge waren/bekamen wir die Stadt Mexico,mit dem See/welcher umb sie herumb ist/ zu gesichte / und dauchte uns selbe gantz nahe zu seyn / ohngeachtet sie in der Ebene fast zehen Meilen vom Fusse des Gebürges gelegen ist.

Das

Das 13. Capitel
Erzehlung unterschiedener besondern Umbstände der Eroberung dieser Lande durch die Spanier.

Als Ferdinand Cortez zum andern mahl von Tlaxcallan auffbrach/ die Stadt Mexico zu Wasser und zu Lande vermittelst seiner Brigantinen oder Schiffe/ die er mit Fleiß dazu hatte verfertigen lassen/ zu belagern/ schlug er mit seiner Armee sein erstes Lager an der seiten des Gebürges; wo sie aber gewiß alle würden erfrohren seyn/ wann sie nicht eine so grosse Menge Holtz daselbst gefunden hätten.

Folgenden Morgen stieg er höher auff das Gebürge/ und schickte vier Fußknechte und vier Reuter vorauß auf Kundschafft; diese funden den Weg mit grossen Bäumen verlegt/ welche die Mexicaner neulichst erst umbgehauen/ und zwerchs über die Strasse geleget hatten.

Weil sie sich aber einbildeten/ es würde die Strasse nicht durchaus so gesperret seyn/ gingen sie weiter fort so lange sie konten/ biß sie endlich eine solche Verwirrung grosser übereinander gestürtzter Cedern antraffen/ daß ihnen unmöglich war weiter fortzukommen; Dannenhero sie wieder zurücke zu dem Cortez kehreten/ und ihn versicherten/ daß die Pferde unmöglich auf diesem Wege fortkommen könten.

Als Cortez diese Zeitung hörete/ fraget er/ ob ihnen niemand unterwegens begegnet oder aufgestossen wäre; und da sie mit nein antworteten/ brach er alsobald mit seiner gantzen Reuterey und tausend Fußknechten auff/ und befahl der übrigen Armee/ daß sie ihme mit allem möglichen Fleisse folgen solten.

Dieses Volck nun/ welches er mit sich genommen hatte/ muste den Weg öffenen/ und die über einander gestürtzten Bäume/ welche ihn an seinem March hindern solten/ hinweg räumen/ und also ging er mit der gantzen Armee/ ohne einigen Anstoß oder empfangenen Schaden/ über das Gebürge/ wie wol es nicht ohne Mühe und schwere Arbeit geschach.

Es ist kein Zweiffel/ daß/ wenn die Indianer sich an diesem Orthe gesetzt/ und den Paß verwahret hätten/ die Spanier nimmermehr hätten durchbrechen können/ zumalen damahls der Weg überauß böse und beschwerlich gewe-

gewesen; da er itzo eine rechtmässige weite hat/ massen die mit Kauffmanns-Guth auß S. Jean de Vlhua und mit Zucker auß denen Mayerhöfen beladene Maul-Esel allezeit diese Strasse gehen

Die Mexicaner hingegen glaubten damals/ die Strasse sey durch die zwerchüber gefälleten Bäume genugsam geschlossen und verwahret/ trugen derohalben dißfals keine Sorge/ sondern warteten der Spanier im freyen Felde.

Denn von Tlaxcallan nach Mexico sind drey Strassen/auß denen Cortez die allerschlimmeste erwehlete/weil er sich das/was auch erfolgete/einbildete: Oder vielleicht auch/ weil ihm iemand verkundschafftet/ daß an dieser seiten keine Feinde wären/ die ihm den Durchgang wehren würden.

Als nun der Berg überstiegen war/hielt Cortez stille/und ruhete so lange/ biß die gantze Armee beysammen war/ umb mit völliger Macht in die Ebene hinab zu steigen. An diesem Orthe kunte Cortez nicht allein der Feinde Nacht-Feuere/ so sie hin und wieder gemacht hatten/sondern auch alle die/ so ihm auff den andern beyden Strassen auffgewartet hatten/ sehen; diese hatten sich zusammen gezogen/ umb ihn und seine Armee zwischen etlichen Brücken so wegen der Reisenden willen über die kleinen Flüßlein/so aus dem See entspringen/geleget sind/anzugreiffen.

Cortez aber hatte zwantzig Pferde dahin gesand/ welche mitten durch die Mexicaner durchbrachen/ und der gantzen folgenden Armee den Weg öffneten/auch viel Mexicaner darnieder machten/ ohne daß sie den geringsten Schaden empfangen hatten.

Der Prospect dieses Gebürges und die darunter liegende Ebene erinnerten uns alles desjenigen/ was daselbst geschehen war/ und gaben Anlaß/ uns davon miteinander zu unterreden/ so daß uns der Weg dadurch sehr verkürtzt und leichte wurde.

Die erste Stadt/auf die wir am Fusse des Berges kamen/ war Qyahutipec, welche zu Tezeuco gehöret: Da wir uns wiederum erinnerten/ daß nahe dabey das Lager der Indianer von Culhua gewesen war: Selbiges bestand ohngefähr auß 100000. Mann/ welche die Herren von Tezeuco abgeschickt hatten/ den Cortez zu schlagen: Allein es war vergebens; denn des Cortez Reuterey brach mitten durch ihre Armee/und sein Geschütze machte eine solche Verheerung unter ihnen/ daß sie in einem huy in die Flucht gebracht wurden.

Drey

Drey Meilen davon / zur rechten Hand des Weges den wir reiseten / sahen wir Tezeuco am Ufer des Sees / und ausserhalb der Strasse / da wir denn wieder Anlaß hatten einander lange Zeit zu unterhalten mit dem / was zu denen Zeiten des Cortez und seiner Gehülffen sich an gemeldetem Orthe begeben hatte; denn es war dieses eine grosse Stadt / ja fast so groß als Mexico selbst; und dennoch fand Cortez darinnen keinen Widerstand.

Denn als er sich derselben nahete / kamen viere von denen vornehmsten Einwohnern seiner Armee entgegen / und trugen eine göldene Stange mit einem kleinen Fähnlein daran / zum Zeichen des Friedes / und sagten: Sie wären von ihrem Herren Coacuacoyocin gesendet ihn zu bitten / daß er ihre Stadt / samt denen herumliegenden Orthen / nicht verwüsten wolle / und ihm ihre Freundschafft anzutragen; luden ihn auch mit seiner gantzen Armee zu sich in die Stadt Tezeuco, allda Qvartier zu machen / er solte ihnen gantz willkommen seyn.

Cortez nahm diese neue Zeitung mit Freuden an / weil er aber besorgete / es möchte eine Verrätherey darhinter stecken / und dannenhero den Einwohnern von Tezeuco nicht trauete / als welche er kurtz zuvor mit bey der Mexicaner und Culhuacaner Armee gesehen hatte / satzte er seine Reise fort / und kam nach Qvahutichan, und Huaxuta, welches damals Vorstädte der grossen Stadt Tezeuco waren / itzo aber nur kleine abgesonderte Dörfflein sind / allwo ihm und allem seinem Volck überflüssige Lebens-Mittel gereichet wurden.

Er ließ daselbst alsbald die Götzen zu Boden werffen / und zog darauff in die Stadt / in welcher man für ihn ein grosses Hauß / darinnen Er / mit allen seinen Spaniern und einem Theil Indianern / so bey ihm waren / logiren konte / bereitet hatte.

Und weil er bey seinem Einzuge weder Weiber noch Kinder sahe / besorgete er / es möchte einige Verrätherey obhanden seyn / derowegen ließ Er bey Lebens-Straffe verbieten / daß keiner von seinem Volcke außgehen solte.

Als nun am Abend die Spanier auff die Altane des Hauses gestiegen waren / umb die Stadt zu beschauen / wurden sie einer grossen Menge Einwohner gewahr / welche mit ihren besten Sachen flüchteten / ein Theil zwar nach dem Gebürge zu / die andern aber nach dem Ufer des Sees / und zwar mit solcher Eilfertigkeit / daß man aus ihrem Verfahren leichtlich abnehmen könte / daß was besonders unterhanden seyn müsse: Wie denn zum wenigsten

sten auff die zwantzig Tausend kleine Schifflein / so sie Chanots nennen/voller Haußrath und Menschen waren/ die alle davon schiffeten.

Ob sie nun zwar Cortez gerne an ihrem Vornehmen gehindert hätte; so war ihm doch die Nacht so nahe auff dem Halse/ daß ihm solches zu thun unmöglich war; vielweniger konte er den Herren der Stadt zurücke halten/ weil er einer von den ersten gewesen war / die nach Mexico geflohen waren.

Dieses gab nun Anlaß einen neuen und zwar Christlichen König / an des entflohenen statt einzusetzen / weßwegen auch die Stadt Tezeuco noch heute zu Tage unter denen Spaniern berühmt ist/ daß sie eine unter denen ersten Städten / ja vielleicht die allererste Stadt gewesen ist/ die von einem Christlichen Könige ist regieret worden.

Denn nachdem Cortez erfahren hatte/ daß Coacuacoyocin, der damahlige König über diese Stadt/ und umbliegende Flecken/ davon geflohen war/ ließ er eine Menge Einwohner/ so geblieben waren/ für sich fordern und sagte ihnen / daß er wolte / daß ein junger Edelmann/ den er in seiner Gesellschafft hätte / und aus einem edlen Geschlechte dieses Landes entsprossen; und ein Sohn des Nizavalpicinthi, den sie so sehr geliebet hätten / wäre/ und itzo/ nach dem er getauffet worden / Ferdinand, nach seinem / als des Paten/ Namen / genennet würde / solte ihr König seyn: Weil Coacuacoyocin nicht allein zu denen Feinden entflohen wäre / sondern auch / auff Anreitzung des Qvahutimoecin, des abgesagten Feindes derer Spanier/ seinen Bruder ermordet hätte/ umb seine Güter zu überkommen.

Auff solche weise nun wurde der neue Christ Don Ferdinand zum Könige erwehlet/ als nun das Geschrey hiervon in kurtzer Zeit weit und breit erschallete / kamen viel von denen geflüchteten Einwohnern wieder nach Hause/ zu ihrem neuen Printzen / so daß die Stadt in kurtzer Zeit wieder so voll Volcks wurde / als sie zuvor gewesen war: Und weil die Einwohner von denen Spaniern wol gehalten wurden/ gehorcheten sie ihnen in allem / was ihnen diese befohlen.

Es hilt auch Don Ferdinand allezeit / so lange der Krieg mit der Stadt Mexico wehrete / treulich bey denen Spaniern / und lernete in kurtzer Zeit die Spanische Sprache reden.

Bald hernach kamen die Einwohner von Qvahutichan, Huaxuta und Autenco, und ergaben sich dem Cortez, und bathen umb Verzeihung dessen/ was sie wieder ihn gethan hatten.

Zwey

Zweene Tage drauff/nach dem Don Ferdinand in dieser grossen Stadt und über das umbliegende Land biß an die Gräntzen von Tlaxcallan war König worden/ kamen etliche Edelleute von Huaxuta und Qvahutichan, mit gewisser Nachricht/ daß die gantze Mexicanische Macht wieder sie im Anzug wäre/ und fragten/ ob es ihm gefiele/ daß sie ihre Weiber und Kinder/ samt dem Haußrath aufs Gebürge flüchteten/ oder ob sie sie zu ihm bringen solten/ denn sie fürchteten/ sie möchten denen Feinden in die Hände gerathen.

Cortez antwortete ihnen an statt des Königes seines Pathen und Günstlings; sie solten gutes muthes seyn/ und sich nicht fürchten/ sie solten ihren Weibern befehlen zu bleiben/ und ihre Stadt durchaus nicht zu verlassen/ sondern stille und friedlich in ihren Häusern sich zu halten: Er wäre froh/ daß der Feind nahete/ denn sie solten zusehen/ wie er mit ihnen umbgehen werde/ so bald er an sie kommen würde.

Die Feinde aber kamen nicht nach Huaxata, wie man vermuthet hatte: Cortez aber als er erfuhr/ wo sie stünden/ zog ihnen mit zwey stücken Geschütz/ zwölff Reutern/ zwey hundert Spaniern/ und einer Menge Indianern von Tlaxcallan, entgegen/ in willens mit ihnen zu schlagen.

So bald er sie erreichet hatte/ griff er sie tapffer an/ es blieben ihrer aber wenig auff dem Platz todt/ weil sie bald nach dem Ufer des Sees auff ihre Canoas flohen.

Auff solche Weise nun kam Cortez in die Stadt Tezeuco, aus welcher er sich und seine Bundsgenossen wider die Macht der Mexicaner beschützete. Deñ diese thäten was sie konten/ umb sich an ihm und dem neuen Christlichen Könige/ welchen er eingesetzt hatte/ zu rächen.

Weil nun Cortez diesen Orth für den aller gelegnesten hielte/ an dem er seine Brigantinen ins Wasser bringen könte/ und Nachricht erhielt/ daß sie zu Tlaxcallan fertig lägen/ schickete er den Gonzalez de Sandoval dahin/ daß er sie abholen solte: Als dieser aber auff die Gräntzen der Provintz kame/ begegneten ihm acht tausend Menschen/ welche sie stückweise/ sampt allem dem/ was zu ihrer Außrüstung nöhig war/ auff denen Achseln getragen brachten. Und wurden von zwantzig tausend Soldaten/ und tausend Tamemez die den Proviant trugen/ begleitet.

Chichimecatetl, ein tapfferer und behertzter Indianer/ und Hauptmañ über tausend Mann commandirte den Nachzug/ und Tupititl und Teutecatl zweene vornehme Edelleute führeten den Vortrab/ so aus zehen tausend

Mann bestunde. Mitten innen zogen die Tatmemez samt denen/welche die Brigantinen trugen.

Vor diesen zweyen Hauptleuten gingen hundert Spanier / und acht Reuter: Gonzalez de Sandoval aber folgete mit sieben Reutern/und dem Rest der Armee hinten nach.

In solcher Ordnung nun zogen sie auff Tezeuco zu/ mit seltzamen vermischten Geschrey/ indem sie unauffhörlich ruffeten: Christen / Christen/ Tlaxcallan, Tlaxcallan, und Spanien.

Als sie zu Tezeuco ankamen/zogen sie in guter Ordnung/ mit klingendem Spiel / mit Schalmeyen und andern Instrumenten ein/ und hatten sie sich zuvor auffs beste mit ihren schönsten Kleidern und Federbüschen außgeputzet/ so daß ihr Einzug / welcher sechs stunden lang wärete/ recht merckwürdig zu sehen war.

So bald der Ruff von Ankunfft dieser Armee und deren Schiffe laut wurde/ kamen viel Provintzen zu Cortez, sich ihm zu ergeben / und ihm ihre Dienste anzutragen/theils weil sie sich fürchteten verheeret zu werden/theils auß Haß gegen die Mexicaner/so daß Cortez nicht allein mächtig war/ wegen derer bey sich habende Spanier/ sondern auch wegen der zu ihm gestossenen Indianer; und war seine Hoffstadt zu Tezeuco ja so groß/als zuvorhero des Montezuma seine zu Mexico gewesen war.

In dieser Stadt nun versahe er sich auffs fleissigste mit allem dem/was er zu Belagerung der Stadt Mexico von nöthen hatte/und ließ insonderheit viel Leitern verfertigen/auff selben die Stadt zu ersteigen.

Als auch die Brigantinen zusammen gesetzet waren / ließ er einen Canal machen/ eine halbe Meile lang / zwölff oder mehr Schuch weit/ und zwey Klafftern tieff: und wurden funfftzig Tage lang mit diesem Wercke zugebracht / ungeachtet täglich 400000. Menschen daran arbeiteten.

Dieses grosse Werck hat das Ansehen der Stadt Tezeuco noch biß auf den heutigen Tag erhalten/wiewol die Zahl der Einwohner mercklich abgenommen hat.

Nach dem nun der Canal fertig war/ wurden die Brigantinen mit Werck und Baumwollen gestopfft/ und weil weder Unschilt noch Oele fürhanden war/musten sie/wie einige Autores berichten / Menschen Fett dafür gebrauchen; nicht daß Cortez erlaubet hätte/ Menschen deßwegen zu erschlagen/sondern es wurde von denen genommen/ so im Kriege erschlagen worden/ und in denen Außfällen der Mexicaner durch welche sie täglich dieses Werck zu hindern versucheten/todt blieben: Denn die Indianer/ welche gewohnet waran Menschen zu opffern/ öffneten sie/ und schnitten nach ihrem Tode das Fett aus ihnen.

So bald die Brigantinen im Wasser waren/ musterte Cortez sein Volck/und fand 900. Spanier/darunter 86. Reuter/ und 118. Armbrustschützen und Harqvebusirer waren/die übrigen waren mit Degen/Dolchen/ Lantzen und Helleparten gewaffnet/ und mit Harnischen und Pantzern verwahret.

Er führete drey grosse eiserne/ und funffzehn kleine Metallene Stücke Geschützes / samt 800. Pfund Pulver/ und einen Hauffen Kugeln mit sich: Und hatte noch über dieses 100000. Indianer/ alles geübte Soldaten / und die redlich beyeinander hielten.

Am heiligen Pfingst-Tage gingen die Spanier sämtlich zu Felde/ in derjenigen grossen Ebene / so an dem Fusse des Gebürges ist/ von der ich bereits geredet habe / daselbst theilete Cortez seine Armee in drey Hauffen/ deter iedem er einen Obristen fürsetzete.

Der erste Obriste war Piedro de Alvarado,dem gab er dreyssig Pferde und 170.Spanische Fußknechte/zwey Stück Geschütze und 30000.Indianer/ mit Befehl sich zu Tlacopan zu lagern.

Christoph de Olid dem andern Obristen gab er 33. Pferde/ und 118. Spanische Fußknechte / zwey Stücke Geschütze und 30000. Indianer/ und ließ ihn zu Culhuacan sich setzen.

Gonzalez de Sandoval, dem dritten Obristen untergab er 23. Pferde/ 160.Spanische Knechte/zwey stücke Geschütze/und 40000. Indianer / mit Befehl sich zu setzen/ wo er es würde am rathsamsten zu seyn erachten.

In jedere Brigantin schiffete er ein Stücke Geschütz ein/ dazu sechs Hackenschützen und 23. erlesene Spanier / er setzte jedem Schiff seinen Hauptmann für/ er aber war ihr General.

Einige aber der Vornehmsten von seiner Armee zu Lande/ waren übel mit ihm zu frieden/daß er auff der Schiffs-Flotte bliebe / weil sie dafür hielten/ daß es auff ihrer seiten weit gefährlicher wäre: baten ihn derohalben/ daß er bey der Haupt Armee bleiben/und nicht zur See gehen möchte.

Cortez aber kehrete sich an ihre Rede gantz nicht; dann ob zwar zu Lande mehr Gefahr war / als zu Wasser / so war doch mehr daran gelegen/

 daß

daß er den Krieg zu Wasser selbst führete / weil seine Leute jenes besser als dieses gewohnet waren.

Uber deises hoffete er vermittelst seiner Schiffe Meister von Mexico zu werden; desgleichen bediente er sich ihrer / den grössesten theil derer Canoas / so die Stadt hatte / zu verbrennen / und hielt die übrigen so eingeschlossen / daß sie denen Mexicanern nichts nütze waren: So daß er mit diesen zwölff Brigantinen seinen Feinden so sehr / wo nicht mehr zu Wasser zusetzete / als nicht die andere Armee zu Lande thät.

Alle diese Zubereitung zur Belägerung der Stadt Mexico, so wohl zu Wasser und Lande / wurde in der Stadt Tezeuco gemacht; und hatte mehr denn 100000. Indianer / die Spanier ungerechnet / bey sich: Worauß sattsam abzunehmen ist / wie groß und mächtig sie damals müsse gewesen seyn / weils sie eine so grose Menge Volcks mit aller Nothdurft hat versehen köñen.

Sie gab uns auch materia genug / mit einander zu reden / so lange wir auff der Heerstrasse der Stadt Mexico reiseten.

Denn nachdem wir erwogen hatten / wie weitläufftig und groß ehemals diese Stadt gewesen sey / wurden wir bestürtzt / als wir sahen / daß es itzo mehr nicht als eine kleine Herrschafft sey / allwo allezeit ein auß Spanien gesendeter Spanischer Verwalter sich aufhält / dessen Gebiete sich an die Gräntzen von Tlaxcallan und Qvacocingo und über die meisten Flecken uñ Dörffer der Ebene erstrecket / welche ob sie gleich vor diesem zusammen ein Königreich gemachet / können sie doch itzo mehr nicht als jährlich tausend Ducaten ihrem Gouverneur eintragen.

In Tezeuco selbst / hat es itziger Zeit mehr nicht als hundert Spanier / und 300 Indianer / die daselbst wohnhafft sind; derer Reichthumb aller aus denen Kräutern und Salaten / so in ihren Gärten wachsen / und täglich auff ihren Canoas nach Mexico zu Marckte geführet werden / kömmet.

Sie lösen auch etwas Geld aus ihren Cedern / welche sie zum bauen hinüber führen: es sind aber diese sehr ruiniret worden durch die Spanier / die sehr verschwenderisch damit umbgegangen sind / als sie ihre prächtige Häuser auffgebauet haben; wie denn Cortez selbst vom Pamphilo de Narvaez ist angeklaget worden / daß er allein sieben tausend Ceder-Stämme zu Erbauung seines Hauses angewendet habe.

Es hat vormals zu Tezeuco Baumgärten gehabt / welche mit mehr denn tausend Ceder-Bäumen statt eines Parchens sind umbschlossen gewesen

sen/derer einige 120. Schuch hoch/und 12. Schuch dicke gewesen sind: ietziger Zeit aber hat es nicht mehr 50. Cedern in denen aller grössesten Baumgärten.

Zu Ende dieser Fläche/ reiseten wir durch Alexicalcingo, welches voriger Zeit eine grosse Stadt gewesen ist/itzo aber sind kaum mehr hundert Einwohner drinnen. Von dar kamen wir nach Gvetlavac, einem kleinen Dorffe/ welches aber sehr lustig ist wegen des angenehmen Schattens/derer fruchtbaren Bäume/ Gärten/ und schönen Lusthäuser der Mexicanischen Einwohner/welche sie hieher bauen/weil der Orth zu ende des Dammes ligt/ welcher von diesem Dorffe an/ mitten durch den See biß drittehalb Meilen nach Mexico gehet.

Also kamen wir endlich in diese schöne und berühmte Stadt am 30. Octobr. im Jahr 625. wir zogen mitten durch selbige hin/ biß wir zu einem Lust-Hause kamen/welches in der Strasse/die nach Chapultepec gehet/ und S. Jacinthe heisset/mitten zwischen denen Gärten lag/ und denen Jacobinern von Manilha zustand; daselbst wurden wir herrlich tractiret/und blieben biß auf Weihnachten; auf welche Zeit wir zum andern mal zu Acupulco, welche 80. Meilen von Mexico an der Süder-See lieget/zu schiffe gehen solten/umb nach Manilha der Haupt-Stadt in denen Philippinischen Insuln/ übergeführet zu werden.

Das 14. Capitel

Beschreibung der grossen und berühmten Stadt Mexico, wie sie vor Zeiten gewesen/ und wie sie itzo ist; insonderheit in was für einem Zustande sie Anno 1625. gewesen ist.

Es haben die Mönche und Jesuiten von Manilha und von denen Philippinischen Insuln sehr weißlich und behutsam gethan/daß sie sich nahe um Mexico Gärten und Häuser geschaffet haben/worinnen sie die jährlich aus Spanien kommende Missionarien auffnehmen und herbergen können. Dann wann sie nach so einer langen beschwerlichen Reise nicht einen Orth finden solten/wo sie ausruhen/ und auf das ausgestandenene Ungemach sich wieder ergötzen könten sondern solten alsbald in die Klöster zu Mexico eingesperret werden/und darinnen noch ihres Ordens Regeln strenge leben; so ist gewiß/ daß sie ihr Vornehmen zeitlich gereuen würde/ und sie schwerlich würden zu bereden seyn ferner zu gehen/ und sich zum andernmahl auff die Süder-See zu wagen: sondern sie würden lieber entweder wieder zurücke nach Spanien kehren wollen/oder doch irgend wo in America bleiben/wie ich und fünff andere meiner Gefährten heimlich thaten; wieder unsers Oberen/des Calvo, und derer so uns überzubringen auff sich genommen hatten/Willen.

Damit nun alle diejenigen/ so aus Spanien hieher kommen/ umb zu Acapulco nach denen Philippinischen Insuln eingeschiffet zu werden/ die ihnen nöthige und ihrer Profession geziemender Erfrischung und Ergötzlichkeit/ so lange sie sich in America auffhalten/haben mögen; und dann die in Mexico wohnende/ so allezeit die nach Asien gehende hassen/diesen nicht den Muth benehmen können/so haben die Münche und Jesuiten sich eigene Lust-Häuser geschaffet/welche denen Superioren dieser Orden in Mexico nicht unterworffen sind/sondern allein von denen Provincialen in denen Philippinischen Insuln dependiren/ welche ihre Vicarios dahin schicken/ ihre Munche zu regieren/ und die Häuser zu unterhalten.

Das oben erwehnte Hauß/ S. Jacinthus genandt/ gehörete denen Dominicaner Mönchen/ in selbiges wurden wir geführet/ und fünff Monath darinnen unterhalten/ und ließ man nichts ermangeln/was zu unserer täglichen Ergötzung nöthig/ und noch eine Reise zur See zu wagen/ uns muthig machen konte.

Die Gärten so zu diesem Hause gehöretē/ begriffen ohngefähr funfzehn Morgen Landes/ sie waren mit schönen Gängen/ so mit Citron- und Pomerantzen-Bäumen bedecket waren/ getheilet; und hatten wir an Granat-Aepffeln/ Feigen/ Weintrauben/ wie auch an Ananas, Sapotten, Chicosapotten, und allen andern Früchten/so in Mexico anzutreffen sind/ einen überfluß darinnen.

Die Kräuter/Salat uñ Spanische Artischockē/so verkaufft werdē/tragē jährlich ein grosses ein: Dañ es wird täglich ein gantzer Wagen voll von dieser Wahre auf den Mexicanischen Marckt geführet/uñ nicht nur etwan zu gewisser Jahres Zeit/ wie in Engelland und andern Orthen in Europa; sondern allezeit durchs gantze Jahr: Denn der Winter und Sommer werden allhier nicht durch Hitz und Frost/Eiß und Schnee unterschieden; sondern es ist eine gleichmässige Wärme das gantze Jahr durch/uñ machet allein der Regen/und nicht der Frost den Unterschied zwischen Winter und Sommer.

Itzterwehnter Lust genossen wir ausserhalb des Hauses: Innerhalb des Hauses aber wurden wir mit Fischen und Fleisch auffs beste tractiret; worüber

über wir uns aber am meisten verwunderten / war der grosse Uberfluß an Confituren und insonderheit an Conserven / womit man sich unserenthalben versehen hatte. Dann so lange wir uns daselbst auffhielten / brachte man einem jeglichen unter uns alle Montage früh ein halb Dutzent Schachteln voll Qvittensafft / und andere eingemachte Früchte / ohne das Biscuit umb unsere Magen damit alle Morgen / und den gantzen Tag über zu stärcken: Denn wir befunden / daß unsere Magen hier zu Lande gantz anders genaturet waren / als sie in Spanien gewesen waren ꝛc. Denn in Spanien und andern Europæischen Orten man nicht pfleget zwischen der Mahlzeit zu essen / ja man kan wol gantzer vier-und zwantzig Stunden lang warten / wann man sich einmal recht satt gessen hat. Hingegen befanden wir / daß / in Mexico, und etlichen andern Orthen Americæ drey oder vier Stunden nach der Mahlzeit / in welcher uns drey oder vier Schüsseln voll Schöpssen- Rind- Kalb- und Ziegen-Fleisch / Indianische- Hüner / und ander Federwildpret zur gnüge war vorgesetzet worden / unsere Magen wieder anfingen schwach zu werden / und uns fast eine Ohnmacht zu ging; so daß wir genöthiget wurden / ihn entweder mit einem Glaß vol Chocolate, oder einem bißlein Conserve, oder Biscuit, zu erqvicken und zu stärcken / deßwegen uns denn auch dergleichen Sachen in der Menge gegeben wurden.

Es kam mir dieses in Warheit sehr seltzam vor / zumal da das Fleisch / außgenommen das Rindfleisch / mir ja so fett und safftig zu seyn dauchte / als es in Europa ist: Dannenhero ich einem Medico diesen Zweiffel vortrug / und von ihm die Uhrsache forschete; welcher mir zur Antwort gab; daß wenn schon das Fleisch so wir äſſen / eben so gut wäre / als das Spanische / so fehle doch sehr viel dazu / daß es eben so gutte nähre als jenes; und zwar darumb weil diee Weide viel trockner sey / und die Veränderung des Frühjahres niemals geniesse / wie in Europa / dahero auch das Graß niedrig sey / und gar bald verwelcke.

Zum andern so habe das Clima allhier die Eigenschafften / daß es Sachen herfür bringe / die da zwar scheinen sehr guth zu seyn / aber gar wenig substantz, die da Nahrung geben könne / haben: Und wie solches an dem Fleisch / so wir äſſen / zu spühren sey / also befinde es sich auch an allen Früchten / welche zwar sehr schön anzusehen / und sehr liebliches Geschmackes sind; aber wenig Krafft und Nahrung in sich haben; so daß sie nicht halb so kräfftig und nahrhafftig sind als die Spanische Camuesa, oder die Renetten Aepffel in der Provintz Kent in Engelland.

Gleich

Gleich wie nun das äusserliche Ansehen des Fleisches und der Früchte betrüglich ist/ also ist es auch mit denen eingebohrnen Innwohnern des Landes beschaffen / als welche hohes geraden Leibes / und von guter äusserlicher Gestalt sind / inwendig aber sind sie voller Tücke und Betrugs.

Ich habe öffters von den Spaniern gehöret/ daß unsere Königin Elisabeth / als ihr einesmals Americanische Früchte waren præsentiret worden/ solte gesagt haben: Es müssen an den Ort/ da diese Früchte wüchsen/ die Weiber gewißlich sehr leichtsinnig / und die Männer heimtückisch seyn.

Ich will aber nach mehren Uhrsachen/ so dieser Sache halber hervorgesuchet werden könten/ nicht weiter forschen / sondern allein das schreiben/ was ich auß eigner Erfahrung angemercket habe / nemlich daß in denen so vielerley Gattungen Fleisches/ so in diesen Landen gespeiset werden/ so wenig nehrenden saffts sey / daß unsere Magen fast alle Augenblick etwas zu ihrer Unterhaltung erfordeten: und darum gab man uns auch / wie vorgesagt / so viel Conserven und andere Schleckereyen.

Es war uns auch allezeit erlaubet in die Stadt Mexico, nach welcher wir nur eine Meile von unserm Hause außzugehen hatten / zu spatzieren; und in Warheit es war ein sehr lustiger Spatziergang/ wann wir des Morgens frühe außgingen/ den gantzen Tag in der Stadt zubrachten / und des Abends wieder nach Hause kehreten; zumalen wir den gantzen Weg unter denen steinern Bogen einer drey Meilen langen Wasserleitung gingen/ durch welche das Wasser von Chapultepec biß in die Stadt Mexico geleitet wird.

Ich zweiffle nicht es werde dem geneigten Leser nicht unangenehm seyn/ daß ich allhier eine Beschreibung dieser Stadt beyfüge; doch bitte ich / er wolle mit dem / was ich innerhalb fünff Monat Zeit / so wol von ihrem ehemaligen/ als auch itzigen Zustande habe erforschen können / vorlieb nehmen.

Es lieget diese Stadt / gleich wie Venedig / mitten im Wasser / und ist fast kein anderer Unterscheid / als daß Venedig ins Meer gebauet ist / diese aber in einem See lieget; Es scheinet zwar solches Wasser nur ein einiger See zu seyn / in Warheit aber sind ihrer zweene; derer einer stilles Wasser hat / der andere aber hat Ebbe und Fluth/ nach dem der Wind ist.

Das

Das 15. Capitel

Beschreibung des Mexicanischen Sees/ und des unterschiedlichen Wassers/ daraus Er bestehet/ samt andern merckwürdigen Umbständen.

Derjenige Theil des Sees/ welcher stehet/ hat ein süsses/ gutes und gesundes Wasser/in welchem viel kleine Fische sind/ der andere theil aber in welchem Ebbe und Fluth verspüret wird/ist ein gesaltzenes und bitteres Wasser/in welchem weder grosse noch kleine Fische angetroffen werden.

Das süsse Wasser liegt höher als das andere/ und laufft auch in selbiges über/ ohne daß von diesem irgend was wieder zurücke lauffen solte/wie sich wol einige eingebildet haben.

Der gesaltzene See ist sieben Meilen lang / und auch so viel breit / und hat mehr denn zwey-und zwantzig Meilen im Umbfang : Der süsse See begreifft auch wol eben so viel in sich / so daß der Umkreiß des gantzen Sees reichlich funffzig Meilen im Umbkreiß hat.

Die Spanier sind unterschiedener Meinung wegen dieser Wasser/und derer Qvellen / daher sie entspringen. Einige halten dafür/daß sie nur eine einige Qvelle haben/ die von einem grossen und hohen Gebürge/ so der Stadt Mexico gegen Sudwesten liegt/ komme/die Uhrsache aber/ daß der eine theil des Sees gesaltzen ist/sey/ daß der Boden oder die Erde unter dem See voller Saltz sey.

Es mag nun diese Meinung wahr oder nicht wahr seyn/so ist doch dieses gewiß/und ich habe es selbst gesehen/daß täglich viel Saltz daraus gemachet wird/worinn ein grosses theil der Handlung dieser Stadt nach andern Orthē dieser Provintz bestehet: ja gar nach denen Philippinischen Insuln/ als wohin jährlich eine grosse Qvantität verführet wird.

Andere hingegen sagen / daß der See zwo Qvellen habe: Das süsse Wasser entspringe auß gedachtem Gebürge/so Sudwestwarts von Mexico lieget/ das gesaltzene Wasser aber habe seinen Uhrsprung von einem viel höhern Gebürge/ welches mehr gegen Nord-West lieget. Sie melden aber keine Uhrsache/ warum das Wasser gesaltzen sey; ohne die Bewegung/ so es in der Ebbe und Fluth hat/ welche aber keines weges nach denen Regeln der Meer-Fluthen sich richtet/ sondern allein von denen Winden entstehet/ welche offtermahls diesen See so ungestüm machen als daß Meer selbst/ und also das Wasser gesaltzen machē. Allein wañ dieses die wahre Ursach ist/warum wird das Wasser des süssen Sees nicht durch die Bewegung der Winde auch gesaltzen. Dannenhero mir es viel gläublicher zu seyn scheinet/ daß wann dieses Wasser schon von einer andern Qvelle entspringen solte/ als das süsse Wasser/der saltzige Geschmack doch von einigem mineralischen und saltzigem Erdreich in dem Gebürge/ durch welches das Wasser rinnet/ und im durchlauffen das Saltz schmeltzet und mit sich führet/ herkomme.

Dann ich habe eben dergleichen in der Provintz Gvatimala gesehen/ in welcher unweit der Stadt Amatitlan ein See stehendes Wassers ist/welches nicht rechtschaffen süsse ist/sondern ein wenig saltzig schmeckt/und aus einem brennenden Berge / oder Vulcan entspringet/dessen Feuer von denen in ihm enthaltenen Schwefel Minen entstehet: Aus eben diesem Berge entspringen auch zwey oder drey Brunnen sehr heisses Wassers / in welchen/ weil sie für sehr gesund gehalten werden / sich viel Leute zu baden pflegen/ massen sie zwerchs durch eine Schwefel-Ader fliessen: Nichts destoweniger hat der See / welcher auß eben dem Gebürge entspringet/ die Eigenschafft/ daß er das Erdreich herum saltzig macht / so daß das Volck alle morgen das Saltz am Ufer des Sees/welches sich als ein weisses Eiß angesetzet hat/ zu samlen pfleget.

Fürs dritte aber sind noch andere/die dafür halten/daß dasjenige Theil/ des Mexicanischen Sees/ welches gesaltzen ist/ auß der Nord-See komme/ und mitten durch den Erdboden sich hieher ergiesse: Und ob zwar die Flüßlein so auch auß dem Meere ihren Uhrsprung haben/ die Saltzigkeit verlieren / in dem ihr Wasser durch die Erde rinnet; so könne doch dieses ein theil seines Saltzes behalten/wegen der vielen mineralien so in dieser Gegend sind/ oder wegen der grossen Hölen / so es in diesen Gebürgen gibt/ wie solches auß denen Erdbeben/welche hier zu Lande viel gemeiner sind/als in Europa, leicht zu schliessen ist; Dannenhero weil diese weiten Gänge und Hölen dem Wasser gnugsam Raum zum durchlauffen geben/daß es nicht durch das Erdreich hindurch dr ngen darf/kan selbiges allezeit das Saltz/ welches es mit sich auß der See gebracht hat/bey sich behalten.

Es mag aber nun die wahre Uhrsache seyn / welche da wolle / so ist doch dieses gewiß/ daß nirgend/ so viel man weiß/ einiger See angetroffen werde/ der

der diesem gleich sey/ und eines theils aus süssem/ der andere aber aus gesaltzenem Wasser bestehe/ deren jenes Fische hat/ dieses aber keine heget.

Es haben ehe dessen biß in die vier-und zwantzig Städte rings herumb an diesem See gelegen/ in deren etlichen fünfftausend/ in einigen auch mehr denn zehntausend Familien gelebet haben, unter denen auch Tezeuco gewesen ist/welche/wie ich bereits oben gesagt habe/der Stadt Mexico nichts nachgegeben hat.

Zu meiner Zeit aber/ als ich da war/ mochten ohngefähr dreissig Flecken und Dörffer an diesem See liegen/ in deren grössesten auffs höchste nicht über fünffhundert Haußhaltungen so wohl Spanier als Indianer/ waren; weil die Spanier diesen so übel mitgefahren sind/ daß sie die armen Leute fast gantz auffgeräumet haben.

Man hat mich zwey Jahr zuvor/ ehe ich auß diesen Ländern wieder nach Hause zog/ Anno 1635. und 1636. versichert/ daß eine million Indianer umkomen wären/ als die Spanier das Wasser des Sees von der Stadt abgeleitet haben/ in dem sie demselben mitten durch die Berge einen Weg gemachet: umb dadurch die Ergiessungen desselben/ denen sie sehr unterworffen war/ abzuwenden. Wie denn insonderheit Anno 1634. das Wasser so hoch auffgeschwollen ist/ daß ein grosser Theil der Stadt dadurch ruiniret worden/ und es in die Kirchen selbst/ so doch an dem höchsten Oertern der Stadt gebauet sind/ gelauffen ist; und die Einwohner auff Kähnen von einem Hause zum andern haben fahren müssen.

Diesem Element zu widerstehen/ musten sich die Indianer/ welche rings umb diesen See wohneten/ gebrauchen lassen/ wodurch der grössesste Theil dieser Flecken und Dörffer/ so an dem See liegen/ verwüstet worden; Er ist zwar itziger Zeit von denen Häusern der Stadt durch grosse Arbeit ziemlich entfernet/ fliesset auch anderwerts hin als zuvorher; mann hält aber dafür/ daß es also schwerlich lange bestand haben werde/ sondern daß er seinen alten Lauff nach der Stadt Mexico zu wieder bekommen werde.

Das 16. Capitel

Beschreibung des Pallasts des Montezuma, seiner Waffen/ des Haußraths/ seiner Weiber/ seiner Diener/ und ihrer unterschiedlichen Aempter: allerhand Arten Thiere/ so er unterhalten ließ/ seiner Gärten/ seines Arsenals/und andern particularitäten.

MAnn hält dafür/ daß/ als Cortez zum ersten mal in die Stadt Mexico kommen ist/gar gewiß 80000. Häuser in selbiger gewesen seyn sollen.

Der Pallast des Montezuma war sehr groß und magnificq, und hieß in Indianischer Sprache Tepac, er hatte zwantzig Thore/ so gegen die Gassen der Stadt gingen.

Es waren in demselben drey Höffe/ und mitten darinnen ein sehr schöner Spring-Brunnen: Viel Säále/ hundert Kammern/ derer jede drey- und zwantzig biß dreissig Schuh lang war/ hundert Báder und Schwitz-Stuben: und ohngeachtet dieses gantze Gebäude nicht einen einigen Nagel hatte/ so wahr es dennoch sehr feste und standhafftig.

Die Mauren waren von Ziegelsteinen auffgeführet/und mit Marmor/ Jaspis/und einer Arth schwartzen Steinen mit rothen Adern/ so denen Rubinen ähnlich sahen/ durchzogen/außgezieret/welches ein herrliches Ansehen hatte.

Die Dächer waren von Cedernen/ Cipressen und Tännenen Brettern sehr arthlich gemachet. Die Kammern waren gemahlet/ und mit Tapezereyen so von Baumwollen/ Kaninchen-Haaren/und Federn gemacht waren/ bekleidet.

Alles war überauß prächtig/ außgenommen die Bette: Denn selbige waren sehr gering/und nur solche/wie sie noch heut zu Tage die reichesten Indianer zu brauchē pflegen; nemlich über Strohmatten oder Heu gedeckte Kotzen/ oder auch nur blosse Strohmatten.

Es hielten sich in diesem Pallast tausend Weiber auff: ja einige sagen gar von 3000/die Hof-Jungfern/ Mägde und leibeigene Sclavinnen mit darzu gerechnet: Die meisten aber waren Töchter der vornehmsten Indianer/ auß denen Montezuma ihm diejenigē außlaß/ so ihm gefielen/die übrigen aber gab er seinen Edelleuten/ so ihm auffwarteten.

Die

Die Spanier sagen/daß er hundert- und funffzig schwangere Weiber auff einmahl zugleich gehabt habe/so aber gewöhnlich ihnen die Frucht durch eingenommenene Artzney haben abzutreiben pflegen/ weil sie gewust haben/ daß Ihre Kinder nicht Reichs-Erben seyn könnten. Und diese Weiber hatten einen Hauffen alte Vetteln/so sie verwahreten; denn es dorffte sie durchaus kein Manns Volck sehen.

Ausser diesem Tepac, welches so viel als ein Pallast heisset/hatte Montezuma noch einander Hauß in der Stadt Mexico, in welchem viel sehr beqveme Zimmer waren / und schöne Gänge/so auff Pfeilern von Jaspis ruheten/und gegen einen lustigen Garten sahen / in welchem zum wenigsten zwölff Weiher waren/derer ein Theil voll gesalltzenes Wassers war/für die Meer-Vögel/die andern aber waren mit süssen Wasser gefüllet/für diejenigen Vögel so sich in Teichen und Flüssen auffzuhalten pflegen: und alle diese Weiher hatten ihre Abzüge/ wodurch sie konten abgelassen/ und gereiniget/ und wieder mit sauberen Wasser gefüllet werden/ umb hierdurch das Gefieder der Vögel desto netter und schöner zu erhalten.

Es war dieses Gevögels eine so grosse Menge/ daß sie kümmerlich auff diesen Weihern raum hatten: und waren dererselbigen so vielerley Arthen und von so gar unterschiedlichen Federn/daß die Spanier den wenigsten theil derselbigen kenneten; denn sie hatten derogleichen nirgends anderswo gesehen.

Zu dieses Hauses Dienste/ waren mehr denn dreyhundert Personen bestellet/ derer ein ieder seine besondere Verrichtung bey diesen Vögeln hatte: Dann etliche sauberten die Weyher; andere musten Fische fahen/ diese Vögel damit zu speisen: andere gaben ihnen Fleisch zu essen; und iederer Arth Vögel wurde solche Kost gereichet/ wie sie sonst im Felde oder in denen Flüssen zu geniessen pflegen.

Ferner waren andere dazu bestellet daß sie derer Vögel Federn reinigen musten: Andere nahmen ihre Eyer in acht/ und liessen sie außbrüten: Die vornehmste Sorge aber die sie hatten/ war/ ihnen die Federn zu rechter Zeit zu nehmen / und selbige zu verwahren. Denn auß diesen Federn wurden kostbare Decken/Tapezereyen/Federbüsche/und andere schöne mit Gold- und Silber-vermischte Sachen gemacht.

Ferner hatte Montezuma noch einander Hauß in Mexico, worinnen allerley Arthē Raub-Vögel unterhalten worden. In diesem Hause waren viel hohe Säle und Kammern/in welchen/Zwerge bucklichte und andere ungestalte Menschen beyderley Geschlechtes/und unterschiedenes Alters/wie auch die/so weiß gebohren werden / welches doch sehr selten geschiehet/ ernehret werden: Wie denn einige unter denen Indianern gewesen sind/ welche ihre Kinder vorsetzlich zu Krüpeln/oder sonst heßlich in der Geburth gemachet haben/ damit sie nach des Königs Hofe gebracht möchten werden/umb mit ihrer ungestalt seine Großheit ansehnlicher zu machen.

In denen untersten Gemächern dieses Hauses / waren die Behaltnüsse für allerley Gattungen Raubvögel / als Falcken / Sperber / Weihen und andere dergleichen/ wie denn derer Falcken und Sperber allein mehr als zwölfferley unterschiedene Arthen gewesen sind.

Es wurden auch in diesem Hause/wenigstens tausend Falckenierer und Jäger gehalten / denen täglich fünffhundert Indianische Hanen zu ihrer Nahrung gereichet wurden/ ohne dreyhundert andere Personen/so sonst allerley Dienste in diesem Hause zu verrichten hatten.

Die Jäger zwar waren absonderlich auff die wilden Thiere bestellet/ welche in denen untern Sälen in grossen Höltzernen Käfichten aufbehalten wurden/als da waren Löwen/Tyger/ Bären/und Wölffe.

Mit kurtzem/es hatte allerley vierfüssige Thiere alhier/so daß Montezuma sagen konte / es mangele ihm durchaus nichts in seinem Hause; und diese Thiere sämtlich wurden alle Tage mit Indianischen Haanen/ Gemsen/ Hunden/und andern dergleichen Thieren/ gespeiset.

In einem andern Saale waren grosse irdene Gefässe/theils voller Wasser theilß auch voller Erde / in welchen Schlangen / so dicke als eines Mannes Schenckel; wie auch Nattern und Crocodile / welche man sonst Caymans nennet / zwantzig Schuch lang; ingleichen auch allerley arthen Eidexen und andere gifftige Thiere / so im Wasser und auf der Erden gefunden werden / unterhalten wurden. Diese Schlangen und gifftige Thiere wurden mit derer geopfferten Menschen-Blut gespeiset: ja einige sagen gar/ man hätte ihnen Menschen-Fleisch zu fressen gegeben/wornach zwar die grossen Eidexen und Crocodile sehr begierig sind.

Was aber das Abscheulichste war/ war die tägliche Bemühung derer Beamten umb diese Thiere: Es war grausam anzusehen / wie daß / einer Gallart gleich / geronnenes Blut auff die Dielen dieser Kammern/ in welchen es ärger als in einem Schlachthause oder Metzgerstube außgebreitet wur-

wurde: Es war erschröcklich das Brüllen der Löwen/ das Zischen der Schlangen und Nattern/das Brummen der Bären/ das Heulen der Tyger und Wölffe/ anzuhören/ wenn diese Thiere hungrig waren und ihr Aaß forderten.

In diesem Hause/ welches des Nachts ein Fürbild der Höllen/ und eine Wohnung der Teuffel zu seyn schiene/verrichtete dieser Heydnische Printz seine Andacht/und ging täglich in selbiges sein Gebeth zu seinem Götzen zu verrichten.

Denn nahe an diesem Saal war ein anderer/ hundert und funfftzig Schuch lang und dreissig breit/in welchem eine Capelle war/derer Gewölbe mit Gold- un̄ Silber-Blechen überzogen/ und mit einer grossen Menge kostbarer Perlen/Edelgesteinen/als Achaten/Carniolen/Schmaragden/Rubinen und dergleichen besetzet war.

Diese Capelle war des Montezuma Bethhauß/darinnen er des Nachts sein Gebethe verrichtete/und wo ihm der Teuffel antwortete: und zwar gab er billich an einem solchen Orthe Antwort/welcher/ wegen des entsetzlichen Geschreyes so vieler erschrecklichen Bestien ein warhafftiges Vorbild der Höllen war.

Ferner hatte er auch sein Zeughauß/welches mit einer sehr grossen Menge allerley Waffen/derer sie sich in ihren Kriegen bedieneten/ versehen war: Als nemlich/Bogen/Pfeile/Lantzē/Wurffspiesse/Streitkolben/Schwerter/Schilde und Rondartschen/welche von vergöldeten und mit Leder überzogenen Holtze gemachet waren.

Das Holtz woraus sie ihre Gewehre und Schilde macheten/ war sehr harte/ und an den Spitzen ihrer Pfeile/ fasseten sie ein klein Stücklein von einem spitzigen Steine ein/ oder ein Stücklein von einer Gräte des Fisches LIBISA, welche so gifftig ist/ daß wann iemand damit verwundet wird/ und die Spitze bleibt im Fleische stecken/so wird die Wunde gantz unheilbar.

Ihre Schwerdter waren von Holtz/und die Schneiden aus einem ins Holtz eingefasten Steine/ gemacht/ mit selbigen haueten sie Lantzen entzwey/ und schlugen in einem Streich einem Pferde den Kopff ab/ ja sie hieben damit ein Stück Eissen entzwey/welches fast unmüglich und unglaublich zu seyn scheinet.

Diese Steine wurden an das Holtz mit einem auß einer Wurtzel namens Zacolt, und aus einer Arth groben Sandes den sie Tuxalli nennen/gemachet/en macheten Kitt befestiget / denn wenn diese zwey Stücke mit Blut von Fledermäusen und andern dergleichen Thieren angemachet / und wol durchknetet wird/geben sie einen so starcken Kitt/daß er das/was einmal damit zusammen gesetzet wird/fast nimmermehr von sammen lässet.

Man kan sich aber nicht gnug verwundern / was er ausser itzt erzehlten Häusern noch sonsten für eine menge Lust-und Spatzier-Häuser gehabt habe/bey welchen schöne mit allerhand Medicinischen Kräutern / Blumen und fruchtbaren Bäumen gezierete Gärten waren.

Unter andern war einer/in welchem mehr als tausend auß Blättern und Blumen künstlich gemachte Männer stunden; und Montezuma hatte verbothen/durchaus keine Küchen-Kräuter in allē diesen Gärten zu zeugen/oder etwas davon auff dem Marckte zu verkauffen/ weil er vermeinete/ es stünde Fürsten und Königen nicht wol an/unter ihren Ergötzlichkeiten solche Sachen/worauß man einigen Gewinn ziehen könte/zu haben/denn solches gehörete nur für die Kauffleute.

Nichts destoweniger hatte er ausser der Stadt Baumgärten / so voller fruchtbarer Bäume waren; ingleichen hatte er in denen Wäldern/ Lusthäuser/welche mit Wasser umbflossen/und mit Brunnen/Canälen/und Teichen/ voll allerhand arthen Fische / gezieret waren: Wie nicht weniger Wälder voller Hirsche/Rehe/Haasen/Füchse/Wölffe und anderes Wildes/ worinnen er nebst denen grossen von Mexico zuweilen sich die Zeit verkürtzete. Mit kurtzem / er hatte eine so grosse Menge solcher Häuser umbher / daß wenig Könige ihm hierinnen gleich kamen.

Seine ordinarie Leibwacht bestand aus sechshundert Edelleuten/ derer iedweder drey oder vier/ etliche auch mehr Diener hatten/ so daß allezeit biß dreytausend Menschen bey Hofe waren/welche alle mit denen Speisen/ so von seiner Taffel abgehoben wurden / ernehret wurden.

Zu selbiger Zeit waren in dem Mexicanischen Reiche drey tausend Herren/so Städte besassen/derer ieder unterschiedene Vasallen unter sich hatte/ so ihm unterwürffig waren: über diese alle aber waren ihrer noch dreissig/derer jeder eine Armee von hundert tausend Mann stellen konte.

Alle diese Herren kamen jährlich nach Mexico, eine Zeitlang darinnen sich auffzuhalten/ und durfften ohne Erlaubniß des Käysers auß selbiger sich nicht weg begeben: ja sie musten / wann sie sich von Hofe weg machten/eines ihrer Kinder oder ihre Brüder zu Geisseln lassen/ umb dadurch den Käyser

ihrer

Käyser ihrer Treue zu versichern; Dannenhero muste iedweder ein Hauß in Mexico halten / welches denn die Hoffstadt des Montezuma umb so viel desto ansehnlicher machete.

Uber dieses wandte er gantz keine Unkosten auff den Bau dieser Häuser; Denn es waren gewisse Städte / die anstatt der Schatzungen / so die andern geben musten / schuldig waren seine Häuser zu bauen und zu erhalten / auf ihre eigene Unkosten / sie musten alle Arbeiter / so dazu von nöthen waren / herbey schaffen / die auff ihren Rücken / oder auff Schleiffen die Steine / Kalck / Holtz / Wässer / und alle andere nothwendige materialien zu trugen und zuführeten.

Diese Städte musten auch den Hoff mit nöthigem Holtze / welches sich täglich auff fünff hundert Lasten / so viel ein Mensch tragen kan / und zu weilen / als im Winter / auch drüber belieff / versehen. Zu denen Feuern aber so im Käyserlichen Pallast in denen Caminen brauten / musten sie Rinde von denen Eichbäumen zu tragen / als welche darumb / weil sie ein hellers und räscheres Feuer geben als das grobe Holtz / mehr als dieses geachtet wurden.

Sonsten waren in der Stadt Mexico dreyerley sehr breite und schöne Gassen: Die erste Arth waren Wasser-Canäle mit vielen darüber gelegten Brücken; die andera Arth waren ordentliche trockene Gassen auff der Erde: Und die dritte Arth waren halb Erde und halb Wasser / da man auff einer seiten trockenes Fusses gehen / und auff der andern mit Schiffen allerley Lebens-Mittel der Stadt zuführen konte.

Der meiste Theil der Häuser hatte zwey Thüren oder Außgänge / die eine gegen die Tämme / und die andere gegen das Wasser / durch welche sie zu Schiffe gingen / und hinfuhren / wohin es ihnen beliebte.

Und ob zwar das Wasser so gar nahe an den Häusern war; iedennoch / weil es zum trincken nicht taugte leitete man durch sonderliche Wasserleitungen / aus einem gewissen Orthe / welcher Chapultepec heisset / und drey Meilen von der Stadt entfernet ist / in dieselbige ein süsses Wasser / welches auß einem kleinem Berge entspringet / an dessen Füsse zwey mit Lantzen und Schilden gewaffnete steinerne Bilder stunden / deren eines den Montezuma, und das andere seinen Vater Axiaca vorstellen solte.

Dieses Wasser wird noch heut zu Tage auß gedachtem Orthe in die Stadt geleitet durch zwey auff steinerne und gemauerte Bogen in Gestalt einer schönen Brücken gelegte Röhren; durch welche das Wasser wechselsweise laufft/ damit wenn eine Röhre vom Schlam gereiniget zu werden nöthig hat/ man in der Stadt keinen Abgang am Wasser haben möge.

Itzt erwehnter Brunnen versorget die gantze Stadt mit Wasser/ und sind gewisse Leute/ welche es in alle Gassen entweder in Fässern oder irdenen Krügen auff Maulthieren und Eseln herumb tragen.

Das 17. Capitel

Von der Stadt Mexico ihrer Benennung/ Alterthumb/ Uhrsprung und Stifftern: Samt einem kurtzen Register ihrer Könige biß auff den Montezuma.

DAmals als die Spanier der Stadt Mexico sich bemeisterten/ war sie in zwey grosse Theile getheilet/ deren das eine Tlatelulco, das ist so viel als eine kleine Insul; und das andere Mexico hieß/ welches in ihrer Sprache so viel als eine Brunnenqvelle bedeutet; und weil der königliche Pallast in diesem Theil war/ wurde die gantze Stadt Mexico genennet.

Der uhralte Nahme aber dieser Stadt ist Tenuchtitlan, welches so viel heisset als eine auß einem Stein gewachsene Frucht; und ist dieser Nahme zusammen gesetzt aus denen Wörtern Tell, welches einen Stein bedeutet/ und Neuchtli, dem Nahmen einer köstlichen Frucht/ welche die Spanier durch gantz America Tunas nennen/ und der Baum darauff sie wächset/ heist Nopal.

Denn der erste Grund zu dieser Stadt wurde nahe bey einem grossen Steine/ oder einem Felsen/ so mitten in dem See war/ geleget; und am Fusse dieses Felsens stund ein solcher Baum Nopal: Dannenhero führet auch die Stadt Mexico in ihrem Wapen einen Nopal Baum/ so am Fusse eines Felsen herauß gewachsen ist/ nach der Bedeutung des ersten Nahmens dieser Stadt Tenuchtitlan.

Es sagen zwar etliche/ sie habe diesen Nahmen von ihrem ersten Stiffter bekommen/ so Tenuch geheissen/ und nach seines Vaters des Iztacmixcoatl tode gebohren worden/ dessen Kinder und Nachkommen die ersten Einwohner dieses gantzen Theils von America, welches man itzo Neu-Spanien nennet/ gewesen wären.

Andere wollen behaupten/ daß Mexico seinen Nahmen von viel älterer

Zeit

Zeit her habe/nehmlich von dem Volck Mexiti genant/ als welches die ersten Uhrheber dieser Stadt gewesen wären: Dann es werden die Indianer/ so in einer gewissen Gasse dieser Stadt wohnen/ noch heutiges Tages Mexica genennet: Und haben diese Mexiti ihren Nahmen von ihren vornehmsten Götzen Mexitli bekommen/ als den sie eben so hoch verehret haben/ als ihren Krieges-Gott Vitzilopachtli.

Die gemeinste Meinung aber der Spanier ist/dz die Mexicaner anfangs in Neu-Galicien gewohnet haben/ von dannen sie im Jahr Christi 720. aufgebrochen/ und sich hin und wieder außgebreitet haben/ biß sie im Jahr 902. unter der Anführung ihres Generals Mexi diese Stadt gebauet/und umb seinet willen Mexico genennet haben.

Sie waren in sieben familien/oder Zünffte getheilet/so auff Aristocratische Arth das Regiment unter sich führeten/ biß endlich die mächtigste Zunfft Navatalcas einen König erwehlete/ deme sich die andern alle Unterwürffig machten.

Der erste König/der also erwehlet wurde/ hies Vitzilovitli: der andere Acamopitzli: der dritte/ Chimalpapoca: der vierdte Izchoalt: der fünffte Montezuma I: der sechste Acacis: der siebende Axajaca: der achte Antzlol; der neundte Montezuma II, welcher regierete als Cortez ankame: der Zehnte Qvahutimoc, welcher die Stadt Mexico verlohr und der letzte in diesem Reiche war.

Der glückseligste unter allen diesen Königen war Izchoalt; der durch seinen Vetter Tlacaellec die anderen sechs Zünffte bezwang/und sie denen Königen von Mexico unterwürffig machte.

Nach dem tode des Izchoalt erwehleten die Chur-Fürsten/derer sechs an der Zahl waren/den Tlacaellec zum Könige/als dessen Tapfferkeit sie bereits erfahren hatten: Er schlug aber diese Herrlichkeit großmüthig auß/und sagte/ es wäre dem gemeinen Wesen zuträglicher / daß ein anderer als er zum Könige erwehlet würde. Er seines Orths wolte allezeit bereit seyn/ dasjenige was zu des Reichs besten dienen würde/ zu vollbringen / wie er bißhero gethan/ob er gleich nicht König wäre; so daß sie an seine statt den Montezuma I. erwehleten.

Das 18. Capitel
Kurtze Historische Erzehlung/ welcher gestalt die Spanier Mexico erobert haben.

DJe aller unglückseligsten Könige dieser Nation waren die letzten zwene/ Montezuma der andere / und Qvahutimoc, welche Ferdinand Cortez beyde überwand/ er nahm den Montezuma in seinem Pallast gefangen/ in dem er ihn listiglich in sein Logiement lockete / ihm Fessel an die Füsse legete/ und so lange behielt/ biß Qvalpopoca der Herr von Nahutlan, welche man itzo Almeria nennet/ exeqviret/ und verbrennet wurde/ darum daß er neun Spanier erschlagen hatte.

Allein die Gefängnüß dieses Königes veruhrsachte/ daß die gesamten Einwohner in Mexico, wider Cortez und die Spanier auffstunden / und sie biß in den dritten Tag mannlich bekriegeten/ mit Bedrauung/ daß sie sie alle jämmerlich umbbringen wolten/ wofern sie ihnen nicht ihren König würden loß geben.

Diesen Auffruhr nun zu stillen/ bath Cortez den Montezuma, daß er oben auff das Hauß/ welches sie mit Steinen auffs hefftigste stürmeten/ steigen/ und seinen Unterthanen befehlen wolte/ friedlich zu leben: welches dieser auch that: in dem er sich aber über die Mauer beugete und anfing zu reden/ wurden so eine menge Steine von der Gassen und oben herab von denen Häusern geworffen/ daß einer davon ihn so harte an den Schlaf traf/ daß er gleich starre todt auf die Erde fiel; und also von den Händen seiner eigenen Unterthanen wiewol wider ihren Willen/ mitten in seiner Residentz-Stadt/ und unter der Gewalt eines frembden Volckes umb sein Leben gebracht wurde.

Die Indianer sagen / daß er aus der Edlesten Familie seines gantzen Geschlechtes entsprossen/ und der herrlichste unter allen Königen so vor ihm regieret haben/ gewesen sey.

Hierauß ist zu sehen/ daß wann die Reiche am herrlichsten blühen/ sie ihren Untergang am nechsten sind/ oder zum wenigsten neue Herren bekomen/ wie auß der Geschichte des Montezuma erhellet/ dessen Herrlichkeit und Pracht der Stadt und ihren Einwohnern den Untergang verkündigten.

Nach des Montezuma Tode erwehletē sie Qvahutimoc zu ihrem Käyser/ und hielten mit solcher furie an des Cortez Hauß zu stürmen/ daß er gezwungen wurde mit allen Spaniern aus Mexico zu fliehen.

Als diese nun in Sicherheit waren/ stärcketen sie sich wieder von neuen zu Tlaxcallan, und baueten sechzehn/ oder wie andere sagen achzehen Brigantinen/ welche sie auff den See brachten/ und bald darauff belagerten sie Mexico zu Wasser und zu Lande dergestalt/ daß die Einwohner in solchen Mangel von Lebens-Mitteln geriethen/ daß sie für Hunger und Kranckheit so häuffig dahin sturben/ daß die Häuser voller Todten waren/ welche sie/ ihren elenden Zustand/ darein sie gerathen waren/ zu verbergen/ hauffenweise übereinander wurffen.

Ob sie nun wol den Pallast ihres Königes Qvahutimoc, im Feuer auffsliegen und den grösten theil der Stadt bereits in der Aschen liegen sahen; nichts desto weniger wehreten sie sich von Gasse zu Gasse/ und überall wo sie sich denen Spaniern wiedersetzen kunten: welche/ als sie nach unterschiedenen/ so zu Wasser als Land gehaltenen blutigen Treffen/ den Marcktplatz und den grösten theil der Stadt gewonnen/ die Gassen/ Häuser und Canäle voller hauffen todter Cörper funden/ und die/ so noch am Leben waren/ und in solcher Hungersnoth stacken/ daß sie die Rinden von den Bäumen nageten/ so bleich und so abgemattet/ daß es erbärmlich zu sehen war.

Ungeachtet aber sie so entkräfftet und so mager waren/ daß man sagen mochte/ es wäre ihnen nichts als das Hertze übrig geblieben/ iedennoch/ als Cortez sie vermahnen ließ sich zu ergeben/ schlugen sie allen gütlichen Vertrag auß. Sie sagten freymüthig/ es solle ihm/ die ihnen abgenommene Beuthe zu schlechten Vortheil gedeien/ und so auch ihnen das Glücke ferner solte zu wider seyn/ so wolten sie alle ihre Schätze und Reichthümer entweder verbrennen oder in den See werffen/ und fechten/ so lange noch ein einiger Mensch im Leben seyn würde.

Als nun Cortez zu wissen verlangete/ wie viel noch von der Stadt zugewinnen übrig wäre/ stieg er auff einen hohen Thurm von dem er die gantze Stadt übersehen konte/ und fand seinem Bedüncken nach/ daß noch der achte Theil Widerstand thäte; und ließ hierauff denselben von neuen angreiffen; da denn die armseeligen Inwohner/ weil sie sahen daß es also über sie verhangen sey/ und nun gantz ohnmächtig waren/ die Spanier bathen/ sie sämtlich auff einmahl nieder zumachen/ damit ihres Elendes ein Ende würde.

Es stunden andere am Ufer des Wassers/ nahe an einer Zugbrücken/ die schrien dem Cortez zu/ Er solte/ weil er der Sonnen Sohn wäre/ doch seinem nen Vater bitten / daß er sie sämtlich auff einmal umbkommen liesse; wendeten sich auch hierauff gegen die Sonne/und fleheten sie an/ daß sie doch ihr elendes Leben abkürtzen / und sie zu der Ruhe/ die sie bey ihrem GOtt Qvetcavatlh zu geniessen hoffeten/bringen wolle.

Als Cortez nun sahe / daß es mit diesen elenden Leuten auffs äuserste kommen wäre/ und dannenhero glaubte / daß sie sich endlich ergeben würden/beschickte er den Qvahutimoc,und ließ ihm das grosse Elend seiner Unterthanen vorstellen / und dabey vermelden / daß solches noch grösser werden würde/wofern er sich nicht zum Friede beqvemen würde.

Dieser unglückselige König hatte kaum dẽ Vortrag angehöret/so wurde er so hefftig vom Zorn übereilet / daß er befahl den Gesandten des Cortez auf der Stelle auffzuopffern / und ließ denen andern Spaniern / so ihn begleitet hatten/ mit Prügelstreichen/Steinen und Pfeilen antworten/sagende/ daß sie den Todt und nicht den Frieden verlangeten.

Da Cortez die Verstockung dieses Printzen/ungeachtet so viel seiner Unterthanen erschlagen/so viel Scharmützel gehalten/und fast die gantze Stadt verlohren worden/hörete/sandte er den Sandoval mit denen Brigantinen auff die eine seiten/und er fiel von der andern seiten an/ umb diejenigen so noch in denen Häusern und andern festen Plätzen möchten geblieben seyn/ zu bestreiten: Er fand aber so gar geringen Widerstand/ daß er nach seinem Willen thun konte was ihm beliebete.

Es war ein Jammer/das erbärmliche Geschrey und Gewinsel der Kinder und Weiber zu hören: Und der Gestanck von denen Todten-Leichen war gleichfals fast unerträglich.

Dannenhero entschloß sich selbige Nacht Cortez, dem Krieg durch den letzten Streich ein Ende zu machen: und Qvahutimoc nahm ihm vor/ sich durch die Flucht zu retten; setzte sich derohalben in einem Kahn der mit zwantzig Ruder-Knechten versehen war/umb desto ehender auß der Gefahr zuentkommen.

Da es nun Tag ward/rückte Cortez mit seinem Volck und vier Stücken Geschütz / für den Theil der Stadt / in welchem die noch übrige Einwohner/ wie die Schaaffe in ihrem Stalle eingesperret waren / und befahl dem Sandoval und Alvarado, welche die Brigantinen commandireten/daß sie auff die Canäle / und die darinnen hinter denen Häusern versteckte Kähne achtung geben solten/ und insonderheit darnach trachten/ daß sie sich des Kö-

niges

niges bemächtigen/ doch solten sie ihn kein leides thun/ sondern ihn lebendig fahen.

Hierauff befahl er denen übrigen seines Volcks/ daß sie die Schifflein der Mexicaner heraus treiben solten: Er aber stieg auff einen Thurm/ umb sich nach dem Könige umbzusehen/ und fand auff demselbigen Xihuacoa den Gouverneur und Hauptmann der Stadt/ welcher sich schwerlich ergeben wolte.

Es kamen aber die alten Männer/ Weiber und Kinder eine so grosse Menge herfür/ die sich auffs eilfertigste in die Schifflein setzeten/ daß selbe untersuncken und ihrer sehr viel ertruncken.

Cortez verboth zwar seinem Volcke/ daß sie diese elende Leute nicht erwürgen solten: allein er konte es denen von Tlaxcallan nicht verwehren/ daß sie ihrer nicht biß in die funffzehen Tausend erschlugen: Indessen halten sich die wehrhaffte Männer noch auff denen Dächern und Gallerien der Häuser auff/ von dar sie den Untergang ihres Vaterlandes sahen: Der gesamte Adel aber von der Stadt/ war zu Schiffe gegangen/ sich mit dem Könige auff der Flucht davon zu machen.

Als Cortex dieses sahe/ ließ er durch einen Carabiner-Schuß seinen Officirern die Losung geben/ daß sie sich fertig halten solten/ und bemächtigte sich hierauff in kurtzer Zeit dieser gantzen grossen Stadt.

Ingleichen lieffen die Brigantinen mitten durch die Mexicanische Flotte ohne allem Widerstand/ und wurffen alsobald die Königliche Standart darnieder.

Es wurde aber Garcias Holqvin, Capitain auff einer Brigantin eines grossen Kahnes voller Volcks/ welcher von zwantzig Rudern getrieben wurde gewar; selbigem/ als ihn die Gefangnen berichteten daß der König darauff wäre jagte er nach/ und holete ihn in kurtzer Zeit ein.

Qvahutimoc hatte sich zwar am Hintertheil des Schiffes zur Gegenwehr gerüstet; als er aber der Spanier gespannete Armbrüste/ und die auf ihn gezuckten blancken Degen sahe/ er gab er sich und bekante/ daß er der König sey: Garcias Holqvin voller Freuden über einem solchen Gefangenen/ nahm ihn an/ und führete ihn zum Cortez, der ihn mit aller Höfflichkeit annahm.

Als aber Qvahutimoc für den Cortez kam/ legte er seine Hand auf seinen Dolch/ und sagte/ er habe sich und die Seinigen beschützet auff beste/ und

so

so lange er gekönnet hätte/und sich für dem Zustande/ darein er nun gerathen wäre/gewehret: Weil er aber nunmehr in seiner des Cortez Gewalt wäre/ und er mit ihm thun könte / was er wolte / so bäthe er ihn/ er wolle ihm das Leben nehmen/welches ihm forthin/ nach dem er sein Königreich verlohren/ anders nichts als nur eine höchst beschwerliche Last sein würde.

Cortez hingegen tröstete ihn auffs beste als er konte/ und versprach ihm/ daß er ihm das Leben nicht nehmen wolte; führete ihn hierauff auff eine Gallerie und bath ihn / daß er seinen Unterthanen / die sich noch widersetzetem/ befehlen wolte sich zu ergeben. Da Qvahutimoc nun solches that/ legten sie alsobald die Waffen nieder/und waren ihrer noch mehr denn 70000. Menschen/ungeachtet ihrer so eine unglaubliche Zahl todt und gefangen waren.

Auf diese Weise nun nahm Ferdinand Cortez im Jahr Christi 1521. den 13. Augusti die weltberühmte Stadt Mexico ein: Zu dessen immerwehrenden Andencken man daselbst jährlich diesen Tag feyret/ und in einer öffentlichen Procession die königliche Standart/mit welcher die Stadt gewonnen worde/ herumb träget. Und kan man wohl sagen/ daß diese Victorie wol so merckwürdig sey/als irgend einige derjenigen davon/die Alten Historien so viel rühmens machen / massen allhier der mächtigste König von America erschlagen / und ein so tapfferer General,als iemals gesehen worden/ ist gefangen worden.

Die Belagerung wehrete nach Ankunfft der Brigantinen von Tlaxcallan, drey Monath: und hatte selbige werckstellig zu machen/ Ferdinand Cortez fast in die zweymahl hundert tausend Indianer / neun hundert Spanier/ achtzig Pferde/achtzehen stücke Geschütze/gleich so viel Brigantinen/und auffs wenigste sechs tausend Kähne.

Als die Stadt erobert war/ befand sichs/ daß funfftzig Spanier/ sechs Pferde / und ohngefähr acht tausend Indianer/ von des Cortez Bundsgenossen geblieben waren / von denen Mexicanern aber waren über hundert und zwantzig tausend erschlagen worden/ diejenigen/ so von Hunger und Pest gestorben waren/ungerechnet: Und weil der gröste theil des Adels sich die Stadt zubeschützen eingefunden hatte / so waren ihrer auch sehr viel geblieben.

Denn es war eine solche menge Volcks in der Stadt/ daß sie in kurtzen Mangel an Lebens-Mitteln hatten/ gesaltzenes Wasser trincken/ und zwischen denen todten liegen musten/ dannenhero ein so grausamer Gestanck entstund/ daß die Peste unter sie kam/und einen grossen theil von ihnen hinrisse.

Die Hertzhafftigkeit und standhafftige Tapfferkeit dieser Indianer ist werth/daß ihrer in denen Historien gedacht werde: Dann ob es schon mit ihnen so weit kommen war / daß sie nichts anders ihr Leben damit zu fristen hatten/als die Zweige und Rinden von den Bäumen/uñ das gesaltzene Wasser trincken musten / wolten sie sich doch keines weges ergeben.

Es ist auch wol zu mercken/ daß ob schon die Mexicaner sonst Menschen-Fleisch assen/ sie dennoch allein ihre Feinde fressen: Dann wann sie einander selbst oder auch ihre Kinder hatten fressen wollen/ so würden sie nicht hungers gestorben seyn.

So haben auch die Weiber in dieser Belagerung nicht schlechten Ruhm verdienet/nicht allein deswegen/ daß sie ihre Männer und Väter nicht verlassen haben/ sondern auch wegen der Pflegung derer krancken und beschädigten / und daß sie die Steine zusammen getragen / derer sie eine so grosse Menge von denen Gängen derer Häuser herab wurffen/ daß sie fast eben so viel schaden damit thaten/als selbst die Männer.

Als nun die Stadt erobert war/wurde sie geplündert; die Spanier bemächtigten sich des Goldes/ des Silbers und der Plumagien: und ihre Bundsverwandten die Indianer raubeten die baumwöllenen Tücher uñ andern Haußrath/ den sie auß dem Feuer erretten konten. Und also gerieth diese grosse Stadt mit aller ihrer Macht und Reichthum in die Gewalt der Spanier.

Weil nun Cortez gemercket hatte / daß diese Stadt sehr gesunde temperirte Luft hatte/uñ sehr bequemlich lag; nahm er ihm vor/ sie wieder zu erbauẽ/ und dariñen das oberste Camer-Gerichte des gantzen Landes auffzurichten.

Es wird aber/ ehe ich ihren itzigen blühenden Stand berichte/ nicht undienlich seyn/ demjenigen/ was bereit von dem Staat des Montezuma und seinen Pallästen gesaget worden/ noch die Beschreibung des Marcktplatzes/und des Tempels/der damals/ als sie die Spanier zerstöhreten/ darinnen war/ beyzufügen.

Das 19. Capitel
Beschreibung des Marckts und Tempels zu Mexico, wie selbige gewesen/als sich die Spanier der Stadt bemächtiget.

M Die

Die Beqvemlichkeit des Sees/ in dessen Mittel diese Stadt lieget/ gab denen Mexicanern anlaß/ daß sie mitten in selbiger einen grossen Platz leer und unbebauet liessen/ auff welchem alle Einwohner derer umbherliegenden Oerther ihre Wahren zu Marckte bringen/dieselbe verkauffen/ kauffen and vertauschen möchten: Welches sie um so viel desto leichter thun konten/weil sie eine grosse menge Schifflein hatten/ vermittelst welchen sie diese Handlung treiben konten.

Man hält dafür/ daß zur selbigen Zeit auf diesem See mehr denn zweymal hundert tausend solche Schifflein gewesen sind/ die die Indianer Acalles, die Spanier aber Canoas nennen/und nichts anders als Kähne sind/aus einem gantzern Stamme eines Baumes gearbeitet/ in Gestalt einer Beuten/ oder Bäckertroges/einer groß der andere klein/nach dem der Stamm/ darauß er gemacht worden/gewesen ist.

Es ist ausser allen Zweiffel/ daß ihrer zum wenigsten so viel/ als gesaget worden/müssen gewesen seyn: Denn in der Stadt Mexico allein waren ihrer mehr denn 50000/ welche stets die Lebens-Mittel zuführeten/ und die so in die Stadt kamen/ oder aus selber weg wolten/ überführeten; dergestalt/ daß an denen Marcktägen alle Canäle von derogleichen Schifflein bedecket waren.

Der Marcktplatz heisset in Indianischer Sprache Tlanqvitzli, und iedes Qvartir hatte seinen eigenen/worauff sie kaufften und verkaufften: Doch waren die zu Mexico und Tlatelulco, als derer beyden vornehmsten Städte/ die ansehnlichsten unter allen.

Dann der Platz/ auff welchem in Mexico alle vier Tage öffentlicher Marckt gehalten ward/und mit Thoren geschlossen wurde/ war so groß/ daß mehr denn hundert tausend Personen/ so dahin zu kauffen und verkauffen kamen/ darauff zugleich raum hatten.

Jedes Handwerck/und jede Gattung Wahre hatte seinen eigenen Orth und Platz/auff welchen sonst nichts anders dorffte gebracht werden.

Wie denn auch ein besonderer Orth für diejenigen Dinge/so viel Raum einnehmen/geordnet war/als da sind Steine/Holtz/Kalck/Ziegel/ uñ andere derogleichen zum bauen dienliche Dinge.

Unter andern Waaren/so gewöhnlich daselbst angetroffen werden/ waren allerley Gattung/zarte und grobe Decken/Kohlen/Holtz/und allerley geglasurtes und arthlich gemahltes irdenes Gefässe: bereitete Hirsch-Leder/mit und

und ohne Haare/von allerhand Farben/ daraus sie/ Soolen/ Schilde/ Tartschen/ und Futter unter die höltzerne Brust-stücke macheten: Man traff auch daselbst an allerhand andere Thier-felle/ und Gefieder derer Vögel von so vielerley Gattung und Farbe/ daß man schwerlich was schöners und wunderlichers sehen konte.

Die kostbaresten Wahren aber/ so daselbst feil waren/ war das Saltz/ und die baumwöllene Decken/ von unterschiedlicher Farbe und grösse/ derer eines Theils über die Betten zu decken/ oder sich drauff zu legen/ dieneten; die andern aber beqvem waren/ Kleider und Mäntel drauß zu machen/ und die Gemächer damit zu bekleiden.

Sie hatten auch anderes baumwöllenes Tuch/ dessen sich die Indianer noch heutiges Tages bedienen/ und Tücher/ Hembde/ Tischtücher/ Handtüchlein und derogleichen drauß zu machen.

Sie verkaufften auch auff diesem Platze Mäntel so auß Blättern eines Baums/ Metl genandt/ aus Palmen-Blättern/ und Kaninchen-Haaren gemachet waren und hochgeachtet wurden/ weil sie sehr warm waren: Doch waren die auß Federn gemachten Decken/ die besten unter allen.

So wurde auch Garn auß Kaninchen-Haaren gemacht/ wie nicht weniger ander Garn von allerley Farben hier zu kauffe gebracht.

Die grosse Menge allerley Geflügels und Vögel/ so hieher zu Marckte gebracht wurde/ die Nutzung desselben/ und die Ursache warum es gekaufft wurde/ ist eine Sache/ darüber man sich billich/ höchlich verwundern muß; dann sie assen nicht allein das Fleisch dieser Vögel; sondern sie macheten aus denen Federn ihre Kleidung; und wusten sie überaus artig untereinander zu vermischen.

Das schönste aber und kostbareste/ was auff diesem Marckte zu sehen war/ war der Orth wo man die aus Gold und aus Federn bereitete Arbeit feil hatte: Denn daselbst fand man alles/ was man verlangen kunte/ auffs allernatürlichste von bunten Federn abgebildet.

Denn die Indianer waren in dieser Kunst-Arbeit so erfahren/ daß sie einen Zwiefalter/ oder ein anderes Thier/ Bäume/ Rosen/ Blumen/ Kräuter und Wurtzeln/ oder ja alles was zu erdencken ist/ so schön abbilden konten/ daß man sich höchst darüber verwundern muste. Zu solcher Erfahrenheit aber brachte sie ihr so gar unverdrossener Fleiß/ den sie anwendeten: Sintemahl ein solcher Arbeiter öffters einen gantzen Tag mit einer einigen Feder ungessen zubrachte/sie an ihren rechten Orth recht anzubringen/ in dem er sie itzt in der Sonnen/itzt im Schatten/bald so/bald wieder so kehrete und wendete/umb den rechten Orth zu finden/wo sie am schönsten stünde: Wie denn in Warheit wenig nationen in der Welt zu finden sind/ die so viel Gedult hätten als diese hier.

Ihre Gold-Arbeit war auch sehr schön / wie sie denn vortreffliche Stücke durch den Guß verfertigten/und artlich mit Spitzen von Kieselsteinen/in das Gold etzen konten.

Sie macheten Schüsseln mit acht Flächen / deren iedere auß einem besonderen Metall war/eine von Gold / die andere von Silber / und doch ohne alle Löthung. Sie gossen Kessel mit Handhaben/ alles in einem Stücke/auff die Arth/wie man in Europa die Glocken geust.

Sie gossen in Formen Fische / derer Schuppen theils gölden theils silbern / artig durchmenget waren; wie ingleichen Papagoyen / die den Kopff / die Zunge und Flügel bewegeten; Affen mit allerley Stellungen/ in dem einer am Rocken span/der andere Aepffel aß/oder sonst etwas vorstellete/was sonst die naturlichen Affen zu thun pflegen.

Sie wusten auch überaus wol mit Schmeltzwerck/ und versetzung allerley Edelgesteine umbzugehen.

Aber wiederum auf den Marckt zu kommen/so werden auf selben auch/ Gold/Silber/Kupffer/Bley/Messing und Zinn/ doch derer letzten drey sehr wenig verkauffet.

Ingleichen werden Perlen/Edelgesteine/allerley Sorten von Meermuscheln/Beine/ Schwämme/ und vielerley andere Waren zu Marckte gebracht.

Nicht weniger auch mancherley Kräuter/ Wurtzeln und Körner / so wol zur Speise als zur Artzney: Dann sie hatten insgesamt / ja auch selbst die Weiber und Kinder / eine sehr gute erkäntnüß derer Kräuter/ weil sie die Noth solche/so ihnen in ihren Zufällen dienlich seyn möchten/ auß zu suchen gelernet/ und die Erfahrung in Heilung ihrer Kranckheiten sie bewehrt erfunden hatte.

Derowegen wendeten sie sehr wenig an die Aertzte/wiewol es Leute unter ihnen gab/so dafür wolten angesehen seyn; massen auch Apothecker unter ihnen waren/welche Salben/Syrupen/destillirte Wasser/und andere denen Kranck en dienliche Dinge/ zu Marcke brachten.

Sie

Sie curireten fast alle Kranckheiten mit Kräutern/ und wusten gewiß/ welche in iedwederer Kranckheit absonderlich gut waren: so gar/ daß sie mit dem Safft eines Krautes die Flöh und Läuse zu tödten wusten.

Ferner wurde auff diesem Marckte auch allerley Speise verkaufft/ und unterandern auch Schlangen/denen die Köpffe und Schwäntze abgehackt waren/junge geschnittene Hunde/Mäuse/Ratten/lange Würmer (Regen-Würmer) und eine Arth besondere Erde. Denn es wurde zu gewisser Jahrs-Zeit ein staubichter Schleim/welcher sich auff dem Wasser des Mexicanischen Sees setzet/uñ dem Meerschaume ähnlich siehet/ mit kleinen Netzlein aufgefangen/und in grosse Hauffen übereinander geschüttet/woraus hernach flache stücke wie Ziegeln gemachet wurden.

Diese Wahre wurde nicht allein hier in Mexico verkaufft/sondern auch zimlich ferne an andere Orthe verführet/und assen sie dieselbe mit so grossem appetit, als wir etwan/den besten Europæischen Käse essen möchten: Ja sie hielten gäntzlich dafür/daß umb dieses Schaums willen so viel Vögel auff den See kämen/absonderlich in Winter/ da ihrer eine unschätzbare Menge darauff angetroffen wird.

Jngleichen wurde auch allerhand Wildpret auff diesem Marckt gebracht/und theils viertel Weise/ theils gantz verkaufft / nemlich Reheböcke/ Haasen/Kaninichen/wilde Hunde und andere dergleichen Thiere so sie auff der Jagt fingen.

Man sahe auch mit Verwunderung an die grosse Menge von allerhand Früchten/welche theils grüne/theils gantz reiff hier feil waren.

Unterandern war besonders die Cacao,welche so groß als eine Mandel ist/darauß der Tranck/welchen man Chocolate nennet/ und in Europa bekant genung ist/ gemachet wird; diese Frucht dienete ihnen nicht allein zu Speise/sondern wurde auch an statt des kleinen Geldes gebrauchet. Itziger Zeit gelten 120. biß 140. von denen grössesten dieser Kerne/oder 200.derer kleineren einen Real von fünff Solden/ vor welche die Jndianer alles was sie bedörffen kauffen; denn um vier oder fünff Cacaos können sie Früchte und andere esse Wahren haben.

Man fand auch vielerley Sorten Farben/ und schöne Lacken alda zu kauffe/welche sie auß Rosen/Blumen/Früchten/ Baumrinden und dergleichen macheten.

Alle diese uñ noch viel andere Wahren hatten so wol auff diesem grossen

Marckte/als auch auff andern kleinern Marcktplätzen/so an andern Orthen der Stadt waren/ die Kauffleute feil/ welche denn dem Könige von ihrem Budē/ und Stellen ein gewisses Geld zahlen musten/dafür er sie für Dieben und Räubern sichern muste: Wie denn umb deßwillen gewisse Bedienete auff dem Marckte stets auff und nieder gingen/ umb diejenigen/ so irgend etwas gestolen hatten / zu ertappen und anzuhalten.

Mitten auff diesem Platze stund ein Hauß/welches man von allen Orthen dieses Marcktes frey sehen konte: in demselben hielten sich allemahl zwölff alte Männer auff/die allerley Streit und Zanck schlichteten/ und entschieden.

Ihre Handlung geschach durch Verstechung oder Vertauschung einer Wahre gegen die andere; zum Exempel / einer gab ein Hun für eine Garbe Indianischē Wäitzens; ein anderer vertauschte eine Decke gegen Saltz/oder gegen Cacao, welches sie an statt Geldes braucheten.

Sie hatten ihre gewisse Maß/ihre Korn und Geträide damit zu messen: Wie auch irdene Mase zum Oel/Honig/und Wein/ welchen sie auß denen Palmbäumen/ und andern Bäumen/und Wurtzeln macheten.

Wenn einer mit falschem Maaße verkauffte/so wurde er gestraffet / und sein Maaß zerbrochen; und unterhielten also die natürliche Billigkeit in ihrem Handel/ohngeachtet sie Heyden waren/ und von dem wahren GOtt nichts wusten; sondern die Götzen und Teuffel anbetheten / als denen sie Kirchen und Altäre gebauet/oder/wie der Prophet und König David im 106. Psalm saget/ihre Söhne und Töchter geopffert.

Eine Kirche/heisset in der Mexicanischer Sprache Teucalli, welches aus dem Wort Teutl, das ist/Gott und Calli, das ist/ ein Hauß/ zusammen gesetzet ist/so daß es auf deutsch so viel heisset als ein Gottes-Hauß.

Es waren viel Tempel in Mexico, deren ieder mit Thürmen/Capellen/ und Altären/ darauff ihre Götzen stunden/versehen war. Sie waren alle auff einerley Arth gebauet/derergleichen man doch sonst nirgend antrifft: und wird dannenhero genug seyn/ wann ich den grösten unter denenselben beschreibe/weil man darauß auch leichtlich von deren andern Gestalt wird urtheilen können.

Itztgedachter Tempel nun war recht gevierdet/uñ jede seite desselbē eines Armbrustschusses lang; er hatte vier Thüren/derer drey gegen drey Tämme gingen/die vierdte aber sahe gegen eine schöne Gasse der Stadt/wo kein Tam war.

Mit-

Mitten in dem vier Ecken war ein aus Erden und Steinen gemachter auch viereckichter Hügel/ dessen iede Seite funfftzig klafftern hoch war / in Gestalt einer Pyramide, ausser daß er nicht oben spitzig zu lieff/ sondern eine Fläche zehen klafftern weit ins gevierdte hatte.

An der Seitē gegen Abend warē von unten an biß oben auf eine Stiege von hundert und vierzehen steinernen Staffeln/ auff welcher man die Priester mit grossem Gepränge auff und absteigen/ und die Menschen so geopffert werden solten/ mit sich führen sahe.

Oben auff diesem Tempel/ oder vielmehr Pyramiden stunden zweene grosse Altäre / weit von einander abgesondert/ aber so nahe an der abhangenden Mauer/ daß man schwerlich darzwischen durchgehen konte. Einer von diesen Altären stund zur rechten / der andere aber zur lincken Hand / und waren ieder derselben fünff Schuch hoch/ und am Rücken mit Steinen überzogen/ und mit allerley garstigen und ungestalten Bildern bemahlet.

Die Capellen waren von Mauer- und Zimmerwerck wol gearbeitet; jede hatte drey übereinander auf Säulen stehende Stockwerck/ so daß sie wegen ihrer Höhe als Thürme außsahen/ und der Stadt ein schönes Ansehen machten.

Von der Höhe dieser Capellen konte man alle Städte und Flecken sehen / so rings umbher an den See lagen; dannenhero man von hinnen das schöneste außsehen hat/ als sonst irgend wo in der Welt mag gefunden werden.

Als Montezuma dem Cortez und denen Spaniern auß Ruhmräthigkeit/ die Grösse der Stadt zeigen wolte / ließ er sie auff eine dieser Capellen steigen / und weisete ihnen zugleich die Ordnung des Tempels von unten biß oben auß.

Es war auch daselbst ein Orth/ in welchem die Priester ihren Gottesdienst vollbrachten/ ohne daß sie von einigem Menschen daran konten gestöret werden: Sie kehreten sich/ wenn sie betheten/ gegen der Sonnen Auffgang/ am Fusse eines Altars auff dem ein grosser Götze stund/ wie denn iedweder Altar einen hatte.

Ausser diesem Thurme/ so auff der Pyramide stund/ waren noch viertzig andere grosse und Kleine/ so zu andern kleinern Tempeln/ die in ebē dieser Einschränckung waren/ gehöreten/ welche/ ob sie zwar eben auff itzt erzehlte Art gebauet waren/ doch nicht gegen morgen / sondern gegen die andern Theile

der

der Welt/ damit ein Unterschied unter dem grossen Tempel und diesem seyn möchte.

Es waren auch diese Tempel nicht von einerley grösse; sondern es war immer einer grösser als der ander/und ieglicher war seinem besondern Götzen geweihet.

Unter andern war einer in die Runde gebauet/ welcher dem Gotte der Lufft Qvecalcovatl gewidmet war/ und deswegen rund war/ weil sich die Lufft in die Runde beweget.

Im Eingange dieses Tempels war eine Thüre die die Gestalt eines auffgesperreten Schlangen-Rachens/voller Zähne/ welche so wol als das Zahnfleisch recht natürlich gemahlet waren; hatte: Welches denn recht abscheulich zu sehen war/sonderlich denen Christen/ weil sie dem Eingang der Höllen recht ähnlich sahe.

Sonst waren noch andere Teucallis in der Stadt/ die ihre Stiegen hatten/auff denen man an dreyen unterschiedenen Orthen in die Höhe steigen konte: und ein jeder Tempel hatte ein dazu gehöriges Hauß/ und seinem besonderen Götzen/und Priester/samt allen zum Götzendienst nöthigen Dingẽ.

Bey dem grossen Tempel aber waren viel Häuser/ darinnen eine grosse menge Priester wohneten/ die ihre gewisse Einkommen zu ihrer Unterhaltung hatten.

Uber dieses war bey ieder Thür dieses Tempels ein grosser Saal/ oben und rings herumb mit vielen Zimmern versehen/welche gleichsam die Zeughäuser der Stadt waren: Denn sie hielten dafür/ daß die Gottes-Häuser die Wacht und Schutz eines Landes wären/ deswegen verwahreten sie auch den Vorrath ihrer Waffen in denselben.

Ausser diesen Tempeln hatten sie noch andere gar danckele Häuser voller grosser und kleiner Götzen/ welche auß unterschiedlichen Metallen gemacht/und gleichsam in Blut gebadet waren/ wo von sie gantz schwartz und garstig außsahen: Denn sie wurden täglich mit dem Blute derer Menschen/ so man opfferte/beschmieret; ja das Blut klebete fingers dick an den Mauren/ und mehr als eines Schuhes hoch auff der Erden/ so das diese örther wegen ihres teufflischen Gestanckes recht abscheulich waren.

Die Priester liessen in diese Bethäuser niemand anders als nur vornehme Leute/und mit der Bedingung/daß sie einen Menschen zum Opffer schencken wolten/eingehen; solchen zum Opffer gewidmeten Menschen nun/ sta-

chen/

chen diese Teuffels-Diener die Gurgel ab/wuschen ihre Hände in dem heraus stürtzenden Blute/ und besprengeten mit demselben ihre Häuser und Götzen.

Es war/ zu Dienst ihrer Küche/ nahe darbey ein sehr grosser Wasser-Kasten/ welcher jährlich einmal durch eine Röhre/ so auß dem grossen Brunnen der Stadt kame/ gefüllet wurde.

An andern Orthen dieser Einschränckung waren gewisse Plätze/ in welchen allerley geflügel erzogen wurde/ wie nicht weniger lustige Baum-Gärte/ in welchen auch allerley Kräuter und Blumen/ zu Außziehrung derer Altäre gezeuget wurden.

Das 20. Capitel
Fernere Beschreibung des Tempels und des übermässigen grossen Reichthumbs/ so darinnen zu sehen war.

Es war dieser Tempel so reich/ daß mehr denn fünff tausend Menschen täglich in selbigem beschäfftiget waren/ und ihre Wohnung und Unterhalt von demselbigen hatten.

Zu Erhaltung aber dieses Tempels/ und derer so zu dessen Dienst bestellet waren/ waren viel unterschiedliche Städte und Flecken gewidmet/ dieselbige mit Brod/ Fleisch/ Fischen/ und allen andern nöthigen Dingen/ insonderheit aber mit Brennholtz versehen musten: Denn es wurde desselbigen allhier weit mehr verthan/ als am königlichen Hoffe selbst.

Alle diese Priester führeten ein geruhiges Leben/ und thäten sonst anders nichts/ alß daß sie ihren Göttern/ derer eine grosse Menge war/ dieneten: Diese Götzen hatten nicht allein ein ieder einen besonderen Gottesdienst; sondern auch einen besondern Orden der Priester/ durch welche sie von andern unterschieden waren.

Es waren über zwey tausend Götzen in der Stadt Mexico: Die vornehmsten hiessen Vitzilopuchtli, und Tezcatlipuca derer steinerne Bildnüsse oben auf den Tempel auff denen Altären stunden. Sie waren in rechter Riesens grösse über und über gleichsam mit Perlen und Edelgesteinen besehet/ und mit stückern Gold/ so allerley Vögel/ Thiere/ Fische und Blumen vorstelleten/ und mit Schmaragden/ Türckoisen/ Chalcedonier/ und andern kleinern schönen Steinlein versetzet waren/ behangen/ und mit einer zarthen Leinwand/ welche sie Necar nennen/ bedeckete/ so daß/ wann die Leinwand auffgedecket wurde/ man sich über ihrer Schönheit/ und wunderbaren Glantz entsetzete.

Ein jeder dieser beyden Götzen war mit einem göldenen Gürtel/ in Gestalt einer Schlangen umbgürtet/ und hatten umb den Halß ein Halßband von zehn auß feinem Golde gemachte Hertzen/ und zwischen iedem eine Larve mit gläsernen Augen; und fornen am Halse war ein Todten-Bild gemahlet.

Sie glaubten/ daß diese zwene Götter Brüder wären; Texcatlipuca war der GOtt der Versehung/ und Vitzilopuchtli der GOtt des Krieges/ welche beyde sie mehr denn alle andere Götter fürchteten.

Sie hatten noch einen andern GOtt/ dessen Bildnüß oben auff der Götzen Capelle stand/ denselbigen verehreten sie auch mehr denn die andern alle.

Dieser GOtt war auß allen denen Saamen/ die in ihrem Lande wuchsen/ gemacht/ sie machten nemlich aus selbigem ein Meel/ welches sie mit Blute von Kindern und reinen unbefleckten Jungfrauen/ denen die Brust mit einem Scheermesser auffgerissen/ und das Hertz herauß genommen wurde/ umb selbiges als die Erstlinge ihren Götzen zu opffern/ anmengeten und zu einem Teige kneteten.

Dieser Götze wurde mit besonderer Pracht und ceremonien in beyseyn der sämbtlichen Einwohner der Stadt eingeweihet/ und wann die Einweihung geschehen/ so hingen die/ so vor andern andächtig waren/ demselben allerley Edelgesteine/ stücklein Gold/ und andere Kleinodien an.

So bald diese Ceremonie vollbracht war/ so durffte sich ferner kein Mensch unterstehen diesen Götzen anzurühren/ oder in seine Capelle zu gehen/ ausser denen Tlumacaztli oder Priestern von seinem Orden.

Sie zerbrachen diesen Götzen ie zu weilen/ und machten von neuen Teige/ welchen sie ebenfals wie den ersten kneteten/ einem andern/ die Bißlein aber von dem alten theileten sie unter das Volck aus; denn ein jeder der ein solches Stücklein bekam/ schätzete sich für sehr glückseelig/ insonderheit die Soldaten/ welche dadurch Glück im Kriege zu haben verhoffeten.

Bey Einweihung dieses Götzen/ wurde auch ein gewisses Gefässe voller Wasser mit besondern Worten und ceremonien gesegnet/ und hernach unten am Altar heilig auffgehoben/ denn mit diesem Wasser wurde der König in

der

der Kröhnung/ und die Generalen derer Armeen / bey Anfang eines Krieges eingesegnet/indem ihnen ein wenig davon zu trincken gegeben wurde.

Ausserhalb dieses Tempels nahe bey der vornehmsten Thüre/ohngefähr eines Steinwurffs weit/ war ein Gebäude/in Gestalt eines Schauplatzes/ länger als breit von Kalck und Steinen auffgeführet mit Stuffen auff denen man hinauf steigen kunte/in dessen Maure zwischen jedē Stein ein todten Kopff mit herauß gekehreten Zähnen eingesetzet war.

Oben und zu Ende dieses Theatri waren zwene Thürme auß lauterem Kalck und todten Köpffen/ die ebenfals/ wie die in der Mauren/ die Zähne außwarts kehreten / erbauet/ welches abscheulich zu sehen war.

Zu oberst auff diesem Theatro stunden siebentzig Pfähle fünff oder sechs Schuch weit einer von dem andern aus denen unterschiedene Armen mit Spitzen gingen/die mit besondern Stützen gehalten wurden; an jeder dieser Spitzen stacken fünff todten Köpffe/ so durch die Schläffe angespiesset waren.

Als die Spanier das erstemahl in Freundschafft nach Mexico kamen/ noch bey lebzeiten des Montezuma, besahen sie alle diese Oerter; da denn zweene aus ihnen/ nahmens Andreas de Tapia, und Gonsalvo de Ombria aus Fürwitz sich die Weile namen/ die Köpffe so an diesen Pfählen stacken/ und in denen Stuffen eingemauret waren zu zehlen/ und ihrer hundert und sechs und dreyssig tausend befunden.

Die andern Thürme waren damit gantz angefüllet/ so daß ihrer eine fast unendliche Zahl war; ja es waren gewisse Leute bestellet/ die nichts anders thaten/ als daß sie die Köpffe/ so etwan abfielen/auffiasen/ und andere an deren abgefallenen Stelle stecketen/ damit die Zahl allezeit voll bliebe.

Was aber am aller merckwürdigsten war/ und am meisten zu verwundern war daß diese Köpffe alle von denen im Kriege gefangenen Feinden waren / welche sie in diesen Tempel geopffert hatten; Den aber die Spanier mit denen Thürmen und allen denen andern Greueln geschleiffet und verbrennet haben/als sie sich/ wie oben erzehlet worden / der Stadt bemeisterten.

Zu eben selbiger Zeit wurden auch alle oben beschriebene Palläste/Häuser und Gärten des Montezuma, samt denen andern Tempeln in der Stadt/ wie nicht weniger der Marcktplatz gäntzlich umbgekehret/ und von Grund aus zerstöret: So daß itziger Zeit nicht das geringste mehr übrig ist/ dabey man sich der Grösse und prächtigen Herrligkeit der Stadt Mexico erinnern möchte.

N 2 Als

Als aber nach der Eroberung Cortez das Ansehen dieser Stadt und die Herrschafft/ so sie über die benachbarte Völcker gehabt hatte/ betrachtete/ und die gantz beqveme Lage derselbigen recht in Augenschein nahm/ ließ er sie wieder von neuen erbauen / und nach dem er gewisse Plätze zu denen Kirchen/Märckten/dem Rathhause / und andern gemeinen Gebäuden außgezeichnet hatte/theilete er sie unter seine Soldaten aus.

Das 21. Capitel
Von theilung der Stadt unter des Cortez Soldaten; von denen vornehmsten Pallästen/Rathhauß/ Kirchen und andern gemeinen Gebäuden / zu samt dem itzigen Zustand dieser grossen Stadt / und der herumliegenden Gegend.

IN dieser Eintheilung nun sonderte Er die Wohnungen der Spanier und Indianer von einander / dergestalt / daß auch noch heute zu Tage das Wasser zwischen ihnen hinläufft und sie von einander scheidet.

Damit er nun desto mehr Einwohner herzulocken und die Stadt volckreich machen möchte / so versprach er allen / die entweder auß der Stadt bürtig waren/oder von andern Orthen dahin zu wohnen kommen würden/ Grund zu geben darauff sie Häuser bauen möchten / und daß nach ihrem Tode ihre Kinder/ solche Häuser erblich besitzen solten/ und was dergleichen Freyheiten mehr waren.

Ingleichen schenckete er dem Mexicanischen General Xitivaco die Freyheit/gab ihm eine gantze Gasse/und machte ihm zum Ober-Haupt aller Indianer so in der Stadt zu wohnen kamen. Dem Don Piedro Montezuma, dem Sohne des verstorbenen Königes Montezuma, schenckete er eine andere Gasse / um durch diese seine Freygebigkeit die Freundschafft und die Gemüther dieses Volckes zu gewinnen. Nicht weniger theilete er etliche kleine Insuln und gewisse Gassen unter andere Edelleute auß / daß sie dieselbe bauen und bewohnen solten: Durch welches Mittel denn alle Plätze vertheilet wurden/und jedermann begunte mit freuden und besondern Eiffer zu arbeiten und wieder anzubauen.

So bald nun das Geschrey / daß Mexico wieder auffgebauet wurde/im Lande ruchtbar ward/ kam eine solche Welt Volcks dahin/der Freyheit und

Pri-

Privilegien/ so Cortez seinen Einwohnern ertheilet hatte zugeniessen/ daß man sich drüber verwundern muste/ massen die Zahl der Männer uñ Weiber eine solche Menge war/ daß sie einen Raum von drey Meilē in Umkreiß eiñahmen.

Weil nun diese Leute schwer arbeiteten/ und wenig assen/ so wurden ihrer sehr viel kranck/ und kam auch selbst die Pest unter sie/ so daß ihrer fast eine unendliche Zahl starb. Denn ihre Arbeit war aus der massen schwer/ weil sie/ die Steine/ Erde/ Holtz/ Kalck/ Ziegel und allen andern zum bauen nöthigen Zeug entweder auff ihren Achseln herzutragen/ oder hinter sich herschleppen musten.

Nichts destoweniger wurde nach und nach die Stadt Mexico wieder erbauet/ und hatte hundert tausend Häuser/ die alle weit schöner und besser waren/ als die alten gewesen.

Denn die Spanier baueten ihre Häuser alle nach der Spanischen manier, und Cortez satzte das seinige/ auff die Gründe des Pallastes Montezuma, welches itziger Zeit jährlich viertausend Ducaten träget/ und der Pallast des Marggraffen del Vallé genennet wird/ weil der König von Spanien dem Cortez und seinen Nachkommen die grosse Stadt Guaxaca schenckete.

Dieser Pallast ist so prächtig erbauet/ daß wie ich schon oben gedacht habe/ man sieben tausend Cedern-Stämme dazu angewendet hat.

Sie machten auch schöne Canäle/ die oben mit Gewölben bedecket waren/ die Brigantinen/ so sie zu Eroberung der Stadt gebrauchet hatten/ darunter zu stellen: Wie man denn noch heut zu Tage dieselben Canäle siehet/ massen sie mit grossem Fleiß zu stetem Andencken dieser grossen That/ in gutem Stande erhalten werden.

Die Gassen oder vielmehr Wasser-Canäle so in der Stadt waren/ sind endlich alle außgefüllet/ und eine Menge schöner Häuser darauff gebauet worden; so daß Mexico itzo gantz anders gebauet ist/ als sie vor Zeiten gewesen: und sonderlich kommet/ seint Anno 1634/ das Wasser bey weitem nicht so nahe an die Stadt/ als vormahls zugeschehen pflag.

Es steiget zuweilen ein sehr stinckender Dampff auß dem See auf: Sonst aber ist Mexico ein sehr gesunder und temperirter Orth/ wegen des umbher liegenden Gebürges; und ist mit aller Nothdurfft von Lebens-Mitteln/ wegen Fruchtbarkeit des Landes und der Beqvemligkeit des Sees reichlich versehen.

Mexico ist itziger Zeit eine von denen grössesten Städten in der Welt/

wegen des grossen Raums/ den die Spanier und Indianer mit ihren Häusern eingenommen haben: Ja sie wurde wenig Jahre nach ihrer eroberung die schöneste Stadt in gantz Indien/ die so wol in Krieges-Sachen als Recht und Gerechtigkeit blühete.

Es waren vor diesem zum wenigsten zwey tausend Einwohner / derer ieder ein Pferd im Stalle hatte/ auch mit Waffen und schöner Rüstung wol versehen war/ itzo aber/ nach dem die umbherliegende Länder derer Indianer Unterthänig gemachet / und sie grösten theils gar außgerottet worden / besonders nahe um Mexico, da man sich keines Auffstandes wider die Spanier zu befürchten hat/ werden die Krieges Exercitia und was darzu gehöret gantz unterlassen/ und wenig geachtet.

Deñ die Spanier leben in dieser Stadt in so grosser Sicherheit/ daß weder Thore noch Mauren/ weder Thürme noch Bollwercke/ noch Schantzen/ weder Zeughauß/ noch Munition noch Stücke in selbiger anzutreffen sind/ vermittelst welcher sie wider in- oder außländische Feinde könte beschützet werden/ weil sie festiglich glauben / daß S. Jean de Vlhua feste genug sey/ sie für den Einfall derer letztern zu befreyen.

Jedessen ist sie die reicheste Handels-Stadt so in der Welt zu finden ist/ weil jährlich auff der Nord-See mehr denn zwantzig grosse Schiffe auß Spanien nach S. Jean de Vlhua kommen/ welche mit voller Ladung die besten Wahren / so nicht nur in Spanien/ sondern auch in der gantzen Christenheit anzutreffen sind/ dahin bringen/ von dannen sie über Land nach Mexico verführet werden.

Auff der Süder-See handelt sie nach allen Orthen in Peru: doch ist die Handlung nach denen Ost-Indien die vornehmste / denn vermittelst selbiger erlanget sie die köstlichsten Wahren nicht allein aus denen von denen Portugesen bewohneten Orthen/ sondern auch aus Japon und China, vermittelst denen Philippinischen Inseln/ als nach welchen jährlich zwey grosse Gallionen/ uñ zwey andere kleinere Schiffe gesendet werden/ und zu gleicher Zeit eben wieder so viel von dannen zurücke nach Aqvapulco kommen/ wo sie ihre Wahren außladen/ umb von dannen über Land nach Mexico, wie die von S. Jean de Vlhua, gebracht zu werden.

Es ist auch eine Müntze in der Stadt/ wo das Silber/ welches man in Stangen und Zehnen aus denen Minen von S. Ludov. de Sacatecas, achzig Meilen von Mexico gegen Norden/ bringet/ gepräget wird.

Die

Die Spanier sind mehr denn hundert meilen tieffer ins Land über Sacatecas hinein gedrungen/ alwo sie sich viel Indianer unterwürffig gemachet/ und viel Bergwercke entdecket haben / umb derer Willen sie daselbst eine Stadt erbauet und sie neu Mexico genennet haben.

Die Indianer dieser Gegend sind sehr tapffer/ und machen denen Spaniern gnug zu schaffen/ sich daselbst zu erhalten: Nichts desto weniger glaubet man daß sie im̃er weiter gehen werden/ biß sie dasselbige gantze Land unter ihren Gehorsam werden gebracht haben/ welches denn zweiffels ohne mit unsern Colonien in Verginien und derer benachbarten Orthe/ so wir auff diesem festen Lande haben/ gräntzet.

Ferner ist auch eine schöne Universität in Mexico, welche der Vice-Re Don Antonio de Mendoza hat erbauen lassen.

Damals/ als Mexico wieder erbauet wurde/ war ein grosser Unterscheid unter einem Einwohner und einem Uberwinder von Mexico: Denn dieser letztere Nahme war ein Ehrentitul der allein denjenigen zukam / welche das Land hatten einnehmen helffen/ welchen auch der König in Spanien Land und Einkommen für sie und ihre Nachkommen gab: Dahingegen diejenigen welche nur blosse Einwohner waren jährlich einige Steuren von denen Häusern die sie in der Stadt bewohneten/ bezahlen musten.

Dannenhero komt es auch/ daß itziger Zeit alle Provinzien in America mit Leuten angefüllet sind/ die sich für Spanische Edelleute außgeben: Denn ein ieder von ihnen rühmet sich daß er von einem solchen Uberwinder herstamme ungeachtet er so arm ist als Hiob in seinem Elend war; und wenn man fraget / wo ihre Güter hinkommen sind/ so antworten sie; es hätte ihnen zwar das Glücke ihre Güter beraubet/ deswegen aber bleibe ihnen ihre Ehre und Adel ungekräncket.

Ja man trifft wol arme Schuchflicker/ oder Eselstreiber/ die ihre Nahrung mit einem halben dutzent Maulthieren auff der Strassen suchen/ an/ die vorgeben daß sie von diesen ersten Helden herkom̃en: Deñ weñ einer etwan Mendoza oder Gusman heisset/ so schweret er/ er stamme vom Geschlecht derer jenigen Fürsten her/ die in Spanien diesen Nahmen führen; und sey ihr Anherr von dannen in Americam kommen; und habe der Cron Spanien gantze Länder unterthänig gemacht: Wiewohl seinem Nachkommen das Glücke den Rücken gekehret habe/ daß sie vor itzo ihre zerrissene Kleider kaum mit einem abgetragenen Mantel zu decken können.

Nach

Nach dem nun Mexico wieder erbauet / und Richter und Obrigkeiten/ samt andern nöthigen Beampten eingesetzet wurden/ so verbreitete sich als-bald der Nahme und Ruff des Cortez und dieser Stadt in die entferneten Provinzien: So daß sie in kurtzem voller Indianer und Spanier wurde/ die innerhalb weniger Zeit mehr denn vier hundert Meilen Landes eroberten/ welches alles dem Königlichen Sitz zu Mexico unterwürffig gemachet wurde.

Nach selbiger Zeit aber mag ich wol sagen daß sie noch/ ein anders mal von denen Spaniern wieder erbauet worden sey/ nach dem sie den größten Theil der Indianer vertilget haben: Denn ich darff mich nicht unterstehen zu sagen: daß itziger Zeit hundert tausend Häuser darinnen wären / wie wol kurtz nach der Eroberung gewesen sind/ und größten theils von denen Indianern sind bewohnet gewesen.

Die Indianer/ so heutiges Tages noch übrig sind/ wohnen in einer Vorstadt/ Gvadalupe genandt/ welche Anno 1625. als ich da war/ ohngefähr fünff tausend Einwohner haben mochte. Seint der Zeit aber sind sie meistentheils/ durch das üble Verfahren derer Spanier mit ihnen / und durch die schwere Arbeit/ als sie das Wasser des Sees ableiten musten/ umbkomen; dergestalt/ daß nunmehr nicht über zwey tausend natürliche Indianer daselbst sind/ und ausser diesen etwan noch tausend andere so sie Mestivs nennen/ und von Spaniern mit Indianischen Weibern erzeuget worden sind: Denn es sind viel arme Spanier im Lande/ die sich mit Indianischen Weibern verheirathen; und denen Reichen mangelts an Mitteln und Gelegenheit nicht / der Indianerinnen zur Unzucht zu mißbrauchen.

Sie ziehen immer nach und nach das bißlein Grund/ worauf der Indianer Häuser stehen / an sich/ und aus drey oder vier solchen Häusern bauen sie hernach ein schönes und grosses auf Spanische manier, und legen dabey Lust- und Baumgärten an: so daß nunmehro Mexico fast gantz mit schönen und grossen Häusern derer iedes seinen Garten zu Erlustigung seines Besitzers/ hat/ auffs neue bebauet ist.

Ihre Häuser sind von Steinen und festen Ziegeln auffgebauet: sie sind aber nicht sonderlich hoch auffgeführet/ wegen derer Erdbeben / welche ihre Häuser bald über einen Hauffen werffen würden/ wenn sie mehr als drey Stockwercke über einander hätten.

Die

Die Gassen sind sehr breit/ so daß drey Karrossen in denen engesten/ und sechse zum wenigsten in denen breitesten neben einander herfahren können; dannenhero scheinet auch die Stadt weit grösser zu seyn/ als sie warhafftig ist.

Als ich mich in Mexico auffhielt/ waren/ der sage nach/ ohngefähr dreissig biß vierzig tausend Spanier Einwohner drinnen; welche alle sehr hoffärtig und reich sind/ und mehr als die Helffte unter ihnen hielten Carossen: so daß man vor gewiß davor hielt/ daß zur selbigen Zeit über 15000. Carossen in der Stadt wären.

So ist es auch ein gemeines Sprichwort in selbigem Lande: daß vier schöne Dinge in Mexico wären/ nemlich/ schöne Weiber/ schöne Kleider/ schöne Pferde/ und schöne Gassen. Ich aber wolte noch wol hinzusetzen die schönen Karossen derer vom Adel/ die viel köstlicher sind/ als die Karossen am Madrittischen Hofe/ und andern Königlichen Hofhaltungen in Europa; denn man sparet hier weder Gold noch Silber/ weder Edelgestein noch Göldenstück/ noch auch die feineste Chinesische Seide/ dieselbe auszuputzen.

Uber dieses zieren sie ihre schöne Pferde mit Edelgesteinen besetzten Zäumen/ und beschlagen sie mit silbernen Huffeisen/ damit ihre Auffzug desto prächtiger und magnifiqver sey.

An Sauberkeit thut er keine Gasse in der Christenheit diesen gleich/ und noch weniger am Reichthumb derer Krahmläden/ womit sie nicht wenig gezieret werden: Insonderheit aber sind der Goldschmiede Läden wunderns werth/ wegen des grossen Reichthums und der herrlichen Arbeit/ so darinnen zu sehen ist.

Die Indianer und Chinesen/ die den Christlichen Glauben angenommen haben/ und jährlich dahin kommen/ haben die Spanier in dieser Kunst so vollkommen gemacht/ daß sie itzo recht wunderwürdige Sachen machen.

Der Vice-Re, welcher Anno 1625. in diese Länder überfuhr/ ließ einen Papagoy von Gold/ Silber/ und Edelgesteinen machen/ alles so künstlich in einander versetzt und gearbeitet/ daß es die Federn dieses Vogels gantz natürlich vorstellete/ womit er den König in Spanien zu beschencken willens war; und wurde dieses Stück 1500000. Ducaten geschätzt.

Im Jacobiner Kloster ist in der Kirche ein sieberner Leuchter/ der hat 300. Armen/ oder Tillen/ auff deren iegliche ein Licht gestecket werden kan: uñ ausser dem noch hundert kleine Oel-Lampen/ welche alle im̃er eine anders als die andere gemachet sind/in Warheit ein so rares und schönes Werck/daß solches auff 400000. Ducaten werth geachtet wird.

Die Menge dieser schönen Stücke in denen Goldschmids-Läden / machen die Gassen/darinnen sie sind nicht alleine reich/sondern auch schöne und lustig.

Was die Weiber allhier betrifft/ausser dem/daß man sie für schöne hält/ so haben sie sehr grosse Freyheit zu spielen/so gar daß ihnen weder Tage noch Nächte lang genug sind/ein Primier-Spiel zu ende zu bringen: Ja sie sind dem Spielen so gar ergeben / daß sie die Mannes-Personen öffentlich zu sich in die Häuser ruffen/ umb mit ihnen zu spielen.

Es geschach einmal/ als ich mit einem andern Geistlichen/ welcher mit mir in diese Länder kommen war/ durch die Gassen spatzierete/ daß eine Dame von hohem Geblüth/ weil sie merckte daß wir Chapetons wären/ (so nennen sie diejenigen/welche erst dieses Jahr auß Spanien kommen sind) uns aus ihrem Fenster ruffete/und nach dem sie uns drey oder vier Wörtgen von dem was wir neues aus Spannien mit brächten/ fragte sie uns/ ob wir nicht hinein kommen und eines mit ihr primieren wolten.

So wol Mannes als Weibes Personen halten sich überauß kostbar in Kleidung/als die durchauß von seidenen Zeugen gemacht wird / und werden hier weder Tuch/noch Camelot/noch andere solche Zeuge gebrauchet.

Die Edelgesteine und Perlen sind so gemein / und treiben sie so eitelen Pracht damit/daß bey denen Edelleuten nichts gemeiners ist als Diamantene Huthschnüre und Rosen: Und die Handwercks-Leute tragen dicht zusammen gewundene schnuren Perlen auff ihren Hüten.

Es ist keine Dirne / auch biß auff die Möhrinnen und braunen Sclavinnen/die nicht Perlene Arm-und Halß-Bänder und mit einem Edelgesteine versetzte Ohren-gehencke trüge.

Die Kleidung dieser Mohrinnen und Mulatern ist so liederlich oder geil/ und ihre Geberden so reitzend/daß sehr viel Spanier auch unter denen Vornehmsten/umb ihrent willen ihre Weiber nicht achten.

Sie tragen insgemein einen Rock von seidenen oder leinenen Zeuge mit göldenen oder silbernen Posamenten verbrämet/mit einem breiten farbirten und mit Golde verbrämeten Bande/dessen Oerter hinten und fornen den Röcken gleich herunter hängen.

Ihre Camisole sind gemacht wie die Leibstücke mit Schössen / ohne Ermel/

Ermel/ und werden mit göldenen oder silbernen Schnüren zugeschnüret.

Die/so ein wenig in Ansehen seyn/tragen göldnene mit Perlen und Edelgesteinen versetzte Gürtel.

Ihre Ermel sind auß Holländischer/ und Chinesischer Leinwand gemacht und sehr weit/fornen offen/uñ theils mit Stickwerck auß bunter Seyden/theils mit Seyden/Gold und Silber durcheinander versehen.

Sie bedecken ihre Haare mit einer gestickten Haube/und über diese setzen sie eine andere von seydenem Netze gemachte Haube/die sie mit einem schönen seydenen oder Gold und seydenen Bande/so sich kreutzweise oben über die Stirne schlägt/ und worauff allezeit etliche/ einigen Verß oder Liebes-Reimen bedeutende Buchstaben gesticket sind/feste machen.

Der Busem ist mit einem Tuch von feiner Leinwand / welches sich bald unter dem Halßbande anhebet/bedecket: Und wann sie außgehen/tragen sie einen Mantel von Lionischen oder Cambrayischem Tuch / mit einem sehr breiten Posament verbremet / welchen etliche über dem Kopff nehmen / so daß er nicht wohl den Gurth erreichet / damit man ihre schöne Gürtel und Bänder sehen könne/hingegen hangen die beyden Zipffel fornen fast biß auff die Erden herab.

Einige unter ihnen tragen den Mantel nur auff einer Achsel / schlagen ihn unter dem rechten Arme unter / und werffen den Zipffel über die lincke Achsel/damit sie den rechten Arm frey haben/und ihre schöne Ermel auf denen Gassen sehen köñen lassen; andere aber tragē an statt des Mantels einen kostbaren seydenen Rock/dessen einen Theil sie über die lincke Achsel werffen/und den andern tragen sie in der rechten Hand/so daß sie einen liederlichen Pürschlein ähnlicher sehen/als einer ehrlichen Jungfrauen.

Ihre Schuch sind hoch mit vielen Solen/ außwendig mit einem silbernen Rand besetzet/ welcher mit kleinen silbernen breitkoppichten Zwecklein angehefftet ist.

Die meisten dieser Dirnen seind Sclavinnen/oder Freygelassene/welchen die Liebe der Freyheit gegeben/damit sie die Seelen in der Sünden und des Teuffels Sclaverey bringen möchten.

Es ist eine unglaubliche Zahl dieser Mohren und Mulatten/so wol Mañliches als weibliches Geschlechtes / welche so übermüthig und auffgeblasen worden sind/daß die Spanier öffters in furchten gerathen sind/ sie würden einen Auffstand und rebellion wider sie erregen.

Ja ich habe selbst einige Spanier/die etwas frömmer und Gottsfürchtiger waren/als die andern/sagen hören/ daß sie fürchteten/ GOtt werde diese Stadt umbkehren/ und das Land unter frembde Bottmässigkeit kommen lassen/ umb des ärgerlichen Lebens dieser Leute willen/ und wegen der Schandthaten/welche die Spanier mit ihnen außübeten.

Ich fürchte/ ich möchte den Leser ungedultig machen und seine Ohren beleidigen/ wenn ich mir die Mühe nehmen wolte/ die stücklein ihres üblen Verhaltens absonderlich zu erzehlen. Diß muß ich nur sagen/daß Gott durch dieses andere Sodom höchst erzürnet werde: Und ob zwar ihre Einwohner itzo blühen/ und mit Reichthum und weltlichen Wolleben überschüttet sind/ so werden sie doch einstens abgemehet werden wie das Heue/ und verdorren wie das grüne Graß/welches man abgehauen hat/wie der heilige David im 37. Psalm saget.

Dannenhero ich gantz nicht zweiffele/daß wie der blühende Staat von Mexico, da ein überfluß an Carossen/an Pferden/ an Gassen/an Weibern und an Kleidern ist/sehr schlipfferig ist; also werde er seine freche Einwohner dermaleins unter die Herrschafft eines andern Prinzen in dieser Welt/und nach dieser Vergänglichkeit in die Hände eines gestrengen Richters/ welcher ist der König aller Könige und Herr aller Herren/fallend machen.

Ob nun zwar die Einwohner dieser Stadt ihren Lüsten gantz ergeben sind/ nichts destoweniger ist schwerlich ein Orth in der Welt/ da man freygebiger gegen die Kirchen und Geistligkeit sey/ als dieser. Dann sie bemühen sich aufs äuserste/ damit einer den andern mit Geschencken/ so sie denen Mönchen und Nonnen geben/ übertreffen möchte.

Da lassen etliche kostbare Altäre in die Capellen derer jenigen Heiligen/ zu denen sie ihre Zuversicht haben/ bauen: Dort verehren andere denen Marien-Bildern göldene Krohnen; Hier beschencken sie sie mit göldnen Ketten oder Lampen: Ja einige bauen Klöster/ auff eigene Unkosten; andere stifften ihnen zwey biß drey tausend Ducaten jährlichs Einkommens; und bilden sich dabey ein/daß umb derer Wohlthaten willen/so sie denen Kirchen erzeigen/ sie denen Straffen/ so sie mit ihren Lastern verdienen/entgehen werden.

Ich würde unrecht thun/ wann ich allhier/ bey Erzehlung der Wohlthaten so sie denen Kirchen bezeigen/ ungemeldet liesse/ was einer Namens Alonso Cuellar, welcher damals als ich in selbigem Lande war/ thate/ von dem

dem die gemeine Rede war/ daß er ein Cabinet von Gold-Zehen/ an statt der Ziegel gebauet hätte / wiewol es sich in der Warheit nicht also verhielt: Es wurde aber damit sein grosses Reichthum angedeutet / in dem er in seinem Cabinet zwey Kuffer hatte / deren der eine mit Gold-Zehen/ und der andere mit Silber-stangen angefüllet war.

Dieser nun ließ ein Kloster für die Franciscaner Nonnen bauen/ welches ihm über dreissig tausend Ducaten kostete; und stifftete zu Unterhaltung derer Mönche / und zu einer gewissen Anzahl Messen / so nach seinem Tode für seine Seele solten gelesen werden/ zwey tausend Ducaten jährlichen einkommens.

Indessen führete er ein so ärgerliches Leben/ daß er fast alle Nächte/ in Begleitung zweyer Knechte die kurtz vorher beschriebene Leutigē besuchete: er trug sein Pater noster in der Hand und in ieder Thüre wo er einging/ ließ er eine Coralle fallen/ und knüpffte an dero statt einen Knoten/ damit wann er des Morgens wieder nach Hause kam/ er wissen konte/ wieviel solche Laster-volle Stationen er gehalten hatte.

Doch kamen endlich die Wercke der Finsternüß auch ans Licht/ und wurden Stadtkündig/ durch folgende Begebenheit / so eben zu meiner Zeit/ als ich in Mexico war/ sich zu trug. Denn als er einsmals des Nachts in einem derer Häuser / die er zu besuchen pflegte / einem Edelmann/ der mit ihm eyferte / antraff/ griffen sie beyde zu denen Degen; weil aber der Edelmann besser mit Beyständen versehen war/ als Cuellar, der nur ein Kauffmañ war/ wurde dieser/ nach dem der Edelmann das Weiberbild erstlich mit dem Dolchen durchstochen hatte/ dergestalt verwundet/ daß man ihn für todt weg trug/ wiewol er hernach wieder geheilet wurde.

Mit kurtzem es ist nichts gemeiners in dieser Stadt/ als daß Leute die ein schändliches und ärgerliches Leben führen / gantz übermässige Allmosen denen Kirchen und Geistlichen geben: weil sie sämptlich gläuben / daß ihre Sünden dadurch gnugsam bedecket und verborgen sind/ dannenhero komt auch daß die Kirchen allda so reich und so schön erbauet sind / daß man sich schwerlich was grössers und was prächtigers einbilden kan.

Es sind zwar mehr nicht/ als funfftzig so wol Pfarr- als Closter Kirchen in der Stadt: Allein sie sind versichert die schönsten / die ich mein Tage gesehen habe; denn die Dächer und Balcken sind durchaus vergoldet/ die meisten Altäre sind mit allerley farbigen marmornen Säulen gezieret/ ihre

 Staf-

Staffeln aus Brasilien Holtz gemacht/ und die Tabernacul dabey sind so köstlich daß das geringste auff zwantzig tausend Ducaten geschätzet wird.

Ausser diesen äuserlichen Zierrathen dieser Gebäude/ sind die Schätze/ so zu denen Altären gehören/als/die Meßgewand und Caseln derer Priester/ die Himmel/Tapezereyen/Altar-Tücher/Leuchter/die Jubelen an denen Bildern/ und Kasten derer Heiligen/die göldenen und silbernen Krohnen/ die göldnen und Crystallinen Tabernackel/fast unendlich/massen sie wol so viel betragen als als ein grosses Silber-Bergwerg und eine Nation,die sich derselben bemeistern möchte/ bereichern würde.

Von denen Mönchen und Nonnen will ich nichts sagen/ ausser daß sie weit grössere Freyheit haben/als an irgend einem Orthe in Europa; und daß/ die Aergernüsse/so sie täglich von sich geben/ die Göttliche Rache wol verdienen.

Als ich mich in dieser Stadt auffhielt/geschach es/ daß die barmhertzige Brüder Capittel hielten/ einen neuen Provincial zu erwehlen; als nun alle Prioren und Superioren aus denen Klöstern in der gantzen Provintz beysammen waren/ entstunden so viel Spaltungen und widersinnische Meinungen/ über dieser Wahl/daß in einem Augenblick das gantze Kloster voller tumult war/ und ihre Canonische Versammlung in einen Auffruhr verwandelt wurde: so gar daß sie mit den Messern auff einander loß gingen/ und ihrer viel verwundet wurden: Es muste der Vice-Re in eigener Person dahin kommen/und so lange das Kloster mit Wachten besetzen/biß der neue Provincial erwehlet war.

Es ist ein gemeiner Gebrauch/daß die Mönche ihres Ordens Nonnen besuchen/ und ein gut Theil des Tages mit Anhörung ihrer Musik/zubringen/ und sich mit ihrem Confect ergötzen.

Zu diesem Ende hat es viel Kammern oder Sprachsähle in denen Nonnenklöstern/ in welchen die Mönche von denen Nonnen mit höltzernen Gegittern abgesondert sind: Daselbst stehen auch Taffeln/auff welchem die Mönche zu Mittage speisen können/ und in dessen von denen Nonnen/ mit einer Vocal-Musik erlustigt werden.

In diesen Klöstern lassen die Edelleute und Bürger ihre Töchter aufferziehen/ da sie denn allerley confituren machen/ sticken und Musik lernen: Wie denn diese in dieser Stadt so vortrefflich ist/daß ich keine scheu trage/ zu sagen/

sagen/daß die meisten vom Volck vielmehr/um die schöne Musik anzuhören in die Kirchen gehen/ als dem Gottesdienst beyzuwohnen.

Uber dieses werden die Kinder auch unterwiesen/ allerhand Comœdien vorzustellen; und damit desto mehr Volck in die Kirche gelocket werde/so läßet man sie in kostbarer Kleidung einige Gespräche außwendig sagen / insonderheit am S. Johannis Tage und in Weyhnachten: welches denn mit solcher Passion geschiehet/daß öffters nicht geringer Streitt entstehet/in dem einer wider den andern behaupten wil/ daß dieses oder jenes Kloster mit Musick und Abrichtung der Kinder für andern den Vorzug habe.

Mit einem Wort/ alles womit ein Mensch sich ergötzen kan/ist überflüssig in dieser Stadt anzutreffen/ ja selbst in denen Kirchen/ die doch einzig dem Gottesdienst/ und nicht der Belustigung unserer Sinnen/ gewidmet seyn solten.

Der vornehmste Platz in der Stadt ist der Marckt / welcher / ob er schon nicht so groß ist/ als er zu den Zeiten des Montezuma gewesen ist / dennoch sehr schön und geraum ist.

Die eine Seiten ist durchaus mit gewölbeten Gängen und Lauben gebauet / unter denen man auch zur Regens-Zeit trocken hin und wieder gehen kan/und sind unter selbigen Lauben / Läden mit allerhand seydenen Zeugen anzutreffen.

Vor diesen Läden sitzen Weiber/die allerhand Kräuter und Früchte zu verkauffen haben. Zu nechst dabey aber ist des Vice-Re Pallast / der mit seiner Mauren und Gärten fast die gantze Länge des Marckts einnimt; zu Ende des Pallasts ist das vornehmste Gefängnüß der Stadt / welches mit starcken steinernen Mauren verwahret ist.

Nahe dabey ist die schöne Gasse / die sie la Plateria, das ist / die Goldschmiede Gasse nennen/ in welcher man in einer kleinen Stunde den werth vieler Millionen an Gold/Silber/Perlen und Edelgesteinen sehen kan.

Die Gasse/ S. Augustin genandt ist auch sehr reich und lustig/ als in welcher die meisten Seyden-Händler wohnen. Die längste aber und breiteste Gasse der Stadt/ ist die Gasse Tabuca, in welcher fast in allen Läden eiserne Wahren/Stahl und Kupffer feil ist/ und stösset biß an die Wasserleitung/ wodurch das Wasser in die Stadt kömt/ und hat den Nahmen Tabuca von einem Flecken dieses Nahmens/weil man durch selbe nach ihm zugehen muß.

Was aber diese Gasse berühmt machet / ist nicht so wol ihrer länge und breite

breite/ als die grosse Menge Nadeln so daselbst gemachet werden/und für die besten unter allen/ so im gantzen Lande gefunden werden/ gehalten sind.

Ob nun zwar diese Gasse sehr schön ist/so ist doch noch eine andere/die für weit schöner gehalten wird/wegen der prächtigen Häuser/so alle andere übertreffen/und heisset die Adler-Gasse/wegen eines alten Götzenbildes/eines steinern Adlers / welcher noch wol zweymal so groß ist als der Stein zu Londen und stehet/noch von der Zeit der Eroberung in einem Winckel dieser Gasse.

In dieser Gassen wohnen die meisten Edelleute/Hoffleute/ und Cancelley-Bedienten: Man siehet auch in selbiger den Pallast des Marqvis del Vallá,ein Nachkomener des Ferdinand Cortez,der diese Stadt eroberte und der Krohn Spanien unterthänig machte.

Die Junckern dieser Stadt gehen täglich gegen vier Uhren des Abends/ theils zu Pferde/ theils zu Wagen spatzieren/ auff ein lustiges Feld/ la Alameda genandt/ in welchen es eine mänge mit Bäumen besetzte Spatziergänge hat/ da man im Schatten sich erlustigen kan.

Man findet da insgemein ohngefähr zwey tausend Carossen voller Edelleute/Damen/und Bürger aus der Stadt/welche alle diesen Orth so fleissig besuchen/ als unsere Kauffleute die Börse.

Die Edelleute kommen hieher/die Damen zu sehen/ begleitet von einem dutzend oder weniger/Mohren Sclaven/ welche in kostbare Libereyen/ so über und über mit göldenen und silbernen Possamenten besetzet/ gekleidet sind/ und seidene Strümpffe/ Rosen auf den Schuchen/und Degen an den Seiten tragen.

Die Damen lassen gleichfals ihre Auffwarterinnen neben ihren Carossen her spatzieren / nemlich die arthigen Mägdgen / die ich oben weitläufftig abgebildet habe/ die denn mit aller ihrer schönen Kleidung/ in ihren weissen Mänteln / so sie darüber tragen/ nach dem Spanischen Sprichwort/natürlich aussehen/wie die Fliegen in der Buttermilch.

Uber alles aber ist der Auffzug des Vice-Re, der öffters auch hieher spazieren komt/ ja so magnificq und prächtig als des Königs in Spanien/ seines Herrn selbst.

Es finden sich auch auff diesen Platz ein Hauffen Leute / die da allerley Confect und Zuckerwerck verkauffen ; wie nicht weniger andere/so frisches Wasser feil bieten / und selbiges aus denen schönsten Crystallen Gläsern zu trincken geben.

Es geschiehet aber öffters, daß diese Versamlungen / die dergestalt mit Confituren und Zucker bestreuet werden / endlich mit einer herben Sültze versaltzen werden.

Deñ die jenigen so mit ihren Maitressen eifern uñ nicht leiden köñen / daß andere mit ihnen reden oder auch nur in ihrem beyseyn / nahe zu ihnen / komen greiffen öffters zum Degen oder Dolchen / und falleu die / so sie für ihre neben Buhler halten / an; da man deñ in einem huy mehr denn tausend blosse Degen sihet / indem der eine Theil den Todten oder Verwundeten rächen / und der andere den Thäter beschützen wil / welchen sie denn mit denen blancken Degen in der Faust der ersten Kirchen / so sie antreffen / zuführen / als in welcher er sicher ist / daß auch der Vice-Re mit aller seiner Macht ihn herauß zu nehmen und ihm den Procefs zu machen nicht Kräffte genung hat.

Es geschahen zu meiner Zeit unterschiedliche derogleichen Aufläuffe / da allemahl einer oder der andere einige Zeichen des Grimmes und Eiffers seines Nebenbuhlers davon trug.

Man könte ein gantzes Buch von dieser Stadt schreiben: weil aber bereits andere Authores davon geschrieben haben / wil ich in dieser meiner Historie nur das merckwürdigste erzehlen.

Umb dieser Uhrsachen willen muß ich nicht vergessen zu erinnern / daß weil diese Stadt auff einen See gebauet ist / das Wasser unter allen Gassen weg lauffe: und ich kan mit Warheit sagen / daß gegen die Gasse S. Augustin und an denen nidrigsten Orthen der Stadt / vorher / ehe der See abgeleitet worden / die Leichen mehr versäuffet / als vergraben worden sind; sintemal kein Grab so tieff / als gebräuchlich ist / gemachet werden konte / daß man nicht Wasser fand / wie ich denn mit meinen eignen Augen / unterschiedene Personen habe begraben sehen / da das Wasser über die Särge weg gegangen ist.

Welches denn so wahr ist / daß / wenn das Augustiner Kloster nicht so offt er ergäntzet / und fast gantz von neuem wäre gebauet worden / es gewiß bereits gäntzlich im Wasser würde versuncken seyn. Denn als ich in Mexico war / wurde es gantz von neuem auffgeführet / und ich habe damals angemercket / daß die alten Säulen so tieff sich gesencket hatten / daß man den neuen Grund darauff legete / und wurde ich versichert / daß dieses das dritte mal wäre / daß man neue Säulen auff die alten setzete; als welche gäntzlich ins Wasser versuncken waren.

Es sind nur drey Wege/ durch welche man in diese Stadt kommen kan/ und zwar alle drey sind Tämme: Der erste von der West-Seiten ist ohngefähr anderthalb Meilen lang: der andere gegen Norden ist ohngefähr drey: und der dritte gegen Mittag [dann gegen Osten ist keiner] fast fünff Meilen lang/und durch diesen letzteren kam Cortez damals in die Stadt als er sie bemeisterte.

Das 22. Capitel
Von denen Früchten / so insgemein in Mexico gessen werden/und in selbiger Landes Gegend wachsen.

DIe Frucht Nuchtli, von welcher/ wie einige wollen / diese Stadt Tenuchtlitan heissen sol/ist fast durch gantz America bekant/und wird auch in Spanien selbst gefunden / doch wird sie nirgends so häuffig angetroffen/ als zu Mexico: ist auch wol eine von denen besten Früchten / die man da haben kan.

Sie gleichet sich einer Feigen/ ist auch wie diese / inwendig voller Körner / doch sind sie viel grösser / als die in denen Feigen; und hat ein Kröhnlein wie die Würtz-Näglein / sie ist von unterschiedenen Farben; denn die eine Arth ist auswendig grüne / und inwendig Fleischfarben/ und hat einen sehr guten Geschmack: So hat es auch gelbe/und spreckfichte; doch sind die weissen die allerbesten.

Es lässet sich diese Frucht lange Zeit auff behalten / und giebt eine treffliche Erqvickung: Dannenhero sie auch Somers-Zeit sehr geachtet wird. Ein Theil derselben schmecken wie Birnen; die andern wie Weinbeeren. Sie wird von denen Spaniern weit höher geachtet / als von denen Indianern: Je mehr die Erde/ darauff sie wächset/gearbeitet wird/je bessern Geschmack überkomt sie.

Man findet auch eine Gattung von dieser Frucht/ welche inwendig roth ist: sie wird aber gegen die andern/ nicht sonderlich geachtet/ob sie gleich auch nicht einen bösen Geschmack hat: Die Uhrsache aber ist/ weil sie nicht allein den Mund und die Zunge dessen/der sie isset; sondern auch den Urin als ein Blut färbet.

Als erstlich die Spanier in Indien kamen/wurden ihrer viel/als sie von die dieser Frucht gessen hatten / über diesen gefärbeten Urin höchst bestürtzt/und wusten nicht wie ihnen wiederfuhre / indem sie nicht anders meineten / als daß ihr gantzes Geblüthe durch den Urin wegginge; Ja selbst einige Medici unter ihnen waren dieser Meinung; und ordneten dannenhero Blutstillende Artzneyen allen denen/so sie darüber zu rathe zogen / weil ihnen die Uhrsache dieser Röthe unbekant war.

Diese Frucht hat eine dicke mit subtilen Stacheln besetzte Haut: Die aber/wenn sie biß auff die Körner auffgespalten wird/leichtlich mit denen Fingern gantz abgezogen/und hernach das Fleisch davon kan gessen werden.

Die Spanier bedienen sich dieser Frucht / wenn sie denen Fremdlingen einen possen reissen wollen: Dañ sie nehmen derselben ein halbdutzent/uñ reiben ein Tellertuch damit/daß die kleinen fast unsichtbaren Stacheln darinnen bleiben: Wann dann einer / der davon nichts weiß/ sich damit den Mund wischet/ hencken sie diese Stacheln an die Lippen an/ und ziehen sie dergestalt zusammen / daß es scheinet als ob sie zusammen genehet wären/ und man schwerlich reden kan/biß endlich durch vieles reiben und waschen sie nach und nach wieder abgewischet werden.

Sie haben eine andere Frucht/die zweymal so groß ist als eine Winterbirne / die sie Croissant blanc manger nennen / weil sie fast einen Geschmack hat wie ein weiß Gerichte/welches sie auß der Brust eines Capauenen/mit Milchram Reiß/Zucker und Rosenwasser machen.

Diese Frucht schmeckt so süsse als ein Honig/und wird im Munde/zu einem überauß angenehmen Saffte: Inwendig ist sie voller schwartzer Steine oder sehr bitterer Nüßlein so nicht beysammen in einem klumpen sind/sondern durch besondere Schaalen von einander abgesondert stehen / so daß/ wenn man diese Frucht mitten von sammen schneidet / sie wie ein Schach-Bret außsihet; Man isset oder sauget davon das weisse/und wirfft die Kerne weg.

Ich muß aber auch nicht der Frucht vergessen / die sie Pinar oder Fichten Aepffel nennen/ welche zwar nicht diejenigen sind/ die auff denen Fichten-Bäumen wachsen / sondern eine Frucht / so auff einer Stauden gleich einer Artischocken wächset / und stachlichte Blätter hat wie die Disteln: Wann diese Frucht vollkommen zeitig ist/ ist sie so groß wie eine Melone / und so wol in- als außwendig gelbe: sie ist außwendig mit einer schuppigen Haut überzogen / und inwendig voller Saffts / welcher so vortrefflich kühlet / daß er höchstschädlich ist/ wenn man zuviel davon geniesset. Es ist eben die jenige Frucht die man itziger Zeit in denen Antillen Insuln/ in Brasilien/ auff der Africanischen Küste/ in Ost-Indien/ und sonst fast überall/ wo sie gefunden wird/ Ananas nennet.

Wenn man diese Frucht essen wil/ schneidet man sie in Schnittlein/ und lässet sie eine halbe Stunde lang mit Saltz im Wasser liegen/ ihre erkältende Arth und Rohigkeit zu corrigiren/ alsdenn legt man sie wieder in frisches Wasser und isset sie. Doch ist die beste weise sie zu bereiten/ daß sie mit Zucker eingemachet werde: wie sie denn die beste confitur giebet so in diesem Lande angetroffen wird.

Man hat auch Weintrauben allhier/ wie wol kein Wein gepresset wird: Wie nicht weniger Aepffel/ Birnen/ Qvitten/ Pfersing/ Marellen/ Granat-Aepffel/ Melonen/ Feigen/ Nüsse/ Castanien/ Pomerantzen/ süsse und saure Citronen/ und die meisten Europäischen Früchte/ ausser sehr vielen andern/ die uns Europeern gantz unbekant seyn.

Der vortreffliche Baum/ den sie Metl nennen/ wächset umb Mexico besser/ als sonst irgend an einem andern Orthe/ man pflantzet und pfleget ihn/ wie man mit den Weinstöcken in Europa zu thun pfleget.

Er hat fast vierzigerley Gattungen von Blättern/ die iede ihren besondern nutzen haben: Dann wann sie noch jung und zarth sind/ werden sie eingemacht/ man machet Papier/ Gespinste/ Mäntel/ Decken/ Schuch/ Gürtel und Stricke darauß.

Es wächset auff diesen Blättern eine Arth kleine Stacheln/ welche so spitzig und so starck sind/ daß man Holtz damit seegen kan.

Auß der Wurtzel dieses Baumes rinnet ein Safft wie ein Syrup/ welcher durch kochen zu Zucker wird: Man kan auch Essig und Wein darauß machen/ wie dem die Indianer sich öffters an demselbigen voll trincken. Die gebrennete Rinde heilet allerley Schäden und Wunden/ und das Gummi, so aus den Aesten des Baumes schwitzet/ ist eine vortreffliche Artzney wieder Gifft.

Mit kurtzem/ es mangelt zu Mexico nichts von allem dem/ was eine Stadt glückseelig machen kan: Und wann diejenigen Scribenten/ die das Königreich Granada in Spanien/ und die Lombardey/ und das Florentiner Land in Italien mit ihrem Lobe zu einem irdischen Paradieß machen/ diese neue Welt und in selbiger die Stadt Mexico gesehen hätten/ würden sie alsbald freywillig dieser für jenen den Vorzug zugestehen. Das

Das 23. Capitel
Vom Kirchen- und Weltlichen Regiment/ wie auch vom Krieges-Staatt in Mexico.

Diese Stadt ist der Sitz des Ertzbischoffs/ und die Residentz des Vice-Re, welcher gemeiniglich ein grosser Herr aus Spanien ist/ in dessen Gewalt stehet Gesetz und Ordnungen zu machen/ Befehl zu ertheilen/ alle Processe und Streitthändel/ die in diesem Lande entstehen/ biß auf diejenigen Händel welche von so grosser Wichtigkeit geachtet werden/ daß sie für den Reichsrath in Spanien müssen verwiesen werden/ beyzulegen.

Ob es auch gleich in diesem Lande unterschiedene Regierungen / und Landvogteyen gibt/ die iede ihren Gouverneur haben/ so sind sie doch alle miteinander dem Vice-Re unterworffen: so daß über 400. Meilen Landes / zu dem Königlichen Sitz in Mexico gehören.

Und weil die meisten Gouverneurs des Vice-Re Creaturen sind/ so wird er von ihnen reichlich beschencket/ damit er sie in ihren Aemptern sitzen lässet: viel mehrere Geschencke aber bekomt er von denen/ die seiner Gunst/ im appellations-Gerichte/ und eines guten sententzens von nöthen haben.

Der König von Spanien gibt ihm/ jährlich / so lange er die Regierung führet / welches gemeiniglich eine Zeit von fünff Jahren ist/ eine Summa von 100000. Ducaten/ die er vom Königlichen Schatze nehmen mag / zur Besoldung. Sie erlangen aber öffters/ durch Hülffe derer Geschencke/ welche sie denen Hoffleuten und dem Rath von Indien nach Spanien übersenden/ daß sie in ihrem Ampte/ noch fünff oder auch wol zehen Jahr / über die gewöhnliche Zeit/ bleiben mögen.

Es ist nicht zu glauben / was für einen Reichthumb dieser Vice-Re sonsten/ über die 100000. Ducaten Besoldung/ zuwegen bringen kan/ wenn er/ wie gemeiniglich geschiehet/ geitzig ist/ oder sich der Handlung annimt. Dann gemeiniglich bemeistern sie sich einer Arth Kauffmanns-Guth/ nach ihrem belieben / welche nachmals niemands anders/ als sie/ oder diejenigen / denen sie es erlauben / verkauffen darff; wie denn zu meiner Zeit der Marqvis de Serralvo ein so grosses auff das Saltz schlug/ dergleichen zu vorher noch kein einiger Vice-Re in diesen Landen gethan hatte.

Man hält dafür daß er zum wenigsten jährlich theils aus denen Geschencken/theils auch durch den Handel/ so er nach Spanien und denen Philippinischen Inseln treibet/eine Million zu wege bringe.

Er regierete dieses Land zehn Jahre nach einander/ und binnen dieser Zeit schickte er dem Könige in Spanien einen Papagoy/ der 1500000. Frantzösche Pfund werth geschätzt wurde/und dem Comte d'Olivarez und denen andern Hoffleuten schenckete er mehr als eine Million werth/ umb die Verlängerung seiner Regierung auff fünff Jahr zu erhalten.

Nebst dem Vice-Re sind noch fünff Richter und ein Königlicher Procurator, die jährlich ein jeder 12000. Ducaten zur Besoldung haben: und ausser denen sind noch zweene Præsidenten/die mit dem Vice-Re alle Civil und Criminal-Sachen richten.

Diese/wiewol sie im gutem Verständnüß mit dem Vice-Re leben/so haben sie doch die Macht sich seinem thun zu widersetzen/ und die execution zu verhindern/ wann er etwas wider die Gesetze thut. Allein es unterstehet sich nicht leichtlich iemand aus ihnen ihm zu wider zu seyn/und dannenhero machet er alles nach seinem Gefallen/ und ist genug daß er sagt/ Er wolle es so haben.

Es fehlete nicht viel/daß diese ungemessene Gewalt/ nebst dem unersättlichen Geitz des Comte de Gelves, welcher Anno 1624. Vice-Re war/ einerseits/ und die grosse Hoffarth des Don Alonse de Zerna, des Ertzbischoffs zu Mexico, welcher jährlich 60000. Ducaten Einkommens hat/ anderseits/diese grosse Stadt nicht umbkehreten/ als die eintzig und allein Uhrsach waren/ daß der Pöbel auffrührisch wurde/und des Vice-Re Pallast/samt dem nechst daran gelegenen gemeinen Gefängnüß mit Feuer ansteckete.

Das 24. Capitel

Denckwürdige Historia von der Uneinigkeit des Ertzbischoffs und Vice-Re von Mexico, und einem daher entstandenen Auffruhr.

Es wird hoffentlich dem geneigten Leser nicht unangenehm seyn/ daß ich diese Begebenheit außführlich erzehle/sintemal die Geschicht recht denckwürdig ist/und andern Nationen zum Beyspiel dienen kan/ was für Unheil geitzige und eigennützige Stadthalter/und auffgeblasene ehrgeitzige Prælaten anrichten können/die Sache selbst verhält sich also:

Man

Man kan mit Warheit sagen/ daß der Comte de Gelves in gewissen Dingen einer von denen besten Vice-Reen/ und Stadthaltern gewesen sey/ so iemals der Spanische Hoff nach Mexico gesandt hat: wie ihn denn die Spanier/ einen strengen Richter/ und ein verzehrendes Feuer aller Räuber nanten. Denn er reinigte alle Heerstrassen von den Strassenräubern/ welche er gleich auf frischer fahrt/ an eben dem Orthe/ wo sie ertappet worden/ auffhencken ließ: Massen er allezeit eine gewisse Anzahl Reuterey mit nöthigen bedieneten das Land durchstreiffen ließ/ die sie auffsuchen musten; so/ daß man davor hielt/ er habe Zeit wehrender seiner Stadthalterey mehr Rauber abgestraffet/ als nicht von der ersten Eroberung des Landes/ biß auff ihn geschehen wäre. Wie er denn auch sonsten sich überall/ wo es umb Recht und Gerechtigkeit zu thun war/ sehr ernst und auffrichtig erwiese.

Allein sein Geitz überwältigte nach und nach ihn dergestalt/ daß er unvermerckt so viel grobe Fehler beging/ daß endlich die Stadt und das gantze Reich von Mexico darüber auffrührisch wurde.

Was er sich vor sich selbst zu thun scheuete/ das ließ er durch andere Personen verrichten: Er wehlete nemlich einen/ der Don Pierre Mexie hieß/ und der reichste in der gantzem Stadt war/ dem er den Einkauff alles Mahis und andern Getreides verpachtete/ damit er solches alles an sich bringen möchte.

Dieser Don Pierre Mexic nun kauffte denen Indianern alles Mahis ab/ und gab ihnen mehr nicht dafür als ihnen gut dauchte: Denen Spaniern aber kauffte er das Getreide umb den jenigen Preiß ab/ welcher nach denen Gesetzen des Landes in theurer Zeit eingesetzet ist/ nemlich den Scheffel umb vierzehn Realen/ welches/ in ansehung der grossen Menge Goldes und Silbers/ womit das Land angefüllet ist/ nicht so gar viel ist: Dannenhero die Landmanne und Meyrer sehr wohl zu frieden waren/ daß sie ihres Getreides umb so billigen Preiß loß wurden/ zumahlen gute Hoffnung war/ daß das instehende Jahr es wieder eine reiche Erndte geben dürffte: So dorfften sie über dieses ihme es zu verkauffen sich nicht weigern/ weil sie wusten daß er des Vice-Re Günstling war; und die Uhrsache/ warumb er alles Getreide auffkauffte/ ihnen unwissend war.

Durch dieses Mittel nun füllete er alle Kornspeicher im gantzen Lande/ die er gemiethet hatte/ mit Getreide an/ und brachten der Vice-Re und er alles in ihre Gewalt.

Indessen hielt er Leute/ die auff seinem Befehl als denn/ wenn von dem

was

was er nicht hatte bekommen können/wenig auff dem Marckte war/ und der Preiß erhöhet wurde/ie etwas von Getreide zu Marckte brachten.

Als er nun sahe / daß nichts mehr zu Marckte kam/ fing er an sein Getreide zu steigern / und es noch einmal so theuer zu verkauffen / als er dafür gegeben hatte.

Die Armen fingen sich hierüber an zu beschweren/ die Reichen zu murmeln/und alle zusammen gaben Rath der Cantzeley für dem Vice-Re eine Bittschrifft ein / daß doch das Getreide auff den / nach denen Gesetzen taxireten Preiß / möchte wieder herab gebracht werden.

Weil aber der Vice-Re selbst mit im Spiele war/ und theil dabey hatte/deutete Er das Gesetze so/ wie er wolte: und sagte es wäre zuverstehen/ daß der Tax in der Theurung nicht höher seyn solte: Keines weges aber were es von itziger Zeit zuverstehen / da man ein fruchtbares Jahr hätte/dergleichen man niemals zuvor gehabt; es wären die Märckte aller Orthen voller Getreide / und sey ein gnugsamer Vorrath desselben für das Land und die Stadt vorhanden: So daß/ ungeachtet derer Gesetze / die diesem Monopolio gantz zu wider wären/ und der Erinnerung der gantzen Gemeinde/ Don Pierre Mexie sein Getreide immer hin auffs theureste/ sich und dem Vice-Re zum besten/verkauffen ließ.

Da aber das Volck/sahe daß ihnen der Vice-Re seinen Schutz und die Gerechtigkeit/ die er/ als ihr Vater/ ihnen zu geben schuldig war / versagte; nam es seine Zuflucht zu der Kirchen / als seiner Mutter/ und stellete dem Ertzbischoff die Tyranney des Don Pierre Mexie, welcher der Gunst des Vice-Re zum gäntzlichen Verderb des Armuths / mißbrauchete / vor; und flehete ihn an / dieser Sache / durch die Kirchen-censur, zu rechte zu helffen.

Don Alonso de Zerna, der iederzeit übel vom ViceRe und Don Piedro Mexie geredet damit er des Pövels Gunst erlangen möchte/ versprach er diesen letzteren in Bann zu thun: welches er auch kurtz darauff zu Wercke richtete / und ließ die Abschrifften solcher Excommunication an allen Kirchthüren anschlagen.

Don Piedro Mexie hingegen spottete dieses Bannes / und hielt sich zu Hause / und ließ immer fort sein Korn verkauffen / steigerte auch den Preiß desselben von Tage zu Tage iemehr und mehr: Dannenhero wurde der Ertzbischoff gezwungen / zu häterer Censur zu schreiten / und den Gottesdienst gar zu verbieten.

Es

Es ist aber diese Arth der Kirchen Censur von solcher Wichtigkeit/in der Römischen Kirchen/daß sie allein gegen solche Personen/die in gar hohem Ansehen sind/ und halsstarrig der Kirchen-Gewalt sich wiedersetzen/ gebrauchet wird.

So bald nun diese Censur publiciret worden/werden alle Kirchen geschlossen/es wird keine Messe mehr gehalten/ und allerley Gebeth und Gottesdienst in selben ist verbothen; so daß die Kirche gleichsam im Trauren/und alles Trostes beraubet ist/so lange die Persohn halßstarrig in ihrer Sünde bleibet/und sich der Censur der Kirchen zu unterwerffen ärgerlich sich weigert.

Und weil zu Mexico mehr denn tausend Priester in denen Kirchen und Klöstern sich auffhalten/die einzig und allein von denen Messen/so sie täglich lesen/und für iede eine Krohne empfangen/ihren Unterhalt haben/so ist diese Kirchen-Censur desto schwerer/weil die/so in selbe verfallen/gehalten sind/ ihnen die gantze Zeit über/weil sie feyren müssen/solches Geld zu entrichten; welches denn täglich mehr denn tausend Krohnen beträgt.

Es war aber des Ertzbischoffes Meinung nicht allein/ mit dieser Censur den Don Piedro zu Bezahlung dieser Summa zu bringen; sondern er wolte ihm auch dem Pöfel/ der umb seinet willen des Abendmals und alles Gottesdienstes beraubet ward/durchaus verhasset machen.

Don Piedro, der des Ertz-Bischoffes Absehen leichtlich merckete/und des Pöfels Ruffen wider ihn auff den Gassen wol hörete/machte sich heimlich davon/und nam seine Zuflucht in des Vice-Re Pallast/der gäntzlichen Zuversicht/unter seinen Schutz für dem überfall des Pöfels sicher zu seyn/ massen er dieses alles umb seinent willen lidte.

Nachdem nun der Vice-Re von allem dem/ was der Ertzbischoff gethan hatte/sattsamen Bericht eingenommen hatte/ schickte er seine Leute hin/ und ließ die Excommunication und das Verboth von denen Kirchthüren abreissen/und allen Oberern in denen Klöstern befehlen/daß sie ihre Kirchen öffnen/und wie sonsten Messe lesen solten. Diese aber wolten seinem Befehl keines weges gehorchen/weil sie davor hielten/daß sie ihrem Ertzbischoff mehr zu gehorsamen schuldig wären/als dem Vice-Re: Dannenhero dieser genöthigt wurde an den Ertzbischoff zu begehren/ daß er seine Censuren wiederruffen solte.

Der Ertz-Bischoff antwortete: Er hätte auß Erbarmnüß gegen

die Armen/derer Jammer Geschrey ihm zu Hertzen gegangen/ dieses/ was geschehen war/ wieder einen Menschen/ der das Armuth unterdrucket hätte/ vor zu nehmen rechtmässige Uhrsach gehabt; und weil der Sünder durch Verachtung der ersten Censur die andere billich verdienet hätte/ so könne er weder diese noch jene widerruffen/ ehe und bevor sich Don Piedro Mexie sich für der Kirchen demüthigte/ und öffentliche absolution suchete/ auch denen Geistlichen/die umb seinet willen hätten noth leiden müssen/ersetzete/was ihnen entgangen wäre; und endlich den schändlichen Handel/ womit er dem gemeinen Wesen/ und insonderheit dem Armuth schadete/ gäntzlich einstellete.

Es ist nicht ohne/ daß indem sich dieser Prælat der authorität seines Königs in der Person seines Dieners widersetzet/ und seinen Befehlen zugehorchen sich geweigert/ er sich dem heyligen Ambrosio, als er sich dem Käyser Theodosio widersetzte/ an Standhafftigkeit gleich erwiesen habe/ in dem er sich auff die Kirchen Schlüssel/ und auff die Geistligkeit/ so er nebenst dem gemeinen Pöfel durch selbe zu binden gedachte/damit sie dem Ansehen der Obrigkeit widerstehen möchten/ verließ:

Allein der Vice-Re, der so eine herbe Antwort von einem Geistlichen nicht wol verdauen kunte/befahl/ daß man sich des Ertzbischoffs bemächtigen/ und ihn nach S.Jean de Vlhua bringen solte/so lange/ biß man ihn einschiffen/ nnd nach Spanien überführen könte.

So bald der Ertzbischoff diesen des Vice-Re Entschluß erfahren hatte/ machte er sich auß der Stadt/und flohe in die Vorstadt/so sie Gvadalupe nennen/in Gesellschaft vieler Canonicorum und anderer Geistlichen; ließ aber zuvorher eine Excommunication wider den Vice-Re an die Kirch-Thüre schlagen; und gedachte sich in geheim nach Spanien zu machen/und daselbst von seinen Verfahren Rechenschafft zugeben.

Allein er konte denen Händen des Vice-Re nicht entgehen/ als welcher bald Nachricht bekam/daß er in der Vorstadt Gvadalupe wäre/und stracks Soldaten nachschickte die ihn anhalten musten.

Das 25. Capitel
Fernere Erzehlung des Zwispalts zwischen dem Ertz-bischoff und Vice-Re von Mexico, und was darauß erfolget ist.

SO bald nun der Ertzbischoff hiervon Nachricht bekam/ entwich er in die Kirchen/ als an einen Orth der Freyheit/ liß daselbst die Lichter auff dem Altar anzünden/ zog seinen Bischöfflichen Habit an/ setzte die Bischoffs-Mütze auff sein Haupt/ und fassete mit einer Hand seinen Stab/ und in der andern hielt er das heilige Sacrament: verhoffete auff solche weisse für dem Altar/ und zwischen seinen Geistlichen sicher zu seyn/ und würden die Officirer und Häscher auß Ehrerbietung sich zurücke ziehen/ und seiner Persohn verschonen.

Als aber die Officirer in die Kirche kamen/ gingen sie gerade auff den Altar zu/ und nach dem sie niedergekniet/ und ihr Gebete verrichtet hatten/ stelleten sie dem Ertzbischoffe aufs höfflichste die Uhrsache ihrer Ankunfft vor/ und baten ihn/ er möchte das Sacrament auff den Altar niederlegen/ und den Befehl/ den sie/ in Nahmen des Königs/ ihme vor zu tragen hätten/ verlesen hören.

Er antwortete ihnen hierauff/ daß ihr Herr im Bann sey/ und daß er ihn für ein Glied/ das von dem Leibe der Kirchen abgesondert sey/ halte/ dannenhero er ihm in der Kirchen Gottes zu befehlen keine Macht habe: Er bäte sie/ so fern sie ihrer Seelen Heil liebeten/ sie möchten im Friede sich zurück ziehen/ und mit Vollziehung derer von Weltlicher Macht ertheileten Befehle/ die Freyheiten der Kirchen nicht verletzen: Er würde auß der Kirchen anders nicht/ als mit dem heiligen Sacramente gehen.

Hierauff meldete einer/ nahmens Tirol, welcher die andern commandirete/ stehende dem Ertzbischoff an/ daß er Königlichen Befehl habe sich seiner Persohn zu bemächtigen/ er sey an welchen Ort er wolle/ ihn nach dem Hafen St. Jean de Vlhua zu führen/ und ihn daselbst denen jenigen/ die dißfals Befehl haben würden/ zu über antworten/ da er denn folgends solte zu Schiffe gebracht/ und als ein Beleidiger der hohen Majestät/ und Störer der gemeinen Ruhe nach Spanien übergeführet werden.

Der Bischoff sahe hierauff den Tirol an/und sagte lächelnd zu ihm/ daß die ehrenrührige titul, womit ihn sein Herr belegete/vielmehr demselben selbst und seinem Günstlinge / dem Piedro Mexie als ihm zukämen / als die die allgemeine Ruhe zerstöret / und die Armen unterdrücket hätten: Im übrigen ermahne er ihn/ ja keine Gewalt im Hause Gottes zu verüben/damit er nicht wie Jerobeam/der seine Hand über dem Altar wider den Propheten außstreckete / gestraffet würde / er solte sich an diesem Exempel spiegeln/ und ja nicht die Kirche Gottes zu entheiligen sich unterstehen.

Tirol wolte keine Zeit verlieren/befahl derohalben/ ohne fernere Wortwechselung / im Nahmen des Königs einem Priester/ den er absonderlich zu dem Ende mit sich gebracht hatte / daß er die Hostie dem Ertzbischoff auß den Händen nehmen / und sie auff dem Altar legen solte: so bald dieses geschehen / zog der Ertzbischoff seinem Bischofflichen Habit aus/und ergab sich/ unter vielfältigem protestiren/ daß man die Freyheiten der Kirchen verletze/ in die Gewalt des Tirols; und in deme er seine Geistlichkeit gesegnete/ ruffete er sie zu Zeugen der an ihm verübeten Gewaltthätigkeit an.

Hierauf wurde er gefangen nach S. Jean d' Vlhua geführet/ und daselbst dem Gouverneur des Castels in Verwohrung gegeben/ und kurtz darauff wurde er auff ein Schiff/so allein zu dem Ende war ausgerüstet worden / gebracht / und nach Spanien übergeführet/ umb daselbst seines üblen Verfahrens halber für dem Könige und seinem Rath Rede und Antwort zu geben.

Einige Zeit hernach begunten ein grosser theil der Einwohner zu Mexico heimliche Zusammenkunfften zu halten/in welchen sie allerley ungebührliche Reden wider den Vice-Re führeten/ und die bannisirung ihres Ertzbischoffs zu schmähen/wo durch sie denn von Tag zu Tag mehr verbittert worden/ so daß sie endlich öffentlich davon zu reden / und den Don Piedro Mexie und ihren Vice-Re zu lästern/sich nicht mehr enthalten konten.

Und solches zwar thaten sie nicht nur allein für sich selbst; sondern sie wurden auch dazu durch die Geistlichen / welche / weil sie/ wie es scheinet/ ihrem Ertzbischoff einem blinden Gehorsam geschworen hatten/ davor hielten/ daß sie mit gutem Gewissen sich deßjenigen entbrechen könten/den sie ihrer Obrigkeit schuldig wären/weidlich gereitzet und verhetzet.

Diese Meutmacher liessen nicht nach/biß in den funffzehenden Tag Feuer ins Stroh zu bringen/und das Volck/insonderheit den Pöfel ie mehr und mehr zum Auffruhr und Rebellion auffzuwickeln. Sie erweckten zugleich die Criollen, Indianer und Mulatren, als ob diß alzustrenge Recht des Vice-Re, und die übermässige Gewalt aller aus Spanien geschickter Stadthalter ihnen sämtlich fast unerträglich wäre.

Als nun Tirol funffzehen Tage nach seiner Abreise wieder zurück nach Mexico kommen war / und diese seine Wiederkunfft kaum kündig wurden / so fingen die Malcontenten öffentlich an sich zu zeigen / und brach die Flamme der Auffruhr dergestalt aller Orthen auß / daß nichts anders als der gäntzliche ruin dieser grossen Stadt zu gewarten war.

Tirol, dem das böse Vorhaben des Volcks nicht unbewust war, hielt sich eine zeitlang in seinem Hause eingeschlossen / und trauete sich nicht auff öffentlicher Gasse sehen zu lassen / weil er befürchtete / es möchte ihm ein Unfall begegnen

Endlich als ihn die Nothwendigkeit seiner Geschäffte den Pallast des Vice-Re zu besuchen trieb / wagte er sich in eine Carosse / derer Thüren gantz verdecket waren / in Hoffnung also nicht erkennet zu werden: Es halff aber nichts / denn er war gleich denen Malcontenten verrathen / und ehe er den Marckt erreichen konte / waren vier oder fünff kleine Buben vorhanden / die neben dem Wagen herlieffen und auß vollem Halse ruffeten: Hier ist der Värräther Judas der an Christi Stadthalter gewalthätige Hand angeleget hat.

Bald funden sich zu diesen eine Menge anderer / die da eins theils schrien man solte ihn auffhencken / theils man solte ihn zu boden schlagen / er wäre ein Verräther / ein Hund / ein Verbanneter.

Der Kutscher zwar als er diesen Aufflauff sahe / ließ die Pferde in vollem Galop rennen / umb auß dem Gedränge zu kommen; allein diese Canallie lieff auß vollen Kräfften neben der Karossen her / und warff mit unauffhörendem Geschrey unzehliche Steine nach dem Wagen: so daß ehe Tirol zwey Gassen lang gefahren ware / ihn mehr denn zweytausend Buben von Spaniern / Indianern / Moren und Mulatren verfolgeten.

Endlich nach dem er stattlich fort gerennet / umb sein Leben zu retten / langete Tirol kümmerlich im Pallast des Vice-Re an / da er denn bald die Pforten schliessen ließ / auß Furcht eines allgemeinen Auffstandes / welcher denn auch bald darauf erfolgete.

Dann er war kaum in den Pallast hinein kommen / und die Pforten waren kaum geschlossen worden / so waren mehr denn zwey tausend Personen

 aller-

allerley Volcks auff dem Marckt-Platz beysammen / derer Zahl sich in kurtzen biß auff sechs oder sieben tausend vermehrete/ die alle wider ihn schrien/ und ihn einen Verräther und andern Judas hiessen/und mit Koth und Steinen in die Fenster des Pallasts schmiessen.

Der Vice-Re schickte zwar und ließ sie bitten/ es möchte ein jeder nach Hause/ oder sonst seiner wege gehen / mit Versicherung/daß Tirol in seinem Pallast nicht wäre / sondern durch eine Hinterthüre die Flucht genommen hätte.

Allein es richtete dieses alles mehr nicht aus/ als daß die Auffrührer/die ohne diß von zwey od' drey Priestern die sich mitte eingemenget hatte/ tapffer angefrischet wurden/und also die Mauren und Pforten des Pallasts zu stürmen anfingen/nur desto mehr erbittert wurden. Sie waren theils mit Piqven/Hellebarden und Pfählen gewaffnet; theils auch hatten Pistolen und Feuerröhre / womit sie blind hin Feuer gaben / und nichts darnach frageten/ wer im Pallast durch solches ihr Schiessen möchte getroffen werden.

Was aber am meisten zu verwundern war/war daß kein einiger von denen vornehmsten Bürgern / oder Raths-Gliedern / entweder sich trauete oder wolte aus dem Hause gehen/und diesen tumultuirenden Pöfel zu besänftigen versuchen/oder auch dem Vice-Re in diesem gefährlichen Stande/darinnen er steckte/zu Hülffe kommen.

Ich habe hingegen mir von unterschiedenen Kauffleuten / die ihre Läden auff dem Marckte haben/ sagen lassen/daß jene nur dazu gespottet haben/ und lachende vorbey gegangen/sagende/man müsse dem jungē Volck seinen Willen lassen / als welches sich wegen des unrechts so man ihm angethan hatte/ rächen wolte: Und daß es wol schwerlich eher würde auffhören/biß es den Tirol, Mexie und ihren Beschützer / nehmlich den Vice-Re würden gefunden haben.

Unter denen die am verwegnesten waren / sahe man einen Priester / nahmens Salazar, welcher/ nicht allein sein Rohr öffters loß brennete; sondern auch stets hin und wieder lieff/und an allen Seiten versuchete/wo die Mauer am leichtesten einzuwerffen/ oder welche Pforte am geschwindesten auffzulauffen seyn möchte; Und nachdem er gewahr wurde/ daß die Pforte zum Gefängnüß die schwächeste wäre/ stiessen sie sie mit gewalt auff/ oder auch die darinnen waren/ halffen sie ihnen öffnen; mit einem Worte/ sie kamen hinein / und liessen alle / die umb ihrer Verbrechen willen darinnen

nen gefangen waren/ledig und frey/ die denn sich zu jenen schlugen/ und den Pallast stürmen halffen.

Da nun der Vice-Re sahe/ daß niemand weder von seinen Freunden/ noch von denen Obrigkeits-Personen ihm zu hülffe kam/ stieg er auff die Altane seines Pallasts/ mit seinen Dienern und Leibwacht umbgeben/ und ließ die Königliche Fahne auffstecken/ und die Trompeten blasen/ umb hiermit die Bürger zusammen zu ruffen/ daß sie ihrem Könige/ dessen Person er an diesem Orthe fürstellete/ zu Hülffe kämen.

Diß half ihm aber alles nichts; denn es ließ sich nicht ein einiger Mensch sehen/ der ihm hätte wollen zu Hülffe kommen; und alle die vornehmsten in der Stadt hielten sich stille zu Hause/ und begehrte sich niemand umb seinet willen in Gefahr zu begeben.

So bald die Auffrührer die Königliche Fahne auffstecken/ und den Namen des Königes auff denen Altanen nennen höreten/ fingen alle an zu unterschiedenen mahlen zu ruffen: **Es lebe der König/ aber das üble Regiment/ und alle/ die verbannet sind/ müssen zu Grunde gehen!**

Diese Worte haben ihrer viel vom Galgen errettet/ als Don Martin de Carillo den Verlauff dieser Händel untersuchen ließ.

Solcher gestalt schrien sie drey Stunden lang unablässig/ und höreten indessen nicht auff gegen diejenigen/ so auf den Altänen waren/ uñ sich mit Steinen und einigen Feuerröhren wehreten/ zu scharmutziren.

Worbey denn wohl zu mercken ist/ daß die gantze Zeit über/ weil dieser Lermen wärete/ nicht ein einiger Canonen-Schuß geschahe: Dann der Vice-Re hatte kein einiges Stück Geschütze in seinem Pallast/ so war auch in der Stadt/ zu derselben defension keines vorhanden: Dann die Spanier tragen wegen Empörung der Indianer keine Sorge/ so fürchten sie sich auch nicht/ daß sie irgend eine frembde Nation angreiffen möchte.

Innerhalb sechs stunden/ so lange nemlich dieser Tumult wehrete/ worden sechs oder sieben dieser Auffrührer/ von denen/ so auff denen Altänen des Pallasts waren/ auf dem Marckte todt geschossen; und diese hingegen erschossen einen Pagen/ und einen von der Leibwacht des Vice-Re.

Als aber die Nacht anbrach/ brachten die Meutmacher Pech und Feuer herbey/ und steckten damit die Gefängniß an/ daß selbe nebst einem Theil des Pallasts/ und der fürnehmste Pforte in Brand gerieth.

Hierdurch wurden etliche der Ansehnlichsten Bürger/ einige Edelleute und

und Rathsverwandten/bewogen hervor zu gehen/ und den Pöfel zu bereden/ daß sie von tumultiren ablassen/ und das Feuer auslesçhen möchten/ damit selbiges nicht in die Häuser der Stadt gerathe und überhand nehme.

Indessen nun/ weil einige das Feuer dämpffeten/ fielen die andern meistentheils in den Pallast ein/ und raubeten die kostbaren Pferde-Zeuge auß denen Reitställen des Vice-Re; andere schlugen die Koffer auf/ und plünderten sie auß/ oder schleppeten die Tapezereyen und andern Haußrath hinweg und würden gewiß wenig übrig gelassen haben/ wañ sie von denen vornehmsten nicht wären abgemahnet worden/ als welche ihnen vorhielten/ daß sie sich hiedurch selbst verrathen und umb den Halß bringen würden.

Die erbittersten aber liessen sich angelegen seyn/ den Don Piedro Mexie, den Tirol und den Vice-Re zu suchen: Allein sie kunten niemand finden/ weil sie bereits in verstelleter Kleidung davon gegangen und entwischet waren.

Man hat von langer Zeit her nicht erfahren köñen/ wohin sich die ersten zween reteriret gehabt: Was aber den Vice-Re anlanget/ so ist gewiß daß er in dem Habit eines Franciscaner-Bettel-Münches mit einem andern Mönche auß dem Pallast gegangen/ und mitten durch das Gedränge in das Franciscaner Kloster geflohen ist/ woselbst er sich denn das gantze Jahr auffgehalten hat/ und ich ihm das folgende Jahr selber gesehen habe/ massen er sich nicht heraus wagen durffte/ ehe und bevor er dem Könige von Spanien und seinem Rathe von dem/ was vorgegangen war/ und von der Gefahr darinnen er samt der gantzen Stadt steckete/ Nachricht gegeben hatte.

Als Ihro Catholische Majestät und dessen Rath den Handel miteinander reifflich überlegeten/ sahen sie wol/ daß es eine weit aussehende Sache sey/ und ein böses Exempel allen andern Orthen in America gäbe/ als wo es niemals an Auffrühren mangeln würde/ wo man nicht die Rädlinsführer ernstlich straffete.

Dannenhero sandte er folgendes 1625. Jahr/ als ich in diese Lande reisete/ den Marqvis de Serralvo als Vice-Re an des Comte de Gelves statt/ dahin/ mit dem Don Martin de Carillo, Priestern und Inqvisitorn von Valladolid, mit Befehl diese Auffruhr genau zu untersuchen/ und mit völligem Gewalt/ die Schuldigen zu straffen/ und die es verdienet hätten/ auffhencken zu lassen.

Ich hielt mich eben damals/ als am meisten zu anstellung des Processes gearbeitet wurde/ in Mexico auff; Dannenhero ich die vornehmsten umbstände

stände/vermittelst eines Franciscaner Münches/den Don Martin de Carillo zum Beichtvater brauchete/erfuhr: Dieser sagte mir/daß/ wann die Sache nach der Schärffe hätte gerichtet werden sollen/ so würde der grösseste Theil der vornehmsten in Mexico, darumb daß sie nicht sich/ als sie der Trompeten Schall gehöret hatten/unter die Königliche Fahne gestellet hatten/haben her halten müssen.

Man ließ es aber genug seyn daß man etliche von denen Richtern ihrer Aemter entsetzete/wie wol sie zu ihrer Entschuldigung einwendeten/ daß sie sich hervor zu gehen nicht hätten unterstehen dürffen/ weil sie wol gewust hätten/daß die gantze Stadt wider sie würde auffgestanden seyn/ wann sie sich hätten sehen lassen.

Es befand sich aber/daß in dieser Meuterey die Criollen, oder die so im Lande geboren waren/ die meiste Schuld hatten: Denn sie hassen die Spanische Regierung/ und alle diejenigen/ die deswegen aus Spanien kommen/ auffs äusserste/ darumb weil sie/ wie ich bereits oben gesagt habe/ sehr übel von ihnen gehalten werden; darum suchen sie auff allerley Weise bequeme Gelegenheit/das Spanische Joch von ihrem Halse abzuwerffen.

Ausser diesem fand sich auch/ daß die Geistlichkeit/ die es mit dem Ertzbischoffe hielt/insonderheit zu diesem Auffruhr weidlich zugeschüret hatte: daß auch/wenn Salazar und drey andere Priester nicht durchgegangen wären/ sie unfehlbar würden nach Spanien verschicket/und/nach laut des Urtheils/ so wider sie in ihrer Abwesenheit gefället wurde/ daselbst auff die Galeren verdammet worden seyn.

Indessen wurden aus so viel Verbrechern/ mehr nicht als drey oder viere auffgehencket/ und zwar auch nur um derer Sachen willen/so sie aus dem Pallast des Vice-Re geraubet hatten.

Und weil/ wenn nach der Schärffe hätte sollen verfahren werden/ die meisten Bürger in der Stadt/als die entweder mit Rath oder mit der That/ oder doch in andere heimliche Wege sich in diesen Auffruhr mit verwicklet hatten/ würde straffwürdig seyn erfunden worden: ward dem Könige gerathen ihnen vielleber eine General amnestie aus Gnaden zuzustehen/als mit der Schärffe der Gerechtigkeit sie zu straffen.

Das Verfahren des Ertzbischoffs wurde in Spanien für weit schlimmer erkandt/ als des Vice-Re: man ließ ihn lange Zeit unbefördert/ biß endlich/damit seine Parthey nicht allzusehr beleydiget/und ein noch unter der Aschen glümmens Feuer von neuen angezündet würde / der Rath für guth befand/ihm einen ehrlichen Unterhalt in seinem Vaterlande zu verschaffen/und ihm zum Bischoff zu Zamora, einem kleinen Bischoffthum in Castilien zu machen: Dergestalt wurden ihm die Flügel beschnitten/daß er künfftig sich nicht mehr so hoch / wie er dieses mal gethan/ schwingen konte: Er wurde auß einem Ertzbischoff ein Bischoff / und an statt derer 60000. Ducaten so er vorhin jährliche Einkommens hatte / muste er mit vier oder 5000. Krohnen vor lieb nehmen.

Der Comte de Gelves wurde gleichfals wieder nach Spanien verschicket: Allein er wurde bey Hofe sehr wohl empfangen/ und ihrer Catholische Majestät machten ihn zum Ober-Stallmeister/welche eine von denen vornehmsten Würden des Königreiches ist.

Weil diese Geschichte den Zustand der Stadt Mexico, in welchem sie war/ als ich mich daselbst auffhielt / genau vor Augen stellet/ habe ich selbe in diesem meinem Buche nicht mit stillschweigen übergehen wollen / damit der Leser nach seinem Gutbefinden/sie sich zu nutze machen könne/ und darbey mercke/ wie schädlich der Geitz einem Printzen und Regenten sey; Und was für Unheil die Ehrsucht und auffgeblasene Stoltz derer/ die die Kirchen Gewalt in ihren Händen haben/anrichten könne.

Nachdem ich nun weitläufftig den Zustand der Stadt Mexico, so wol wie er zur Zeit des Montezuma; als auch nach seinem Tode gewesen; ingleichen auch die Unordnung/in welcher sie damals/als ich in selbiges Land kam/ noch war/beschrieben habe: So ist es nun Zeit mich aus der Stadt heraus zu machen/und die vornehmsten Oerther/so umb dieselbe her liegen/abzubilden / und hernachmals die andern Provintzien von America kürtzlich zu beschreiben; ehe dann ich meine Reise nach Gvatimala, welche mehr denn 300. Meilen von Mexico gegen Mittag lieget; und dann ferner von Gvatimala nach Costa-rica und Nicoya die noch andere 300. Meilen besser gegen Suden von Gvatimala liegen/ erzehle.

Ende des ersten Theils.

Neuer

Neuer Bericht von denen Occidentalischen Indien. Zweyter Theil.

Das I. Capitel
Beschreibung derer Provinzien in der neuen Welt oder America, und derer ansehnlichsten Orther/ so umb Mexico herumb liegen.

OB sich gleich meine Reisen/ so ich in America verrichtet habe/ nicht über tausend oder zwölff hundert Meilen/ und also nicht einmal auff den fünfften Theil desselben erstrecken/ so habe ich dennoch/ damit mein Werck desto vollkommener sey/ nicht undienlich zu seyn erachtet/ die Gräntzen derjenigen Länder/ so ich selbst gesehen/ zu überschreiten/ und hier beym Eingange dieses andern Theils eine General Beschreibung aller Provinzien von America voran zu setzen; ehe und bevor ich insonderheit diejenigen Landschafften und Orthe/ darinnen ich mich in die zwölff Jahr auffgehalten/ und im durchreisen genau beobachtet habe/ vor Augen stelle.

Es ist dieser Welt-Theil wiederum in zwey andere Theile abgetheilet/ nemlich in den Mexicanischen/ und in den Peruvianischen Theil/ derer ieder viel grosse Länder/ und Provinzien in sich begreiffet/ deren einige so groß sind als unser gantzes Königreich Engelland.

Weil aber das Mexicanische/ welches seinen Nahmen den halben America mit theilet/ itziger Zeit Neu-Spanien genennet wird/ so schreiben sich die Könige von Spanien in ihren tituln/ Reges Hispaniarum Könige derer Spanien.

Der Mexicanische Theil begreifft in sich alle Länder/ so gegen Norden liegen/ und die Provinzien/ so daselbst itziger Zeit entdecket sind/ nehmlich Mexico, Qvivira, Nicavagua, Jucatan, Florido, Virginia, Norumbega, nova Francia, Cortereal, und Estotilandia, im Umbkreiß ohngefähr 4300. Meilen in sich begreiffet.

Der Peruvianische Theil hält in sich alle die Länder so Sudwerts liegen/ und hänget an dem Mexicanischen Theil/ vermittelst des schmalen Landstrichs de Darien/ der da/ wo er zwischen der Nord und Süder-See am schmälesten ist/ nur siebenzehen Meilen/ oder wie einige wollen/ nur zwölff Meilen breit ist.

Man hat dem Indianischen Rath in Spanien öffters vorgeschlagen/ einen schiffbaren Canal durch diesen schmalen Landstrich zu graben/ und vermittelst desselben die Reise nach China und denen Moluccischen Insuln zu verkürtzen: Es haben aber die Könige von Spanien diesen Anschlag bißhero noch nicht zu Wercke richten wollen; entweder auß Furchte/ es möchten die noch übrigen Indianer in verfertigung dieses grossen Wercks völlig umkommen; oder daß nicht diese Meere ein Behältnüß der Seeräuber werden möchten/ wann der gebräuchliche Weg umb das Capo di bona Esperanza nicht mehr solte gebrauchet werden.

Dem sey aber/ wie ihm wolle/ so haben die Spanier biß dato noch nichts dißfals sich unterfangen/ geben auch keine andere Uhrsache/ als die ich bereits erwehnet habe: Es ist aber gewiß/ daß weder die Beqvemligkeit noch auch der Nutzen/ so aus diesem transport der Kauffmanns-Güter aus der Nord in die Süder-See zu erheben seyn würde/ genugsame Uhrsachen sind/ so grosse Unkosten/ als dieses Werck erfordern würde/ auffzuwenden/ zumalen diese Nation zur Arbeit viel zu faul ist/ und nur baaren Gewinn liebet.

In diesem theil Americæ, welches man das Peruvianische nennet/ liegen das Castilia d'Or, Qviana, Peru Chili, Paragvay, und Brasilien/ die zusammen mehr denn 5000. Meilen in Umbfang haben.

Ich werde diese Provinzien nicht alle besonders beschreiben/ weil andere Authores/ die solche Länder mehr als ich erkundiget haben/ dieselbe bereits weitläufftig beschrieben; und weil ein gutes Theil derselben denen Spaniern/ bey denen ich mich auff gehalten/ nicht unterworffen ist/ so habe ich dißfals auch wenig Nachricht von ihnen haben können: wil derowegen allein

in

in Beschreibung des jenigen/ was ich selbst gesehen/ und sonst auf meiner Reise wahrhafftiges erfahren habe/ mich etwas auffhalten.

Nun wieder auff den Nordertheil zu kommen/ so hat die vornehmste Provinze desselben/ nemlich Mexico, viel Flüsse/ derer Sand mit Goldflämmelein vermischet ist: es halten sich in selben viel Crocodilen auff/ die aber so groß nicht sind/ wie die in Ægypten, werden auch von den Indianern als eine Delicate Speise gessen.

Diese Provintz ist berühmt wegen zweyer Berge Popo champeche und Popocapetec, die mit denen Bergen Ætna und Vesuvius gleicher Art seyn: Ja Sudwärts biß nach der Stadt Leon in der Provintz Nicaragva, werden viel solche Feuerspeiende Berge gefunden: Doch ist Popocatepec einer von den vornehmstẽ/ dessen Name so viel heist/ als ein Rauchberg/ weil er ofltmals Feuer und Rauch außstösset: Er lieget acht Meilen von Chololla, und ist übel auf ihn zu kommen/ wegen der vielen Steine/ damit der Weg bedecket ist.

Als Cortez durch diesen Weg nach Mexico gehen wolte/ schickte er zehen Spanier mit vielen Indianern/ die diesen den Proviant tragen/ und den Weg weisen solten/ voran denselben zu erkundigen.

Da sie nun nahe zur obersten Höhe des Berges kamen/ höreten sie ein so grosses Getümmel gegen derselben zu/ daß sie sich näher hinzu zu machen nicht wagen wolten/ weil die Erde unter ihren Füssen bebete/ und so voller Aschen lag/ daß sie schwerlich dafür gehen konten.

Gleich waren ihrer zweene auß ihnen so verwegen und so vorwitzig/ daß sie ihre Gesellschafft zurück liessen/ und mitten durch diese Aschen-Wüste biß oben auff den Berg stiegen/ da sie denn endlich an einen Orth kamen/ wo sie einen dicken Rauch aus der Erden steigen sahen/ und als sie ein wenig verzogen/ verging derselbe zum Theil und ließ sich die Oeffnung der Höle/ die ohngefähr in Umbkreiß eine halbe Meile hatte/ und einem Glaß-Ofen gleich sahe/ in vollem Feuer sehen; worauß die Lufft so subtil und gewaltig bließ/ daß der gantze Berg davon bebete.

Es war aber so ein starcker Rauch und so grosse Hitze alldar/ daß sie unmöglich sich lange daselbst auffhalten konten/ sondern musten auffs schleunigste den Weg/ welchen sie kommen waren wieder zurücke nehmen: als sie aber noch nicht gar zu weit waren/ fing dieser Vulcan an so häuffig Feuer/ Aschen und Kohlen/ und endlich gar brennende Steine außzuspeien; daß/ wann sie nicht zu ihrem sonderbahren Glücke einen Felsen angetroffen hätten/ darunter sie sich hätten verbergen können / so würden sie sonder allen Zweiffel verbrennet seyn / es vergleichet sich dieser Berg mit dem Berge Ætna in Sicilien; er ist hoch und rund / und auff seiner Spitzen lieget der Schnee das gantze Jahr durch.

Er hatte gantzer zehn Jahr vor Ankunfft des Cortez weder einigen Dampff noch Rauch außgestossen; Anno 1540. aber fing er wieder an zu brennen / und machte ein so grosses Getöse / daß die so mehr als vier Meilen weit von ihm wohneten / höchst darüber bestürtzt wurden / ja er warff die Asche biß nach Tlaxcallan, welches zwölff Meilen weit von ihm entfernet ist: Es geben auch einige für gantz gewiß auß / daß solche Asche über funffzehn Meilen weit geflohen sey / und in denen Gärten die Kräuter / im Felde das Getreide / ja die Leinwand / so etwan zum abtrocknen / war auffgebreitet worden / verbrennet habe.

Es hat diese Provintz gegen Morgen Jucatan und den Mexicanischen Meerbusen / gegen Abend die Insul California, und gegen Mittag das Theil Americæ, so man das Peruvianische nennet.

Gegen Mitternacht sind ihre Gräntzen noch unbekand / dannenhero man nicht für gewiß sagen kan / ob dieses theil der neuen Welt eine von der alten Welt abgesonderte Insul sey / oder ob sie mit derselben ein festes Land mache.

Vor Ankunfft derer Spanier war sie über die masse Volckreich; und haben diese innerhalb siebenzehen Jahren mehr den sechs Millionen Menschen hin gerichtet / die sie theils verbrennet / theils die Augen ausgestochen / theils denen wilden Thieren vorgeworffen / und sie haben fressen lassen.

Dieser vornehmste Theil von America, wird wiederumb in vier andere Provintzien eingetheilet / nemlich in Themistitan, neu Galicia, Mechoacan, und Qvastacan.

Themistitan ist die gröste und vornehmste unter diesen vier Provintzien: Sie begreifft sechs Städte in sich / und unter denenselben die Stadt Mexico selbst / die ihren Nahmen dem halben America gibt / und der Sitz des Ertzbischoffs und Vice-Re ist / wie denn von ihr im ersten Theil weitläufftig gehandelt worden.

Die andere Stadt ist die Engel-Stadt / die dritte Villa ricca, die vierte Anteqvera, die fünffte Meccioca, und die sechste Ottopan.

Die letzteren viere sind wol von schlechter consideration, und werden sie

darumb

darumb Städte genennet/ weil die Spanier willens gewesen sind/ in iede derselben einen Bischoff zu setzen; sie haben solches aber nicht können zu Wercke richten/ weil Mexico und die Engel-Statt/ den grössesten Theil der Handlung/ und die meisten Inwohner aus diesen Orthen an sich gezogen haben.

Insonderheit ist ein so grosser Zulauff zu Mexico daß die meisten Flecken daherum/ die vormals denen Indianern zugehöreten itziger Zeit von Spaniern und Mestisen bewohnet werden.

Hier muß ich/ in dem ich derer Orthe/so umb Mexico liegen/ gedencke/ desjenigen nicht vergessen/ den sie Chapultepec nennen/ uñ dahero berühmt ist/ weil er zur Zeit des Heydenthums der Könige Begräbniß-Platz gewesen ist/ und von denen Spaniern heut zu Tage zum Escurial von America, da auch die Vice-Re dieses Landes begraben werden/ gemachet worden ist.

Es ist in selbigem ein prächtiger Pallast/ mit schönen Gärten/ in welchem eine menge Wasserkünste und Fisch-Behalter sind/ und von dem Vice-Re und dem Mexicanischen Adel öffters zur Lust besuchet werden: Man hält auch dafür/ daß die Capelle des Vice-Re mehr als eine Million an Golde werth sey.

Tacuba ist auch ein sehr lustiger Flecken/ voller Lust- und Frucht-Gärten/ unterwegens/ wenn man nach Chapultepec gehet/ gelegen.

Toluco liegt gegen Mittag: daselbst wird starcker Handel getrieben/ insonderheit mit Schincken und gesaltzenen Schweine-Fleisch; welches nach andern Orthen verführet wird/ weil dieses vor das beste in dieser gantzen Gegend gehalten wird.

Gegen Niedergang liegt ein Flecken la Pieta genant/ zu Ende eines derer Tämme/ wohin die Einwohner von Mexico gehen/ ihre Andacht vor einem Marien-Bilde/ welches sie mit unzehlich vielen köstlichen Sachen/ am güldenen Ketten und Krohnen beschencket haben/ zu verrichten.

Der allerlustigste Orth aber unter allen/ so umb Mexico liegen/ ist die so genante Wüste/ welche drey Meilen von der Stadt Nord-Westwärts lieget: Und wenn alle Wüsten dieser gleich wären/ würde in selbigen viel anmuthiger zu leben seyn alß in denen Städten.

Dieser Ort ist von denen Baarfüsser-Carmeliten erbauet/ die sich dahin/ als in eine Einsiedlerey begeben/ und ein prächtiges Kloster gebauet haben; welches denn umb so viel mehr zu verwundern ist/ weil es auff einem Berge stehet/ und umb und umb mit Felsen umbgeben ist. Sie

Sie haben ohngefähr zehn Hölen in die Felsen / rings umb ihr Kloster her hauen lassen / die die Gestalt der Einsiedler-Klausen haben / mit zubehörigen Capellen / in welchen schöne Bilder von Heyligen / schöne Gemälde / auß eisernen Drath gemachte Geisseln / eiserne Ruthen / Härine-Röcke / Gürtel mit eisernen Stacheln selbe umb den blossen Leib zu gürten / und andern dergleichen zu Züchtigung des Fleisches dienende Instrumente zu sehen sind / die iedermann öffentlich gezeiget werden / umb ihre mortification und strenges Leben dadurch bekant zu machen.

Alle diese Capellen sind mit Bäum- und andern Gärten / so voller Früchte und Blumen sind / umbgeben / und haben fast eine Meile im Umbfang; an unterschiedenen Orthen in denselbigen findet man Brunnen / so aus den Felsen springen / und gutes frisches und zum trincken dienliches Wasser geben / die nebenst dem Schatten der Palmiten-Bäume diese Einsiedlerey so anmuthig machen als sonst irgend einer in der Welt seyn mag.

Es giebt Rosen / Jaßminen und allerhand andere schöne Blumen / die in diesem Lande gefunden werden / in grosser menge daselbst: so daß in dieser Wüste nichts mangelt / was die Sinnen ergötzen / und das Gesichte und den Geruch erqvicken kan.

Man wechselt diese Eremiten alle acht Tage ab / so daß / wenn sie ihre Woche vollendet haben / sie wieder in ihr Kloster gehen / und andere an ihre Stelle geschicket werden / die Flaschen voll Wein / Confituren und andere Lebens-Mittel mit sich nehmen; denn Früchte finden sie zur Gnüge an diesem Orthe.

Es sind die unterschiedliche Arthen der Brunnen / und Wasser-Künste / so rings umb diese Gärten sind / wunderschön zu sehen: noch schöner aber die häuffige Carossen voller Edelleute / Damen / und andere Einwohner der Stadt Mexico, so dahin spatziren kommen / und diese Einsiedler / als heilige Leute besuchen.

Niemand besuchet sie / der ihnen nicht einige Confituren oder ander derogleichen Sachen mit bringe / umb theil an ihrem Gebeth zu haben: ingleichen werden ihnen reiche Allmosen an Geld gegeben / wofür sie Messen halten müssen. Insonderheit aber werden kostbare Opffer an Diamanten / Perlen / güldenen Ketten / Krohnen / und Gold- und Silberstück Röcken einem Bilde / welches in der Kirchen zu unser lieben Frauen von Berge Carmel genant / ist / und für welchem zwantzig silberne Lampen hängen / unter denen die kleineste mehr denn vierhundert Cronen werth ist / gebracht.

Unter-

Unterwegens wenn man nach dieser Einsiedeley gehet/ liegt ein anderer Flecken Tacubaya genant/in welchem ein reiches Franciscaner Kloster/ und viel schöne Gärten sind; es wird aber dieser Orth insonderheit wegen der herrlichen Music/so in der Kirchen dieses Klosters zu hören ist/ fleissig besuchet: Massen die Münche die Indianer in dieser Kunst so wol abgerichtet haben/daß ihre Music ja so hoch gehalten wird/ als die in der Cathedral-Kirchen in Mexico.

Itzt benennete Oerther nun sind wol die vornehmsten unter denen/so ich gesehen habe; und weil ich öffters Zeit meines verharrens in Mexico mit meinen Freunden nach selbigen spatziren gegangen bin/ habe ich vorher von denselben reden wollen/ehe ich zur Beschreibung der andern Provinzien/ geschritten bin.

Die Provintz Gvastacan liegt unterwegens wenn man von S. Jean d' Vlhua nach Mexico reiset/und ist so arm nicht/ als sie wohl Heylin gemachet hat: Denn es sind itziger Zeit viel reiche Meyerhöfe in selber/worinnen Zucker und Cochenille gepflantzet wird/ und strecket sich biß an das Thal Gvaxaca,welches ein sehr reicher Orth ist.

Die Stadt Tlaxcallan, derer ich schon oben gedacht habe/war ehemals die Haupt-Stadt von dieser Provintz: itzo aber sind es die Städte Gvaxaca und Xalappa, in welchen zwey Bischoffthümer auffgerichtet worden sind.

Es hat diese Provintz auch einen Meer-Hafen Villa vicco, das ist Reich-Stadt genant/und führet solchen Nahmen mit der That/weil aller Handel/ so zwischen Alt- und Neu-Spanien getrieben wird/ hierdurch gehet. Die Spanier haben hier zwey reiche Colonien/die eine heisset Panico, und die andere S. Jacob in den Thälern.

Die dritte Provintz im Mexicanischen heisset Mechoacan, und begreifft 80. Meilen in Umbfang. Es ist ein über die massen reiches Land/in welchem ein Uberfluß von allen zum Lebens-Auffenhalt nöthigen Dingen gefunden wird. Es ist daselbst eine grosse Menge von Maulbeer-Bäumen/von Seiden/ Honig/ Wachs/ und schwartzen Agtstein; so werden auch viel Sachen aus Federn hier gemachet/die wegen ihrer Schönheit hoch geachtet werden; und wird insonderheit in selbiger eine gewisse Gattung sehr köstlicher Fische in so grosser menge gefunden/ daß sie dannenhero Mechacan heisset/ welches in Deutscher Sprache eine Fischerey/oder einen zum Fischen beqvemen Orth bedeutet.

Es ist die Indianische Sprache eine recht zierliche Sprache/ und kan eine Sache mit eigentlichen Worten wol außdrucken: Und sie selbst sind von guter wol proportionirter Leibes-Statur/ starck von Gliedmassen/ thätig/ voll Geistes/wie man aus ihrer Arbeit/ und insonderheit auß denen von Federn gemachten Dingen sehen kan/als welche so schöne sind daß sie mit unter die kostbaren Geschencke/ so dem Könige und denen Grossen von Spanien gesendet werden/ kommen.

Die Haupt-Stadt in dieser Provintz heisset Vailladolid, worinnen ein Bischoff sitzet: nach dieser ist Sinsonse, in welcher vor diesem die Könige dieser Landschafft residireten: Hernach sind Pascuar und Colima, welches grosse von Indianern und Spaniern bewohnete Flecken sind.

Diese Provintz hat auch zwene beqveme Meerhafen/ der eine heisset S. Antonio und der andere S. Jago.

Die Landschafft Mechoacan, war zu der Zeit/als Cortez die Länder eroberte/ fast so groß als das Mexicanische Reich: Der König/ der damals regierete hies Cacouzin, und war einer von des Cortez und derer Spanier besten Freunden/ machte sich auch freywillig zum Vasallen des Königs in Spanien/ nichts destoweniger war die Grausamkeit des Don Nunio de Gusman, ersten Præsidentens der Cancelley von Mexico, so groß/ daß/ als er erfuhr/ daß er seines Amptes entsetzet sey/ er ihm fürnahm die Teuchichimeqven zu bekriegen; nam derowegen fünffhundert Spanier/ und sechs tausend Indianer/ die er mit Gewalt in Mechoacan erpressete/ zu sich/ und eroberte mit selbigen Xalisco, welche man itzo Neu-Galicien nennet.

Als er nun durch Mechoacan zog/ nam er den König Cacouzin, ohngeachtet dieser ihm nichts zu wider gethan hatte/ gefangen/ und raubete ihm zehn tausend Marck Silbers/ nebst vielen Gold und anderem Reichthum/ und ließ ihn letztlich mit dem grössesten Theil der Vornehmsten seines Reichs verbrennen/ aus Furcht von ihnen verklaget zu werden; denn/ sagte er: ein todter Hund bisset nicht.

Das 2. Capitel
Von den Sitten und Gebräuchen des Volckes in Mechoacan, ihren ceremonien/ bey Beerdigung ihrer Könige/ und ihren Opffern.

Das

DAs Volck in diesem Königreiche war eben so abergläubisch und abgöttisch/ wie alle andere Völcker in America.

Die Ehescheidung war unter ihnen nicht zugelassen/ es wäre denn daß eines unter beyden einen Eydschwur/ daß sie als sie einander geehlicht hatten/ einander nicht starr unter Augen gesehen hätten; denn dieses war das Zeichen/ daß sie beyde in die Ehe gewilliget hatten.

Ihre Abgötterey und Grausamkeit erschiene fürnehmlich bey denen Leichbestattungen ihrer Könige: Denn so bald ein König sahe/ daß es mit ihm zum Ende käme/ und keine Hoffnung zur Genesung mehr vorhanden sey/ so nennete er einen aus seinen Kindern/ der das Reich erben solle; dieser/ so bald er ernennet war/ ließ er alle Stadthalter und Bediente im Königreich/ zusammen ruffen/ umb dem Begräbniß seines Vaters beyzuwohnen; und welcher sich nicht einstellete/ wurde als schuldig der beleidigten Majestät gestraffet.

So bald man nun versichert wurde/ daß der König todt sey/ brachte iedermann/ wes Standes er auch war/ dem neuen Nachfolger im Reich Geschencke/ damit zu bezeigen/ wie lieb es ihnen sey/ daß Er zur Krohne gelanget sey.

Wann aber der König noch nicht verschieden war/ sondern in den letzten Zügen lag/ und mit dem Tode rang/ so wurden die Pforten verschlossen gehalten/ und war keinen Menschen erlaubet hinein zugehen: so bald er aber todt war/ legte iedermann die Trauer an/ und konte/ wer nur wolte/ in das Zimmer/ darinnen die Leiche lag/ hineingehen/ und selbe mit den Händen betasten.

Hierauff wurde die Leiche mit wolrichenden Wassern gewaschen/ ein zartes Hemde angezogen/ Schuch von Hirschleder an die Füsse/ güldene Spangen/ umb die Schenckel/ güldene mit Türckoisen besetzte Armbänder umb die Armen/ eine güldene und mit Edelgesteinen besetzte Kette umb den Halß/ güldene Ohrengehencke an die Ohren/ und ein grosser Türckiß Stein an die untere Lefftze gethan.

Folgends wurde die Leiche in ein Bette auff einer grossen Bahre gesetzt/ und auff eine seiten ein gebund Pfeile/ auff die andere seiten aber ein Bild oder Statua, eben von der grösse als der Verstorbene gewesen/ auß feinen Decken gemacht/ mit einem grossen Busch schöner Federn auff dem Kopff/ Schuch an den Füssen/ und mit Arm- und Halßbändern geschmücket/ gestellet.

 Und

Und weil sehr viel Menschen / so wol männlichen als weiblichen Geschlechtes/die ihm in der andern Welt Gesellschafft leisten und dienen solten/ zum Tode bestimmet waren/ so wurden ihre Leiber auch mit Fleiß gewaschen/und sie aufs beste tractiret/und truncken gemacht/ damit sie desto weniger sich für dem Tode scheuen möchten.

Der neue König nennete diejenigen die zu seines Vaters Diensten sterben solten; und hielte der gröste theil dieser elenden Leute es sichs für die grössete Ehre/ so ihnen wiederfahren konte/ daß sie nach ihrem Tode mit ihrem Könige unsterblichen Ruhms geniessen solten.

Erstlich zwar wurden zum Tode bestimmet sechs Jungfrauen von gutem Geschlechte / derer die eine die Edelgesteine/die der König an seinem Leibe zu tragen war gewohnet gewesen/ verwahren solte; die andere solte seine Mundschenckin seyn; die dritte war zum Handwasser mit einem Becken und Gießkannen bestellet: Die vierdte solte ihm dem Kammertopff langen: Die fünffte hatte die Küche zu versehen: Und die sechste solte Wäscherin seyn.

Uber diese musten noch viel andere/ so wol freye als leibeigene Weibs-Personen sterben/ so denen obigen dienen solten; und noch von jedem Handwerck aus der Stadt eine Manns-Person.

Nach dem man nun diese zum Tode bestimte Leute rein gewaschen/und sie wol tractiret hatte / mahlete man ihre Gesichter mit gelber Farbe/ und setzte ihnen einen Blumen-Krantz auffs Haupt.

Hierauff gingen sie Processions-weise für der Bahre / worauff der verstorbene König lag/her: Etliche bliesen auff Hörnern/so auß See- oder andern Schnecken-Häusern / oder auch auß Knochen oder Schild-Kröten-Schalen gemachet waren; die andern pfiffen mit dem Munde: Die meisten aber folgeten weinende hinten nach / und bezeugeten damit den Unmuth/ so sie über dem tode ihres Fürsten hatten.

Die Söhne des verstorbenen Königs samt andern Edelleuten trugen mit sanfften Schritten die Baare auff ihren Achseln biß zum Tempel ihres Abgotts Curicaveri; und die andern Anverwandten gingen neben der Baare her/und sungen mit kläglichen Thone eine Lied / oder eine Arth einer Leichen-Sermon: Die Bedienetem vom königlichen Hause/und die Magistrat-Personen trugen die Fahnen und Waffen des Verstorbenen.

In solcher Ordnung nun gingen sie umb Mitternacht/ von einer grossen

sen Menge Fackeln begleitet/ unter erschröcklichen Getöse so sie mit ihren Trompeten und Trummeln macheten/ auß dem Königlichen Pallaste auß; und hatten die Inwohner die Gassen/dadurch dieses Process gehen solte/auffs fleissigste gesaubert.

Nach dem sie bey dem Tempel angelanget waren/gingen sie viermal um ein Feuer/ so von Kieffern Holtz gemachet/ und zu verbrennung der Leichen bestimmet war/ rings herumb/darnach setzten sie die Baare drauff/ und indessen/weil die Leiche brandte/ erschlugen sie mit einer Keulen diejenigen/ die mit obgedachten Blumen-Kräntzen gekröhnet waren/und begruben sie hernach mit allem ihrem an sich habenden Schmuck; und legten ie viere und viere zusammen in ein Grab hinter den Tempel.

Folgenden Tag wurde die Asche und noch übrigen Beine von diesem verbrandten Cörper/ samt den Rest der Edelgesteine auffs sorgfältigste aufgelesen/und in eine kostbare Decke gethan/und biß unter die Thüre des Tempels getragen / allwo die Priester selbige annahmen; und nach dem sie dieselben gesegnet hatten/ machten sie einen Teig daraus/ und aus demselben ein Bild / welches sie gleich einen Menschen kleideten / und mit einer Masqven vors Gesichte/und allen Edelgesteinen/so der verstorbene König gebrauchet hatte/ziereten.

Unten an der Treppen des Tempels/ war ein viereckfetes / grosses und zwey Klafftern tieffes Grab gemacht/ und solches umb und umb mit feinen Teppichten bekleidet/darinnen stand ein schönes Bette / in welches einer von denen Priestern das Götzen-Bild/so aus der Aschen gemachet worden/ mit gegen morgen gewendetem Gesichte/ legete: Rings herumb an den Seiten des Grabes wurden güldene und silberne Schilde/ Bogen und Pfeile/schöne Federbüsche/ allerley irdene Geschirre / als Töpffe / Schüsseln / Teller auffgehengt und gestellet; so daß das Grab mit Haußrath mit Leder überzogenen Kuffern/ Kleidern/ Edelgesteinen/ Speissen/ Geträncke und Waffen gefüllet wurde.

Hierauff wurde das Grab mit Balcken und Brettern beleget/ und selbige wieder mit Erden zugedecket: Alsdenn wuschen sich die Edelleute die bey dieser Leichen-Bestattung auffgewartet oder etwas davon angerühret hatten/und gingen in den Pallast/ wo sie auff der Erden/ ohne Taffel/zu mittage speiseten; und nach vollbrachter Mahlzeit die Hände an gewisse Püsche Baumwollen/so sie auff den Köpffen hatten/wischeten; und dieses alles ge-

 schach

schach in höchster stille/ ohne einiges Wort zu reden/ ohne wann sie zu trincken forderten.

Es währete diese Ceremonie fünff Tage/ unter dessen durffte nirgend kein Feuer angezündet werden/ als in dem Pallast und in denen Tempeln: Die Krahmläden wurden zugehalten/und niemand ging aus dem Hause/und bezeugeten also in alle wege/wie leid ihnen der Todt ihres Königes sey.

Der Ehebruch wurde bey ihnen am Leben gestrafft/ und muste so wohl der Mann als das Weib unnachläßlich sterben: Und wann der Ehebrecher ein Edelmann war/ wurden ihm Federbüsche auff dem Kopff gesetzet/ und er in solchem Zierath gehencket/und der Leichnam hernach verbrant.

Es wurden aber zu Vermeidung der Hurerey/ gemeine Weiber verstattet/ zu denen in geheim zu gehen erlaubet war; doch hatten sie keine öffentliche Hurenhäuser.

Itziger Zeit sind die Indianer in Mechoacan der Römisch-Catholischen Religion sehr zugethan/und ja so eiffrig als sonst irgend an einem andern Orthe in America.

Die vierdte und letzte Provintz des Mexicanischen Reichs/ ist neu Galicien/durch welche zwey grosse Flüsse lauffen/deren der erste Prastla, und der andere S. Sebastian heisset.

Diese Provintz ist wegen der vielen Indianischen Städte/ so darinnen sind/ berühmt: und insonderheit wegen sechs derselbigen/darinnen Indianer und Spanier zugleich wohnen.

Das 3. Capitel
Fernere Beschreibung derer zu Mexico gehörigen Provintzien/ und ihren vornehmsten Städten: sämt des Autoris Muthmassungen von dieser Völcker Uhrsprung.

Die erste und vornehmste unter diesen Städten ist Xalisco, welche im Jahr Christi 1530. Nunnio de Gusmann einnahm/ als er im Grimm aus Mexico zog/und den König von Mechoacan, den er hernach verbrennen ließ/ gefangen nahm.

Die andere Stadt heist Gvadalajara; die dritte Coarum; die vierdte Compostella; die fünffte S. Spinlo; und die sechste Capala, die man itzo Neu-Mexico nennet.

In

In dieser Gegend führen die Spanier noch stets Krieg mit denen gegen Norden wohnenden Indianern/ als welche sie biß dato noch nicht haben unter ihren Gehorsam bringen können.

Diese Indianer sind tapffer/ und geben denen Spaniern genug zu schaffen/ zumahlen sie zwischen Felsen uñ Gebürgen wohnen/ und haben sie öffters/ wann sie sie in ihrem Vortheil anzugreiffen sich unterstanden haben/ alle nieder gemacht.

Ich habe mir von einigen Spaniern sagen lassen/ daß sie über die Berge weglauffen/ wie die Böcke/ und wann man ihnen nahete/ so schiessen sie mit einem grausamen Geschrey ihre Bogen ab/ und machen sich zugleich mit solcher Behändigkeit davon/ daß sie im Augenblick auff einem andern Felsen sind.

Die Uhrsache aber/ warumb sich die Spanier bemühen diese/ und nicht vielmehr eine andere Nation der Indianer unter ihr Joch zu bringen/ sind eine menge Gold und Silber-Bergwercke/ die in diesem Lande gefunden werden. Und zwar besitzen sie bereits ein Theil dieser Reichthümer/ in denen Bergwercken von Sacatecas, auß welchen alles das Silber/ welches in denen Müntzen zu Mexico und in der Engelstadt verarbeitet wird/ ohne das/ was jährlich an Zehnen nach Spanien versendet wird/ und sich über sechs Millionen belauffet.

Je weiter die Spanier gegen Norden kommen/ ie grössere Reichthümer finden sie: Dannenhero sind sie willens/ wie sie mir gesagt haben/ alle diese Nordische Provintzien sich unterwürffig zu machen/ aus Furcht es möchten ihnen unsere in Virginien und andern Colonien unserer Nation wohnende Engelländer zuvor kommen.

Ich habe gehört/ daß sie sagten/ es wundere sie höchlich/ daß die Engelländer nicht tieffer ins Land gingen; sie müsten sich entweder vor den Indianern fürchten/ oder sehr faul seyn/ und ein müssiges Leben/ nebst einem bißgen Toback/ ihnen lieber seyn/ als ein Land voller Gold und Silber.

Das ist gewiß daß der Spanier absehen nicht allein dahin gehet/ wie sie die ihnen benachbarte Indianer unter ihr Joch bringen; sondern auch wie sie nach und nach endlich biß in Floridam und Virginien dringen mögen: welches sie denn auch wohl werckstellig machen dürfften/ wo sie nicht etwan auff eine Nordische Nation aus Europa, die sich ihrem vornehmen widersetze/ und ihnen mit besserem Nachdruck/ als diese arme Indianer thun/ widerstehe/ stossen solten.

Nach

Nach dem ich nun kürtzlich von vier Provintzien des Mexicanischen Reichs / als dem ersten Gliede der Abtheilung Americæ in das Mexicanische uñ Peruvianische theil/gehandelt habe/so wil ich nun auch etwas weniges von denen drey andern Provintzien so zu dem Mexicanischen / oder mitternächtigen Theile Americæ gehören / sagen: und mit stillschweigen die Landschafften Florida, Virginia, Norumberga, Neu-Franckreich/ und Estolilandia übergehen / weil ich nicht / wie ihrer viele thun / zu schreiben gesinnet bin/ was ich von hören sagen habe/ sondern nur das/ was ich selbst gesehen / und erfahren habe.

In der ersten Abtheilung / so ich von dem Mitternächtigen Theile gemacht habe/ habe ich nach Mexico genennet / Qvivira, Jucatan, und Nicaragua, welches die drey Provintzien sind/ davon ich itzo handeln wil: Hernach wil ich auch von dem Peruanischen / oder mittägigen Theile von America etwas melden.

Die Landschafft Qvivira lieget am weitesten gegen Abend in America, zu nächst an der Tartarey: Von welcher sie so wenig entfernet ist/daß einige darvor halten/ es wären die Einwohner dieser neuen Welt von dannen Uhrsprünglich übergekommen.

Uñ warlich/es scheinet auß vielerley umständen gantz glaublich zu seyn/ daß die Americanische Völcker von denen Tartern herkommen seyn / massen Qvivira und das gantze westliche Theil dieser Lande/ so gegen Asien über lieget/ weit Volckreicher ist/ als das Ostliche / und Europa gegen über gelegene Theil: woraus erscheinet/daß jene Oerther viel eher als diese sind bewohnet worden.

Zum andern vergleichen sie sich mit ihren wilden barbarischen Sitten und Geberden mehr mit denen Tartern als mit irgend einer andern Nation.

Drittens/wann gleich der westlich Theil von America mit der Tartarey nicht ein festes Land machet / so kan selbes doch nicht anders als nur durch eine gar schmale Meer enge davon abgesondert seyn.

Endlich so richtet sich das Volck in Qvivira, als das nächste bey der Tartarey/nach der Jahres Zeit/und weidet ihr Viehe wie die Tartarn.

Diese gantze Seite von America ist voller Wiesen und Viehe weiden/ und hat eine gar temperirte Lufft: Die Einwohner halten mehr vom Glase als vom Golde: und sind zum theil Menschenfresser. Ihr bestes Reichthum sind ihre Ochsen und Kühe/ von denen sie Speise/Tranck/ Kleider/und sonst

fast

fast alle Nothdurfft haben: Denn die Häute geben ihnen Häuser / oder doch zum wenigsten dienen sie dieselben damit zu decken / auß den Knochen / machen sie Pfriemer / aus den Haaren Fäden / aus den Span-Adern Stricke / auß den Hörnern und Blasen Trinckgeschirr und Näpffe / mit dem Mist machen sie Feuer / aus den Kalbfellen machen sie Wasser Eimer / und endlich trincken sie das Blut und sättigen sich mit ihrem Fleische.

Man glaubet daß zwischen China oder Catay und diesen Landen / worein die Spanier noch nicht kommen sind / einiger Händel getrieben werde: Denn als Vasqvetz de Coronado einen theil dieses Landes eroberte / wurde er eine Arth Schiffe in der See gewahr / die nicht nach der gewöhnlichen Europæischen manier gebauet waren / und mit Kauffmanns-Guth geladen zu sein schienen / hatten auch auff ihren Fördertheilen Pelicane; so daß man sich nicht einbilden konte / wo selbe anders / als auß einem dieser Königreiche herkommen seyn solten.

Man hat noch zur Zeit mehr nicht als zwey Provintzien in der Landschafft Qvivira entdeckt / nemlich Cibola und Neu-Albion. Cibola liegt gegen Morgen und wird nach ihrer Haupt-Stadt / so diesen Namen führet also genennet. Die andere Stadt dieser Provintz heisset Totantaa, die sehr lustig lieget / weil sie am Ufer eines Flusses / und in einem sehr temperirten Landstrich erbauet ist. Die dritte Stadt / die es werth ist / daß man ihrer gedencke / heisset Tingvex, sie wurde von den Spaniern / als sie unter Anführung des Vasqvez de Coronado dieser Provintz eroberten / und sie im Jahr 1540. unter dem Gehorsam des Königs von Spanien brachten / abgebrennet / hernach aber wieder erbauet / und von den Spaniern bewohnet. Es hat in selbiger ein Jesuiter Collegium, dessen Patres sonst nichts thun / als daß sie predigen und die Einwohner des Landes im Glauben unterrichten.

Neu-Albion liegt gegen Niedergang an der Seiten gegen der Tartarey zu / und hat wenig Spanier daselbst / weil sie weder Gold noch andere Reichthümer darinnen angetroffen haben.

Unser berühmter See-Held Franciscus Draco entdeckte dieses Land / stieg auch auß und nennete es Neu-Albion, weil der König / welcher damals daselbst regierete / sich freywillig unserer Königin Elisabeth unterwarff.

Das Land hat einen grossen Uberfluß an Früchten / die so wol schön anzusehen / als lieblich zu essen sind: Das Volck ist leutselig und Gastfrey gegen die Fremden; aber sehr der Zauberey und dem Teuffels-Dienst ergeben.

De Mare Vermeille oder das Californische Meer/ist so wohl der Landschafft Qvivira, als des Mexicanischen Reiches Gräntze.

Das dritte Reich/ so zum Mexicanischen oder mitternächtigen Theile von America gehöret/ist Jucatan, welches im Jahr 1517. vom Ferdinand de Corduba zu erst entdecket wurde.

Es heisset dieses Land Jucatan, nicht von Joctan Hebers Sohn/ wie einige sich einigebildet haben/ in dem sie geglaubet/ daß er aus dem Morgenland/ wo ihm die H. Schrifft Gen. 10. cap. seine Wohnung angesetzet/ gezogen sey/ und habe sich in diesem Lande niedergelassen. Sondern von Jucatan, welches in der Indianischen Sprache so viel heisset/ als/ was sagt ihr? Denn als die Spanier zum ersten mal da anländeten / und die Indianer umb den Nahmen des Landes fragten / antworteten ihnen die Indianer / die ihre Sprache nicht verstunden; Jucatan? das ist / was sagt ihr? Dahero nenneten die Spanier das Land Jucatan, und nennen es auch noch biß heute also.

Dieses Land ist gleichsam eine Halb Insul/ und hat zum wenigsten dreyhundert Meilen im Umbfang: Es lieget zu nächst an der Insel Cuba, und ist in drey Theile getheilet.

Der erste Theil ist das warhafftige Jucatan, dessen ansehnlichste Städte sind Campeche, Vailladolid, Merida, und Simancas, nebst noch einer andern die sie ihrer Grösse und Schönheit wegen Cairo nennen.

Die Spanier halten dieses Land für arm/ weil keine Silber-Bergwercke darinnen sind / und weder Indigo noch Cochenille daselbst wächset. Die vornehmste Kaufmanns-Wahren aber/ die allda gefunden werden/ sind Honig/ Wachs/ Leder/ Zucker/ einige Apothecker Wahren/ Cassia, Sarsaparille, und eine grosse menge Mahis.

Es gibt auch sehr gutes Bauholtz daselbst/ welches sonderlich zum Schiffbau beqvem ist/ dessen sich auch die Spanier zu denen Schiffen/ darauff sie ihre Reise nach Spanien und wieder zurücke thun/ wohl zu bedienen wissen.

Im Jahr 1632. stund es darauf/ daß die Einwohner dieses Landes wider ihren Gouverneur rebelliren solten / weil er sie zwang / daß sie ihm musten ihre Indianische Hüner / und ander Federvieh / ihren Honig und Wachs bringen / welches er ihnen alles so schlecht als es ihm selbst beliebete / bezahlete / hernach aber sehr theur wider verkauffte und sich also mit ihrem schaden bereicherte. Weil sie nun dieses Verfahren nicht länger vertragen

tragen konten / entschlossen sie sich zu rebelliren / und in die Wälder / und Gebürge zu entfliehen; welches sie denn auch würcklich thaten / und eine Zeitlang daselbst verharreten / biß endlich die Franciscaner Mönche / welche in grossen Ansehen bey ihnen sind / und sie sehr wol vermögen / überredeten / daß sie wieder nach Hause kehreten: und weil der Gouverneur sich eines General-Auffstandes durch das gantze Land besorgen muste / versprach er ihnen nicht allein / alles was geschehen wäre gäntzlich zu vergessen / und ihnen sämtlichen zu verzeihen; sondern auch ins künfftige güttlicher mit ihnen umbzugehen.

Der andere Theil dieses Landes heisset Gvatimala, in welchem ich mich zwölff Jahr aufgehalten habe / uñ ist eines von denen volckreichesten Ländern in America, da eine sehr grosse Menge von Indianern bewohnete Städte und Flecken angetroffen werden; wie wol die Spanier / so übel darinnen gehauset haben / daß mehr denn fünffmahl hundert tausend Menschen umkommen sind.

Sie sind denen Geistlichen sehr verpflichtet / weil diese sie gegen die Spanier beschützen / ob sie es schon umb ihres eigenen nutzens willen thun: Denn je mehr die Indianer gewinnen / ie reicher werden auch die Geistlichen.

Dieses Land hat eine temperirte Lufft / und ist mit aller Lebens-Nothdurfft überflüssig versehen / die vornehmsten Städte heissen Gvatimala, Cassuca, und Chiapa, von denen ich hernach weitläufftig reden werde.

Der dritte Theil der Landschafft Jucatan, heist Acasimil, und ist eine Insul / so zu nächst bey Gvatimala lieget / und von den Spaniern S. Cruz, von ihrer Haupt-Stadt / die diesen Nahmen führet / genennet wird.

Die vierdte und letzte Provintz des Mexicanischen oder mitternächtigen Theils von America so unter der Spanier Bottmässigkeit gehöret / und mir bekant ist / heist Nicaragua, und lieget von Mexico gegen Sudost / ohngefähr nur 450. Meilen entfernet / dahero auch so wol die Lands-Arth / als auch die Einwohner mit Mexico nicht weniger Gleichheit haben.

Die Einwohner sind von sehr guter Leibs-Gestalt / und so wol am Leibe als Gesichte weiß genung.

Sie haben / noch ehe sie die Christliche Religion angenommen / bereits eine Politische Regierung / und ihre gewisse Gesetze gehabt; gleich wie aber Solon kein Gesetze wider die Vater-Mörder machete / weil er sich nicht einbilden konte / daß ein Kind so gar verzweifelt böse sein solte / daß es seinen eignen Vater ermordete; also hatten diese Leute keines wider die Königs-Mörder/ weil es ihnen unglaublich war/ daß sich iemand unterstehen dörffte/ sich an ihre Könige zu machen.

Die Strassenräuber strafften sie nicht am Leben/ sondern machten sie zu Leibeigenen des jenigen/ den sie beraubet hatten/ welchem sie so lange dienen musten/ biß sie den Werth des jenigen so sie geraubet hatten/ abgegolten hatten: welches in Warheit eine sehr linde Straffe ist/ und ja so billich/ als daß man ihnen/ wie anderer Orthen bräuchlich ist das Leben nimt.

Dieses Land ist so schön/ und wohl versehen mit allen nöthigen Lebens-Mitteln/ daß es die Spanier deßwegen das Türckische Paradieß zu nennen pflegen.

Unter andern Bäumen/ die da Blüthen tragen/ ist auch einer/ der so empfindlich ist/ daß so bald man nur seine Zweige berühret/ er also bald anfänget zu welcken.

Es giebt hier so viel Papagoyen/ als es in Engelland Krähen hat; so hat es auch Indianische Hüner/ Wachteln/ Kaninchen/ und aller-hand Feder-Wildpret in so grosser menge/ daß selbiges der Einwohner gewöhnliche Speise ist.

Es sind viel volckreiche Städte der Indianer hier anzutreffen/ doch nicht so viel wie umb Gvatimala: auch sind zwey Spanische Städte in dieser Provintz/ die eine heisset Leon, und ist der Bischoffliche Sitz; die andere heist Granada, und liegt an einem See süsses Wassers/ welcher mehr denn hundert Meilen im Umbfang hat/ und ob er gleich mit dem Meere keine Gemeinschafft hat/ so hat er doch Ebbe und Fluth: Ich werde aber von dieser Provintz und dieser Stadt weitläufftiger handeln/ wann ich meine Reise durch dieses Land beschreiben werde.

Das 4. Capitel

Beschreibung des Peruvianischen/ oder mittägigen theils von America, so viel desselben denen Spaniern zuständig ist.

Nach dem ich also das Mexicanische oder mittnächtige Theil von America, so fern das selbe dem König von Spanien unterworffen ist/ kürtzlich gehandelt habe; die weitläufftigere Beschreibung desselben anitzo verspahrend/ biß ich von denen Orthen insonderheit/ da ich mich auffgehalten/

und von denen Provintzien durch welche ich gereiset bin / reden werde: so wil ich nun ebenfals mit wenigem den Peruvianischen oder mittägigen Theil desselben dem Leser vor Augen stellen.

Sie begreifft vornehmlich fünff grosse Königreiche in sich / derer etliche gantz etliche nur zum Theil unter die Krohnen Spanien und Portugal gehören/ und sind Castilia del Oro, Gviana, Peru, Chili, und Brasilien.

Ich bin aber nicht gesiñet meine Historie mit demjenigen/ was bereits andere von denen letzteren vier Provintzien/ in welche ich nie koñen bin/ geschrieben haben/ anzufüllen: Sondern ich will allein desjenigen erwehnen/ was ich von Peru mir habe sagen lassen / und dann will ich wieder auff das güldene Castilien/ darinnen ich die meiste Zeit zugebracht habe/ kommen.

Man hält Peru für viel reicher als Mexico; dann ob es gleich nicht die Beqvemlichkeit der Nord-See zum handeln hat/ wie Mexico; sondern alle Wahren / so von dannen kommen müssen nach Panama, und von dar entweder über Lande / oder auff dem Fluß Chiagra nach Porto bello auff die Nord-See gebracht werden: so ist dennoch das Land weit reicher als Mexico, wegen der reichen Silber-Bergwercke/ so darinnen sind.

Man hält dafür / daß das Gebürge Potosi nichts als lauter Silber-Bergwercke sey: Allein der König in Spanien wil nicht/ daß man neue öffne/ ehe und bevor die bereits entdeckten / erschöpffet sind / zu mahlen sie von der Zeit an/ da dieses Land ist erobert worden/ biß noch itzo/ denen Spaniern Arbeit und Reichthum genug gegeben haben.

Das Erdreich ist sehr fruchtbar/ und trägt alle diejenigen Früchte so in Spanien gefunden werden: selbst die Oliven werden hier viel grösser/ und das Oel viel süsser und heller als in Spanien. Und weil man den Wein gar schwerlich dahin verführen kan / so haben sie Weinberge gepflantzet/ auß welchen eine satsame menge Wein gemachet wird / welcher viel stärcker ist als der Spanische.

Es wird auch eine grosse Menge Getreides am Fusse derer Gebürge/ welche die Grängtzscheidung von denen noch nicht bezwungenen Indianern machen/ in diesem Lande eingeerndtet.

Diese Gebürge sind denen daran gelegenen Thälern/ wegen derer daraus entspringenden Wasser sehr vorträglich: Denn es ist wol zu mercken/ daß es an allen denen von den Spaniern gegen der Süder-See bewohneten Orthen/ niemals regne / so daß die Dächer der Häuser nur von Matten ge-

 machet

machet sind/ um damit den Staub aufzuhalten; und dennoch ist dieses Land/ so allein von denen Bergwassern / und dem Tau so Morgends und Abends fället / befeuchtet wird/ eines der fruchtbarsten von der Welt.

Die Haupt-Stadt darinnen heist Lima, in welcher ein Vice-Re, eine Cancelley und ein Ertzbischoff wohnen.

Zwey Meilen von der Stadt ist ein Hafen/ Calla genant/ darinnen die Schiffe / die jährlich den Reichthum dieses Königreichs nach Panama bringen/ stehen.

Sonsten sind noch andere Schiffe allhier die nach Ost-Indien/nach allen Küsten von Gvatimala, wie auch nach Acapulco, dem Mexicanischen See-hafen auff der Süder-See/ handeln.

Der Hafen Callan ist nicht so befestiget/ wie er wol wegen der grossen Schätze/die so wol in selbigem als in der Stadt Lima gewöhnlich sich befinden/ seyn solte.

Denn ich habe von unterschiedenen Spaniern gehöret/ daß Anno 1620. etliche Holländische Schiffe (wiewol einige sagen es wären Engelländer gewesen) sich hätten für dem Hafen sehen lassen / und auf die Schiffe/ so das Königliche Silber nach Panama hätten bringen sollen / wenn sie auslauffen würden/gepasset hätten; nach dem sie aber eine falsche Zeitung bekommen/als ob diese bereits abgesegelt wären/hätten sie ihnen nachgesetzet in Meinung sie einzuholen; hätten aber dadurch die Gelegenheit den Hafen Callan anzugreiffen / und / welches ohnfehlbar erfolget seyn würde / mit ihm zugleich den grössesten Schatz der dazumal an irgend einem Orthe der Welt gewesen seyn möchte/zu erobern/liederlich aus den Händen gelassen.

Weil aber die Spanier gar sehr selten fremde Schiffe in diesen Landen zu sehen bekommen/so leben sie ausser aller Sorge/ und lassen ihre See-Küsten unbefestiget.

Ob nun zwar Peru sehr reich an Silber-Bergwercken und Erd-Früchten ist; so übertrifft doch Chili dasselbige an Reichthum wegen der Goldbergwercke/ so es hat: Dannenhero führen die Spanier noch immer Krieg mit den Einwohnern selbiges Landes/von denen ihnen iederzeit tapfferer Widerstand geschehen ist.

Dieses Volck/ welches von Natur starck und behertzt ist/ hat mit der Zeit den Gebrauch der Europæischen Waffen so wol erlernet / daß sie itzo ja so geschickt mit umb zu gehen wissen / als die Spanier selbst / und geben die-

sen

sen im geringsten nichts nach/es sey gleich einen Degen zu führen/oder ein Pistol oder Mußqvete loß zuschiessen.

Sie haben unterschiedlich viel Spanier so wol Männer als Weiber gefangen bekommen/ die sie bey sich behalten/ und sich mit ihnen verheyrathet haben; derer Kinder/die man Mestifen nennet/ sind solche wackere und geschickte Leute worden/daß sie dadurch mercklich sind verstärcket worden.

Sie geben den Spaniern so viel zu schaffen/daß der Krieg/ den sie in diesem Lande führen/ einer von denen schädlichsten ist/ so sie irgend sonst wo haben: Dannenhero auch der Spanische Rath allezeit den Kern der Soldaten/ so sie in Flandern und Italien haben/außsuchen lässet/ und selbigen nach diesen Landen schicket;uñ die Officirer/die lange zeit in Flandern gedienet habẽ/ werden unter dem Schein einer Begnadigung nach Chili versendet/ weil sie daselbst in kurtzer Zeit/wegen der Menge des Goldes/so alda anzutreffen ist/ reich werden können.

Die Spanier haben in selbigem Lande drey schöne Städe/ nemlich la Conception, alwo ein Bischofflicher Sitz ist/ Santiago, und Valdivia.

Diese letztere Stadt hat ihren Namen von einen Gouverneur in Chili Valdivia genant/ welcher auch der erste Uhrheber dieses Krieges gewesen ist.

Dieser Gouverneur war so geitzig/und begierig Gold zu samlen/ daß er nicht leiden konte/ daß die Indianer etwas von selbigem bey sich behalten solten; liesse sie dannenhero schlagen und übel mit ihnen umbgehen/auch einige gar tödten/ weil sie ihm nicht so viel Gold zu trugen als er wol verlangete; er nöthigte sie in denen Bergwercken zu arbeiten/und ihm täglich ein gewisse qvantität desselben zu bringen.

Weil es aber den Indianern unmöglich war/seinem Verlangen ein Genügen zu thun/entschlossen sie sich ihme nicht mehr unterthänig zu seyn/ und rathschlageten/wie sie seinen Geitz auff einmal sätigen möchten/ damit er sie des Goldes halber nicht mehr qvälete.

Diesen Anschlag nun werckstellig zu machen/ versamleten sie sich/ und hielten sich zum Streite gefasset;namen eine gewisse qvantität Goldes zu sich/ und gingen also sämtlich zum Gouverneur/ und redeten ihn mit folgenden Worten an: Valdivia, dich hungert so gar sehr nach unserm Golde/ daß wir dir selbigen biß diese Stunde noch nicht haben stillen können: nun haben wir endlich ein Mittel gefunden/deine Begierde zu stillen; siehe hier ist dessen genug

nug/da must du dich dran satt sauffen: Und alsobald fielen sie über ihn her/un gossen ihm das geschmoltzene Gold in seinen Halß / daß er darüber des Todes war: Also büssete er elendiglich sein Leben ein/ und ließ zum Andencken dieser Stadt den Nahmen Valdivia, und verursachte zugleich einen blutigen Krieg/ der noch biß auff den heutigen Tag währet.

Von den Landschafften Gviana un Brasilien will ich nichts sagen/weil ich in keiner gewesen bin. Brasilien gehöret der Kron Portugal zu / und haben die Spanier davon wenig Kundschafft; die Staaden der vereinigten Niederlande besitzen itzo ein Theil davon / dahero ihre Geschichtschreiber besser als ich dasselbe beschreiben und seine Reichthümer in Europa bekand zu machen wissen werden.

Ich kehre wider zu der ersten Provintz des Peruvianischen theils/ nemlich zu Castilia del oro, die ihren Nahmen von der grossen menge Goldes/ die darinnen gefunden wird/ bekommen hat.

Sie begreifft das Mittnächtige theil von der Peruviana, und ein theil von dem schmalen Landstriche/ welcher zwischen der Nord-und Süder-See ist.

Ausser der menge Goldes/so man da findet/ ist sie auch reich an Silber/ Specereyen/Perlen und zur Artzney dienlichen Kräutern.

Sie wird in vier Provintzien abgetheilet/die erste heist Castilla del oro; die andere Neu-Andalusien; die dritte Neu-Granada, und die vierdte Carthagena.

Castilia del Oro lieget in dem schmalen Landstriche selbst/und ist nicht allzu Volckreich/ weil die Lufft daselbst ungesund ist / wegen der vielen stehenden Wasser und darauß auffsteigenden Dünste.

Die fürnehmsten Orthe/die denen Spaniern zugehören/ sind/ der erste Nombre de Dios, das ist/ der Nahme Gottes/gegen Osten:und die andere ohngefähr sechs Meilen davon/ist Porto bello,welcher von Spaniern/Mulatren/und Indianern bewohnet wird: Nombre de Dios aber ist fast wüste gelassen/weil die Lufft daselbst so gar ungesund ist.

Die Schiffe so vormals für Nombre de Dios zu anckern pflegten/ und daselbst das Königliche Silber / welches man jährlich auß Peru nach Panama, und von dar nach der Nord-See brachte/landen itzo zu Porto-bello an; welcher Orth ein schöner Hafen heisset / und solches auch in der That ist/ und ist bey seinem Eingange mit drey Castellen/ deren eines das andere commandiret / befestiget.

Der

Der dritte und vornehmste Orth / so denen Spaniern in Castilia del Oro zustehet / ist Panama, gegen Westen an der Süder-See gelegen: Diese Stadt / wie auch Nombre de Dios sind von Diego de Niqvesa erbauet worden.

Die Stadt Nombre de Dios hat ihren Nahmen dahero / daß/ als Niqvesa lange Zeit viel Ungemach auf der See auß gestanden hatte/und er endlich in diesen Port gelanget/ er sich hertzlich erfreuet daß er nun ausser Gefahr sey/und zu seinen Leuten gesaget hatte; Sie möchten nun ans Land aussteigen im Nahmen Gottes.

Weil aber / wie ich schon oben gedacht habe/ die Lufft an diesem Orthe sehr ungesund ist/ so befahl im Jahr 1584. der König in Spanien/ daß man die Häuser zu Nombre de Dios abbrechen/ und sie an einen andern / wo die Lufft reiner sey / wieder auffbauen solle: welcher Befehl denn von Don Pedro de Arias vollzogen und Porto-bello erbauet wurde.

Ich würde aber meinem Vaterlande unrecht thun/wann ich von Nombre de Dios redende/ die denckwürdigen Thaten derer Engelländer / die sie an diesem Orthe verübet haben/und worüber noch heut zu Tage die Spanier sich verwundern müssen/mit stillschweigen übergehen wolte.

Dann die Spanier haben nicht allein den Ritter Franciscus Dracke noch in frischem Gedächtnüß/sondern sie lehren auch ihre Kinder sich für ihm fürchten / indem sie seinen Nahmen nennen / wenn sie diese schröcken wollen: sie gedencken noch immer dran/ wie er die Stadt Carthagena angrieff/ und ist bey ihnen unvergessen/ was er auff der See-Küste that/ und sonderlich zu Nombre de Dios, da er landete/ und biß an das Gebürge S. Paul gegen Panama zu ging.

Sie erinnern sich noch wohl eines seiner Capitaine, nahmens Johann Oxenham; und es sol meine Historie seinen Nahmen unsterblich machen/ durch Erzehlung der denckwürdigen und kühnen That/ so er an dieser Küste außgeübet hat.

Es landete dieser tapffere Edelmann mit siebenzig Mann ein wenig oberhalb Nombre de Dios an/und als er sein Schiff ans Land gezogen / und selbiges mit Aesten von Bäumen bedecket hatte/ marchirete er mit seiner Compagnie zu Lande biß an einen Fluß / an welchen ihm einige Schwartze den Weg weiseten: An diesem Fluß ließ er Holtz fällen und eine Pinasse bauen / auff welcher Er biß in die Süder-See fuhr / und biß nach den Perlen-Insuln ging/ woselbst er zehn Tage verblieb/ und zweyer Spanischen Schiffe und in denselben 60000. Pfund Goldes/ und 200000. Pfund an Silber-Zehen sich bemächtigte; mit welchem Raube er denn wieder nach dem festen Lande kehrete.

Es ist zwar nicht ohne/ daß hernach ein Auffruhr unter seinen Leuten entstunde/ welche Uhrsach war/ daß er weder zu seinen versteckten Schiffe/ noch in sein Vaterland wieder zurücke kam; dessen aber ungeachtet/ so bleibt doch dieses eine denckwürdige That/ derogleichen sich sonst noch niemand unterfangen hat: und die Spanier selbst reden noch heut zu Tage anders nicht/ als mit höchster Verwunderung davon.

Es ist noch ein sehr grosses Stück vom Castilia del Oro übrig/ so niemals von den Spaniern ist erobert worden: Und wird zweiffels ohn noch mancher Schatz daselbst verborgen stecken/ die vielleicht derjenigen Nation/ die Muths genug haben möchte selbe auffzusuchen/ in die Hände gerathen werden.

Als ich im Jahr 1637. zu Panama war/ des Vorhabens/ von dannen wieder nach Hause zu reisen/ kamen ohngefähr zwantzig wilde Indianer daselbst an/ die mit dem Præsidenten von der Cancelley tractiren/ und sich dem Könige von Spanien ergeben wolten: Es kam aber/ wie ich hernach zu Carthagena erfuhr/ zu keinem Schlusse; dann die Spannier dürffen denen Indianern nicht wohl trauen/ weil sie sich/ wegen des üblen tractaments/ womit man ihm begegnet ist/ allzu offt empöret haben.

Diese Indianer/ so ich zu Panama sahe/ waren wolgestalte/ starcke Leute/ und unter andern war einer/ der einen gantz rothen Kopff hatte/ als man wol irgend in Engelland oder Schottland finden mag.

Sie hatten an ihren Ohrlepplein güldene Blechlein/ und an denen unteren Lippen stücklein Gold in Gestalt eines halben Mondens; worauß leicht zu muthmassen ist/ daß es viel Gold in ihrem Lande haben muß.

Neu Andalusien stösset gegen Norden an Castilia del Oro und gegen Mittag an Peru.

Die besten Städte/ so darinnen sind/ sind Tocoio, welche die Spanier itzo S. Margaritha nennen/ und eine andere so sie S. Spirito heissen.

Neu-Granada liegt gegen Mittag von Carthagena, und hat diesen Namen daher bekommen/ weil sie an Fruchtbarkeit und Uberfluß aller Dinge sich mit dem Königreich Granada in Spanien vergleichet.

Es

Es hat in dieser Provintz sechs ansehnliche Städte/ die erste ist Tungie, von der man glaubet/ daß sie recht unter dem Æqvatore liege; die andere heist Tochamum: die dritte Popajan; die die reicheste unter allen ist: die vierdte S. Fede, wo der Ertzbischoff seinen Sitz hat: es ist auch eine Cantzelley uñ Cammer-Gerichte allhier/ wie zu Panama und Gvatimala, wie auch ein Ober-Præsident, ein Königlicher Procurator, und zwene andere Præsidenten, derer ieglicher 6000. Ducaten jährlich auß der Cassa empfängt: die fünffte heist Palma: und die sechste Merida.

Die Heer-Strasse auff welcher man von Carthagena nach Lima der Hauptstadt in Peru reiset/ gehet mitten durch die Provintz Granada, da man allezeit zu Lande reiset.

Dieses Land ist von Natur feste/ weil es mit Felsen und Bergen umbgeben ist/ durch welche nur enge und beschwerliche Wege gehen: Es ist aber voll schöner Thäler/ in welchen ein grosser Uberfluß von Früchten/ Korn/ und türckischen Weitzen wächst: über dieses sind auch einige Silberbergwercke darinnen/ und findet man in etliche Flüssen Gold unter dem Sande.

Carthagena ist die letzte Provintz/ so zu Castilia del Oro gehöret/ und hat gleichfals einen sehr fruchtbaren Boden; es wächset aber ein gewisser Baum darinnen/ der so gifftig ist/ daß/ wann man ihn nur ein gar klein wenig berühret/ man schwerlich sich hüten kan/ daß man nicht von ihm vergifftet werde.

Die vornehmsten Städte dieser Provintz sind: erstlich Carthagena, welche der Ritter Franciscus Drack Anno 1585. eroberte/ und einen grossen theil davon verbrandte; und raubete darauß nicht nur eine unbeschreibliche Menge Gold und Silber/ sondern auch 230. stücke Geschütz.

Ich wil wol nicht vor gewiß sagen daß sie itziger Zeit so wol mit Geschütz versehen sey/ als sie damals gewesen: iedoch ist sie in Warheit gut genug befestiget/ ob gleich Porto bello noch fester ist.

Sie ist eine sehr schöne und trefflich reiche Stadt/ wegen des Perlenhandels/ welche von der Perlen-Insul dahin gebracht werden/ und deñ auch wegen der königlichen Einkünffte/ so aus gantz Neu-Granada hieher gebracht werden.

Sie hat einen Bischoff/ viel Kirchen/ und sehr reiche Klöster.

Sie wird nicht durch ein Kammer-Gerichte und eine Cancelley/ wie S. Fede, regieret/ sondern durch einen Stadthalter/ der ungemessene Gewalt hat.

Man hat offtermals dem Rath von Spanien vorgeschlagen/ eine gewisse Anzahl Galeeren zu halten/ die auff dem Meer dieser Gegende kreutzeten/ und ihren sicheren stand in Carthagena haben möchten.

Durch diese Stadt haben die Engelländer die jenige Insul/ die wir die Providentz die Spanier aber S. Catharina nennen/ verlohren: Diese Insul ob sie gleich klein ist/ so würde sie doch dem Königreiche so viel Nutzen geschaffet haben/ als sonst irgend eine von unsern andern Colonien in America: welches auch die Spanier gar wol gewust haben/ darumb sie auch die gantze Macht von Carthagena zu derselbigen Eroberung angewendet haben: Es wird aber hoffentlich eine Zeit kommen/ da sie uns von neuem in die Hände gerathen wird/ und wir den Vortheil/ den man von ihrer Lage haben kan/ werden geniessen können.

Ferner bringet man auch in kleinen Fregatten/ jährlich nach Carthagena allen Indigo, Cochenille und Zucker/ so im Lande von Gvatimala eingesamlet wird: Denn die Spanier glauben/ daß es viel sicherer sey/ diese Güter auff kleinen Schiffen über den See von Granada nach Nicaragua, und von dar nach Carthagena zu bringen/ umb die daselbst auff die Gallionen/ so von Porto bello mit dem Silber aus Peru kommen/ einzuschiffen/ als sie mit denen Schiffen aus Honduras fortzuschicken/ weil diese sehr offt von denen Holländern sind genommen worden: und weil diese Fregatten auch sehr nahe an der Insul la Providenza vorbey gehen müssen/ haben sie dieselbe uns abgenommen/ damit sie wenigstens von dieser seiten möchten ausser Gefahr seyn.

Die andere ansehnliche Stadt in der Landschafft Carthagena ist Abuida; die dritte S. Martha, welches eine reiche Stadthalterey der Spanier ist/ die sich für denen Englischen und Holländischen Schiffen nicht wenig fürchtet: Sie ist am Ufer des Flusses Abuida, sonst Rio grande, oder der grosse Fluß genant/ erbauet.

Ausser diesen liegen noch Venezuela und Neu-Cadiz, zwey grosse/ reiche und feste Städte in dieser Landschafft.

Die Spanier nennen diese drey letztere Provintzien/ nemlich/ Neu-Andalusien/ Neu-Granada, und Carthagena, Tierra firma, oder das feste Land/ und weil diese gleichsam der Wall des Königreichs Peru gegen Norden/ und der Grund von dieser umgekehreten Pyramide sind.

So habe ich nun den Leser rings herumb America geführet/ und ihm das

Fuß-

Fußfeste Land von diesem grossen Welt-Theile gewiesen: woraus man denn die Macht und grosse Herrlichkeit des Königs in Spanien abnehmen kan/als welcher so grosse Länder unter seine Herrschafft gebracht hat/die/wenn sie bey einander liegen solten/gantz Europa an Grösse übertreffen würden.

Das 5. Capitel
Geographische Beschreibung derer Insuln in America, die den Spaniern zu gehören: insonderheit der Perlen-Insul/ und der Perlen-Fischerey auff selbiger: Wie auch von Beschaffenheit ihrer vornehmsten Festungen/ und der daselbst befindlichen ansehnlichsten Hafen.

Es ist nicht allein das Fuß-feste Land von America groß und weitläufftig; sondern es sind auch in denen anstossenden Meeren sehr grosse / ja grössere Insuln/ als sonst irgend an einem Orthe der Welt.

Es würde nicht allein sehr weitläufftig und verdrüßlich / sondern auch sehr schwer / ja fast unmöglich fallen / sie alle zu zehlen / massen ihrer viel noch nie entdecket / noch auch bewohnet sind/ so daß man von ihrer Grösse und Fruchtbarkeit einige Nachricht nicht hat. Denn man hält dafür/daß allein der Lucayischen Inseln zum wenigsten 400. sind.

Dannenhero/ umb nicht verdrüßlich zu fallen/will ich nur die vornehmsten von diesen Insuln beschreiben/und zwar nur mit wenigem: und wil den Anfang von denen machen/ die am nächsten bey Carthagena, wo ich die Beschreibung des festen Landes geendiget habe/liegen.

Die erste Insul/ so von meiner Feder gelobet zu werden verdienet/ ist die kostbare Insul/Margarita genant/die da nahe bey Castilia del Oro,unfern von zweyen andern Insuln/Cubagua und Trinidad, lieget.

Es ist nicht ohne/daß diese Insul von einigen umb deßwillen/ weil weder Korn/noch Kraut/ weder Bäume/ noch zum trincken dienlich Wasser (wie den einsmahls einer eine Tonne Wein / gegen eine Tonne Wasser vertauschet haben sol) darauff gefunden wird/ verachtet worden. Allein die grosse menge Perlen die hie angetroffen wird/ ersetzet alle diese Mängel reichlich/ und dannenhero hat sie auch den Nahmen Margarita, weil dieses Wort bey den Lateinern eine Perle heisset.

Es sind auff dieser Insul viel reiche Kauffleute / die 40. biß 50. schwartze Sclaven halten / so sie einig und allein darzu brauchen / daß sie die Austern in welcher die Perlen gefunden werden / zwischen den Felsen und Steinritzen hervor suchen.

Diese Kauffleute thun sehr groß mit ihren Schwartzen / und gehen aufs freundlichste mit ihnen umb / dann sie müssen denselben diese unter dem Wasser verborgene Schätze vertrauen / uñ hänget ihr gantzer Reichthum an dieser Sclaven guten willen / als welche / wenn sie nicht selber wollen / entweder gar nichts fischen / oder doch die schönsten Austern im Meer lassen können.

Man lässet sie in Körben ins Meer hinunter und ziehet sie eher nicht wieder herauß / als biß sie durch schüttelung des Seils / woran der Kord feste gemacht ist / ein Zeichen geben / daß sie wieder herauff wollen.

Ich habe mir von einigen / die sich der Perlen-Fischerey mit annahmen / sagen lassen / daß sie ihren Schwartzen lauter gebratenes zu essen geben / damit sie ihrem Athem desto länger unter dem Wasser an sich halten könten.

Es werden alle die Perlen von der Insul Margaritha nach Carthagena gesand / daß sie daselbst durchbohret werden; und ist in dieser Stadt eine sehr schöne Gasse / auff welcher keine andere Läden sind / als nur solcher Leute die mit adjustirung der Perlen umbgehen.

Es sind gewöhnlich im Monat Julio in dieser Insul ein oder zwey Schiffe die die Einkünffte des Königs / und die denen Kauffleuten zugehörige Perlen nach Carthagena überführen.

Die Ladung eines dieser Schiffe wird insgemein auff 60. biß 80000. Ducaten und drüber geschätzet: darumb sie auch mit Mannschafft wohl besetzet werden: Denn die Spanier fürchten sich sehr für denen Englischen und Holländischen Schiffen.

Im Jahr 1637. als ich in Carthagena mich auffhielte / wurde eines dieser Schiffe von einem Engländischen Schiff / auß der Insul Providentz / (man sagte es wäre der Neptunus gewesen) verfolget / und hätte / nach einem geringen Gefechte den Spanier bereits dahin gebracht / daß er sich hätte mit allem auffhabendem Reichthum ergeben müssen / [massen mir solches ein Spanier / so mit dabey gewesen war / vier Tage hernach zu Carthagena selbst erzehlete /] wann nicht zwey Holländische Schiffe darzu kommen wären / und dem Spanier zu entwischen Lufft gemachet hätten.

Denn diese liessen sich mit dem Englischen Schiffe in einen Zanck ein / und

und wolten an der Ausbeuthe Theil haben/ darumb weil die Herren Staden auf dieser See herrscheten: Weil diese nun mit einander zanckten/ liessen die Spanier ihre Schiff an einer kleinen Insel stranden/ und luden in aller eil einen Theil des Gutes auß/ und versteckten es in dem Gebüsche: Als sie aber gewahr worden daß ihnen von denen Holländern eiffrig nachgesetzet wurde/ steckten sie ihr Schiff mit Feuer an; und rückten also den Engelländern und Holländern die Beuthe auß den Händen: So bald nun dieses in Carthagena kund wurde/ ward ein Kriegsschiff abgesendet/ die Perlen/ die sie im Gebüsche versteckt hatten abzuholen: Allein es war dieses was gerettet war worden/ kaum der dritte Theil dessen/ was im Schiffe gewesen war.

Die andere Insul/ die den Spaniern zustehet/ heist Jamaica, und ist 280. Meilen lang und 70. Meilen breit: diese ob sie zwar die Perlen Insuln an schönen Bächlein und süssen Wasser-Brunnen übertrifft/ so muß sie ihr doch an Reichthum den Vorzug lassen: Denn alles Kauffmanns-Guth so man daselbst findet/ bestehet in Ledern/ Taback und Zucker.

Es sind in dieser Insul nur zwey ansehnliche Städte: Die eine heist Oristan, und die andere Sevelien, allwo man Schiffe bauet/ die so guth sind/ als die in Spanien erbauet werden.

Vormals ist diese Insul sehr Volckreich gewesen; itzo aber hat es keine Indianer mehr darauff: Dann die Spanier haben ihrer mehr denn sechzig tausend umbbracht; wodurch denn die Weiber zur Verzweiffelung gebracht worden/ daß sie sich selbst allezeit die Frucht abgetrieben/ und keine Kinder mehr erzogen haben/ damit selbe nicht einem so grausamen Volcke unterthan seyn müsten.

Uber diesen Insuln lieget die Insul Cuba, welche 300. Meilen lang/ und 70. breit ist/ und wurde den Europæern durch die zweyte Reise Christophori Columbi nach America zum erstenmahl entdecket.

Sie ist voller Wälder/ Seen/ und Gebürge: der Himmelsstrich darunter sie liegt ist temperirt/ das Erdreich ist sehr fruchtbar/ und hat sehr köstliches Kupffer/ man hat vor diesem auch Gold in selbiger gefunden.

Sie giebet viel Ingwer/ Cassia/ Mastix/ Aloe/ Sarsaparille und Zucker: So findet man auf ihr auch viel Rindvieh/ Fische/ und Feder-Wildpret: insonderheit aber findet man so viel Meer-Schweine darauff/ daß sich allhier die Schiffe/ wenn sie zurücke nach Spanien kehren/ fürnehmlich damit zu proviantiren pflegen.

Als ich auff dieser Insul war/und eines Tages zum Purgieren gebrauchet hatte/dachte ich/man würde mir etwan was von Geflügel oder von einem Kaninchen/nach verrichteter operation zu speisen aufftragen/allein ich muste nicht ohne Verwunderung sehen/daß man mir ein Stück gekochtes Schweinen-Fleisch fürsetzte: Und weil ich mich besorgete/ es möchte mir nicht wol bekommen/wolte ich nichts davon essen: Allein mein Wirth versicherte mich/ daß dieses die gesündeste Speise wäre/welche von denen Medicis selbst nach genommener Purgation zu geniessen verordnet würde.

Die vornehmsten Städte in dieser Insel sind/Santiago, oder S.Jacob,an der Nordseiten/ welche von Jacob de Velasco erbauet worden ist/und hat einen Bischöfflichen Sitz: nebst dieser ist die Havana, auch an der Nordseiten gelegen/ allwo eine sehr gute Rede/ und die General Stapel aller Kauffmanns Güter ist/ so daß die Spanier diese Stadt den Schlüssel des gantzen Indiens nennen.

An diesen Orthe hält sich die Flotte des Königs von Spanien/ und allhier sammlen sich alle Kauffmanns-Schiffe aus denen Provintzien/ wovon ich bißher geredet habe: so daß man sagen kan/ daß im Monat September alle Reichthümer auß gantz America hier zusammen kommen/so wol was die Königlichen Einkommen betrifft/als auch diejenige/so denen particulir Kaufleuten zugehöret; wie denn/das Jahr als ich mich daselbst befand/ die Ladung aller Schiffe/ auff dreyssig Millionen Pesos oder Cronen geschätzet wurde.

Es waren selbiges Jahr biß in die 53. Schiffe in diesem Hafen beysammen/welche den 16. September, und also etwas zeitlicher/als es sonst bräuchlich ist/außlieffen/weil der Wind beqvem war/sie durch die Enge bey Bahama zu bringen.

Weil nun die Havana das Magazin ist/ in welches aller Reichthum aus gantz America zusammen gebracht wird/ so haben die Spanier diesen Orth mit solchem Fleiß befestiget/daß sie festiglich gläuben/ es sey dieser Orth unüberwindlich/und schätzen ihn den Citadellen von Antwerpen, Milan, und Pampelona gleich.

Havana hat zwey starcke Castel/deren eines am Munde des Havens/gegen dem Meer; und das andere besser einwarts am Ufer des Flusses lieget.

Der Eingang zwischen diesen zweyen Castellen/die den Mund des Havens machen/ ist so enge/ daß mehr nicht als ein Schiff auff ein mahl darein einlauffen kan / und wird von diesen zweyen Castelen so wol beschossen / daß eine Flotte von hundert Schiffen diesen Haven vergebens zu forziren sich unterfangen würde.

Ich bin in dem grössesten von diesen beyden Castellen gewesen / und muß gestehen / daß es überaus feste ist: Doch würde es ja so leicht zu erobern seyn / als etwan eine von den besten Festungen in Europa, wann es zu Lande von einer rechten Armee sol e belägert werden.

Es ist dieses Castel mit Artiglerie wol versehen; insonderheit findet man zwölff Stücke Geschützes in selbigen von gantz ungemeiner Grösse / welche sie die zwölff Apostel nennen.

Ungeachtet nun die Havana so sehr befestiget ist / so konte selbige doch sechs oder sieben Millionen / welche die Königlichen Schiffe von S. Jean de Vlhua, gebracht hatten / nicht retten / ungeachtet sie sich unter diesen beyden Castellen Schutz gesuchet hatten.

Es geschach solches im Jahr 1629. als der berühmte Holländer / welchen die Spanier Höltzern-Bein nennen / und seinen Nahmen so sehr / als den Franciscus Drack fürchten / seine Ancker für dem Cap di S. Antonio fallen ließ / umb daselbst auff die Flotte / so zu selbiger Zeit auß Neu-Spanien kommen muste zu warten. So bald er nun selbige ansichtig wurde / griff er sie hertzhafftig an / und begrüssete sie mit Lösung alles seines Geschützes; allein die Spanier / die keine Lust zu fechten hatten / nach dem sie Krieges-Rath gehalten hatten / hielten für rathsamer sich fechtend zurück zuziehen / und in den Hafen Matanzas in der Insul Cuba einzulauffen / als des Königs Gut so man ihnen anvertrauet hatte / in Gefahr zu setzen.

Es befanden sich damals auff dieser Flotte viel Spanische Edelleute / und zwene Richter von der Mexicanischen Cancelley / welche als schuldig an der oben erzehlten Auffruhr nach Spanien geschicket wurden.

Unter andern war auf selber auch ein Jacobiner Münch / nahmens F. Hiacinth de Hozes, mein bekandter / welcher nach Neu-Spanien war versendet worden / daselbst alle Klöster / so dem Dominicaner Orden zugehören / zu visitiren / allwo er auffs wenigste 8000. Ducaten an Geschencken / die man ihm gegeben / zusammen geraspelt hatte: Wie mir solches folgendes Jahr sein Geferdte / welchen er aus der Havana nach Gvatimala schickte / umb von seinen Freunden einige Beysteuren einzusammlen / damit er füglich wider zurück nach Spanien kehren konte / selbst erzehlete.

Uber dieses war auch auff gedachter Flotte der Don Martino de Carillo, welcher nach Mexico war verschicket worden/ daß er denen/ so an der Mexicanischen Aufruhr schuldig waren den process machen sollen/ von welchem gesagt wurde/ daß er mehr denn 20000. Ducaten zusammen gebracht gehabt.

So waren noch über diese alle ein Bischof und ein hauffen reiche Kauffleute auf dieser Flotte/ derer Admiral Don Jean de Gusman de Torres war.

Also gaben die Spanier nun die Flucht und lieffen in den Fluß Matanzas, in Meinung es würden die Holländer ihnen nachzukommen sich nimmermehr wagen. Als sie aber hinein kamen / und befanden / daß der Fluß für ihre grosse Gallionen nicht tieff genung war/ liessen sie dieselbe ans Land stranden.

So bald dieses geschehen war/ liessen sich die vornehmsten Persohnen von der Flotte ans Land aussetzen/ und begaben sich auff die Flucht/ und nam ein ieder mit sich was er konte; der ein Cabinet/ der ander ein Felleisen/ worein ein ieder etwan das kostbarste verschlossen hatte: Allein die Holländer/ die ihnen auffs eiffrigste nachsetzeten/ löseten so viel Canon-Schüsse auff sie/ daß sie alles im stiche liessen/ biß auff etliche wenige Cabinette/ die sie ins Holtz versteckten: so daß endlich das übrige alles denen Capitäinen/ und Matrosen des tapfferen Höltzern-Beins in die Hände fiel.

Der gute Frater Hozez hatte sich auff ein Schifflein gesetzt und seinen Kuffer worinnen er güldne Ketten/ Diamante/ Perlen/ und andere Edelgesteine hatte/ in selbigem unter seiner Kutten verborgen; allein es waren ein halb dutzend Holländer zu ihm eingesprungen/ und hatten ihm alles und jedes abgenommen/ wie solches sein Gefehrte hernach zu Gvatimala erzehlete.

Als hernach Don Jean de Gusman de Torres in Spanien ankommen war/ ist er gefänglich angenommen/ eine Zeitlang seiner Sinnen beraubet/ und letzlich enthauptet worden.

Ich muß aber/ ehe ich dieses Capitel beschliesse/ die vornehmste aller Inseln dieser neuen Welt/ zu beschreiben nicht vergessen: Die Spanier nennen sie Hispaniolam, und die natürlichen Einwohner derselben nenneten sie weiland Häiti: Sie beseufftzet noch heutiges Tages den Verlust mehr denn drey Millionen Indianer/ welche die Spanier/ ihre neue Herren/ umbgebracht haben.

Diese Insul ist eine von den grössesten in der gantzen Welt/ sie hat 1500. Meilen im Umbkreiß/ die Lufft ist wohl temperirt, das Erdreich sehr fruchtbar/

bar / und giebt reiche Bergwercke in selbiger. Es wird auff selbiger starcker Handel mit wolriechendem Amber / Zucker / Ingwer / Leder und Wachs getrieben.

Man saget / daß innerhalb zwantzig Tagen die Küchen-Kräuter und Wurtzeln zu solcher Volkommenheit auffwachsen / daß sie zur Speise dienlich seyn / welches in Warheit ein sehr starcker Beweiß ist / daß der Erdboden sehr guth und die Lufft sehr temperirt seyn müsse.

Sie weichet der Insul Cuba im geringsten nicht: ja sie übertrifft vielmehr dieselbe in dreyen Stücken: erstlich; in der Vortrefflichkeit des Goldes / als welches hier überaus fein / und ohne Vermischung einiges andern Metalles gefunden wird: Zum andern in der Güte des Zucker-rohrs / als welches hier weit mehr als irgend anderswo giebet: Und drittens in Fruchtbarkeit des Bodens / welcher gewöhnlich hundertfältige Frucht bringet.

Diese so grosse Fruchtbarkeit aber kömt von vier grossen Flüssen her / die die vier Theile dieser Insul wässern und reich machen. Sie entspringen alle viere aus einem Gebürge / welches mitten im Lande lieget / und heissen der erste Juna, welcher gegen Osten läufft; der andere heist Artihinnacus und laufft gegen Westen; der dritte Jacchus, laufft gegen Norden; und der vierdte Naihus ergeust sich gegen Suden.

Es ist auch diese Insul so voller Schwein und andern Viehes / daß selbiges in den Wäldern und auff den Bergen wilde wird: Dannenhero die Schiffe so bey dieser Insul vorbey müssen / und Abgang an Lebens-Mitteln leiden / gemeiniglich an selbe an irgend einem unbewohneten Orthe anländen / und so viel Rinder und Schweine schlagen als sie von nöthen haben / ohne daß ihnen irgend iemand deswegen was in Weg lege: Denn ein grosses Theil dieser Insul ist unbewohnet / weil alle Indianer von selbiger todt sind.

Die vornehmste Stadt auff dieser Insul heist S. Domingo, in welcher ein Præsident und Gerichts-Kammer aus sechs Richtern oder Räthen / und andern Officirern bestehende / gehalten wird; ingleichen ist in selbiger ein Ertzbischoff / der ob er zwar so reich nicht ist / als die andern / insonderheit der zu Lima und Mexico; so hat er doch den Vorzug / als Primas von gantz Indien / für ihnen allen.

Nach S. Domingo, sind noch S. Isabella, S. Thomas, S. Juan, Maragna, und Porta, alwo der stärckste Handel mit denen Wahren / so auff der Insul fallen / getrieben wird.

Also habe ich nun zu Wasser und zu Lande die Insuln und den grösseſten Theil des festen Landes/ so viel derselben den Spaniern zugehöret durchgangen/ und gewiesen/ in was für einem Stande sich America itziger Zeit befinde.

Ausser der Spaltung/ so zwischen denen Spaniern/ so im Lande geboren/ sind/ und denen/ so auß Spanien dahin kommen/ und davon ich bereits oben geredet habe/ schwebet; ist noch eine andere/ besonders in Peru und zwar tödliche Feindschafft/ zwischen denen Castilianern/ und denen aus Biscaya, wodurch das Land zu unterschiedenen mahlen verunruhiget worden ist/ so daß wenig gefehlet hat/ daß nicht eine general Auffruhr/ und hierdurch das gäntzliche Verderben desselben verursachet worden.

Es sind vier Ertzbischoffthümer in America, nemlich S. Domingo, Mexico, Lima, und S. Fede; und diesen sind mehr denn dreissig Bischoffthümer unterworffen.

Die Verwaltung des Staas und der Justitz ist unter zweyen Vice-Reen/ derer einer in Lima, und der andere in Mexico sich auffhält: unter ihnen sind andere Stadthalter und Præsidenten, welche sie Alcalde-Majors nennen: Doch sind die Præsidenten von Gvatimala und S. Dominico keinen dieser Vice-Re unterworffen/ sondern haben/ wie diese/ ungemessene Gewalt/ und andere geringere Obrigkeiten unter sich; und dependiren eintzig und allein vom Königlichen Hofe/ und Indianischen Rathe in Spanien.

Das 6. Capitel

Von denen Uhrsachen warumb ich mich entschlossen/ nicht nach denen Philippinischen Insuln zu schiffen/ und wie schwer es mir worden ist aus Mexico, ohne Vorwissen meines Superioris, zukommen.

NAchdem ich nun gantz America durch gangen bin/ und selbiges überhaupt beschrieben habe/ so wil ich nun auch insonderheit diejenigen Oerther/ durch welche ich gereiset bin/ und wo ich mich auffgehalten habe/ beschreiben/ und absonderlich den Staat/ die Macht/ und Reichthumb derer Provintzien so gegen Suden von Mexico liegen/ für Augen stellen.

Mein fürnehmstes Absehen aber ist/ daß ich zu erkennen geben will/ wie wun-

wunderlich mich GOtt auff meinen Reisen geführet/ und mich für unzehlich vielen Unglücke in diesen fernen Landen behütet hat/ er hat mich/ als einen andern Joseph in dieses Egypten gesendet/ und mich wie die Kundschaffter aus dem Lande Canaan zurücke in mein Vaterland gebracht/ auff daß ich allhier von denen grossen Reichthümern der neuen Welt zeugen/ und die Beschaffenheit derer Dinge/die/so viel ich weiß/vor mir kein einiger Engelländer iemals gesehen hat/so wie sie an sich selber sind/vorstellen möchte.

Ich hielte mich/oben erzehlter massen/mit meinen andern geistlichen Gefehrten vom Monat October biß in den Februarium/unter der Aufsicht unsers Superioris des Pater Calvo in dem Lust-Hause S. Hiacinth genant auff/ von dannen ich bequemlich alles dasjenige/ was merckwürdiges in und umb Mexico anzutreffen ist/zu besehen gehen konte.

Mittlerzeit bekümmerte ich mich/ auffs beste als ich möchte/ umb den Zustand und Beschaffenheit derer Philippinischen Insuln/nach welchen ich/ als ich aus Spanien ausfuhr/zu reisen willens wär: zu meinem grossen Glücke traff ich einen Geistlichen/der meiner guten Freunde bekandter war/ an/ welcher erst neulich von Manilha zurück kommen war.

Dieser Geistliche nun/an statt daß er uns zu solcher Reise hätte anfrischen sollen/thät sein äuserstes uns davon abzuhalten: Er sagte/ woferne uns unser Seelen Heil und Seeligkeit lieb wäre/ so solten wir ja in selbige Länder zureissen nicht einmal gedencken/als welche voller Fallstricke wären/ mit welchen die Seelen in die Hölle gestürtzet würden: es wären die Gelegenheiten zu kräfftigen Versuchungen so gemein und alltäglich/ daß man denenselben schwerlich entgehen könte.

Er sagte ferner/ daß er nimmermehr würde wieder zurücke kommen seyn/wenn er nicht seine Seele zu retten/ sich heimlich weggestolen hätte: massen er zu unterschiedenen mahlen seinen Superioren zu Fusse gefallen/ und sie umb Erlaubnüß/wieder zurück nach Spanien zukehren/ gebeten/ hätte aber solches niemals von ihnen erhalten können.

Wir konten sonst wenig aus ihm bringen/auch die eigentliche Uhrsache seiner Abreise von ihm nicht erfahren/ ausser daß er zum öfftern sagte/ es wären die Geistlichen desselben Landes lebendige Teuffel/ insonderheit die/so an entlegenen Orthen/ die Wilden zu unterrichten/ sich auffhielten; ob sie gleich euserlich und für ihren Oberen sich als Heilige anstellen könten.

Dieser Bericht/veruhrsachte nun/daß wir heimlich mit einander rath-

 schla-

schlageten / was uns bey so gestallten Sachen zu thun sey / ob wir noch dieses Jahr wieder zurücke nach Spanien kehren solten / oder ob wir / wenn wir nicht könten nach Spanien kommen / in America verbleiben wolten. Dann es war uns nicht unwissend / daß Calvo bereits von unserm Anschlage / nicht weiter mit zu reisen / Nachricht hatte; und konten uns dannenhero leicht die Rechnung machen / daß er uns entweder mit dem Bann zwingen würde / ihme zu folgen / oder würde uns im Gefängnüß irgend eines Klosters so lange einsperren lassen / biß es Zeit seyn würde von Mexico abzureisen.

Ob wir nun unsere resolution, nicht nach denen Philippinischen Insuln zu reisen / sehr geheim hielten / so konte ichs doch nicht lassen / daß ich selbige nicht einem meiner vertrautesten Freunde / einem Irrländischen Geistlichen Nahmens Thomas de Leon offenbahret hätte; massen ich mit Erbarmnüß sahe / wie er sich über der beschwerlichen Reise / so wir noch zu verrichten hatten / bekümmerte / und wie sehr es ihn reuete / daß er Spanien verlassen hatte.

So bald ich nun demselben unsern Entschluß / in America zu bleiben entdecket / und was dißfals zu thun sey / gesaget hatte / wurde er voller Freuden / und versprach mir / mich nicht zu verlassen / sondern mit mir zu reisen / wohin ich immer wolte.

Als nun die Zeit unserer Abreise herbey kam / und wir sahen daß wir keine Zeit mehr übrig hatten uns fertig zu machen / gingen wir zu einigen Geistlichen in Mexico und bathen sie umb Rath / wie wir unsere Sache anzustellen hätten; und sagten / daß / wofern wir von unserm Superiore Calvo Erlaubnüß erhalten könten / würden wir gar gerne in irgend einem Kloster in Mexico, oder nahe herumb so lange verbleiben / biß wir Gelegenheit wider nach Spanien zu kehren antreffen würden.

Diese aber / weil sie Criollen und Eingebohrne dieses Landes waren / konten ihren unversöhnlichen Haß / gegen die aus Spanien kommende unmöglich bergen. Denn sie sagten uns rund heraus / daß sie sich mit denen natürlichen Spaniern nimmermehr vertragen könten / und daß uns ihre Superiores schwerlich annehmen würden. Sie hielten aber davor / daß wir in der Provintz Gvaxaca, allwo die eine Helffte der Geistlichen natürliche Spanier / die andere aber Criollen wäre / gar willkommen seyn würden. Und auff den Fall / da wir ja an erwehntem Orte nicht vorkomen solten / so versicherten sie uns / daß man sich in der Provintz Gvatimala höchlich über unser Ankunft erfreu-

erfreuen würde/weil daselbst der groste theil Münche gebohrne Spanier wären/und die Criollen sehr in der Enge hielten.

Wir waren mit dieser Antwort gar schlecht zu frieden/ in Ansehung/ daß zum wenigstenn 300. Meilen biß in Gvatimala sey/so waren wir der Mexicanischen Sprache unkündig/und zu einer so weiten Reise weder mit Gelde noch Pferden versehen.

Hingegen bedachten wir wiederum/ daß die Philippinischen Insuln noch viel weiter entlegen wären / und daß von dannen wieder zurück in die Christenheit zu kommen/ gantz keine Hoffnung zu machen sey.

Dannenhero beschlossen wir endlich/ uns gäntzlich GOtt zu befehlen/ und diese Reise von 300. Meilen/mit denen wenigen Mitteln/ so wir hatten/ zu wagen; unsere Bücher/und einige andere Sachen zu verkauffen/und einen jeden unter uns mit einem Pferde zu versehen.

Indem wir uns aber also in der stille auf die Reyse nach Gvatimala fertig machten/ wurden wir nicht wenig erschröcket durch die Begebenheit/so sich umb gleicher Uhrsach willen mit einem Geistlichen von unser Gesellschafft/ Nahmens Fr. Piedro Boralla zutrug.

Dieser/ohne daß er einigem Menschen sein Vorhaben entdecket hatte/ verließ uns ehe wir uns dessen versahen/und flohe immer nach Gvatimala zu: Worüber aber unser Superior Calvo sich so hefftig erzürnete / daß/nach dem er ihn aller Orthen hatte suchen lassen/ er selbst zum Vice-Re ging/ und ihn bath/durch sein Ansehen und Gewalt behülfflich zu seyn/daß dieser Flüchtling möchte wieder gefunden werden / und daß durch öffentlich angeschlagene Patenta möchte allen und ieden/ wes Standes sie seyn möchten/ verbothen werden/ selbigen bey sich zu hegen und zu verbergen/ und daß diejenigen / so ihn finden würden/ihn wieder zu seinem Superiore bringen solten.

Er erwiese ihm/daß niemand solte die Geistliche/ welche zu dem Ende aus Spanien abgereiset wären/ daß sie in denen Philippinischen Insuln das Evangelium predigen solten / abhalten/ oder ihnen unterschleiff geben / weil sie von ihrer Catholischen Majest. dahin verschicket und auff ihre Unkosten gehalten würden; dann auch daß diejenige Geistlichen die itzo mitten auff ihrer Reise ihr Vorhaben endecken/und ihren Superiorem verliessen/ billich gestraffet werden solten/weil sie ihro Majest. intention betrügen/und die auff sie gewendete Gelder gleichsam stehlen.

Dieses Vorgeben richtete bey dem Vice-Re so viel auß/ daß er alsbald einen

nen Befehl publiciren ließ/daß alle diejenigen/welche diesen Geistlichen/den Piedro Borallo wüsten/ oder denselben bey sich verborgen hätten/ ihn von stund an seiner Alteza stellen solten/ bey Straffe harter Gefängnüß an ihrer Persohn/und 500. Ducaten für den König/ nebst beygefügten Verboth/ bey gleicher Straffe/ einigen Geistlichen/ der nach denen Philippinischen Inseln solte verschickt werden/ zu verbergen/oder ihm biß zu der Zeit/da die Königlichen Schiffe von Aqvapulco absegeln solten/unterschleiff zu geben.

So bald Calvo diesen Befehl erhalten hatte/ fing er an uns übel mit zu fahren/ und sagte wir wären des Königs Sclaven/so unter seine Auffsicht wären gegeben worden; und wo sich einer von uns unterstehen würde/ ihn zu verlassen/ (dann er besorgte/ es würde der gröste Theil von ihm lauffen) so würde er schon Mittel haben/ ihn mit Hülffe des Vice-Re wieder zu finden/ so wol als den Peter Borallo, mit Schimpff und Schande eines wie des andern.

Diese Rede gab uns wenig Freude/und nahm meinen Freunde Thomas de Leon so gar allen Muth/ daß er in meinem Beyseyn seinem Versprechen in diesem Lande zu bleiben und sich zu verbergen widerruffte/ versicherte mich doch dabey/daß wenn ich auff meinem Vorsatz zu beharren gedächte/er mir treu verbleiben/und mich keines weges verrathen wolte; allein weil ich seine Kleinmüthigkeit sahe/ wolte ich ihm nicht mehr trauen/sondern stellete mich/als ob ich mit ihm gleiches Sinnes wäre.

Ich machte mich derowegen an meine andere drey Freunde/ deren einer Antonio Melendez war/ und mich aus Spanien zu begeben beredet hatte/ und fand sie häfftig bekümmert/ als die nicht wusten was sie anfangen solten. Dann sie bedachten gar wol/ daß/ wann wir die Flucht nehmen/ wir gar leichtlich ertappet/und nach Mexico gefangen zurücke geführet werden könten/ da man uns hernach wider unsern willen nach den Philippinischen Inseln einschiffen würde/ und wir nichts als Schande und Spott davon haben würden. So machte ihnen der Befehl des Vice-Re noch grösseren Kummer/ in dem seinen Händen schwerlich würde zu entrinnen seyn/weil sie wol wusten/ daß er nicht unterlassen würde seine authorität zu gebrauchen/ damit wir möchten gefunden werden.

Hingegen that es ihnen auch sehr wehe/daß Calvo sie so verächtlich hielt/ und sie als Sclaven und Flüchtlinge achtete/ja auff öffentlichen Marckte sie dafür außschreien ließ; und endlich behertzigten sie die Dienstbarkeit und das

Elend/

Elend/worein sie gerathen würden/wann sie nach den Philippinischen Insuln kommen würden.

Bey allen diesem Kummer war diß noch unser Trost/daß man uns versicherte/ daß Peter Borallo glücklich entwischet sey/ und daß er gantz alleine auff der Strasse nach Gvatimala sey gesehen worden: Dannenhero wir Hoffnung schöpfften/ daß wir uns ja so wol als er würden davon machen können. Ich sagte ihnen hierauff frey herauß/daß ich gäntzlich beschlossen hätte/allhier zu bleiben/und dann entweder wider nach Spanien oder nach Gvatimala zu reisen/und solte ich gleich gantz alleine gelassen werden.

Als sie nun diesen meinen Entschluß höreten/erfreueten sie sich alle höchlich/und versicherten mich/daß sie es auff gleiches Glücke mit mir wagen wolten.

Wir redeten es derowegen also miteinander ab/ daß jeder ein Pferd in Mexico fertig halten solte/ und daß den Abend vorher/ehe unsere Gesellschafft nach Aqvapulco eingeschifft zu werden/abreisen würde/ wir ie zweene und zweene von S. Hiacinth nach Mexico gehen/ und an dem Orthe/ wo unsere Pferde stehen würden/uns versamlen/alsdenn mit einander uns aus der Stadt machen und die gantze Nacht reisen wolten: Dieses wolten wir drey Nächte nach einander thun/und am Tage still liegen/ biß wir etwann dreissig oder viertzig Meilen weit von Mexico würden kommen seyn.

Dann wir bildeten uns ein/es würde Calvo, wenn er des Morgends auffstehen/und uns nicht finden würde/schwerlich die Reise der andern Gesellschafft umb unsernt willen länger auffschieben/und dafern er es auch thun solte/würde es doch schwerlich länger als einen Tag oder zwene wären/da er uns in der Stadt Mexico, und etwan auff den gewöhnlichen Strassen würde suchen lassen/da wir schon sicher wären/ daß er die geringste Nachricht von uns nicht bekommen würde/dann wir waren willens/ auff die Heerstrassen nicht zukommen/auch die ersten zwey oder drey Nächte den ordentlichen Weg nicht zu betreten.

Diese Resolution so guth sie abgefasset wurde/ so gut wurde sie auch außgeführet/ohngeachtet man meinen solte/es würde der Anschlag seyn verrathen worden/ weil vier Personen darumb Wissenschafft gehabt; und daß man die Schwerigkeit der Sache noch mehr hätte behertzigen sollen weil wir eine Reise von 300. Meilen zu verrichten/ viel zu wenig Geld hatten/ so viel Mann und Pferde zu unterhalten.

Denn nach dem wir die Pferde gekauffet hatten/ machten wir eine gemeine Cassa/die wir einem von der Gesellschafft zu verwalten gaben/ und befunden/daß wir in allem mehr nicht als 20. Ducaten beysammen hatten/welches in einem so reichen Lande / als wie dieses war/ mehr nicht außträgt / als etwan zwantzig Schilling in Engelland / oder vier Krohnen in Franckreich.

Ob nun zwar dieses wenige kaum etliche Tage zu unterhaltung unserer Pferde zu langen konte / so entschlossen wir dennoch uns auff den Weg zu machen/und verliessen uns mehr auf die Göttliche Vorsorge/ als auf menschliche Mittel.

Ja wir machten uns die Rechnung/ daß wann wir nur würden biß viertzig Meilen von Mexico weg seyn / wir an statt unserer zwantzig Ducaten wol mehr als viertzig haben würden / weil wir in die Klöster solcher Geistlichen/ die uns nicht kennen würden/ oder bey reichen Spanischen Meyern einkehren wolten/ die uns nicht allein wol bewirthen / sondern uns auch bey unserer Abreise einen Zehrpfennig auf den Weg verehren würden/ wovon wir einen Tag oder zweene uns würden unterhalten können.

Das 7. Capitel

Von unserer Abreise aus Mexico, und wie wir unterwegens von den Spaniern und Indianern so freundlich sind auffgenommen worden.

WAs uns aber am meisten bekümmerte / war wie wir solten aus Mexico komen: Denn man hatte uns gewarnet. daß nehmlich der Vice-Re dem Calvo einige Officirer verwilligt hätte/ die Tag und Nacht auff denen breiten Landstrassen so lange Wache halten solten/ biß er mit seinen München würde nach Aqvapulco abgereiset seyn.

Ungeachtet aber des vom Vice-Re gethanen Verboths/so bekamen wir doch einen guten Freund/der sich erboth uns aus Mexico durch einen Weg zu führen/ auff welchem wir diejenigen/die da Wache hielten/zu fürchten/ gantz keine Uhrsache haben würden.

Also reiseten wir nun des Abends umb zehn Uhr ohngefehr im Mittel des Februarii voller Freuden auß Mexico auß / in Begleitung itztgedachten Freundes/und einer Land-Charten/die wir/ wann jener uns verlassen würde/

de/ statt eines Wegweisers gebrauchen wolten: Und nachdem wir umb die Vorstadt Gvadalupa, (dann wir nahmen diesen Weg mit Fleiß/ ungeachtet er dem rechten Weg/der nach Gvatimala führet/gantz entgegen ist/ weil wir besorgeten es möchten auff diesem Wächter bestellet seyn/) niemand angetroffen hatten/ reiseten wir die gantze Nacht fort biß auff den Morgen/ da wir in einen kleinen Indianischen Flecken kamen/ und unser kleines Capital anfingen anzugreiffen/ in dem wir uns einen Indianischen Hahn und einen Capaunen aufftragen liessen/ umb zuvor mit unserm Wegweiser zu frühstücken/ehe wir ihn wieder zurücke nach Mexico ziehen liessen.

Als wir nun miteinander gespeiset hatten/nahmen wir Abschied von ihm/ und legten uns zur Ruhe/damit wir die folgende Nacht wieder fort zu reisen geschickt seyn möchten; da wir denn das Land zwerch ein gingen nach Alisco zu/welcher Ort in einem ohngefähr sieben Meilen umbfangenden/ und dannenhero das Thal von Atlixco genenneten Thale lieget. Dieses Thal ist in diesen Landen sehr berühmt/wegen der grossen menge Getreides/ so jährlich in selbigen eingeerndtet wird/ und dadurch die Stadt Mexico und der grösseste Theil derer umbherliegenden Orthe erhalten wird.

Es sind zwar in diesem Thale viel reiche Spanische und Indianische Flecken und Dörffer; allein wir wolten uns nicht wagen hinein zugehen/ sondern kehreten iederzeit in einem ausserhalb der Landstrasse gelegenen Meyerhoff ein/ allwo wir denn allezeit von den reichen Meyern und Bauren sehr wohl empfangen wurden/als die es ihnen für ein hohes Glücke schätzten/ uns in ihren Häusern zu haben/ und unserer conversation zugeniessen.

Hier begunten wir nun alle Furcht hindan zu setzen/und beschlossen/nicht mehr wie die Eulen des Nachts/ sondern bey Tage zu reisen/ damit wir die Schönheit dieses Thales/ und anderer Orthe/da wir durch kommen würden/ wol betrachten könten.

Aus dem Thal Atlixco kamen wir in ein anderes/ das Thal S. Pauli genant/welches/ob es schon nicht so groß ist als das vorige/ so ist es doch nicht minder reich/ weil man in selbem des Jahres zwey mal einzuerndten pfleget. Sie säen das Getreide zum ersten mal in der gewöhnlichen Regen-Zeit/ und zum andern mal im Sommer/ so bald die erste Erndte vollbracht ist/ und die Regen vorbey sind: sie brauchen sich aber mit besonderer Geschicklichkeit derer Bächlein/ die dieses Thal umbringen/ihr Getreide zu wässern/ in dem sie kleine Graben machen/vermittelst welchen sie das Wasser auf ihre Aecker leiten/und auch wider abziehen/so offt es ihnen von nöthen zu seyn düncket.

Es hat viel solche Meyrer/ die ob sie gleich sonst nichts anders vorhaben/ als daß sie den Acker bauen/ so werden sie doch für so reich geschätzet/ daß das Vermögen einiger Unterthanen auff mehr denn dreissig biß vierzig tausend Ducaten geschätzet wird.

Wir hatten das Gelücke/ daß wir unter diesen reichen Meyrern einen antraffen/ der meines Freundes des Antonio Melendez Landsmann war/zu Segovia in Spanien gebohren; dieser behielt uns umb seinet willen drey Tage bey sich im Hause.

Sein Tisch wurde allemahl mit Silber-Geschier/ als ob er was vornehmes wäre/ besetzet. Er sparete nichts/ uns wohl zu tractiren/ und ließ uns nicht allein die niedlichsten Speisen/ die zu bekommen waren/ aufftragen; sondern auch unsere Kammern mit gutem Räuchwerck füllen/ und durch seine Töchter/ die darinnen wol geübet waren/ mit einer Musick ergötzen.

Als ihm auch Autonio Melendez unser Vorhaben/ daß wir willens wären nach Gvatimala zu gehen offenbahrete/ gab er uns allen nöthigen Unterricht/wie wir uns verhalten solten/biß wir an diejenigen Orthe würden kommen seyn/ da wir nichts mehr würden zu fürchten haben.

Hier begunten wir nun die Vorsorge des lieben Gottes klährlich zu sprühren/ als welcher zu unserm hohen Glücke uns Frembdlinge in diesem Lande in dieses Freundes Hauß geführet hatte: Dann er gab uns nicht allein/ da wir fortzogen einen Wegweiser zu/ sondern schenckte uns auch zwantzig Ducaten zu einem Zehrpfenning mit auff den Weg.

Von diesem Thal kehreten wir uns heraus nach Tasco, wo ohngefähr 500 Einwohner sind/ die mit ihren Nachbarn starcke Handlung in Baumwolle treiben.

Wir traffen an diesem Orthe/einen Spanischen Geistlichen vom Orden S. Francisci an/ der nahm uns mit grossen Freuden auff/ und weil er hörete/daß wir auß Spanien kommen waren/ tractirte er uns auffs freundlichste.

Von hieraus nahmen wir den Weg nach Gvaxaca, und gingen nach Chautla, welcher Orth auch reich an Baumwolle ist/wir funden aber keinen Menschen/ der uns anders/ als umb unser Geld/ einige Ehre angethan hätte.

Von

Von hieraus kömt man auff eine Stadt nahmens Zumpango, in welcher zum wenigsten 800. Einwohner / theils Indianer / theils Spanier sind / so meistentheils reich sind: Die vornehmsten Sachen / so hier gefunden werden / sind Baumwolle / Zucker und Cochenille.

Hinter dieser Stadt trifft man das Gebirge de la Misteqve an / auf welchem viel reiche und grosse Indianische Flecken sind / die starcken Seiden-Handel treiben / weil hier die beste Seide im gantzen Lande fället; so hat es auch viel Honig und Wachs allhier.

Viele dieser Indianer handeln nach Mexico und andere selbst herumb gelegene Orthe; unter denselbigen sind etliche / die mit 30. biß 40. Mauleseln im Lande herumb reisen / und Kauffmannschafft treiben / und hält man davor / daß sie zu zehn / zwölff biß funffzehn tausend Ducaten in Vermögen haben / welches vor einen Indianer / der unter den Spaniern wohnet gar genug ist / weil diese sich einbilden / es gehöre aller Reichthum in America ihnen alleine zu.

Von diesem Gebürge biß nach Gvaxaca hatten wir nichts sonderliches zu sehen / als etliche Flecken / von zwey biß dreyhundert Einwohnern / in welchen unterschiedliche wolerbauete / und mit Lampen / silbernen Leuchtern / und kostbaren Kräntzen geschmückten Heilgen-Bildern gezierete Kirchen waren.

Den gantzen Weg lang aber sahen wir / daß der Erdboden über die massen fruchtbar war / und Spanisches Getreide / so wol als das Mahis oder Indianische Korn / überflüssig trug; ingleichen traffen wir den Zucker / Baumwolle / und Honig in grosser Menge an; wie auch an etlichen Orthen / hier und dar von Cochenille, Palmiten / und viel andere Arthen von fruchtbaren Bäumen: Insonderheit aber eine grosse menge Vieh / von deme die Leder eine von dem vornehmsten Kauffmanns-Wahren ist / die man auß diesen Landen nach Spanien überführet.

Man saget daß vor Zeiten viel Gold in der Gegend von Mistiqve sey gefunden worden / und daß selbiges unter den Indianern sehr gemein gewesen sey: sie wollen aber itzo die Bergwercke nicht entdecken / weil sie fürchten / sie möchten von den Spaniern / gleich wie ihre Nachbarn / ruiniret und in einen elenden Stand gesetzet werden.

Ingleichen wird gesaget / daß Silberbergwercke da seyn sollen / wie wol die Spanier biß dato noch nichts davon entdecket haben.

Es sind in übrigen viel Eisenbergwercke daselbst: Allein die Spanier begehren sich nicht die Mühe zu nehmen/selbe zu bauen/ weil sie desselben genung/und in sehr gutem Preiß/ auß Spanien bekommen.

Das 8. Capitel
Beschreibung der Stadt und des Bischoffthumbs Gvaxaca.

Von dar kamen wir in die Bischöffliche Residentz-Stadt Gvaxaca, welche ob sie schon nicht groß ist/ so ist sie doch schön und lustig zu sehen.

Sie liegt biß sechzig Meilen von Mexico, in einem sehr schönen Thale/ von welchem der Cortez, als ihm vom Könige in Spanien selbiges geschencket worden/sich davon den Marqvisen de la Valle genennet hat.

Diese Stadt ist/gleich allen andern Americanischen Städten/so nicht an der See liegen/gantz offen und ohne Mauren/ ohne Wälle/ohne Citadelle, und also auch ohne Artiglerie und andere zur Gegenwehr nöthige munition.

Es sind auffs allermeiste ohngefähr zwey tausend Einwohner dariñen; das Regiement wird von einem Spanischen Præsidenten, den sie Alcalde Major nennen/ geführet/ dessen Gebiethe sich jenseit des Thals und biß nach Nixapa, ja fast biß an Tecoantepeqve, einer Stadt an dem Sud-Meere gelegen/ erstrecket.

Es ist dieses Thal in die funffzehn Meilen lang und zehne breit/ und wird von einem sehr fischreichen Strome/ welcher mitten durch dasselbe fleust/gewässert.

In diesen Thal werden viel Schaffe und anderes Vieh gehalten/ von denen die Tuchmacher in der Engelstadt mit Wolle/ die Spanischen Kauff-Leute mit Ledern/und die Stadt Gvaxaca nebst denen andern umbherliegenden Städten mit Fleische versehen werden. Wie denn alle diese Städte sehr reich sind/ und sehr viel Klöster und Kirchen mit ihren Zierrathen unterhalten.

Uber dieses ist das Thal von Gvaxaca, auch sehr berühmt/wegen der guten Pferde/so in selbigem gezogen werden/ und für die besten im gantzen Lande gehalten werden.

Ferner/ so hat es auch einige Vorwercke in selbigem/ worinnen der Zucker

cker gebauet wird: und weil zugleich sehr herrliche Früchte allhier wachsen/ so werden die Gvaxacanischen Confituren für die allerbesten gehalten.

Es hat in dieser Stadt sechs Münch- und Nonnen-Klöster/ die alle ü- beraus sehr reich sind: doch übertrifft das Dominicaner Kloster alle die an- dern; denn man hält davor/ daß der Schatz in demselben zum wenigsten zwey oder drey Millionen werth ist; wie denn auch das Gebäude von der Kirchen das schönste und beste in selbigen gantzem Lande ist/ uñ ist die steiner- ne Mauren so breit/ daß ich selbst gesehen habe/ daß damals/ als man sie vol- lends fertig machte/ volle mit Steinen und andern zum bauen dienlichen materialien geladene Wagen/ auff selbiger bequemlich fahren konten.

Die zwey Nonnen-Klöster/ so in dieser Stadt sind/ sind sonderlich al- ler Orthen berühmt/ wegen der guten besonderen Wissenschafft/ die sie ha- ben/ zweyerley Arthen Geträncke/ dessen man sich in diesen Landen gebrau- chet/ zu zubereiten: Deren das eine die Chocolate ist/ wovon ich hernach weit- läufftiger handeln wil/ und das andere die Atolle/ welches eine Gleichheit hat mit der Mandelmilch/ die man in Europa machet/ doch ist jene viel dicker als diese.

Sie wird aus dem Saffte des Indianischen Korns/ wenn es noch weich ist/ mit Würtze/ Bisam und Zucker gemacht: Dannenhero sie nicht nur ei- nen lieblichen Geruch bekömmet/ sondern giebt auch gute Nahrung/ und stärcket den Magen.

Dieses Geträncke kan nicht von einem Orthe an den andern verführet/ sondern muß an dem Orthe/ wo es gemachet wird/ getruncken werden: Die Chocolate aber wird in Schachteln gethan/ und nicht nur nach Mexico und selbige Gegend; sondern auch jährlich nach Spanien in grosser menge ver- führet.

Es wird aber die Stadt Gvaxaca sonderlich darum sehr reich/ weil die Kauffmañs-Güter auff dem nahe vorbey fliessenden grossen Fluß Alvarado gantz sicher nach S. Jean de Vlhua uñ von S. Jean de Vlhua, nach dieser Stadt gebracht werden: Denn ob schon die Barquen nicht gantz biß nach Gvaxaca kommen/ so gehen sie doch den Fluß herauff biß nach Zapotecas und S. Alfon- so, welche beyde Orthe nicht gar weit von Gvaxaca liegen.

Man hat hier billich Uhrsach sich über der so gar grossen Nachlässigkeit der Spanier zu verwundern/ daß sie diesen gantzen Fluß hinauff/ welcher so zu reden/ biß in das Hertze des Landes gehet/ nicht einmal einen einigen

Thurm

Thurm/ oder Wacht-Hauß/ mit Geschütze/ geschweige einige Festung/ gebauet haben/ darumb weil kein grosses Schiff den Fluß hinauff kommen kan: gerade als wenn man nicht Brigantinen/ oder kleine Barqven/ derogleichen sie selbst gebrauchen/ bauen/ und auff denselbigen sie bekriegen könte.

Ich will aber weiter von Gvaxaca nichts melden/ ausser daß selbe einer sehr temperirten Lufft geneust/ daß ein sehr grosser überfluß von allerhand zu Unterhaltung des Lebens dienlichen Dingen/ daselbst anzutreffen sey/ und daß sie so beqvemlich zwischen den Nord- und Sud-Meere lieget/ indem an jener seiten S. Jean de Vlhua, und an dieser Tecoantepoqve, ein kleiner unbefestigter Port lieget/ daß ich an keinem Orthe in gantz America mich lieber hätte niederlassen wollen/ als in dieser Stadt; welches ich auch zu thun versucht hätte/ wenn ich nicht/ Zeit meines da bleibens erfahren hätte; daß die Criollen in so gar grosser menge da wären/ und daß sie denen auß Spanien kommenden ja so gehässig sind/ als die zu Mexico.

Diesen ihren Haß gegen die Spanischen Münche liessen sie zu unserer Zeit sattsam spühren/ durch das übele Verhalten/ womit sie einen alten und Ehrwürdigen München/ der Doctor Theologiæ war/ und bey seinen Lebe-Zeiten wegen seiner Gelehrsamkeit als ein Oracul im gantzen Lande war gehalten worden/ begegneten.

Dieser gute Alte starb damals/ als ich in dieser Stadt war; weil nun die Criollen bey seinem Leben sich nicht hatten unterstehen dürffen/ oder auch gekönt sein Ansehen einiger massen zu kräncken/ so durchsuchten sie nach seinem Tode seine Kammer aufs genaueste/ ob sie nicht vielleicht etwas finden möchten/ davon sie ihm einen bösen Nahmen zumachen/ anlaß haben könten.

Wir funden endlich einen Kuffer/ in welchem etwas Geld war/ von welchem er seinem Superiori bey Lebzeiten nichts gemeldet hatte: Dieses hielten sie vor ein Verbrechen/ umb welches willen er im Banne sey/ weil er eigenthumblich Geld besessen/ und das Gelübde der Armuth gebrochen hätte; sprengeten derohalben aller Orthen aus/ er sey im Bann gestorben/ dörffe derowegen nicht in geweihete Erden/ in der Kirchen oder dem Kloster begraben werden: So daß dieser arme Geistliche/ mit Verlust aller seiner reputation in eine Grube/ so sie in ihrem Garten machen lassen/ verscharret wurde.

Diese

Diese ihre That machte nicht ein geringes Wesen so wol in der Stadt als im gantzen Lande/ und ärgerte viel Leute: Sie entschuldigten es zwar damit/daß er im Banne sey/die wahre Uhrsache aber war/weil er auß Spanien kommen war/ und daß sie den Haß/ den sie im Leben gegen ihm gehabt/ nach seinem Tode an ihm außlassen wolten. Denn/ die Wahrheit zu sagen/ so konten sie solches wegen der gebrochenen Gelübde der Armuth nicht thun/ weil ihnen solches ebenfalls vorgerückt werden kunte; indem es gewiß ist/und wir es mit unsern selbst eigenen Augen gesehen haben/ daß alle und iede Geistliche in America, wiewol einer mehr als der andere/dieses Verbrechens schuldig sind: So daß man diesen Leuten gar wol dasjenige hätte vorhalten können/ was dorten unser Heyland den Juden/ die eine im Ehebruch ergriffene Weibes-Persohn zu ihm brachten/ sagte: Welcher unter euch ohne Sünde ist/der werffe den ersten Stein auff sie.

Das 9. Capitel
Von unserer Abreise von Gvaxaca nach Chiapa: und von dem Vortheil/den die Geistlichen/ so diese Strasse reisen/zu geniessen haben; samt unterschiedenen sonderlichen Begebenheiten.

Diese That/ die wir selbst mit Augen sahen/ samt dem/was wir bereits sonsten von ihrem Zwiespalt gehöret hatten/ veruhrsachte/daß wir an diesem Orthe zu bleiben keine Lust hatten.

Wir machten uns derowegen nach drey Tagen wieder auff die Reise/ umb nach Chiapa, welches hundert Meilen von diesem Orthe entfernet ist/ zu gehen; und erfuhren kurtz zuvor/ ehe wir auffbrachen/daß in denen meisten Flecken/so an dieser Strassen/die wir gehen musten/ liegen/ denen Indianern vom Præsidenten zu Gvaxaca befohlen sey/alle Geistliche/so kein Geld haben/ mit Kost und Pferden von einem Orthe biß zu dem andern zu versorgen/doch daß diese in das Stadtbuch mit eigener Hand einschreiben solten/ wieviel sie verzehret hätten/und nicht länger als vier- und zwantzig stunden an einem Orthe verharreten. Wenn nun das Jahr zu Ende ist/müssen die Indianer dieses Buch für die Spanische Obrigkeit/unter welche sie gehören/ bringen/weñ nun selbige die sämtlichen Außgaben und Unkosten/so auffgezeichnet worden gesehen und guthgeheissen hat/müssen selbe aus der gemeinen Cassa der Stadt oder des Orts daher sie sind/ wieder erstattet werden: Uñ um dieser Uhrsache willen werden gemeiniglich etliche Morgen-Landes besonders gebauet/ und jährlich mit Korn oder Indianischem Mahis besäet/ welches allein zu Erstattung ermeldeter Unkosten angewendet wird.

Als wir nun von dieser gutthätigen Hülffe versichert worden/ kriegten wir neuen Muth/ die Reise fortzusetzen/ der gäntzlichen Hoffnung/ den so langen Weg mit geringerer Mühe/ als wir bißher nicht hätten thun können/ glücklich hinter uns zu legen.

Denn wir hiessen uns ungescheuet Speise uñ andere Dinge/ die wir von nöthen hatten/ bringen/ und den Morgen hernach wenn wir fortreisen wolten/ und diß was man uns gegeben hatte/ hätten bezahlen sollen/ liessen wir das Stadt-Buch bringen/ darein wir ordentlich verzeichneten/ was wir und unsere Pferde verzehret hatten; und reiseten dann so wieder fort; da wir denn die Weißheit und Gutthätigkeit derjenigen Obrigkeit/ die diese Ordnung auffgerichtet hatte zu rühmen nicht vergassen/ massen selbige denen Reisenden/ sonderlich denenjenigen die kein Geld/ wie wir/ haben/ sehr vorträglich ist.

Jedoch geschach es zu weilen/ daß wir in einige kleine Flecken kamen/ wo sich die Indianer zu solcher Wolthätigkeit nicht verstehen wolten/ sondern sich mit ihrer Armuth/ die ihnen vier Mann und Pferde zu verpflegen nicht zu liesse/ entschuldigten: Dahero wir zu weilen gezwungen wurden/ grosse Tagereisen zuthun/ damit wir irgend in einer Stadt/ oder grossem vermögenden Dorffe unser Nachtlager halten kunten.

Von Anteqvera komt man auff dieser Strasse nach Nixapa, da zum wenigsten achthundert Einwohner/ theils Spanier/ theils Indianer sind: sie ist am Ufer eines Flusses/ welcher/ wie man uns berichtete/ ein Arm vom grossen Flusse Alvarado seyn soll/ gebauet.

In dieser Stadt ist ein sehr reiches Dominicaner Kloster/ in welchem wir sehr wohl empfangen wurden: es ist ein Marienbild in selbigem/ welches soll Wunder gethan haben/ deßwegen von unterschiedenen Orten nach selbigem gewalfahrtet wird/ und wegen solcher Andacht sind viel silberne Lampen und andere Reichthümer dabey anzutreffen.

Dieser Orth wird für einen von den reichesten in der gantzen Landschafft Gvaxaca gehalten/ weil der Indigo, Zucker und Cochenille in grosser Menge allhier gezeuget wird. Jngleichen wachsen hier sehr viel Bäume/ auff welchen die Cacao und Achiotte, wächset/ wovon die Chocolate gemachet wird/

mit

mit welcher Wahre in diesen Landen ein sehr grosser Handel getrieben wird/ ohngeachtet die Engelländer und Holländer/wann sie ein Schiff/so damit beladen ist weg nehmen/selbige gar gering achten/weil ihnen die Tugend/so sie hat/den Magen zu stärcken/nicht bekant ist.

Von dar reiseten wir nach Agvatulco und Capalita, welches auch zimlich grosse Städte seyn/die in einem ebenen mit Schaff- uñ grossen Vieh angefülletem Lande liegen; es hat ebenfals herrliche Früchte alhier/insonderheit von Pinas oder Ananas, und Sandias die so groß wie die Citrallen so man in Europa Wasser-Melonen nennet/ sind/ und im Munde wie Schnee zergehen/ dannenhero sie zu leschung des Durstes/welcher von der Hitze/ die in diesem niedrigen und morastigen nahe am Sud-Meere gelegenen Lande sehr groß ist/ verursachet wird/sehr dienlich sind.

Nach Capalita ist Tecoantepeqve die ansehnlichste Stadt/so am Ufer des Sud-Meers gebauet ist/ und einem Hafen für kleine Schiffe hat/ dergleichen die jenige sind/die von diesem Orthe nach Aqvapulco, und Mexico, auch nach Realejo und Gvatimala, und zu weilen auch nach Panama handeln; Wie denn auch die Schiffe/ so aus Peru nach Aqvapulco seegeln/ öffters hier einlauffen/wann sie contraren Wind haben.

Dieser Hafen ist gantz nicht befestiget/daß/wenn die Englische und Holländische Schiffe hier landen wolten/ sie nicht den geringsten Widerstand/ sondern eine gantz offene Reede finden würden/von dar sie das gantze Land durchstreiffen könten.

An der gantzen See-Küste des Sudmeers von Aqvapulco an/biß nach Panama, welches über siebende halb hundert Meilen der Länge nach beträgt/ sind keine andere Hafen/als dieser vor die Stadt Gvaxaca, der Hafen de la Trinidat für Gvatimala, Realejo für Nicaragua, und Golpho des Salines für die kleinen Schiffe so nach Costa ricca gehen; alle diese Hafen sind ohne einige artiglerie und gantz offen/ so daß andere Nationes die einmal umb die Welt seegeln wolten/ hier sich ohne Gefahr bereichern könten.

Der Hafen zu Tecoantepeqve ist/ was die Fischerey anbelanget/ der beste im gantzen Lande; massen uns zuweilen unterwegens zu achzig biß hundert Maulesel begegneten/so mit gesaltzenen Fischen beladen nach Gvaxaca, der Engelstadt und Mexico gingen.

Es wohnen hier reiche Kauffleute/ welche mit ihren kleinen Schiffen von einem Hafen zum andern biß nach Mexico, Peru und nach den Philippinen handeln/und kommen mit allerley Kaufmanns-Gut aus denen gegen Morgen und Mittag gelegenen Provintzien reichlich geladen wieder nach Hause.

Von hier aus biß nach Gvatimala ist der Weg eben und guth/und gehet längst dem Ufer des Sud-Meers/ und mitten durch die Provintzien Soconuzco und Suchutepeqve hin: Weil wir aber nach Chiapa reisen wolten/ so nahmen wir unsern Weg jentseit des hohen Gebürges Qvelesne, und gingen von Tecoantepeqve nach Estepeqve, und von dar durch eine Wüste zwey Tage Reisen lang/ da wir gezwungen wurden eine Nacht über bey einem Bronnen zu bleiben/und im offenen Felde/wo weder Dorff noch Hauß/ausser einigen niedrigen Hütten/so denen Reisenden zu gefallen erbauet sind/zu sehen war/ zu schlaffen.

Dieses flache Feld/ ist gegen der Meer seiten dergestalt offen/ daß der Wind/ wenn er daher kömt/ mit solcher ungestüme bläset/ daß die Reisenden sich kümmerlich auff ihren Pferden und Mauleseln halten können: darumb wohnet auch kein Mensch allhier/ weil der Wind mit seiner Ungestümigkeit die Häuser über einen Hauffen wirfft/und das geringste Feuer/ so etwan entstehen könte/ alles in einem huy in die Aschen legen würde.

Nichts desto weniger ist dieses Feld voller Vieh/ Pferde und Studten/ welche theils wilde/theils zahm sind.

Wir reiseten mitten durch dieses wüste Feld/ nicht sonder merckliche Beschwerde/uñ ich da hte/ich würde auf selbigem mein Leben gar einbüssen: dann als wir den andern Tag allen möglichsten Fleiß anwandten/irgend ein Dorff zu erreichen/ und meine Gefährten ein gutes Stücke voraus waren/ und der Meinung/ich folge ihnen nach/ immer starck fort eileten/ weil die Nacht herbey kam; wurde mein Pferde stetig/und wolte nicht weiter fort/ denn es war überaus müde/und wolte sich alle Augenblick unter mir niederlegen.

Weil ich nun meinete/ es könte das Dorff nicht so gar ferne mehr seyn/ stieg ich ab/und wolte zu fusse gehen/ und mein Pferd beym Zügel hinter mir nachführen: Allein es wolte nicht einen Schritt weiter von der stelle gehen/ sondern legte sich auff die Erden/und konte ich solches nicht wieder auffbringen. Ich wuste damals nicht was ich thun solte: Denn ich sahe/ daß wenn ich allein zu gehen/ und das Dorff zu suchen mich unterstehen/und das gesattelte Pferd alda liegen lassen wolte/ daß ich in Gefahr mich selbst und auch mein Pferd zu verlieren; und da ich auch das Glücke haben solte/ daß ich das Dorff findete/ so war doch dieses Feld so weit und groß/ daß ich mein Pferd/ wann ich es morgen früh würde wieder holen wollen/ unmöglich würde finden

den können / wenn ich auch noch so fleissig selbiges suchen würde: denn es war weit und breit weder Baum noch Staude / daran ich es hätte anbinden oder dabey ich den Orth wo ich es gelassen/ hätte erkennen können.

Endlich muste ich mich entschlüssen/ diese Nacht mit meinem Pferde in dieser Wüsten zu schlaffen/uñ bloß darauf bedacht zu seyn/damit sich selbiges in der Nacht nicht verlieffe: in Hoffnung / es würden bey anbrechenden Tage meine Freunde mich suchen/und sehen lassen wo ich geblieben wäre/welches sie aber diesen Tag nicht thaten/ weil sie sich einbildeten/ ich würde vielleicht meinen Weg nach einem andern Flecken/der nicht weit davon war/zu genommen haben/da sie mich auch des andern Morgens suchen liessen.

Als ich mir nun einen beqvemen Orth/ wo ich in diesem Felde auff der blossen Erde ohne Abendmahlzeit meine Lagerstadt halten wolte/ außgesuchet hatte / nam ich den Sattel vom Pferde / und brauchte ihn statt eines Hauptküssens; das Pferd aber ließ ich nach seinem gefallen weiden / da ich mich denn desto eher zu frieden gab/als ich sahe/daß sich selbiges/wieder im weiden erholete/und ich also hoffen kunte/ es würde morgen noch ein zehn oder zwölff Meilen mit mir gehen können.

Ich hatte aber noch nicht eine Stunde ungeschlaffen gelegen/ immer auf mein Pferd sehend/aus Furcht es möchte sich verlieren; als ich ein grausames Geheule und Gebelle hörete / so daß man hätte meinen sollen/ es wäre etwan ein hauffen Hunde/ die in diese Wüsten kämen sich mit dem Aase etwan eines umbgefallenen Pferdes oder Maulthiers zu sättigen. Anfangs schiene dieses Geheule zwar sehr ferne zu seyn: ie mehr ich aber drauff hörete/ie näher dauchte mich/ daß es mir kähme: und da spührete ich / daß es keine Hunde seyn musten/weil ich allerley untereinander vermengete Stimen vernahm/ als ob es Menschen und wilde Thiere untereinander wären.

Diese verdrüßliche Ebentheur veruhrsachte/daß mir/ der ich mitten in dieser Wüsten gantz alleine war/ alle Haare gegen Berg zu stehen begunten/ und jagte mir so eine grosse Furcht ein/daß mir für Angst durch den gantzen Leib ein kalter Schweiß außbrach/und ich nichts anders als alle Augenblick den Tod erwartete.

Weil ich aber nicht wissen kunte/was es doch immermehr seyn möchte/so bildete ich mir zuweilen ein/es müste etwan Hexen oder Teuffel/ oder in wilde Thiere verwandelte Indianer seyn/oder auch wol wilde Thiere selbst;weil ich mich nun so wol von diesen als von jenen des Todes gewiß zuversehen hatte/so befahl ich meine Seele GOtt/und erwartete alle Augenblick/wenn mein Leib einer solchen Bestie zum Raube/oder dem brüllenden Löwen/ von dem der Apostel sagt / daß er herumb gehe und suche/ welchen er verschlingen möge/ zur Beute werden würde.

Ich dorfte an kein fliehen dencken/weil ich nirgends für dem Tode einige sichere Zuflucht sahe/ ich möchte mich gleich wendē/auf welche seiten ich wolte; uñ weil ich dañenhero sahe daß es für mich am sichersten sey/zu bleiben wo ich war/ wie es auch der Außgang erwiese; und auch umb Mitternacht dieses Geheule auff einmal auffhörete / so schlieff ich endlich ein/und/ weil ich so wol vom Verdruß als von der Reise müde war/ erwachte ich nicht eher/ als biß der Tag anbrach.

Als ich nun erwachte / lobte ich GOtt daß er mich aus der Gefahr/darinnen ich diese Nacht gewesen war/errettet hatte/und sattelte mein Pferd/welches nicht weit von dem Orte war/da ich es gestern Abend gelassen hatte / und satzte mich auff dasselbige/ in Meinung auffs baldeste aus dieser Wüsten zu kommen / und meine Reise Gefehrten wieder anzutreffen/ damit ich ihnen/ was mir begegnet sey/erzehlen möchte.

Ich war aber noch nicht völlig eine Meile geritten/als ich zu einem Bächlein kam/ und zweene Wege für mir fand/deren einer gerade nach der Wüsten zu ging/ wo auff drey Meilen weit weder Dorff noch Hauß/noch Baum zu sehen war; der andere ging nach der Linckenhand/allwo ich ohngefähr auff eine Meile weit ein Gehöltze gewahr wurde/welches mich muthmassen machte/daß daselbst vielleicht das Dorff / welches ich suchte/seyn möchte.

Ich ritte also diesem Wege nach/und als ich etwan hundert und funffzig Schritte hinter mich geleget hatte/muste ich absteigen/ und mein Pferd beim Zügel führen: Als ich mich aber sehr bekümmerte / daß ich zu fusse war/ und noch darzu den Weg nicht wuste/ so ersahe ich zu grossen Gelücke zu einer Seiten der Strasse eine Hütte/ und von der andern seiten einen Menschen zu Pferde auf mich zu kommen: Dieser Mensch war ein Indianer aus ietztgedachtem Hause/ welches eine Ferme oder Vorwerck war eines reichen Indianers / und Gouverneurs eines nicht weit gelegenen Fleckens; Ich fragte ihm ob es noch weit biß in den Flecken Estepeqve sey: Er gab mir / auff die Bäume weisende/ zur Antwort / er sey nicht weit von dar;ich würde ihn aber ehe nicht ins Gesichte bekommen/biß ich gantz nahe dabey seyn würde.

Durch diese angenehme Zeitung bekam ich frischen Muth; ich satzte mich wieder zu Pferde / und reitzte mein Pferd auffs beste als ich konte/ biß

ich

ich zu den Bäumen kam/ die ich gesehen hatte; da begunte es wieder zu stehen/ und wolte durchaus nicht weiter von der stelle. Weil ich nun sahe/ daß es nicht weiter fort zu bringen war/ gürtete ich den Sattel ab/und verstackte ihn hinter einen Strauch/ das Pferd aber ließ ich frey gehen/ unbesorgt/ daß mir es iemand stehlen möchte.

Also ging ich nun zu Fusse dem Flecken zu/der ohngefähr noch fünfhundert Schritte weit von mir war/ und als ich hinein kam/ fand ich meine drey Gefehrten/ die auff mich warteten/und meinetwegen sehr bekümmert waren/ weil sie/nach dem sie mich in einem nechst dabey gelegenen Flecken vergebens/ hatten suchen lassen/nicht wusten wo ich hinkommen war/ in dem sie sich nicht einbilden konten/daß ich in der Wüsten geschlaffen hätte.

Da ich ihnen nun von dem Geheule und Geschrey/ das ich die Nacht über gehöret hatte/ erzehlete/ sagten mir die Indianer/ daß sie selbige fast alle Nacht zu hören gewohnet wären/und daß es Wölffe und Tiegerthiere wären/vor denen sie sich aber gantz nicht fürchteten; massen sie ihnen öffters auff der Strassen begegneten/ und sie mit anschreien oder Bedrauung mit einem Prügel gleich verjagten: sie thäten ihnen keinen andern schaden/ als daß sie ihnen ihr Gevögel/Hüner Kälber und Ziegen frässen.

Nach etlichen Stunden ging ich mit einem Indianer wieder zurücke/ meinen Sattel/und mein Mexicanisches Pferd zu suchen/ welches so abgemattet war/ daß es nicht weiter gehen konte/ ich verkauffte es derowegen in diesem Flecken/und miethete ein anders/auff welchen ich in Gesellschafft meiner drey anderen Gefehrten nach Ecatepeqve ritte.

Es sind in diesem Felde von Tecoantepeqve fünff reiche und schöne Flecken/ in welchen man Lebens-Mittel vollauff/ und köstliche Früchte findet. Alle dieser Flecken Nahmen enden sich in Tepeqve, als Tecoantepeqve, Estepeqve, Ecatepeqve, Sanatepeqve, und Tapanatepeqve.

Zu Ecatepeqve konten wir das hohe Gebürge des Qvelenes sehen/ wovon wir biß nach Sanatepeqve und von dar nach Tapanatepeqve genug zu reden hatten. Denn es hatten uns viel Spanier und andere Reisende bereits davon unterweges berichtet/ daß dieses die gefährlichsten Berge im gantzen Lande wären/ weil die Reisenden an etlichen Orthen dieses Gebürges über so hohe und schmale Wege müssen/ daß sie anders nicht als mit höchster Lebens-Gefahr darüber kommen können. Denn die Winde/ so vom Sud-Meer/ welches gleichsam am Fusse dieser Berge zu seyn scheinet/ hierüber blasen/

sen/sind so gewaltig/und die gähen Tieffen zwischen den Felsen so abscheulich/ daß vielmals Reisende zu Pferde/und beladene Maulesel vom heftigen Sturme hinunter gestürtzet und elendiglich zerschmettert worden sind.

Diese Nachricht/ und das Anschauen dieser Felsen/brachten uns in solche Furcht/ das wir die gantze Reise hin nichts anders thaten/ als rathschlageten/ob wir den Weg nach Gvatimala, längst dem Meere hindurch das Land Soconuzco nehmen solten/ von dannen wir/ ob es gleich etwas weit umbzureisen wäre/ wider nach Chiapa kehren könten: Oder ob wir den geraden Weg nach Chiapa über dieses Gebürge weg gehen solten/ davon man uns gesagt hatte/ daß wir ihn wol gehen könten/wann nur der Wind nicht allzu starck bliesse.

Endlich beschlossen wir/ daß wann wir würden nach Tapanatepeqve kommen seyn/ wir einen Weg erwehlen wolten/ nach dem uns der Wind verträglich oder gefährlich zu seyn scheinen würde: Dessen aber allem ungeachtet/ so beschlossen wir/ doch nach Chiapa zu gehen/ weil wir erfuhren/ daß der Superior und Provincial aller Dominicaner in diesen Landen/sich da auffhielte/ welcher eben derjenige war/bey dem wir uns anmelden musten; so waren wir über diß sehr begierig die Provintz Chiapa, von der man überal so viel redens machte/ zu sehen.

Wir traffen zu Sanatepeqve einen Geistlichen an/ der uns sehr prächtig tractirte, und gab uns etliche Indianer mit/die uns nach Tapanatepeqve den Weg weisen musten/ wie nicht wenig ein schreiben an den vornehmsten Mann daselbst/ seinen Freund/ daß er uns mit Indianern die uns begleiten/ und mit Maulthieren/die uns auff die Höhe des Gebürges trügen/ versehen solten.

Unsere übrige Pferde/ blieben uns auch an diesem Orth erliegen; allein es machte uns dieses wenig Kummer: Denn die Indianer bezahleten sie uns so theuer und auch noch theurer/als sie uns gekostet hatten/weil es wahre Mexicanische Pferde waren; über dieses so musten den gantzen Weg über/ biß nach Chiapa, und durchs gantze Land/ biß nach Gvatimala die Flecken und Dörffer uns mit Maulthieren umb sonst versorgen.

Das 10. Capitel

Von unserer Ankunfft zu Tapanatepeqve, uñ wie wir uns entschlossen über das Gebürge Qvelenes zu reisen/ auch in was für Lebens-Gefahr den Hals abzustürtzen und hungers zu sterben wir auff selbigem gewesen sind.

WJr kamen an einem Sonnabend des abends nach Tapanatepeqve, so am Fusse des Gebürges Qvelenes lieget/ allwo wir von den Indianern wol empfangen und bewirthet wurden / fürnehmlich wegen der Schreiben / die wir mit gebracht hatten.

Dieser Flecken ist einer von den lustigsten / so wir von Gvaxaca auß biß hieher gesehen hatten / und scheinet / als ob GOtt hier alles das/ was die Reisenden über so beschwerliche und gefährliche Felsen zu kommen benöthiget sind/reichlich und in überfluß gegeben hätte.

Es ist eine so grosse menge Viehes allhier / daß man reiche Indianer hier findet / die auff ihren Vorwerckern / die sie Estantias nennen/ drey biß vier tausend Rinder halten. Jngleichen wird das Feder-Vieh und Wildpret auch in grosser Menge allhier gefunden; und was die Fische anbetrifft/ so ist zwischen Mexico und hier kein Ort/ da selbe so häuffig und so guth sind/ weil das Meer sehr nahe ist/und über dieses ein kleines Flüßlein/ nächst hierbey fliesset / auß welchem sie allerley Arthen Fische in der Menge haben können.

Uber dieses fliessen so viel Bächlein und springen / so viel Brunnen aus diesen Bergen/daß die Indianer ihre Gärten mit so leichter Mühe wässern können/ daß sie allezeit Küchen-Kräuter und Salate genug haben können.

Die Pomerantzen-Limoni-Citron-Feigen-und andere fruchtbare Bäume/ geben einen genugsamen und sehr angenehmen Schatten/ in welchem man sich für der grossen Hitze/selbigen Orthes/ wol verbergen kan.

Weil wir nun sahen/ daß die Lufft am Sonntag frühe sehr stille war/ hielten wir es für rathsam zu seyn/ diese Gelegenheit nicht zu versäumen/weil zu fürchten war / es möchten/so wir die Reise auffschieben würden/ uns vielleicht die Winde an diesem Orth verarrestiren/oder nach der seiten von Soconuzco zu gehen zwingen.

Die Indianer aber nöthigten uns bey der Mittagsmahlzeit zu bleiben/ und versicherten uns/daß das gute Wetter beständig bleiben würde; sie wolten uns gute Maulthiere/ und einen guten Vorrath von Früchten/geröſteten Fischen/und Geflügel/wie wir es verlangen möchten/ mit geben: Daß wir endlich ihre Höflichkeit nicht verschmähen dorfften/und blieben also bey ihnen zur Mittags-Mahlzeit.

Nach der Mahlzeit brachte man uns unsere Maul-Esel/und gab uns zweene Indianer zu/ die uns den Weg weisen / und unseren Vorrath von Speise/welcher aus gebratenen Fischen/einen gebratenen Capaunen und einigen Früchten bestunde/ und uns einen Tag über zu ernehren/ übrig gnug war/tragen solten.

Denn biß auff die grösseste Höhe/ darüber man gehen muß/ ist es nur sieben Meilen / und von dar eine Meile / liegt eines von den reichesten Vorwercken der Landschafft Chiapa, in welchem sehr viel Pferde / Maulesel und Vieh gehalten wird/und eines so genandten Don Jean de Toledo Wohnung ist/da wir gewiß wusten/ daß wir würden willkommen seyn.

Ob nun zwar diese Berge wegen der grossen Menge ihrer hohen Spitzen und hoch erhabenen Gipffel/derer viele oben zusammen stossen/sehr merckwürdig sind; so wird doch von denen Reisenden nur einer eintzigen Meldung gethan/welche sie Maqvilapa nennen/über welche man nemlich gehen muß/ wenn man nach Chiapa reiset.

Wir fingen also nach Mittag an auff diesen hohen und rauchen Maqvilapa zu steigen; und blieben auff den Abend an einem ebenen Orthe/ welcher einer am hangenden des Berges liegenden Wiesen gleich sahe.

Die Indianer thaten ihr bestes uns einen guten Muth einzureden/ in dem sie uns weiseten/daß der Himmel auff schönes Wetter vertröstete/ und daß wir Morgen zu Mittag ohne Zweiffel in des Don Jean de Toledo Vorwercke seyn würden.

In dieser Hoffnung richteten wir unsere Abendmahlzeit/ auff dem grünen Tischtuch der Erden an/und verzehreten diese erste Mahlzeit unsern Capaunen/ und den grösten theil von unsern geröſteten Fischen/ und behielten nur ein Stücke auff morgen zum Frühstücke auf.

Unsere Indianer speiseten gleichfals lustig mit einander/ und die Maulthiere funden auch Weide genug für sich/so daß wir mit einbrechender Nacht bey dem Geräusche der Brunnen/und riesseln der zwischen den Steinfelsen hinfliessenden Bächlein sanfft entschlieffen.

Fol-

Folgenden Morgen frühe / schiene die Lufft so stille zu seyn/wie sie vorhergehenden Tag gewesen war: wir brachen derohalben auff/ nach dem wir die gestrigen Uberbleibungen vollends zum Frühstücke verzehret hatten/ und stiegen getrost nach dem Gipffel des Maqvilapa zu/ damit wir unsere Reise bald zu Ende bringen möchten.

Wir waren aber kaum tausend Schritte höher hinauff kommen/ so begunte der Wind sich hören zu lassen; und ie höher wir hinauff kamen/ie stärcker dauchte er uns zu werden / so daß er uns weiter zu gehen nicht gestatten wolte.

Die Furcht vor diesem Winde machte uns gantz irre/indem wir bereits die Helffte des Weges biß nach der Höhe zurück geleget hatten/ und also nicht wusten/ob wir wieder nach Tapaxatepeqve kehren/ oder an dem Orthe wo wir waren/so lange biß umb den Mittag/ oder Abend die Lufft wieder stille würde bleiben sollen.

Die Indianer/damit sie uns einen Muth förder zu gehen machen möchten/sagten uns/daß ohngefähr tausend Schritte höher hinauff ein Brunnen/ und eine Hütten sey/welche mit Fleiß unter einige Bäume dahin sey gemachet worden/damit die Reisenden / die etwan von der Nacht übereiltet würden/ oder von dem Winde/über die Höhe des Berges zu kommen verhindert würden/zu selbiger ihre Zuflucht nehmen könten.

Wir kamen endlich mit grosser Mühe an den Orth/ von den uns die Indianer gesaget hatten/ in Hoffnung es werde sich der Wind legen: Allein ie höher wir steigen / ie hefftiger ging uns der Wind entgegen; so daß wir besorgeten / es würde uns ergehen/ wie dorten beym Horodoto denen Psyllis, die/als sie wider den Æolum außzogen / an statt des Sieges / den sie zu erhalten hoffeten / ihre Gräber in dem Sande/wo sie sich versamlet hatten/den Tod und ihre Grabstädte funden.

Wir/ sage ich/besorgeten/ es möchte uns derogleichen begegnen / daß/ in dem wir nicht ablassen wolten über den Gipffel des Berges zu steigen/ wir so hefftigen Sturm-Wind haben möchten / daß er uns jämmerlich in den erschröcklichen Abgrund stürtzen/ und unsere Leiber in tausend Trümmer zerschmettern würde.

Der Brun̄en war uns sehr angenehm/noch mehr aber die Hütten/wegen der rings herum stehenden Bäume: Der Wind aber hörete nicht auff zu blasen/ und wir uns zu bekümmern/ biß endlich der Tag verging/ und uns alle Hoffnung wieder zurück zu kehren oder weiter zu reisen verschwand.

Als wir uns nun zu Abend ungessen solten schlaffen legen/ sahen wir einer den andern an/ und wusten nicht was wir anfangen solten/ daß wir unsern Hunger stillen möchten; da wir aber hin und her sahen/ wurden wir zwischen den andern Bäumen eines Citronen-Baums gewahr/ der voller kleiner sauren Citronen war.

Es ging uns damals gleichwol besser als dem Tantalo, welcher weder von den Früchten/ so ihm über Kopffe hingen/ essen/ noch von dem Wasser/ darinnen er stand/ trincken konte: Denn wir konten ungehindert diese Citronen abpflücken/ und von dem Wasser aus dem Brunnen trincken/ welches wir auch mit solcher Begierde thaten/ als etwan sonst iemand anders thun möchte/ der sonst nichts zu abend zu essen hat.

Als es wieder Tag wurde/ war der Wind/ anstatt daß er sich hätte legen sollen/ noch viel hefftiger worden/ derowegen wir/ wie vorhergehenden Tages/ uns entschlossen/ lieber an dem Orthe zu verharren/ als wieder zurücke zukehren/ und den Muth fallen zu lassen.

Weil denn die Indianer gleicher resolution mit uns waren/ so lebtē wir noch selbigen gantzen Tag vergnüget/ mit sauren Citronen und Brunnenwasser/ wiewol diese Kost unserm Magen nicht allerdinges annehmlich war.

Als wir aber sahen/ daß die Indianer das Pulver von Mahis Kuchen/ dessen sie kleine Säcklein voll bey sich hatten/ in ihr Wasser thäten/ (deñ dieses pflegē sie zu thun/ wenn sie reisen/) so kaufftē wir ihnen ein solch Säcklein voll ab/ und zahlten ihnen dafür 20. Sols/ welches doch anderswo/ als auff dem Berge Maqvilapa, da wir uns hungers zu sterben besorgeten/ nicht einen wäre werth gewesen. Diese Kost/ ob sie zwar sehr schlecht war/ so war sie doch besser/ als das gar rohe Wasser mit den sauren Citronen/ und war dem Magen viel zuträglicher.

In diesem Zustande blieben wir den gantzen Dienstag/ und warteten auff stilles Wetter/ und biß sich der Wind legen würde/ mit der festen resolution morgen entweder auff den Gipffel des Berges zu steigen/ oder wider zurücke nach Tapanatepeqve zu kehren.

Mittwochs frühe schiene der Wind ein wenig gelinder zu seyn/ wir nahmen uns für/ noch biß auff den Mittag zuverharren/ in Hoffnung es würde alsdenn guth zu reisen seyn: Allein der Wind legte sich nicht/ sondern wurde auch wider etwas stärcker/ welches veruhrsachte/ daß einer unter uns sich resolvirte/ ein paar tausend Schritte höher auffzusteigen/ und den Weg und die

Gefahr

Gefahr des Windes zu erkundigen/ uñ uns andern hernach davon Nachricht zu bringen; deñ wir dachten/ man möchte uns vielleicht die Gefahr grösser gemacht haben/ als sie an sich selber ist/ weil wir biß daher noch nichts gesehen hatten/ warumb wir uns so sehr hätten fürchten sollen.

Als nun unser Freund hinauff stieg / und nach zwoen Stunden wieder zu uns kam sagte er/ wir könten sicher hinauff steigen/ wenn wir nur unsere Maulthiere beym Ziegel an der Hand führeten: indem wir aber uns unterredeten und bedachten / ob wir es wagen solten oder nicht / ging der Tag hin; und wir wurden endlich eins / folgenden morgen / wofern der Wind nicht stärcker würde / zu versuchen/ ob wir könten hinüber kommen; hierauff fielen wir wieder über unsere Citronen her/ und hielten unsere Abendmahlzeit/ wie wir bißher gethan hatten/ mit Wasser und Mahis-Pulver; wir wurden aber bey dieser Kost ziemlich schwach; und hätten letzlich gar dabey sterben müssen/ wann wir noch lange Zeit an diesem Orthe hätten verbleiben müssen.

Derowegen/ als am Donnerstag der Wind sich noch nicht geleget hatte/ sondern noch immer so starck bließ / als vorhergehenden Tag/ so befahlen wir uns dem / der Wind und Meer zu gebieten hat/ und/ nachdem wir unsere Nahmen und wie viel Tage wir ohne Speise an diesem Orthe verzogen hatten/ auff die Rinde eines grossen Baumes geschrieben hatten/ setzten wir uns auff unsere Maul-Esel / und gingen immer dem Gipffel des Berges zu.

Es wehrete eine lange Zeit / ehe wir spühren konten / daß wir was zu fürchten hätten: Als wir aber an etliche enge und in die Felsen eingehauene Wege kamen / erschracken wir nicht wenig/ und weil wir auff unsern zweyen eigenen Füssen uns sicherer zu seyn traueten/ als auff vieren eines unvernünfftigen Thieres/ stiegen wir ab/ und gingen zu Fusse.

Da wir nun endlich zu oberst auff den Gipffel des Maqvilapa, welches in der Land-Sprache so viel als ein Kahlkopff heisset/ kamen/ da sahen wir zur Genüge die Gefahr / wovon so viel geredet wird/ und hätten uns lieber zu unsern sauren Citronen auff dem Wege nach Tapanatepeqve gewünschet. Denn wir erfuhren nunmehr selbst/ daß es warhafftig ein kahler Kopff sey/ und eine grausame Höhe/ ohne Bäume und andere Zuflucht für die arme Reisende.

Der Weg/ über welchen man gehet und an der Seite gegen das Meer zu gantz offen ist/ ist über zweyhundert und funfftzig Schritte nicht lang; Allein er er ist so hoch und so enge/ daß wenn man hinauff komt/ einem Hören und Sehen vergehet/ und gantz schwindelnd und dumm wird.

Dann auff einer seiten siehet man das weite und breite Sud-Meer/ welches so tieff/ und so nahe unten anstösset/ daß einem die Augen schwinden/ siehet man aber auff die andere Seiten/ so sind nichts als Steinfelsen und zwey biß drey Meilen tieffe Klüfften zu sehen/ die auch dem verwegnesten Menschen das Hertze bebend machen: so daß man auff einer Seite das Meer/ von selbigen verschlungen zu werden; und auf der andern die Felsen daran zu schmettert zu werden siehet/ und mitten zwischen diesen Gefährlichkeiten ist der Weg an etlichen Orthen mehr nicht als eine Klaffter breit.

Auf diesen drittehalb hundert Schritte langen Wege nun hätten wir gute Hertzstärckungen viel nöthiger gehabt/ als vorher/ da wir drey Tage nichts anders als saure Citronen beym Brunnenwasser zu essen hatten. Wir hatten auch nicht das Hertze auff unsern Mauleseln über diese Enge zu reiten/ sondern wir stiegen ab/ und liessen sie die Indianer hinüber führen/ und wir krochen auff allen vieren einer hinter dem andern/ immer den Fußstapffen der Reisenden und der Thiere so vor uns waren hinüber gegangen nach/ hinüber; deñ wir traueten uns nicht aufrecht zu gehen/ weil uns leichtlich/ so wir ein wenig nach der seiten gesehen hätten/ ein Schwindel/ der uns das Leben gekostet hätte/ hätte ankommen können.

Als wir nun über diesen schmalen Weg hinüber/ und an einen Orth/ da der Berg beginnet breiter zu werden/ kommen waren/ und wegen der Bäume bald ausser aller Gefahr zu seyn/ Hoffnung hatten/ fingen wir an behertzt hinter uns zu sehen/ und unsere Thorheit so wol als aller anderer Reisenden anzuklagen/ daß man nicht einen andern Weg etwan drey oder vier Meilen umb/ die Gefahr/ so Menschen und Vieh auff dieser Strasse außziehen müssen/ zu weiden/ reisen wil.

Von dannen eileten wir mit freuden nach dem Don Jean de Toledo zu/ der uns sehr wol empfing/ und iedem von uns ein Süpplein gab/ unsere Magen die alles was wir zu uns namen/ wieder von sich gaben/ damit zu erwärmen und zu stärcken/ und konten wir/ ungeachtet wir unterschiedlich mal von gedachten Süpplein und Wein genossen/ eher nicht/ als biß auff dem Abend/ da wir eine gute Mahlzeit thäten/ uns wieder erholen.

Wir blieben zweene Tage an diesem Orte/ von dannen wir/ als wir uns genugsam wieder erqvicket hatten/ nach Acapala auffbrachen/ dieses ist ein

grosser

grosser Indianischer Flecken in der Landschafft Chiapa an eben dem Fluß/ der bei Chiapa fürüber fleust/ gelegen; dieses Chiapa wird der Indianer Chiapa genennet/ zum Unterscheid eines andern/ welches das Königliche oder Spanische Chiapa genennet wird.

Das II. Capitel
Von unserer Ankunfft im Indianischen Chiapa, alwo wir den Fr. Boralho antraffen/ was uns selbiger berichtet/ und was zwischen uns dem Superior der Jacobiner in Chiapa vorgegangen/ und wie wir empfangen worden.

VOn Acapala kamen wir nach dem Indianischen Chiapa, welches in einem so tieffen Thale liegt/ als Maqvilapa hoch ist/ und ist an einem Fluß/ der so breit ist als die Themse bey Londen / und auß dem Cuchumatlanischen Gebürge/ darüber man reisen muß/ wenn man vom Königlichen Chiapa nach Gvatimala gehet/ entspringet/ und mitten durch die Provintz Zoqvos fliesset/ da er endlich in den Fluß von Tabasco fället/ erbauet.

Ich wil aber im folgenden Capittel weitläufftiger von diesem Chiapa handeln / und itzo nur melden / daß wir daselbst von denen Geistlichen sehr wol gehalten worden/ weil sie uns als Mit-Glieder ihrer Versamlung in dieser Provintz betrachteten / und versicherten uns / daß sich der Provincial über unser Ankunfft sehr erfreuen würde / weil er eben Spanische Münche von nöthen hätte/ damit er sich den Criollen und Eingebohrnen/ welche wie die zu Mexico und Gvaxaca die Oberhand zu bekommen / sich auffs euserste bemüheten/ widersetzen könte. Sie sagten uns dabey / daß der Provincial nur eine Tage-Reise weit von hier sey; und wir traffen auch unsern Freund Piedro Boralho alhier an/ welcher aus Mexico entwischet/ und gantz allein allhier ankommen war.

Er erzehlte uns / wie er zu Chiapa so wol sey empfangen worden/ und wie Calvo mit seiner Gesellschafft aus Mexico abgereiset / und zu Aqvapulco zu Schiffe / nach den Philippinen zu segeln / getreten sey: Ingleichen daß Er/ ehe er abgereiset/ zuvor an die Superiores zu Chiapa und Gvatimala einen Brieff geschrieben/ in welchem er über ihn / den Boralho und über uns viere hefftig geklaget/ und gebethen / uns nicht auffzunehmen/ sondern uns wieder nach

nach Mexico zu schicken / damit wir folgendes Jahr nach den Philippinen möchten übergebracht werden; es hätte aber der Provincial diesen Brieff wenig geachtet / und nur des Calvo gespottet.

Nachdem wir nun eine gantze Wochen lang uns in Chiapa hatten wol seyn lassen / dauchte es uns Zeit zu seyn / daß wir uns für dem Pater Provinciali, nahmens Fr. Piedro Alvarez, stelleten / damit wir erführen / ob wir in seiner Provinz würden bleiben können / oder ob wir wieder nach Spanien würden kehren müssen / weil wir sonst in keiner Provintz in gantz America, ausser in dieser / konten auffgenommen werden.

Wir traffen den Provincial in einem kleinen Dörfflein / S. Christoph genant / zwischen dem Indianischen und Königlichen Chiapa an / als er gleich unter den bedeckten Lauben selbigen Orthes / wo auch eine grosse Menge Fische und köstlicher Früchte anzutreffen sind / spazieren ging.

Er empfing uns sehr freundlich / und bewirthete uns / so wol zu Mittag als auch des Abends / gantz wohl / und umb seine Demuth zu beweisen / wolte er uns / ehe wir uns zu Bette legeten / zuvor die Füsse waschen / wie Christus der Herr seinen Jüngern gethan hatte.

Den ersten Tag redete er fast gar nichts mit uns von unserer Ankunfft in diß Land: Den folgenden morgen aber gab er uns seine resolution auff eine gar subtile Arth / und mit besonderer Geschickligkeit zu verstehen.

Denn erstlich lase er uns den Brieff / den ihm Calvo unsert wegen geschrieben hatte / vor / und glossirete selbigen / in dem er uns zu Gemüthe führete / wie übel wir gethan hätten / daß wir unsern ersten Beruff / nemlich nach den Philippinischen Insuln zu gehen / verlassen hätten / indem viel Indianer in Gefahr ihrer Seeligkeit / darumb weil sie unsere Unterweisung entpehren müsten / gerathen würden: Sintemahl er nicht zweiffelte / daß wir sie zu unterrichten und zu bekehren viel geschickter wären / als diejenigen / die man an unsere statt hinschicken würde:

Zum andern hätten wir die gute Hoffnung / so ihre Catholische Majest. von uns geschöpffet hätten / betrogen: als welche uns von Spanien aus biß nach Mexico verpflegen lassen / der Zuversicht / wir würden die Bekehrung der Indianer in denen Philippinischen Insuln uns bestens angelegen seyn lassen.

Und endlich sagte er / er hielte uns für seine Gefangene / weil es in seiner Gewalt stünde uns anzuhalten / uñ uns nach Mexico dem Vice-Re zu übersenden /

den/ damit wir von dannen/ wie Calvo begehrete/ nach Manilha übergeschiffet werden möchten.

Er wolte uns aber für itzo seine Meinung noch nicht sagen; iedoch solten wir uns nicht bekümmern / sondern vielmehr erlustigen: Er wolte uns nach der Mittag-Mahlzeit/ so bald er auff ein Schreiben/welches er nach Chiapa abgehen lassen/würde antwort empfangen haben/ zur gnüge davon sagen.

Diese Rede des ernsthaften altē Provincials machte uns heftig bestürtzt; denn wir konten schwerlich verdauen/daß man uns beschuldigte / als ob wir am Verlust so vieler Seelen Uhrsache wären / daß keine Christliche Liebe bei uns sey/ daß wir ihrer Catholischen Majestät intention verrücket / und daß man uns mit Gefängniß dräuete: so daß wir wol sagen kunten/ es habe uns dieses Frühstück allen appetit zur Mittagsmahlzeit verderbet.

Als wir diesen Ehrwürdigen Superior verliessen / gingen wir unter eine Läuben von Pomerantz-Bäumen spatzieren / da wir uns lange Zeit über dem gehaltenen Discurs, der uns sehr schwer zuverkochen war/ mit einander unterredeten/zumahl weil er das Königliche interesse mit der Religion uns so hoch auffgemutzet hatte: Dannenhero wir gäntzlich dafür hielten/daß er uns wieder nach Mexico schicken würde/ da wir als flüchtige Leibeigne nach denen Philippinischen Insuln zu schiffen würden gezwungen werden.

Mir entfiel alle Hoffnung iemals wieder nach Engelland zu kommen: Antonio Melendez zitterte und bebete / und wüntschte noch zu oberst auff dem Maqvilapa zu seyn; und einanderer hätte/ wann es seyn könte/lieber mit dem alten Calvo wollen auff der See seyn / und mit ihm nach Manilha schiffen.

Es wurde fürgeschlagen / man solte entfliehen/und den Alvarez eben so wie den Calvo verlassen; allein es wurde geantwortet / daß weil wir des Landes unkündig wären/ so würden wir verrathen und entdecket seyn/wir möchten auch seyn an welchem Orthe wir wolten; und also gleichwol nach Mexico geschickt werden/und würden durch solche Flucht nur übel ärger machen.

Endlich aber sagte ich zu den andern/ ich könte mir nicht einbilden/ daß wir was böses vom Provincial zu fürchten hätten / weil er allezeit mit freundlichem Angesicht/ und lächlenden mine geredet/ und sich selber so sehr gedemüthiget hätte/daß er uns auch die Füsse gewaschen; ich hielte vielmehr gäntzlich dafür/ daß er uns wol wolle / weil wir so ferne herkommen wären / und uns freywillig anbothen / mit ihm zugleich an der Seelen Heyl zu arbeiten:

Er habe Leute so wie wir erst neulich aus Spanien kommen/ vonnöthen/ damit er der Faction der Criollen und Eingebohrnen den Kopff bieten könne. Ich stellete ihnen über dieses das Exempel unsers Freundes des Piedro Boralho für/ welchen er bereits unter die andern Geistlichen in dieser Provintz angenommen hatte; und dannenhero/ wo er nicht allzupartheiisch sich erweisen wolte/ müste er nothwendig mit uns auch eben also thun.

Und wenn wir ja auch endlich an diesem Orthe nicht verbleiben könten/ so würde uns doch der Provincial nicht wieder nach Mexico schicken/ umb daselbst geschimpffet zu werden: sondern er würde uns vielmehr behülfflich seyn/ daß wir entweder wieder nach Spanien/ oder sonst an einen andern Orth/ den wir erwehlen würden/ kehren können/ und noch wol dazu uns mit gelde auff die Reise behülfflich seyn.

In dem wir nun also in unserm gemüthe unruhig waren/ und nicht wusten wozu wir uns entschliessen solten/ hatte vermuthlich der alte Alvarez uns auß seinem Fenster zugesehen/ und gleich wie Joseph sich nicht alzu lange halten kunte/ daß er nicht seine Liebe seinen Brüdern entdeckete/ also/ da dieser fromme Superior spührete/ daß uns sein Discours bekümmerte/ konte er uns nicht allzulange in solchem Zustande lassen/ sondern schickte seinem Gefehrten zu uns/ daß er uns tröstete/ wie wir bald auß seinen Reden spühren kunten.

Dann so bald als dieser zu uns kam/ fragte er uns/ warum wir so traurig/ und so kleinmüthig wären/ es hätte der Pater Provincial selbst wahrgenommen daß wir bekümmert wären: Wir solten uns doch nicht fürchten/ der Provincial liebe uns/ und habe unser von nöthen/ und weil wir kommen wären/ in seiner Provintz Schutz zu suchen/ so dörfften wir nicht besorgen/ daß er uns übler mit fahren würde/ als ein Soldat einem Feinde/ der sich ihm ergeben hat/ zu thun pfleget/ welchen er nach Krieges Recht zu beschützen schuldig ist.

Er sagte uns viel andere derogleichen sachen mehr/ uns frölich zu machen/ und untern andern auch/ daß dem Provincial die Criollen sehr übel nachgeredet hätten/ daß er den Boralho angenommen hätte: sie würden aber noch einen grösseren Lermen anfangen/ wenn sie uns alle viere auff einmal sehen würden/ ihre faction zu schwächen ankommen: Derowegen verlange Er/ daß wir also leben möchten/ damit es diese Leute/ die seine besten Thaten zu tadeln gewohnet wären/ nicht verdrüssen könte.

Endlich

Endlich versicherte er uns/daß uns der Provincial nicht wieder nach Mexico schicken würde/und im fall er uns ja zu Chiapa oder zu Gvatimala nicht solte unterbringen können/ er alles sein und seiner Freunde Vermögen zu unserm besten anwenden würde/ja er würde uns auch mit Gelde versehen damit wir zurücke nach Spanien würden reisen können.

Diese Worte waren uns treffliche Hertzstärckungen / dadurch wir wieder zu uns selbst kamen/ und kräfftige Mittel unserm Magen einen appetit zur Mittagsmahlzeit zu machen/ zu welcher wir auch durch ein Glöcklein eben recht geruffen wurden.

Als wir zum Hause hinein traten / war uns das lächelnde Gesichte des Provincials viel annehmlicher/ als alle Speisen / die er uns wol zu tractiren hatte anrichten lassen/ungeachtet seine Taffel so wol besetzet war/ als wenn er ein grosser Herr wäre.

Hiernechst konten wir auch nichts anders als alles gutes daraus muthmassen/ daß man uns so viel Fleisch/ Fische/ Früchte und Confituren auffsetzete: insonderheit aber mercketen wir unter währender Mahlzeit aus des guten Alvarez reden gar wohl/ daß er über unser Ankunfft gar sehr erfreuet wäre.

Nach vollendeter Mahlzeit sagte Er/ er wolle mit ieden unter uns ein trictrac spielen/ nicht darumb/ daß er uns unser Geld wolle abgewinnen/ denn er könte leicht gedencken / daß nach einer so weiten Reise wir nicht viel würden übrig behalten haben; sondern er wolle auff diese Bedingung mit uns spielen/daß wenn wir verspieleten/ ieder von uns fünff Pater noster und fünff Ave Maria für ihn beten solten: Wenn wir aber gewinnen würden/ so solten wir unter die Geistlichen dieser Provintz auffgenommen werden.

Dieses Spiel gefiel uns aus der massen wol/ dann wann wir verspieleten/ so verlohren wir nichts / und waren nichts anders zu thun schuldig / als was wir ausser dem von uns selbst willig und gern würden gethan haben: Weñ wir aber das Spiel gewiñen würden/so würde uns solches mehr Vortheil bringen / als wenn wir noch so grosse summen Geld gewonnen hätten.

Uber dieses kunten wir daraus leicht abnehmen/daß es umb unsere Sachen sehr wol stünde/nach dem wir auff dem Spiel diejenige Gunst gewinnen könten/umb welcher willen wir eine Reise von mehr denn hundert und zwantzig Meilen gethan hatten.

Wir spieleten also einer nach dem andern/und fand sich/ daß wir sämtlich

lich dem guten Alten überlegen waren: Wir merckten aber gar wol/ daß er mit fleiß verspielete / und daß er mit Verstand es so geschicklich einrichtete/ damit sein Verlust uns diß/was sein Mund nicht wolte/sagen muste/nemlich; daß wir in der Provintz auffgenommen wären.

Als wir aber kaum auffgehöret hatten zu spielen/ so wurden wir durch die Wiederkunfft eines Indianers/der vorhergehenden Morgen nach Chiapa war geschickt worden/ umb von Pater Prior und den vornehmsten in Convent zu erfahren/ was er mit uns machen solte/ hiervon völlig versichert.

Denn der Prior betheurete in seinem Schreiben/daß er und alle die ältesten Brüder im Convent sich hertzlich über unserer Ankunfft erfreueten/ und bat den Provincial inständig/er möchte uns zu ihm senden/ denn er wünschte uns als Gäste bey sich zu haben / weil er vor zehen Jahren in gleichem Zustande/wie itzo wir/ gewesen wäre.

Denn er hatte gleichfals zu Mexico seine Gesellschafft/ mit derer er nach den Philippinischen Insuln hatte reisen sollen/ verlassen/ und war nach Gvatimala geflohen / wo ihm wegen seiner Gelehrsamkeit und guten Verstandes/ die Criollische faction zum höchsten war zuwider gewesen: Dannenhero war er so frohe/weil er sahe/daß er nun Münche genug auff seiner Seite würde haben können / sich denen so ihn verfolget hatten/zu widersetzen.

Der alte Alvarez wurde durch dieses Schreiben sehr vergnügt/und nach dem er es gelesen/sagte er zu uns/ daß er nun zu bezahlen schuldig sey / was er verspielet hätte/ derohalben würde er uns morgen nach Chiapa schicken / wo wir so lange bleiben solten / biß er würde Gelegenheit finden / uns an andere Orthe auffs Land zu verschicken/da wir die Sprache lernen solten/damit wir denen Indianern predigen könten.

Nachdem diese Unterredung ein Ende hatte/ gingen wir wieder in den Garten spazieren/der uns denn weit schöner und anmuthiger fürkam/ als er uns des morgens gedaucht hatte; weil wir vom Pater Provincial so herrlich getröstet waren worden.

Wir fingen nun unter den schönen mit Pomerantz-Bäumen bedeckten Spaziergängen an GOtt zu dancken / daß er sich unser in unserm grössesten Kummer erbarmet hätte: Wir vergassen auch des klugen Provincials nicht/ weil es gantz unbillich gewesen wäre/ wann er/in dem er freywillig zu unserm Troste das Spiel verlieren wollen/auch unsers Gebeths hätte sollen verlustig seyn: Sondern wir trugen eben an diesem Orthe Gott unsere bitte vor/ und bathen ihn umb seine Gesundheit und Wolergehen.

In

In diesen Garten blieben wir nun selbigen gantzen Tag biß zur Abendmalzeit/ und verkürtzten uns auff allerley weise die Zeit/ wir assen zuweilen von den süssen Citronen und Pomerantzen / zuweilen wurffen wir einander mit den sauren früchten/ insonderheit denjenigen/ welcher sich gewünscht hatte beym Calvo zu seyn/ denselben wurffen wir mit Citronen und Pomerantzen zum Garten hinauß; und trieben diese Kurtzweil mit desto grösserer Vergnügung / weil wir sahen / daß der gute Provincial, der sich auff einen Altan auffgelehnet hatte/seine Lust dran sahe/und sich an unser Kurtzweil ergötzete.

Wir hatten aber des Calvo Freund kaum zum Garten hinaus gejaget/ so ruffte uns die Glocke zum Abend-Essen; also gingen wir wieder zu unserm besseren Freunde/ den Alvarez, welcher seine Taffel wieder so herrlich/ als wie zu Mittage hatte zurichten lassen.

Das 12. Capitel
Von unserer Abreise auß dem Flecken S. Christoffel/ und wie wir unsere Freyheit gegen etliche Schachteln voll Chocolate im Tricktrac verspieleten.

Als wir nun abgespeiset hatten / sagte er uns / daß er uns folgenden Morgen würde nach Chiapa schicken / weil ihm der Prior geschrieben hätte/ daß er uns wolle entgegen kommen/ und uns in einem Flecken/ S. Philippo genant wolte ein Frühstück geben. Dieses machte/ daß wir uns nicht wenig einbildeten/ denn wir sahen/ daß der Provincial und der Prior sich rechtschaffen bemüheten uns Ehre zu erweisen.

Gleichwol ehe wir schlaffen gingen/ sagte der Provincial, er wolle noch ein Spiel im Tricktrac mit uns machen/ damit er sich an uns revangiren könne.

Weil er aber verschlagen und abgeführet war/ und das Spiel überaus wol konte/ und also wol wuste/ daß er uns abgewinnen würde/ änderte er den Auffsatz auß einem besondern Geheimnüß/ welches wir nicht eher/ als biß auf den andern Tag erst verstehen kunten; nemlich/ so wir gewinnen würden/ so wolte er einem ieden eine Schachtel voll Chocolate geben/ würden wir aber verspielen/ so solten wir seine Gefangene seyn.

Wir fingen derowegen an zu spielen/ der guten Zuversicht/ wir würden wie vormahls gewinnen: allein es ging viel anders/ denn wir verlohren einer nach dem andern das Spiel: weil wir aber nicht errathen konten/ wie wir seine Gefangene seyn könten/ so bekümmerten wir uns wenig umb den Verlust.

Nichts desto weniger sagte der gute Provincial lächelnde/ es sey ihm gar nicht lieb/ daß wir verspielet hätten; doch wünschte er/ daß wir nimmermehr in ärgere Gefängnüß gerathen möchten als die seine wäre: indessen wolle er/ uns zu trösten/ iedem eine Schachtel voll Chocolate verehren/ damit wir seine Gesundheit trincken/ und uns/ wenn wir wegen unsers Verlustes würden leiden müssen, erqvicken könten.

Wir konten gar nicht errathen/ was er mit diesen Reden meinete/ biß erst folgenden Tag nach Mittag: Wir bildeten uns aber ein/ es sey nur eine vexirerey/ und daß er dieses alles nur redete/ damit er seine Kurtzweil mit uns hätte/ wie er vorher auch gethan hatte/ so daß wir uns diß alles nichts anfechten liessen/ sondern jeder nach genommenen Abschied/ freudig in seine Kammer ging.

Folgenden Morgen funden wir zwey Maulesel/ die dem Provincial, und zwene andere/ die seinem Gefehrten zustunden/ gesattelt/ und zum aufffsitzen gantz fertig; dabey waren ein dutzent Indianer zu Pferde/ welche uns über ein beschwerliches Gebürge/ und mitten durch die Wälder in den Flecken S. Philippo begleiten solten.

Nach eingenommenem Frühstücke umbarmete uns der ehrliche Provincial, segnete uns/ und bath uns/ wir solten GOtt für ihn bitten/ und im übrigen uns alles das/ was uns vielleicht begegnen möchte/ nicht allzusehr bekümmern lassen/ uns versichernde/ daß er uns liebe/ und daß er allen möglichsten Fleiß anwenden wolte/ uns beförderlich zu seyn: Allein er müsse klüglich und geschickt verfahren/ damit er den Criollen, die uns so wol als ihme feind wären/ das Maul stopffen könne.

Nachdem wir nun Abschied von ihm genommen hatten/ zogen wir unter Trompeten-Schall und Schallmeyen-Klang/ so vor uns hergingen/ von diesem Orthe auß; da denn den gantzen Weg lang von der Höhe des Gebirges/ biß in den Thal/ da wir den guten alten Alvarez liessen/ ein lustiges Echo den Schall vielfältig wiederholete.

Wir waren aber kaum auff die Höhe des Gebürges kommen/ als wir ein kleines Thaal mit dem Spanischen Chiapa, samt zwey oder drey kleinen

Fle-

Flecken entdecketen/unter denen war S. Philippo einer/am Fusse des Berges/ über den wir reiseten.

Die Trompeter/die allezeit vor uns her ritten/gaben den Einwohnern zeitlich genug unsere Ankunfft zuerkennen/ und erinnerten sie uns ein zweytes frühstücke anzurichten/zumalen die Kälte/so wir auff dem Gebirge empfunden hatten/ uns den appetit bereits wieder geschärffet hatte.

Als wir ohngefähr fünffhundert Schritte den Berg herunter kommen waren/ begegneten uns zwantzig wolaußgebutzte Indianer zu Pferde/die ihre Trompeter für sich her blasen liessen/hinter ihnen kam auf einem schöngezierten Maulthiere der Prior von Chiapa, nahmens Pater Johann Baptista, eines Jovialischen temperaments/fett und dicke.

Wir waren kaum zu ihm kommen/so hieß er uns/seine verlauffene Brüder aus den Philippinischen Insuln/in diesen Landen willkommen sein/ und sagte/daß ihm unsere Ankunfft sehr lieb sey/und daß er uns viel annehmlichere Kurtzweile und Zeitvertreibungen in dem nächst hier beygelegenen S. Philippo verschaffen wolte/ als wir zu S. Philippo in den Philippinischen Insuln/ wenn wir hätten hinkommen sollen/nicht würden gehabt haben.

Das 13. Capitel

Von unserer Ankunfft zu Chiapa, wie wir daselbst von den Indianern/ und dem Prior der Jacobiner angenommen worden/und auff was Weise wir das/was wir auff dem Trictrac verspielet hatten/ abstatteten.

IN dem uns nun der Prior mit derogleichen Gesprächen unterhielt/ zogen wir freudig den Berg hinunter/ da wir die gesamten Einwohner so wol Weiber als Männer des Fleckens S. Philippi unser wartend funden/ derer ein Theil uns Blumen-Püschlein verehreten/ andere wurffen uns mit Rosen unter das Gesichte/und die anderen tantzeten für uns auff der Gassen her/ wo wir durchziehen solten: sie hatten dieselbe mit Grase und Pomerantzen-Blättern bestreuet/und mit vielen Triumph-Bogen von zusammen gebundenen Blumen festonen, biß an die Kirche gezieret: in selbiger wurden wir mit einer herrlichen Musik/von den besten Musicanten auß Chiapa, die der Prior mit Fleiß hierzu bestellet hatte/ über eine halbe Stunde lang empfangen und beehret.

Da

Da nun die Musik auffgehöret hatte/ stund der Pater Johann Baptista auff/ und hielt eine Rede zu den Indianern / und sagte ihnen Danck / daß sie uns als seine Freunde / so bedienet hätten / und theilete ihnen Ablaß aller ihrer Sünden mit/wenn sie die Kirche des Orts folgenden Sonntag früh oder nachmittag besuchen würden.

Hierauff gingen wir vom Altar zu Tische / welchen wir mit allerhand gesaltzenen/uñ zu essen lust erweckendẽ Speisen besetzt funden/welche zu nichts anders dieneten / als daß uns der köstliche Wein von Xerez, den der Prior mit Fleiß vor uns hatte kommen lassen / desto besser schmecken möchte. Hierauff wurden uns so köstliche Confituren / so die Nonnen zu Chiapa gemacht hatten / auffgesetzet / daß wir dergleichen / seint wir von S. Jean de Vlhua abgereiset waren/nicht gesehen hatten ; und machten daß ieder ein Glaß Chocolate tranck/womit wir auch das Frühstück beschlossen.

Indem uns aber der Prior so herrlich tractirte / waren wir voller Bekümernüß/denn wir kunten das Rätzel/daß er uns so offt wiederholete/nicht errathen/indem er nemlich sagte/wir solten wol frühstücken/deñ wir würden so eine elende Mittagsmahlzeit haben/als wir vielleicht unser lebtage nicht gehabt hätten/ uñ daß wir uns unserer Freyheit wol brauchẽ solten/weil sie nicht lange mehr währen würde; wir nahmen diese Worte sehr wohl in acht/ allein wir verstunden eher nicht was sie bedeuteten / biß daß wir ins Convent kamen.

Als wir nun gefrühstückt hatten / so wolten uns die Indianer auch eine Kurtzweil auff dem Marckt machen / und stelleten ein Turnir-rennen an/ da sie zu Pferd mit Indianischen Rohr / und mit grossen Schilden gewaffnet/einer gegen den andern renneten mit solcher Geschicklichkeit/daß wir uns höchlich darüber verwunderten.

Solcher gestalt nun regalirte uns der Prior von Chiapa, und ließ uns unsere Freyheit geniessen/zweiffels ohne/wie er mit dem Provincial durch schreiben war eines worden/ so lange biß die Zeit des Mittagsmals in Chiapa, da wir noch vor Mittag anlangen solten / würde ankommen seyn.

Da nun die Zeit herbey kam/und wir ohngefähr noch zwey Meilen von S. Philippo biß nach Chiapa zu reissen hatten/ befahl der Prior, daß man die Maul-Esel herbey führen solte; und alsobald gaben die Trompeten und Schalmeyen den Einwohnern des Fleckens ein Zeichen unsers Auffbruchs: Wir zogen also mit eben solcher Pracht hinweg / wie wir kommen waren/

unter

unter dem Klang der Glocken/ begleitet von vielen Indianern zu Pferd/ und von andern/ die vor uns her dantzeten/ und auff allerley Instrumenten spieleten/ gleich wie sie gethan hatten/ da wir kommen waren.

Als wir nun ohngefehr fünffhundert Schritte gereiset hatten/ so danckete der Prior den Indianern/ die uns begleitet hatten/ und schickte sie wieder nach Hause/ sintemal das Kloster/ da wir gantz auff eine andere Weise solten tractiret werden/ gantz nahe war/ denn in der Stadt und in dem Kloster darff dergleichen Pracht/ wie auff den Lande/ nicht getrieben werden.

Also nahmen die Indianer von uns Abschied/ und wir verfolgten unsere Reise/ und behielten nur zwene von ihnen bey uns/ die uns den Weg zeigeten.

Da wir nun noch fünffhundert Schritte von der Stadt waren/ hielt der Prior und einer seiner Gefehrten still/ und zog auß seinem Schibsack einen Befehl vom Provincial den er uns vorlaß/ folgenden Inhalts; daß/ weil wir unsern ordentlichen Superior den Fr. Calvo, der uns nach den Philippinischen Insuln hätte führen sollen/ verlassen/ und ohne seine Erlaubniß in die Provintz Chiapa komen wären/ so könte er uns mit gutem Gewissen nicht als Glieder in seine Gemeine auffnehmen/ ehe und bevor er uns auff irgend eine manier wegen des Fehlers/ den wir begangen hätten/ gestraffet hätte. Befahl also dem Prior zu Chiapa, daß/ so bald wir würden ins Kloster kommen seyn/ er uns ie zwene und zwene in unsere Kammern als in ein Gefängniß einschliessen/ und uns darauß außzugehen nicht erlauben solte/ als bloß allein ins refectorium, da wir zu Mittag uns für dem sämtlichen Geistlichen stellen/ auf die Erde nieder sitzen/ und nichts/ als Brodt und Wasser zu essen haben solten/ doch solte dem Prior erlaubet seyn/ uns zur Abend-Mahlzeit in unsere Kammern/ die uns statt der Gefängniß seyn solten/ etwas bringen zu lassen/ was ihm gut düncken würde.

Dieses war nun die Busse/ die der kluge und verständige Provincial uns aufflegte/ welche doch auff ein so gutes Frühstücke zimlich harte zu seyn schiene/ und uns in einige Wege verdrüßlich war/ daß wir/ nachdem wir so prächtig waren empfangen worden/ itzo von Fasten und Gefängnüß hören solten.

Nun fingen wir an/ wieder an das Spielen mit dem Provincial und unsern Verlust zu gedencken/ und das Geheimniß zu verstehen/ und daß uns die Schachteln mit der Chocolate, wenn wir würden zu Mittage mit Brod und Wasser seyn gespeiset worden/ zu Trost und Erqvickung dienen solten.

Wir erinnerten uns auch/was uns der Prior von der Mitags-Mahlzeit/ die wir selben Tag würden halten sollen/ gesagt hatte/und daß wir uns der Freyheit geniessen solten/weil wir noch könten.

Allein der gute Prior, als er sahe / daß sich unsere Gestalt plötzlich auff einmal veränderte / und wir betrübet außsahen / fing er an zu lächlen/ und gab uns damit zu verstehen/daß weder er noch der Provincial, uns im geringsten was übels zu thun willens wären/ sondern daß alles / was da geschähe/ nur zum Schein geschehe / damit den Criollen das Maul gestopffet würde/ welche sonst/wenn man uns nicht irgend auf einige Weise straffte/ zu murren nicht unterlassen würden. Er versicherte uns über dieses / daß wir nach geendetem unserem Gefängnüß/alle Ehre und Beförderung solten zu geniessen haben/ wir solten in dessen keinen Mangel leiden / so lange wir bey ihm sein würden/ und wenn wir zu mittage mit Wasser und Brod würden gespeiset seyn / so wolte er uns in unsere Kammern so viel zur Abendmalzeit schicken daß wir vier-und zwantzig stunden davon wol zu leben genung haben würden.

Hierauff gingen wir dem Kloster zu Chiapa immer zu / in welchem wir von den meisten Geistlichen mit freuden empfangen worden: Wir spühreten aber gleichwol auch/daß einige drunter waren/die uns scheel ansahen/und gar unfreundlich thaten.

Da man uns nun nehrlich in unsere Kammern eingewiesen hatte/wurden die andern Geistlichen/ durch das gewöhnliche Glöcklein zur Mittags-Mahlzeit/und wir in Brod und Wasser pœnitenz zu thun/ geruffen.

Wir gingen also ins Refectorium, da nach gesprochenem Benedicite die Münche sämtlich zu Tische sassen / wir vier Jonas aus den Philippinischen Insuln (denn also hatten uns einige von den Criollen genennet/) aber musten mit geschrenckten Beinen/ wie die Schneider/ mitten im Refectorio auff die Erde sitzen/umb durch diese Demütigung unser mißfallen/so wir über unserm Ungehorsam gegen unserm Superior dem Calvo hätten/ zu bezeigen.

Als man nun denen bey Tisch die erste Schüssel zu Tische trug / reichete man auch iedem unter uns ein zimliches Brodt/ und einen Krug voll klahres Wassers / welches wir lustig truncken / weil wir von dem zwiefachen Frühstücke / so wir vorher zu uns genommen hatten/ bereits satt genung waren.

Wir hatten gleichwol mitten in dieser Züchtigung/die uns zwar öffentlich beschimpffte/ doch unter denen München auch umb viel geringerer Verbrechen

brechen wollen/als die unsrige war gebräuchlich ist/ noch diesen Trost/ daß der Prior und Provincial unsere Freunde waren / daß dieses eine väterliche Züchtigung war/und daß wir eben von denen / so uns zu selbiger verdammet hatten/zu unserer Erqvickung Chocolate haben solten; uñ solten über dieses in unsern Kammern auff den Abend besser gespeiset werden als viel andere/ die kaum zwey oder drey Schüsseln zum Abend essen haben würden; Hierzu kam noch/daß wir in unserer Pœnitenz einen Criollen zum Gefehrten hatten/ welcher eben so wol als wir auff der Erden sitzen muste/ weil er mit einer Nonnen Liebes-Schreiben/in welchen sie die Schrancken der Keuschheit überschritten hatten/gewechselt hatte.

Da ich nun sahe daß dieser Münch uns ein unfreundliches Gesichte gab/ so rückte ich so nahe zu ihm/ als ich immer könte / und da ich ihm gantz leise brummen hörete / und vernahm / daß er uns ungehorsame Jonas aus den Philippinen hiesse; so sagte ich ihm eben mit gantz leiser Stimme / folgende zweene Verse/die mir bey seinem üblen Verhalten ohngefehr einfielen.

Si monialis amor te turpia scribere fecit,
Ecce tibi gelidæ præbent medicamina limphæ.

Als er aber diese Verse/ die ich aus dem Steigereiff machte/ hörete/ bezeugte er seinen Verdeuß/ so er darüber hatte/ sonderlich in dem er von mir wegrückte/mit schüpffung der Armen/ und Zuckung der Achseln; wodurch ich beweget wurde ihme zu folgen und ihm gantz freundlich folgendes Verßlein fürzusprechen.

Solamen misero est socios retinere Panettes.

Er bildete sich ein ich rückte ihm deßwegen nach / daß ich ihm sein Brodt nehmen wolte/zu mal da er das Wort panettes hörete; uñ ich glaube er wäre erwürget/wenn er nicht alsobald zum Wasser/das für ihm stand gegriffen/ und ein gutes Glaß voll davon außgetruncken hätte; ich schlosse daraus/ daß sich sein Zorn geleget hätte/ und konte nicht unterlassen/ihm zu sagen/ daß ich auch gäntzlich davor hielte/es würde die hefftige Brunst seiner Liebe nunmehr auch guten theils gedämpffet seyn.

Auff solche weise hielt ich mit meinem Nachbar dem Criollen bey Brod uñ Wasser eine lustige Mittagsmahlzeit/ und da dieselbe verbracht war/führete man uns wieder in unsere Kammern/und truncken darinnen die Chocolate, die uns der ehrliche Alvarez verehret hatte.

Es besuchten uns auch die aus Castilien bürtige Münche hauffenweise/

in unsern Kammern/eines theils/daß sie sich mit uns besprachen/und die andern/ daß sie uns mit Confituren und andern dergleichen Schleckereyen beschenckten. Man redete auch bald im Kloster von den Versen / welche ich auff den Criollen gemacht hatte/so daß sie denselben Nachmittag den andern Mönchen sämtlich zur kurtzweil dieneten.

Auff den Abend wurden wir so gespeiset / wie uns der Prior versprochen hatte/welcher uns/nebst zwenen andern seinen Gefehrten/noch darzu die Ehre that/daß er in unsern Kammern mit uns speisete.

Also brachten wir die drey Tage unserer Gefängnüß mit freuden zu/ und wünscheten/ daß wir unser lebenlang kein ärgeres ausstehen dürfften; denn/ ausser daß uns nicht frey stund nach unserm Gefallen auszugehen/ so hatten wir sonst alles/was wir wünschen konten/ massen wir gut assen und truncken / und iederzeit einen oder den andern guten Freund bey uns hatten/ der uns Gesellschafft leistete. Dannenhero wir wol sagen konten daß unser Gefängniß uns vielmehr zur Erqvickung als zur Züchtigung dienete / weil wir auff eine so weite und langwierige Reise von Mexico nach Chiapa, weit nöthiger hatten wol auszuruhen / als viel spazieren zu gehen.

So bald wir nun unsere Freyheit wider erlanget hatten/ erfuhren wir/ daß der Prior und Provincial dahin bedacht waren/ wie sie uns so wol versorgen möchten/daß wir nach überstandener Gefängnüß in diesem Lande zu Ehren und Ansehen kommen könten. Denn zwene Geistliche von unser Gesellschafft wurden auffs Land geschickt / daß sie daselbst die Landsprache erlernen solten/damit sie den Indianern predigen / und sie mit einem beneficio versehen werden könten. Mir aber und noch einem andern von unserer Gesellschafft erlaubten sie nach Gvatimala zu gehen/ umb daselbst auff der Universität die Philosophiam und Theologiam öffentlich zu dociren; es wurde aber unsere Reise dahin biß nach den Fest S. Michaëlis verschoben / weil als denn die Schulen auffgethan / und die Regenten derselbigen verändert werden.

Da auch der Provincial die Verse, so ich ex tempore auff den Criollen gemacht hatte / betrachtete/ und daraus merckte/ daß die lateinische Sprache in Engelland besser verstanden werde / als von denen Spaniern / die den guten Prisciano mit ihren Soloecismis allzubeschwerlich seyn/ und zugleich sahe/ daß es an einer in dieser Sprache erfahrnen Persohn mangele / die in dem Kloster zu Chiapa die Knaben in der Grammatica und Syntax unterweise/

wel-

welchem Klöster diese Unterweisung jährlich ein zimliches einträget; bat er mich/ ich möchte diese Verrichtung indessen so lange auff mich nehmen/ biß er mich würde können nach Gvatimala schicken/ und versprach mir mit allem an die Hand zu gehen was ich würde von nöthen haben/ so wol zu erkauffung nöthiger Bücher/ als zu andern Dingen/ erlaubte mir auch zu weilen auffs Land auszuspatziren/ welches ich/ dasjenige was in dieser Gegend merckwürdig ist/ zu sehen verlangte.

Ich konte ein mir so vorträgliches Anerbieten nicht ausschlagen/ blieb derohalben bey diesem Ampte in dieser Stadt/ vom Monath Aprilis an biß zum Ende des Septembris, binnen welcher Zeit ich bey dem Bischoff und Gouverneur in grosses Ansehen kam; insonderheit aber bey dem Prior, der nimmer ohne mich auffs Land einige Spatzier-Reise that: Dannenhero hatte ich sehr gute Gelegenheit/ den Reichthum und die Arth der Regierung der Stadt Chiapa wol zu mercken/ wovon ich in folgendem Capitel zu handeln willens, bin.

Das 14. Capitel
Beschreibung der Provintz Chiapa, wie auch der dazu gehörigen Städte und fürnehmsten Flecken.

OB gleich die Spanier davor halten/ daß die Provintz Chiapa eine von den ärmesten in gantz America sey/ weil man darinnen biß dato noch keine Bergwercke entdecket/ auch keinen Gold-Sand in den Flüssen gefunden hat/ und weil sie an dem Sud-Meer gar keinen Hafen hat/ aus welchem man die Kauffmanns-Güter abführen und mit Mexico, Gvaxaca und Gvatimala Handlung treiben könte: so kan ich doch sagen/ daß sie an grösse der Städte und Flecken andere weit übertreffe/ und keiner ausser Gvatimala weiche; ja ich kan versichern/ daß in dem gantzen übrigen America nicht eine einige Indianische Stadt sey/ die an Eingebohrnen so volckreich und so groß sey/ als das Indianische Chiapa ist.

Es thun die Spanier unrecht daß/ sie sie so sehr verachten: Denn sie solten betrachten/ daß sie zwischen Mexico und Gvatimala liegt/ und daß an der Befestigung oder Blösse dieser Provintz der Wolstand des gantzen America lieget: Dann wann sie nicht mit Festungen verwahret wird/ so kan man durch den Fluß Tabasco gantz leichtlich mitten hinein dringen / und gräntzet auch mit Jucatan.

Uber dieses so treiben die Einwohner mit ihren Wahren nicht allein starcke Handlung unter sich selbst; sondern auch mit andern Provintzien: und ist gewiß kein Orth in America, von dannen Spanien so viel Cochenille ziehet/ als es aus der einigen Provintz Chiapa bekommt: ohne daß die so grossen und volckreichen Flecken die Einkommen des Königs mercklich vermehren/ in dem ieder Einwohner jährlich für sich einen gewissen Tribut erlegen muß.

Dieses Land ist in drey Provintzien eingetheilet/ nemlich in die Provintzien Chiapa, Zeldala und Zoqva, unter denen Chiapa die ärmeste ist.

Sie hat in sich die grosse Stadt das Indianische Chiapa, und alle Flecken und Dörffer/ die nach Norden gegen dem Maqvilapa, und noch Westen von der Prælatur Comitlan, zu welcher zehn Flecken gehören / und viel Vorwercke/ auff welchen allerley Vieh/ Pferde und Maulthiere gezogen werden/ liegen.

Nahe an die Prælatur Comitlan stösset das grosse Thal Capanabastla, welches eine andere Prælatur ist/ und biß an Soconuzco reichet. Dieses Thal ist berühmt / wegen eines grossen Flusses/ der aus dem Cuchumatlanischen Gebürge entspringet/ bey dem Indianischen Chiapa vorbey laufft/ und in den Fluß Tabasco fället: So ist es auch nicht weniger berühmt wegen der grossen menge Fische / so in diesem Fluß gefangen werden / und wegen des häuffigen Viehes so im selbem gezogen wird/ und nicht allein Chiapa, sondern auch alle umbliegende Orthe ernehret.

Ob aber gleich die Stadt Chiapa und Comitlan in einem gar sehr kalten Landstrich liegen/ weil sie auff den Bergen liegen/ so ist es doch in diesem Thal überaus heiß/ weil es in einem Grunde lieget/ und entstehen von Monat May an biß auff S. Michaël öffters hefftige Stürme mit Donner und Blitz vergesellschafftet.

Die vornehmste Stadt in welcher auch die Prælatur ist/ heisset Capanabastla, in welcher mehr denn 500. Indianer wohnen; doch ist Izqvinlenango viel grösser/ und liegt am Ende des Thals gegen Suden/ am Fusse des Gebürges Cuchumatlan: Beyde aber übertrifft an Grösse die am andern Ende des Thals gelegene Stadt S. Bartholomæus; das Thal aber ist ohngefehr 40. Meilen lang/ und zehn oder zwölffe breit.

Alle die andern Städte liegen gegen Soconuzco, und ie näher man gegen das

das Ufer des Sudmeeres komt/ie grösser wird die Hitze/und ie gemeiner sind auch die Blitz-und Donner-Wetter.

Es wird aber in diesem Thal nicht allein sehr viel Vieh gezogen/sondern es wird auch eine grosse menge Baumwolle in selbigem gesamlet/welche das beste Kauffmanns-Guth dieses Landes ist: Dann aus selbiger werden überaus viel Mäntel / womit sich die Indianer decken/gemacht/ und kommen die Kauffleute aus vielerley Orthen hieher sie zu kauffen / oder die Einwohner verstechen sie mit denen von Soconuzco nnd Suchutepeqve gegen Cacao, so daß sie iederzeit mit dem Geträncke/so von dieser Frucht gemachet wird / zur Gnüge versehen sind.

So haben sie auch keinen Mangel an Fischen/ weil sie derselben genug aus dem Flusse haben können : noch weniger aber am Fleisch/ weil das Thal voller Vieh ist: Es mangelt ihnen auch nicht an Kleidung/ weil sie derselben andern zu verkauffen haben : auch nicht an Brodt/ denn ob gleich daselbst kein Korn wächst/so erndten sie doch so viel Mahis ein/daß sie davon zu leben genugsam haben. Endlich haben sie Federwil[illegible]pret/ Gevögel und Indianische Hüner/Früchte/Honig/Taback und Zucker-Rohr.

Gleichwol ist das Silber zu Chiapa nicht so gemein als wie zu Mexico und Gvaxaca: Denn an stat daß man in diesen Städten nach Patagons oder Stücken von Achten rechnet; so wird zu Chiapa nur nach festonen, die nur einen halben Patagon gelten/ gerechnet.

Ob nun zwar der Fluß diesem Thal sehr nützlich ist/und sehr viel zu dem überfluß/ so in selbigem vorhanden ist beyträget; so ist er doch auch eine Uhrsache vieles Unglückes/ das den Einwohnern begegnet: Denn es werden die Kinder so wol als die Kälber und jungen Füllen/wenn sie dem Ufer des Flusses zu nahe kommen/ öffters von den Crocodillen / welche sich in grosser menge in selbigem auffhalten / und auffs Fleisch sehr begierig sind, gefressen.

Die Stadt/ das königliche Chiapa geneunet/ ist eine von den kleinesten Städten in America: Denn es sind mehr nicht als etwan vierhunbert Spanische familien darinnen/und in der so genanten Indianer Vorstadt/ ohngefähr hundert Haußhaltungen der Indianer/ die auch ihre besondere Capelle haben.

In der Stadt ist sonst keine andere Pfarr-Kirche als die Cathedral-Kirche/ zu der sich die gesamte Einwohner der Stadt halten.

Sonsten sind zwey Klöster in der Stadt / eines vom Orden S. Domi-nici, rici, und das andere dem Franciscaner Orden zuständig/und noch ein armes Nonnen-Kloster/welche der Stadt beschwerlich genung sind.

Weil nun die Jesuiten / die gemeiniglich in reichen und vermögenden Städten wohnen / sich hier nicht nieder gelassen haben/so ist leicht zu schliessen/ daß diese Stadt nicht so gar reich sey / oder doch die Einwohner gewiß so genereux nicht sind/ als wohl die Jesuiter verlangen und gewohnet sind/ nur grosse Allmosen und gantz ungemeine Geschencke/womit sie ihre Collegia an denen Orthen/ wo sie sind/ erhalten/ zu empfangen.

Und warlich die Kauffleute allhier halten an sich / und die Edelleute sind gute Haußhalter und sparsam / und sind so hertzhafft und höfflich nicht / als derogleichen Freygebigkeit erfordert/ so daß das arme Chiapa kein beqvemer Orth für die Jesuiten ist.

Die grösseste Handlung/ so die Kauffleute allhier treiben/ geschiehet mit Cacao, mit Baumwollen/die sie auff dem Lande daherumb holen/ mit allerley Krämerey / und mit Zucker welchen sie von Indianischen Chiapa her bekommen/wie auch mit etwas wenigem Cochenille: Denn weil der Gouverneur ein grosses mit dem Cochenille Handel gewinnet/gestattet er ihnen nicht leichtlich mit solcher Wahre zu handeln.

Sie haben sämptlich ihre Läden auf einem kleinen Platze/da der Marckt gehalten wird/für der Cathedral-Kirchen / woselbst auch Lauben und bedeckte Hallen sind/ dahin des abends umb fünff Uhr gewöhnlich der armen Indianer Weiber kommen/ und den Criollen schlechte Speisen und Geträncke umb gar geringen Preiß verkauffen.

Die reichesten von diesen Kauffleuten/reisen entweder selbst / oder verschicken ihre Leute nach Tabasco, und kauffen daselbst von denen aus Spanien kommenden Wahren ein/ als da sind Weine / Leinwand/Feigen/Rosinen/ Oliven/ und Eisen; allein sie wagen nicht / allzuviel in diese Wahren zu stecken/ weil wenig Spanier im Lande sind / und die meisten unter denselben sich mit dem / was sie zu Erhaltung ihres Lebens nothwendig brauchen/ begnügen: so daß das meiste solcher Spanischen Wahren / so hieher gebracht werden / von denen Geistlichen / als die diejenigen im gantzen Lande sind/die sich wol seyn lassen/ verbrauchet wird.

Die Edelleute von Chiapa dienen gemeiniglich in diesem Lande zum Sprichwort und zur vexirerey/ in dem man/ wenn man einen Auffschneider / der für einen grossen Herren/ und trefflichen Mann will angesehen seyn/

ohngeachtet er nur ein Bettler und unwissender Esel ist / fürstellen will / man ihn einen Edelman von Chiapa nennet. Denn sie geben sich gemeiniglich alle für Nachkommen einiger Spanischen Fürsten / oder derer ersten Besieger dieses Landes aus / ob sie gleich in ihren Sitten und Gesprächen so grob und tölpisch als ein Bauer sind / und haben meistentheils weder Witz noch Verstand; wie denn die vornehmsten Geschlechter in dieser Stadt die prächtigen Nahmen / Cortez, de Solis, de Velasco, de Toledo, de Zerna, und de Mendoza führen.

Das 15. Capitel
Von einem sonderlichen Gespräche / so ich mit einem Criollen oder Inländischen Spanischen vom Adel gehabt.

Als sich eines Tages einer von diesen Edelleuten / der einer von den Vornehmsten war / und Don Melchior de Velasco hiesse / mit mir in ein Gespräche / Engelland und die Englische Nation betreffend / eingelassen / fragte er mich in gantzem Ernst / ob die Sonne und der Mond in Engelland auch so aussähen wie zu Chiapa? ob die Engelländer auch / wie die Indianer Baarfuß gingen? und ob sie auch Menschen opfferten / wie vor diesem die Heyden in diesen Landen gethan haben?

Das waren aber die närrischen Fragen nicht alle: denn er fragte mich auch; ob man in Engelland wol etwas so Delicates habe als die Frixollen, die der armen Indianer gewöhnliche Speise / sind? Es sind aber diese Frixollen nichts anders als gekochte Faseolen, mit etwas wenigen Americanischen Pfeffer und Knoblauch gewürtzet / so daß sie so schwartz als Dinten davon werden.

Weiter fragte er / ob die Engelländischen Weiber auch so lange schwanger gingen wie die Spanischen? und endlich ob nicht die Spanier viel tapfferer und höfflicher wären als die Engelländer? Ich wil hundert andere ungereimte Dinge / die er fürbrachte / mit stillschweigen übergehen / und nur sagen / daß es bey ihnen durchauß bräuchlich ist / daß sie zu mittage nichts anders speisen / als eine Schüssel voll Frixollen im schwartzen Sode mit Pfeffer und Knoblauch / welches sie die beste Kost der Indianer heissen: Wenn nun diese prächtige Mittagsmahlzeit verbracht ist / so treten sie ein halbstündgen

gen an die Haußthüre/sich umbzuschauen/da bringen sie die Zeit zu mit Abschüttelung der Bröcklein von ihren Kleidern/ Kragen/ und Knäbel-Bärthen/ und mit Zähne stochern/gleich als ob ihnen etwan ein Beinlein von einem Rebhuhne dazwischen wäre stecken blieben: und wann sich es ohngefehr trifft/ daß iemand von ihren Freunden vorbey gehet; so wissen sie eben zu rechter Zeit ein Bröcklein im Barthe zu finden/ und sprechen zugleich: Ach Herr/ welch ein Delicates Rebhun habe ich doch itzo gessen! damit anzudeuten/ daß sie wol speiseten; ob sie schon sonst nichts/ als itzgemeldete gekochte Bonen gessen haben.

Ob sie nun schon so grosses Wesen von ihrer Geburth und Ahnen machen/ so haben sie doch mit sonst nichts anders als mit Viehezucht zu thun/ und ihr grössester Reichthum bestehet in Vorwercken/ worinnen Rinder und Maulthiere auffgezogen werden.

Es sind gleichwol einige unter ihnen/ die gantze Flecken mit Indianern eigenthumlich besitzen/derer Commendeurs sie genennet werden/und muß ein ieder Inwohner des Fleckens seinem Herrn jährlich ein gewisses an Geld und Federvieh bezahlen.

Sie tragen gantz kein Belieben zu den Waffen/ und ob sie schon sagen/ sie möchten gern nach Spanien kommen/so ist doch nicht ein einiger unter ihnen/ der sich auffs Meer zu wagen begehrte; denn sie halten gewiß dafür/ daß es sich nirgends/als zu Hause in seinem Bette/ ruhiger schlieffe.

Hundert Mann guter Soldaten würden alle diese Dons von Chiapa schlagen und verjagen und sich dieser Stadt bemeistern/ in dem die Eingänge derselben so offen sind/daß die Esel und Maulthiere/ es sey zu welcher Zeit es wolle ein und ausgehen und Weide im Felde suchen können.

Gleichwol hält sich in dieser Stadt ein Statthalter uñ ein Bischoff auf.

Die Stadthalterschafft ist sehr ansehnlich/ dann seine Macht erstrecket sich sehr weit/ und gehet mit den Spaniern und Indianern nach seinem gefallen umb/treibet auch starcke Handlung mit Cacao und Cochenille.

Allein es heist gemeiniglich wie gewonnen/ so zerronnen; welches unter andern auch Don Gabriel de Orellana, der damals als ich hier war/ Statthalter war/ erfahren hat: Denn dieser schickte 8000. Krohnen werth an Cochenille, Cacao, Zucker und Leder auff den Fluß Tabasco nach der Havana; es ging aber alles verlohren/und gerieth den Holländern in die Hände.

Das

Das 16. Capitel

Vom Zustande der Kirchen zu Chiapa, wieweit sich das Bischoffthumb erstrecke / und was einem Bischoffe / als er den bösen Gebrauch der Weiber / die unter der Messe in der Kirchen Chocolate zu trincken pflegten / abschaffen wolte / begegnet.

DAs Bischoffthum dieser Stadt trägt jährlich zum wenigsten 8000. Ducaten: und zwar verdienet der Bischoff selbe wol / der aus einem so fernen Lande / als Spanien ist / kommet / in einer solchen Stadt / da so treflich geschickte Leute sind / wie Don Melchior de Velasco ist / und wo die Esel so wolfeil unterhalten und gezogen werden / zu wohnen.

Die meisten Einkommen dieses Bischoffthumbs sind die Opffer der Indianer / die er jährlich auß denen grossen Flecken bekomt / wohin er alle Jahr einmahl reiset / ihre Kinder zu firmen / unter welchen nicht eines ist / das ihm nicht eine weisse Wachs-Kertze / ein Band und auffs wenigste vier Realen an Geld opffere.

Ich habe selbst gesehen / daß ihme einiger reichen Indianer Kinder Wachs-Kertzen die biß auf sechs Pfund wogen / samt zwey ellen Band / da die elle zehn Sols kostete / und von unten biß oben aus mit einfachen Realen bedeckt waren / geopffert haben: Dann die Indianer suchen in diesen grossen Opffern sonderliche Ehre.

Der damalige Bischoff hieß Don Bernhard de Salazar, der bath mich / daß ich ihm einesmals / als er die nächst umb Chiapa gelegene Flecken Visitirete / Gesellschafft leistete: Da denn mein Ampt war / daß ich das Becken hielt / darein die Spanier und Indianer ihr Opffer legten / weil unterdessen der Bischoff ihre Kinder firmete: und weil ich / nebst einem andern Capellane das Geld / ehe denn es in des Bischoffs Kammer getragen wurde / fleissig zehlen muste / so befand ich zu Ende des Monats / daß er allein an diesen Opffern 1600. Ducaten eingenommen hatte / ohn die Gebühr / so er wegen visitirung der Brüderschafften / die in diesem Lande sehr reich sind / und wovon die Bischöffe in ihren Diecœsen reiche Einkommen geniessen / empfing.

Dieser Bischoff war / wie alle die andern in Indien / ein wenig zu sehr dem Geitz ergeben: sonst aber war er von guthen Sitten / und befleißigte sich sonderlich die Mißbräuche/so in der Kirchen begangen wurden/abzuschaffen/ allein es kostete ihn sein Leben/ noch ehe ich von Chiapa nach Gvatimala reisete.

Es gaben die Weiber in dieser Stadt vor/als ob sie so blödes Magens wären / daß sie unmöglich eine stille Messe/ geschweige denn eine hohe Messe samt der Predigt außhören könten/wenn sie nicht in dessen ein Glaß voll heisse Chocolate außtrincken/und etwas vonConfituren essen solten/ihren Magen damit zu stärcken. Dannenhero waren die Mägde gewohnet/ mitten unter der Messe oder Predigt ihnen Chocolate in die Kirche zu bringen / welches denn ohne Getümmel / und die Priester oder Prediger irre zu machen nicht geschehen kunte.

Diesen Mißbrauch versuchte der Bischoff mit Gelindigkeit abzuschaffen/vermahnete sie derohalben zu unterschiedenen malen/sich dessen zu enthalten: als er aber sahe/ daß er damit nichts ausrichtete / und sie es nach der alten Weise immer fort trieben/ ließ er an die Kirchthüren eine Excommunication anschlagen / wieder alle diejenigen/ die unter wehrenden Gottesdienst in der Kirchen zu essen oder zu trincken sich unterstehen würden.

Diese Excommunication kränckte das Weibes-Volck aus der massen sehr/ insonderheit aber das Adeliche Frauen-Zimmer/ die öffentlich sagten/ daß wann man ihnen nicht erlauben wolte in der Kirche zu essen und zu trincken/ so könten sie auch ferner keiner Messe beywohnen.

Die vornehmsten von diesem Frauen-Zimmer/ denen die Freundschafft/ so zwischen dem Bischoff/ dem Prior und Mir war/ wol wissend war / kamen zu uns/und baten uns/wir möchten es dahin vermitteln/ daß der Bischoff die Excommunication widerruffen möchte.

Der Prior und ich thäten zwar unser bestes den Bischoff zu bereden/ daß er ihnen zu willen seyn möchte/ in dem man es bereits in diesem Lande gewohnet sey; es sey die Schwachheit des weiblichen Geschlechtes und die Blödigkeit ihres Magens bekant; er würde sich dadurch bey ihnen verhasset machen/ und sey zu besorgen / daß nicht etwan ein Auffruhr in der Kirchen und Stadt entstehen möchte/ wovon wir bereits von unterschiedenen Personen einige Muthmassungen verspühret hätten.

Er gab uns aber zur Antwort; daß er umb der Ehre Gottes willen seyn Leben für nichts achte/ und sey alles das/was wir ihm fürgebracht hätten/von

keiner

keiner solchen Wichtigkeit/ daß er umb desselben willen das geringste wider seine Pflicht begehen solte.

Als nun die Weiber sahen/daß er fest auff seinem Vorsatz blieb/ fingen sie an ihn nicht allein zu verachten; sondern auch öffentlich seiner und seiner excommunication zu spotten / ja sie truncken ihme zum Verdruß mehr als iemahls in der Kirchen.

Dieses veruhrsachte / daß eines Tages ein grosser Aufflauff in der Cathedral-Kirchen entstunde / und daß viel Degen über die Priester und Canonicos,die den Mägden die Gefässe darinnen sie ihren Frauen die Chocolate brachten/zu nehmen sich unterstunden/entblösset wurden.

Da nun die Weiber sahen / daß der Bischoff weder durch gute Worte/ noch durch Gewalthätigkeit konte gewonnen werden/ entschlossen sie sich/ die Cathedral-Kirche gar zu verlassen/ so daß forthin niemand mehr in selbiger gesehen wurde/und iedermann ging in die Kloster-Kirche Messe und Predigt zu hören/da sie die Mönche nach ihrer Gewohnheit leben liessen/ und anders nichts thaten/als daß sie sie auffs freundlichste ermahneten/ so daß auf solche weise die Mönche/ mit schaden der Canonicorum und der Cathedral-Kirche/als wohin niemand mehr etwas verehrete/sich bereicherten.

Es wehrete aber dieses nicht gar lange: Denn der Bischoff erzörnete sich über die Mönche/ und ließ noch eine excommunication publiciren/in welcher er allen Einwohnern der Stadt aufferlegte in die Cathedral Kirchen zu kommen/ allein die Weiber/ an statt daß sie ihm hätten gehorsamen sollen/ hielten sich einen gantzen Monat lang in ihren Häusern eingeschlossen.

Indessen wurde der Bischoff gefährlich kranck/und nam seine Zuflucht in das Jacobinen Kloster; weil er dafür hielt/es würde niemand seiner besser pflegen in seiner Kranckheit als der Prior.

Es wurden aus unterschiedenen Orthen die Medici zu rathe gezogen/ alle aber sagten einmüthig/ihm sey mit Gift vergeben worden/ uñ er selber erkandte es als er starb / und bath GOtt / er wolle denen die Uhrsach an seinem Tode wären / verzeihen/und die Auffopfferung seines Lebens/welches er für seine und seines Hauses Ehre dargebe/ ihm wolgefallen lassen.

Er lag länger nicht als acht Tage im Kloster kranck / und gleichwol so bald er todt war/lieff sein Leib / sein Kopff und Gesichte dermassen auff / daß/ wenn man seine Haut nur ein wenig anrührete/ sie alsobald aufffprang und eiterte/welches in Warheit ein Zeichen einer gäntzlichen Faulnüß durch den gantzen Leib war.

Es war eine vom Adel in der Stadt/ die ich wol kennete/ welche einer allzugrossen Vertrauligkeit mit einen von des Bischoffs Pagen beschuldiget wurde/ und man hielt dafür/ daß diese ihm durch den Pagen ein Glaß voll vergifftete Chocolate beybringen lassen.

Ich habe es selbst gehöret/ daß sie sagte/ es würden sich wol wenig Leute über des Bischoffs Tode betrüben/ am wenigsten aber hätte das Weibes-Volck Uhrsach sich zu bekümmern/ und daß sie glaubte/ daß/ weil er so grosse Abscheu für der Chocolate, so in der Kirchen getruncken worden/ gehabt hätte/ ihm diejenige/ die er zu Hause getruncken/ auch nicht hätte wohl bekommen können.

Diese Geschicht gab hernach Gelegenheit zu einem Sprichwort durchs gantze Land/ daß man sich für der Chocolate von Chiapa hüten müsse/ und ich selbst verlangte forthin nirgend wo selbe zu trincken/ wo ich nicht von des gantzen Hauses affection gegen mir gnugsam versichert war.

Es sind die Weiber in dieser Stadt sonderlich ihren Lüsten ergeben/ und der Teuffel hat sie sonderliche Künste und Grifflein gelehret/ wodurch sie die Seelen zur Sünde zu locken/ und in die Verdammnüß zu stürtzen/ wissen: und wann man ihnen nicht zu willen ist/ so wissen sie sich durch ein Glaß voll Chocolate, oder mit einer Schachtel vol Confituren/ daran man sich gewißlich den Todt frisset/ zu rächen.

Diese Edeldame welche wegen des Bischoffs Tode in verdacht war/ und sich selbst darüber ängstete/ schickte mir zum öfftern Schachteln voll Chocolate und Confituren/ die ich auch annahm/ weil ich davor hielt/ es geschehe solches aus Danckbarkeit/ weil ich mir die Mühe genommen hatte/ sie etwas Latein zu lernen. Sie war eines lustigen und annehmlichen humeurs, und spührete ich nichts böses an ihr/ biß daß sie mir eines Tages einen überaus schönen Palmiten-Apffel in einem Schnupfftuch eingewickelt/ und gantz mit Jeßmin-Blumen und Rosen bedecket/ schickete.

Als ich erstlich das Schnupfftuch auffwicklete/ bildete ich mir ein/ ich würde unter den Blumen irgend ein kostbares præsent, oder etliche Stücke von Achten finden; Ich wurde aber höchst bestürtzt/ da ich nichts anders als diesen Apffel fand/ noch mehr aber/ als ich bey genauerer Betrachtung sahe/ daß auff selben ein mit Pfeilen durchschossenes Hertze mit einem Messer eingeschnitten war; als woraus ich ihres Hertzens Verlangen sattsam abnehmen konte.

Dieses

Dieses veruhrsachte/daß ich hernachmals in annehmung ihrer Geschencke behutsamer/und nicht so geschwinde war; massen ich ihr auch ihren Apffel mit diesen Worten wieder zurück sendete: **Eine solche kalte Frucht wircket bey mir nicht.**

Weil nun meine Resolution uñ Antwort bald Stadt kündig wurde/erzörnete sie sich hefftig über mich/ so daß sie nicht allein ihren Sohn aus meiner Schulen nahm/ sondern auch bey unterschiedenen Gelegenheiten sich dreuend vernehmen ließ/ sie wolte mir gewiß ein Stückgen von Chiapa mit spielen.

Dannenhero gab ich fleissig auff meine Schantze achtung/ massen mir des Bischoffs Chocolate noch in frischen Gedächtnüß war: und ich hielt mich auch hernach nicht lange mehr in dieser unglückseligen Stadt auff; als die kein besser Lob verdienet/ als daß sie von unerfahrnen tölpeln und Weibern/ die nichts anders können/ als vergifftete Chocolate zuzurichten/ bewohnet werde.

Das 17. Capitel

Beschreibung des Indianischen Chiapa, wie auch von derer daselbst wohnenden Indianer Privilegien ihrer inclination, ihrem Handel und ihren gewöhnlichen Verrichtungen.

Es liegt aber zwölff Meilen von dieser Stadt ein anderes Chiapa, welches besser werth ist daß es gelobet werde/als itztgedachtes.

Selbiges ist meistentheils von Indianern bewohnet/und ist eine von den grössesten Städten in gantz America, als da zum wenigsten 4000. familien wohnen.

Die Könige in Spanien haben dieser Stadt viel besondere Freyheiten ertheilet: iedoch/ob sie gleich von Indianern regieret wird/ gehöret sie gleichwol unter das Ober-Regiment des Spanischen Chiapa, als von welchem aus denen Indianern so wol der Gouverneur als auch die andern geringeren Bedienten nach gefallen erwehlet werden.

Dieser Gouverneur darff den Degen und Dolchen an der Seiten tragen/ und hat für den andern Indianern sonst viel besondere Freyheiten.

Es

Es ist sonst keine Stadt/wo so viel Indianische Edelleute gefunden werden/als diese. Zu meiner Zeit war Don Philippus de Guzman daselbst Gouverneur, ein sehr reicher Indianer / der allezeit in seinem Stalle ein Dutzend so schöne Hand-Pferde hilt / als sie sie irgend ein Spanischer Gouverneur in selbigem Lande halten mag/ wie er denn ja so behertzt war/als diese immer seyn können / wie er sattsam / durch den Proceß,welchen er in der Cancelley zu Gvatimala, wider den Gouverneur des Königlichen Chiapa, über den Freyheiten seiner Stadt führete / der ihn auch was rechtschaffenes kostete / erwiese: und als er denselben gewonnen hatte / stellete er darüber so wol zu Wasser als zu Lande so prächtige Freuden-Bezeugungen an/ daß man am königlichen Hofe zu Madrit schwerlich was mehrerers hätte thun können.

Es lieget diese Stadt am Ufer eines grossen Flusses/ worauff viel Schiffe gehalten werden; und hat man die Indianer unterwiesen / wie man See-Schlachten hält; da sie denn so abgerichtet sind/die Musen auff dem Parnassus, den Neptunus,den Æolus, und andere Heydnische Götter vorzustellen/ daß sich die andern Indianerzum höchsten darüber verwundern.

Sie machen mit ihren Schiffen / eine Schiffs-Armee / sie belagern damit eine Stadt wie sichs gehöret / und setzen selbiger also zu/ daß sie sich ergeben muß / und dieses alles mit solcher Hertzhafftigkeit und Geschicke / daß es scheinet/ als ob sie von Kindheit auff in See-Kriegen wären erzogen worden.

Sie sind gleichfals auch im Stier-Gefechte / trefflich abgerichtet/ wie nicht weniger im Rohr-stechen / im Wettelauff der Pferde / ein Lager zu schlagen/ in der Musik / im Dantzen/und andern übungen des Leibes/worinnen sie den Spaniern nicht das geringste nachgeben.

Sie bauen Städte und Schlösser von Holtz und Decken sie mit gemaleter Leinwand / selbige belagern sie mit ihren Schiffen / und streiten gegen einander mit Feuer-Röhren / Feuer-Lantzen/und andern künstlichen Feuerwercken so behertzt und geschickt / daß wann sie diß/ was sie im Schimpff thun / im Ernst vornehmen dörfften/ so würden die Spanier und ihre Mönche alzubald bereuen müssen/ daß sie sie in dieser Wissenschafft zu so grosser Erfahrung haben kommen lassen.

Sie spielen offtermals Comœdien/ als welche ihre beste Zeitvertreibungen sind; und erweisen sich darinnen so großmüthig/ daß sie im geringsten nichts

nichts spahren / was zu Bedienung der Geistlichen / und der Einwohner derer umbliegenden Flecken / so ihnen zuzuschauen nöthig ist: insonderheit an den Fasten / und offentlichen Freuden-Tagen / an welchen gewöhnlich ein grosser Zulauff von Volcke zu seyn scheinet.

Die Stadt ist reich/weil sie viel wohlhabende Einwohner hat/ die auff dem Lande / gleich wie die Spanier / hin und her handeln / und alle diejenigen Handwercke / die bey einem wohleingerichteten Regiment einer Stadt nöthig sind/treiben.

Es mangelt ihnen weder Fleisch noch Fische; denn mit diesen versichert sie der vorbey fliessende Fluß zur genüge / und jenes haben sie auch sattsam auß ihren Vorwercken / in welchen das Vieh häuffig erzogen wird.

Unter allen Ordensleuten/ die sich in dieser Stadt niedergelassen haben/ sind die Dominicaner die vornehmsten/ sie haben ein sehr schönes Kloster und noch eine andere Kirche oder Capelle/ so zum Kloster gehöret.

Es ist an diesem Orthe so grosse Hitze/das die Mönche und Indianer allezeit ein leinen Tüchlein umb den Halß tragen/den Schweiß damit abzuwischen/ dannenhero sitzen sie auch länger zu Tische als sie sonst thun würden/ weil sie keinen Bissen essen können/ daß ihnen nicht der Schweiß längst über das Angesichte herunter läufft. Nichts destoweniger ist es zu abends kühle und sehr annehmlich / dannenhero komt es auch/ daß man dieselbige Zeit meistentheils zur Lust/und zum Spatzierengehen in den Lustgängen und Gärten/so am Ufer des Flusses liegen/ anwendet.

Zwey oder drey Meilen von der Stadt / hat es zwey Ingenios oder Zucker-Mühlen/deren die eine den Jacobinern zu Chiapa, und die andere eben diesen Mönchen in dieser Stadt zugehören: Es sind dariñen auf die zweyhundert Schwartze und sehr viel Indianer/ die unauffhörlich in Verfertigung des Zuckers/ womit das gantze Land versehen wird/arbeiten: Es werden daselbst auch zugleich eine grosse Menge Maulthiere und köstliche Pferde aufgezogen.

Es fehlet nichts / als daß diese Stadt/daß Indianische Chiapa, mit den umbliegenden Flecken unter einem etwas temperirterem Himmels-Strich liegen solte / und daß kein Korn daselbst wachsen will: Jedoch lassen diejenigen / die ohne dasselbe nicht wol leben können / es von den Spanischen Chiapa und aus der Gegend Comitlan herüber bringen: Es ist aber dieser Abgang am Korne für keinen Mängel zu rechnen / weil das Mahis sehr überflüssig daselbst wächst / woraus die Mönche und Spanier Brodt machen lassen/ welches sie mit so guten appetit essen/als das rockene Brodt.

Ee Indes-

Indessen gewinnen die armen Spanier und einige Indianer/ die da handeln gelernet haben/ ein sehr grosses mit rockenen Zwieback/ welches sie in die Flecken und Dörffer zum Verkauff herumb führen; denn ob dieses schon hart und dürre ist/ so kauffen selbiges die Indianer doch auß Neugierigkeit gerne/ oder tauschen solches für Baumwolle ein/ alles die hier zu Lande noch viel häuffiger gefunden wird/ als in der Landschafft Copanabastlan.

Das 18. Capitel
Beschreibung der Provintz der Zoqven, welche an Chiapa stösset/ samt derselben Reichthum/ Handel/ wie auch des Vortheils so sie der Handlung und Abführung der Wahren für denen benachbarten Landschafften hat.

Mit der Landschafft Chiapa gräntzet die Provintz der Zoqven, welches die reicheste in selbiger Gegend ist/ und strecket sich von der einen Seiten an den Fluß Tabasco, von dannen man durch den Fluß Grijalva die Kauffmanns-Güter des Landes gantz sicher nach S. Jean de Vlhua oder vera Cruz abführet.

So handelt diese Provintz auch mit dem Lande Jucatan, vermittelst des Hafens den man Porto-Reale nennet/ und zwischen Grijalva und Jucatan lieget.

Ob aber gleich dieser Fluß Tabasco oder Grijalva und Porto-Real oder Landschafft der Zoqven zur Handlung sehr vortheilhafftig sind/ so veruhrsachen sie doch/ daß die Spanier daselbst in steter Furchte leben/ weil sie ihre Schwäche gar wohl wissen/ und selbst erkennen/ daß wann einige frembde Nation sich hertzhafft wagen wolte/ und durch einen dieser Eingänge/ in das Land eindringen wolte/ selbige das gantze Land Chiapa leichtlich erobern/ und von dar biß nach Gvatimala gehen könte.

Weil aber der Fluß Tabasco sehr seichte/ und der Himmels-Strich sehr heiß ist/ und man in den Dörffern von Mücken hefftig geplaget wird auch über dieses das vornehmste Kauffmanns-Guth nichts anders als Cacao ist; so hat solches die Engelländer und Holländer/ nach dem sie in den Fluß kommen sind/ weiter hinein zu gehen verhindert/ und zurücke zu kehren veruhrsacht;

sacht; haben also ein reiches Land verlassen / und die Gelegenheit ihren Namen unsterblich zu machen / umb einiger geringer Hindernüsse und Beschwerlichkeiten willen / auß den Händen gelassen.

Die Flecken in der Zoqven Provintz sind nicht so gar groß / sie sind aber reich / weil viel Seyde / und die beste Cochenille von gantz America in selbiger fället / zumalen in keiner Provintz selbige so häuffig gezeuget wird / als wie in dieser.

Es sind wenig Indianer / die nicht ihre Baumgärten vol solcher Bäume hätten / auff welchen diese Würme / die dieses köstliche Kauffmanns-Guth geben / ernehret werden: nicht daß sie sich selbsten so groß achteten; sondern weil sie gesehen haben / daß die Spanier so groß damit thun und ihnen Geld dafür geboten haben / ja sie so gar genöthigt selbige an denen Orthen / wo sie am besten wachsen / zu pflantzen.

Es ist eine solche menge Seyde in diesem Lande / daß der vornehmste Handel der Indianer in seydenen Tapetten von allerhand Farben bestehet: Es werden selbige von den Weibern gemachet / und hernach denen Spaniern verkaufft / welche sie nach Spanien verschicken.

Man muß sich höchlich verwundern / über die so mannigfaltige änderung dieser Indianischen Arbeit / die in Warheit so schöne und sauber ist / daß sie denen besten Künstlerinnen in Engelland zum Muster dienen könte.

Das Volck in dieser Landschafft ist sinnreich und nachdencklich / und wohlgestalt von Leibe: nachdem Flusse Tabasco zu / ist das Land heiß / hineinwarts aber ins Land hat es unterschiedene Orthe / da es sehr kalt ist.

Das Mahis wächset in grossem Uberfluß in selbiger Provintz / aber kein Korn / so hat es auch nicht so viel Vieh in derselbigen / wie in der Gegend umb Chiapa: was aber das Federvieh / Geflügel / und Indianische Hüner anlanget / wird desselbigen hier zu Lande so viel angetroffen / als sonst irgend an einem andern Orthe.

Hinter der Provintz der Zoqven, lieget die Provintz Zeldalos, und strecket sich vom Nord-Meer ins feste Land biß gegen Chiapa, und rühret gegen Nord-West an etlichen Orthen an die Gräntze von Comitlan; gegen Sudwesten gräntzet sie mit den Indianern / die von den Spaniern noch nicht bezwungen worden sind / welche zum öfftern auff die Christlichen Indianer streiffen / ihre Dörffer verbrennen und ihr Vieh wegtreiben.

Die Hauptstadt in dieser Provintz heisset Ococingo, und ist zugleich die Gräntzstadt gegen diese Ungläubigen.

Es kan diese Provintz unter den Spaniern für reich passiret werden/weil das Cacao, welches sie wegen der Chocolate hochachten/ häuffig darinnen wächst/ wie auch die Achiotte, womit sie diesem Geträncke die Farbe geben; Es ist aber Achiotte ein Korn/worauß die Farbe/ so in Europa rocou genennet wird/ gemachet wird/ und wird in allen Insuln und dem festen Lande/ so zwischen den Tropicis liegen/gefunden.

Es hat in selbiger auch viel Schweine/ Geflügel/ Indianische Hüner/ Wachteln Rindvieh/ Schaffe/ Mahis, und Honig: und wurde zu meiner Zeit Anstallung gemacht nahe bey Ococingo eine Zucker-Mühlen anzurichten/ weil man davor hält/daß das Zucker-Rohr so schön allhier wachsen solle/ als umb das Indianische Chiapa.

Das Land ist meistentheils hoch und bergicht/ die Stadt Ococingo aber liegt in einem lustigem Thale/da unterschiedene Bächlein und Flüssen mit gutem Wasser durchrinnen/ dannenhero auch der Orth zum Zuckerbaue für gar beqvem gehalten wird.

Es haben die Geistlichen auch in diesem Thal lassen Korn seen/ welches sehr wohl kommen/und sehr schön befunden worden ist.

Nachdem ich nun das gantze Land von Chiapa, welches von einer Seiten von der Landschafft Soconuzco, und von dar biß fast an Gvatimala von der Provintz Suchutepeqve: von der andern Seiten aber vom Flusse Tabasco und der Zeldalen Provintz eingeschlossen ist/ beschrieben hatte: in diesem Landschafften aber das Cacao und Achiotte, die fürnehmsten Stücke/worauß die Chocolate gemachet wird/ so häuffig/ wie gemeldet worden/ angetroffen wird: so wil ich/ ehe ich Chiapa verlasse und nach Gvatimala reise/ zuvorher einige Nachricht von den zweyerley Geträncken/ ertheilen/ die unter den Spaniern so gar gebräuchlich sind/und die meinem Bedüncken nach/nicht so gar zu verwerffen/ sondern vielmehr allen Nationen bekand seyn solten/ weil durch derer Gebrauch so viel Unheil/so aus dem Mißbrauch des Weins und anderer in Europa beliebten Geträncke entspringet/ verhütet werden könte.

Das 19. Capitel

Von den zweyen in Indien gewöhnlichen Geträncken/ der Chocolate, und Atolle, von den unterschiedenen Arthen sie zubereiten/ und von den Tugenden derer Dinge so dazu genommen werden.

Weil

Weil heut zu Tage die Chocolate nicht allein in dem gantzen Occidentalischen Indien; sondern auch in Spanien Italien/und den Niederlanden gemein ist/ und mit Gutsprechung vieler Gelehrter / Medicorum getruncken wird; wie denn insonderheit Antonio Colmenero de Ledesme, welcher selbst in Indien gewesen ist/ einen besonderen gelehrten Tractat von der Natur und Eigenschafft dieses Geträncks geschrieben hat; habe ich für rathsam erachtet / an diesem Orthe auch dasjenige/ was ich dort zu Lande gehöret/und durch Zwölffjährige eigene Erfahrung selber davon erforschet / anzumercken.

Der Nahme Chocolate ist ein Indianisch Wort / auß dem Wörtlein atte, oder wie andere wollen / atle, welches in der Mexicanischen Sprache / Wasser heisset/und auß dem Thon oder Gethöse / welches das Wasser im Gefässe / darein man die Chocolate thut/ machet/ und gleichsam choco, choco, choco, thut / wann es in dem Gefässe mit einem Qvirdel / so lange / biß es Blasen aufwirfft und einen Schaum bekömmet / gerühret wird.

Gleich wie nun der Nahme zusammen gesetzt ist / also mag ich auch wol sagen/daß die Chocolate ein Geträncke sey/ daß auß vielerley ingredientien zusammen gesetzt/oder gemacht worden/nach dem unterschiedlichen temperament derjenigen/die sich desselbigen bedienen.

Das vornehmste Stück aber unter allen/ so dazu genommen wird/ und ohne welches selbiges nicht kan gemacht werden / ist das Cacao, eine Arth einer Hasel-Nuß / oder eines Korns / grösser als ein Mandelkern / welcher auff einen Baume/so sie den Cacao-Baum nennen / in einer grossen Schaalen / worinnen öffters dreyssig biß viertzig solche Kerne gefunden werden/ wächset.

Ob nun zwar das Cacao, wie alle andere simplicia, aus den vier Elementen bestehet/und also von selbigen alle Eigenschafften hat; so ist doch die gemeinste Meinung der Medicorum, daß es kald und trocken/ wie das irrdische Element sey/und dannenhero eine zusammenziehende Eigenschafft habe.

Weil es aber auch an den andern Elementen Theil hat/und insonderheit an der warmen und feuchten Lufft / so komt daher daß es auch fatte / oder örlichte theilchen hat/wie dann eine Arth Oeles daraus bringen kan/ womit ich gesehen habe/die Criollischen Weiber sich das Gesichte reiben/umb eine glatte Haut zu bekommen.

 Nie-

Niemand lasse sich dieses ungereimt vorkommen/ daß man sagt das Cacao sey kald und trocken/und gleichwol hernach auch warm und feuchte: denn ob gleich die Experientz mehr gilt/ als alle vernünfftige Schlußreden der gantzen Welt/ so werden doch folgende Exempel erweisen/ daß dieses in Warheit also sey.

Die Rhabarber ist zwar warmer Eigenschafft und purgiret: Nichts destoweniger/ hat sie andere theilchen/ die kalt und trocken sind/ zusammen ziehen/ und also den Magen stärcken/und den Durchbruch heilen.

Eben dieses befindet sich auch ein Stahl/ welcher ob er gleich irdischer Natur ist/wie aus seiner Schwere/Dichtigkeit/Kälte und Trockne erhället/ daß man meinen solte/ er würde nichts weniger thun/ als die Verstopffung der Leber und des Miltzes öffnen; nichts destoweniger wird er als ein besonderes hierzu gewidmetes Mittel in diesen Kranckheiten gebrauchet.

Es bekräfftiget dieses auch Galenus, welcher *lib.3. de simpl, med.qval.* lehret/ daß die meisten Artzneyen/die uns als gantz einfach vorkamen/von Natur zusammen gesetzt sind/ und Eigenschafften an sich hätten/ als daß sie so wohl eine außtreibende als zurückhaltende: eine dick- und auch dünnemachende Krafft rc. an sich hätten. Und im 15. Cap. eben desselbigen Buchs führet er ein Exempel an/daß nehmlich die Brüche von einem Hahmen den Leib laxtere/daß Fleisch aber demselben stopffe.

Und/umb zu weisen/ daß diese gantz unterschiedliche Eigenschafften in unterschiedlichen der einfachen Medicamenten bestehe/führet er im *17.Cap. lib. 1.de Met. simpl,* Das Exempel der Milch an/in welcher dreyerley gantz unterschiedliche substantzen angetroffen werden/und die man gantz wohl voneinander abscheiden kan/ nemlich dem Käße/welcher den Leib stopffet/das Molcken/ welches denselben erweichet/ und die Butter/ so da lindert und Schmertzen stillet.

Ebensals findet sich im Moste dreyerley Wesen/erstlich das Marck/welches irrdisch und am meisten ist/zum andern der Gescht oder die Häfen/welche gleichsam die Blumen sind/ und drittens der reineste Safft/ welcher eigendlich der Wein ist: und jede dieser substantzen hat unterschiedliche qvalitäten und Eigenschafften an sich/so wohl was die Farbe/ als den Geruch und andere dergleichen accidentien anbetrifft.

Und dieses stimmet auch mit der Vernunfft gantz wohl ein/wenn wir die Speisen/ die wir geniessen/ betrachten; Denn diese/ sie mögen so einfach seyn als

als sie wollen / so werden doch auß selbigen in der Leber die vier humores gezeuget / welche nicht allein den qvalitäten nach / sondern auch der substantz von einander gantz unterschieden seynd / und nach dem die Speise mehr oder weweniger von einem oder dem andern humore bey sich hat / nachdem findet sich auch hernach in unserm Leibe häuffiger.

Hierauß können wir nun schliessen / daß / wenn das Cacao geqvirdelt und zerrühret wird / die unterschiedliche theilchen / die sie von Natur hat sich künstlich und auffs genaueste miteinander vermischen: so daß wenn die fetten / warmen und feuchten theilchen mit den irrdischen solcher Gestalt vermischet sind / diese gleichsam untergedrucket. Und also gemässiget werden / daß sie alsdenn nicht so sehr zusammen ziehen wie zuvor / sondern viel mässiger / und dem warmen und feuchten temperament der Lufft / näher als der Kälte und Trockenheit der Erden kommen: Welches denn augenscheinlich zu sehen ist / wenn man die Chocolate zum trincken zu rechte machet / denn man hat nährlich den Qvirdel zweymal herumb gedrehet / so gibt sich ein fetter Schaum in die Höhe / aus welchen man leichtlich abnehmen kan / daß sehr viel solche fette theilchen darinnen seyn müssen.

Hierauß siehet man klährlich wie sehr diejenigen irren / die da sagen daß die Chocolate Verstopffungen veruhrsache / darumb / weil das Cacao eine zusammenziehende Krafft habe: Gleich als wenn diese zusammenziehende Krafft nicht durch die genaue Vermischung derer so unterschiedlichen Theilchen / indem sie geqvirdelt werden / corrigiret und gemässet würde. Uber dieses kommen noch so viel andere Sachen / die von Natur hitzig sind / dazu / daß selbige nothwendig eröffnen und dünne machen / keines weges aber verstopffen muß.

Aber / alle diese Gründe beyseite gesetzt / so weiset das Cacao selbst / daß dieses was ich gesagt habe / die lautere Warheit sey: Denn wenn es weder geqvirdelt / noch zerrühret / noch wie es in der Chocolate ist / mit andern Dingen versetzet ist / sondern nur so / wie es an sich selber in der Frucht ist / gessen wird / welches viel Weiber der Criollen und Indianer im Brauch haben / so veruhrsachet es heffige Verstopffungen / und machet das Angesicht bleichfärbig / wie diejenigen / und so die blasse Kranckheit haben / und Thon und Tünch-Kalck von den Mauren essen / dergleichen öffters von den Spanischen Weibern geschiehet / damit sie ein blasses Angesicht / als welche Farbe sie für sonderlich Schöne halten / bekommen / ungeachtet sie ihnen schädliche

Ver-

Verstopffungen damit veruhrsachen / daß das Cacao, wenn es rohe gessen wird / eben dergleichen Wirckung nur darumb habe / weil die Theilchen in selbigem noch nicht genugsam untereinander gemenget sind; und also diese Vermischung / wovon wir geredet haben / durch die Kunst zu wege gebracht werden müsse.

Der Baum auff welchem diese Frucht wächset / ist so zarth / und der Bodem so heiß / daß man andere Bäume / die sie die Mutter des Cacao nennen / umb ihn her pflantzen muß / ihn für der Sonnen-Hitze zu beschirmen; wenn denn diese Bäume hoch genung gewachsen seyn / daß sie genugsamen Schatten geben können / so werden denn die Cacaotals / oder Cacao Bäume erst darunter gesetzet / damit / wenn sie auß der Erden hervorsprossen / diese andere Bäume sie decken / und als ihre Mütter sie gleichsam nehren und vor der Sonnen beschützen können.

Es wächset die Frucht nicht so bloß / sondern in einer grossen Schalen eingewickelt oder verdeckt / wie oben gedacht: über dieses ist ieder Kern besonders mit einer weissen Haut / so voller Safft ist / bekleidet: Diesen Safft saugen die Weiber mit besonderer Vergnügung auß / weil er sehr erfrischet und erqvicket / und im Munde zu Wasser wird.

Es hat zwey Gattungen Cacao, die eine ist die gewöhnlichste von dunckler Farbe / so sich nach dem rothen ziehet / rund und zugespitzt: Die andere ist breiter / grösser und flacher; sie heissen sie Patlaxe, und ist weiß und trocknet mehr auß als die andere / dahero ist sie auch umb ein gutes wohlfeiler. Diese vertreibet insonderheit den Schlaff mehr als die andere: Dahero komt es auch / daß man diese Arth nicht so gewöhnlich brauchet / als die andere / und ist sie nur des gemeinen Pövels guth.

Was die andern ingredientien, wovon die Chocolate gemachet wird / betrifft / so ist ein grosser Unterscheid unter denselbigen: Denn einige nehmen schwartzen Pfeffer dazu / doch die Medici nicht guth heissen / weil er heiß und trocken ist / es were denn für diejenigen / die eine kalte Leber haben / und sonsten wärmende Sachen bedürffen.

Insgemein aber wird an statt dieses Pfeffers der rothe und lange Pfeffer / den man Chille oder Piment nennet / genommen / der / ob er zwar im Munde hitzig ist / so ist er doch seiner Wirckung nach kald und feuchte.

Hernach wird auch weisser Zucker / Ciment / Nelcken / Anieß / Mandeln / Haselnüsse / Orejuela, Bainilla, Sapoyal, Pomerantzblüthen-Wasser / Bisem /

sem / und so viel Achiotte, dazu genommen / biß alles eine Ziegelrothe-Farbe davon bekömt.

Es müssen aber diese Ingredientien / woraus mit dem Cacao die Chocolate gemachet wird / in gewisser proportion genommen werden / nach dem temperament desjenigen der sie gebrauchen wil.

Die insgemein gebräuchliche proportion, nach des Antonio Colmenero Beschreibung ist diese / daß man zu hundert Cacaos Kernen / zwey Schaalen voll Chile oder langen Pfeffer nimt / dazu eine Handvoll Anis und Orejevala, zwey Handvoll Mesachusil oder Bainilla-Blumen / oder an dieser statt sechs Alexandrinische Rosen zu Pulver gestossen / zwey qvintlein Zimmet / ein dutzend Mandel-Kerne / eben so viel Hasel-Nüsse / ein halb Pfund weissen Zucker / und so viel Achiotte als zur Farbe nöthig ist.

Dieser Autor hält es nicht für dienlich / daß man Nelcken / Bisam und einiges wohlriechendes Wasser dazu nehme / doch gebrauch man desselbigen viel in Indien dazu.

Andere pflegen Mahis dazu zunehmen / welches aber Blehungen macht: Wiewol diese es nur umb ihres Vortheils willen thun / damit sie nemlich destomehr Chocolate bekommen mögen / denn ein Maaß desselbigen von anderthalb Scheffeln / kostete mehr nicht als vier Francken / und ein Pfund Chocolate gilt insgemein viertzig Sols.

Der Zimmet wird für das beste Stücke gehalten / so hierzu kommen / und niemand lässet denselbigen aussen; denn er ist warm und trocken im dritten Grad / er treibet den Harn / und dienet den kalten Nieren / er ist gut den Augen und eine kräfftige Hertzstärckung / nach laut dieser Verse:

Commoda & urinæ cinamomum & renibus affert,
Lumina clarificat, dira venena fugat.

Die Achiotte hat eine Krafft durchzudringen / und dünne zu machen / wie aus der Indianischen Medicorum täglichen Erfahrung erscheinet / als welche dieselbige ihren Krancken ordnen / wenn sie die groben und dicken feuchten / die schwehren Athem und Verhaltung des Urins veruhrsachen / zertheilen und dünne machen wollen: so daß sie sie in allerley Verstopffungen / in Engbrüstigkeit / und andern dergleichen Beschwerlichkeiten zuverordnen pflegen.

Es wächset aber die Achiotte ebenfalß auf einem Baume / der eine Frucht trägt / die in einer rundē Schale ein Hauffen rothe Körner hat / aus welchen die Achiotte gemacht wird / in dem man selbige erstlich zu einem Teige macht / aus welchen wenn er ziemlich getrocknet/runde Kugeln/Klösse oder kleine viereckte Stücklein als Ziegel formiret/und hernach jedem/ der es verlanget/verkauffet werden.

Was den langen Pfeffer betrifft/so hat es desselbigen viererley Gattung, die erste Chilchote genand: Die andere/der sehr klein ist/ Chilterpin, diese beyde sind am Geschmack sehr scharff und beissend: Die dritte Gattung heisset Tonolchile, welcher mässig warm ist/und von den Indianern mit Brodte/wie andere Früchte/gessen wird.

Die vierdte Gattung aber/die gemeiniglich zu der Chocolate genommen wird/heisset Chilpelagua, dieser hat eine sehr weite Schale/ und ist nicht so scharff wie der erste/auch nicht so süsse/ wie der letztere.

Diese Mechasuchil oder Bainilla, so auch mit dazu komt/ purgieret.

Diese Ingredientien werden insgemein alle zu der Chocolate genommen/und nimt iedweder von einem und dem andern so viel dazu/als ihn gut däucht. Das gemeine Volck aber/als da sind die Schwartzen und Indianer nehmen gemeiniglich sonst nichts dazu/ als Cacao, Achiote, Mahis, und ein wenig Chile und Anieß.

Ob nun zwar das Cacao mit allen diesen hitzigen Sachen vermischet wird/ so temperiret es/ weil seiner weit mehr als aller der andern genommen wird/ doch dieselben mit seiner Kälte/ gleich wie jene hinwiederum diese mässigen: Dannenhero ist die Chocolate, wenn sie fertig so kalt nicht wie das Cacao, auch nicht so hitzig wie die andern Ingredientien ingesamt; sondern es entstehet aus der Wirckung des einen in das andere ein mittelmässiges Temperament, welches allerley Magen zuträglich und dienlich ist/dafern man es nur mit Massen brauchet.

Wenn man nun diese Composition machen wil/ so zerstösset man das Cacao wie auch die andern Sachen in einem steinernen Mörsel/ oder man zerreibet sie/wie es die Indianer machen/ auff einem breiten Steine/ der mit Fleiß dazu gemacht ist/ und Metatte genennet wird. Ehe man sie aber stösset/lässet man sie vorher über einen Feuer wol trocken werden/ außgenommen die Achiotte, damit man sie zu Pulver machen könne: Sie müssen aber in wehrendem trocknen stets gerühret werden/ damit sie nicht verbrennen oder schwartz werden: Denn wenn sie allzu dürre werden/ werden sie bitter und verliehren ihre Krafft.

Der Zimmet/ lange Pfeffer und Aniß müssen vorher/ ehe sie mit dem

Cacao

Cacao vermischet/besonders gestossen werden/hernach stösset man sievon neuen miteinander/biß alles zu Pulver worden ist/ und unter wehrendem stossen muß der Stössel fleissig gedrehet werden/ damit sich alles wol durcheinander menge.

Wenn iedes/ von diesen Ingredientien besonders gestossen worden ist/ so wird alles zusammen in das Gefässe worinnen das Cacao ist/ gethan/ und mit einem Löffel wol untereinander gerühret/ alsdenn thut man diesen Teig in den Mörsel/(unter welchem ein kleines Feuerlein seyn muß/daß er nur linde warm davon werde; denn wenn er zu heiß wird/ so vertrocknet die Fettigkeit;) und stösset es wol untereinander.

Unter wehrendem Stossen wird auch die Achiotte dazu gethan/damit es alles durch und durch/besser gefärbet werde: es müssen auch alle ingredientien durch ein Sieb gerädert werden/ nur das Cacao nicht.

Wenn nun alles wohl durcheinander gestossen und incorporirt ist/ welches man darauß erkennet/wenn der Teig kurtz wird/ so nimt man ein Theil desselbigen/weil er fast fliessend ist/ mit einem Löffel und machet kleine Täfflichen darauß/oder man thut ihn ohne einen Löffel/ in Schachteln/ da er denn/ wenn er kald wird/erhartet.

Die Tabellen drauß machen / thun einen Löffel vol des Teiges auff ein Papier: Die Indianer aber brauchen an statt des Papiers ein Palmiten-Blat: Legen es hernach an einen schattigten Orth biß es trocken wird: Denn in der Sonnen zerschmiltzt und fliesset es: Wenn hernacher das Papier oder Blatt umbgewendet wird / so fället das Täffelein leichtlich herunter/ weil der Teig fett ist: Wenn aber derselbige in ein irrdenes oder höltzernes Gefässe gethan wird/ hänget es so feste an dasselbige an/ daß man es schwerlich anders als durch Zerbrechung des Gefässes daraus bekommen kan.

Die Arth die Chocolate zu trincken ist gantz unterschiedlich: Denn einige / wie zu Mexico brauch ist/ trincken sie gantz heiß mit der Attolle, in dem sie ein Täfflichen in heissem Wasser zerlassen/ und hernach selbiges in die Schaale/ worauß man sie trinckt/ giessen/ und mit einem Qvirdel so lange qvirdeln/biß es schäumet/dann füllen sie die Schaale mit heisser Atolle gantz voll/ und trincken es schlirffend hinein.

Andere trincken sie also; wenn sie die Chocolate im kalten Wasser haben zergehen lassen/ und sie mit dem Qvirdel geqvirdelt biß es schäumet/ so heben sie den Schaum ab/ und thun ihn in ein anderes Gefässe/ das übrige setzen sie

 über

über ein Feuer / thun so viel Zucker dazu als nöthig ist daß es süsse wird / und wenn es heiß genug ist / thun sie den Schaum wieder dazu / und trincken es.

Die gemeinste Arth aber ist / daß man das Wasser wol heiß werden lässet / dann füllet man die helffte der Trinckschale damit vol / lässet darinnen ein / zwey oder mehr täfflichen / biß das Wasser dicke genung davon wird / zergehen / dann wird es wol zerqvirdelt / und wann es genugsam schäumet / füllet man die Schale vollend mit heissem Wasser voll / thut so viel nöthig ist / Zucker dazu / trincket es / und isset ein wenig in die Chocolate eingetunckte Conserve oder Marzipan dazu.

Es ist ausser diesen noch eine andere manier die Chocolate zu trincken / welche in der Insul S. Domingo sehr gebräuchlich ist / nehmlich / man thut die Chocolate mit einem wenig Wasser in ein Gefäße / das einen Hahnen hat / dann lässet man es sieden / biß sie zugangen ist / und thut hernach nach proportion der Chocolate Wasser und Zucker dazu / lässet es hernach noch einmahl sieden / biß sich ein fetter Schaum oben auffsetzet / alsdenn wird es getruncken.

Man kan die Chocolate auch kalt trincken / und ist diese Arth sonderlich bey den Indianern an ihren Fest-Tagen gebräuchlich / umb sich damit zuerfrischen; und wird auf folgende Weise bereitet.

Man nimt die Chocolate, wozu fast keine / oder doch sehr wenig andere Sachen ausser dem Cacao kommen sind / zerlässet sie in kalten Wasser / und wann sie geqvirdelt worden / so hebet man den Schaum oder fette Theil / dessen sich sehr viel oben auff setzet / besonders wenn das Cacao alt ist / und anfangt zu verderben / ab / thut ihn besonders in eine Schüssel / in das übrige thut man Zucker / und wann er zergangen / giesset man es hoch herab auff den Schaum / und trinckt es also kalt.

Dieser Tranck kältet so sehr / daß wenig Leute sind / die ihn gebrauchen können: Dann man hat durch die Erfahrung befunden / daß er schädlich ist / und Magen-wehe / insonderheit den Weibes-Bildern veruhrsachet.

Die dritte manier ist unter allen erzehlten diejenige / die am meisten im Brauch ist / weil die Chocolate auff solche Weise getruncken / im geringsten keinen Schaden bringet; und sehe ich keine Uhrsache / warumb man sich ihrer in Engelland nicht eben so wohl bedienen könne / als in andern so wol kalten als warmen Ländern: Dann aller Orthen / wo sie am meisten getruncken

cken wird/ es sey in Indien/Spanien/Italien/ oder auch in den Niederlanden selbst/ welche doch ein kaltes Land sind/ wird sie eines jeden temperament zuträglich befunden.

Ich muß zwar gestehen/ daß man sich der Chocolate in Indien viel häuffiger bediene/ als in Europa, weil man daselbst den Magen-Schwachheiten/ welchen man mit einem guten Glase voll Chocolate abhilfft/ mehr unterworffen ist/ als allhier.

Ich/ für meine Persohn/ kan sagen/ daß ich mich gantzer zwölff Jahre aneinander derselbigen gebrauchet/ nehmlich ein Glaß voll des Morgends/ eines vor der Mittag-Mahlzeit umb neun oder zehen Uhr/ eines eine Stunde oder zwey nach Tisch/ und endlich eines umb vier oder fünff Uhr Nachmittag. Wenn ich aber auff den abend studieren wolte/ so tranck ich umb sieben oder acht Uhr noch ein Glaß voll/ womit ich es leichtlich biß umb Mitternacht zu studieren schaffen konte.

Wenn ich aber entweder ohngefähr/ oder auß Nachlässigkeit zu benenneter Zeit zu trincken unterließ/ so empfand ich alsbald eine Blödigkeit des Magens und eine zuhängende Ohnmacht. Und auff solche Weise habe ich die gantzen zwölff Jahr in selbigen Landen in einer vollkommenen Gesundheit gelebet/ und niemals von Verstopffungen/ Fiebern/ oder andern dergleichen Unpäßligkeiten einige Ungelegenheit gehabt.

Meine Meinung aber ist gantz nicht/ daß ich iemanden einige Regel vorschreiben/ oder denen Medicis einen Eingriff thun/ und/ wieviel oder zu welcher Zeit man dieses Geträncke nehmen solle/ ordnen wolle: Vielweniger verlange ich zu bestimmen/ wer sich desselbigen bedienen solle. Ich wil allein dieses erinnern/ daß sich zuweilen einige übel darauff befunden haben/ entweder weil sie zu viel Zucker hinein gethan/ und also den Magen relaxiret oder weil sie gar zu offte getruncken haben: Allein es thut nicht die Chocolate allein solches; sondern es können alle Geträncke/ wenn man zuviel davon trinckt/ ob sie gleich für sich selbst gut und gesund sind/ schädlich seyn.

Dafern sie auch iemanden Verstopffungen veruhrsachet/ so geschiehet solches dahero/ wenn man sie zu offte trincket; gleich wie der Wein/ wenn man sein zuviel trincket/ kalte Kranckheiten erwecket/ da er doch sonsten stärcket und wärmet; denn die Natur kan ihn/ wenn er so häuffig hinein gegossen wird/ nicht überwältigen/ und ihn in guten Nahrungs-Safft verwandeln.

Also ist es auch mit der Chocolate: Denn weil sie viel fette Theilchen bey sich hat/ so können selbige/ wenn sie zu häuffig getruncken wird/ wegen Mänge nicht wohl durch die kleinen Aederlein so wie sie sollen vertheilet werden/ sondern bleiben in selbigen/ sonderlich in der Leber stecken/ und veruhrsachen also in denselbigen Verstopffungen.

Ich wil zum Beschluß auch noch herbey setzen/ was ich diesen Tranck belangende theils von denen Indianischẽ Medicis gehöret/ theils selbst an andern Personen erfahren uñ gesehẽ habe/ ob ich gleich solche Würckung an mir selbst nit gespüret habe/ nemlich daß diejenigen/ die viel Chocolate trinckẽ/ fett davon werden; welches unglaublich zu seyn scheinet/ weil alle die Stücken/ worauß die Chocolate gemachet wird/ das einzige Cacao außgenommen/ im dritten Grad warm uud trocken sind/ und dannenhero eher mager als fett machen. Uber dieses ist oben gesagt worden/ daß die Qvalitäten/ so die andern im Cacao, übertreffen/ die kälte und trockene sind/ welche gleichfals zunähren/ und die substantz des Leibes zu vermehren ungeschickt sind.

Hierauff ist aber zu antworten/ daß die erdachte Feistigkeit von denen fetten Theilchen des Cacao herkomme/ und daß die andern hitzigen Ingredientia dazu dienen/ daß jene desto besser durch die Leber und andere Eingeweide desto leichter gehen/ und biß ins Fleisch dringen können/ alwo sie/ weil sie ihres gleichen warme und feuchte Theilchen antreffen/ alsobald in die substantz des Leibes verwandelt werden/ und die fleischigen Theile nehren/ und den Leib feist machen.

Man wird mich aber vielleicht fragen/ wo man in Engelland das Cacao und die andern Ingredientien her nehmen solte? worauff ich antworte/ daß wir es leichtlich durch die Handlung mit Spanien haben können/ so wohl als andere Kauffmanns-Güter: über dieses müssen wir es nicht mehr so geringe/ wie vormals achten; Denn ich habe von den Spaniern gehört/ daß/ wenn die Engelländer und Holländer ein mit Cacao geladenes Schiff genommen/ und sonst nichts anders drinnen gefunden gehabt/ sie alles miteinander ins Meer geworffen/ und nicht darnach gefragt/ wie guth und kostbar diese wahre sey/ sondern sie auß Verachtung auff böse Spanisch Cagatuta de Carnero, oder Ziegendreck genennet.

Es ist dieses eine von den reichesten und nöthigsten wahren der Indianer/ und wird Chiapa von nichts anders so reich als hiervon/ massen man von

Mexico und andern Orthen ein hauffen Säcke vol Patagonen dahin bringet/ umb diese Cagurata de Carnero, oder Ziegen-Lorbern dafür zu haben.

Der andere Tranck/ dessen man sich in Indien zu gebrauchen pfleget wird Atolle genennet/ wovon ich aber nur mit wenig Worten reden wil/ weil ich gar wohl weiß/ daß man sich desselbigen in diesen Landen nicht bedienen kan.

Dieser Tranck ist bey den salten Indianern im Brauch gewesen/ und ist fast wie eine ziemlich dicke Brühe/ und wird aus dem Kern-Mehl des Mahis, nachdem die Kleyen davon abgesondert seyn/ gemachet: Allein dieser Tranck machet Blehungen und veruhrsachet Melancholey.

Die Indianischen Weiber bringen diesen Tranck gewöhnlich noch gantz heiß in Töpffen zu Marckte/ da die Criollen Studenten ihn kauffen/ und öffentlich trincken/ fast wie man hier zu Lande in die öffentliche Trinckhäuser zum Weine gehet: Wenn er mit etwas Chile oder langem Pfeffer abgewürtzet ist/ schmecket er ihnen umb so viel desto besser.

Es haben aber die Nonnen und Damen dort zu Lande die Erfindung/ daß sie Zimmet/ wolriechende Wasser/ Amber oder Biesam/ und ein guth Theil Zucker darein mischen/ wodurch er viel stärcker und nahrhaffter wird/ so das ihn auch die Medici denen Schwachen und abgezehrten/ wie in Europa die Mandel-Milch/ zu verordnen pflegen.

Weil man aber dieses Geträncke in Engelland weder gesehen noch geschmecket hat/ wil ich weiter davon nichts melden: Und damit ich meine Feder nicht unnützlich anwende/ will ich mich nunmehro nach Gvatimala, welches fast mein zweytes Vaterland gewesen ist/ wenden.

Das 20. Capitel

Von meiner Abreise von Chiapa nach Gvatimala, samt einer Beschreibung der vornehmsten Oerter/ darauff man unterwegens zukomt.

Als nun die Zeit meiner Abreise von Chiapa herzu kommen war/ nahm ich bey guter Zeit von meinen besten Freunden/ deren Kinder ich unterwiesen hatte/ Abschied/ die mir denn sämtlich grosse Liebe und Freundschafft bezeigeten/ außgenommen die Donna Magdalena de Morale, als von der ich weder

weder Abschied zu nehmen / noch einiges Geschencke zu empfangen verlangete.

Für allen aber erwiese sich des Gouverneurs Frau überauß großmüthig gegen mir: Denn sie schickte mir gar unterschiedliche Schachteln vol wolriechende Chocolate, nebst einer andern grossen Schachtel voll võ viererley Gattung Conserven die alle obenher vergöldet waren / ohne ein / hauffen Marzepan und Biscoten; und über dieses alles noch ein dutzent Stücke von Achten in einem Schnupfftuch: Welches in Warheit vielmehr ein præsent für eine vornehme Persohn als für einen armen Bettel-Mönch war.

Don Melchior de Valesco übertraff diese noch bey weiten / ich meine aber mit Worten und complimenten: Denn wenn es zu den Wercken selbst kömmet / so sind weder er noch die andern Criollen bey weiten so Großmüthig nicht wie die natürlichen Spanier.

Die erste Stadt worauff ich erstlich zukam / hieß Theopixca, sechs Meilen von Chiapa, eine schöne und grosse Indianische Stadt / derer Innwohner / nebst denen zu Chiapa für die besten Reuter gehalten werden.

Das merckwürdigste in dieser Stadt ist die Kirche; sie ist schön und wol gebauet / und hat allezeit eine gute Musik drinnen.

Der Vicarius oder Pfarrer dieses Orts war ein Criolle, ein Münch Nahmens Fr. Peter Martir, der weder den Prior noch mich wol leiden konte: indessen erwiese er mir doch dem euserlichen Schein nach alle Höffligkeit / und tractirte mich zwey Tage lang auffs beste / weil er wol wuste in was für Ansehen ich bey dem Prior war.

Als ich nun seiner Complimenten / weil ich wol wuste / daß sie ihm nicht von Hertzen gingen / sondern er sich nur so anstellete / überdrüssig war / nahm ich am dritten Tage Abschied von ihm: Er wolte mich aber nicht verlassen / sondern begleitete mich biß nach Comitlan, allwo ich vom Prior desselbigen Convents / der ein Frantzoß war / Nahmens Fr. Thomas Rocolan, eingeladen war: Dieser / weil er allein unter den Spaniern / und ausser ihm und mir sonst kein Frembder in diesem Landen war / verlangete mit mir bekand zu werden / und Freundschafft mit mir zu machen.

Hierzu nun den Anfang zu machen / kam Er mit einem Hauffen Indianern zu Pferde mir biß auff dem halben Weg entgegen / allwo er mit Fleiß einen Platz hatte zubereiten lassen / da wir außruhen und eine zeitlang / biß man uns die Chocolate und andere Erfrischungen zubereitete / uns mit einander besprachen konten.

Da

Da aber der Criolle Peter Martir sahe/ daß man so schöne mit mir in diesem Lande that/verdroß es ihn/wie mir hernach im Kloster gesagt wurde/über die massen sehr/ungeachtet er mir mehr complimenten machete / als der gute Frantzösche Pater: Wiewohl mir unverborgen war / was für ein grosser Unterscheid unter jenes seinen heuchlerischen Worten/und unter der aufrichtigen Meinung dieses meines Freindes war.

Jch blieb gantzer acht Tage zu Comitlan, in welcher Zeit ich mit dem Prior nach den Jndianischen Dörffern/ am Fusse des Gebürges in dem Thal Capanabastla spazieren ging/und mich mit den München und Jndianern erlustigte/ als die mich nach dieses Landes Gewohnheit tractireten / als wo man in der Epicurer Wissenschafft weit besser erfahren ist / als in Engelland oder sonst irgendwo in Europa; und selbst die Spanier gestehen gerne/ daß sie von den Jndianern unterschiedene Arthen die Speisen zuzurichten/und Freuden-Feste anzustellen gelernet haben/die sie zuvorhin/ ehe sie die Jndien eingenommen / nicht gewust gehabt.

Nach Verlauff dieser acht Tage / führete mich der Frantzösche Prior nach Itzqvintenango, umb mich daselbst mit aller Nothdurfft auff die Reiße über das Cuchumatlanische Gebürge zuversehen.

Diese Stadt/wie ich bereits oben erinnert habe/ligt am Ende des Thals Capanabastla, und zwey Meilen von Gebürge Cuchumatlan. Sie ist eine von den lustigsten Jndianischen Städten in der Provintz Chiapa, und sehr reich / so wol wegen der vielen Baumwolle / so daselbst wächst / als auch insonderheit wegen ihrer vortheilhafftigen Lage. Denn weil sie unterwegens nach Gvatimala lieget / so müssen alle Kauffleuthe/ die mit ihren Maulthieren auff dieser Seite Handlung treiben / durch diese Stadt durchreisen/da sie denn einen theil ihrer Wahren verkauffen/uñ andere dargegen einzukauffen/ und bereichern also die Stadt mit ihren Gelde und Wahren/ / die sie aus denen entlegenen Landen bringen.

Es ist allhier ein überfluß an Früchten/ insonderheit von denjenigen/ die die Spanier Pinas oder Ananas, weil sie einem Pin-Apffel ähnlich siehet/neñen.

Sie ist am Ufer desjenigen grossen Flusses / welcher bey dem Jndianischen Chiapa vorbey fleust/und nahe am Cuchumatlanischen Gebürge entspringet/erbauet; er ist bereits oberhalb dieser Stadt so breit und tieff/ daß man anders als in Schiffen darüber nicht kommen kan. Und weil diese Strasse sehr gebrauchet wird/ insonderheit von denen/ die mit gantzen Heerden Maulthiere/ da iede Heerde gemeiniglich aus fünfftzig biß sechtzig Stücken bestehet/

im Lande herumb reisen; Dannenhero wird diese Furth fast weder Tag noch Nacht leer/und bringet der Stadt ein ansehnliches Einkommen: Zumalen/ da die Indianer ausser dem Pramen so zur überfuhre dienet/noch ein hauffen kleine Schiffe allda halten/worauff man den Fluß auff und ab fahren kan.

Als mich der Prior von Comitlan auch an diesen Orth führete/ traffen wir den Vicarium mit den vornehmsten Indianern aus der Stadt / daselbst an/ ingleichen die meisten Kähne/ auff denen zum theil die Chor-Knaben sassen/ die indem wir über den Fluß hinfuhren/für uns her sungen/ zum theil auch andere mit Trompeten und Schalmeyen.

Der Geistliche/welcher in dieser Stadt wohnete/hies Fr. Hieronymus de Gvevara, eine kleine Person/ der aber großmüthig lebte/ wie wir aus der grossen Menge Fleisch und Fische / so er uns zu bewirthen hatte zurichten lassen/abnehmen konten.

Er hielt auch die Gelübde der Armuth so genau/daß er innerhalb zwölff Jahren mehr nicht als sechs tausend Ducaten hatte zusammen raspeln können/welche er nach Madrid an den königlichen Hoff sandte/umb das Bischoffthum zu Chiapa dafür zu bekommen/ welches er doch damals noch nicht erhielt: Weil er aber reich genug war/ daß er noch einen Versuch thun kunte/so hat man/wie mir gesagt worde/ als ich aus selbiger Landschafft reisete/ ihm hernach in sein Begehren gewilliget.

Nachdem er uns nun zwey Tage lang wol tractiret hatte/ verschafften er und der Prior von Comitlan durch ihr Ansehen/ daß ich von den Indianern biß auff die erste Stadt oder Flecken des Cuchumatlanischen Gebürges begleitet wurde.

Man gab mir einen Maul-Esel/der mein Bette tragen muste/ weil man selbiges in diesem Landen in ledernen Küffern/die man Petacas nennet/ mit sich zu führen gewohnet ist: einen Indianer/der mir die Potaqvilla, darinnen meine Chocolate, und alles Geräthe/was selbige zuzurichten von nöthen ist/war/ tragen muste: und noch drey andere Indianer/ die meine Geleits-Leute seyn solten/und theils vor mir theils hinter mir gehen solten: Diesen allen dorffte ich sonst nichts geben/als ein Glaß voll Chocolate, entweder unterwegens / oder auff dem abend / weil es nicht Brauch ist/ daß man etwas zahle: Welches sie mir denn selbst sagten / als sie sahen/ daß ich von der Arth in diesem Lande zu Leben noch unberichtet war.

Hier nahm ich nun von dem ehrlichen Frantzosen Abschied/ der dennoch

Hier

nicht unterließ seine Freundschafft durch öffteres Schreiben/ so lange ich in Gvatimala verblieb/ zu bezeugen; Ich nam auch von dem kleinen aber ehrgeitzigen Gvevara abschied/ der mir zur Nachricht sagte/ daß ich mich nicht versehen dörffte/ daß mich jemand auß Freundschafft tractiren würde/ biß das ich über das Cuchumatlanische Gebürge/ und nach Sacapula, so vier Meilen davon liegt/ würde kommen seyn; Ich möchte aber von den Indianern alles/ was ich nöthig haben würde/ fordern/ und ohne einige Bezahlung mir zu essen bringen lassen/ was mir belieben würde; wann ich nur die auffgegangene Unkosten in das Gerichts-Buch einschriebe.

Also verließ ich nun meine Freinde/ und war mir verdrüßlich daß ich so alleine war/ und keine andere Gesellschafft/ als die mir unbekandte Indianer hatte. Zumahl als als ich so ein schönes lustiges Thal hinter mir ließ/ und vor mir nichts anders als hohe Berge/ so da nicht ohne Beschwerlichkeit überstiegen konten werden/ sahe/ auch keine Hoffnung hatte innerhalb vier oder fünff Tagen einigen Geistlichen von meinem Orden zu sehen.

Dannenhero ich mir fast wünschte/ noch in Gesellschafft des Melendez und der andern Freunde/ als wir einer den andern auff den Klippen des Berges Maqvilapa trösteten/ zu seyn: Doch fassete ich mir entlich einen Muth/ alles/ es möchte gehen wie es wolte/ außzustehen.

Ob dieses Gebürge gleich von fornen sehr hoch zu seyn schiene/ iedennoch als ich hinzu kam/ fand ich daß der Weg guth und gemächlich zu reisen war/ und begegneten mir je zu weilen einige Heerden Maul-Esel; wodurch ich nicht wenig Muth bekam meine Reise fortzusetzen; Denn ich bedachte/ daß/ wenn die Maulthiere/ die so schwer beladen waren/ füglich über diese Berge gehen könten/ so würde mein Maulthier/ das sonsten nichts/ als mich allein/ und also gegen jene zurechnen gar wenig zu tragen hatte/ weit besser und gemächlicher hinüber kommen können/ zumalen es auff diesen Bergen an Dörffern nicht mangelte/ in welchen ich alle Abend einkehren/ und meine Nachtruhe würde nehmen können.

Je weiter ich reisete/ ie breiter und besser wurde die Strasse/ so daß mir sonsten nichts Ungelegenheit machte/ als der Regen und der Koth/ welches ich aber nicht endern konte/ weil es zu Ende des Septembers, und das Ende des Winters in diesem Lande war.

Das erste Dorff/ in das ich auff diesem Gebürge kam/ hieß S. Martin, es war sehr klein und kaum zwantzig Häuser darinnen.

Ich kehrete in einem Hause ein/welches den Franciscanern zustehet/wiewohl sie sehr selten dahin kommen; und ließ die Indianer/ die die Reisenden zubegleiten pflegen/ zu mir ruffen.

Sie waren alßbald gegen mir sehr Freundlich und höfflich/hiessen mich willkommen seyn / und brachten mir alsobald heisses Wasser meine Chocolale damit zuzurichten/ da ich denn auff ihre Gesundheit eines tranck/ und meinen Indianern von Itzqvintenango auch schenckete: Diese wurden mit ihren MaulEseln wohl gehalten / ohne daß sie es im geringsten etwas kostete/ weil es in allen Dörffern auff dieser Strasse bräuchlich ist/ daß sie einer den andern gasttren / wenn sie mit den Reisenden kommen.

Ich hätte mir zur Abendmahlzeit mögen bringen lassen / alles wornach mich gelüstet hätte: Allein ich begehrete mehr nicht als ein Huhn / umb denen armen Indianern nicht überlästig zu seyn: Es war aber sehr guth/ daß ich eine Flasche voll Wein mit mir genommen hatte; Denn ich begunte zu empfinden/daß das Cuchumatlanische Gebürge weit kälter war/ als das Thal Capanabastla.

Mein Bette wurde in eine kleine mit Stroh gedeckte Hütten gemacht/ in welcher hinter einer Scheidewand einige Indianische Jungen lagen/ die mir / wenn ich vielleicht des Nachts etwas von nöthen haben möchte/ auffwarten solten.

Als ich nun diejenigen / die mich folgenden Morgen biß in das nächste Dorff begleiten solten/ erwehlet/ und denen Indianern/so mich von Itzqvintenango hieher begleitet hatten / uhrlaub gegeben hatte / ging ich in mein Bette schlaffen / worinnen ich denn so wohl ruhete/ als wenn ich in der Gesellschafft meiner besten Freunde gewesen wäre?

Folgenden Morgen brach ich in Gesellschafft zweyer Indianer und eines andern/so meine Bagage führete/ von diesem Orthe auff/ und reisete nach einem andern Dorffe/ so sie das grosse Cuchumatlan nennen/ weil es zu oberste auff diesen Bergen lieget.

Unterwegens weiseten mir die Indianer die Qvelle oder den Bronnen/ auß welchem der grosse Fluß des Indianischen Chiapa entspringet/ welche auch das eintzige ist/ was auff dieser Reise merckwürdig zu sehen ist.

Das grosse Cuchumatlan ist ein Dorff/ein wenig grösser als S. Martin, und wird von sehr höfflichen Indianern bewohnet/ dieweil sie gewohnet sind/ täglich

täglich Reise-Leute bey sich zu sehen/ so unterlassen sie nicht denselbigen allen guten willen nach ihren Vermögen zu beweisen.

Ich wurde an diesem Orthe eben-so/ wie den vorhergehenden Abend in dem andern Dorffe/ empfangen/ und fand die armen Indianer gantz bereitwillig/mir alles/was ich bedurffte/ zu geben/ so wol auff meine morgende Reise/ als auf das abend Essen; dorffte auch nichts bezahlen/ sondern nur meinen Nahmen/und was ich verzehret/mit dem Tage und Monath/ wenn solches geschehen war/in das Gerichts-Register einschreiben.

Diese arme Leute werden solche Unkosten zu thun auß Befehl der Mönche und der Obrigkeit gezwungen/ ungeachtet sie mehr nicht/ als eine Milpa Mahis oder ein klein stücklein Acker mit Indianischen Korne und etwas Chile, haben/wovon sie sich das gantze Jahr durch erhalten müssen; ohne daß ihnen zu weilen die Reisenden etwas freywillig/ welches doch meistentheils gar was weniges ist/ verehren.

Als ich von hier nach dem nächstgelegenen Dorffe zu abreisete/wolte ich den geraden gewöhnlichen Weg nicht gehen/weil man sieben biß acht Meilen hinter sich legen muß/ ehe man etwas zu essen antrifft; und dann auch/ weil man mir zu Chiapa und Copanabastla gesagt hatte/ daß in diesen Bergen/in einem kleinen Indianischen Dorffe Chiantla genandt/ein wunderthätiges Marien-Bild sey/ welches ich diesen Tag sehen wolte/ weil ich mehr nicht als etwan eine Meile umbreisen dorffte.

Ich kam umb den Mittag nach Chiantla, ungeachtet der Weg böse und ungebähnet war/ weil es ausserhalb der rechten Strasse fiel: Es gehöret dieses Dorff dem barmhertzigen Brüder-Orden/welche sonder Zweiffel an einem so armen Orthe/ als dieser ist/ nicht würden haben bleiben können/wenn sie nicht dieses Marienbild/ von dem sie viel Wunder erzehlen/ gehabt hätten; dann mit selbigem locken sie viel Volcks auß allerley Orthen/ so wol als die Reisenden/ hinzu/welche dahin kommen ihre Andacht zu verrichten/und den München genugsame Allmosen und Geschencke bringen; daß sie Messen halten und GOtt für sie bitten sollen.

Solche Andacht nun hat dieses arme Dorff so reich gemacht/ daß die Mönche Mittel gehabt haben/ein Kloster in selbiges zu bauen/ in welchem ihrer allezeit viere oder fünffe unterhalten werden.

Die Kirche ist reichlich gezieret/ insonderheit aber der hohe Altar/ auff welchem das Bildnüß der Heyligen Jungfrauen in einem Tabernackel stehet/

het/für welchem sechs auß Taffent/Atlaß und Goldstück gemachte/und mit göldenen Spitzen bordirte Vorhänge hangen.

Das Bild selber ist mit einer göldenen /mit Diamanten und andern Edelgesteinen besetzten Krohnen geschmücket/und hangen zum wenigsten ein dutzend silberne Lampen für dem Altar/ohne die silberne Leuchter/Räuchfässer/die kostbaren Himmel/Kelche/Meßgewand/Zierathen des Altars/ und Tapezereyen die in der Sacristey behalte werden/ so daß man wol von diesem Orthe sagen mag/daß er ein in diesem Bergen verborgener Schatz sey.

Ich wurde von den Geistlichen/so an diesem Orthe wohneten/sehr wohl empfangen/ungeachtet sie nicht mit mir einerley Orden hatten/und thaten den gantzen Tag nichts anders/als daß sie mir die Wunderwercke dieses Jungfrauen-Bildnüs erzehleten.

Folgenden Morgen kehrete ich wieder auff den rechten Weg/ den ich zuvor verlassen hatte/und kam auff das letzte Dorff in diesen Cuchumatlanischen Bergen/welches Chautlan heisset/ wo ich den Rest desselbigen Tages und die folgende Nacht verzog/und dem Prior zu Sacapula schrieb/daß ich folgenden Tag bey ihm einkehren würde.

Ich wurde von den Indianern zu Chautlan sehr höfflich tractiret/ die mir unter anderandern sehr köstliche Weintrauben/die an der Sommerlauben gewachsen waren/fürsatzten/worauß ich schliessen konte/ daß/ wann man in diesem Lande Weinberge anlegen wolte/ man so guten Wein davon haben könte/als der Spanische ist.

Man bringet diese Trauben biß nach Gvatimala, so auff die viertzig Meilen davon entfernet ist/alwo man sie auff den Gassen zur Raritât/und wegen ihrer Köstlichkeit feil herumb träget; und zwar billich/denn zwischen Mexico und Gvatimala werden so köstliche Trauben/wie diese sind/ nicht angetroffen.

Den Nächsten Morgen reisete ich frühe auß/ damit ich bey Zeiten möchte zu Sacapula anlangen/weil ich gewiß wuste/daß ich daselbst meines Ordens Brüder antreffen würde/ bey denen ich/ wenn ich wolte/eine gantze Woche würde bleiben können.

Ich hatte noch nicht gar drey Meilen hinter mich geleget/ als ich in einer Tieffe eines sehr schönen und lustigen Thales ansichtig wurde/ welcher von einem Fluß durchschnitten worde/und weil wie die Sonnenstrahlen Bleyrecht auff selbigen fielen/ pralleten sie wieder auffwarts zurück an die

Berge/und gaben an diesem Orth den annmuthigsten Prospect von der Welt/ den ich jemahls gesehen habe.

Als ich vom Gebirge herab kommen war/ fand ich den Prior von Sacapula am Ufer des Flusses unter einem Zelt von einem hauffen Indianern begleitet/ die meiner warteten/ und mich mit einem Glaß voll Chocolate empfingen.

Ich erschrack/ als ich seiner ansichtig worde/ hefftig/ ja ich entsätzte mich rechtschaffen für ihm; dann er hatte einen so grossen Kropff/ daß er ihm die gantze Brust/vom Kinne biß an den Gürtel bedeckte/so daß er den Kopff anders nicht/als über sich gegen den Himmel/wenden könte.

Er sagte mir hernach/ daß dieses übel ihm vor zehn Jahren zugestossen sey/davon daß er des Wassers dem Fluß getruncken hate/uñ daß viel andere im Dorffe mit eben dem übel behafftet wären. Dieses veruhrsachte/ daß ich eben so grosse Abscheu für diesem Flusse bekam/als wol Er mir zuvor her/ da ich noch auff dem Berge war/gefallen hatte: Ich entschloß mich eben darumb auch/ mich so lange an diesem Orthe nicht auffzuhalten/ als ich wol vorhero gedacht hatte/ auß Furcht/ ich möchte von dem Wasser ein solches Gedächtnüß dieses Orthes bekommen/ daß ich mein Lebenlang desselbigen nicht würde vergessen können/wie dem Prior auch wiederfahren war; Er war von Geburth ein Biscayer, Nahmens Fr. Johannes de la Cruz, ein treuhertziger Mann/ demüthig/und der von Spaniern und Indianern gleich werth gehalten wurde.

Als ich in das Dorff kam sahe ich viel Männer und Weiber/ die wie der Prior grosse Kröpffe am Halse hatten/welches machte/ daß mich fast alle Lust von der Chocolate zu trincken/ und von den Speisen/ die im Wasser gekocht oder gesotten waren/ zuessen verging: Biß mir entlich der Prior den Kummer benahm/ und mich versicherte/ daß dieses Wasser unschädlich wäre/ wenn man es nur nicht kalt und rohe trincke/ dannenhero ich schlüssig worde/vier oder fünff Tage zu verharren/ zumahl mich der alte Prior alle Augenblick darumb bath als der gerne gesehen hätte/ wenn ich gar bey ihm hätte bleiben wollen/uñ mir deswegen versprach/mich die Indianische Sprache in kurtzer Zeit zu lehren.

Weil ich aber viel wichtigere Sachen zu Gvatimala zu schaffen hatte/ entschuldigte ich mich/und verharrete nur fünf Tage an diesem Ort/in welcher Zeit ich mich auff allerley Weise ergötzete.

Ob dieses Dorff gleich nicht sonderlich reich ist / so hat es doch unterschiedliche Kauffleute darinnen / die ihre Handlung im Lande treiben / sonderlich aber nach Suchutepeqves, an welchen Orthe das meiste Cacao angetroffen wird / wodurch ihrer etliche reich worden sind. Einige andere handeln mit irdenem Gefäße / so an diesem Orthe gemachet wird / weil eine besondere gute Erden dazu allhie gegraben wird. Die vornehmste Handlung aber geschiehet mit Saltz / welches sie frühe am Ufer des Flusses sammlen.

Es ist sehr heiß allhier / weil das Dorff in einer Tieffe ligt / die umb und umb mit hohen Bergen umbgeben ist.

Unter allerley andern guten Früchten / so an diesem Orthe angetroffen werden / wachsen auch Datteln allhier / die so köstlich sind / als die / welche man auß Barbarien bringet / und stehen etliche solche Bäume im Kloster-Garten.

Nachdem ich nun / auff die verdrüßliche Reise über das Gebürge / außgeruhet hatte / brache ich von Sacapula auff / und setzte meine Reise nach Gvatimala fort.

Von Sacapula kam ich auff ein ander grosses Dorff S. Andreas genandt / so über fünff oder sechs Meilen nicht davon entfernet war: Es ist aber nichts besonders da zu finden / als eine grosse menge Baumwolle und Indianische Hüner / und etliche reiche Mäyer-Höfe voller Vieh / so sehr wohl gelegen sind / weil es ein gantz flaches und ebenes Land ist / doch liegt zu Ende dieser Fläche ein Gebürge / welches denen / die nach Gvatimala reisen / gnugsame Verdrüßlichkeit machet.

Zu S. Andreas machte ich mich geschickt folgenden Tag eine Reise von neun starcken Meilen zu thun / biß in einem grossen Flecken / der von etlichen Sacualpa, von andern aber S. Maria Zoiaba genennet wird / wohin ich anders nicht als über das Gebürge hinkommen konte.

Ich schrieb / nach der Gewohnheit dieses Landes / den Tag zuvorher nach Zojaba, damit man mir Pferd und MaulEsel auff das Gebürge entgegen schickte / und schlieff selbigen Abend in einer Rancho, welches eine Hütten ist / mit Fleiß für die Reisenden erbauet / damit sie darinnen / wenn die Tagereise groß ist / ruhen können / sie ist eine Meile vom Gebürge entfernet / zu nechst an einem Flusse / dessen anmuthiges Geräusche / zusamt dem kühlen Winde / so zugleich bließ / mir eine gar sanffte Ruhe an diesem Orthe verursachten.

Des

Des morgens frühe/ nachdem ich ein Glaß voll Chocolate zur Stärckung getruncken/ und meiner Indianern auch iedem eines gegeben hatte/ brach ich auff/ und reisete auff dieses stoltze Gebürge zu/ welches ich doch so gar beschwerlich nicht fand/ als ich es mir eingebildet hatte; weil sich der Weg immer Schlangenweise durch dasselbige hinwand. Nichts destoweniger/ ie höher ich hinauff kam/ ie mehr ich mich verwunderte/ so offte ich hinunterwarts nach dem Flusse sahe/ indem diese Steinritzen auch wol die aller Behertztesten können zittern machen.

Ohngefähr auff der Mittende des Gebürges begegneten mir die Indianer von Zobaia, die brachten zwey Maulthiere mit sich/ auff deren einen ich reiten/ und auf das andere meine Bagage gelegt werden solte; es war aber der Platz/ wo wir einander antraffen/ zimlich schmal/ weil sich der Weg eben daselbst in die Krümme wendete.

Ich stieg an diesem Orthe ab; indessen waren die Indianer geschäfftig/ einander meinen Maulesel abzuladen/ und dem andern/ den sie mitgebracht hatten/ die Last auffzuladen.

Der Berg war an diesem engen Orthe über die massen rauhe/ und hatte einen gähen Abschuß/ schier eine Meile tieff/ und fast ohne alle Bäume/ ausser etlichen wenigen/ die hier und da/ sehr weit von einander entfernet stunden.

Es sagte mir fast mein Hertze/ daß ich besser thun würde/ wann ich zu zu Füsse ginge/ biß ich an einen andern Orth käme/ da der Weg breiter wäre; als aber die Indianer merckten/ daß ich mich fürchtete/ sagten sie/ es sey kein Gefahr zu fürchten/ zumalen das Maulthier/ so sie mir gebracht hätten/ gantz sicher zu reiten/ und auff diesem Gebürge zu gehen gewohnet sey.

Das 21. Capitel

Von einem gefährlichen Falle/ den ich that/ umb welches willen/ weil ich keinen Schaden nahm/ ich von denen Indianern für einen Heiligen gehalten wurde.

Ich ließ mich demnach von denen Indianern bereden/ und stieg auff dieses Maulthier; Ich war aber noch nicht recht auffgesessen/ so fing es an sich aufzulehnen/ hinten auszuschlagen/ und auf die Seiten auszuspringen/ und stürtzte sich zusamt mir nach den Felsen zu/ daß ich unfehlbar des Todes hätte seyn

 müs-

müssen/wenn mich nicht ein Strauch erhalten/und das Kollern dieses Maulesels gehemmet hätte.

Als die Indianer solches sahen/ fingen sie alsbald an zu schreien; Mirackel! Mirackel! ein Heiliger! ein Heiliger! und mit so vollem Halse/ daß es schiene/als ob man es solte zu Rom hören/ damit man mich canonisirete.

Indem mir nun die Indianer den Berg wieder hinauff holffen/ und den Maulesel wider auff die Strasse führeten/ hiessen sie mich allezeit einen Heiligen/welches sie aber schwerlich würden gethan haben/ wenn sie so vernünfftig gewesen weren/ zu bedencken/so wol daß sich ein Heiliger so gar vom Zorn überwältigen liesse; massen ich ihnen mit einem Stocke dreuete/ und mich vom schlagen kaum enthalten konte/daß sie mir ein junges Maulthier/welches des Sattels noch nicht gewohnet war/zugeführet hatten: als auch den gefährlichen Fall/den ich gethan hatte/ und daß ich bloß ohngefähr/ und nicht durch ein Wunderwerck mich am Strauche erhalten hätte.

Allein es konte weder mein Zorn/ noch die hefftigen Scheltworte/die ich wieder sie ausstieß/ ihnen die Einbildung von meiner Heiligkeit benehmen/ weil sie glaubeten/der Zorn eines Priesters sey gleichsam das Schnauben der Nasen GOttes/ so daß sie in dieser närrischen Meinung für mir auff die Knie niederfielen/und mir die Hände küsseten.

Als nun die Sache genauer von mir untersuchet worde/ so bekandten sie/ daß die Maulthiere wären verwechselt worden/ und daß dasjenige/ welches meine Sachen hatte tragen sollen/ und noch jung/ und nur des Lasttragens alleine gewohnet were/sey gesattelt/das andere aber beladen worden.

Unterdessen als die Indianer mit ab- und Auffladung der Thiere beschäfftiget waren/ging ich zu Fusse ein tausend Schritte den Berg hinauff/und als sie mich eingeholet hatten/satzte ich mich auff meinen Maulesel/ und reisete fort/ biß an den Orth/den man mir zum Außruhen/ und die Chocolate zu trincken/ zubereitet hatte.

Als ich ankam/ kamen mir ein Hauffen Indianer entgegen/ mich zu empfangen/ und weil sich der Ruff/daß ich ein Heiliger sey/ und auf der Strassen ein Mirackel gethan hätte/ bald unter ihnen außbreitete/fielen sie für mir auff die Knie/und küsseten mir die Hände/und thäten hernach unterwegens nichts anders/als daß sie sich von meiner Heiligkeit mit einander unterredeten.

Diese ihre Einfalt war mir höchstverdrüßlich: jemehr sie aber sahen/daß ich die Ehre/die sie mir anthaten/ nicht annehmen wolte/ je mehr beflissen sie sich/mich desto höher zu verehren.

Da

Da ich endlich ins Dorff kam/erzehlete ich dem Geistlichen/was mir begegnet war/und was für närrische Einbildung die Indianer von mir hätten: Worüber er sehr zu lachen begunte/und sagte/ wofern ich mich einige Zeit im Flecken auffhalten wolte/so würde alles/Mann und Weib/kommen/ mir die Hände zu küssen/und mich zu beschencken.

Er muste sonder Zweiffel ihre Gemüthsneigung sehr wohl kennen/ oder vielleicht hat er sie diesen Aberglauben selbst gelehret: Denn wir hatten kaum zu Mittag gessen/ so kamen ein hauffen Indianer in die Kirche / und wolten den Heiligen sehen/der in ihren Flecken kommen war/und auff dem Berge ein Wunderwerck gethan hatte.

Dieses verdroß mich noch hefftiger/ als zuvor; und weil ich die grosse Einfalt des armen Volckes sahe/bath ich den Geistlichen/er möchte ihnen doch sagen/daß sie sich betrögen/und daß sie nicht wol daran thäten: Er wolte aber nicht/sondern sagte/man müste auß politischen Uhrsachen alle Ehre/ die einem die Indianer anthäten/annehmen; Denn so lange sie uns für Heilige halten würden/so lange würden wir sie auch in unser Gewalt haben / und mit ihnen und ihrem Vermögen nach unsern Gefallen schalten und walten können.

Weil es denn also seyn muste/so ging ich mit dem Geistlichen in die Kirche/ und satzten uns miteinander im Chor in einen Stuel; und præsentirte also den Heiligen/den sie sich einbildeten/wiewol ich in Warheit nichts anders/ als ein armer Sünder war.

So bald wir uns nun gesetzet hatten/ kamen die Indianer / Männer/ Weiber und Kinder/zu dreyen und zu vieren/ja gantze Familien miteinander ins Chor / fielen zu meinen Füssen auff ihre Knie/ auff daß ich ihnen die benediction ertheilete / und nachdem sie mir die Hände geküsset hatten / machten sie mir auff ihre Arth ein compliment und sagten: ihre Flecken sey glückselig/ und ohne Zweiffel von Himel durch meine Ankunfft gesegnet/ und sie hoffeten neue Gnade für ihre Seelen zu erlangen/wenn ich GOtt für sie bitten wolte.

Hiernechst opfferten mir einige Geld/die andern brachten Honig/ Eyer/ kleine Decken / Palmiten und andere Früchte/ Federvieh/ und Indianische Hüner.

Ich sahe es dem Geistlichen/so bey mir saß/ an/daß er voller Freudẽ war/ als er dieses sahe: Denn er wuste/ daß ich weiter reisen/ und alle diese Opffer ihm lassen würde.

Ich bat ihn/daß er für mich den Indianern antworten / und mich gegen sie entschuldigen solte/weil ich ihrer Sprache nicht kundig were; Welches er auch that; und sagte/ ich were noch gar kurtze Zeit in ihren Lande/und ob ich ihre Sprache gleich guten theils verstunde/so könte ich doch dieselbige nicht vollkömlich aussprechen und reden: Er bedancke sich indessen von meinetwegen für die Freundschafft/die sie mir als einen Abgesandten GOttes/durch die so unterschiedliche Opffer bezeuget hätten: Sie hätten uns/mich und ihn dadurch verbunden/sie und ihre Kinder GOtt in unserm Gebete täglich fürzutragen und zu befehlen.

Auff solche Weise bekamen die Indianer ihren Abschied/und die Ceremonie wurde geendiget: Ich aber,und der Geistliche stiegen in eine Kammer/ allwo er seine Eyer und sein Geflügel zehlete/ und einen theil derselbigen auff unser Abend-Essen zurichten zulassen aussonderte. Hierauff sagte er zu mir/ daß er dieselbigen für sich behalten wolte/er wolte sie mir aber bey meiner Abreise abgelten/ indessen solte ich das Geld/ was sie mir geschencket hatten/für mich behalten; Ich wäre ihm sehr wohl willkommen/ich wäre ihm keineswegs beschwerlich sondern vielmehr sehr nützlich/ weil ich ihm so viel Lebens-Mittel zuwege bracht hätte/wovon wir etliche Tage lang wolleben könten.

Das Geld/was ich empfangen hatte/belieff sich auff die viertzig realen/ ohne zwantzig andere/ die er mir für die andern Opffer gab/ die doch mehr als noch einmal so viel werth waren; und diß alles bekam ich darum/ weil ich mit meinen Maul-Esel gestürtzet/ und doch nicht den Halß gebrochen hatte.

Ich war willens den folgenden Morgen fortzureisen/ der Geistliche aber/ so Johann Vidal hiesse/ wolte solches nicht zulassen/ weil ich zum wenigsten zehen Meilen zu reisen hatte/derowegen wolte er/daß ich noch einen Tag außruhen solte.

Der Flecken Zojaba oder Sacualpa ist der grösseste/ und schöneste unter allen/ so zum Priorat von Sacapula gehören; die Indianer daselbst sind reich/ und machen viele baumwollene Decken: Sie haben auch viel Honig und grosse Heerden Ziegen; es mangelt ihnen aber Korn/und erndten nichts anders als Mahis, gleich wie alle andere Flecken/so hinter diesem liegen.

Folgenden Morgen bekam ich noch einige kleine Opffer/ es war aber gegen das gestrige sehr wenig: Dannenhero sagte ich zu dem Geistlichen; Daß/weil die Andacht des Volckes sich nun erkaltete/ so wolle ich Morgen frühe vor Tage mich auf die Reise machen.

Diesen Abend kamen die vornehmsten Indianer im Flecken/ und erbothen sich/ mich biß zu einer Rancho oder Hütten/so auff dem halben Wege ist/ zubegleiten: Ich bedanckte mich aber/ und bat sie/ sie möchten

mir

mir nur drey Männer von den geringsten im Flecken zu geben/die mich so weit begleiteten/biß ich denjenigen/umb die ich geschrieben/und mir auß dem nächsten Dorff entgegen kommen solten/begegnen würde.

Als nun die Stunde meiner Abreise kommen war/ welches ohngefähr frühe umb 3. Uhr war/ und ich ein wenig geruhet hatte/ ruffte man mich; ich tranck eine Schaale Chocolate, und aß ein stückgen Marzepan/und ein wenig Conserve, und machte mich hierauff zum Auffbruch fertig/ fand auch die Indianer im Hofe meiner warten mit ihren brennenden Kienstöcken/ deren sie sich an stat der Fackeln gebrauchen/ wenn sie iemand bey Nachtzeit den Weg weisen müssen.

Unweit vom Dorffe traffen wir ein wenig rauhen holprechten weg an/ da wir des Lichtes wol vonnöthen hatten; aber bald hernach kamen wir auff ein ebenes gleiches Land/ welches biß an die Hütte/ so auff dem halben Wege erbauet ist/ reichet/ hernach aber hatten wir noch einen sehr rauhen Berg hinab zu steigen.

Das 22. Capitel

Fernerer Verfolg der Reise/ samt der verbindlichen manier, mit welcher ich überall/ wo ich hinkam/ von denen Indianern empfangen/ bewirthet und bedienet wurde.

Als wir in erwehnete Herberge kamen/welches ohngefähr des Morgends umb sieben Uhr war/ traffen wir daselbst die andern Indianer an/die unser bereits warteten; sie waren umb Mitternacht auß ihrem Dorffe gegangen/ und hatten bereits Feuer/und Wasser zu unser Chocolate heiß gemacht: Worauß man sehen kan/ wie bereitwillig die armen Indianer sind/ die Befehle der Geistlichen außzurichten.

Indem ich nun meine Chocolate tranck/ berichteten die Indianer von Zojaba, so mich biß an diesen Ort begleitet hatten/ die von S. Martin, (deñ so hieß das Dorff/ nachdem ich zu reisete) von dem Wunderwercke/ so ich gethan hatte/ damit sie mir/ als einem Heilgen/ die billiche Ehrbezeugung erweisen solten; worauff ich ihnen auch iedem ein Glaß voll Chocolate gab/ beuhrlaubte sie/ und nahm meinen Weg nach S. Martin zu.

Der Weg war meistentheils Bergicht und voller Steinroltzen/ biß zwey tausend Schritt vom Dorffe/ in welchem wir zu mittage ankamen.

Dieses Dorff ligt unter einem kalten Himel/auff einer sehr lustigen Höhe / von der man fast biß nach Gvatimala sehen kan; man bauet hier gutes Korn in ziemlicher Menge/wie auch in andern daherum liegenden Dörffern. Ihre Honig ist auch der beste im gantzen Lande: und über dieses versehen sie Gvatimala mit Wachteln/Rephünern und Kaninichen.

Dieses war das erste Dorff/darein ich kam/welches nach Gvatimala gehörete/worüber ich mich nicht wenig erfreuete/weil ich wuste/ daß mehr nicht/ als nur noch eine gute Tagereise / von dieser langen und verdrüßlichen Reise/ zuthun übrig war.

Der Geistliche / so sich in diesem Dorffe auffhielt/hieß Fr. Thoma de la Cruz,und gehörete zu den Jacobinern in Gvatimala: Er war ein Criolle,gleichwol empfing er mich wol.

Ich blieb nur diesen Abend bey ihm/und folgenden Morgen/ob ich zwar hätte können nach Gvatimala zur Mittagmahlzeit zu rechte kommen/ so nahm ich doch meinen Weg durch einen von den allergrössesten Flecken so in diesem Lande sind/Chimaltenango genand; er liegt in einem Thal/ drey Meilen von diesem Dorffe/und wohnen auff die tausend Familien und viel reiche Indianer/die im Lande Handlung treiben/ darinnen.

Zu meiner Zeit war ein Indianer / welcher der Kirchen daselbst/die keiner in der Stadt Gvatimala was nachgiebet/und mit guter Musik den meisten im gantzen Lande überlegen ist/ fünfftausend Ducaten vermachte.

Der grössester Festtag zu Chimaltenongo ist der 26 Julius,welcher der S. Annen Tag ist/an welchem der schönste Jahrmarckt gehalten wird / den ich in diesem Lande gesehen habe / so wohl wegen der Kauffmanns-Wahren/so man dahin bringet/als auch wegen der grossen Menge Kauffleute/die aus unterschiedenen Orthen dahin kommen. Man hat auch Stier-Gefechte/Wetterennen/ Comedien / Masqveraden / Däntze / Spiele / Musicken / und andere Ergötzlichkeiten/ womit sich die Einwohner dieses Orts den gantzen Tag erlustigen/ allhier zu sehen.

Der Geistliche dieses Orths war vom Orden S.Dominici , und gehörete ins Kloster zu Gvatimala,er hieß Alonso Hidalgo, und trug wegen seines Alters allezeit Brillen : Er war in Spanien gebohren / war aber von Jugend auff in diesem Lande erzogen/ so daß/weil er in Gvatimala unter den Criollen den Ordens-Habit angenommen hatte/er gantz auß der Arth geschlagen war/ und allen / die auß Spanien kamen / feind war.

Es war des Provincials abgesagter Feind/weil er durch Hülffe der Criollen gerne selber Provincial werden wolte; welches ich daraus abnehmen konte/ daß er/als ich bey ihm war/mit mir zuzancken anfangen wolte

Er sagte; ich sey wilkommen/aber wider seine Gedancken/ weil er sich einbildete/ daß alle/die auß Spanien kämen / die eingebohrne Landes-Kinder zu unterdrucken kämen / und wenn ich würde die Indianische Sprache gelernet haben/ würde ich solches ebenfals thun können/und ihm die Stelle/ die er von erster Kindheit an verdienet hatte/berauben.

Er schalt sehr auf den Provincial und auff den Fr. Juan Baptista, den Prior zu Gvatimala, die er doch wuste / daß sie meine gute Freunde weren : Ich antwortete ihm aber/wegen seines Alters und seiner Brillen/auff alles dieses nicht ein Wörtlein.

Endlich sagte er/ er habe gehöret/daß mich die Indianer von Zoiba für einen Heiligen gehalten hätten / er glaube aber nicht/ daß iemand ein Heiliger sey/der auß Spanien kömt / vielweniger könte er solches von mir glauben/der ich auß Engelland/ einem ketzerischen Lande/bürtig wäre : Er glaubte vielmehr/ daß ich ein Kundschaffter sey/der nur kommen sey/den Reichthum dieses Landes außzuforschen/ und solchen hernach in Engelland zu verrathen. Es weren in Gvatimala viel köstliche Stücke/ und unter andern ein Marien-Bild/ und eine Lampe im Jacobiner Kloster; davon sey er genugsam versichert/daß ich selbige für meinen Theil von der Beute behalten würde.

Ich trieb aber nur Spötterey mit diesem seinen Grinseln/und sagte: Ich würde zu allererste ein Inventarium über den Reichthum seiner Kammer/ in welcher unterschiedene schöne Gemälde / Tappeten/ und Cabinette waren/machen/damit/wenn die Engelländer kämen/weil ich noch im Lande wäre/ich sie mit desto grösserer Versicherung hineinführen könte : Und wenn er sich an statt der bleiernen Zähne/die er ihm hatte einsetzen lassen/(denn ihm waren alters halben alle seine Zähne außgefallen) wolte silberne machen lassen/so würde ich die Engelländer auch zu ihm führen/ damit sie sich seiner Persohn als einer reichen Beute/seiner Zähne wegen/ versicherten/ich wolte ihm gut dafür seyn/daß er/ so wol wegen des Reichthumbs/den er in seiner Kammer vorwiese/ als auch dessen/den er in seinem Leibe verborgen hätte/sehr wol würde gehalten werden.

Und damit er sehen möchte/daß ihm mein Rath sehr nützlich und fürträglich sey; so sagte ich ihm/daß wenn die Engelländer ins Land kommen würden/so würden sie unfehlbar wissen wollen/auß was für einem Metall seine Zähne gemachet weren/ denn sie würden sich gewiß einbilden/daß sie auß einer besondern raren materie, die sonst nirgends als nur in diesem Lande gefunden würde/gegossen weren/ so dörfften sie ihm vielleicht einen so heissen Tranck zu trincken geben/daß seine bleierne Zähne davon schmeltzen/und ihm das geflossene Bley in den Halß hinunter lauffen möchte ; welches sie aber nicht thun würden/wenn er silberne Zähne hätte.

Er sahe gar wol/daß ich seiner spottete/derowegen sagte er nichts mehr : ich aber war gar wol zu frieden/daß ich ihm das Maul so fein gestopffet hatte/daß er mir ferner nicht verdrüßlich sein dorffte

Nach vollbrachter Mittagmahlzeit sagte ich ihm/daß ich das Abend-Essen nicht erwarten wolte ; sondern ich wolte förder reisen/und mit einer schlechten Abendmahlzeit im Kloster zu Gvatimala vorlieb nehmen/weil er mich zu Mittage so wohl tractiret hätte/daß ich es so bald nicht würde verdauen können.

Ich

Ich bat ihn/er möchte mir Indianer/die mich nach Gvatimala begleiteten/ verschaffen;welches er gar gerne that/vielleicht weil er sich fürchtete/daß/wenn ich biß auf den Abend bey ihm bliebe/ ich ihm nicht etwann seine Zähne mit dem heissen Wasser von der Chocolate, die ich von Chiapa mit gebracht hatte/schmeltzen/ oder etwan des Nachts seine Gemählde und reiche Cabinette berauben möchte.

So bald nun die Indianer vorhanden waren/förderte ich mich/daß ich fort kam/ damit ich nur diese Bestie mit vier Augen nicht mehr sehen dorffte / und in der Stadt Gvatimala außruhen möchte.

Eine Meile von diesem Flecken kommet die Heerstrasse auß dem offenen breiten Thale/zwischen die Berge/welche von beiden Seiten dieselbige eingeschlossen halten/ biß man an die St[illegible] Gvatimala kömt;die Strasse ist eben und sandicht/ ohne alles auff und absteigen.

Man hat auff diesem Wege/der mehr nicht als zwey Meilen lang/und gantz und gar von Bergen eingeschlossen ist/ allerley Sachen zu sehen : Denn man trifft auf selbigem ein Indianisches Dorff an/welches einen guten Theil des Weges einnimt/ und so groß/und auch grösser ist als Chimaltenango, weil die Häuser weit voneinander stehen/und mit vielen schönen Häusern der Spanier/die auß der Stadt hieher sich zuerlunigen kommen/vermischet sind.

Dieses Dorff wird Xocotenango genand/von einer Frucht Xocote, welche an diesem Orth und der umbliegenden Gegend in grosser Menge wächset. Diese Frucht erfrischet trefflich/und wenn sie reiff ist/hat sie eine gelbe Farbe: Es gibt derselben zweyerley Gattung/süsse und saure/und von ihren Kernen machen die Indianer Feuer.

Diese Frücht fället so häuffig von den Bäumen/so an der Strassen stehen/ daß die Spanier/damit selbige nicht vergebens umbkommen möchten / raths worden sind/ Schweine zu mieten/und sie auff diese Strasse treiben zu lassen/alwo sie denn an diesen Pflaumen so eine gute Mastung haben/ daß sie davon eben so fett/als in Engelland von von den Eicheln/werden.

An dieser Strasse liegen auch viel schöne Gärten/auß welchen die Stadt Gvatimala mit Küchen-Kräutern/Wurtzeln/Früchten/ und Blumen durch das gantze Jahr reichlich versehen.

Es sind auff diesem Wege auch drey Wasser-Mühlen/auff welchen das Korn für die Stadt gemahlen wird/unter denen die grössete den Dominicanern zu Gvatimala zugehöret/die allezeit einen Geistlichen mit drey oder vier schwartzen auff selbiger halten/daß sie für sie sorgen müssen.

Der forder Giebel/ von der Kirchen dieses Dorffs wird für eines von den schönesten Wercken in diesem Lande gehalten ; so ist der hohe Altar auch sehr reich und prächtig/weil er gantz und gar mit Golde bedecket ist.

Ich hielt mich an diesem Orte nicht lange auff/weil ich wol wuste/daß ich mich in der Stadt würde eingerichtet haben / weil ich offt genug hieher würde kommen können.

Also reisete ich nun fort/immer zwischen den Bergen/biß ich nach Gvatimala kam/ von welcher Stadt Beschaffenheit / Reichthum und Grösse ich in folgenden dritten Theil weitläufftig handeln wil.

Ende des andern Theils.

Neuer Bericht
von denen
Occidentalischen Indien.
Dritter Theil.

Das 1. Capitel
Beschreibung des Staats/Regierung/Reichthumbs/und Grösse der Stadt Gvatimala, und des dazu gehörigen Landes.

ICh war noch nicht gar tausend Schritte von der Kirchen zu Xocotenango wegkommen/ so schiene es/ als ob die Felsen und Berge sich mit Fleiß außeinander geben/ auff daß das Gesichte freyen Platz in das Thal zu schauen bekommen möchte.

Der grosse Ruff von dieser Stadt/ und das Lob/ so ich in unterschiedenen Discursen von ihr in Mexico und Chiapa gehöret hatte/ waren uhrsache/ daß ich mir einbildete/ sie würde mit guten Mauren/ Thürmen/ und Pasteyen befestiget seyn/ damit sie sich gegen diejenigen/ die sie vielleicht angreiffen möchten/ zur Gegenwehr stellen könte.

Als ich aber hinzu kam/ und es am allerwenigsten gedachte/ siehe so war ich schon in der Stadt/ wiewol ich noch keine Mauer gesehen/ auch über keine Brücke und durch kein Thor gegangen war; vielweniger hatte ich einige Wache/ die mich gefragt hätte/ wannenher ich käme/ und wer ich wäre/ gesehen. Und als ich bey einer neuerbauten Kirche/ umb welche lauter niedrige/ theils mit Stroh/ theils mit Leinwand gedeckte Häußgen stunden/ vorbey ritte/ und fragte/ wie die Stadt hieß/ bekam ich zur Antwort/ daß es die

Stadt Gvatimala sey/ und die Kirche hiesse S. Sebastian, und sey die eintzige Pfar-Kirche in dieser Stadt.

Hierdurch wurde die guthe Meinung/die ich von dieser Stadt und ihrer Grösse hatte/ sehr vergeringert/ so daß ich nicht anders dachte/ als daß ich in ein anderes Chiapa käme; biß ich etwas weiter hinein zwischen Häusern und Misthauffen / deren jene zur rechten/ diese aber zur lincken lagen/ und endlich in eine breite Gassen kam / so auff beyden seiten Häuser hatte/wodurch ich Hoffnung schöpffete/das vielleicht die Stadt nicht mehr weit seyn würde.

Kaum hatte ich meine Augen ein wenig nach der Seiten gewendet / so wurde ich eines prächtigen Klosters gewar/welches der Ort war/an welchem sich meine Reise enden / und ich / nach so viel gehabter Mühe/ außruhen solte.

Ich stiege für der Hinterpforten ab/ und als ich dem Prior meine Ankunfft hatte zuentbieten lassen/ kam Er mir entgegen/ und hieß mich willkommen seyn/ und versprach mir / daß umb des Provincials willen mir nichts ermangeln solte/ ja er wolte umb mein selbst willen mehr gegen mir thun/als ihm der Provincial in seinem Schreiben befohlen hätte.

Er erzehlte mir nachmals/ daß Er in Spanien in der Provintz Asturien sey erzogen worden/wo offters die Englischen Schiffe anlanden/so daß er viel meiner Landes-Leute gesehen hätte/auch mit unterschiedenen sey bekand worden/und Freundschafft mit ihnen gemacht habe: Weil ich nun auch ein Engelländer sey/und mich itzo ausserhalb meines Vaterlandes befindete/ und hier zu Lande ein Frembdling sey/so wolle er mir/auffs beste/ als ihm möglich sey/beförderlich seyn.

Wie höchlich ich mich erfreuet habe/ als ich einen Menschen/ der gantz anders/als der Mönch Hidalgo, gesinnet war/ und der von unser Nation so viel hielt/antraffe/ lasse ich einem ieden selbst bedencken. Noch mehr aber erfreuete ich mich/als er seinem Versprechen nach kam: Er hieß Fr. Hiacinth de Cabannas, und war der oberste Professor Theologiæ auff der Universität.

Als er verspürete/daß ich belieben hatte mein Studieren ferner zu continuiren/ und daß ich insonderheit seine Lectiones Theologicas zu hören begierig war/so erwiese er sich so günstig gegen mir/daß/nachdem ich das erste viertel Jahr sein Zuhörer gewesen war/daß er eine Theologische Disputation anstellete/in welcher ich/unter seinem Præsidio und Beystand/öffentlich für allen

Do-

Doctoribus und Theologis der Universität/gewisse Theses Theologicas, wider die Meinungen des Scoti und Svarez behauptete. Die vornehmste Streit-Frage aber/über welche Disputiret wurde/war von der Geburth der H. Jungfrau Maria/welche die Jesuiten mit dem Svarez, die Franciscaner und Scotisten ohne die Erbsünde gebohren zu seyn/und daß sie von selbiger weder einige Schuld noch Mackel behalten habe/glauben.

Ich behauptete öffentlich mit dem S. Thomas von Aqvin und allen Thomisten, die widrige Meinung/ nemlich/ daß sie in der Erbsünde gebohren sey/ so wol als andere Nachkommen des Adams.

Es wurde diese Controverſie von beyden Theilen mit Gründen aufs beste behauptet/und die fürgebrachten argumente gründlich beantwortet und aufgelöset/daß in vielen Jahren keine so merckwürdige und eiffrige Disputation, als wie diese war/gehalten worden.

Die Jesuiten strampelten mit den Füssen/ und klatschten mit den Händen/ihren Unwillen über dieser Meinung/ welche sie eine Ketzerey schalten/ zu bezeugen; sie sagten/daß diese Meinung von der H. Jungfrauen wol in Engelland/ als einem Ketzerischen Lande/ vielleicht statt haben könne/ und wäre nicht zu verwundern/daß ich/weil ich unter den Ketzern wäre erzogen worden/ selbige zu behaupten mich unterstunde: Daß aber der Doctor Cabannas, ein gebohrner Spanier/der auff ihren Universitäten erwachsen/ und der oberste Professor auff dieser berühmten Academie sey/ derselben den Rücken zu halten kein Bedencken trage/ darüber musten sie sich höchlich entsetzen.

Ich antwortete ihnen aber auffs glimpfflichste/ daß sie nicht Uhrsach hätten sich so sehr zuerzürnen/weil diese Meinung nicht allein durch starcke und gewaltige Gründe befestiget wäre/sondern auch durch das Ansehen vieler Hochgelährten Theologen, so es mit dem S. Thomas von Aqvin hielten/ unterstützet würde.

Nach der Zeit hatte ich zwar unter den Jesuiten gar schlechten Credit; hingegen aber war ich in desto grösserm Ansehen bey den Geistlichen vom Orden S. Dominici, insonderheit aber beym D. Cabannas, so daß ich durch vermittelung seiner/ und des Fr. Juan Baptista, Priors zu Chiapa, welcher folgende Weinachten Prior zu Gvatimala worde/so viel Ehre und Ansehen in diesen Landen erlangete/als noch nie kein frembder unter den Spaniern gehabt hatte.

Als sie folgendes Mariä Lichtmesse-Fest beyde in Chiapa bey der

Wahl eines neuen Provincials sich befanden / waren sie meiner / der ich stets zu Gvatimala blieb / auch eingedenck; und weil sie wusten / daß die Universität / die guten theils auff ihrem Convent beruhet / eines Professoris Philosophiæ benöthigt sey: Schlugen sie mich dem neuen Provincial, Nahmens Juan Xemeno, und dem Capitel der Provintz vor / daß sie mich auff künfftige Michaelis zu dieser Profession bestellen möchten.

Sie trieben diese Sache so ernstlich zu meinen besten / daß sie (zumahlen sie ausser dem so viel Ansehens hatten / daß man ihnen nicht leichtlich was abschlagen konte /) gar leicht ihren Wuntsch erhielten / und brachten bey ihrer Zurückkunfft mir des Pater-Provincials offenen Brieff oder Patent, durch welches er mich / unter den Nahmen Fr. Thomas de S. Maria (denn also nennete man mich damals) zum Professore Philosophiæ in dieser Universität ernennete / und dem Prior anbefahl mich in solches Amt einzusetzen.

Diese Ehre / die man mir als einem Außländer / der neulich erst in diese Lande kommen war / anthat / veruhrsachte / daß die Criollen und einige andere / die auch ein Auge auff diese Profession gehabt hatten / tausenderley übels wider mich redeten: Allein diß alles halff nur dazu / das ich mit desto grösserem Eyffer gelährt zu werden trachtete / die lectiones publicas desto fleissiger besuchte / und die Zeit / mit fleissigem studieren so nachts als tages / also anlegete / damit ich solche mir anvertrauete Profesſion mit ehren haben / und der Hoffnung meiner Freunde ein genügen thun möchte.

Ich verwaltete dieses Amt drey Jahr nach einander; und weil mir jezuweilen einfiel / daß mir gebühre / die Ehre meiner Nation zu Gvatimala zu behaupten / und nicht zugestatten / daß irgend ein Spanier an subtilen Erfindungen und scharffsinnigen Beweißgründen mich übertreffen möchte; so blieb ich offters / wenn die andern Mönche alle schlaffen gingen / in meiner Kammer offen; und nachdem ich ein Glaß Chocolate getruncken hatte / saß ich von neun Uhren die Nacht durch biß umb zwey Uhr nach Mitternacht / und studirete / und war zufrieden / daß ich die übrige Zeit biß sechs Uhr schlieffe.

Diese drey Jahr über verlangete ich keines von denen Aemptern / die sonst in den Klöstern bräuchlich sind; und thät nichts / ausser daß ich zuweilen im Kloster predigte / und diejenigen / so in unser Kloster kamen / Beichte hörete; und dieses darumb / damit ich an meinen studieren nicht möchte gehindert werden.

Indessen

Indessen lagen mir der Prior und der Doctor Cabannas offtmals an/ daß ich mir vom Bischoff Erlaubnüß/ in der Stadt und auff dem Lande Beichte zu hören und zu predigen außbitten solte; dann/ ich predigte/ wie vor gedacht/ zu weilen auff Vergünstigung des Pater Provincials im Convente.

Ich widersetzte mich aber ihnen in diesem Stück allezeit/ so gut ich konte/ biß endlich der Provincial nach Gvatimala kam: Dieser/ als er mich einsmals hatte predigen hören/ wolte durchauß haben/ daß ich diese Erlaubnüs vom Bischoff erhalten solte/ damit ich nicht mehr zwischen dem Mauren des Klosters eingesperret bliebe/ sondern frey und ungehindert in den andern Kirchen mich hören lassen/ und dadurch Geld/ zu erkauffung nützlicher Bücher/ gewinnen könte.

Zu dem Ende ließ er mich drey Stunden lang durch fünff Doctores Theologiæ, nach Gewohnheit des Ordens examiniren/ und als ich solches examen auffs schärffste überstanden/ und derer Doctorum Approbation erhalten hatte/ gab er mir auff der Stelle ein Præsentation-Schreiben an den Bischoff/ in welchem er meines außgestandenen examinis erwehnete/ umb durch dasselbige die Freyheit/ überall in seinem Kirchen-Gebiet Beichte zu hören/ und zu predigen/ nach laut der Bulle Pabst Clementis, derer Anfang ist: Dudum, de Sepulturis.

Der Bischoff zu Gvatimala, der mich sonderlich lieb hatte/ und das Auffnehmen guter Wissenschafften auff dieser Universität insonderheit wünschete/ dorffte nicht sonderlich deswegen gebeten werden: Denn er gab mir zur stunde solche Freyheit/ und schriebe seine Erlaubnüß auff die außwendige Seite des Præsentation-Schreibens/ wodurch er mir vergönnete/ in seinem gantzen Kirchspiel zu predigen/ und das Sacrament der Busse iedermann/ außgenommen den Nonnen nicht/ mitzutheilen/ und sie von allen Sünden/ doch die sonderliche dem Bapst und Bischoffe verbehaltene Casus außgenommen/ zu absolviren: Diese Erlaubnüß war mit seiner eignen Hand / wie auch von seinem Secretario unterschrieben und datiret den 4. Tag Decembris 1629.

Solcher gestalt wurde ich in der Stadt Gvatimala, auff Befehl des Bischoffs und des Provincials/ die Philosophi öffentlich zu lesen/ und durch das gantze Kirchspiel zum predigen bestellet und bestätiget.

Man trug mir auch die Theologische Catheder an/ umb die Theologie zu dociren/ wie ich denn auch drey Monath lang selbige öffentlich lase/ so daß ich lange Zeit/wann ich gewolt hätte / an diesem Orthe hätte bleiben können: Ich war aber nur vierdtehalben Jahr daselbst/ dessen Uhrsachen ich unten melden werde.

Was ich nun diese Zeit über von dieser Stadt / und dem umbliegenden Lande/ welches ich unterschiedlich durchreiset/so wol als ich noch in Gvatimala war/ als die sieben Jahr über / weil ich mich auff den Dörffern auffgehalten habe / erfahren können/ will ich anitzo auffs treulichste beschrieben.

Es liegt diese Stadt / welche die Spanier S. Jago de Gvatimala nennen/ in einem Thal/ welche ohngefähr eine Meile/oder auch wohl nicht gar/ breit ist/ weil selbiges mit hohen Bergen geschlossen ist: Der Länge aber nach sträcket es sich ferne und eben nach dem Sud-Meere zu/ und wird selbiges bey der Stadt/welche noch heut zu Tage die alte Stadt genennet wird/ und ohngefähr eine Meile von Gvatimala entfernet ist/ein wenig weiter.

Ob nun zwar die Berge dieses Thal von allen Seiten umbringen/uñ an der Ost-Seiten fast über dasselbige herab zu hengen scheinen/ so hindern dieselbige doch keines Weges die Reisenden/weil man durch sie so beqveme Wege gemacht hat/daß nicht allein die Menschen gemächlich darüber reisen/ sondern auch die schwer beladenen Last-Thiere ungehindert darüber gehen können.

Der Weg von Mexico , wenn man über Soconuzco und Suchutepeqve gehet/komt auß dem Nord-Westen nach der Stadt/und ist eine breite offne/ sandigte Strasse: Uber Chiapa aber komt sie außm Nord-Ost / und gehet zwischen den Bergen nach der Stadt / wie ich bereits oben gesagt habe. Gegen Niedergang nach dem Sud-Meer zu/ist der Weg gantz frey und eben/ und gehet mitten durch das Thal und das flache Land.

Nach dem Suden aber und Sud-Osten zu gehet der Weg über die hohen Berge/die zimlich schwer zu besteigen seyn; und dieses ist die gewöhnliche Strasse/ auff welcher man von Comayagva, Nicaragva und Golfo dulce, komt/ in welchem Hafen die Schiffe jährlich anländen/und die Wahren/ die sie für Gvatimala auß Spanien bringen / niederlegen: und eben diesen Weg nehmen auch diejenigen / die in die gegen Osten von der Stadt gelegene Landschafften reisen wollen.

Unter allen Bergen / sind der Stadt und dem Thal diejenigen die nächsten / welche man die Vulcane nennet/deren der eine der Wasser-Vulcan,

can, wiewol ungereimt/ weil dieser Nahme nur denen Bergen/ so Feuer speien/eigentlich gehöret/ von den Spaniern genennet wird/ der andere mit recht der Feuer Vulcan heisset/ weil er unter die Zahl der brennenden und Feuerspeienden Berge gehöret.

Diese zwey beruffene Berge liegen nahe beyeinander/einer an dieser/der andere an der andern Seiten des Thals: Der Wasser-Berg hänget an der Sudseite fast Bleyrecht über die Stadt/ und der Feuerberg liegt etwas weiter hinab/und ist der alten Stadt näher.

Der Wasserberg ist höher als der andere/und fället anmuthiger ins Gesichte/weil er fast das gantze Jahr durch mit Graß bedecket/ und mit Indianischen Korn besehet ist: So findet man in den kleinen Dörfflein/so darauff mitten und am Fuß desselben liegen/Rosen/Lilien/und andere Blumen/so das gantze Jahr durch in den Gärten blühen: ohne die Palmiten/ Marellen/ und andere herrliche Frucht Bäume.

Die Spanier nennen ihn den Wasser-Vulcan, weil auf der andern Seiten des Berges viel Bächlein entspringen/ so gegen die Stadt S. Christophel flüssen/ und man dafür hält/ daß er von selbiger seiten den grossen süssen See/so unweit den Flecken Amatitlan und Petapa lieget/ mit Wasser versehe.

Von der Seiten aber/so gegen Gvatimala und dem Thale sihet/entspringen so viel Bronnen süsses Wassers/ daß selbige zusammen einen Fluß machen/der nahe an der Stadt hindurch das Thal flüsset/ und die Mühlen zu Xocotenango, wovon ich oben Meldung gethan habe/treibet.

Dieser Fluß/ist der Spanier vorgeben nach/ zur Zeit/ als das Land erobert wurde/ noch unbekand gewesen/ und ist erst nach der Zeit entstanden.

Es wohnete umb das Jahr 1534. in der Stadt Gvatimala, die vormals höher auffwarts/ und näher dem Vulcan zu/ als selbige heute zu Tage lieget/erbauet war/an eben dem Orthe/ den man noch heute zu Tage die alte Stadt heisset/eine Dame Nahmens Maria de Castilla, die/ als ihr Mann im Kriege geblieben war/ und eben dasselbige Jahr alle ihre Kinder zu Grabe geschicket hatte/ sich den hefftigen Schmertz so sehr überwältigen ließ/ daß sie/an statt sich dem Willen GOttes zu unterwerffen/ dessen Macht gleichsam außforderte/und sagte/ Er könte ihr mehr übels/ als bereits geschehen wäre/

nicht

nicht zufügen / ausser daß Er ihr selbst das Leben/ welches sie doch für nichts achtete/nehme.

Sie hatte kaum diese Worte außgestossen / als auß diesem Berge ein so grosser Wasser-Strom hervor Schoß/daß er dieses Weib hinweg risse/viel Häuser verderbete/und die Einwohner an diesem Orthe/wo itzund die Stadt Gvatimala stehet/ zu wohnen nöthigte.

Wann diese Geschichte / so wie die Spanier vorgeben / sich in der Warheit verhält / so sol sie iedwedem zu einem merckwürdigen Beyspiel dienen/daß man Gott fürchten solle/und keines weges seine Macht/ wenn er zörnet/und uns die Krafft seiner schweren Hand fühlen lässet/lästern.

Von selbiger Zeit an ist dieser Orth die alte Stadt genennet worden/ und der Fluß hat beständig seinen Lauff behalten/wie er ihn annoch hat. Er entspringet auß diesem Vulcan,dessen Bronnen/Gärte/Früchte und Blumen/ samt dem schönen adspect seiner stets grünenden Seiten/ könten einem hurtigen Geiste / als der Martial gewesen / Anlaß genug geben/aus selbigem einen zweyten Parnassus zu machen/ den Huffschlag des Pegasus zu finden/ und das Lob der Nymphen und Musen/so diesen schönen Americanischen Berg/ der zum wenigsten drey Meilen hoch ist/bewohnen.

Der andere Vulcan hingegen/welcher nechst bey diesem an der andern Seiten des Thals lieget/ ist desto unannehmlicher/ ja erschröcklicher anzusehen/weil er meist mit Aschen / und verbrändten Steinen bedecket/ gantz unfruchtbar und ohn alles Graß ist; man höret da nichts als Donnern und Krachen/ von denen in der Erden schmeltzenden Metallen/man siehet auff selbigem nichts als Flammen/und feurige Schweffel-Bäche rinnen/die unaufhörlich bremmen/und die Lufft mit einem gifftigen und tödlichen Gestanck anfüllen.

Solcher Gestalt lieget Gvatimala zwischen einem Paradiß und einer Höllen / die doch noch niemahls ihren Rachen so weit auffgethan hat/ daß diese Stadt von ihr wäre verschlungen worden.

Es ist nicht ohne / es hat sich bereits vor langer Zeit der Berg oben auff der Höhe sehr weit eröffnet/ und so viel glühende Aschen von sich außgestossen/daß die Häuser zu Gvatimala und daherumb damit sind gefüllet/ und alle Gewächse und Früchte dadurch verderbet worden: Er speyete auch eine solche menge Steine auß/daß/wenn selbige auf die Stadt gefallen wären/ würden sie dieselbe in Grund verderbet haben.

Sie fielen aber seitenthalben in eine Tieffe/wo sie noch zu sehen sind/und die Anschauenden in höchste Bestürtzung setzen; man höret auf sich über die Gewalt des Schieß-Pulvers/ welches die eisernen Canon-Kugeln/ ihrer schwere ungeachtet/so weit in die ferne treibet/zu verwundern/wenn man die grausame Macht und Stärcke des unter irrdischen Feuers in diesem Berge bedencket/als welches stücke Steine und Felsen/die so groß als ein Hauß sind/ und die zwantzig Maul-Esel nicht einmahl rügen können/wie zu unterschiedenen mahlen ist versuchet worden/ in die Lufft gehoben/ und wieder zu Erden nieder gestürtzet hat.

Das Feuer/welches der Berg itziger Zeit von sich außstösset/ ist nicht allezeit gleich: Dann zu weilen ist es groß/zuweilen auch wieder klein: Gleichwol geschahe es zu meiner Zeit / daß es drey Tage und Nächte so groß war/ daß der Doctor Cabannas mir und einem andern Freunde hoch betheurete/daß er den einen Abend bey dem Licht dieses Feuers / welches doch aufs wenigste eine Meile von ihm entfernet war/an seinem Fenster einen Brieff habe lesen können.

Das Krachen / so man aus diesem Berge höret / ist auch nicht immer gleiche; sondern Winters-Zeit stärcker als im Sommer/ nemlich nach ausgang des Octobers biß zum Ende des Aprils wird es hefftiger gespüret als die übrige Zeit des Jahres: Denn es scheinet / daß als denn die in den holen Gängen des Berges verschlossene Winde das Feuer hefftiger auffblasen/ als zu anderer Zeit/ und hiermit veruhrsachen/ daß der Berg krache/und der Erdboden sich erschüttere.

Es geschach ohngefähr drey Jahr vor meiner Ankunfft in dieser Stadt/ daß die Einwohner gantzer neun Tage alle Augenblick sich ihres Todes versahen / so daß sie wegen der unauffhörlichen Erdbeben ihre Häuser verlassen/ und auff dem Marckte unter Gezelten und Strohhüten sich auffhalten musten/ massen sie auch die Bilder der Heiligen / und insondert des H. Sebastian bringen/ und selbige in Procession durch die Stadt umbtragen liessen.

Zu meiner Zeit/ als ich mich in der Stadt auffhielt / war das Krachen im Berge/ der Rauch und Flamme samt dem Erdbeben des Sommers so mässig/daß/nach dem ich es mit der Zeit gewohnete / ich diese Stadt für den gesundesten und lustigsten Orth/ unter allen / so ich auff meinen Reisen angetroffen hatte/ hielte.

 Denn

Denn das Clima ist sehr temperirt, und übertrifft hierinnen Mexico und Gvaxaca gar bey weitem. So gibt Gvatimala auch diesen Städten nichts bevor im überfluß von allerley Früchten/ Küchen-Kräutern/ Fischen/ Fleisch/ von Rindern/ Schöpsen/ Kälbern/ Ziegen/ Geflügel und Feder-Wildpret/ Indianischen Hünern/ Caninichen/ Wachteln/ Rephünern und Fasanen/ wie ingleichen an Spanischen und Indianischen Korne.

Dann Sie wird überflüssig mit allerley Gattungen Fischen/ so wol auß dem Sud-Meer/ welches an etlichen Orthen über zwölff Meilen nicht davon entfernet ist/ als auß den Flüssen/ die sich in diese See stürtzen/ und denn auch auß denen süssen Seen von Amatitlan und Petapa, und einem andern so drey oder vier Meilen von Chimaltenango lieget/ versehen.

Was aber das Rindfleisch anlanget/ so ists gewiß/ daß an keinem Orthe in gantz America es so viel Rinder hat als hier/ wie genugsam auß der grossen Menge Leder/ so jährlich auß der Landschafft Gvatimala nach Spanien versendet werden/ abzunehmen ist: Zumahlen die Rinder allda vielmehr umb des Gewinsts willen/ den sie durch Versendung der Leder nach Spanien erlangen/ geschlachtet werden/ als umb des Fleisches willen/ welches doch sehr guth ist/ wiewol es dem Engelländischen nicht gleiche komt. Es ist aber solches Fleisch so wolfeil/ daß man zu meiner Zeit dreyzehen und ein halbes Pfund Rind-Fleisch umb einen halben Real/ welches die geringste Müntze dazu Lande ist/ und ohngefähr zwey Sols und sechs Dener am Frantzöschen Gelde außträgt/ kauffte.

Und ob zwar durch das gantze Land es aller Orthen/ ja gar biß an den Golfo dulce, in welchem die aus Spanien kommende Schiffe einlauffen/ Fuhrwercke und Meyerhöfe genug hat/ welche allein zur Viehzucht gebrauchet werden/ iedennoch wird auch auß den Provintzen Comayaga, S. Salvador, und Nicaragva, viel nach Gvatimala gebracht.

Das allermeiste Vieh aber wird aus den grossen Mäyerhöfen/ so an der Seiten gegen dem Sud-Meer liegen/ gebracht/ allwo zu meiner Zeit ein Mann/ der sich von der Viehzucht nehrete/ lebete/ welcher auff seinem Grund und Boden mehr denn 40000 stücke groß und klein Vieh zehlete; ohne das wilde Vieh/ welches sich in den Wäldern und auff den Bergen auffhält/ und von den Schwartzen/ wie die wilden Schweine oder anderes Wild gejaget und gefället wird/ damit es sich nicht zu sehr mehre/ und zuviel Schaden thue.

Ich war einesmals zu Petapa auf dem Jahrmarckte mit einem meiner guthen Freunde Nahmens Lopes de Chaves, welcher über sich genommen hatte sechs oder sieben Dörffer in selbiger Gegend mit Fleische zu versehen; dieser kauffte auf einmahl/und von einem einigen Manne 6000. Stücke groß und klein Vieh / daß Stücke / eines in das andere gerechnet / umb achtzehn Realen, oder vier Pfund/ zehn Sols Frantzöschen Geldes.

Es wird aber die Stadt Gvatimala mit denen benachbarten Dörffern auff folgende Weise mit Rind- und Schöpsen-Fleisch versehen: Neun oder zehen Tage vor S. Michaëlis-Fest / wird öffentlich durch die Stadt ausgeruffen/ daß derjenige/ welcher die Stadt und Land umbher/ gegen einer gewissen mit der Obrigkeit und den Einwohnern der Stadt zu bedingender Straffe / welche er / wenn er seinem Versprechen nicht nachkommen solte / dem Könige zu erlegen schuldig seyn solle / mit Fleisch zu versehen über sich nehmen wolle/sich bey der Obrigkeit anmelden solle. Kan Er dann die bedungene qvantität an Rindfleisch nicht lieffern / so muß er solche mit Schöpsenfleisch dem werthe nach / ersetzen; fehlet es ihm auch an genugsamen Schöpsenfleisch/so muß er Federvieh dafür nach dem Werth des Schöpsen-Fleisches/ so er nicht liefern kan/ und nach dem Stande der Familien/ die er versehen sollen/anschaffen.

Und weil das Privilegium demjenigen/der am meisten dafür bietet / ertheilet wird / so geschiehet es offte / daß den achten Tag unterschiedliche viele Personen auff dem Rath sich einfinden / und einer viel/ der andere wenig dafür zu bezahlen sich erbietet / biß endlich den neundten Tag/ da die letzte Umbfrage geschihet/das Privilegium auff ein gantzes Jahr dem jenigen ertheilet wird / welcher dem Könige am meisten dafür zugeben sich verspricht.

Solcher gestalt hat es nur einen eintzigen Fleischer/ der alles Fleich anschaffen muß / und muß er solches umb den Preiß/ der ihm eingesetzet wird/ nach dem Pfunde verkauffen; hingegen darff sich kein anderer Fleischer einiges Vieh zu schlachten oder Fleisch zu verkauffen unterstehen / wofern er nicht von diesem wil vor dem Richter gebracht/ und daselbst gestraffet werden.

Hierauff kaufft nun der / welcher das Privilegium erhalten hat/ das Vieh zu hundert und zu tausend Stücken ein/ und dessen so viel / als er vermeinet/ die Stadt sattsam zu versehen / vonnöthen zu haben: Es wäre

 dann/

dann/daß er selbst auff seinen Güttern so viel Vieh hätte/ daß er damit seinem Versprechen genug thun könte.

Ob nun zwar das Schaff-Vieh so häuffig daherumb nicht ist/ als wie das Rindvieh/so ist doch nie kein Mangel daran/weil desselbigen zur Genüge aus dem Thale von Mixco, Pinola, Petapa, Amatitlan, von der Seiten am Sud-Meer und von andern Orthen gebracht wird.

Ich habe eine zeitlang mich in itztgedachten Thale auffgehalten/ und daselbst einen Mann/nahmens Alonso Capata gekennet/der stets zum wenigsten biß 4000. Schaffe hielt.

Dannenhero komt es nun/ daß die Stadt Gvatimala so reichlich mit Lebens-Mitteln versehen wird/und alles so gutes kauffes ist/ daß man nicht leichtlich in selbiger einen Bettler antreffen wird: Dañ vor einen halben Real von fünff Sols kan einer Fleisch auff die gantze Wochen haben/ dazu noch ein wenig Cacao/und genug Brod von Indianischen Korne gemacht/ ja offters auch wol Rocken-Brodt.

Es sind ohngefähr 5000. Familien in dieser Stadt/ die Vorstadt S. Domingo genand/in welcher noch etwann zwey hundert Indianische Familien wohnen/ nicht dazu gerechnet.

Der schönste Orth in dieser Stadt ist diejenige Gasse/die an diese Vorstadt stösset/ und S. Dominici Gasse genennet wird/ weil das Kloster des H. Dominici in selbiger stehet. In dieser Gassen sind die reichesten Kauffläden und besten Gebäude zu sehen/ weil die meisten Häuser in selbiger neu und wohl gebauet sind.

Es wird auch täglich in selbiger ein kleiner Marckt gehalten/ in dem den gantzen Tag einige Indianer hier anzutreffen sind/ die Früchte/Kräuter und Cacao feil haben: Gegen vier Uhren aber Nachmittag ist dieser Marckt eine stunde lang gantz voll/ und bringen die Indianischen Weiber ihre Schleckereyen zu Marckte/ die sie den Criollen verkauffen/ als da sind/ Atolle, Pineolen, gekochte Palmiten, Butter von Cacao gemacht/ Würste mit Mahis und etwas Fleisch von allerley Geflügel/oder frischem Schweinen Fleisch gefüllet/und mit Chilé oder langen Pfeffer gewürtzet/ welche sie anacatamales heissen.

Es wird ein starcker Handel in dieser Stadt getrieben; Dann von der Landseiten wird durch die MaulEsel die beste Wahre von Mexico, Gvaxaca, und Chiapa, wie auch auß Nicaragua und Costa rica überbracht.

Von

Von der Meerseiten handelt sie mit Peru vermittelst zweyer Hafen / deren der eine der Flecken der H. Dreyfaltigkeit genennet wird/und ohngefähr fünff-und zwantzig Meilen gegen Suden entlegen ist; der andere aber heist Realejo, und ist fünff biß sechs-und viertzig Meilen entfernet.

Uber dieses handelt Sie mit Spanien auff der Nord-See / vermittelst des Golfo dulce, der über sechtzig Meilen davon nicht entfernet ist.

Diese Stadt ist zwar so reich nicht als viel andere sind / doch halte ich davor/daß sie an grösse keiner andern weiche.

Es waren zu meiner Zeit nicht allein viel reiche Kauffleuthe daselbst/die man ieden zu dreissig/viertzig biß funfftzig Ducaten reich schätzete; sondern es waren über diese noch fünff andere / die man alle gleich vermögend zu seyn glaubte/ und ieden derselbigen fünffmahl hundert tausend Ducaten reich schätzete.

Der erste hieß Thomas de Siliezar, ein Biscayer von Geburth/ und Præsident im Kammer-Gerichte: Der andere war Antonio Justinian ein Genueser/ der unterschiedene Aempter in der Stadt bedienet hatte / und unterschiedene Häuser hatte/ wie ingleichen einen grossen Meyerhoff/ im Thale von Mixco, in welchem er eine überaus grosse menge Getreides jährlich einerndet. Der dritte ist Piedro de Lyra ein Castilianer. Der vierdte und fünffte sind Anton Fernandez und Bartholomæus Nunnez, beyde Portugiesen/ von denen der erste Gvatimala damals/als ich da war/verließ/ auß Uhrsachen/die ich an diesem Orthe billich verschweige.

Die vier andern habe ich alda gelassen/derer drey in der Gassen S. Dominici wohneten /in solchen Häusern/die der gantzen Gassen ein Ansehen machen/und derer Reichthum und Handel alleine so groß war/ daß Gvatimala umb selbiger willen billich unter die reichen Städte gerechnet wird.

Die Regierung des gantzen Landes umbher/ wie auch die von Honduras, Soconuzco; Comayaga, Nicaraga, Costa rica, Vera pas, Cuchutepeqves und Chiapa ist der Cancelley oder dem Rath zu Gvatimala unterworffen.

Denn ob gleich alle Guoverneur in diesen Provintzen von ihrer Catholischen Majestät und dero Rath in Spanien eingesetzet werden / iedennoch so bald sie ihre Ampt hier zu Lande antreten / sind sie dem Obergerichte zu Gvatimala unterworffen.

Es bestehet aber dieser Rath zu Gvatimala auß einem Ober-Præsidenten/zweyen andern Præsidenten/ sechs Raths-Herren/und einem königlichen Procurator.

Ob nun zwar der Præsident die qvalität eines Vice-Re nicht hat/wie die zu Mexico und Peru, so hat er doch eben so grosse und ungemessene Gewalt wie diese.

Er hat vom Könige in Spanien mehr nicht als 12000. Ducaten jährliche Besoldung: Allein wann er eigennützig ist/ so kan er noch zweymal so viel/ ja so viel als er selber will/ durch die Handlung und an Geschencken gewinnen/ wie auß dem Exempel des Graffen de la Gomere zu sehen ist/ welcher/ nach dem Er Præsidente in dieser Stadt gewesen/ sich in seinem Alter in sein Vaterland in die Canarien-Insuln begeben/daselbst seines Reichthums/ so sich auff viel Millionen erstrecket/in Ruhe zu geniessen.

Ihm folgete im Ampte/ Don Juan de Guzman, Præsident zu S. Domingo: Dieser / als er unterwegens sein Ehegemahl verlohren hatte / ergab sich gantz einem andächtigen Leben / verachtete die weltliche Güter / und beflieſſe sich die Unterthanen mit recht und Gelindigkeit zu regieren: Dannenhero wurden die andern Richter/die eintzig dahin trachteten / wie sie reich werden möchten/seiner bald überdrüssig / und thaten ihr euserstes / biß sie ihn wieder herunter brachten / nach dem er länger nicht als fünff Jahr dieses Ampt besessen hatte.

Sein Nachfolger / der damals / als ich weg zog/selbige stelle noch hatte/ war Don Gonsalo de Pazu de Lorencana, gewesener Præsident zu Panama: Er war aber so begierig auff den Profit, und dem Geitz so sehr ergeben / daß man seines gleichen noch nie gesehen hatte.

Er verboth in den privat-Häusern zuspielen / da gewöhnlich diese Kurtzweil starck getrieben worde/ wiewol bey weitem so viel nicht als zu Mexico,ũ zwar auch nur meistentheils von dem Weibes-Volck: Und dieses Verboth geschahe nicht darumb/daß er dem Spielen feind war/sondern weil er denen/ die gewonnen/ihr Glück und Gewinn mißgönnete/ und selbst theil daran haben wolte/indem er öffentlich zu spielen erlaubete.

Dann er ließ in einer Nacht zum wenigsten auff vier-und zwantzig Cartenspiele zugleich spielen/und hielt einen Pagen/der genau Achtung gab/daß allemahl das gehörige in der Büxe geleget wurde/welches weniger nicht als eine Silberkrohne für ein Cartenspiel war; und offtmals wurden auß respect und in Ansehung seiner Person zwey Krohnen auff einmahl gegeben.

Solcher Gestalt zog er den meisten Gewinn der Spieler an sich/ und veruneinigte sich offtmahls mit den reichesten Einwohnern der Stadt/ wenn sie sich des abends nicht bey ihm zum Spielen einfunden. Der

Der König gibt iedem Richter oder Raths-Herren dieses Raths 4000. Ducaten des Jahres Besoldung/ und seinem General-Procurator 3000. und werden auß der Königlichen Rent-Kammer/ oder von den Einkommen ihrer Catholischen Majestät bey dieser Stadt außgezahlet.

Nichts destoweniger ziehen sie aus dem Geschencken und der Handlung ein so ansehnliches/ daß ich selbst habe hören einen dieser Rathsherren/ Nahmens Don Ludovic de las Infantas sagen/ daß ob gleich die Rathsstellen zu Mexico und Lima in höherem Ansehen weren/ so trügen doch die zu Gvatimala weit mehrer ein als jene.

Es wurden zu meiner Zeit so viel peinliche Halßsachen vor Gerichte gebracht/ wegen Mords/ Diebstals und Aussaugung der Unterthanen/ als zuvorher nie geschehen war; und dennoch wurde nicht ein einiger weder gehangen/ noch bannisiret/ noch auch ins Gefängnis Geworffen/ oder zu einer Geldbusse verdammet; sondern ein jeder wickelte sich/ durch Hülffe der Geschencke loß/ so daß ich die gantzen acht Jahre über nicht einen einigen Menschen in dieser Stadt habe sehen am Leben straffen.

Es sind die Kirchen allhier zwar so schöne und reich nicht/ wie die zu Mexico; doch sind sie für die Grösse der Stadt noch schöne und reich genug.

Es ist nur eine einige Pfarr- und Cathedral-Kirche in dieser Stadt/ und ist aufm Platze am grossen Marckte erbauet; Die andern alle gehören zu den Klöstern der Jacobiner/ Frantzischkaner/ derer Barmhertzigen/ der Augustiner, Jesuiten/ und zwey zu den Nonnen-Klöstern/ nemlich la Conception und S. Catharina.

Die Klöster der Jocobiner, Franzischkaner und Barmhertzigen sind sehr prächtig erbauet/ und halten sich in iedem biß hundert Münche auf.

Das aller kostbarste aber ist das Jacobiner Kloster/ in welchem ich mich auffgehalten habe/ und durch einem weiten Spatziergange/ der für der Kirchen ist/ mit der Stadt-Universität aneinander hänget.

Die Einkommen dieses Klosters bestehen in gewissen Indianischen Dörffern/ die dazu gehören/ einer Wassermühlen/ einer Meyerey/ darauff Korn gebauet wird/ einer andern/ wo Pferde und Maulthiere gezogen werden/ einer Zucker-Mühlen/ und einem Silber-Bergwerck/ welches dem Kloster im Jahr 163?. ist geschencket worden/ und Jährlich nach Abzug aller Unkosten/ biß auff 30000. Ducaten einträgt: Dannenhero komt es/ daß nicht allein diese Münche sich untereinander wol tractiren können; sondern auch

auch so viel zurücke legen/ daß sie ihre Kirche und Altar prächtig bauen und außbutzen können.

Unter den Kostbarkeiten/ die es in diesem Kloster hat/ sind sonderlich zwey Stück sehr merckwürdig: von denen die Spanier/ wann sie in guter Laune waren/ sagten/ daß die Engelländer/ wenn sie eines ihrer Schiffe in der See nehmen/ fleissig darnach forscheten/ und das sie besorgten/ ich sey hieher komen/ selbige ihnen zu verkundschafften.

Das erste Stücke ist eine silberne Lampe/ so vor dem hohen Altar hänget: Diese ist so groß/ daß selbige in die Höhe zu ziehen drey Männer von nöthen sind: Das andere Stücke ist noch kostbarer/ und ist ein auß feinem Silber gemachtes Marienbild in der grösse einer wolgebildeten Weibs-Person/ und stehet in einem mit Fleiß dazu gemachten tabernacul in der Capelle des Rosenkrantzes/ in welcher zum wenigsten ein dutzent silberne Lampen hängen/ die unauffhörlich für diesem Bilde brennen.

Mit kurtzem/ es ist das Kloster so reich/ daß man in gar kurtzer Zeit auff die 100000. Ducaten an Reichthum darauß ziehen könte: und mangelt im Bezirck dieses Klosters nichts/ was zur Lust und Ergötzlichkeit der Mönche dienen kan.

Unterhalb dem Kloster ist ein sehr grosser Garten/ in dessen mitten ein schöner Kunst und Spring-Brunnen stehet/ der auß zwölff Röhren zwey Weyher voller Fische mit Wasser füllet; und auf diesen Weyhern sihet man auch ein hauffen Endten und andere Wasser-Vögel schwimmen.

Ausser diesem sind noch zwey andere Gärten in diesem Kloster/ in welchem allerhand fruchtaare Bäume und Küchenkräuter gezielet werden: und in einem derselben ist ein See/ zwey hundert und funfftzig Schritte lang/ am Boden gepflastert/ und rings umb mit einem Mäuerlein eingefasset/ auf selbigem fahren die Mönche in einem Schiffe spatzieren/ und fangen/ zumahl wann ihnen sonst die Fische abgehen/ darinnen so viel Fische/ daß das gantze Convent zu Mittage damit gespeiset werden kan.

Die andern Klöster sind wol auch sehr reich: Doch ist nach der Jacobiner ihrem keines reicher als das Nonnen-Kloster la Conception, darinnen zum wenigsten tausend Personen/ theils Nonenn/ theils ihre Dienerinnnen und Sclavinnen/ theils auch junge Mägdlein/ die sie so wol im Lesen und Schreiben/ als auch in allerhand anderer Weiber Arbeit/ unterweisen/ gezehlet werden.

Die

Die Nonnen/ so sich darinnen einkleiden lassen/ bringen auffs wenigste 500/andere auch 600/ und 700/ ja einige zu weilen auff 1000. Ducaten zur Morgengabe mit hinein: Welches denn dem Kloster ein grosses Einkomen macht/ weil dieses Capital nach der Nonnen Tode dem Kloster bleibet.

Diejenige Nonnen/ welche zu ihrer Auffwartung einige Mägde im Kloster halten wollen/ mögen solches thun/ sie müssen aber nach proportion eine desto grössere Morgengabe geben/ oder für sie ein gewisses Jahr-Geld zahlen.

In diesem Kloster war die Doña Johañа Maldonado, des Richters Juan Maldonado de Paz Tochter/ die d' Bischof in der Stadt offters besuchete. Sie war schön und holdseelig/ und war nicht über zwantzig Jahr alt: Der Bischoff war ihr so gar gewogen/ daß er sich auffs eifrigste bemühete/ es dahin zu-bringen/ daß sie zur Aptissin/ auch wider den Willen aller alten Nonnen/ erwehlet würde. Es entstunde aber ein so hefftiger Zwiespalt in dem Kloster/ daß/ nachdem das Geschrey davon in der Stadt erschoße/ sehr viel Edelleute und Kauffleute mit blossen Degen in den Fäusten nach dem Kloster zulieffen/ und die Thüren auffzulauffen dreueten/ wo man nicht selbige willig öffnen/ und sie einlassen würde/ damit sie ihre Töchter wider die mächtige faction, die der Bischoff zu Liebe der Donna Joanna Maldonado gemachet hatte/ schützen könten.

Sie würden auch solches unfehlbar ins Werck gerichtet haben/ wann der Præsident Don Juan de Guzman nicht den Vater dieser jungen Nonnen hätte zu sich fodern lassen/ und ihn beredet/ daß er sie bitten solte/ sie möchte von ihrem vermeinten Recht Aptissin zu werden abstehen/ und bedencken/ daß ihre Jugend solche Würdigkeit zu tragen noch nicht zu lasse.

Durch dieses Mittel wurde der Zwiespalt so wol in- als ausserhalb des Klosters auff einmahl gestillet/ der Bischopff wurde einiger Massen beschämet/ und diese junge Schwester muste unter dem Gehorsam einer älteren und ernsthaffteren Nonne leben.

Diese Johanna de Maldonado de Paz war nicht allein ein Wunder des Klosters/ sondern auch der gantzen Stadt/ so wol wegen ihrer schönen stimme und der vollkommen Wissenschafft von der Musick/ als wegen ihrer guten Aufferziehung/ worinnen sie keiner Jungfer weder in- noch ausser dem Kloster wiche/ sondern alle weit übertraff.

Dann sie war nicht allein geistreich und wol beredet/ sondern man konte auch mit Warheit von ihr sagen/ daß sie eine von den neun Musen/ und eine warhaffte Calliope sey; indem sie außm stegreiff so schöne und scharffsinnige Verse machte/ daß der Bischoff selbsten gestand/ daß dieses ihm die grösseste Lust in ihrer Conversation gegeben habe.

Ihr Vater hatte ihrenthalben nichts gespahret/ und war ihm noch nichts zu theuer/ was Er wuste/ daß es sie vergnügen würde: Denn weil er sonst kein Kind hatte/ so schickte er ihr fast täglich einige köstliche/ jedoch einer Nonnen wolanständige/ Geschencke: Dann bald beschenckte er sie mit Gold und Silber reichlich geschmückten Cabinetten/ bald mit theuren Bildern und Schildereyen/ ihre Kammer damit außzuputzen/ wobey denn der Krohnen und Kräntze von Gold und Edelgesteinen/ sie damit zu schmücken/ nicht vergessen wurde.

Solcher Gestalt/ und vermittelst der Præsente, die sie vom Bischoffe bekam/ als welcher ihr alles was er vermochte/ schenckete/ so gar/ daß/ als er starb/ er nicht so viel verließ/ daß seine Schulden hätten können bezahlet werden/ [wie denn die gemeine Rede war/ daß er alles sein Guth dieser Nonnen geschencket hätte] wurde sie so reich und vermögend/ daß sie auf ihre eigene Unkosten sich im Kloster eine eigene Wohnung/ mit vielen Kammern/ Gallerien/ und einen Garten/ worinnen sie für sich spatzieren konte/ bauen ließ.

Sie hielt sich über dieses sechs Morinnen/ so ihr auffwarten und allerley Arbeit verrichten musten.

Insonderheit aber ließ sie ihr höchst angelegen seyn/ eine Capelle oder Cabinet/ worinnen sie ihr Gebeth verrichtete/ welches mit kostbaren Tapeten/ und den raresten Italiänischen Schildereyen bekleidet war/ auffs prächtigste außzuputzen. Der Altar war dem andern Zierath gemäße/ gleichfalß mit kostbaren Steinen/ Krohnen/ silbernen Leuchtern und Lampen geschmücket/ und mit einem mit Gold gestückten Himmel bedecket.

Uber dieses hatte sie in diesem Cabinet eine kleine Orgel und allerley andere Musicalische Instrumenten/ worauff sie zuweilen alleine/ zuweilen auch in Gesellschafft anderer Nonnen/ ihrer guten Freundinnen/ und auch in beyseyn des Bischoffs/ wann er sie besuchete/ zu spielen pflegte

Mit einem Wort/ es war der gemeine Ruff in der Stadt/ daß ihre Capelle zum wenigsten sechs tausend Krohnen werth sey/ welches für eine Nonne/ die das Gelübde der Armuth/ der Keuschheit und des Gehorsams gethan/ gewiß gar genug ist.

Die-

Dieses alles aber verbleibet nach ihrem Tode dem Kloster/ und ist kein Zweiffel/ sie werde mit diesem ihrem Reichthum nach und nach iemehr und mehr die Gunst der Nonnen an sich gezogen/ und eine genugsame starcke Parthey auff ihre seite gebracht haben/ von welcher sie durch Hülffe der meisten Stimmen sich zur Aptissin hätte machen lassen.

Dann der Ehrgeitz und die Begierde zu herrschen/ sind auch über die Kloster Mauren/ wie dorten beym Ezechiel die Greuel/ gestiegen/ und haben sich in die Hertzen der Nonnen/ die doch/ als arme der Welt abgestorbene Jungfrauen/ demüthig seyn solten/ feste gesetzet.

Ausser dieser Nonnen aber hat es auch noch andere/ ja auch wol Münche/ die sehr reich sind: Denn wann eine Stadt/ gleich wie diese/ reich ist/ und starcken Handel treibet/ so haben diese versichert ihr Antheil auch dabey.

Der Ueberfluß und der Reichthumb haben die Einwohner dieser Stadt ja so auffgeblasen und Lasterhafftig gemacht/ als die zu Mexico sind: Dann Uppigkeit und liederliches Leben ist hier so gemein/ als an irgend einem andern Orthe in Indien.

Die Mulatren/ Schwartzen/ Mestissen/ Indianerinnen/ und andere Weiber und Mägde geringen Standes/ werden von den reichen Leuten sehr geliebet und gesucht/ und sind selbige so nette gekleidet/ als die zu Mexico, sind auch eben so liederlich wie jene/ ungeachtet sie zwischẽ zweyen Bergẽ wohnen/ die ihnen mit steter Straffe und ihrem Untergange dreuen; Der Wasser-Vulcan dreuet ihnen mit einer Sündfluth/ die Göttliche Rache/ wie mit der ersten Welt/ außzuüben: Und der andere zeiget ihnen eine Höllen-Thüre/ welche sie mit einem Feuer regen/ wie weyland Sodom/ umbzukehren dreue.

Das 2. Capitel

Beschreibung der Provintz Gvatimala, von ihrer Handlung/ von ihren Ufern und Seehaafen/ von der Zeit/ zu welcher am beqvemsten in selbigen einzulauffen ist/ von Stärcke und Schwäche ihrer See und Land-Plätze; und von andern Dingen/ so diese Provintz besonders hat.

Es ist die Stadt St. Jacob de Gvatimala die Haupt-Stadt eines grossen Staats/ welcher sich über dreyhundert Meilen nach Suden gegen Nicoya und Costa ricca, hundert Meilen nach Norden gegen Chiapa und die Zoqven, sechzig gegen Vera-Paz und Golfo-Dulcé, und zehen oder zwölf nach Westen gegen dem Sudmeer zu erstrecket.

Von Tecoantepeqve an/ allwo die grossen Schiffe nicht anländen können/ und hundert und zwantzig Meilen von Gvatimala liegt/ ist für die Schiffe kein näherer Haafen bey dieser Stadt/ als der am Dorffe der Dreyfaltigkeit.

Die vornehmsten Kauffmanns-Güter/ die man von dieser seiten nach Gvatimala bringet/ kommen aus den Provintzen Soconuzco und Suchutepeqve, welche beyde sehr hitzig/ und dem Donner und Blitz unterworffen sind/ und fast keine andere Essenwahre/ von einigem werthe bringet/ als Cacao, mechasuchil, bainillas, achiotte, und andere zur Chocolate gebräuchliche Sachen/ ausser ein wenig Indigo und Cochenille, welche umb S. Antonio, so die Hauptstadt der Suchutepeqven ist/ gesamlet wird.

Der reichste Landstrich aber unter allen denen/ so nach Gvatimala gehören/ ist die Gegend umb das Dorff/ Izqvinta oder Izqvintepeqve, ohngefähr zwölff Meilen von dieser Stadt entlegen: Dann daselbst wird das meiste Indigo, so von Honduras nach Spanien gesendet wird/ gemacht/ und hat über dieses eine grosse Anzahl reiche Meyerhöffe mit Vieh/ in diesem gantzen Landstrich/ massen der Erdboden daselbst sehr fruchtbar/ und wegen der Handlung zu bewohnen sehr gelegen ist/ ob wol solches sonst wegen der grossen Hitze und der häuffigen Ungewitter/ so nach dem May biß auf Michaelis zum öfftern entstehen/ sehr unbeqvem ist.

Daß Gvatimala einiger massen starck an Mannschafft ist/ (dann an Waffen und Kriegs-munition ist sie es keines weges) machet/ daß in itzterwehnten Mayerhöfen/ darinnen das Indigo gemacht wird/ ihre Sclaven/ die Schwartzen/ verwegene und desperate Leute sind. Diese/ ob sie schon keine andere Waffen haben/ als eine machitte, welches eine kleine Lantze ist/ die sie auf der Jagd der wilden Thiere gebrauchen/ so sind sie doch so desperat, daß sie offtmals die Stadt in Furcht gesetzet haben.

Es sind einige unter ihnen/ die ungescheuet einen wilden Ochsen/ wenn er in der grössesten Furie ist/ und die Crocodielen selbst in den Flüssen angreiffen/ und nicht von ihnen laßen/ biß sie sie getödtet/ und ans Land gebracht haben.

Die-

Dieses Land strecket sich längst der See-Küste hin/biß nach dem Dorffe der Dreyfaltigkeit/ bey welchem ein Hafen ist/ der/ ob er gleich nicht allzu sicher ist/iedennoch denen Schiffen/so von Panama, Peru, und Mexico komen/ eine beqveme Reede giebet.

Dieser Hafen machet zwar die Stadt Gvatimala reich / aber nicht feste; Dann es ist bey selbigem weder Festung noch Citadelle, noch einige artillerie, wodurch er könte beschützet werden.

Zwischen diesem Dorffe und einem andern Hafen Realejo genañt/ ist ein kleiner Golff oder Meerbusem / in welchem die kleinen Schiffe einzulauffen pflegen/umb süsses Wasser/ und zu S. Michaël einem Dorffe darinnen Spanier und Indianer wohnen / Speise zu holen; und auff diesem Meerbusen fahren diejenigen / so nach Realejo wollen / zu Wasser in weniger denn einem Tage nach einem Indianischen Dorffe/ so nur zwey tausend Schrifft von Realejo ist/über/da man hingegen zu Lande zum wenigsten drey Tage Zeit haben muß/ dahin zu kommen.

Dieser kleine Meerbusen aber ist gantz nicht befestiget / und ist ohne defension, welches doch leichtlich geschehen könte/ wenn nur beym Munde desselbigen/wo das Meer in das Land hinein fleust/ zwey Stücke Geschützes gepflantzet würden.

Der Hafen Realejo ist gleichfalls ohne alle defension, und ist weder Stücke noch Soldate da zu sehen: Es wohnen an selbigem mehr nicht / als etwann ohngefähr zweyhundert Familien von Indianern und Mestisen/ welches Leute sind/ die kein Hertze haben und einen so wichtigen Platz zu defendiren gantz nicht geschickt sind: Denn dieser Hafen ist ein gantz offener Paß / in die Provintzen Gvatimala und Nicaragva, welcher sich allhier anfanget/und durch kleine Indianische Dörffer biß an die Städten Lion und Gvenade sich erstrecket.

Was die Nord-seite von Gvatimala anbetrifft/ so habe ich über dieses/ was ich von Suchutepeqve und Soconuzco, und von meiner Reise von Mexico, nach Chiapa und hieherwarts bereits gesaget habe/weiter nichts beyzufügen.

Der vornehmste Landtheil von Gvatimala ist der/welcher sich gegen Osten nach dem Golfo-dulcé oder S. Thomas von Castilien erstrecket.

Dieser seits werden die Strassen von Kauffleuten und Reisenden mehr und häuffiger betreten als gegen Norden: Denn Mexico liegt auff drey-

 hundert

hundert Meilen von dieser Stadt/ und der Golff nicht mehr als sechtzig Meilen/zwischen welchem uñ dieser Stadt kein so gefährlicher Paß ist/ als an etlichen Orten auf der Strassen von Mexico angetroffen werden: über dieses so machet die starcke Handlung/ so diese Stadt mit Spanien vermittelst dieses Seebusens treibet/ daß diese Strasse vielmehr gebrauchet wird/ als die andern alle.

Im Monath Julio, oder aufs späteste zu Anfang des Augusti kommen gewöhnlich zwey oder drey Schiffe an/die ihre Wahren/welche sie aus Spanien gebracht haben/außladen/und in grosse Speicher/welche man mit Fleiß dieselbige darinnen zu verschliessen/und sie für dem Wetter zu verwahren/ erbauet hat/bringen.

So bald sie außgeladen worden sind/ nehmen sie alsobald diejenige Wahren/ so man von Gvatimala gebracht hat/und offt zwey auch drey Monatte vor Ankunfft dieser Schiffe angelanget sind/ ein/ ihre Rückreise zu beschleunigen: so daß man versichert in den dreyen Monatten Julius, Augustus und September allemal ein sehr grosses Reichthum an diesem Orthe beysammen findet.

Nichts destoweniger ist die Einfalt oder die Sicherheit der Spanier so groß/ daß sie diese Reichthümer mehr nicht als ein oder zweyen Indianern und gleich so viel Mulatren zu verwahren anvertrauen/ welche doch gemeiniglich solche Leute sind/die wegen ihres üblen Verhaltens in dieses alte zerfallene Schloß S. Thomas von Castilien sind verwiesen worden.

Zwar liegt ein wenig oberhalb ein kleines liederliches Indianisches Dorff/nahmens S. Piedro, ohngefähr auß dreissig Familien bestehend: allein diese Leute sind wegen der allzugrossen Hitze/ und der ungesunden Lufft dieses Orthes fast immer kranck.

Es könte aber dieser Meerbusem gar leichtlich befestiget werden/wann nur bey seinem Eingange/ welcher von zweyen Bergen oder Steinroltzen in die Enge gezogen wird/ zwey Stücke/ und oben auff die Berge gleichfals zwey Stücke gepflantzet würden/ denn hiedurch würde eine gantze Flotte/ die sich herzu nahen wolte/ können commandiret/und das Reich Gvatimala, ja ein grosses Theil von America in Sicherheit behalten werden.

Weil aber weder Wache noch defension an diesem Orthe ist/ so lauffen die Schiffe ungehindert und in aller Sicherheit hinein/ wie solches einige Englische und Holländische Schiffe ehemals gethan haben: Und wann sie

hin-

hinein kommen/ finden sie eine so schöne Rede und breiten und weiten Hafen/ daß tausend Schiffe darinnen für Ancker liegen können/ ohne daß sie sich im geringsten für dem beyden Flecken/ S.Piedro oder S. Thomas von Castilien/ zu fürchten haben.

Ich habe offtermals hören müssen/ daß die Spanier der Holländer und Engelländer gespottet/ daß sie/ nach dem sie in diesem Meerbusem eingelauffen/nicht das Hertze gehabt etwas tieff ins Land zu gehen.

Wie denn auch zu meiner Zeit geschach/ daß die Holländer Truxillo, welches der vornehmste Hafen von Camayaga und der Honduras ist/angriffen/ und nach einigem schlechten Widerstande einnahmen; Die meisten Einwohner flohen in die Wälter/ weil sie sich mehr auff ihrer Füsse Behändigkeit als die Stärcke ihrer Armen/und ihre Waffen verliessen: Denn alle diese Einwohner haben weder Hertze noch Muth.

Allein die Holländer/an statt daß sie diesen Platz hätten befestigen/ uñ ins Land hinein gehen sollen/und/nach dem sie sich darinnen feste gesetzet/ ein gleiches in diesem Meerbusen thun sollen/ wie man durchaus im gantzen Lande/ da niemand war/der sich ihnen hätte widersetzen können/ besorgete; verliessen Truxillo wider/und vergnügten sich mit einer mässigen Beuthe/ worüber die Spanier so frohe waren/daß sie deßwegen GOtt zu dancken/und ihre Freude/ daß sie so glücklich auß dieser Gefahr kommen waren/zu bezeugen/ öffentliche Umbgänge anstelleten.

Die Strasse von diesem Meerbusen nach Gvatimala ist so böse nicht/als man sich einbildet/zumal vom Michaëlis-Fest an/biß auff dem Monat May/ wenn der Winter und die Regen-Zeit vergangen ist/und die Winde anfangen die Wege außzutrocknen.

Denn es gehen in der schlimsten Zeit des Jahres die Maulthiere/so zum wenigsten vier Centner Last tragen/ ohne Mühe über die gefährlichste und beschwerlichste Orthe/ so in dem Gebürge/ welches diesen Meerbusen umbgiebet/ zu finden sind: Und ob zwar Winters-Zeit der Weg sonst böse genug ist/so werden sie doch von den MaulEseln so gebähnet/ und sind so breit und offen/daß man die bösen Löcher leichtlich umbgehen und vermeiden kan: Und dieser böse weg währet nicht länger als nur funffzehen Meilen/ woselbst es längsthin in den Wäldern und zwischen den Bergen Hütten hat/ darinnen man ruhen kan/und zugleich Vieh uñ MaulEsel antrifft/ die denen Reisenden wohl zu statten kommen.

Was

Was den Spaniern die grösseste Sorge machet/und wofür sie sich am meisten/ so lange sie zwischen diesen Bergen reisen / fürchten / sind zwey oder dreyhundert schwartze Simarrons, die/ weil man sie allzu übel gehalten/ von Gvatimala uñ andern Orthen entlauffen/ und sich in diese Wälder geflüchtet haben/in welchen sie sich/mit ihren Weibern und Kindern aufhalten/und täglich an der Zahl zunehmen: Und ist alle Macht der Stadt Gvatimala und des herumb liegenden Landes/ diese Flüchtlinge zum Gehorsam zu bringen/ viel zu ohnmächtig.

Sie fallen offtmahls auß den Wäldern herauß/und nehmen denen/welche die mit Gütern beladene Heerden Maulesel treiben/an Wein/Eisen/Kleider und Gewehre ab/ so viel sie dessen dörffen: Sie thun aber weder den Herren dieser Troppen/noch ihren Sclaven im geringsten kein leid; ja diese machen sich vielmehr mit jenen lustig / weil sie einerley Farbe sind / und in gleicher Dienstbarkeit leben; und offters nehmen sie hierdurch Gelegenheit jener Exempel zu folgen / und schlagen sich zu ihnen / umb sich dadurch in Freyheit zu setzen/ungeachtet sie in den Wäldern und auff dem Bergen leben müssen.

Ihre Waffen sind Pfeil und Bogen/ welche sie bloß zu dem Ende tragen/damit sie sich gegen die Spanier/wenn sie von ihnen angegriffen werden/ wehren können: Dann denen / so friedlich fortreisen / thun sie gantz nichts/ zumahlen wann sie ihnen von ihren bey sich habenden Lebens-Mitteln mittheilen.

Sie haben offtmahls gesagt/ daß die Uhrsache/ warumb sie sich in dieses Gebürge geflüchtet haben sey/ daß sie sich ohngehindert mit den Engelländern und Holländern / wann sie einmal in diesem Meerbusen landen und außsteigen möchten/ vereinigen könten/ weil sie wohl wisseten/ daß diese sie in der Freyheit würden leben lassen / welches hingegen die Spanier nimmermehr thun würden.

So bald man diese funffzehen Meilen zurück geleget hat/wird der Weg besser/und trifft man ie zu weilen einige kleine Indianische Flecken und Dörffer an / in welchen man alles/ was zu Unterhältung der Menschen und des Viehes von nöthen/bekommen kan.

Funffzehn Meilen von dar ist ein grosser Indianischer Flecken / Acasabastlan genand/ der liegt am Ufer eines Flusses/ welcher für den Fischreichesten unter allen/ so in diesem Lande sind/gehalten wird. Ob nun zwar in selbigem

bigem allerhand Arthen Fische sind/ so wird doch für allen der so genandte Bobo am meisten geachtet; er ist rund / sehr dicke/ und fast eines armes lang/ und hat nur mitten einen Grad: Er ist aber überauß weiß/ und fett und ist so wol gesotten/als geröstet/oder gebraten/ oder auf andere Weise zugerichtet/ ein überauß köstlich essen.

Man findet auch biß nach Gvatimala in den Bächlein und kleinen Flüßlein eine Gattung von den köstlichen Fischen von der Welt/ welche die Spanier für eine Gattung von Forellen halten: Man nennet sie tepemechin, deren Fett mehr denn Kälber-Fett ähnlich siehet/als dem Fisch-Fett.

Der Flecken Acasabastlan wird von einem Spanier/ den sie Corregidor nennen/regieret/dessen Gebiete sich biß an den Meerbusem und über die Dörffer/ so an dieser Strasse liegen/erstrecket. Dieser Gouverneur hat sich auffs euserste bemühet/die schwartzen Simarrons von dem Gebürge wieder herunter zu bringen/er hat aber nichts außrichten können.

Die gantze Macht dieses Orths bestehet ohngefähr in zwantzig Mußqveten/ so viel nehmlich Häuser darinnen sind/und etlichen mit Pfeil und Bogen gewaffnete Indianern / womit sie den Flecken für diesen schwartzen Simarrons beschützen.

Umb Acasabastlan herumb sind sehr viel Meyerhöfe / in welchen eine grosse Menge Rinder/und Maulthiere gezogen/und ein überfluß von Cacao, Achiotte, und andere zur Chocolate gehörige Früchte eingesammlet werden.

Man findet hier auch unterschiedene Apothecker-Wahren/ als Sarsaparilla und Cassia; und in den Gärten des Fleckens findet man so viel unterschiedliche Früchte / als in irrgend einem andern von den Indianern bewohneten Orthen.

Es wird aber Acasabastlan fürnehmlich in der Stadt Gvatimala geachtet/wegen der köstlichen Melonen/so von dannen kommen; sie sind eines theils so groß als ein Menschen-Kopff / eines theils sind auch kleiner/und werden von denen Indianern auff Maul Esel geladen/und an unterschiedliche Orthe zu Marckte geschickt.

Es sind mehr nicht als dreissig kleine Meilen von diesem Orthe biß nach Gvatimala, und ob zwar einige Berge und Steinritzen unterwegens sind/ da man auff und absteigen muß/so ist doch deßwegen die Strasse nicht sonderlich beschwerlich zu reisen/weder für die Menschen/noch fürs Vieh.

Man hat in diesem Gebürge einige Ertzgruben gefunden/ nach dem man aber darinnen gegraben/ hat man sie wieder verlassen/ weil sie nur Kupffer und Eisen führen/ und die Außbeuten nicht einmahl die Unkosten ertragen würden.

Das 3. Capitel
Von der Spanier Grausamkeit/ so sie an den Indianern/ wegen eines Gold-Bergwercks verübet. Von einem freyen Schwartzen/ und vom Geitz eines reichen Meyers ꝛc.

Es haben aber die Spanier/ weil sie den armen Indianern allzu übel mitgefahren/ einen gar anderen Schatz/ als Eisen und Kupffer verlohren; denn die Indianer sammleten zwischen Acasabastlan und Gvatimala, in der Gegend eines Orths/ den man Aqva-caliente nennet/ auß einem Flusse an etlichen Orthen so viel Goldes/ daß ihnen die Spanier einen jährliche Tribut in Geld zu bezahlen aufferlegeten.

Weil aber die Spanier/ eben wie der Valdivia in Chili allzu hungring auffs Gold waren/ erwürgeten sie die Indianer/ darumb/ weil sie ihnen den Orth/ wo sie das Gold funden/ nicht zeigen wolten/ so daß sie durch ihre Grausamkeit zugleich die Indianer und auch das Gold verlohren haben.

Indessen suchet man noch heutiges Tages diesen Orth auffs fleissigste/ auff dem Gebürge/ in dem Flusse/ und sonst aller Enden in der Gegend/ wo man selbigen zu seyn vermeinet: Es kan aber wol seyn/ daß durch Göttliche Schickung dieser Schatz für denen Spaniern verborgen bleibt/ damit er dermaleines von einer andern Nation/ die ihn besser anwenden wird/ gefunden werden möchte.

An itztgenandten Orth Aqvacaliente, wohnet ein Schwartzer/ in einem ihm zugehörigen Mäyer-Hofe/ der für sehr reich gehalten wird/ und die Reisenden/ die bey ihm einkehren/ sehr wohl empfängt. Sein Reichthum bestehet in Vieh/ an Rindern/ Schaffen und Ziegen/ und er versiehet die Stadt Gvatimala und herumbliegende Orthe mit dem besten Käße/ der in diesem Lande gefunden wird.

Man hält aber davor/ daß sein Reichthum nicht so wol von den Einkünfften dieses Meyerhofes/ seinem Vieh/ und dem guten Käße herrühre/ als von diesem

diesem verborgenen Schatze/ welchen man gläubet/ daß er ihm bekand sey/ und daß er allein den Orth wisse. Er ist zwar umb deßwillen für den Königlichen Rath zu Gvatimala gefordert worden/ er hat aber allezeit beständig verneinet/ daß er die geringste Nachricht und Kundschafft davon habe.

Er ist deswegen in verdacht/ weil er vormals ein Sclave gewesen ist/ und sich mit einer ansehnlichen Summa Geldes loß gekauffet hat: Und nachdem er die Freyheit erlanget/hat er diesen Mayerhoff und ein groß stücke Landes umbher gekaufft/und den Boden/ den er erstlich besessen/ ansehnlich vermehret/ und seine Gräntzen erweitert.

Er wendet aber dagegen ein/ daß/ als er noch jung und ein Sclave gewesen/habe er einen guten Herren gehabt/ der ihn/ was er gewolt/ habe thun lassen/und weil er sehr sparsam gewesen sey/ habe er nach und nach sein Lösegeld gesamlet/ und hernach anfangs ein kleines Häußlein/ darinnen zu wohnen/erkaufft: GOtt hätte nachmals diesen seinen schlechten Anfang ges gn t/ und ihm Mittel bescheret/ seine Gräntzen nach und nach weiter außzustrecken.

Drey oder vier Meilen von dieser Aqvacaliente ist ein anderer Fluß/ den man den Küh-Fluß nennet. Bey selbigem wohnen gewisse arme Bauersleutlein/ die meistentheils Mestifen oder Mulatren seyn/ in schlechten mit Stroh gedeckten Hütten/in welchen sie einiges Vieh ziehen: Diese bringen die meiste Zeit ihres Lebens damit zu/ daß sie Sand suchen im welchem Gold gefunden werde/und bilden sich ein/daß sie und ihre Kinder dermaleins werden reich werden/ und daß der Küh-Fluß werde ein anderer Pactolus werden/ und die Poëten zwingen ihn mit ihren Gedichten so berühmt zu machen/ als sie ehemals diesen gemachet haben.

An diesem Flosse entdeckt man alsobald das anmuthigste Thal dieses gantzen Landes/ in welchem ich zum wenigsten fünff Jahr gewohnet/ und wird das Thal von Mixco und Pinola genand/ es liegt sechs Meilen von Gvatimala, und ist ohngefähr fünff Meilen lang/ und drey Meilen breit.

Es gehet dieses Thal voller Schaffe/ und ist in viel unterschiedliche Meyereien abgetheilet/auff welchen so schönes Korn gebauet wird/ als nicht leicht irgendwo im Lande von Mexico.

Dieses Thal versihet die Stadt Gvatimala mit Korn/ und wird im selbigem alles zwiebackene/für die Schiffe/so jährlich in obgedachten Meerbusen kommen/gebacken.

Mann nennet es aber das Thal von Mixco und Pinola, von zweyen Indianischen Dörffern dieses Nahmens/ welche zu beyden Seiten des Thals einander gegen über liegen/ Pinola zur lincken Hand des Küh-Flusses/ Mixco aber zur rechten Hand.

Es wohnen viel reiche Meyer in diesem Thal/ es sind aber alles grobe bäurische Leute/ die sich besser auff den Ackerbau/ als auff den Krieg verstehen/ und das Grab-Eisen geschickter als den Degen zu führen wissen.

Ich muß aber unter denselbigen keines weges vergessen eines meiner Freunde/ Nahmens Juan Palomeqvo, von dem ich weit mehr würde gehalten haben/ als ich nicht that/ wenn ich ihn hätte bereden können/ daß er wie ein Mensch/ und nicht wie eine Bestie/ und als ein freyer Mensch/ und nicht als ein Sclave seines Goldes und Geldes gelebet hätte.

Er hatte zu meiner Zeit dreyhundert MaulEsel/ die die Strasse nach dem Meerbusen hin und wieder zugehen gewohnet waren: Diese theilete er in sechs Hauffen/ unter der Auffsicht hundert schwartzen Sclaven/ so Männer/ Weiber/ als Kinder/ welche sämtlich im Thale von Mixco in unterschiedenen mit Stroh gedeckten Hütten wohneten.

Sein eignes Hauß/ darinnen er mit weit grösserer Vergnügung wohnete/ als in irgend einem derer/ die er in Gvatimala hatte/ war ebenfalls nur mit Stroh gedeckt: Und in diesem lebte er wie ein wilder Mensch/ unter seinen Schartzen und Sclaven/ da er hingegen in der Stadt erbar und bürgerlich hätte leben müssen.

Da ausserhalb der Stadt behalf er sich mit Milch und Molcken/ mit schwartzen harten und verschimmelten Zwieback/ und mit gar dünnen/ an der Soñen und Luft gedörreten schnittlein von gesaltzenem Rindfleisch/ welche sie tassajo nennen/ dergleichen seine Sclaven an statt Proviants bey sich auff der Reise nach dem Meerbusen zu tragen/ und zu essen pflegeten.

Hingegen wenn er in der Stadt gewohnet hätte/ so hätte er seine reputation zu erhalten/ gleich andern ansehnlichen Leuten leben müssen; allein der elende Geitzhalß der das Brett am dünnen Orthe zu bohren wuste/ wehlete das Feld für die Stadt zu seinem Wohnplatze/ eine Hütte für ein Hauß/ die Gesellschafft der Schwartzen und Sclaven an statt ehrlicher Bürger/ ob er gleich auff 600000. Ducaten reich geschätzet wurde.

Er verderbete alle die/ so sich unterfingen/ Maulthiere auff der Strassen nach dem Meerbusen zu halten/ und mit selbigen Kauffmanns-Güter hin und

und wieder zu tragen: Denn weil er starcke und wohl mit Futter gehaltene Maul-Esel und hurtige Sclaven hatte/ so pflegte er gemeiniglich auff die Last einen solchen Preiß zu setzen/daß er allezeit profit davon hatte/da hingegen die andern/ welche Knechte und Indianer/ die ihre Esel treiben/mieten musten/ nothwendig schaden leiden musten.

Er war so grausam gegen seine Schwartzen/ daß/ wenn einer nicht gutes thun wolte/er ihn so züchtige/ daß er fast des Todes seyn muste: Er hatte unter andern einen Sclaven/nahmens Macaco, für welchen ich öffters bey ihm gebeten/aber vergebens: Zuweilen hing er ihn mit den Armen auff/und geisselte ihn so lange/ biß der Rücken über und über voller Blut war/ und wann nun solcher Gestalt die Haut gantz zerfetzet war/so goß er ihm siedend heiß fett über die Wunden/damit sie desto eher heileten: Er hatte ihm das Gesichte/die Hände/die Armen/den Rücken/den Bauch/die Hinterbacken/ die Beine/mit glüenden Eisen gebrandmahlet/ so daß dieser arme Sclave zu leben überdrüssig wurde/ und sich aus Verzweiffelung zwey oder dreymal erhencken wolte/ ich hielt ihn aber noch allezeit durch mein Einreden davon ab.

Sonst war er so geil und liederlich/ daß er die Weiber seiner Sclaven nach seinem Gefallen mißbrauchete; wenn er auch in der Stadt eine Magd oder Weib solches Standes sahe/ die ihm gefiel/ und selbige ihm nicht wolte zu willen seyn/so ging er alsbald hin zu ihrem Herren/oder Frauen/und kauffte sie/ bezahlete sie auch viel theurer/ als sie vormahls gekostet hatten/ und rühmete sich hernach/wie er ihren Hochmuth/ innerhalb Jahres Frist in der Sclaverey wol dämpffen wolle.

Er brachte zu meiner Zeit zweene Indianer auff der Strassen nach dem Meerbusen umb/und wickelte sich hernach durch hülffe seines Geldes so leichtlich auß/als ob er nie einen Hund erschlagen hätte.

Er war unverheyrathet/ hatte auch keinen Sinn zu heyrathen; weil er sich seiner Sclavinnen an statt der Weiber gebrauchte/ ja es unterstunde sich keine seiner Nachbarinnen ihme etwas zu versagen: Solcher Gestalt füllete er das Thal mit Huren-Kindern von allerley Farben/ die nach dem Tode dieses Gottlosen Reichen dermahleines alle das Guth/ welches er mit so viel Geitz und Grausamkeit zusammen bracht hat/ wieder durchbringen werden.

Ausser den zweyen Flecken/ von denen dieses Thal den Nahmen hat/

ist gegen Osten/zu nächst an dem Küh-fluß eine Einsiedeley/ die man zu unser lieben Frauen von Berge Carmel nennet/ und ist die Pfarr-Kirche aller in diesem Thal gelegenen Spannischen Meyereyen/ wiewol sie viel öffter in die Indianische Dörffer in die Messe kommen/ insonders nach Mixco, allwo die Spanier eine reiche Brüderschafft/ unser Frauen vom Rosenkrantz/und die Indianer eine andere auffgerichtet haben.

Es sind in diesem gantzen Thal ohngefähr dreyssig oder viertzig Meyerhöfe oder Häuser der Spanier/so zu dieser Einsiedeley gehören/ und in selbigen mögen ohngefähr dreyhundert Sclaven/so Mäñer als Weiber/die theils Schwartze/theils Mulatren sind/ sich befinden.

Mixco ist ein Flecken von dreyhundert Familien: Es hat aber nichts sonderliches darinnen/ ausser dem Reichthum/ so gemeldeten zweyen Brüderschafften zugehöret/ und etlichen reichen Indianern/ die von den Spaniern gelernet haben/wie man sol Korn seen/ und mit dem Maulthieren nach dem Meerbusen handeln.

Ausser der grossen Menge Federvieh und Indianische Hüner/ so in diesem Dorffe auffgezogen werden/ hat es auch ein Schlachthauß darinnen/in welchem den Indianern dieses Orths/und denen/so in den Meyerhöfen auff dem Lande wohnen/ Fleisch verkauffet wird/ und darauß die Sclaven/die ihrer Herren Maulthiere nach dem Meerbusen leiten/ mit Nothdurfft versehen werden.

Es hat aber der Juan Polomeco nicht alleine Maulthiere: sondern es sind ausser ihm vier Brüder/ nahmens Dom Caspar, Dom Diego, Dom Tomas, und Dom Juan de Colindros, derer jeder sechtzig Maulthiere hat/ mit welchen sie nach dem Meerbusen und ins gantze Land/ ja zuweilen gar biß nach Mexico Handlung treiben; sie haben aber wenig Sclaven/und gebrauchen sich gemieteter Indianer/ die selbige treiben.

Uber dieses sind noch sechs Troppen Maulthiere/ welche in die anderen Meyerhöfe gehören/ die mit denen von Mixco zwantzig Troppen/ oder ohngefähr tausend Maulthiere außtragen mögen/die zur Handlung durchs Land von den Kauffleuthen von Gvatimala angewendet werden.

Aber wider auff den Flecken/oder das Dorff Mixco zu kommen/ so hat das stete hin-und wieder ziehen dieser hauffen Maulthiere der Kauffleute/ und der nach Spannien gehenden/ oder auß Spanien kommenden Reiseleute/diesen Orth sehr reich gemacht.

Denn

Denn für sich selbst hat er keinen andern Reichthum / als eine gewisse Arth von Erde / daraus sehr schönes Gefässe und allerley Geschirre / als Krüge / Gießkrügel / Schüsseln / Tellern / und ander Haußgeräthe gamachet wird / womit die Indianer weisen / daß sie geschickt genung sind / massen sie solches Gefässe auch sehr wohl mit roth / weiß und andern gemengten Farben zu mahlen oder zu verglasuren wissen; selbiges schicken sie hernach nach Gvatimala und an die umbhergelegene Dörffer zu Marckte.

Die Weiber der Criollen fressen gantze Hände voll dieser Erde / damit sie weiß und blaß im Antlitz außsehen möchten / und gedencken nicht / daß sie dadurch ihrer Gesundheit schaden / und ihr Leben in Gefahr setzen.

Der Flecken Pinola ist bey nahe so groß wie Mixco, aber weit anmuthiger / gesunder / und besser gelegen / weil er in der ebene lieget / dahingegen Mixco an der hangenden seiten eines Hügels / welcher den Reisenden das Außsehen in das Thal gäntzlich benimt / erbauet ist.

Es ist in Pinola auch eine Fleischbanck / in welcher täglich Rindfleisch zu kauffe feil ist / ingleichen wird auch viel Federvieh allda angetroffen / wie auch viel Früchte / Mahis und Korn / welches doch nicht so gar schön ist / wie das zu Mixco; auch Honig und das beste Wasser / so in dieser gantzen Gegend ist. Man nennet es panac in Indianischer Sprache von einer Frucht / so häuffig daselbst gefunden wird.

Gegen Mitternacht und Mittag dieses Thals sind Hügel / die gutentheils mit Korn beseet werden / und ist selbiges besser als das im Thale wächst.

Gegen Niedergang liegen zwey andere Flecken / die grösser sind als Mixco und Pinola, die heissen Petapa und Amatitlan, biß zu selbigen hat es in der mitte des Thals etliche Orthe / da man auff und absteigen muß / die sie Barraneas oder Gründe nennen / in welchen Bächlein und lustige Spring-Brunnen und gute Weide für Schaffe und Rinder gefunden wird.

In Flecken Petapa hat es ohngefähr fünffhundert Einwohner / so sehr reich sind / und den Spaniern unter sich zu wohnen vergönnen / von welchen sie auch die arth zu leben und in der Welt mit Leuten umbzugehen gelernet haben. Durch diesen Flecken muß man / wenn man von Comayaga, San Salvador, Nicaraga und Costa rica komt; Dannenhero auch dieser Orth wegen des steten Durchzugs der Reisenden reich worden ist.

Man

Man hält ihn für einen derer anmuthigsten Flecken / so nach Gvatimala gehören / wegen eines nahe dabey befindlichen süssen Wasser-Sees / in welchem eine menge Fische und Krebse gefunden werden: Insonderheit wird eine Arth Fische in selbigem gefangen / die man Majorra nennet / und sich mit der Barbe vergleichet / auch eben so schmäcket / nur daß er nicht so groß ist.

Es ist in diesem Flecken eine gewisse Zahl Indianer / welche die Stadt Gvatimala mit Fischen zu versehen verpflichtet sind / und alle Mittwochen / Freytage und Sonnabende so viel Krebse und Majorras, als der Corregidor und die andern Obrigkeits-Personen / deren mit ihme achte sind / ihnen wochentlich aufferleget / liefern müssen.

Das 4. Capitel
Beschreibung des Fleckens Petapa; vom Handel / der darinnen getrieben wird / und von den Freyheiten der Indianer in dieser Gegend / wie auch ihren unterschiedenen Erndten.

PEtapa hat seinen Nahmen von zweyen Indianischen Wörtern / derer das eine Pet ein Netze heisset / und das andere tap so viel bedeutet als Wasser: Und weil ein Netze das vornehmste Stücke eines Indianischen Bettes ist / so heisset Petapa eigentlich ein Wasser-Bette / weil das Wasser / in beyliegendem See stehend / süsse und stille ist.

Es wohnet in diesem Flecken eine Indianische Familie, die vor andern ansehnlich ist / weil man glaubet / daß sie von den alten Königen des Landes herstamme / und die die Spanier itziger Zeit mit dem Adelichen Nahmen Guzman beehret haben: Und auß diesem Geschlechte wir der Gouverneur dieses Orths / unter der Obergewalt der Stadt und der Gerichts-Banck zu Gvatimala, erwehlet.

Zu meiner Zeit war Dom Bernard de Guzman, Gouverneur daselbst / und hatte dieses Ampt schon eine geraume Zeit verwaltet / und sich sehr weißlich und bescheiden verhalten; nachdem er aber alters wegen sein Gesichte verlohr / wurde sein Sohn Dom Piedro de Guzman an seine Stelle eingesetzet / welcher eben so sehr als sein Vater / von allen Indianern gefürchtet und geehret worde: Und wenn sie nicht / wie die meisten Indianer pflegen / der

der Trunckenheit so sehr ergeben gewest wären/ würden sie dem Regiement einer Spanischen Stadt vorzustehen tüchtig gewesen seyn.

Es darff zwar dieser Gouverneur keinen Degen tragen/ wie der im Indianischen Chiapa; er hat aber dagegen viel andere Freyheiten: Er mag nach seinem gefallen auß den Einwohnern nennen/ wer ihm zu Mittag und Abends zu Tische dienen/ wer seine Pferde pflegen/ wer ihm fischen / wer ihm Holtz eintragen / mit einem Wort / wer ihm dienen und auffwarten soll: Und bey aller dieser Autorität / thut er doch weder in Bürgerlichen / noch Gerichtssachen/ nichts/ ohne Willen und Rath des an selbigem Orthe sich befindlichen Geistlichen / der gleichsfalls so viel Personen zu seinen Diensten / und zur Fischerey verpflichtet hat / daß er so prächtig als ein Bischoff leben kan.

Die Indianer in diesem Flecken treiben alle diejenigen Handwercke/ die man in einer wohlbestelleten Republiq von nöthen hat: Man hat auch daselbst alle die Kräuter und Früchte / die in Gvatimala angetroffen werden.

Der Kirchen-Schatz ist daselbst auch sehr groß / indem unterschiedene Brüderschafften von unser lieben Frauen/ und anderer Heiligen in selbiger aufgerichtet sind/ derer Bilder mit Krohnen / Ketten und Armbändern von grossen Werth geschmücket / und die Altare mit Lampen / Räuchfässern und Leuchtern begabet sind.

Das S. Michaëlis-Fest ist das vornehmste an diesem Orthe/ weil selbiger dem S. Michaël gewidmet ist/ und wird an selbigem eine Messe oder Jahrmarckt gehalten/ auf welchen viel Kauffleuthe von Gvatimala zu kauffen und verkauffen/ kommen.

Nachmittag an diesem Feste/ und dem Folgenden Morgen drauff/ ergötzen sich die Spanier so wol als die Schwartzen zu Pferde / und die Indianer zu Fuß mit dem Stier-Gefechte; diese letztere / weil sie der Trunckenheit sehr ergeben sind/ wagen nicht nur allein ihr Leben liederlich; sondern sie büssen es auch zum öfftern gar darüber ein.

Ausser diesem grossen Zulauff zu itztgedachter Zeit/ wird auch alle Tage gegen fünff Uhren zu Abend ein tiangvet oder Marckt gehalten/ auf welchen aber niemand als die inwohnenden Indianer zu handeln kommen.

Es fliesset auch zunechst darbey ein Fluß vorüber / der an etlichen Orthen nicht sonderlich tieff ist/ so daß man leichtlich über denselbigen kommen kan; auß selbigem wässern sie ihre Gärten und Felder / er treibet auch eine Mühlen/auff welcher die Einwohner des Thals alles ihr Geträide mahlen.

Eine halbe Meile von diesem Flecken liegt ein reicher Meyerhoff und eine Zucker-Mühle / die einem Biscayer von Geburth/ nahmens Sebastian de Savaletta, zustehet: Dieser war anfangs/als er in dieses Land kam/sehr arm/ und muste einem seiner Landes-Leute dienen: Nachdem er aber durch seine Arbeit und Fleiß so viel verdienet hatte / daß er ein paar Esel kauffen konte/ fing er an im Lande hin und wieder zu handeln / biß er endlich einen gantzen hauffen Maulthiere von sechtzig Stücken zu wegen brachte / wodurch er so reich wurde / daß er sehr viel Land umb Petapa her kauffte / und weil es zum Zuckerbau sehr beqvem befunden ward / legte er sich mit so guthem Fortgang darauff/ daß er an diesem Orthe ein prächtiges Hauß konte lassen auffbauen/nach welchem die meisten der vornehmsten Leute auß Gvatimala sich zuerlustigen zu kommen pflegen.

Er lässet jährlich eine grosse menge Zucker verfertigen / davon er einen Theil im Lande verkaufft/den andern schickt er allen nach Spanien.

Er hält insgemein sechtzig Sclaven auff seinem Meyerhofe/ und speiset in seinem Hause so wol/ daß er für einen großmütigen und herrlichen Mann gehalten wird: Wie dann gesagt wird/ daß sein Vermögen sich zum wenigsten auff 500000. Ducaten werth erstrecke.

Eine halbe Meile von seinem Hause ist eine andere Zuckermühle/die man Trapiche heisset/sie gehöret den Augustinern von Gvatimala zu/ und hat ohngefähr zwantzig Sclaven auff selbiger: Man heisset sie Trapiche, weil mit den Machinen, so in selbiger gebrauchet werden/ nicht ein so grosser Hauffen Zucker-Rohr gemahlen werden kan / als auff denjenigen Mühlen/ die die Spanier Ingenios nennen.

Der Flecken Amatitlan ist eine Meile von Petapa entfernet / und nahe dabey ist ein Ingenio oder Zucker-Mühle/ so viel grösser ist / als die zu Savaletta, welche man die Avis-Mühle / von demjenigen/ der sie hat bauen lassen/ nennet: Sie gehöret aber itziger Zeit dem Post-Meister zu Gvatimala, dem Don Piedro Crespo.

Dieser Orth siehet einem kleinen Dörfflein gleich/ wegen der vielen Hütten und mit stroh bedeckten Häusern/ darinnen die schwartzen Sclaven/ so dazu gehören/wohnen/derer über hundert/so Männer/Weiber/als Kinder/ sind.

Das

Das Herren-Hauß aber ist sehr wohl gebauet/ groß und geraum/ daß über hundert Personen darinnen bleiben können.

Weil nun diese Zuckermühlen so nahe bey Gvatimala sind/ so helffen sie sehr viel zu ihrem Reichthum/ und zu dem Handel mit Spanien.

Es sind zwar zu Amatitlan nicht so viel Spanier/ wie zu Petapa; aber dagegen destomehr Indianer.

Die Gassen sind sehr ordentlich eingetheilet/ breit/ gerade/ und regular; sie sind aber nicht gepflastert/ sondern man gehet bloß auff der Erden oder Sande.

Man hat an diesem Orthe ebenfalß den See zu geniessen/ und werden auch an eben den Tagen/ wie zu Petapa, Fische von hier nach Gvatimala geschicket.

Und ob zwar dieser Orth ausserhalb der Landstrasse lieget/ so sind doch desselbigen Einwohner nichts desto weniger reich als die zu Petapa, weil sie einen stattlichen Gewinn/ von denen/ die dahin/ so wol vom Lande als auß der Stadt Gvatimala, Baden komen/ genüssen: Denn es sind gewisse warme Bäder daselbst/ die man für sehr gesund hält/ und deßwegen sehr gerühmet werden.

Sie haben auch nicht schlechten Gewinn dessen/ das allda gemacht/ oder vielmehr am Ufer des Sees gesammlet wird/ denn alle Morgen erscheinet es auf der Erden am Rande des Sees gleich wie ein Reif/ welches die Indianer sammlen/ und hernach reinigen/ so daß es schöne weiß/ und zum täglichen Gebrauch gantz beqveme wird.

Ferner ziehen sie auch einigen profit von den Maulthieren/ auß dem Thal umbher/ und denen/ so man hieher bringet/ umb selbige einen Tag oder einen Morgen auff dieser gesaltzenen Erde weiden zu lassen/ wofür des Tages für einen MaulEsel fünff Sols bezahlet werden/ und man hat aus der Erfahrung befunden/ daß sie davon starck und munter werden/ und ihnen besser bekommt/ als irgend eine Artzney/ ja selbst das Aderlassen.

Sie treiben auch einen starcken Handel mit Baumwolle/ und Früchten/ derer sie eine grosse Menge haben: Der Marckt-Platz ist auch sehr schöne/ und wird von zween sehr ungemein grossen Ulmen-Bäumen beschattet/ unter welchen alle Nachmittage die Indianer zusammen kommen/ ihre Eßwahren zu kauffen und zu verkauffen.

Die Kirche an diesem Orthe ist auch sehr wohl gebauet / und ist so schöne als irgend eine in Gvatimala: Sie ist reich und sehr prächtig: Dannenhero sie die Geistlichen vom Orden S. Dominici, im Jahr 1635. zu einem Priorat gemachet/derer Authorität sich über alle andere Dörffer im Thal erstrecket; und ein kostbares Kloster erbauet haben / in welchem zu meiner Zeit 8000. Ducaten in einem Kuffer zu den gewöhnlichen Außgaben auffbehalten worden/die sich seint der Zeit ohne Zweiffel umb ein merckliches werden gemehret haben.

Solcher Gestalt habe ich den Leser durch das gantze Thal Mixco und Pinola geführet/und nach Petapa und Amatitlan, welches an Reichthum keinem von allen denen nach Gvatimala gehörigen Orthen weichet/gebracht.

Ich muß aber zu melden nicht vergessen/daß in diesem Thal eine doppelte Erndte des Jahrs gehalten wird.

Das erste mahl erndtet man ein kleines Korn/welches man Trigo tremesino nennet / welches ein Spanisches / auß zwey andern zusammen gesetztes Wort ist/und so viel als tres menses oder drey Monat heisset / weil es drey Monath/ nachdem es geseet worden/bereits reiff ist/ daß es kan abgeschnitten werden; so daß/wenn es im Augusto geseet worden/man es zu Ende des Novembers schneidet.

Und ob man zwar meinen solte / daß es/weil es Kleinkörnicht ist/wenig Meel geben solte/so gibt es doch so viel/ als sonst die andere Arthen von Korn/ die sie haben/gibt auch eben so schönes Brodt: man kan solches aber nicht lange auffbehalten / weil es bald altbacken und harte wird.

Die andere Erndte/in welcher zweyerley Korn/nehmlich ein so genandtes rothes/und ein weisses/wie das Candianische Korn ist/ eingeerndtet wird; folget bald auff die erste: Denn bald nach Weihnachten schicket man die Sichel ins Feld / da es nicht allein geschnitten; sondern an statt/ daß man es in Garben binden und in die Scheuren führen solte/ lässet man es auff denen dazu geschlagenen Tennen die Mutter-Pferde mit den Füssen außtreten.

Wañ nun das Korn solcher Gestalt von den Pferden/die stets gepeitschet werden / damit sie unauffhörlich auff dem Tenne herumb gehen/ außgetreten worden / lässet man die Pferde von dem Tenne gehen/ würffet das Korn/und trägt oder bringets in Säcken in die Speicher: Die Spreuer aber und das meiste Stroh bleibt auff dem Felde liegen/und verfaulet; da denn/ der Einwohner Meinung nach das Feld so gut dadurch getünget wird/ als wenn es mit Miste zugerichtet würde.

Sie

Sie stecken auch die Felder mit Feuer an/ und verbrennen die Stoppeln zu Aschen / kurtz vor der ersten Regenzeit / wodurch die Aschen zergehet / und das Feld getünget wird / welches sie für die beste und schätzlichste Art die Felder fett zu machen halten.

Andere / wenn sie ein neu stücke Land / welches mit Holtz bewachsen ist / anbauen wollen / lassen sie das Holtz umbhauen / und ob zwar selbiges zu Tischler Arbeit wohl zu brauchen wäre / so verkauffen sie doch nicht einen Spaan davon / vielweniger bemühen sie sich selbiges nach Gvatimala zu führen / ungeachtet es öffters mehr als zwölff tausend Francken gelten würde / wenn man es in Engelland hätte; denn sie würden mehr auff die Fuhre wenden müssen / als sie daraus lösen würden.

Wenn das Holtz gefället worden / lassen sie es außtrocknen / und kurtz zuvor ehe der Regen zu Anfang des Winters kömt / zünden sie das gantze Feld an / und verbrennen das Holtz / und von der Aschen wird der Boden so fett und fruchtbar / daß / an statt / da man in Engelland drey Scheffel Korn auff einen Morgen Acker sehet / hier ein Scheffel und offters auch weniger genug ist: Denn sonst würde es allzudücke auffgehen / und einander erstücken / daß sie hernach gar nichts einzuerndten hätten.

Eingleiches thun sie auch auff den Vieh weiden im Thal: Denn zu ende des Mayens / wenn das Graß kurtz ist / verwelcket und verdorret / so stecken sie es mit Feuer an / wovon das gantze Thal schwartz und unannehmlich anzusehen wird: Wenn es aber zwey oder dreymal drauff geregnet hat / so bekommet die Erde ihr grünes Kleid wieder / und locket das Vieh / welches unter dessen anderswo geweidet worden / wieder zukommen / frisches Futter zugeniessen / und auff den grünen Tapezereyen seine Ruhe zu nehmen.

Es ist aber Zeit das ich wieder zurücke auff die andere Seite des Thals an dem Küh-Flusse / von dannen ich angefangen habe / und diesen weiten Außschweiff vom Osten ins Westen / biß nach dem Dorff Amatitlan, welches am weitesten entfernet ist / begunt / kehre / und dem Leser den noch wenigen Rest des weges nach Gvatimala zeige.

Es ist zwar nicht ohne / daß / von der Einsiedeley zu unser Frauen an / ein enger Weg mitten durch das Thal biß fast nach Amatitlan gehet / und dann sich zur rechten Hand über ein Gebürge wende: Weil aber solche Weg imer Bergauff / und Berg ab / und durch unterschiedliche Gründe gehet / durch welche es sehr beschwerlich zu reisen ist / so ist dieses nicht die ordentliche und gebräuchliche Strasse von der Einsiedeley zur rechten Hand von Mixco, welches nur fünff Meilen von Gvatimala ist.

Von Mixco gehet der Weg Berg-auff/ über einen Hügel/ nach einem etwas grösseren Dorffe/ alß Mixco ist/ welches S. Lucar heisset/ allwo es kühle ist/ so daß diese gemässigte Lufft den Orth reich/ und ihn zum Kornhause der gantzen Stadt Gvatimala gemachet hat.

Denn an statt daß das Korn im Thal sich nicht lange unverdorben auffbehalten läst/ und sich bald eine gewisse Arth Würmer/ die man Gurgojos nennet/ drinnen hecket; so ist die Lufft so temperiret zu S. Lucar, daß das Korn sich zwey oder drey Jahr auffbehalten läst/ wofern man es nur denn und wenn einmahl umbsticht: Und wenn es fest auffeinander liegt/ mehret es sich dergestalt/ wie ich es auß eigner Erfahrung am Orthe selbst gesehen habe/ daß/ wenn man zwey hundert Scheffel an Korn auff einen Bodem auffgeschüttet hat/ man zu Ende des Jahrs bey nahe auff die zweyhundert und zwantzig Scheffel desselben findet.

Umb dieser Ursache willen/ wird fast alles/ was im Thal eingeerndtet wird/ nach diesem Dorffe gebracht/ und ist solches voller Korn-Speicher/ welche sie Trojas nennen/ die unten auff der Erden kein Tenne haben/ sondern es wird ein Bodem von Brettern/ ohngefähr ein oder zwey Schuch hoch über der Erden gemachet/ selbiger wird mit Matten bedecket/ und das Korn darauff geschüttet; und solcher Gestalt behalten die reichen Kauffleuthe auß der Stadt dasselbige zwey oder drey Jahr auff/ biß sie es in dem verlangeten Preiß anbringen können.

Von diesem Orthe biß nach Gvatimala sind mehr nicht als drey kleine Meilen/ und eine einige Baranca oder Grund/ und unterwegens trifft man zu beiden seiten kleine Dörfflein/ die sie Milpas nennen/ an/ in derer einem ohngefähr zwantzig Hütten zu seyn pflegen.

Mitten auff diesem Wege hat es einen Hügel/ von dem man die gantze Stadt übersehen kan/ und überhöhet dieselbe also/ daß mit zwey Stücken Geschütze man von demselbigen die gantze Stadt in Furchte halten könte.

Ausser diesem Hügel aber/ über welchen die Heerstrasse gehet/ hat es zur rechten und lincken Hand andere Berge/ die näher an die Stadt hinreichen: und würde man/ in Fall dieser Hügel von der Stadt zu weit entfernet sein solte/ selbige sonder Zweiffel von diesen Bergen mit Stücken hefftig beängstigen können.

Wenn

Wenn man vom Gebürge herunter komt/ findet man einen sehr schönen und breiten Weg: mitten aber wird er enge/ und gehet eines Bogen-Schusses lang zwischen den Bergen/ und an diesem Orth ist er sehr beschwerlich/ wegen der Steine/ und etlicher kleiner Klippen/ die in einer Regenbach/ so von Bergen nach der Stadt zu lauffet/ angetroffen werden.

Hierauff kommt man zu einer kleinen Einsideley/ so S. Johannis Einsideley genennet wird/ allwo der Weg nach und nach immer breiter wird/ und man Gvatimala ins Gesichte bekomt/ welches den Reisenden/ die darinnen außzuruhen gedencken/ ein annehmliches außsehen giebet; und sie auff einem gleichen sandigten Wege/ und anmuthigen durch das grüne gehenden Fußsteige biß an die Stadt führet/ welche allen Ankommenden und Abreisenden so wohl von der seiten des Jacobiner Klosters/ als auch von der seiten der Kirchen und des Nonnen-Klosters de la Conception allezeit offen stehet.

Nachdem ich nun also den Leser vom Meerbusem biß nach Gvatimala geführet/ und ihm alles/ was merckwürdig ist/ gezeiget habe/ so wil ich hier nichts von den andern Orthen/ die nach Nicaragua zu/ Mittagwerts/ nach dieser Stadt gehören/ melden/ zumahl ich bereits den Weg biß nach Realejo beschrieben habe; sondern es versparen/ biß ich von meiner Rückreise/ so ich nach dieser seiten zugenommen/ reden werde.

Itzt ist noch übrig die Beschreibung des Landes de Vera Paz, und der Weg/ auff welchen man nach selbigem gehet.

Das 5. Capitel

Beschreibung von Vera Paz, und einer Nation, die die Spanier noch nie haben bezwingen können. Reise eines Spanischen Mönchens zu diesem Volck/ sampt andern Sonderheiten dieser Gegend.

Vera Paz hat den Nahmen daher bekommen/ weil die Indianer dieses Landes/ als sie vernommen/ daß die Spanier Gvatimala und das gantze Land umbher eingenommen hätten/ sich guthwillig ohne einigen Widerstand den Spaniern ergeben haben.

Vor

Vor diesem war dieses Land ein besonderes Kirchspiel/ daß seinen eigenen Bischoff hatte: itzo aber ist es mit dem zu Gvatimala vereiniget.

Es wird durch einen Alcalde Major oder Præsidenten regiret/ der auß Spanien dahin geschickt wird/ und von der Gerichts-Banck oder dem Königlichen Rathe zu Gvatimala dependiret.

Die Hauptstadt in dieser Provintz heisset Coban, in welcher ein Nonnen-Kloster vom Orden S. Dominici ist/ und hat der Alcalde Major seine ordentliche Wohnung daselbst.

Die Spanier haben mit Eroberung dieser Provintz noch nicht können fertig werden/ ungeachtet sie zum öfftern mit den barbarischen und ungläubigen Völckern/ so zwischen dieser Provintz und Jucatan wohnen/ deßwegen gekrieget haben.

Sie bemühen sich wohl auffs euserste mit solcher Eroberung zu Ende zu kom̃en/ damit sie durch ihr Land nach einer Stadt/ nahmens Campin, so zu Jucatan gehöret/ kom̃en/ uñ den Handel mit dieser Provintz zu Lande einrichten möchten/ denn man hält davor/ daß solches für das Land und die Stadt Gvatimala sehr vortheilhafftig seyn solle/ und daß durch diesen Weg die Wahren viel sicherer nach der Havana würden zu bringen seyn/ als durch den Meerbusen/ weil die Schiffe/ so auß demselbigen nach der Havana unter Seegel gehen/ zum öfftern unterwegens von den Holländern weggenommen werden.

Allein/ wie itzt gedacht/ es haben die Spanier dieses Werck bißhero noch nicht können zu Ende bringen: Denn es hat ihnen dieses barbarische Volck jederzeit so kräfftigen Widerstand gethan/ daß sie es unmöglich haben überwältigen können.

Dessen doch ungeachtet/ unterstunde sich ein Geistlicher/ einer von meinen guten Freunden/ sich unter dieses wilde Volck zu wagen/ und in Gesellschafft zweyer oder dreyer Indianer mitten durch ihr Land biß nach Campin zu gehen/ allwo er einige Spanier antraff/ die sich hefftig über seiner Verwegenheit entsetzeten/ und sich verwunderten/ wie er sein Leben also hätte in Gefahr setzen dörffen.

Er kam nachmahls wieder nach Coban, und von dar nach Vera Paz, da er/ was er auff dieser Reise verrichtet/ erzehlete/ und sagte/ daß als diese Leute gesehen hatten/ daß er ihre Sprache redete/ und freundlich und höfflich gegen ihnen sich bezeigete/ so wären sie auch gantz gütlich mit ihm umbgegangen; auß Furcht/ wie er darvor hielt/ daß/ wenn sie ihn tödteten/ so würden die

Spa-

Spanier/ seinen Todt zu rächen/ sie nimmermehr zu Ruhe lassen/ und eher nicht auffhören/ als biß sie sie gäntzlich vertilget hätten.

Er berichtete über dieses/ das der Wilden Land weit besser sey als das/ was die Spanier in der Landschafft Vera Paz besitzen; Daß ein sehr schönes Thal in dem Lande/ und im Thal ein grosser See sey/ an dessen Ufer liege eine Indianische Stadt/ in welcher es auffs wenigste zwölff tausend Einwohner habe/ und stünden die Häuser eines von dem andern abgesondert.

Es hat dieser Münch nachmals eine Beschreibung dieses Landes verfertigt/ und ist damit nach Spanien gereiset/ umb den Hoff dadurch zu bewegen/ daß er wegen des Vortheils/ der der Stadt Gvatimala/ und der Provintz Jucatan zuwachsen würde/ wenn man eine sichere Strasse von einer Provintz in die andere mitten durch diß Land haben solte/ selbiges zu erobern entschlüssen möchte.

Ob nun zwar die Spanier und die Provintz Vera Paz, auff dieser seiten/ von dieser Wilden Nation eingeschrencket sind/ so haben sie doch von der andern seiten einen freyen Zugang nach dem Meerbusem/ allwo sie mit den Schiffen/ so in selbigem einlauffen/ handeln/ in dem sie nach denselbigen ihr Federvieh und andere im Lande befindliche Lebens-Mittel bringen/ und dafür Weine und andere Spannische Wahren in die Stadt Coban bringen.

Dieses Land ist sehr bergicht und uneben/ und ob zwar einige zimlich grosse Dörffer darinnen sind/ so sind doch über drey oder viere nicht unter denselbigen/ die sonderlich merckwürdig wären.

Die vornehmsten Speisen/ so hier gefunden werden/ sind Achiotte, welche die beste im gantzen Lande von Gvatimala ist/ Cacao, Honig/ Cassia, Salsaparilla und Mahis in grosser Menge; es wächset aber kein Korn allda. Jngleichen giebt es viel Wax/ Geflügel/ Federwildpret und allerhand Farben Gevögel/ deren Federn die Jndianer zu allerhand künstlicher Arbeit anwenden: Es kömt aber selbige der Mechacanischen bey weitem nicht gleich. Es sind in diesem Lande viel Papagoyen/ Affen/ und Meerkatzen/ die auff den Bergen ihre Nahrung suchen.

Man reiset von Gvatimala nach diesem Lande/ die oben gemeldete Strasse/ vom Meerbusem biß nach S. Lucar, und von dar gehet sie über die Hügel und Berge/ so zur seiten des Thals Mixco liegen.

Diese Berge nennet man das Gebürge von Sacatepeqves, und ist solches

Wort zusammen gesetzt/ auß den Wörtern Sacate und Tepec, derer letzteres einen Berg oder Gebürge/ und das erste Graß bedeutet: so daß das zusamen gesetzte Wort so viel heisset als ein Graß-Gebürge.

Es hat vier ansehnliche Dörffer: Das erste heisset S. Jago, in welchem fünffhundert Familien sind: Das andere heist S. Piedro, und bestehet in sechshundert Familien: Das dritte wird S. Juan genennet/ in welchem auch sechshundert Familien sind; und das vierdte nennete man S. Domingo de Senaco, und hat ohngefähr dreyhundert Familien.

Diese vier Dörffer sind sehr reich: Die Lufft ist in den ersten zweyen ziemlich frisch/ in den andern beyden aber viel wärmer: Es hat in selber Gegend viel Meyerhöffe/ in welchen viel Korn und gutes Getreide/ so wohl als Mahis, gebauet wird.

Es sind die Indianer in diesen Dörffern weit behertzter/ als die in den andern/ und fehlete zu meiner Zeit nicht viel/ daß sie nicht wider die Spanier/ die übel mit ihnen umbgingen/ rebellireten.

Die Kirchen sind über auß Reich; und als ich mich daselbst auffhielt/ war ein Indianer aus dem Dorffe S. Jago, der auß blossen Ehrgeitz der Kirchen selbigen Orths sechs tausend Ducaten schenckte; und dessen ungeachtet erfuhr man hernach/ daß dieser elende Mensch ein Zauberer und Götzendiener sey.

Diese Indianer verdienen viel mit außlehnen grosser Federbüsche/ die sie in ihren Täntzen am Feste der Einweihung ihrer Dörffer gebrauchen: Denn sie haben einige solche Federbüsche/ die aus sechtzig Federn von unterschiedenen Farben bestehen/ und wann man selbige entlehnet/ zahlet man für jede Feder einen halben real, das macht 2. Sols 6. Dener; ohne den Werth einer ieden Feder/ der absonderlich gezahlet werden muß/ wann irgend eine ohngefähr verlohren wird.

Hinter dem Dorffe S. Juan, welches das entfernteste ist/ wird der Weg eben und annehmlich/ biß zu einem kleinen Dörfflein von ohngefähr 20 Hütten/ welches man S. Raymond nennet/ von dar an eine gantze Tagereise man durch unterschiedliche Gründe immer auff und absteigen muß/ biß man zu einer Hütte komt/ die am Ufer eines Flusses/ welches eben derjenige ist/ welcher bey Acasabastlan, wie oben gemeldet worden/ vorbey fliesset/ stehet.

Von dar komt man an ein sehr steinichtes und felsichtes Gebürge/ welches

ches man dē Berg de Rabinal nennet/alwo man Stuffen in den Felsen gehauen hat/damit die Maulesel desto beqvemer über dasselbe gehen könten/ denn wañ selbige nur ein klein wenig auf die seiten gleitē solten/ würden sie über den Felß hinunter/ stürtzen und in tausend trümmer zerbersten.

Es wäret aber dieser gefährliche Weg nicht über anderthalbe Meilen/ worauff man bald in ein schönes Thal kömmet/ welches das Thal S. Nicolaus genand wird / von einem Meyerhof/ der diesen Nahmen führet/ und in das Jacobiner Kloster zu Coban gehöret.

Ob nun zwar dieses Thal keines weges mit dem Thal von Mixco und Pinola zu vergleichen ist / so ist es doch dreyer Dinge wegen/ die darinnen gefunden werden/ berühmt; Deren das erste eine Zuckermühle / Nahmens S. Hieronymus, ist/ die den Jacobinern zu Gvatimala zustehet / und die zu Amatitlan nicht allein in verfertigung des Zuckers / der von den Maulthieren über das Gebürge nach Gvatimala gebracht wird / und in Anzahl der Sclaven/die unter der Auffsicht zweyer Münche stehen; sondern fürnehmlich umb der guten Pferde willen/die daselbst aufferzogen werden/übertrifft/denn dieses sind die besten in der gantzen Provintz Gvatimala, und werden insonderheit von den vornehmsten Personen hoch gehalten/ und von ihnen in der Stadt zum reiten gebrauchet.

Das andere ist der Meyerhoff S. Nicklas / welcher wegen der Maulthiere eben so berühmt ist / als wie die Zuckermühle S, Hieronymus wegen der Pferde.

Das dritte ist ein Indianisches Dorf/nahmens Robinal, in welchem zum wenigsten 800. Familien sind/ und alles gesunden wird/ was zu des lebens Beqvemlichkeit nöthig ist.

Die Lufft ist daselbst mehr zur Hitze als zur Kälte geneigt / doch ist die Hitze mässig und sehr temperirt wegen der vielen schönen schachtigten Spatzier-gänge/ so daselbst sind.

Man findet alda nicht allein alle Indianische Früchte / sondern auch sehr viel Spanische / als nemlich / Pomerantzen / Limonen / süsse und saure Citronen/ Granat-äpffel/ Weintrauben/ Feigen/ Mandeln und Datteln.

Und ob zwar hier kein Korn wächset/so hat doch dieser Abgang nichts sonderlich zu bedeuten/weil diejenigen/die lieber Rockenbrod essen/ als das/was aus Mahis gemacht wird / solches innerhalb zwey Tagen leichtlich auß den Dörffern von Sacateqve bekommen können.

Was das Fleisch anbetrifft/ so bekomt man daselbst Rindfleisch/ Schöpfen- und Ziegenfleisch/ allerley Federvieh/ Indianische Hüner/ Wachteln/ Rebhüner/ Fasanen und Kaninichen.

Ingleichen giebet der Fluß/ welcher nahe an ihren Häusern vorbey fliesset/ eine grosse Menge von allerley Gattungen Fischen.

Die Einwohner dieses Dorffs gleichen sich sehr den Einwohnern des Indianischen Chiapa, als welche sie in zierlicher Kleidung/ im reiten und allerley Zeitvertreibungen nachahmen.

In diesem Dorffe entschloß sich mein Freund Fr. Johann Baptista seine Wohnung zu haben/ und die übrige Zeit seines Lebens in Ruhe zuzubringen/ nach dem er in unterschiedenen Orthen/ und sonderlich zu Chiapa und Gvatimala Prior gewesen; und eben allhier tractirte er mich so kostbar/ daß man ihm solches hätte übel deuten können/ in dem es den armen Bettel-Mönchen nicht wol anstehet/ daß sie es an Pracht den Fürsten gleich thun wollen.

Von diesem Thal biß nach vera Paz, oder Coban, welches die Hauptstadt ist/ ist nichts besonders anzutreffen/ als ein einiges Dorff S. Christofal genandt/ wo es itziger Zeit einen grossen See hat/ in welchem/ wie man sagt/ kein Grund zu finden ist. Vor alters ist hier kein See gewesen; als aber einesmals ein hefftiges Erdbeben entstanden/ hat sich die Erde auffgethan/ und viel Häuser verschlungen/ und an derer Stelle ist dieser See entstanden/ welcher von derselben Zeit an biß noch daselbst wäret.

Von diesem Dorffe biß nach Coban ist der Weg böse und voller Berge/ noch gleichwol gehen die Maulthiere dieses Landes leichtlich mit voller Ladung über dieselbige.

So haben wir nun endlich die gantze Strecke der Landschafft Gvatimala daurchlauffen; welche in Warheit weit mehr Dörffer hat/ und viel Volckreicher ist/ als sonst irgend ein Orth in America, und dafern die Indianer wol mit Waffen versehen/ und in der Kriegs-Kunst wol geübet wären/ würde kein Orth in gantz America so starck an Mannschafft seyn als Gvatimala.

Weil aber die Spanier sie für nichts achten/ und übel verhalten/ auch sogar ihnen nicht einmahl ihre Pfeile und Bogen lassen/ geschweige daß sie ihnen einiges Feuer-Rohr/ Spieß oder Degen zugestehen solten; so haben sie nicht allein allen Muth/ sondern auch alle Gewogenheit zu den Spaniern/ die sie etwan haben könten/ verlohren; so daß diese Uhrsache zu fürchten haben/ daß/ wenn etwan einmal solte Volck außgesetzet werden/ und ein Einfall in diß Land geschehen/nicht diese grosse Menge Indianer von ihnen ab/ und ihren Feinden zu fallen möchte; oder dafern sie ihnen gleich treu bleiben solte/doch durchauß nichts nütze seyn würde.

Das 6. Capitel
Von dem itzigen Zustand der Indianer in der Landschafft Gvatimala, von ihren Sitten/ und Arth zu leben/ und insonderheit von ihren jährlichen Festtägen.

DEr Zustand der Indianer in der Landschafft Gvatimala ist itziger Zeit so elend und erbärmlich/als irgend sonst eines Volckes in America. Dann ich kan wol einiger Massen von ihnen das jenige sagen/was im 1. Cap. des II. Buchs Mosis von den Kindern Israel gesaget wird: daß sie nehmlich wuchsen/und zeugeten Kinder und mehreten sich/und wurden ihrer sehr viel/daß ihr das Land voll wurde: Umb deßwillen Pharao zu seinem Volcke spricht im 10. Verß: Wolan wir wollen sie mit List dämpffen/ damit ihrer nicht zu viel werde; denn wo sich ein Krieg erhübe/ möchten sie sich zu unsern Feinden schlagen/und wider uns streiten. Dannenhero er auch Leute sie übersätzte/ die sie zum arbeiten zwungen/daß sie musten Ziechelstreichen/Kalckbrennen/ und andere schwehre Frohndienste thun/ und zwar mit solcher Strengle und Schärffe/ daß ihnen das Leben darüber sauer wurde/und sie genöthigt wurden/GOtt im Himmel umb Rettung anzuschreyen.

Ob nun zwar ein Unterscheid unter dem Volck Israel/ und den Indianern ist/ so findet doch die Vergleichung wegen der Unterdruckung dieser und jener/ wie auch in der Arth derselbigen/ damit sie sich sehrer nicht/ als man selbst will/vermehren können/gar wol statt.

Es ist gantz gewiß/ daß die Indianer unter dem Spanischen Dienst-Joch sehr viel leiden müssen/und dennoch von Tag zu Tag sich durch Kinder-zeugen mehren/und an Reichthum zunehmen/ so daß man Uhrsache hat zu fürchten/ daß sie nicht etwann allzumächtig werden/ und entweder für sich selbst sich auflehnen/ oder sich zu andern frembden wider ihre grausame Herren/ die Spanier/ schlagen möchten.

Denn man lässet ihnen/entweder auß Furcht oder auß Eiffersucht/durchaus kein Gewehre zu / auch so gar nicht einmahl ihre Bogen und Pfeile/ derer sich weiland ihre Vorfahren bedieneten.

Dannenhero ob zwar die Spanier von dieser Seiten auff solche Weise nichts zu fürchten haben / weil sie durchaus entwaffnet sind: So haben hingegen außländische Völcker / da etwan eines derselbigen dieses Land zu erobern sich entschliessen solte/gleichfals umb eben deßwillen sie nichts zu achten/so daß der Griff/ dessen sich die Spanier zu Entkräfftigung der Indianer bedienet haben/ zu ihrem eigenen Verderb und Untergang gedeyen dörffte.

Dañ weil ihnen die grose Menge der entwaffneten Indianer zum Kriege nichts nütze ist / und sie selbst / biß auff diejenigen/ die in den Städten wohnen / hin und her in diesem weiten Lande zerstreuet sind / so würde sich ihrer kaum eine handvoll gegen eine gar mässige Armee stellen können.

Uber dieses würden unter ihnen noch die wenigsten zu den Waffen geschickt seyn/und damit umbzugehen wissen/und dieser so geringe Hauffe würde keinen sonderlichen Widerstand thun können/ weil sie kein Geschütze haben.

Wann nun noch dazu die Schwartzen und Indianer/ die sie so übel verhalten/ und vor denen sie sich iederzeit besorget haben/ sich zu den Außländern schlagen solten/so ists gewiß/daß die Spanier unvermeidlich zu Grunde gehen müsten / weil sie solcher Gestalt von inwendig so wol als von aussen angegriffen würden.

Hierauß erscheinet nun/wie übel berichtet diejenigen sind/ die da sagen/ daß America itzo viel schwehrer und übler zu erobern sey/ als es zu des Cortez Zeiten gewesen ist/ weil man heut zu Tage zugleich die Spanier und auch die Indianer zu bestreiten habe / dahingegen das erstemal man allein mit den armen nackten Indianern habe zu thun gehabt.

Ich versichere aber/ daß dieser Grund falsch sey: Denn damals waren die Indianer zum streiten abgerichtet/ vermittelst der Kriege/ die sie unter sich selbst führeten/und wusten sich ihrer Bogen/ Pfeile/ Wurffspiesse und anderer Waffen sehr wol zu bedienen/ sie waren kühne und im Streit behertzt/ wie auß ihren Historien zusehen.

Itzo aber haben sie so gar kein Hertze/ daß sie für Furcht in die Höhe springen / so offt sie eine Mußqvete lösen hören: Und dieses komt bloß daher/ weil sie von den Spaniern entwaffnet und unterdrucket sind/ als die sie mit blos-

blossem Ansehen oder einen sauren Gesichte zittern und beben machen: so daß man ihrentwegen in dem Zustand/darinnen sie itzo leben/gantz nichts zu-besorgen hat.

Die Spanier selbst hat man ja so wenig zu fürchten/als die Indianer; weil in dem gantzen weitläufftigen Staat von Gvatimala sie nicht wohl 5000 zum Kriege dienliche Mann würden auffbringen können. Sie würden also unmüglich so viel Pässe und so viel unterschiedliche Eingänge in dieses Land/welches ie grösser es ist/ie leichter es zu erobern ist/bewahren können; Denn indem die Spanier an einem Orthe beschäfftiget seyn würden/würde das Land an den andern Orthen von eben dem Feinde angegriffen und überfallen werden können.

Ihre Sclaven selbst würden bey solcher Gelegenheit sich wieder sie verbinden/damit sie ihre Freyheit wieder erlangen möchten: Ja auch die Criollen, welche sie so gar übel verhalten/würden sich erfreuen/daß sie Gelegenheit bekämen/sich ihrer Tyranney zu entbrechen/ und würden viel lieber unter einem außländischen Volck in Freyheit leben wollen/ als von ihren eigenen Landes-Leuten noch länger unterdrückt werden.

Der Zustand der Indianer in diesem Lande ist so elend/daß/ ob schon die Könige in Spanien niemahls darein haben willigen wollen/ ohngeachtet sie zum öfftern darumb sind ersuchet worden/ daß man sie zu Sclaven machete/ dennoch sie so ein elendes Leben führen müssen/ als irgend ein Sclave.

Denn ich habe einige unter ihnen gekand/die/wann sie vom Dienst der Spanier/für welchen sie nichts anders zu Lohne bekommen hatten als Schläge und Wunden/zurücke kamen/sich in ihre Bette warffen/mit dem verzweiffelten Entschluß/ viel lieber zu sterben/ als länger in solchem Elende zu leben/ dannenhero sie alle Speise/die ihnen ihre Weiber brachten/ und anbothen/ zugenissen abschlugen/ und wolten lieber erhungern/ als ein so unglückseliges Leben führen.

Ich habe zwar durch mein Einreden einige dahin gebracht/ daß sie sich länger zu leben entschlossen/und sich nicht selber umbbrachten; andere aber wolten durchauß nichts annehmen/wie kräfftig ich ihnen zusprach/sondern sturben also elendiglich dahin.

Das

Das 7. Capitel
Welcher Gestalt die Spanier sich der Indianer zu ihrem Dienst gebrauchen / und wie sie mit ihnen umbgehen.

ES haben die in diesem Lande wohnende Spanier / und insonderheit die Herren der Meyerhöfe in dem Thal Mixco, Pinola, Petapa, Amatitlan, und der Sacatepeqven, erwiesen / daß / dieweil aller ihre Handel und Arbeit zu des Staats besten gereiche / derer Spanier aber alle solche Arbeit in einem so gossen Lande zu verrichten viel zu wenig wäre / sie auch nicht alle so vermögend wären / so viel Sclaven und Schwartzen / als man dazu vonnöthen hätte / zuerkauffen / sie unumbgänglich die Indianer / gegen billichen Lohn / zu ihren Diensten ziehen müsten.

Umb dieser Ursachen willen ist Verorduung geschehen / daß alle Montage / oder des Sonntags nach Mittage eine gewisse Anzahl Indianische Arbeiter außgesondert / und selbige unter die Spanier / nach Beschaffenheit ihrer Meyerhöfe und der Arbeit / vertheilet wurden / entweder den Acker zuzurichten / oder ihre MaulEsel zu treiben / und ihnen sonsten / wozu sie ihrer in ihrem Vornehmen bedürffen möchten / an die Hand zugehen.

Hierzu ist nun in iedem Gebiet ein besonderer Beampteter / den sie Inez Repartidor nennen / gesetzet / welcher / nach dem ihm gegebenen Verzeichnüs der Spanischen Häuser und Meyerhöfe / ihnen wochentlich eine gewisse Anzahl Indianer geben muß. Dieses ist nun eine beqveme Gelegengenheit für den Præsidenten zu Gvatimala und die andern Räthe / ihre Bedieneten zu befördern / als welchen sie gewöhnlich diese Aempter geben.

Diese nun bestimmen die Stadt oder den Orth / wohin sich die sämtliche Spanier desselbigen Gebiethes / nebst ihnen auff den Sonntag oder Montag versammlen sollen.

Ingleichen müssen die Indianer auff den Dörffern ihrer seits die Zahl derer Arbeiter / welche ihnen wochentlich zu liefern vom Rathe zu Gvatimala aufferleget ist / in Bereitschafft haben / und sie durch einen Officirer auß ihrem Dorffe auff den bestimten Sammelplatz führen lassen.

Wenn diese nun mit allem ihrem Werckzeuge / mit Schauffeln / Grabscheitern scheiten/Picken und Aexten/wie auch mit nöthiger Kost auff die gantze Wochen (welche gemeiniglich aus trockenen Klösen von Mahis, Würsten von gerösteten Bohnen/ einem wenig chilè oder langem Pfeffer/ und etlichen stücklein kalten Fleisch bestehet) samt ihrem Bette/ welches nichts anders als eine grobe wollene Decke ist/ worein sie sich wickeln/wenn sie sich auff die Erde legen wollen/sich eingestellet haben/sperret man sie in das Stadt-Hauß ein/ und wann sie in hineingehen sich nicht fördern/treibet man sie mit Stockschlägen/Ohrfeigen/oder Fußstössen hinein.

So bald sie alle beysammen sind/und das Stadt-Hauß voll ist/so ruffet der Ivez Repartidor die Spanier nach der Ordnung seines Verzeichnüsses/ und zu gleich so viel Indianer/ als der Rath selbigem bestimmet hat: Da denn einige drey oder viere/ andere funfftzen oder zwantzig/ nach dem ihre Verrichtungen sind/und nach der Arbeit/ die sie zu bestellen haben/ bekommen.

Solcher Gestalt theilet er nun den Spaniern/ iedem so viel Indianer zu/als er haben soll/biß sie alle vertheilet sind.

Wann nun solches geschehen/ so nehmen die Spanier von jedem Indianer/so ihnen zu dienen zugeordnet worden/ eine Decke/ oder ein Werckzeug zu Pfande/ damit sie nicht davon lauffen/ und zahlen dem Officirer, der die Theilung verrichtet/ für sein Gebühr von iedem Indianer einen halben Real wie denn einige Officirer sind/die wochentlich drey biß 400. Indianer außzutheilen haben.

Komt etwan ein Spanier/und beklagt sich/ daß ihm einiger Indianer entlauffen sey/und ihm nicht die gantze Wochen durchaus gedienet habe/ so wird derselbige so lange gesucht/ biß man ihn findet/alsdenn wird er mit den Armen an einen Pfeiler auf dem Marckte feste gemacht/ und öffentlich auff den Rücken gestäupet.

Wenn aber ein armer Indianer kompt und klagt/ daß ihn die Spanier betrogen/und ihm sein Grabeisen/ seine Axt/ Picke/ oder Decke genommen haben/oder ihm seinen Lohn zurück behalten/ so wird der Spanier deßwegen auch nicht mit der geringsten Straffe belegt/ ungeachtet es der Billigkeit gemäß wäre/daß man so wol einem als dem andern Theil Gerechtigkeit widerfahren liesse.

Solcher gestalt werden nun die Indianer wochentlich als leibeigene Leute ieder umb zwey Sold sechs Dener verkaufft/ und ist ihnen keines weges erlaubt/des abends heim zu ihren Weibern zu gehen / ohngeachtet sie vielmahls kaum 1000. Schritte biß in ihre Dorff haben: Ihrer viel aber werden auch offters drey biß vier Meilen Weit geführet / und dörffen sie sich eher nicht als biß Sonnabend abends / wenn sie alles das / was ihnen ihr Herr zu arbeiten befohlen hatte / verrichtet haben / nach Hause zukehren unterstehen.

Der Lohn/ den sie bekommen / trägt kümmerlich so viel aus / daß sie sich damit auffhalten können; Dann sie mehr nicht als 25. Sols für die gantze Woche/ und also nicht einmahl fünff Sold auff einen Tag bekommen.

Auff solche Weise werden nun die Indianer in der Stadt Gvatimala und in den Spanischen Dörffern vertheilet/ da denn iedes Hauß so viel Indianer bekomt/ als es vonnöthen hat/ Wasser/ Holtz und andere nöthige Dinge zuzutragen/und müssen selbige/wie oben gemeldet worden/von den benachbarten Dörffern herbey geschaffet werden.

Es ist unmöglich/daß/wer anders ein guter Christ ist/ nicht solte zur Erbarmnüß bewogen werden/wenn er siehet/wie übel diesen elenden Leuten von etlichen Spaniern die Zeit über/weil sie in ihren Diensten sind/mitgefahren wird. Deñ einige derselbigen mißbrauchen unterdessen/weil diese arme Teufel das Feld arbeiten/ihre Weiber zur Unzucht; andere geisseln sie/weil sie ihrer Meinung nach sich zur Arbeit allzufaul anstellen; ja sie übergehen sie wol mit dem Degen/oder hauen ihnen die Köpffe auff/ wenn sie sich etwas gegen ihre Scheltworte entschuldigen wollen; oder sie nehmen ihnen ihren Werckzeug/oder behalten ihnen den halben oder auch wol den gantzen Lohn zurücke/ und sprechen/ sie müsten einen halben real umb ihres Dienstes willen/ den sie thun solten / bezahlen / und hätten gleichwol ihre Arbeit nicht/wie sie gesolt/ verrichtet.

Ich habe etliche gekennet / die es im Brauch hatten / daß / wann sie ihr Geträide gesehet / und den Indianern/ die ihnen zur Arbeit auff dem Meyerhoff waren gegeben worden/ weiter nichts zu thun zu geben hatten/ weil sie wol wusten/ wie sehnlich diese arme Leute nach den ihrigen verlangete / sie sie Montags und Dienstags liessen Holtzhauen/ und Mittwochs fragten/was sie ihnen geben wolten/daß sie sie gehen liessen/ und forderten von diesen einen/ von andern zwey oder drey Realen; so/ daß sie nicht allein ihr Hauß mit Holtz versehen liessen/ sondern sie zwackten ihnen noch dazu so viel Geld ab/

daß

daß sie Fleisch und Chocolate auff funffzehen Tage dafür kauffen konten/und liessen ihnen also auf der armen Indianer Beutel wol seyn.

Andere vermieten sie ihren Nachbarn/die etwan selbige Woche zu arbeiten haben/ieden für einen Real; diese aber wissen solchen schon ihnen an ihrem Lohn wieder abzukürtzen.

Ueber dieses sind sie noch einer andern gleich beschwerlichen Dienstbarkeit unterworffen/indem alle Reisende in iedem Dorffe so viel Indianer/die ihnen biß in das nächste Dorff ihre MaulEsel leiten/ und ihre Sachen tragen/fordern mögen/als sie von nöthen haben/ und wenn sie die Reise verrichtet/zancken sie sich mit ihnen/und schicken sie meistentheils mit einer tracht Schlägen zum entgelt wieder zurücke.

Diese arme Leute müssen einen gantzen/zuweilen auch zwey Tage nach einander Ballen/so einen Centner wiegen/auff ihren Rücken tragen/ so daß sie selbige auff beiden seiten mit einen Strick an den Gurth binden/ und mit einem breiten ledernen Riemen/der an den Ballen feste gehäfftet ist/über die Stirne fassen/da dann das gantze Gewichte dieser Last an der Stirne über den Augbrauen hanget/dannenhero sie auch dergestalt an derselbigen gezeichnet sind/ daß man sie gar leichtlich vor den andern Einwohnern der Dörffer unterscheiden kan/zumahlen ihnen das Leder auch die Haare gantz abreibet/und sie am Vordertheil des Hauptes kahl machet.

Auff solche weise müssen diese arme Leute ihren Unterhalt unter den Spaniern suchen: Wiewohl mit solchen Schmertzen und Bedrängnüß/ daß sie offters die Göttliche Gerechtigkeit umb ihre Freyheit anruffen/und haben keinen andern Trost/als welchen ihnen die Priester zusprechen/die sie ermahnen solches umb GOttes und des Gemeinen bestens willen gedultig zu leiden.

Und ob wohl ihre Beherrscher sie arbeiten und reisen lassen/ das Wetter mag seyn wie es wil/heiß oder kalt/der Weg eben oder holstrecht/über Berge/oder im Thal/so dienen ihnen ihre Kleider doch weiter nicht/als nur ihre Blösse zu decken/und offters sind sie so zerlumpt/ daß sie nicht den halben Leib damit verhüllen können.

Das 8. Capitel
Von der Jndianer Kleidung/ von ihren Wohnungen/ Arbeit/ Häußlichen Verrichtungen/ ingleichen von ihrer Policey/ Heyrathen u. d. g.

Ihre gewöhnliche Kleidung ist ein paar wölline oder leinene Unterhosen/ so ihnen biß an die Knie reichen; sie gehen meistentheils Baarfuß/ ausser daß etliche/ wann sie reisen/ lederne Soolen brauchen/ umb sich die Füsse zu verwahren/ oder etliche paar Strümpffe: Dabey tragen sie ein kurtzes Hembd/ und drüber eine Arth von einem wöllenen oder leinenen Mantel/ den sie Ajate nennen/ und auff einer Achsel angeknüpfft wird/ so daß er auff der andern seite fast biß auf die Erde reichet; ein geringer Huth für 15. oder 20. Sols/ der das Wasser an sich zeucht wie Papier/ und wann es geregnet hat/ ihnen über die Nasse und Nacken herunter hänget.

Zu weilen tragen sie auch ihr Bette umb sich/ welches nichts anders ist/ als diejenige Decke/ worein sie sich des abends einwickeln/ und wenn sie schlaffen wollen/ ziehen sie ihr Hembd und Hosen aus/ und bedienen sich derselben an statt eines Hauptküssen.

Einige unter ihnen tragen auch ein gantz leichtes Netze mit sich/ umb in demselbigen zu schlaffen: Diejenigen aber/ die kein solch Netze bey sich haben/ auch keines von ihren Nachbarn entlehnet bekommen können/ die wickeln sich in ihre Decken ein/ legen sich so frey auff die blosse Erde hin/ und schlaffen auff ihre verrichtete Arbeit/ oder wenn sie einen gantzen Tag mit einem Ballen von hundert Pfunden auff ihren Rücken gereiset sind/ so wohl/ als wenn sie in dem weichesten Bette legen.

Die etwas mehr in Ansehen/ und reicher als bißher gemeldete sind/ und nicht wie die Tamemez zum Last tragen/ oder wie die Tagelöhner zum Ackerbau der Spanier gebrauchet werden/ sondern in ihren Meyereyen wohnen/ und mit ihren Maulthieren hin- und her auff dem Lande handeln/ oder in den Städten und Dörffern ihre Krahmbuden haben/ und endlich die an itztgedachten Orthen einige Gerichts- und Policey-Aempter bedienen/ die gehen etwas besser gekleidet.

Denn

Denn etliche lassen unten an ihre Hosen Bänder hefften/ und selbe etwas mit Seyden oder Drath stücken; wie sie deñ auch mit dergleichē Stückwerck ihre Mäntel zieren lassen/oder sie butzen sie mit einer besonderen auß allerley bundfärbigten Federn gemachter Arbeit aus.

Adere tragen zerschnittene Leinene Wämbster und Schue; wenige aber unter ihnen tragen Strümpffe an den Füssen/ und Ueberschläge umb den Halß.

Was aber ihre Bette anbelanget/ so hat der vornehmste Indianische Gouverneur, oder der reicheste unter ihnen/ ob er gleich mehr als vier oder 5000. Ducaten vermögens hat/ kein besser Lager als der ärmeste Tamemez oder Last-Träger. Denn sie legen sich auf Brette/oder auf zusamen gebundene Binsen/so etwas von der Erden erhoben sind/darüber wird eine feine breite Decke gebreitet/und zwey Klötzer zu den Häupten geleget/derer sich Mann und Weib an statt der Hauptküssen bedienen/ indem sie ihre Hembder und Mäntel/ oder andere Kleider/ statt der Polster drauff legen/ und decken sich endlich mit einer andern Gattung von einer weissen Decke/ die aber viel gröber ist/als diejenige/derer sie sich statt der Mäntel gebrauchen.

Auff einem solchen Bette schlieff Don Bernard de Guzman, Gouverneur von Petapa, und die vornehmsten unter den Indianern haben es durchaus nichts besser.

Die Frauen-Kleider sind von keiner grössern Kostbarkeit/ und offters nur umb den Leib geworffen: Denn die meisten unter ihnen gehen Baarfuß/ ausser den Reichen und Vornehmen/als welche Solen tragen/ die sie mit einem sehr breiten Bande an den Fuß knüpffen.

An statt des Rockes tragen sie eine wöllene Decke/ welche sie umb den Unter-Leib binden/ und gemeiniglich mit buntem Stückwerck gezieret ist; sie ist aber gantz/und ohne Nath/und nur umb sie herumb gehüllet.

Sie tragen keine Hembder/sondern decken ihre Blösse mit einer Arth eines weiten Rockes/ so sie Gvaipil nennen/welcher ihnen über ihre Achseln hänget/und biß unter den Gürtel gehet/mit offenen weiten Ermeln/ die aber nur den halben Arm bedecken/und ist dieser Gvaipil gemeiniglich mit einer zierlichen Arbeit von Baumwolle oder Federn/ insonderheit umb den Busen geschmücket.

Die Reichsten tragen Armbänder und Ohrengehäncke/ ihre Haare sind mit Schnüren aufgeflochten/ und ohne Haube; bedecken sich auch sonst

 mit

mit nichts/ausser das die Reichen/wann sie in die Kirchen gehen/oder iemand besuchen/ eine Arth Schleyer von Holländischer oder anderer zarther Leinwand/ die man aus Spanien und China bringet/ tragen/ welcher ihnen das Haupt bedecket/ und fast biß auf die Erde herunter hanget/ über den sie hernach ein Band umb ihren Leib binden/ und dieses ist das kostbareste Stücke von ihrer Kleydung.

Wann sie nach Hause kommen/und an ihre Arbeit gehen wollen/ legen sie ihren Gvaipil oder weiten Rock ab/ so daß der Busen mit dem gantzen obern Leibe entblösset ist.

Sie schlaffen/wie ihre Männer/ nur in eine Decke oder Mantel eingewickelt.

Ihre Häuser sind nur elende mit Stroh gedeckte Hütten/ ohne einiges Oberstockwerck; und haben mehr nicht als eine oder zwo Kamern auf gleicher Erde/ in deren einer sie ihre Speisen bereiten/ bey einem zwischen zwey oder drey Steinen gemachten Feuer/ ohne Feuer-Mauren/ dadurch der Rauch ausserhalb dem Hause geleitet würde: Und weil er sich dannenhero durchs gantze Hauß ziehet/un der Ruß sich aller Orthen an das Stroh-Dach hencket/so siehet das gantze Hauß nicht anders als ein Rauchfang auß.

Die andere Kammer/welche an diese stösset/ und ebenfals wohl durchräuchert wird/ ist das Schlaff-Gemach/ in welchem offt vier biß fünf Bette/ nachdem die Familie groß ist/gefunden werden.

Die Armen haben in ihren Hütten nur eine einige Kammer/in welcher sie zugleich kochen/ essen und auch schlaffen.

Die wenigsten haben Schlösser an ihren Thüren: Dann sie fürchten sich nicht/daß ihnen iemand etwas stele/ weil ihr gantzer Haußrath nichts anders ist/als etliche Töpffe/Krüge/thönerne Teller/und Schälgen/worauß sie ihre Chocolate trincken.

Man findet aber nicht leichtlich ein Hauß/in dessen Hoffe nicht ein Bad seyn solte/in welchem sie sich im warmen Wasser zu baden pflegen/ und selbiges als ihre einige Artzney/so bald sie sich nur ein wenig übel auf befinden/ gebrauchen.

In iedem Dorffe sind sie in gewisse Geschlechter abgetheilet/ und jedes Geschlechte hat sein besonderes Haupt/ zu welchem alle von selbigem Geschlechte ihre Zuflucht nehmen/wann ihnen etwann eine wichtige oder schwere Sache fürkömt; dieser ist gehalten sie zu schützen/ ihnen mit gutem Rath an die Hand zu gehen/ und an ihre statt für Gerichte zu erscheinen/ und wiedererstattung des ihnen angethanen Unrechts zubegehren / oder so man ihnen was unbilliges zumuthet / dasselbe denen Richtern vorzustellen.

Wann sich ihrer zwey unter ihnen miteinander verheurathen wollen; so gehet der Vater des Jünglings/welcher ein Weibs-Bild von einem andern Geschlechte heurathen wil/zu dem Haupte seines Geschlechtes / und berichtet ihn/ daß sein Sohn willens sey/diese oder jene Tochter zu heyrathen; hierauff kommen die Häupter von beyden Geschlechten zusammen/und bereden sich auff was vor Bedingungen die Heyrath solle vollzogen werden.

Diese Unterredungen wären gemeiniglich drey Monath/binnen welcher Zeit die Verwandten des Freyers die Jungfer mit Geschencken gewinnen/ und die Unkosten/ so auff Speise und Tranck gehen/ wann die Häupter mit beyderseits Verwandten/welches gemeiniglich einen gantzen Tag biß in die Nacht hinein wehret/entrichten müssen.

Wenn sie nun solcher Gestalt viel Tage und Nächte zugebracht/und die Neigung/so ein Theil zu dem andern hat/genugsam untersuchet haben; und es sich zuträget/daß sie solcher Heyrath wegen nicht können einig werden / so sind des Weibsbildes Verwandte gehalten/des Freyers Verwandten alle gemachte Unkosten wieder zuerstatten / und alle Geschencke zurücke zu geben.

Wenn einer unter ihnen stirbet/ so theilen die Söhne die gantze Verlassenschafft/so wohl fahrendes als liegendes unter sich/und die Töchter bekommen von allen nichts.

Wann iemand unter ihnen ist/ der kein Hauß hat/ oder seines von neuen decken will/so werden die Häupter der Geschlechter dessen berichtet / welche es den sämptlichen Einwohnern des Dorffes zu wissen thun/ daß sie bey solcher Arbeit helffen sollen; da denn ein ieglicher schuldig ist/ein gebund Stroh oder andere Materialien mit sich zu bringen: so das in einem Tage einer ein gantzes Hauß durch Hülffe so vieler Personen auffbauet.

Unterdessen kostet ihn solcher Bau nichts als Chocolate, welche sie ihren Gehülffen in grossen Näpffen/ in deren einen mehr als ein halber Topff gehet/zu trincken geben: Sie machen aber selbige nicht aus so theuren Stücken wie die Spanier; sondern bereiten sie nur schlecht mit ein wenig Aniß und Chile oder langen Pfeffer: Oder aber/sie giessen den Napff halb voll Atolle, und füllen ihn hernach vollends mit Chocolate voll.

Das

Das 9. Capitel

Fernere Beschreibung von der Judianer Arth zu leben/ von ihren Speisen und unterschiedenen Arthen des Geträncks.

WAs ihre Speisen anlanget/ so haben die Armen meistentheils nichts anders zu essen als eine Schüssel voll frixollen, oder weiß und schwartze Bohnen/ als die da zu Lande in grosser Menge sind/ und durchs gantze Jahr trocken auffbehalten werden; welche sie mit chilé kochen/ und mit solcher Kost sich sehr wohl sättigen.

Sie richten sie auch auff eine andere Arth zu/ indem sie sie erstlich ein wenig kochen lassen/ hernach mengen sie dieselbige unter einen Teig von Mahis, wie man in Engelland die Rosinen unter die Klöse menget/ dann lassen sie solches miteinander von neuen kochen / und essen hernach diese Speise entweder gantz heiß/ oder lassen sie kald werden/ und heben sie auff.

Sie mögen aber nun itzgemeldete Speise/ oder sonst was anders/ es sey was es sey/ essen/ so geniessen sie zugleich von dem grünen chilé dazu/ oder sie tuncken es in ein Saltzwasser/ worein ein wenig von diesem gestossenen Pfeffer gerühret worden ist.

Wann sie aber so viel nicht vermögen/ daß sie frixollen essen können/ so ist ihre gewöhnliche Kost eine Arth Sträubel von Mahis-Teig/ welche sie gantz heiß auß einem irdenen Becken/ darinnen sie sie allererst gekochet/ nehmen/ und ein wenig ans Feuer halten/ hernach essen sie sie entweder so allein/ oder auch mit chilé und Saltz/ oder sie tuncken sie vorher in obgedachtes gepfefferte Saltzwasser ein.

Wann ihr Mahis noch grüne und safftig ist/ so kochen sie den Halm mit der Aehren/ und denen darumb hafftenden Blättern/ und essen es hernach mit ein wenig Saltz.

Ich habe vielmal davon gessen/ und es nicht allein so guth am Geschmack/ als unsere grüne Erbsen/ befunden/ sondern auch wargenommen/ daß es besser nehret und Geblüte machet/ als diese.

Wañ das Mahis noch grüne ist/ machen sie eine Art Graupen drauß/ die sie mit der Milch/ so auß gestossenem Mahis gequetschet worden ist/ kochen lassen.

sen. Die allerärmsten unter den Indianern sind niemals ohne diese Speisen/ und wann sie derer satt haben/sind sie sehr wohl damit zufrieden.

Die Armen aber/die in Dörffern wohnen/ wo Fleisch verkauffet wird/ spahren alles zusammen/was sie können/ und wenn sie Sonnabend abends von ihrer Arbeit kommen/kauffen sie für einen real oder einen halben frisches Fleisch/welches sie auff den Sonntag verzehren.

Einige unter ihnen kauffen ein zimliches stücke auff einmahl/ und machen mit der Zeit Tassajos drauß. Diese Tassajos sind stücklein zusammen gerolletes und starckgebundenes Fleisch/ und werden auff folgende Weise gemacht.

Nachdem sie alles Fleisch vom Schencke/ eines Rindes abgelöset/ und selbiges gleichsam in kleine Riemen geschnitten haben/ saltzen sie es/und hängen es in ihren Höfen acht Tage lang an die Lufft/dann lassen sie es noch andere acht Tage am Rauche hängen/ und machen hernach kleine Röllichen darauß/welche so hart werden als ein Stein: Wenn sie denn selbige brauchen wollen/ so waschen sie sie/kochen und essen sie hernach.

Dieses ist das Americanische geräucherte Fleisch/ welches sie Tassajo nennen/davon ich vielmal gessen habe. Die Spanier essen gleichfalls desselbigen viel/insonderheit diejenigen/die im Lande mit ihren MaulEseln hin- und wieder reisen/und Handlung treiben.

Diese Tassajo sind eine gute Kauffmanns-Wahre/wovon viel Spanier reich worden sind/indem sie damit nach denjenigen Dörffern/in welchen kein Fleisch feil ist/gehandelt/und selbige mit den Indianern gegen andere Wahren verstochen haben; denn diese geben offters für einen heller oder einen dreyer werth dieses tassajo mehr/ denn umb fünff Sols Cacao.

Die Reichen hingegen leben weit besser; Denn wann nur Fleisch oder Fische zu bekommen sind/ so spahren sie nichts/selbiges zu haben/und essen es mit guthem appetit; ja sie schonen ihrer Indianischen Hüner und des andern Geflügels nicht/umb sich güttlich zu thun.

Sie gehen auch iezuweilen auff die Jagd/und schiessen mit ihren Pfeilen etwan eine Gans; und wenn selbige gefället/ lassen sie sie unter den Blättern der Bäume eine Woche liegen/ biß es riechend und würmicht wird; alsdenn holen sie es nach Hause/hauen es in stücke/und lassen es hernach mit einem Kraute/das da zu Lande wächset/und unsern Rheinfahren ähnlich siehet/ kochen/wovon das Fleisch ihrer Meinung nach den Gestanck verlieret/ und so

 mürbe

mürbe und weiß wird/ als das Fleisch von einem Indianischen Hahn. Wann es halb abgekocht ist/so hängen sie die Stücke eine zeitlang an den Rauch; alsdenn/wenn sie es essen wollen/ kochen sie es noch einmahl/ und würtzen es gemeiniglich mit etwas rothen Pfeffer ab.

Von diesem Americanischen Wildpret habe ich unterschiedene mahl gessen/und das Fleisch kurtz und weiß befunden: Gleichwol habe ich niemals viel davon gessen/nicht so wol um des Geruches willen/als vielmehr darumb/daß mir für den Würmern/die ich drinnen gesehen hatte/ grauete.

Eben diese Indianer/die nicht viel zuthun haben/und von den Spaniern nicht wochentlich zum jagen gebrauchet werden/ sind treffliche Liebhaber der Igel/ welche den unsern durchaus gleiche sind/ wiewol die bey den Christen zur Speise nicht gebrauchet werden.

Die Americanische Igel sind voller Stacheln eben wie die Unsrigen/und halten sich in den Wäldern und Feldern auff in den Löchern; sie leben/ wie man davor hält/von den Ameisen und ihren Eyren/ von faulem Holtz/ von Kräutern und Wurtzeln. Ihr Fleisch ist weiß und so guthen Geschmacks als das Caninichen Fleisch/ und so fett/ als ein gemästetes Hun im Jenner ist.

Ich habe es auch gekostet und befunden/ daß es ein sehr nietliches essen sey: Daß aber dieser Ruhm auch unsern Igeln könne gegeben werden/ wil ich nicht sagen: Denn was in unsern Landen nur Fisch oder Fasten-Speise ist/ kan in jenen Ländern wol ein gute nahrhaffte Speise seyn/ und solches wegen einiger zufälliger Eigenschafften des Thieres selbst/ die es entweder von der Speise/so es isset/oder vom temperament des Climatis bekomt.

Und zwar essen nicht allein die Indianer dieses Thierlein; sondern auch die Grössesten unter den Spaniern; welche es so hoch halten/ daß/weil es gemeiniglich in der Fasten gefangen wird/ und diese gleichwohl solche Speise nicht entbehren wollen/sie/ damit sie es zu solcher Zeit essen mögen/ beständig sagen/es sey kein Fleisch/ob es gleich wie Fleisch schmecket/und so außsehe/ darumb weil es nur von Ameisen und dörrem Holtze lebe. Hierüber aber ist unter ihren Theologis viel streitens und disputirens: in dem ein theil derselbigen sagen/ es sey erlaubet in der Fasten Igel zu essen/die andern aber widerstreiten solches.

Es giebt auch da zu Lande eine Arth Eidexen/ die sie häuffig essen: sie heissen sie Iguana, und halten sich etliche derselbigen in dem Wasser/ und andere

dere auff der Erden auff. Sie sind länger als ein Caninichen / und sehen einem Scorpion ähnlich / und haben grüne und schwartze Schupen auff dem Rücken.

Diejenigen/ so sich auf dem Lande auffhalten / lauffen so schnelle wie unsere Eideren / sie lauffen die Bäume hinauff wie die Eichhörnlein/und durchbohren auch die Bäume der Wurtzeln in den Mauren.

Sie sind zwar scheußlich anzusehen / wenn sie aber à l' étuvoé mit ein wenig Würtze zubereitet werden/geben sie eine köstliche Brühe: ihre Fleisch ist so weiß als Caninichen Fleisch/und sonderlich die Lenden.

Diese Speise/ wann sie nicht wohl gekocht ist/ist überauß ungesund; ich bin einsmals todt kranck gewesen/weil ich von solchem nicht genug gekochten Fleische zu viel gessen hatte.

Es giebt auch allda viel Wasser - und Land - Schildkröten / welche von den Indianern gessen werden/ und den Spaniern auch nicht übel schmecken.

Die Indianer insgesamt lieben den Trunck/ und trincken ihre schlechte chocolate ohne Zucker und andern Zusatz / oder ihre Atolle so viel / daß sie davon bersten möchten. Und wann sie einen truncken machenden Tranck haben können / so trincken sie / so lange ein Heller im Beutel ist/ und lassen auch nicht einen Tropffen übrig.

Das 10. Capitel

Beschreibung eines seltzamen Getränckes der Indianer; und welcher gestalt die Spanier dieser ihre Zuneigung zur Trunckenheit mißbrauchen.

SJe machen unter andern einen besondern Tranck / der den Wein an Stärcke weit übertrifft / in grossen irdenen Krügen oder Töpffen / die auß Spanien gebracht werden / auff diese Weise: Sie thun erstlich ein wenig Wasser in den Krug / denn füllen sie ihn mit Safft von Zuckerröhren / oder ein wenig Honig / damit der Tranck süsse werde / und ihn starck zu machen / thun sie Tobackwurtzeln und Blätter / und sonst andere Wurtzeln / welche da zu Lande wachsen / und die sie wissen / daß sie dergleichen Wirckung haben/dazu. Ich habe selbst an unterschiedenen Orthen gesehen/ daß sie eine lebendige Kröten dazu hinein geworffen haben.

Hierauff wird das Gefässe zugemacht/ und sie lassen dieses alles funffzehen Tage oder einen Monat lang miteinander jähren/ biß alles wol durcharbeitet/die Kröte gantz verweset/ und der Tranck die verlangte Stärcke bekommen hat.

Alsdenn machen sie das Gefässe wieder auff/ und laden ihre Freunde zum Schmauße/ der gewöhnlich bey der Nacht angestellet wird/ damit sie vom Priester des Dorffes nicht darüber ertappet werden/ und hören nicht eher auf zu trincken/ biß sie sämtlich toll und voll sind.

Sie heissen diesen Tranck Chicha, der auß der Maassen übel reucht/und veruhrsacht offters vielen den Todt/sonderlich an denen Orthen/wo sie Kröten hinein thun.

Als ich zu Mixco wohnete/ bekahm ich Nachricht/ daß man bey einem Indianer eine grosse Zusammenkunfft halten würde diesen Tranck zu trincken: Dannenhero ich die Gerichts-Leuthe des Orths zu mir nahm/ und ging in das Hauß dieses Indianers/ da wir vier solche Irdene Krüge oder Töpffe voll itztgedachten Tranckes/ welche bereits geöffnet waren/ funden. Ich ließ dieselbe auff die Gasse tragen/und sie in stücken zerschlagen/ daß die Chicha aller in den Koth lieff/ welche so grausam stanck/ daß ich mich davon übergeben muste/und fast acht Tage lang davon kranck wurde.

Die Spanier/ die die Indianer wol haben kennen lernen/ und denen ihre Zuneigung zur Trunckenheit wohl bekandt ist/ betrügen sie durch dieses Mittel auff unterschiedene Weise: Denn ob es gleich außdrücklich verbothen ist in denen Indianischen Dörffern keinen Wein zuverkauffen/ bey Verlust des Weins und noch einer Geldbusse dazu; nichts destoweniger bringen viel arme Spanier/vom gemeinen Volck/ die umb Gewinns willen nach den Gesetzen nicht viel fragen/ auß Gvatimala Wein in die Indianische Dörffer/ und verkauffen ihn daselbst mit grossem Nutzen.

Denn aus einem Topff Wein machen sie ihrer zwene/ indem sie ihn mit Wasser und Honig/und andern Speccreyen/davon er starck wird/uñ sie wenig oder nichts kosten/ kochen lassen/ uñ dieses gemischte Geträncke verkauffen sie den Indianern für auffrichtigen reinen Spanischen Wein/qvart und Topff weise/aber auch allezeit mit falschem Maaße.

Mit diesem Weine besauffen sie offters die arme Indianer/die/wenn sie

trun-

truncken worden sind/ ihnen solchen noch dazu zwifach bezahlen müssen; und über diß alles/wenn sie darüber einschlaffen/ suchen sie ihnen noch dazu ihre Geldbeutel auß.

Dieses Laster ist unter den Spaniern von Gvatimala sehr gemein/welche die Indianer auf gleiche Weise betriegen/wann sie in die Städt kommen/ etwas darinnen zu verkauffen und zu kauffen.

Diejenige/welche Bodegones oder Trinckstuben/ [die wie die Lichtkräme außsehen/ in dem sie nicht allein Wein/sondern auch Lichte/Fische/Saltz/ Käße und Speck darinnen verkauffen/] halten/locken gewöhnlich diese arme Indianer zu sich/und wann sie sie voll gesäuffet haben / räumen sie ihnen die Beutel/und treiben sie hernach mit Prügeln oder Faustschlägen wieder hinauß/wenn sie nicht vor sich selbst gehen wollen.

Als ich zu Gvatimala lebete/war ein solcher Weinschencke nahmens Juan Ramos, daselbst/ der mit dergleichē Betrügereyen mehr als für 200000. Ducaten Güter zusammen geraspelt hatte/und einer seiner Töchter/als sie heyrathete/ 8000. Ducaten zur Morgengabe gab: Er ließ nicht einen einigen Indianer für seiner Thüren vorbey gehen/ den er nicht angeschrien; und wann er ihn zu sich hinein bekommen/ auff obbeschriebene Weise gehandelt hätte.

Als ich in Mixco wohnete/hatte ich bey meinem Meyerhof einē Spanischen Meyer zum Nachbar; derselbige hatte einmal seine Indianische Diener mit einem halben Dutzend mit Korn beladenen Maul Eseln nach Gvatimala geschickt/ solches Getraide einem Kauffmann/mit dem er des Preisses halber bereits war eines worden/zu liefern/ und das Geld dafür hatte einer von diesen Dienern / der ihm bereits sechs Jahr gedienet / und den er allezeit treu erfunden hatte/ von dem Kauffmann empfangen sollen: Welches auch geschehen/ und hatte der Indianer solches Geld/so sich auff 108 Pfund belauffen/ indem ieder Esel sechs Scheffel/ den Scheffel für eine Crohne gerechnet/ trägt / auch zu sich genommen.

Als nun dieser Indianer für des obgedachten Juan Ramos Krahme oder Trinckstube mit einem seiner Geferten vorbey gegangen/hatte dieser ihnen so freundlich zuzusprechen gewust/daß er sie zu sich hinein gelocket/und nach dem er des gemengten Weins ihnen so viel zu trincken gegeben hatte/daß sie davon waren truncken worden/ stöberte er/ dem jenigen/der das Geld hatte/ den Beutel/ nahm es / und jagte sie hernach beyde fort: Weil sie nun beyde truncken waren/musten sie auff den Eseln reiten: Unterwegens aber fiel der

Indianer/der das Geld empfangen hatte/und brach den Halß entzwey: Der andere kam ohne seinen Cameradten und ohne Geld wieder nach Hause.

Der Meyer setzte zwar an den Juan Ramos, und verklagte ihn für dem Rath/ daß er ihm sein Geld wiedergeben solte: Weil Ramos aber weit reicher war/ und besser mit Geschencken stechen konte als der Meyer/ machte er sich leichtlich/ wie er vorhin auch offters gethan hat/ loß und unschuldig.

Die Spanier heissen derogleichen Thaten nur Spottweise Peccadillos, d. i. sündgen/ als derer sie nicht groß achten/und machen ihnen kein Gewissen darüber/ nicht allein wenn sie einen Indianer vollsäuffen und berauben/ sondern auch wenn sie ihn gar umbs leben bringen: in dem der Todt dieser armen Leute nichts mehr geachtet oder gerochen wird/ als wenn etwan ein Schaff oder ein Kalb in den Brunnen fället.

Das II. Capitel
Von der Indianer Regierungs-Arth/und welcher Gestalt unter ihnen die Gerechtigkeit gehandhabet wird.

Nachdem wir nun von der Indianer Kleidung/ Häusern/ Speise und Tranck geredet haben/ so ist noch übrig/ etwas von ihren Gebräuchen/ Regiment/ und derer/ die unter die Spanier gehören/ Religion zu melden.

Sie haben ihr Regiement nach der Spanischẽ bürgerlichẽ Regierungs-Art eingerichtet/ in dem sie in iedem Dorffe ein oder zweene Alcalden, eben so viel oder auch mehr Regidors, die gleichsam wie die Schultheissen uñ Schöppen unter uns; oder die Jurati in Gvienne sind: Etliche Alguasil, die gleichsam wie die Büttel oder Stadt-Knechte sind/ die die Befehle des Alcalde oder Bürgermeisters und anderer Obrigkeiten vollziehen.

In denjenigen Dörffern/ in welchen drey biß vier hundert oder mehr Familien wohnen/ sind gewöhnlich zweene Alcalden, sechs Regidors, zwene Major-Algvasil, und sechs andere/ so unter diese gehören.

Es sind auch etliche Dörffer/ die privilegirt sind einen Indianischen Gouverneur zu haben/ welcher denen Alcalden und allen andern Beampteten zu gebieten hat.

Alle

Alle diese Officirer werden jährlich abgedancket / und andere an derer Stelle erwehlet; und zwar wehlen sie die Indianer selbst/und nennen sie an der Reihe nacheinander auß iedem Geschlechte / in welche sie untereinander unterschieden sind.

Sie treten ihr Ampt am Neuenjahrs-Tage an/ und folgende Tage berichtet man die Wahl dem Rath zu Gvatimala, wann sie unter denselbigen gehören/oder so sie nicht unter diesem Gebiethe sind/der höchsten Obrigkeit/oder Spanische Gouverneur derer Provintzen/welche diese neue Wahl bestätigen/ und die Außgabens-Rechnung der vorigen Bedienten/welche zu dem Ende ihre Stadt-Bücher mit sich bringen / untersuchen.

Umb dieser Uhrsache willen hat iegliches Dorff seinen Gerichts-Schreiber oder Buchhalter / welcher gemeiniglich viel Jahre nacheinander sein Ampt behält / weil ihrer wenig unter den Indianer schreiben/ und diesem Ampte wohl vorstehen können.

Dieser Gerichtsschreiber hat allerley Einkünffte / von wegen seiner Schrifften/Uhrkunden/Berichte und Rechnungen/ die er machet/ wie auch die Stadtschreiber unter den Spaniern haben: Allein es belauffen sich selbige nicht so gar hoch ins Geld / sie bekommen auch nicht so viel Geschencke/ und insgemein ists alles zusammen wegen der Armuth der Indianer nicht gar viel anlangend.

Der Gouverneur bedienet sein Ampt gemeiniglich auch viel Jahre lang nacheinander/ weil er gemeiniglich einer auß den vornehmsten unter den Indianern ist: Es sey denn daß man sich wegen seines üblen Verfahrens über ihn beschwere/ und die Indianer sämtlich übel mit ihm zu frieden wären.

Diese Beamptete / so das Regiment führen/ können alle Indianer von ihrem Dorffe/ wenn sie eine Uebelthat begehen/ oder ärgernüß geben/ zu gebührender Straffe ziehen.

Sie haben die macht/ sie umb Geld oder mit Gefängnüß/ mit Staupenschlag oder Landesverweisung zu straffen: Keinesweges aber sie zum Tode zu verurtheilen; sondern was halßbrüchige Sachen sind / müssen an die Spanische Gouverneurs verwiesen werden.

Ingleichen wenn ein Spanier/ so durch ihr dorff reiset/ oder in selbigem wohnet/einige Frevelthat begehet/ oder übel lebet/so können sie ihn gefänglich annehmen/und der nächsten Gerichts-Banck / mit außführlichem Berichte seines begangenen Verbrechens/zuschicken: Sie dürffen ihm aber keine

Geld-

Geldbusse aufflegen/ auch nicht länger als vier und zwantzig Stunden in Verhafft halten.

Ob sie aber schon diese Gewalt über die Spanier haben/ so unterstehen sie sich doch nicht/ sich derselbigen zugebrauchen: Denn ein einiger Spanier machet ein gantzes Dorff erzittern; und ob er schon übels thut/ lästert/ und einẽ uñ den andern mit seinem Degẽ verwundet/ so beben sie vor ihm/ an statt daß sie sich seiner Persohn versichern solten/ dergestalt/ daß sie nicht einmahl das Hertze haben ihn anzurühren: Denn sie wissen gar wohl/ daß/ wann sie es thäten/ es ihnen nur noch viel übler gehen würde/ und sie nur würden geschlagen/ oder durch falschen Bericht häfftig würden angegossen werden.

Denn es ist bereits geschehen/ daß wenn die Indianer auß habender Gewalt sich unterstanden haben/ einiger Spanier ungebührendes Frevel/ so sie in ihren Dörffern vorgenommen/ zu wehren/ sind sie geschlagen und verwundet worden; und wann sie irgend einen einem Spanischen Richter oder Gouverneur zugeschicket haben/ so habẽ sich die Verbrechere balt von der Straffe loß gemacht/ weñ sie nur gesagt haben/ sie hätten das/ was geschehen wäre/ auß einer Nothwehre/ oder zu Dienst des Königes/ gethan: Es hätten die Indianer angefangen/ sich wieder das Ansehen und die Regierung der Spanier zu setzen/ indem sie ihm die zu seiner Reise benöthigte Dinge versaget hätten/ und gedräuet/ sie wären keine Leibeigene/ daß sie ihme oder irgend einem andern Spanier nachlauffen müsten/ es würde hoffentlich am längsten gewehret haben.

Solchen falschen Auklagen ist mehrentheils zum Nachtheil der Indianer geglaubet worden/ und sind sie hernach noch viel übler tractiret worden; und statt daß man ihnen hätte in ihrer gerechten Sache helffen sollen/ haben sie noch dazu hören müssen/ daß/ weil sie sich also wieder den König und seine getreue Unterthanen auffgelehnet hätten/ so wäre ihnen mehr nicht/ als was sie wären werth gewesen/ wiederfahren/ wenn sie gleich wären Todt geschlagen worden: Und wann sie forthin den Spaniern/ so durch ihre Dörffer reisen würden/ nicht dienen würden/ würde man ihre Häuser zu Aschen verbrennen/ und sie und ihre Kinder zum Lande hinaus jagen.

Umb solcher Verweise willen/ so ihnen von den Richtern selbst gegeben worden/ und daß man den aller elendesten Spaniern/ die wider sie zeugen durchaus glaubet/ unterstehen sie sich nimmer/ sich zu rächen/ man thue ihnen gleich was man wolle/ und greiffen daunenhero keinen Spanier/ er möge so lasterhafftig seyn als er wolle/ an/und gebrauchen sich der Gewalt/ ihn in Verhafft zu nehmen/niemals.

Wenn auch unter ihnen selbst ein Indianer verklaget wird/ so unterstehen sie sich nicht/demselben etwas zu thun/ehe sie zuvor alle seine Freunde/und insonderheit das Haupt des Geschlechtes/in welches er gehöret/ darüber vernommen haben/und wann dann dieser erkennet/ daß der Verklagte das Gefängnüß / den Staupbesen / oder irgend eine andere Züchtigung verdienet habe; alsdenn stehet erst denen Alcalden/ oder Schultheisen und den andern Richtern frey ihnen diejenige Straffe auffzulegen/ welche jene ihm zuerkennet haben.

Die Verurtheilete aber können von diesem Gerichte an den Priester oder Geistlichen desselbigen Dorffes appelliren/ als deme / und der von ihm ihnen zuerkenneten Straffe sie sich zum öfftern unterwerffen. Dannenhero nehmen sie auch vielmals ihre Zuflucht zu der Kirchen umb von ihr Hülffe zuerlangen / weil sie gäntzlich glauben / daß ihre Pfarr das recht und die Gesetze besser verstehe als iemand unter ihnen. Sie heben vielmals die auff dem Rathhause gefälleten Urtheile wieder auff / bezüchtigen die Richter / daß sie partheisch wären / und ihren armen Brüdern unrecht gethan hätten / und machen den Veruhrtheilten wieder frey und ledig.

Dieses geschiehet offtmals/ insonderheit wenn ein solcher Indianer der Kirchen oder auff einigerley Weise den Priester angehöret/oder auch wenn ihre Weiber dem Pfarren das Leinen-Geräthe waschen/ oder ihm die Chocolate bereiten/und diese können/ so lange der Geistliche im Dorffe ist / ohne Furcht und sicher leben.

Wenn die Richter in Abwesenheit des Priesters diese Leute für Gerichte fordern / und sie zum Außstreichen/ Geldbusse oder Gefängnüß verdammen/ welches sie denn zuweilen mit fleisse thun; so mögen sie sich gewiß versichert halten/ daß sie bey seiner Zurückkunfft einen scharffen Verweiß bekommen/ oder sonst übel werden tractiret werden; und offters werden die Richter auff Befehl des Priesters in der Kirchen gesteupet / worwider sie nicht muchtsen dörffen; sondern sie nehmen die Züchtigung/ so er ihnen aufferleget hat/ mit aller Demuth an/weil sie sich einbilden / daß sie von GOtt komme; und daß/gleich wie Gott über die Fürsten und Weltliche Obrigkeit ist; also auch Gottes Diener über dieser ihre Bedienete / und alle andere weltliche Macht seyn

Als ich zu Mixco wohnete/ trug sichs zu/ daß ein Indianer / welcher wegen einiges begangenen Unfugs willen zum stäupen war verurtheilet worden/ mit dem gefälleten Sententz nicht wolte zu frieden seyn/ sondern sich auf mein Erkändnüß beruffete/und sagte/ er wolle in der Kirchen und auff meinen Befehl gestäupet werden/und solche Züchtigung/als die von Gott kommen würde/werde ihm auch erbaulich seyn.

Da man ihn nun für mich brachte/kunte ich das Urtheil welches die Indianer gefället hatten / keinesweges verwerffen / weil ich es der Billigkeit gemäß zuseyn befand; Ich ließ ihn derohalben stäupen / welches er gedultig und mit Freuden litte; und als es überstanden war/ küssete er mir die Hände/und brachte mir ein Opffer an Golde/zur Danckbarkeit/ wie er sagte/ für die Gutthat/ die ich seiner Seelen erwiesen hätte.

Das 12. Capitel
Von den Künsten und Handwercken der Indianer/ von ihrer Embsigkeit und Eiffer in denen Kirchen Begängnüssen / und wie sie sich gegen ihre Pfarrer und andere Geistliche bezeugen

Ausser diesem bürgerlichen Regiment / welches umb die Gerechtigkeit zu handhaben unter ihnen eingerichtet ist/ leben sie so / wie es in andern wol bestelleten Städten gebräuchlich ist. Denn in den meisten Dörffern werden Leute gefunden / die eben diejenige Handwercke treiben/die bey den Spaniern gemein sind; als da sind Schlösser/ Huffschmiede/Schneider/Zimmer-Leute/Mäurer/Seyler und dergleichen.

Ich nam in der Kirchen zu Mixco eine schwere Arbeit vor / in dem ich in selbiger ein sehr grosses Gewölbe über der Kapelle wolte machen lassen; welches denn um so viel desto schwerer war/ weil eine runde Welbung über einen triangel auffgeführet werden solte. Jedennoch brauchte ich zu solchem Werck keine andere Werckleute als Indianer / die theils auß ietzgemeldeten/ theils auß den benachbarten Dörffern waren/ welche es auch so wol und glücklich vollführeten / als kaum der beste Baumeister unter den Spaniern würde gethan haben. Wie denn die meisten Kirchen in die Höhe gewölbet sind/ und doch alle von den Indianern erbauet worden.

Sie

Sie baueten zu meiner Zeit ein neues Kloster im Dorffe Amatitlan, mit vielen steinernen Bogen / so wol in denen unteren Kreutzgängen / als in den oberen Spazier-Gängen / und selbige so vollkommen und wohl geschlossen / als iemals von den Spaniern in der Stadt Gvatimala ist gebauet worden. So daß kein Zweiffel ist / daß / wenn ihnen von denen Spaniern an die Hand gegangen würde / und sie besser unterrichtet würden / sie gewißlich einen sehr regulirten Staat unter sich machen würden.

Sie sind von Natur zur Mahlerey sehr geneigt / und haben die meisten Altare und Altar-Taffeln in den Kirchen auff den Dörffern selbst gemahlet.

In ihren meisten Dörffern hat es Schulen / in welchen sie lesen / schreiben und singen lernen; Massen iedes Dorff / nach dem es groß ist / eine gewisse Anzahl Sänger / Trompeter / und Schalmeyer hat / über welche der Priester des Orths einen Auffseher / den sie den Fiscal nennen / setzet / welcher mit einem weissen Stabe / auff welchen oben ein silbernes Kreutze ist / in der Hand für ihnen hergehet / und solchen Stab träget er zum Zeichen / daß er ein Kirchen-Bedienter sey.

Wann eine Sache vom Priester des Orthes entschieden wird / so muß dieser Fiscal oder Gerichts-Schreiber sein Entscheids-Urtheil vollziehen. Er muß dannenhero lesen und schreiben können / und ist gemeiniglich Capellenmeister bey der Kirchen-Musick. Er muß an den Sonn- und Festtagen die Knaben und Mägdlein zusammen ruffen / und sie vor- und nach dem Gottesdienste die Gebete / die Sacramenta / die zehen Gebothe Gottes / und andere Artickel des Catechismus lernen.

Des morgends / so bald die Glocke geläutet wird / muß er mit den andern Musicanten in der Kirchen erscheinen / und mit singen und musiciren / mit Orgeln und andern Instrumenten so guth / als bey den Spaniern / die Messe celebriren helffen. Ingleichen müssen sie sich abends umb fünff Uhr in der Kirchen einfinden / so bald die Glocken geläutet wird / umb das Completorium und Salve Regina zu singen.

Dieser Fiscal, welcher so viel ist / als bey uns der Official, ist in grossem Ansehn in dem Dorffe / und ziehet viel prächtiger auff / als die Schultheisen / die Geschworne oder andere Gerichts-Bedienete; Gleichwohl muß er / wenn es der Priester haben wil / mit ihm gehen / seine Befehle vollziehen / und diejegen / so ihn / wenn er ausser dem Dorffe gehet / begleiten sollen / anschaffen.

Hingegen ist er/uñ alle die zu der Kirchen gehören/ frey von aller Dienstbarkeit/die die andern wochentlich den Spaniern leisten müssen; sie dörffen auch keinen Reisenden begleiten/ noch auch denen Gerichts-Bedienten auffwarten.

Wann aber etwann ein Priester/oder sonst iemand vornehmes in ihrem Dorffe ankömt/ so müssen sie ihm entgegen gehen/ und ihn mit ihrer Musik/ mit Trompeten und Schalmeyen begleiten/und Ehrenpforten/auß Zweigen von Bäumen und Blumen/in den Gassen/durch welche er gehen soll/aufrichten lassen.

Ausser diesen Kirchen Officirern/sind alle die/so zu des Geistlichen-Hauße gehören/von der Spanier Diensten frey.

Der Priester in einem Dorffe verwechselt alle Wochen sein Gesinde/indem selbiges ihm Wechselsweise dienet; so daß ieder/wenn er eine Woche gedienet hat/wiederum eine oder zwo Wochen frey hat/ in welchen er seinen Geschäfften abwarten kan.

Wann das Dorf groß ist/so gehören ihm drey Köche; weñ es aber klein ist/nur zweene; die ihm einer umb den andern auffwarten: Es were denn/daß er etwan ein Gastgeboth hielte/so müssen sie alle zugleich da seyn.

Hernach hat er auch zwey oder drey Personen/ die sie Chahals nennen/ und gleichsam seine Keller-oder Küchen-meister sind; diese haben allen Vorrath in ihrer Verwahrung/ und geben dem Koche herauß/ was der Priester zur Mittag-oder Abendmahlzeit zuzurichten befohlen hat. Sie haben auch die Tischtücher/Tellertüchlein/Schüsseln und Teller in ihrem Beschluß; sie decken das Tischtuch auff und ab/ und warten dem Priester bey Tische auff.

Ferner hat er auch drey oder vier jungen/auch wol sechse/wenn das Dorf groß ist; die er zum schicken brauchet/die ihm bey Tische auffwarten/ und bey ihm im Hause einer umb den andern schlaffen müssen/ und diese nebst den Köchen uñ Kellermeistern essen täglich zu Mittag und Abends in des Priesters Hause und auf seine Kosten.

Er hat auch einige alte Weiber/die ihme zu Dienst ein halb dutzent junge Mägdlein abrichten müssen/ diese kommen zu nächst bey sein Hauß/ und backen daselbst Sträublein für ihn und sein Hauß/ oder Mahis Klöß/ die die jungen gantz heiß auff die Taffel aufftragen/ nur ein halb Dutzent auf ein mahl.

Wann

Wann er dann einen Garten hat/ so hat Er noch über alle diese Diener zweyne oder drey Gärtner/ und für seinen Reitstall zum wenigsten noch sechs Indianer/ die ihm Abends und Morgens Sacate, das ist Graß für seine MaulEsel und Pferde bringen müssen; Diese aber speisen nicht mit im Hause/ ohne den Reitknecht/ welcher von früh morgends an auffwarten muß/ biß der Priester zu Pferde sitzen will.

Dieser nun samt den Gärtnern speisen in des Priesters Hause/ wenn sie in seiner Arbeit sind: Und also hat ein Priester in den grossen Dörffern zum wenigsten ein Dutzend solche Leute von dem seinigen zu unterhalten.

Sonstē sind noch zweene oder drey andere Indianer/ die zu der Kirchen gehören/ die man Meßner nennet/ die gleichfalls von den Hofedienſten/ die die andern den Spaniern thun müssen/ frey sind. Ihre Verrichtung ist/ daß sie die Caseln und Meßgewandte der Priester/ und alle Zierrathe derer Altäre verwahren/ wie auch die Altäre putzen/ wenn Messe darauff gehalten werden soll.

Ueber dieses sind noch zwene oder drey andere/ welche sie Major-domo nennen/ welche derer Brüderschafften der H. Jungfrauen und anderer Heyligen Pedellen oder Boten sind: ihre Ampt ist/ daß sie in dem Dorffe die Allmosen zu Unterhaltung der Brüderschafft einsammlen/ und wochentlich dem Priester die Eyer einfordern: sie müssen ihm auch Rechnung thun von allen Allmosen die sie gesammlet haben/ und alle Monath/ oder alle fünffzehen Tage ihm zwo Silberkrohnen bezahlen/ daß dafür eine Messe für die Brüderschafft/ zu Ehren dem Heyligen/ dem sie gewidmet ist/ gesungen werde.

Wann nähe bey dem Dorffe ein Fluß/ oder andere Gelegenheit ist/ da man Fischen kan/ so hat der Priester drey oder vier Indianer/ und an etlichen Orthen ihrer wol sechße/ die ihn mit Fischen versorgen müssen.

Ueber alle diese Gerechtigkeiten gehören ihm noch alle Opffer/ so in die Kirchen gebracht werden/ wenn er Beichte höret/ oder das Fest/ eines Heiligen gefeyret wird/ oder wenn die Indianer sonsten etwas bey ihm zu schaffen haben. Dann sie kommen niemahls einiger Sache wegen zu ihm/ daß sie ihm nicht nach ihrem Vermögen ein Geschencke solten bringen.

Und ob er gleich den Zehenden von allem bekomt/ so wird ihme gleichwol noch monathlich eine Besoldung an Gelde gereichet/ welche ihm der Schultheiß und Schöppen selber bringen/ denen er einen Schein darüber in ihren Stadtbüchern ertheilet.

Es wird zwar diese Besoldung von der Spanischen Obrigkeit gebilliget/und im Nahmen des Königes wegen der Predigt des Evangelii bezahlet: Alleine sie kommet doch von der Indianer Arbeit/ denn man sammlet sie entweder von dem/was die Inwohner des Dorffs auß freyen Willen geben; oder nimt sie von dem Tribut/ den sie dem Könige bezahlen/ oder von den Einkünfften eines gewissen stücke Laundes/ das von der Gemeine gebauet und besäet wird/und dessen Zuwachs man zu Bezahlung dergleichen Außgaben verkauffet.

Das 13. Capitel
Von den Schatzungen/die die Indianer dem Könige in Spanien und andern Herren bezahlen müssen.

Alle Americanische Dörffer/ welche gezähmet worden/ und unter der Spanier Gebiethe stehen/gehören entweder der Krone Spanien zu/ oder etlichen besonderen Herren/ die sie Commandores nennen/ und derjenigen Helden/die erstlich das Land erobert haben/ Nachkommen sind; und bezahlen ihnen eine jährliche Schatzung von unterschiedenen Sachen/und eine andere an Geld für den König.

Es ist kein Dorff so arm/ da nicht ein ieglicher verheyratheter Indianer jährlich zum wenigsten vier Realen dem Könige/und eben so viel dem Commandor bezahle.

Wenn aber das Dorff allein dem Könige gehöret/ so müssen sie auffs wenigste sechs/ und an etlichen Orthen achte Realen von jedem Kopffe geben. Diejenige/ welche den Commendoren zustehen/ geben ihre Schatzung an Eßwahren/ so an iedem Orthe zu wachsen pflegen/ als Mahis, welches die gemeineste Bezahlung ist/ Honig/ Federvieh/ Indianische Hüner/ Saltz/ Cacao, Baumwöllene Decken und dergleichen Sachen.

Die Decken/ so zur Schatzung gegeben werden/ sind für andern hochgeschätzt; denn sie werden mit Fleiß außgelesen/ und sind viel grösser als die andern. Mit den Cacao, der Achiotte und Cochenille hat es gleiche Bewandnüß/weil allezeit das beste zu Bezahlung der Schatzung bey seite geleget wird: Denn wenn die Indianer nicht allezeit das beste von ihren Sachen brächten/so würden sie unfehlbar gestäupet/ und wieder damit fortgeschicket werden/ umb anderes zu holen.

Die

Die Häupter der Geschlechter sammlen diesen Tribut ein/ und liefferen ihn den Alcalden und Regidoren, die bringen ihn hernach in die Rentkammer in der Stadt/ oder der nechsten Spanischen Obrigkeit/ wenn das Dorff dem Könige zu stehet; oder aber ihren Commandor und Herren.

Wie unbarmhertzig aber sonst die Spanier mit den Indianern umbgehen/ so habe ich doch angemercket/ daß sie in diesem Stücke sich gantz gütig und mitleidig gegen sie erweisen. Denn wenn einer unter ihnen so arm/ so schwach und ungesund ist/ daß er nicht arbeiten kan/ oder wenn einer das siebentzigste Jahr erreichet hat/ so ist er von allem Tribut und Schatzung/ sie mag Nahmen haben wie sie wil/ frey.

Sonsten sind auch etliche Dörffer frey/ daß sie keine Schatzung zahlen dörffen/ nehmlich diejenigen/ die da erweisen können/ daß sie von dem Staat Tlaxcallan herkommen/ oder von etlichen Mexicanischen Geschlechtern/ oder andern daherumb gelegenen Orthen/ welche den Spaniern erstlich/ als sie das Land eroberten/ behülfflich waren.

Das 14. Capitel
Von der Indianer Sitten/ ihrer Treu/ von der Ehrerbiethung gegen die Geistlichen/ ihrer angebohrnen Beredsamkeit: Von der Zuneigung zu ihren alten Aberglauben und Abgötterey/ und was ihre Meinung von der Religion sey.

WAs ihre Sitten und Umbgang betrifft/ so sind sie ohne alle widerrede überauß höfflich/ gutthätig/ von Natur erschrocken/ dienstfertig/ und zu gehorchen geneigt; und wann man ihnen die geringste Freundschafft erweiset/ so trachten sie solches vielfältig zu vergelten: An denen Orthe aber/ da man sie übel verhält/ sind sie störrisch/ unfreundlich/ wollen kein guthes thun/ und lieber sterben/ als in Dienstbarkeit leben.

Sie sind überauß treu/ und hat man niemals erfahren/ daß sie iemals/ was der Rede werth/ gestolen hätten: dannenhero auch die Spanier selbst kein Bedenken tragen eine gantze Nacht bey ihnen in der Wildnüs zu schlaffen/ wenn sie gleich grosse Säcke voll Gold bey sich führen.

Die ihnen anvertraute Heimligkeiten halten sie sehr geheim/ und offenbahbahren leichtlich nicht etwas/was ihren Nachbarn verkleinerlich seyn möchte/oder was einem Spanier an seinem ansehen nachtheilig seyn möchte/wann ihnen selbiger nur die wenigste Freundschafft erweiset.

Fürnehmlich aber halten sie ihren Pfarren in Ehren/uñ wañ sie ihn anreden wollen/ ziehen sie ihre beste Kleider an/ und dencken mit Fleiß auff ein besonderes compliment oder Dißcurß/damit sie ihm gefällig seyn möchten.

Sie sind in ihren Vorträgen sehr weitläufftig / und machen viel Umbschweiffe/sie gebrauchen sich vieler Parabolen und Gleichnüssen ihre Gedancken und Meinungen desto deutlicher zu verstehen zu geben.

Ich habe zuweilen eine gantze Stunde lang bey einem alten Weibe gesessen/und ihr mit Verwunderung zugehöret/ mit was vor Zierlichkeit sie in ihrer Sprache geredet; wiewohl solches in unser Sprache gantz frembd und unverständlich würde gelautet haben: und offters habe ich auß ihren Reden mehr von ihrer Sprache gelernet/als mit allem meinen Fleisse/so ich zu Hause für mich allein zu erlernung der Sprache anwandte.

Wann ich ihnen mit gleichförmigen Redens-Arthen antworten konte/ wie ich mich denn sonderlich darauff befließ/ so war ich versichert/ daß ich mir sie dadurch zu Freunden machete/und alles das/was ich von ihnen begehrete/ erlangen konte.

Was den Gottesdienst anbetriefft/so haben sie den Schein nach einerley Religion mit den Spaniern; im Hertzen aber können sie schwerlich das/was nicht mit den Sinnen kan begriffen werden / was über die Natur ist / und nicht in die Augen fället/ gläuben.

Ja es hat noch heut zu Tage unter ihnen viele/die höltzerne und steinerne Götzen anbethen/die allerley Aberglauben ergeben sind/ die auff die wilden Thierre/so ihnen auff der Strassen begegnen/achtung geben / die auf Vogel-Geschrey und ihren Flug achten/wenn sie sonderlich dieselbige zu gewissen Zeiten da sie sonst nicht daselbst hinkommen/bey ihren Häusern vermercken.

Ihrer viel sind auch der Zauberey zugethan; welche der Teuffel überredet/ daß ihr Leben an irgend eines Thieres leben hange; selbiges verwahren sie denn als einen Spiritum familiarem, und bilden sich ein/ daß/wenn dieses Thier stürbe/so müsten sie auch sterben/ wenn selbiges auf der Hatze gejaget würde/würde ihnen das Hertze beben; und wenn dieses Thier einigen Mangel leiden solte/ würden sie gleichfals Mangel haben.

Es geschiehet zuweilen durch des Teuffels Verblendung/daß sie in einer solchen

solchen Bestien Gestalt erscheinen/ welches gemeiniglich ein Hirsch/ ein Rehe/ ein Löw/ Tieger/ Hund oder Adler ist: so daß zuweilen auff einige de gestalt verlarvete mit Mußqveten und Röhren ist geschossen/ und sie dadurch sind verwundet worden/ wie ich im nachfolgenden Capitel weisen wil.

Und weil sie sehen/ das unterschiedenen Heyligen einiges Thier beygemahlet wird/ als zum Exempel S. Hieronymo ein Löwe/ dem H. Antonio ein Schwein uñ andere wilde Thiere/ S. Dominico ein Hund/ S. Marco, ein Rind/ S. Johanni ein Adler/ so bilden sie sich ein/ es wären die Heiligen gleicher Meinung mit ihnen gewesen/ und diese Thiere wären ihre Spiritus familiares gewesen/ sie hätten sich bey ihren Lebezeiten in ihre Gestalt verwandelt/ und weren zugleich mit ihnen gestorben. Und ob zwar diese ihre Meinung/ die sie von den Heyligen haben/ falsch ist/ so werden sie doch durch selbige in der Catholischen Religion befestiget/ weil sie glauben/ daß selbige ihrer Meinung gleichförmig sey.

Umb eben dieser Uhrsache willen halten sie die Heyligen so hoch in Ehren: Denn so arm als sie sonsten sind/ so wenden sie doch allen Fleiß an/ so viel zusammen zu bringen/ daß sie ein Bildnüß eines Heiligen erkauffen mögen/ welches sie in der Kirchen auffmachen lassen/ damit es von iedermann möge verehret werden.

Die Kirchen sind voll solcher Gemälde/ und an Feyertagen werden sie in procession auff vergöldeten Stangen/ wie man hier zu Lande die Fahnen träget/ umbher getragen.

Die Pfarrer haben hiervon nicht geringen Gewinn: Denn am Festtage eines Heyligen/ dessen Bildnüs man an selbigem Tage umbher getragen hat/ machet derjenige/ welchem das Bildnüß zugehöret/ ein groß Gastmahl in dem Dorff/ und verehret dem Pfarrer gewöhnlich drey oder vier Silberkronen für die Messe und Predigt/ und dazu noch einen Indianischen Hahn/ drey oder vier Stücke ander Federvieh/ und so viel Cacao, daß er auff die gantzen folgenden acht Tage Chocolate genug davon machen kan.

Solcher gestalt hat der Pfarrer in etlichen Kirchen/ in welchen zum wenigsten viertzig solche Bildnüsse der Heiligen sind/ biß in die vier oder fünffhundert Pfund jährlich davon zu geniessen.

Umb solcher Uhrsache willen gibt der Pfarrer auch fleissig achtung auff diese Bilder/ und thut den Indianern zeitlich zu wissen/ wenn der Tag ihres

Heyligen gefällig ist/damit sie sich zu herrlicher Begehung solches Festes so wol zu Hause als in der Kirchen geschickt machen können.

Geschiehet es auch etwan/daß sie nicht freygebig genung seyn/und zu wenig spendiren/so darff ihnen der Pfarrer wol verweisen/ und dräuen/daß er nicht predigen wolle.

Wann auch ein Indianer wegen seiner Armuth nichts geben kan/ oder das Fest zu Hause und in der Kirchen nicht feyren kan; so dräuet ihm der Pfarrer/ daß er das Bild seines Heyligen wolle zur Kirchen hinauß werffen/ sagende/ man solle dieselbige nicht mit solchen Heyligen anfüllen/ die weder dem Leibe noch der Seelen ersprießlich wären/ und dieses Bild nehme den Raum vergebens ein/welchen ein anders/ dessen Fest man jährlich zu Hause und in der Kirchen feyren würde/ haben könte.

Und so es sich zuträgt/daß derjenige/ welchem das Bild zugehöret/ stirbet/und Kinder verlässet/ so müssen sie sich desselbigen annehmen/ als eines zur Erbschafft gehörigen Stückes/und Verordnung thun/ daß das Fest gebührend gefeyret werde.

Wann er aber keine Kinder oder Erben hinterläst/ so fordert der Pfarr die sämtlichen Häupter der Geschlechter und die vornehmsten Gerichts-Bedienete zusammen/ und trägt ihnen in einer Rede für/ daß ein Platz in der Kirchen sey/ welcher unnützlich von einem solchen Bilde und seiner Stange eingenommen werde/ es sey derjenige/ dem es gehöret/ gestorben/ und habe keine Erben gelassen/ die sorge davor trügen/ er müsse es ihnen zu wissen thun/ daß er willens sey/ es ihnen auszuantworten/ damit sie es in dessen auff dem Rathhause so lange in Verwahrung hielten/ biß sich etwan ein frommer Christ finde/der es für sich kauffe.

So bald die Indianer solches hören/ besorgen sie sich/daß nicht Gottes Gerichte über ihre Dorff komme/ und sie gestraffet werden möchten/ wenn sie einen Heyligen auß der Kirchen außstossen liessen; dahero gehen sie alsobald zu dem Pfarren/und bringen ihm Geschencke/ mit Bitte/ den Heyligen für sie zu bitten; und ihnen eine Frist zu bestimmen/ binnen welcher sie ihm wegen des Bildes des Heyligen sollen Antwort sagen.

Denn sie glauben/ daß es allen Einwohnern des Dorffs eine Schande und Spott sey/wenn etwas/das der Kirche gewidmet ist/ darauß genommen/ und den Weltlichen in die Hände gegeben werden solle.

Nach dem er ihnen nun eine Zeit bestimmet hat/ in welcher sie wieder zu

ihm

ihm kommen sollen/versprechen sie ihm einen guten Christen unter des Verstorbenen Freunden oder Verwandten auffzusuchen/ welcher es von dem Pfarr/wenn es noch in der Kirchen ist/oder von der Obrigkeit/so es ihnen bereits ist überantwortet worden/ (welches sie doch aus der massen ungerne geschehen lassen/weil man ihnen unterschiedene Exempel erzehlet hat/ was für Unglücke andern in dergleichen Begebenheit begegnet sey; dannenher sie/umb selbiges/von sich abzuwenden/und den Zorn des Heyligen zubesänfftigen/versprechen ein hohes Fest- und Feyertag ihm zu ehren in ihrem Dorffe zu begehen/damit er ihnen wegen der Versäumniß nichts übels zufüge) kauffe.

Die Geistlichen in diesen Landen/denen der Indianer Einfalt wol bekand ist/nehmen alle Gelegenheit/sich derselbigen zu bedienen/ in acht/ und ist itzt erzehlte nicht die geringste/Geld von ihnen zu erpressen.

Denn weil sie meinen/ es sey ihrem gantzen Dorffe eine schande/wenn sie gestatteten/ daß einer von ihren Heyligen auß der Kirchen gestossen würde/und hernach von den weltlichen wieder erkaufft werden müste; so bemühen sie sich/ auffs beste sie können/ wie sie dem Pfarren iemand verschaffen mögen/ der das Bild des Heiligen an sich löse; und dieser bezahlet nicht allein so viel davor/als es anfangs zusamt der Einfassung beym Mahler gekostet hat/ sondern er giebet auch noch darüber so viel/als man sonst am Fest-Tage zu geben gewohnet ist.

Weil man auch die Indianer gelehret hat/ daß sie/umb die Heiligen desto mehr zu ehren/ihnen an ihren Festtagen müsten opffern; so bringen etliche unter ihnen einen oder zwene Realen, oder/ wie es in Gvatimala der gemeine Gebrauch ist/ eine weisse Wax-Kertze/ und an andern Orthen Cacao und andere Früchte/ die sie für das Bild des Heyligen/ unter wehrender Messe/ legen.

Es sind auch einige unter ihnen/die ein gantz Dutzend Wax-Lichter/ derer iedes einen Real oder etwas wenigers gilt/ auff einmahl opffern: Und wann sie alleine sind/ und man nicht achtung auff sie giebet/ so zünden sie sie alle an/und verbrennen sie auff einmal/so daß bey geendigter Messe der Pfarr nichts als kleine Drümlein davon übrig findet.

Dieses aber zu verhüten/ so wird den Küstern von dem Pfarrer befohlen auff die Opffer acht zu geben/und den Indianern nicht zu gestatten/daß sie mehr als ein Licht für dem Heyligen auffstecken: sondern ihnen zusagen/ daß die Heyligen eben so ein grosses gefallen hätten/die Lichter also liegen zu sehen/

 als

als wenn sie angezündet auffgestecket würden: und dieses thut er darumb/ damit sie ihme bleiben/ und er sie hernach wieder zu Gelde machen möge.

Wenn die Messe vollendet ist/ so nimt der Pfarr und die Küster alles weg/ was geopffert worden/ samt den Wax-Lichtern/ so für dem Bilde des Heyligen liegen/ da ihm denn zu weilen biß zwantzig Realen an Gelde/ und biß hundert Wax-Lichter/ die zum wenigsten funffzehn biß sechzehn Francken werth sind/ zu theile werden.

Die meisten Geistlichen/ so umb Gvatimala wohnen/ sind umb dieser Ursache willen so wol mit Waxlichtern versehen/ als etwann ein Krähmer in der Stadt in seinem Krahme versehen seyn mag.

Es pflegen zwar diese Geistliche zu weilen diese ihre Waxkertzen in einer Summen miteinander an die Spanier zuverkauffen/ damit sie ein rechtes Stücke Geld auff einmahl dafür bekommen mögen: jedoch bemühen sie sich nicht groß sie auff solche Weise loß zu werden/ weil die Indianer/ wenn sie etwan ein Fest haben sollen/ oder wenn sie sollen tauffen lassen/ oder ein Weib zur Kirchen gehen will/ selbige von dem Pfarrer kauffen/ welcher solcher Gestalt ein Wax-Licht wol fünff oder sechsmal eben dem/ der es geopffert hat/ wieder verkauffet:

Und weil die Geistlichen sehen/ daß die Indianer zu dergleichen opffern/ die ihnen so vorträglich sind/ sonderlich belieben haben/ so recommendiren sie sie ihnen in ihren Predigten insonderheit/ als sichere Kenn-Zeichen ihrer Gottesfurcht und Andacht.

Ob aber gleich diese Völcker sich so eiffrig und freygebig in ihren Opffern erweisen/ so sind sie doch in den Glaubens-Geheimnüssen so unwissend/ daß sie nicht die gerinste Rechenschafft ihres Glaubens geben können.

Denn die Geheimnüsse von der Dreyeinigkeit/ von der Menschwerdung JEsu Christi/ und von unser Erlösung durch sein Sterben/ sind für sie viel zu hoch/ und wissen hiervon anders nichts zu sagen/ als dasjenige/ was man sie in ihrem Catechismo hiervon zu antworten gelehret hat: Wenn man sie aber fragt/ was sie von diesen Artickuln der Christlichen Religion halten/ so werden sie niemals anders antworten/ als: es könte wol möglich seyn.

Also wenn man sie lehret/ daß der Leib JEsu Christi warhafftig und wesentlich im Heiligen Sacrament seye/ und daß von dem Wesen des Brotes nichts mehr vorhanden sey/ sondern nur die blossen accidentia: Wenn man nun die/ die am allerbesten unterrichtet sind/ fraget/ ob sie solches glauben/ so wer-

werden sie keine andere Antwort geben / als diese; es kan wohl möglich seyn.

Es kam eines mals ein altes Weib / die man für sehr gottselig und andächtig hielt / in dem Dorffe Mixco zu mir / umb daß ich sie communiciren solte: und als ich sie in der Vorbereitung fragte / ob sie glaubte / daß der Leib des HErrn JEsu Christi in dem Sacrament / welches sie aus des Priesters Händen empfinge / zugegen sey; so antwortete sie mir / es könte wol möglich seyn.

Bald hernach / damit ich sie von dieser ihrer gewöhnlichen Arth zu antworten abbringen möchte / fragte ich sie / was in dem Sacrament / welches sie beym Altar von dem Priester empfinge / were? und wer der wäre / der drinnen sey?

Sie stockte auff diese Frage eine Zeitlang: als ich sie aber richtig zu antworten drang / fing sie an alle Bilder der Heiligen / so in der Kirchen (die dem H. Dominico geweihet ist) waren / nacheinander anzuschauen / und wuste nicht / was sie antworten solte; und als ich nicht abließ zu fragen / wer denn im Sacrament sey? sahe sie endlich den hohen Altar an / und sagte: es wäre der H. Dominicus / der Kirchen und des Dorffes Patron.

Ich muste über solcher Antwort und ihrer Einfalt lachen; und damit ich sie nach mehr prüfen möchte / / sagte ich zu ihr / sie sehe / daß der H. Dominicus gemählet sey / mit einem Hunde neben sich / und mit einer Fackel und Kugel zu seinen Füssen: und fragte sie darauff / ob alle diese Sachen mit dem H. Dominico im Sacramente seyn? worauff sie antwortete; es könte wohl möglich seyn. Darüber ich sie nothwendig straffen / und sie in der Sachen / wovon gehandelt wurde / besser unterrichten muste.

Allein weder meine noch anderer Spanischer Priester Unterweisung haben sie biß dato von ihren Irthümern abbringen / und ihnen die Geheimnüsse des Glaubens einpredigen können: Dann sie sind plump und unverständig / und können die Natur Gottes und der himmlischen Dinge / weil sie ihre Sinnen und Vernunfft übertreffen / nicht fassen.

Unterdessen thun sie den Spaniern alles nach / nehmen alles / was sie von den Geistlichen gelehret werden / genau in acht / und sind sehr punctuel; aber dem wahren Wesen der Religion wenig zugethan.

Weil sie sind unterrichtet worden / daß sie dem Pfarrer ein Geschencke bringen sollen / wenn sie zur Beichte gehen / und daß durch dieses Mittel ihnen ihre Sünden vergeben würden; so nehmen sie solches so genau in acht/ insonderheit in der Fasten/ daß sie mit ledigen Händen sich nicht unterstehen zum Beichtstuel zu nahen.

Ein Theil bringet Geld/ die andern Honig/ Eyer/ Federvieh/ Fische/ Cacao, oder etwas anders dergleichen: so daß die Beichte dem Pfarren in der Fasten eine reiche Erndte bringet.

Man hat sie auch unterrichtet/ daß/ wann sie zur Communion kämen/ sie zum wenigsten einen Real dem Pfarrer mitbringen müsten: So daß ich einige arme Indianer gekand habe/ die die Communion acht biß vierzehn Tage auffgeschoben haben/ biß sie eine Reale haben erübrigen können/ welche sie beym Communiciren opfferten.

Wie nun die Pfarrer niemand die Communion versagen/ und alle die/ welche das zwölffte Jahr ihres Alters überschritten/ zum beichten nöthigen/ also ist kaum zu glauben/ wie viel ihnen solches Jährlich einträgt/ sonderlich in den grossen Dörffern/ in welchen ich zuweilen biß in die tausend Communicanten gesehen habe.

Das 15. Capitel
Von der Indianer Fleiß in Feyrung der Festtage/ wie sie die Spanier hierinnen übertreffen/ und wie sie sich in gewissen Tagen des Jahrs öffentlich geisseln.

Sie halten auch die Tage der heyligen Woche sehr genau; und pflegen sie Tag und Nacht bey den H. Gräbern/ die die Geistlichen machen/ zuzubringen: für solche Gräber wird ein Crucifix/ und auff jede seiten ein Becken gestellet/ umb die einfachen und doppelten Realen, die ein jedweder barfuß und auf den Knien herzu bringet/ und hernach die Hände/ Füsse und seite des Crucifixes küsset/ darein zu lägen. Dessen aber ungeachtet/ wird eine besondere Collecte von Hauß zu Hause gesammlet/ zu den Wax-Lichtern/ die diese Tage über bey dem Grabe brennen.

Es stehet auch in jedweder Kirchen ein Stock/ oder Gottes-Kasten/ wozu der Pfarr den Schlüssel hat/ in welchen dasjenige/ was man umb für der Verstorbenen Seelen im Fege-Feuer zu bitten giebet/ einleget; dergestalt/ daß der Priester allemahl/ wenn er Geld vonnöthen hat/ desselbigen in diesem

Sto-

Stocke findet: Und wie ich offterß dergleichen Stöcke habe öffnen lassen/ also habe ich auch allezeit viele einfache und doppelte Realen/ja zuweilen auch Stücke von vier und acht Realen drinnen gefunden.

Und weil die Dinge/ so verlohren werden/ und man auff öffentlicher Staffen findet/ ob man schon nicht weiß/wessen sie sind/dennoch iemand gehören müssen/ so hat man sie beredet/es gehöreten solche Sachen der Verstorbenen Seelen zu: Dahero geschihets/ daß die Indianer auß Ehrgeitz/ oder damit der Pfarrer destomehr von ihnen halte/ wenn sie etwas finden/ selbiges viel eher dem Pfarrer geben/ oder es in den Kirchen-Stock/ den armen Seelen zum besten/legen/ als etwann die Spanier; als welche/wenn sie einen Beutel voll Geld finden/ihn gewiß für sich behalten/ und nicht leichtlich wiedergeben.

Es war ein Indianer zu Mixco, derselbige/ als er einstens einen Patagon oder ein Stück von acht Realen auff der Heerstrasse gefunden hat/ kam er einige Tage hernach zu mir in die Beichte/ und verehrte mir das Stücke/ sagende/er möchte solches nicht bey sich behalten/ weil er fürchtete/ es möchten die Seelen ihm erscheinen/und selbiges von ihm fordern.

Sie bringen auch viel Opffer am Tage aller Seelen/ an Geld/ Federvieh/Mahis, Eyern/und andern dergleichen Sachen/die alle dem Pfarrer zum besten kommen.

Dieses zu bestättigen/ kan ich nicht unterlassen zu melden/ daß mir ein Geistlicher zu Petapa einsmahls sagte/daß er am Tage aller Seelen an Opffern empfangen habe 100. Realen/ 200. stücke Federvieh/ ein halb dutzend Indianische Hüner/ acht Scheffel Mahis, 300. Eyer/ 1600. Cacao Nüsse/ 20. Palmiten Früchte/ und über hundert Wax-Lichter/ einige Brodte und andere Kleinigkeiten ungerechnet; welches alles zusammen leichtlich nach dem im Lande gewöhnlichen werth sich auff hundert Pfund/ oder 50. Gülden belauffen möchte.

Sie feyren auch das Fest der Geburth Christi und folgende Feyertage andächtig genung: Denn ein wenig zuvor bauen sie in einem Winckel der Kirchen eine kleine mit Stroh bedeckte Hütte/ wie einen Stall/ welche sie Bethlehem heissen/über selbige machen sie einen Stern mit einem Schweiffe/ welcher auf den Orth der dreyen Weisen aus Morgenland weiset; in den Stall setzen sie eine Krippe/ so inwendig gemahlet und vergüldet ist/mit einem höltzernen Kinde/so das neugebohrne JEsus-Kindlein fürstellet/auf einer

ner seiten sitzet die Jungfrau Maria/ auff der andern Joseph/ mit einem Esel von einer/ und einem Ochsen von der andern Seiten: Dann kommen diejenigen/ die die Weisen vorstellen/ fallen vor der Krippen auff die Knie und opffern Gold/ Myrrhen und Weyrauch: Die Hirten kommen auch/ und opffern ihre Gaben/ einer ein Ziegelein/ der ander ein Lamb/ oder Milch/ und die andern Käse/ geronnene Milch/ und Früchte.

Man stellet auch daselbst vor das Feld mit den Heerden Schaffen und Ziegen/ und rings umb die Hütte/ so den Stall abbildet/ ein hauffen Bildnüsse der Engel mit Geigen/ Lauten/ und Harffen in ihren Händen. Mit diesen Dingen wird eine grosse menge Indianer in die Kirchen gelocket/ als die ihre besondere Ergötzlichkeit an dergleichen Vorstellungen haben/ weil sie ihrem plumpen verstande/ welcher unsere Geheimnüsse anders nicht als mit den Sinnen begreiffen können/ wol beykommen.

Gleich wie aber kein Indianer im Dorffe ist/ der nicht kome/ diese Vorstellung von Bethlehem zu sehen/ also ist auch keiner/ der nicht entweder Geld oder was anders zum Geschencke mit bringe.

Es haben die Priester über dieses/ damit die Indianer zu desto grösser Andacht beweget/ und ihre Freygebigkeit zum opffern durch das Exempel ihrer Heyligen mehr erwecket werden möchten/ sie gelehret/ daß sie an den Festtägen biß auff das Fest der H. Drey Könige die Bilder solcher Heyligen nach dem Orthe/ wo diese Abbildung Bethlehems ist/ in Procession tragen/ ihre Opffer daselbst abzulegen/ und werden nach der Zahl der Heyligen/ so in der Kirchen sind/ den einen Tag fünffe/ den andern achte/ ein andermal zehne/ und so fort nach der Ordnung dahin gebracht/ damit sie alle für besagten Tage vorkommen/ und ihre Opffer an Geld oder andern Dingen bringen können.

Der/ welchem das Bild des Heyligen gehöret/ gehet wohl bekleidet an selbigem Tage mit seinem gantzen Hause (wann es keine Brüderschafft von dem selbigen Heyligen hat) voran/ kniet für der Krippe nieder/ und wann er wieder auffstehet/ nimt Er das Opffer von dem Heyligen/ legt es für der Krippen nieder/ und gehet alsdenn mit seiner Gesellschafft wieder fort.

Hat es aber eine Brüderschafft desselben Heyligen allda/ so kommen die Vorsteher oder vornehmste Bediente solcher Brüderschafft/ und verrichten solchen Fußfall und Opffer.

Am

Am Tage aber der H. Drey Könige kommen die Alcalden und alle Gerichtsbediente/ ihre Pflicht und Geschencke/ nach dem Exempel der H. Drey Könige und der Heyligen/ abzulegen/ darumb weil sie die Gewalt und das Ansehen des Königs vorstellen.

An allen diesen Tagen wird in dem Dorffe auch ein Schäffer Dantz gehalten/ die in der H. Christnacht umb Mitternacht für dieses Bethlehem kommen/ und für sich ein Schaff opffern.

Desgleichen werden auch andere Däntze von Personen/ die in Engel mit grossen Flügeln auff den Rücken verkleidet sind/ angestellet; welches alles das Volck häuffig nach der Kirchen/ solches anzuschauen/ locket.

Die Lichtmesse/ oder das Fest Mariä Reinigung wird gleichfals mit vielen Ceremonien gefeyret: Denn man trägt das Bildnüs der H. Jungfrauen in procession biß für den Altar/ alwo sie Waxlichter und Tauben oder Turturtauben in des Priesters Hände opffert.

Diesem ihrem Exempel muß iedermann im Dorffe nachfolgen/ und bringet also iedweder Waxlichter/ selbige weihen zu lassen: von vieren oder fünffen aber/ so sie bringen/ bekommen sie nur eines wieder geweihet zurücke/ die andern bleiben dem Pfarrer/ dem sie die Indianer hernach wieder abkauffen/ und selbige darumb/ weil sie geweyhet sind/ viel theurer als andere bezahlen.

Am Pfingst-Feste machen sie eine andere Vorstellung in der Kirchen; nehmlich/ indem der Gesang Veni sancte Spiritus gesungen wird/ so stehet der Priester vor dem Altar/ mit dem Antlitz gegen das Volck gewendet/ und man lässet eine mit allerley Blumen gezirte Taube auff sein Haupt herunter fallen/ und wirffet durch etliche mit Fleiß dazu gemachte Löcher bey einer halben stunde lang unauffhörlich Blumen auff ihn/ dadurch die Gnaden-Gaben des H. Geistes in ihm vorzustellen; die Indianer aber bringen/ diesem Exempel zu folge/ ihm Geschencke.

Es haben aber die Indianer nicht allein diese Ceremonien und Vorstellungen von den Spaniern gelernet; sondern auch die weise sich in der H. Marter-Woche zu geisseln: worinnen sie es ihnen nicht alleine nachthun/ sondern sie übertreffen dieselbige auch weit/ indem sich so wohl Weiber als Männer auffs allerschärffste peitschen. Denn ich habe nicht allein gesehen/ daß ihrer etliche darüber sind ohnmächtig worden/ sondern es sind auch einige in der Kirchen über dem allzustrengen Geisseln gestorben. Welches aber die Priester nicht sonderlich achten / weil sie versichert sind / daß ihre Freunde für sie eine Messe werden lesen lassen / die ihnen ohne die andern Opffer drey oder vier Silber-Krohnen einbringet.

Das 16. Capitel
Von unterschiedenen Arthen / wie sich die Spanier die Herrschafft über die Indianer zu nutze machen.

Nicht aber nur die Geistlichen; sondern alle Spanier insgemein bemühen sich mit der Indianer schaden reich zu werden. Denn weil sie meistentheils müssig / faul und zur Arbeit verdrossen sind / so müssen die armen Indianer ihnen ihre Arbeit verrichten / wie ich bereits oben erzehlet habe: sie scheeren sie wie die Schaffe / und beschweren sie noch dazu mit einem hauffen unnützen Aemptern / damit sie täglich Uhrsache finden mögen / sie zuberauben / und das wenige / was sie mit saurer Arbeit und vieler Mühe zusammen bringen / ihnen abzuzwacken.

Es bedienen sich der Præsident zu Gvatimala, die Räthe bey der Cantzeley / die Gouverneurs, und Præsidenten der andern Provincen dieser armen Indianer ihre Haußgenossen und Bediente zu befördern und reich zu machen.

Denn etlicher derselbigen Ampt ist / die Dörffer zu visitiren / und zu sehen / wieviel iedweder Indianer zu Unterhaltung seiner familie Mahis geseet hat. Andere sehen / wieviel sie Federvieh auffziehen; andere besehen ihre Häuser / ob sie wol unterhalten werden / ob ihre Bette nach der Zahl ihrer Kinder und ihres Gesindes wol bestellet seyn.

Wiederumb sind andere / die die Macht haben sie zusammen fordern zu lassen / damit sie die Heerstrassen außbessern; die die Familien zehlen / und wieviel Einwohner in iedem Dorffe sind / damit man Vorsehung thun könne / daß ihre Geschlechte oder Zünffte nicht vermindert sondern vermehret werden.

Da denn zu mercken ist / daß keiner von diesen Beampteten in ein Dorff kömpt / sein Ampt zu verrichten / daß nicht ein jeder Indianer etwas zu Erstattung seiner auffgewendeten Unkosten hergeben müsse / und gleichwol wenden sie keine Unkosten auf / weil sie / so bald sie in ein Dorff kommen / ihnen so

viel

viel Geflügel und andere Kost herbringen / als sie von nöthen haben / ohne etwas zu bezahlen.

Wenn sie in ein Dorff kommen / sich zu erkundigen / wieviel es Einwohner habe; so lassen sie alle Indianer nacheinander / nach der Ordnung mit allen ihren Kindern / Mägdlein und Knaben für sich kommen / umb zu sehen / ob sie zum heyrathen tüchtig sind. Finden sie nun einige in solchem Alter / noch unverheyrathet / so schelten sie den Vater auß / daß er sie noch nicht verheyrathet / und so viel Leute unnützlich in seinem Brodte gehalten / ohne daß sie etwas zu der Schatzung beygetragen hätten: Und legen ihm / dem Vater / noch so viel Schatzung mehr auff / als er zum heyrathen tüchtige Kinder bey sich hat / welche er so lange bezahlen muß / biß er sie versorget hat: Alsdenn wird er davon wieder frey / und iedweder zahlet die Schatzung für sich selbst.

Damit aber diese Schatzung sich immer mehre / so müssen alle / die das funffzehende Jahr erreichet haben / sich verheyrathen / ja man hat die Zeit zu heyrathen den Indianern auff vierzehn Jahr für die Knaben / und für die Mägdlein auff dreyzehen herab gesetzt: Denn die Spanier sprechen / es sey kein Volck / das zeitlicher zum Kinder-Zeugen tüchtig werde / uñ das zeitlicher zum Verstande komme / und zur Arbeit geschickt sey / als die Indianer.

Zuweilen zwingen sie sie / daß sie im zwölfften oder dreyzehenden Jahr ihres Alters heyrathen müssen / wenn sie sehen / daß sie wohl proportionirt und starck sind / und ziehen einen Canonem, welcher von Verheyrathung im vierzehenden und funffzehenden Jahre redet / mit der Bedingung: nisi malitia suppleat ætatem: &c.

Als ich in dem Dorffe Pinola, welches dem Don Jean de Guzman einem vornehmen Mann von Gvatimala zustand / wohnete / wurde das Dorff gezehlet / und die Zahl der Indianer / die da Schatzung zahlen musten / auf solche weise vermehret.

Man brachte mit der Abzehlung acht Tage zu / in welcher Zeit ohngefähr zwantzig Knaben mit eben so viel Mägdlein verheyrathet worden / die mit denen / so seind der letzten Abzehlung bereits verheyrathet waren worden / funffzig Haußhaltungen machten / die dem Commandeur oder Herren des Dorffes forthin Schatzung bezahlen musten.

Es war aber ärgerlich zu sehen / wie viel derer noch allzujungen Kinder gezwungen wurden zu heyrathen / und half nichts / ich mochte darwider sagen / was ich wolte / ob ich auch schon das Tauffregister selbst hervor brachte / umb ihr noch allzuzartes Alter damit zubeweisen: Dergestalt worden etliche verheyrathet/ die das zwölffte oder dreyzehende Jahr noch nicht überschritten hatten / und so gar einer / der noch nicht gar zwölff Jahr alt war/ der aber für starck und verständig genug angesehen wurde / den Abgang des Alters zuersetzen.

Also werden nun die Indianer im heyrathen/ welches die freyeste Sache seyn solte / von den Spaniern auffs Sclavischte gehalten/ bloß umb der Schatzung willen/ die sie geben müssen / umb dadurch ihren Reichthumb zu vermehren.

Das 17. Capitel
Von der Indianer Täntzen/ und ihren Musicalischen Instrumenten.

UNgeachtet aber sie unter dem Joch und in der Dienstbarkeit leben/ so sind sie doch eines frölichen Gemüthes/ und stellen offters Gastereyen/ Spiele und Täntze an/ sonderlich aber am Fest-Tage des Heyligen/ dem das Dorff geweihet ist: Denn es ist kein Dorff in Indien/ es sey groß oder klein / und wenn es auch mehr nicht als zwölff Häuser drinnen hätte/ welches nicht entweder der Jungfrau Maria/ oder sonst einem Heyligen gewidmet wäre.

Zwey oder drey Monathe für dem Feste fangen die Indianer des Dorffes an/ sich alle Abend zu versammlen/ und sich in denen an diesen Tagen gebräuchlichen Täntzen zu üben; und in diesen Versamlungen trincken sie eine grosse menge Chocolate und Chica auß.

Für jedere Arth Täntze ist ein besonderes Hauß bestimmet/ in welchem es einen Tantzmeister hat/ welcher die andern im tantzen unterweiset/ damit sie solchen / wenn der Fest-Tag des Heyligen kommet/ fertig und ohne Irrthumb tantzen können.

Diese gantze Zeit über höret man die Nacht durch nichts anders als singen/ heulen/ auff Meermuscheln klappern/ und auff Schalmeyen und Flöten pfeiffen.

Wenn aber das Fest eingetreten/ so siehet man sie acht Tage lang öffentlich tantzen/ und alles das/ was sie in drey Monatten in gedachten Häusern gelernet haben/ außüben.

An diesen Tagen kleiden sie sich auffs schönste/ in seydene Zeuge/ feine Lein-

Leinwand/mit vielen Bändern und Federbüschen/ nach dem es der Tantz erfordert: Selbigen sangen sie in der Kirchen / für dem Bilde des Heyligen/ welcher des Dorffes Patron ist/an/ oder doch zum wenigsten auf dem Kirchhofe/ und dantzen hernach die acht Tage durch/ von Hause zu Hause/ da ihnen denn ein Trunck Chocolate, Chica, oder von einem andern guten Geträncke gereichet wird.

Also siehet man diese acht Tage über in dem Dorffe nichts anders als trunckene Leute; und wenn man sie solches excesses wegen straffet/ antworten sie/ sie weren mit ihrem Heyligen im Himmel frölich / und wolten ihme tapffer einschencken/ damit er ihnen hinwiederumb helffe.

Der vornehmste Tantz/den sie im Brauch haben/heist Toncontin, welchen etliche Spanier / die unter den Indianern gewohnet/ für dem Könige in Spanien zu Madrit getantzet / umb selbigem etwas von den Gebräuchen dieser Völcker zu weisen/ und man sagt / daß sich der König darüber gantz vergnügt erzeiget habe.

Er wird auf folgende weise getantzet: derer Indianer/ welche ihn tantzen söllen/ sind zum wenigsten dreyssig oder viertzig/ nachdem nehmlich das Dorff groß ist. Ihre Kleidung ist gantz weiß/ so wohl / die Wämster/ Hosen/als Mäntel/welche ihnen auff der einen seiten fast biß auf die Erden herunter hängen.

Ihre Hosen und Mäntel sind mit Seiden oder Federn besetzt/ oder mit einer schönen Gallonen bordiret: Etliche borgen ihnen auch absonderlich zu diesem Tantze taffente Wämbster/Hosen und Mäntel.

Auff dem Rücken tragen sie grosse allerhandfärbige Federbüsche/ welche an ein besonders außwendig gantz vergoldetes Instrument geleimet sind/und solches hefften sie mit Bändern auf ihre Achseln an/ damit es feste bleibe/ und im dantzen nicht abfallen könne.

Auff dem Kopffe haben sie einen andern Federbusch/ der aber kleiner ist als voriger/welchen sie an ihrem Hute/ oder auf einer Arth casqveten/so gemahlet und vergöldet sind/befestigen.

In den Händen haben sie einen Windweher von Federn / und die Meisten haben auch Federn in Gestalt kleiner Flügel an den Füssen; ihrer ein theil tragen Schuch/die andern haben keine; sie sind aber fast alle vom Haupt biß auff die Füsse mit schönen Federn bedeckt.

Das Instrument/mit welchem sie den Tackt oder cadence im tantze

 halten

halten/ ist ein Stück von einem holen Baum / inwendig wohl geschabet und fein rund gemacht/außwendig glatt/und gläntzend/ ohngefähr viermal so dicke als unsere Violen/mit zwey oder drey langen Schlitzen von der seiten in die Höhe/ und oben auff mit etlichen Löchern/ welches sie Tepanabatz nennen.

Man leget dieses Instrument auff zwey Stühle oder eine Banck mitten in den Kreiß der tantzenden Indianer / und der Tantzmeister schläget mit zweyen andern Spitzen mit wollen bedeckten und Leder überzogenen Stöcken darauff.

Ob nun zwar dieses Instrument einen groben und verdumpften Thon giebet/so weiß doch/ der/so drauff spielet/durch die unterschiedliche Mässigung im Schlagen/unterschiedliche Thone zugeben / und durch die Abwechselung derselben den Täntzern anzudeuten/wie sie den Leib bewegen/ ob sie sich auffrichten/oder krümmen/ oder ob sie grob oder klein singen sollen.

Sie tantzen alle rund umb dieses Instrument / immer einer hinter dem andern/ bald grade für sich/ bald sich gantz/ bald nur halb herumb drehend/ bald beigen sie sich vor sich/daß die Federn/so sie in den Händen tragen/die Erde rühren; und auff solche Weise singen sie die Lebens-Historie des Patrons ihres Dorffes oder eines andern Heyligen.

Dieser Tantz ist nichts anders als eine Arth eines Umbgangs in einem Kreyse/welchen sie zwey biß drey Stunden lang an einem Orthe treiben/und als denn gehen sie in ein ander Hauß/ und machen es eben wieder so.

Diesen Toncontin tantzen nur die Häupter und vornehmsten im Dorffe/und ist eben der Tantz/den sie auch vormahls/ ehe sie noch Christen waren/ zu tantzen pflegten/daran sie nichts geändert haben/ als daß sie an statt / da sie vormals ihre falsche Götter lobeten / itzo den Lebens-Lauff der Heyligen singen.

Sie haben auch eine andere Arth des tantzens / welches gleichsam eine Jagd eines wilden Thieres ist / welches sie im Heydenthumb ihren falschen Göttern; itziger Zeit aber dem Heyligen/ ihrem Patron/opffern.

Sie gebrauchen sich gar sehr unterschiedener Weisen und Thone in diesem Tantze/samt einem kleinen Tepanabaz und einem hauffen Schildkröten-Schalen/oder mit Leder überzogene Töpffe/ auf welche sie wie auf den Tepanabaz schlagen/und mit Flöten dazu pfeiffen.

Wañ sie diesen Tantz tantzen/ so schreien sie/ und machen ein grosses Getresche

tresche/einer ruffet dem andern/und reden gegeneinander/wie in einer Comödien/ da einer dieses/ und der andere was anders von der Bestie/die sie jagen/ erzehlen.

Sie sind alle in wilder Thiere Gestalt verkleidet/da einer ein gemahltes Fell wie eines Löwens/ein anderer eines Tiegers/der dritte eines Wolffes an hat/ und auff dem Kopffe eine Mütze/ so wie eines solchen Thiers Kopff aussiehet/ oder die Gestalt eines Adlers oder andern Raubvogels hat. In den Händen tragen sie gemahlete Stecken wie Pfeile/Degen/und Aexte/ mit welchen sie das Wild/so sie jagen/zu tödten dreuen.

Andere jagen an statt eines wilden Thiers einen Menschen/gleich als ob er von wilden Thieren/so ihn fressen wolten/in einer Wildnüß verfolget würde. Der/welcher also verfolget wird/ muß sehr behende und zum Lauffen leichtsinnig seyn als einer/ der für den wilden Thieren sein Leben zu retten fleucht: Er schlägt im lauffen/bald da/bald dort eines von den Thieren/ welche ihm nachsetzen/ und endlich ihn erhaschen und aufffressen.

Wie nun im Toncontin die Täntzer guten theils nach ihrer Beqvemlichkeit gehen/und sich drehen/und den Leib sittiglich außstrecken; also ist im Gegentheil der letzterwehnete Tantz voller action, denn bald lauffen sie rings in einem Circul herumb/bald lauffen sie herauß/bald springen sie/ bald schlagen sie auff die Instrumente/ so sie in den Händen tragen; welches denn diese Kurtzweil verdrüßlich/und voll Getümmels macht/so daß ich nie keinen Gefallen daran haben können.

Sonst haben sie noch einen andern Tantz zu Mexico, da ein Theil der Täntzer in Mannes-Kleidern/ und die andern in Weibes-Kleidern erscheinen.

Zur Zeit des Heydenthumbs sungen sie bey diesem Tantze das Lob ihrer Könige und Käysers; itziger Zeit aber richten sie ihre Lieder auff den König der Herrligkeit/oder das H. Sacrament/in dem sie gewöhnlich diese oder fast dergleichen Worte gebrauchen:

Salid Mexicanas bailad Toncontin
Cansalas galanas en cuerpo gentil
Und wiederumb:
Salid Mexicanas bailad Toncontin
Al Rei de la gloria tenemos aqvi.

Und also tantzen sie alle in einem Kreiße herumb/spielen auf ihren Qvitarren/

und

und wiederholen ie zu weilen sämtlich ein oder zweene Verse/ und ruffen die Damen zu Mexico, daß sie komen sollen/ und das Lob des Königes der Herrlichkeit besingen helffen.

Uber diese Täntze tantzen sie auch unsere Sarabanden/ und der Schwartzen Täntze/ zu welchen sie mit den Castagnetten an den Fingern klappern.

Am meisten aber lauffet das Volck nach/ und wird bestürtzet über eine Tragödie/ die im Tantze vorgestellet wird/ und zum öfftern der Todt S. Petri, oder Johannis der Täuffers ist.

Man stellet hier dem Käyser Noo oder den König Herodes mit ihren Weibern in prächtiger Kleidung für: Eine andere Persohn in einem langen Rocke bildet den H. Petrus oder Johannes den Täuffer ab/ welcher/ in dem die andern tantzen/ mitten zwischen ihnen auff und abgehet/ mit einem Buche in der Hand/ gleich als ob er daraus betete/ und die da tantzen/ sind alle als Hauptleute und Soldaten außgekleidet/ mit Degen/ Dolchen und Hellbarten in den Händen.

Sie tantzen nach dem Klang einer kleinen Drommel und etlichen Flöten/ bißweilen in die rundte/ bißweilen grade für sich/ und reden offters gegen dem Keyser/ oder Könige/ und hernach gegen einander selbst/ von ihrem Vorhaben/ den Heyligen zu fangen und zu tödten.

Der König und die Königin setzen sich zuweilen nieder/ umb die Klagen wider den Heiligen anzuhören/ und auch seine Schutzreden dagegen zu vernehmen/ hernach tantzen sie wieder mit den andern herumb.

Das Ende aber ihres Tantzes laufft dahinauß/ daß sie S. Petrum mit dem Haupte unter sich gekehrt kreutzigen/ und dem H. Johannes dem Täuffer den Kopff abschlagen/ da sie deñ einen gemahlten Kopff bey der Hand haben/ den sie den Könige und der Königin in einer Schüssel fürtragen; Die hernach sämtlich für freuden herumb tantzen/ und endlich mit Abnehmung desjenigen/ der S. Petrum fürgebildet/ vom Kreutze den Tantz beschliessen.

Der größte Theil der Indianer sind etlicher massen abergläubisch/ was diesen Tantz betrifft/ gleich als ob was wahrhafftiges oder was mehrers/ als die Vorstellung der Geschichte/ bey demselben sey.

Als ich mich unter ihnen auffhielt/ hatte der/ welcher S. Petri oder Johannis des Täuffers Person vorgestellet hatte/ im Brauche/ vorher zu mir zur Beichte zu kommen/ vorgebend/ es gebühre ihm rein und unschuldig zu seyn/ gleich wie der Heylige/ den er vorstellen wolle/ und sich zum tode zubereiten.

In-

Ingleichen kahmen diejenigen/welche Herodem, die Herodias, oder die Soldaten/welche im Tantze den Heiligen angeklaget/fürgestellet hatten/hernach zu mir/ beichteten ihre Missethat/ und begehreten davon absolviret zu werden.

Dieses sey vor itzo genung: im folgenden Capiteln wil ich noch viel andere merckwürdige Sachen/ die ich die Zeit über/ weil ich unter ihnen gelebet habe/gesehen/ dem begierigen Leser zur Ergetzung erzehlen.

Das 18. Capitel
Von meiner Abreise auß der Stadt Gvatimala, umb bey den Indianern zu wohnen.

Nachdem ich innerhalb drey Jahren auff der Universität zu Gvatimala einen gantzen Cursum Philosophiæ absolviret/ und die Theologiam zu lehren angefangen hatte/ bekam ich Lust wieder nach Engelland zu kehren.

Ich machte mich derowegen an den Provincial und den Præsidenten zu Gvatimala, und bath sie umb Erlaubnüß wiederumb in mein Vaterland zu kehren: ich konte dieselbigen weder von dem einen noch von dem andern erhalten/weil ein außdrücklicher Befehl vom Catholischen Könige und seinem Rath vorhanden war/ durch welchen außdrücklich verbothen war/ keinen Priester/ welcher von seiner Majestät nach Indien geschicket worden/ eher wieder nach Spanien kehren zulassen/ biß daß er zehn Jahre in Indien zugebracht hätte.

Weil ich mich nun in dem Zustande sahe/daß ich in diesem Lande als ein Gefangener angehalten wurde/ ohne Hoffnung in langer Zeit wieder nach Engelland zu kommen/ entschloß ich/ mich nicht lange mehr in Gvatimala auffzuhalten: sondern die Stadt zu verlassen/und auffs Land zu gehen/ daselbst wolte ich die Indianische Sprache lernen/ und irgend in einem Dorffe predigen; dabey ich versichert ware/ mehr Geld zu verdienen/ dessen ich zu seiner Zeit mich auf der Heimreise würde bedienen können/als in dem Kloster zu Gvatimala.

Indessen dauchte mich/es würde nicht übel gethan seyn/ wenn ich nach Spanien/ an einen meiner Freunde/ einen Engelländischen Geistlichen/ nahmens Frater Paul von Londen/so sich zu S. Lucar auffhielt/schriebe/ihn zu bitten/

bitten/daß er mir von Hofe/ und dem General unsers Ordens zu Rom eine Permission zu wege bringen möchte/ wieder nach meinem Vaterlande zu kehren.

Zu eben dieser Zeit kam der Prior von Coban auß der Provintz Vera-Paz, nahmens Franciscus Moran, nach Gvatimala, und stellete dem Præsidenten und dem sämtlichen Magistrat der Stadt die Nothwendigkeit vor/ihm an die Hand zu stehen; einen Weg auß dieser Provintz nach der Provintz Jucatan zu entdecken/und die Wilden/die denselbigen versperret hielten/ und iezuweilen in die Christlichen Dörffer fielen/ und sie außplünderten/ außzurotten.

Dieser Moran, der mein besonderer Freund war/und im Kloster S. Pauli zu Valladolid in Spanien/ wo ich den Orden angenommen/ war erzogen worden/ verlangte sehr mich mit sich zu haben/ damit er diese Heydnische Abgöttere desto leichter zum Christenthum bekehren möchte: Er sagte/ man würde ohne Zweiffel grosse Reichthümber in diesem neuen Lande finden/und ich könte versichert seyn/daß ich so wol/als er/ mein Theil reichlich davon bekommen würde.

Ich war unschwer zu bereden/ weil ich vor allen Dingen verlangen trug an der Bekehrung eines Volckes/ welches noch nie von Christo hätte reden hören/ zu arbeiten: Dannenhero entschloß ich mich/ das Ampt/ welches ich auff der Universität hatte/loß zu lassen/ und den Nahmen JEsu Christi diesem ungläubigen Volcke zu predigen.

Ueber solcher meiner Resolution erfreuete sich der Provincial höchlich/ und/nachdem er mir einige Verehrungen gethan und Geld zu meiner Nothdurfft auff die Reise gegeben hatte/ schickte er mich mit dem Moran nach Vera-Paz mit 50. Spanischen Soldaten/ die uns der Præsidente zu unserer Sicherheit auff diese Reise mitgegeben hatte.

Als wir zu Coban ankommen waren/ versahen wir uns mit aller zu einem so schweren und gefährlichen Vornehmen nöthigen Dingen.

Von Coban kamen wir auff zwey grosse Christliche Dörffer S. Piedro und S. Juan, in welchen/ unsere Convoy zu verstärcken/und uns unterwegens zu dienen hundert Indianer zu uns stiessen.

Von darauß reiseten wir zwey Tage gar gemächlich auff unsern Maul-Eseln in einem Volckreichen Lande/ dessen Inwohner Christen waren/ und in kleinen Dörfflein wohneten.

Da

Da wir aber nach Verlauff dieser zweyen Tage den Gräntzen der Heyden naheten / funden wir keinen gebähneten Weg mehr/darauf wir mit unsern Maulthieren hätten können fortkommen/dannenher wir absitzen/ und zu Fusse gehen musten.

Zwey Tage lang hatten wir anders nichts zu thun/ als durch die Wälder Berg auff und abzusteigen: So daß wir wegen des Gebüsches und des beschwerlichen Reisens fast zweifelten/daß wir das Volck / welches wir suchten/würden finden können. Indessen hielten wir die gantze Nacht gute Wacht/damit wir nicht etwan von den Feinden plötzlich überfallen würden/ und beschlossen folgenden Morgen noch weiter fortzugehen.

Wir funden in diesem Gebürge allerley Früchte und viel Brunnen und Bächlein in den Gründen / samt unterschiedlichen Cacao und Achiote-Bäumen.

Den dritten Tag machten wir uns auff den Weg/und kamen in ein Thal / durch welches mitten hin ein untieffer Fluß lieff / und sahen in demselbigen einige Milpas und Mahis-Felder. Hierauß schlossen wir/daß nicht weit von hier Indianer seyn würden/und veruhrsachte/ daß wir uns zusammen hielten/und wol achtung auf unsere Schantze gaben/damit wir sie/wann sie uns etwan angreiffen wolten/ zurücke treiben möchten.

Als wir also fortgingen/ kamen wir gantz unversehens zu einem halben dutzend armseliger Hütten/welche mit Aesten von Bäumen und Palmiten-Blättern bedecket waren / in selbigen funden wir zweene Männer/ und drey Weiber/samt fünff kleinen Kindern/ die alle gantz nackend waren / und gerne/wann sie gekönt hätten/davon gelauffen wären.

Wir ruheten in diesen Hütten ein wenig auß / und gaben diesen Leuten von unserer Speise/die sie aber erstlich nicht annehmen wolten; denn sie thaten nichts anders / als daß sie einmahl über das andere laut zu schreyen anfingen / biß sie endlich Moran, den sie zum theil verstunden / ein wenig getröstet hatte.

Wir gaben ihnen Kleider / und nahmen sie mit uns / in Hoffnung/sie würden uns irgend einen Schatz zufinden behülfflich seyn / oder zu einer grösseren Wohnstätte / als die ihrige war / den Weg weisen; sie waren aber diesen gantzen Tag so voller Unmuths / daß wir gantz nichts von ihnen erfahren konten.

Solcher Gestalt gingen wir immer fort/ und folgeten den Fußstapffen

 der

der Indianer/die wir bald hier bald da funden/immer nach/biß es fast Nacht wurde; da wir ein dutzent Hütten antraffen / in welchen ohngefähr zwantzig Personen/ so Männer als Weiber uñ Kinder/waren/denen wir etliche Bogen und Pfeile nahmen; wir funden bey ihnen eine gute Anzahl Palmiten/Fische/ und Wildpret/womit wir uns erfrischeten.

Sie sagten uns/daß zwey Tage reisen von dar ein grosses Dorff wäre/ deswegen wir die gantze Nacht fleissig Wache hielten.

An diesem Orth befand ich mich kranck und ermüdet/gleich wie auch unterschiedene andere von unser Gesellschafft/ und folgenden Morgen war mir es unmöglich weiter fortzugehen / dahero wir schlüssig worden an diesem Orthe uns zu lagern / und etliche Indianer und Spanier/das Land zu erkundigen / außzuschicken. Diese traffen noch etliche Hütten/und mit Mahis, Chilé, Bohnen/und Baumwolle besehete Felder an/ die Inwohner aber waren alle davon gelauffen.

Das 19. Capitel
Fernere Beschreibung meiner Reise in der Wilden Land.

Als unsere Leute wieder zurücke zu uns kahmen/ lobeten sie das Land so sehr / daß wir Lust kriegeten weiter fort zu reisen: sie warneten uns aber auch / daß wir uns wohl in acht nehmen solten / weil die Flücht der Indianer ein Zeichen war/daß man im gantzen Lande von unser Ankunfft benachrichtiget wäre.

Des folgenden morgens waren wir willens/ biß an den Orth / den unsere Leute verkundschafft hatten/zu gehen/ zumahlen derselbige im freyen lag/ und man daselbst sich besser für der Gefahr / die uns zu dreuen schiene/vorsehen konte.

Alle bißher gemeldete Wohnungen liegen an dem Fluß / und scheinet die Sonne daselbst so heiß/ daß unser Volck das Fieber und Durchbruch davon bekam.

Ob ich nun zwar sehr schwach und müde war/so gieng ich gleich wol mit den andern fort; wiewol ich mehr als einmahl bereuete / daß ich mich mit auff diese Reise gemachet / und zu Fusse zu gehen gewilliget hatte/zumahln ich über diß noch besorgete / daß uns vielleicht unversehens ein Unfall begegnen möchte/ weil die Indianer von unser Ankunfft Nachricht bekommen haben.

Unsere Gefangene begunten indessen mit uns bekand zu werden/ und sagten uns/ daß sie zuweilen Gold in diesem Flusse findeten/ und daß tieffer ins Land hinein ein grosser See wäre/ umb welchen eine grosse menge wackere Indianer wohneten/ die mit Bogen und Pfeilen wol umbzugehen wisseten.

Die Hoffnung Gold zu finden machete einigen unter uns einen guthen Muth; die Furcht aber/ daß wir etwan mit dieser menge Indianer möchten zu schaffen kriegen/ machte/ daß die andern wünscheten/ daß sie ausserhalb diesen Wäldern und unbekandten Oerthern seyn möchten/ und fingen an/ wider den Moran, der sie in diese grosse Gefahr geführet hatte/ zu murren.

Als es Nacht worden war/ legte ich mich schlaffen/ dergleichen auch alle andere Spanier/ die kranck waren/ thäten. Einige zwar legten sich auff die Erde/ andere aber/ wie auch ich/ schlieffen in einem hamac, welches ein Netze ist/ so an zwey Pfäle oder Bäume gebunden in der freyen Lufft hänget/ und durch die geringste Bewegung des Leibes sich hin und wieder schwinget/ also/ daß man gantz sanffte als in einer Wiegen darinnen schläffet.

Ich lag also biß ohngefähr umb Mitternacht/ da fingen die Schildwachen an Lermen zu machen/ und zu ruffen/ daß sich der Feind nahe/ und man davor hielte/ daß ihrer mehr den tausen Mann wären.

Sie gingen gantz verzweiffelt auf uns loß; als sie aber sahen/ daß sie entdeckt waren/ und den Schall unserer Drommeln und das Krachen unserer Mußqveten höreten/ fingen sie an zu heulen/ und so grausamlich zu schreien/ daß/ ob ich gleich vom Fieber zitterte und bebete/ mir dennoch von Furcht und Schrecken der Angst-Schweiß außbrach.

Moran aber/ der zu mir beichten kam/ umb sich zum tode oder einiger tödlichen Verwundung geschickt zu machen; tröstete mich/ und sagte/ ich dörffte mich nit fürchtē/ ich solte nur ruhig in meinem Bette bleibē/ weil ich in solchem Zustande/ als ich wäre/ ihnen doch nicht helffen könte/ die Gefahr wäre so groß nicht/ als ich mir sie einbildete/ indem sich unsere Soldaten rings um̄ den Platz da ich war/ sich gestellet hatten; so daß diese Ungläubigen von keiner Seiten zu mir einbrechen könten; wir könten ausser dem ohne Verlust unsers Lebens nicht fliehen.

Der Streit wehrete nicht viel länger als eine Stunde/ denn die Feinde nahmen bald wieder die Flucht; Wir fingen zehne aus ihnen/ und den fol-

 genden

genden Morgen funden wir ihrer dreyzehen todt auff der Erden liegen: von unsern Leuten waren ihrer fünffe beschädiget/ von denen einer dem morgen drauff starb.

Des morgends wurden unsere Soldaten auffrührisch/ und wolten wieder zurücke kehren/ weil sie sich besorgeten/ sie möchten die folgende Nacht/ oder den Tag drauff noch härter und gefährlicher angegriffen werden. Denn einige von den gefangenen Indianern sagten ihnen gantz ohne scheu/ daß/ wo wir nicht wieder umbkehreten/ wir gewiß versichert seyn solten/ daß wir sechs biß sieben tausend Indianer auff dem Halse haben würden.

Uber dieses sagten sie uns/ daß ihnen gar wohl wissend wäre/ daß die Spanier das gantze Land umbher innen hätten/ biß auff den kleinen Winckel/ darinnen sie wohneten/ und den sie friedlich zu besitzen begehreten/ ohne den geringsten Streitt mit uns zu haben: Wenn wir/ als Freunde/ solches Land besehen wolten/ so wolten sie uns hineingehen lassen/ und uns nicht das geringste leid zufügen: Kähmen wir aber sie zu bekriegen/ und sie zu Sclaven zu machen/ gleich wie wir ihren Nachbarn gethan hätten; so wären sie entschlossen/ alle viel lieber sich im Streit erschlagen zu lassen/ als sich unter das Joch zu ergeben.

Diese Reden machten eine Trennung unter unsern Soldaten. Denn etliche waren mit dem Moran der Meinung/ man solte die Indianer probiren/ und friedlich mitten durch ihr Land ziehen/ biß man an irgend eine Stadt in Jucatan kähme. Andere wolten/ man solte die Indianer bekriegen: Und die übrigen verlangten wieder umbzukehren/ weil sie nicht starck genug wären/ so einer Menge Volcks/ als in dem Lande wäre/ zu widerstehen. Es wurde aber diesen Tag nichts beschlossen/ weil man wegen der Krancken und Verwundeten mit dem Lager nicht auffbrechen konte; daß wir also die folgende Nacht noch da verharreten.

Umb Mitternacht/ und fast eben zu der Stunde/ als gestern geschehen war/ kamen die Feinde wieder/ uns zum andernmahl anzugreiffen: Als sie aber sahen/ daß wir auff guter Huth stunden/ und ihrer warteten/ begaben sie sich zeitlich wieder auf die Flucht.

Den Morgen darauf beschlossen/ wir wieder zurücke zu kehren/ und Moran schickte zu den Indianern/ und ließ ihnen sagen/ daß/ wenn sie ihn wolten friedlich durch ihr Land reisen lassen/ damit er die Landschafft Jucatan entdecken möchte/ er sie in wenig Monatten wieder besuchen wolte/ und wolte niemand

mand mehr als ein halb dutzent Indianer mit sich bringen; er wolte ihnen sein Leben vertrauen / weil er wol wüste / daß / wo sie ihm einiges Leid thun würden / so würden sich alle Spanier umbher wider sie rüsten / und sie sämtlich zum Lande hinaus jagen.

Hierauff liessen sie ihm zur Antwort sagen / daß / wann er mit so wenig Indianern kommen wolte / als er ihnen versprochen hätte / so solte er ihnen willkommen seyn / und wolten ihn und seine Gefährten aufs freundlichste tractiren: welches sie denn auch beiderseits das folgende Jahr würcklich gethan / und ihr Versprechen einander redlich gehalten haben.

Solcher Gestalt fingen wir noch selbigen Tag an / uns wieder auff den Rückweg zu machen / durch eben den Weg / den wir kommen waren / und ich fing auch an / mich wieder besser zu gehaben / weil mich das Fieber verließ.

Wir nahmen etliche von den Kindern / die wir gefangen hatten / mit uns / umb selbige dem Præsidenten von Gvatimala zu überbringen.

Als wir zu Coban aukommen waren; vermeinete der Prior Moran Gott einen grossen Dienst zu thun / wenn er diese Kinder tauffte / sagende / sie könten vielleicht Heilige werden / und daß vielleicht ihre Gebethe künfftig könten kräfftig genug seyn / ihre Eltern und alle Einwohner des Landes zum Christenthum zu bekehren.

Ob ich mich aber gleich seinem Vorhaben widersetzte / und sagte / man müste sie zuvor in den Artickuln des Glaubens unterrichten / damit sie gläubig würden / und geschickt / das Sacrament der H. Tauffe zu empfangen / und es nicht machen / wie zur Zeit des Cortez geschehen / da man es genug seyn ließ / die Indianer an den Fluß zu führen / und ihnen ein wenig Wasser ins Angesicht zu giessen / und das Zeichen des H. Kreutzes über sie zu machen / ohne einige vorhergehende Unterrichtung.

Nichts destoweniger blieb er bey seiner resolution sie zu tauffen / und als er solches gethan / und ihnen Christliche Nahmen gegeben hatte / ließ er sie wol kleiden / und schickte sie dem Præsidenten zu Gvatimala zu / der sie zu erziehen / und in dem Kloster der Dominicaner zu unterweisen befahl.

Ich hielt mich nach der Zeit eine Weile in Coban und den umbliegenden Dörffern auff / biß daß die Schiffe in dem Meerbusen Aulanderen / da ich alsdenn mit dem Moran hinzog / Wein / Eisen / Tuch / und andere für das Kloster nöthige Sache einzukauffen.

Und weil wir auch eine Fregatte daselbst antraffen / welche nach Truxil-

loso Seegelfertig lag/ und Moran etliche Geschäffte in selbiger Stadt außzurichten hatte/ fuhren wir auf selbiger dahin über.

Wir hielten uns in diesen Hafen / der sehr schwach und ohne allen Widerstand ist/ wie solches daraus erhellet/ daß ihn die Engelländer und Holländer so leichtlich erobert haben/ länger nicht als acht Tage auff: Hernach entschlossen wir uns über Land wieder nach Gvatimala zu kehren/ und durch die Landschafft Comayagva, die man sonst insgemein Honduras nennet/ zu gehen.

Dieses Land ist voller Wald / und berge / sehr böse und unbeqvem für die Reisenden/ und dazu sehr arm: Deñ es hat keine andere Kauffmanschafft darinnen/ als Leder/ Cassia und Sarsaparilla.

Ueber dieses haben sie so wenig Brod/ daß sie in der Gegend umb Truxillo herumb sich der Cassave bedienen müssen: Diese Wurtzel ist so herbe/ daß sie einen fast erwürget/ wann man sie trocken isset; dannenhero pfleget man sie in Brühe/ Wasser/ Wein oder Chocolate zuvor einzutauchen/ damit man sie desto leichter hinabschlucken möge.

Im Lande hinein warts / und sonderlich umb die Stadt Comayagva, welche/ ungeachtet sie sehr klein ist/ und nicht über hundert Einwohner hat/ wo der Bischoffliche Sitz ist/ hat es eine grössere Menge Mahis, weil es daselbst mehr Indianer hat/ die sich daselbst versamlet haben/ und in unterschiedenen grossen und kleinen Dörffern wohnen.

Ich fand daselbst/ daß dieses das allerärmste Land in gantz America sey: Der gesundeste Ort in selbigem/ und wo es am besten zu leben ist/ ist ein Thal/ welches man Gracias a Dios nennet/ in welchem es etliche reiche Meyerhöfe hat/ darinnen Vieh gezogen und Getraide gebauet wird. Weil aber dieses Thal eben so nahe nach Gvatimala als nach Comayagva hat/ und der Weg nach Gvatimala viel besser ist als von der andern seiten/ so wird das meiste Korn nach Gvatimala und denen daherumb liegenden Dörffern gebracht/ und komt nur ein weniges nach Comayagva und Truxillo.

Von Truxillo nach Gvatimala sind ohngefähr achzig biß hundert Meilen/ uñ ob zwar das Land sehr unfruchtbar ist/ so fehlete es uns doch auf dieser Reise weder an Wegweisern/ noch an Lebens-Mitteln/ weil die armen Indianer nichts spahreten/ uns wohl zu bedienen/ und weder ihrer selbst/ noch ihres Vermögens schoneten/ so daß ihnen nichts zu guth war/ das sie uns nicht schencketen.

Sol-

Solcher gestalt kamē wir wieder nach Gvatimala, da wir von dē Geistlichen mit freuden empfangen worden: Es gab uns auch der Præsidente einen ansehnlichen recompens, uñ in der gantzen Stadt nennete man uns wahre Apostel/ weil wir unser Leben gewaget/ und diese Heyden auffgesuchet hätten; wir hätten zu ihrer Bekehrung die Bahn gebrochen/ den Hauptsitz ihrer Wohnungen entdecket/ und hätten dazu diese Kinder/ als ein helles Zeugnüß unserer gehabten Mühewaltung/ für uns her gesendet.

Durch diese Gunst-Bezeugungen des Præsidenten/ und Lob-Sprüche des Volcks wurde Moran so auffgefrischet/ daß er sich entschloß sein Leben noch einmahl zu wagen/ und/ wie er mit diesen Abgöttischen Indianern verlassen hätte/ mit einem halben dutzent Indianern friedlich durch ihr Land zu reisen.

Er hätte gern gesehen/ daß ich mich noch einmahl mit ihm gewagt hätte/ allein ich fürchtete/ es möchten uns die Barbaren untreu werden/ und sich wegen der Kinder/ so wir ihnen entführet hatten/ wieder uns aufflehnen. Ueber dieses gefiehl mir das Land gantz nicht/ denn es schiene arm zu seyn/ und sahe ich darinnen keinen Orth/ wo ich ein genugsames Stücke Geld hätte können zusammen bringen/ durch dessen Hülffe ich wieder nach Engelland/ welches mein fürnehmstes Absehen war/ hätte kehren können.

Umb dieser Uhrsache willen verließ ich meinen Freund Moran, und alle diese neue Entdeckungen der Ungläubigen Indianer/ samt allen dergleichen schwehren Unterwindungen/ bey welchen ich mein Leben und Gesundheit in Gefahr setzen müste/ und doch anders nichts/ als ein wenig Ansehen und eitele Ehre in diesem Lande/ zur Belohnung zu hoffen hätte.

Das 20. Capitel

Wie ich die Indianische Sprache erlernet/ und von dem/ was mir merckwürdiges die Zeit über/ weil ich unter denen Indianern gewohnet/ begegnet: samt einer besonderen Erzehlung der Einkommen/ so die Pfarrer da zu Lande haben.

Als ich nun/ umb gemeldeter Uhrsachen willen/ mich der neuen Entdeckungen begeben hatte/ so dauchte mich/ ich würde am besten thun/ wenn ich eine von den Indianischen Sprachen in der Gegend umb Gvatimala erlernete; in Betrachtung/ daß die Dörffer daherumb reich/ die Indianer gegen ihre Pfarrer willig und gutthätig/ und dabey in unterschiedenen Glaubens-Articuln sehr unwissend wären; da ich denn glaubte/ daß ich sie erbauen würde/ wenn ich sie gründlich unterweisen/ und ihnen Jesum Christ den gecreutzigten als ihren Heyland predigen würde.

Ich hatte so ein gutes Vertrauen zu meinen Freunden/ daß ich wohl wuste/ ich würde mir nach meinem Belieben einen Orth umb Gvatimala herumb außlesen mögen/ da ich meine Sachen nach erheischender Nothdurfft so würde einrichten können/ daß ich nach Spanien schreiben/ und jährlich von dar viel leichter/ als irgend anderswo/ Antwort wegen meiner Rückreise erhalten könte.

Ich eröffnete meine Gedancken dem Pater Provincial, der damals gleich zu Gvatimala war/ dieser willigte alsobald in mein Begehren/ und rieth mir die Sprache Poconchi, zu der ich schon einen kleinen Anfang in der Provintz Vera-Paz gemachet hatte/ und in der Gegend umb Gvatimala und in den Provintzen Vera-Paz und S. Salvador sehr gebräuchlich ist/ zuerlernen.

Er versprach mir/ mich in das Dorff Petapa zu schicken/ daß ich die Sprache bey einem seiner besten Freunde/ so Frater Piedro Molina hieß/ erlernen solte. Dieser Geistliche war sehr alt/ und hatte einer jüngeren Person/ die ihn in seinem Ampte vertrete/ vonnöthen/ denn das Dorff ist sehr groß/ und gingen täglich viel Reisende daselbst durch.

Es schiene/ als ob der Prvvincial meine Gedancken gewust hätte/ weil er eben den Orth nennete/ wohin ich meinen Sinn gerichtet hatte.

Also zog ich ohngefähr funffzehen Tage vor dem Fest S. Johannis des Täuffers aus Gvatimala, nach Petapa, welches ohngefähr sechs Meilen davon liegt/ allwo ich mich zu wohnen einrichtete/ umb die Sprache der Indianer zu erlernen.

Die Geistlichen in diesem Lande/ die der Indianischen Sprachen kündig seyn/ haben/ zu Behuff denjenigen/ die nach ihrem Tode an ihre Stellen kommen würden/ unterschiedene Grammaticken und Wörter-Bücher verfertiget. So lange sie aber leben/ wollen sie nicht gerne einen andern in diesen Sprachen unterrichten/ auß Furcht/ es möchten ihre Schüler/ nachdem sie dieselbige wol erlernet/ sie unterdrücken/ und ihnen den Gewinst/ so sie auß den Indianischen Dörffern/ in welchen sie Pfarrer sind/ bekommen/ entziehen.

Gleich-

Gleichwol / weil dieser Molina sahe / daß Er bereits sein Alter sehr hoch gebracht / und seinem guten Freunde / dem Provincial nicht entfallen wolte / so nahm er mich in seine Gesellschafft auff / und lehrete mich / was er in vielen Jahren von der Sprache Poconchi begriffen hatte.

Er gab mir dannenhero ein kurtzes Compendium der rudimentorum von dieser Sprache / welches meistentheils im decliniren und conjugiren bestand / welches ich leichtlich in den ersten funffzehen Tagen erlernete; hernach gab er mir ein Indianisch Wörter-Buch / welches ich außwendig lernen muste / daß ich also ohne Buch studieren könte / so lange biß ich den Indianern zu predigen geschickt seyn würde: Wozu ich denn unschwer gelangete / in dem ich öffters mit ihnen mich besprachete und unterredete / und dabey auch für mich alleine fleissig war.

Sechs Wochen hernach / setzte Molina eine kurtze Rede in dieser Sprache auff / die er mir erstlich erklährte / hernach solte ich sie außwendig lernen / welches ich auch thät / und sie hernach am Tage des Heyligen Apostels Jacobi öffentlich hielt.

Drauff setzte er mir eine andere Rede in Spanischer Sprache auf / so auff den funffzehnden Augusti gerichtet war / die muste ich in die Indianische Sprache übersetzen / und er corrigirte / was er zu ändern für nöthig erachtete. Hiedurch bekahm ich nun Muth / daß ich mich nicht mehr scheuete / öffentlich für den Indianern aufftzutreten.

Ich hielt noch drey oder vier solche Reden biß auff Michaelis, und predigte das / was ich mit seiner Hülffe aus dem Spanischen übersetzet hatte; biß ich entlich gantz allein mit den Indianern mich unterreden / und meine predigten selber auffsetzen konte.

Nach Michaelis befand sich Molina sehr vergnügt / daß ich in so kurtzer Zeit durch seine Unterweisung so viel in dieser Sprache erlernet hatte / in massen es kaum drey oder vier Monath waren / daß ich unter ihm studieret hatte.

Er schrieb dem Pravincial, und berichtete ihn / was er für Fleiß / mich zu unterrichten / gehabt / und wie wol solche Arbeit sey angewendet worden / und versicherte ihn dabey / daß ich bereits geschickt sey / den Indianern vorzustehen / und gantz alleine zu predigen; bat ihn derowegen / daß er mir irgend ein Indianisch Dorff anvertrauen / oder sonst ein Benificium verleihen wolle / damit ich durch ferneres predigen dasjenige / was ich erlernet / üben / und in der Sprache / die ich so leichtlich begriffen / immer vollkomner werden möchte.

Der Provincial, welcher iederzeit mein Freund gewesen war / hatte nicht von nöthen / daß er / mir seinen guten willen zuerweisen / sehr angetrieben würde; darumb übersendete er mir alsobald einen Befehl / mich in die Dörffer Mixco und Pinola zu machen / vor die daselbst wohnende Indianer Sorge zu tragen / und vierteljährlich von allem dem / was ich empfangen würde / dem Kloster zu Gvatimala, dem dieses Thal gehöret / Rechnung zu thun.

Alle Indianische Dörffer / und die darinnen wohnende Geistlichen gehören in irgend ein Kloster / und diese Geistlichen müssen alles Geld / welches über ihren und ihrer Bedienten nöthigen Unterhalt überbleibet / berechnen / welches hernach der Superior zu des Convents Nothwendigkeiten anwendet.

In Peru wird diese Ordnung noch zur Zeit nicht gehalten: Denn alle Geistlichen / die in den Indianischen Dörffern ihre Beneficia haben / sind von der Klöster Jurisdiction befreyet / und behalten alles / was sie zusammen bringen können / für sich: Hingegen bekommen sie auch nichts aus ihren Klöstern / und müssen sich selbst kleiden / und auff ihre eigene Unkosten von den Opffern uñ andern Gerechtigkeitẽ / so ihnen die Indianer bezahlẽ müssen / leben: Dañenhero komt es / daß die Peruanische Geistlichen unter allen / die sich in Indien auffhalten / die Reichsten sind / als grosse Herren leben / und öffentlich mit Karthen und Würffeln spielen / ohne daß ihnen iemand deßwegen etwas in Weg lege.

Ob aber gleich die Geistlichẽ von Gvatimala, Gvaxaca uñ Mexico genug / und mehr / als ihnen zustehet haben / so dörffen sie doch nicht / wie die in Peru, mit den Einkommen ihrer Beneficien umbgehen / wie sie wollen: Sondern sie müssen ihrem Superior das / was sie von ihren Außgaben erübrigen / liefern / dagegen schickt er ihnen alle Monath einen Topff voll Wein / welcher anderthalb Arrobe hält / und jährlich einen neuen Habit / nebst andern zur Kleidung nöthigen Sachen.

Dessen aber ungeachtet / kan ich wol sagen / daß die Geistlichen von Gvatimala Freyheit und Reichthums genug haben: Denn sie spielen und ergetzen sich sonstẽ so wol als irgend die andern / uñ an statt / daß sie jährlich dem Kloster fünffhundert Silber-Krohnen liefern könten / reichen sie ihm nicht einmal drey hundert / und behalten das übrige für sich / treiben auch unter

der

der Hand mit den Kauffleuten ihren Handel/wider ihr gethanes Gelübde der Armuth.

Auff solche Bedingungen nun/und unter der Obergewalt des Priors und des Klosters zu Gvatimala wurde ich nach Mixco und Pinola den Indianern zu predigen gesendet/von dannen man/ mir zu gefallen/einen alten Münch/der bey nahe achzig Jahr alt war/ weg/und wieder in das Kloster nam/ weil er sein Ampt nicht mehr verrichten konte/ und er zween Dörffern / deren eines drey Meilen von dem andern entfernet war / vorzustehn nicht mehr vermögend war.

Die Einkommen / die ich in diesen zweyen Dörffern hatte/ samt den den Opffern/und andern Gerechtigkeiten/die ich von den Indianern empfing/ bestanden in folgenden.

Ich empfing alle Monath zwantzig Krohnen zu Mixco, und funffzehn zu Pinola, die mir von den Alcalden und Regidoren richtig außgezahlet wurden/ ehe noch der Monath gäntzlich verflossen war. Zu dieses Geldes Erhebung beseeten die Einwohner ein stücke Land mit Korn oder Mahis, und schrieben in ihr Stadtbuch ein/ wieviel sie davon eingeerndtet / und was für Geld sie darauß gelöset hatten: Ich muste ingleichen alle Monath einschreiben/wieviel ich von ihnen empfing/umb sie dadurch zu qvittiren/und zu Ende des Jahrs brachten sie solches Buch einem von dem Rath zu Gvatimala dazu verordneten Officirer/selbiges zu durch sehen.

Ueber diese monathliche Besoldung empfing ich von den Brüderschafften der Verstorbenen in iedem Dorffe alle Wochen zwey Krohnen/dafür ich für die Seelen im Fegfeuer eine Messe lesen muste: ieden ersten Sonntag im Monath zwey Krohnen zu Pinola von der Brüderschafft des Rosenkrantzes unser lieben Frauen/und eben so viel zu Mixco alle Monath von einer jeden Brüderschafft der Indianer/Spanier und Schwartzen.

Ferner hatte ich alle Monat zwey Krohnen von ieder Brüderschafft des wahren Creutzes und zu Mixco eben so viel von einer andern Spanischẽ Brüderschafft S. Nicolai de Tolentin: ingleichen monatlich zwey Krohnen von der Brüderschafft S. Blasii zu Pinola; und wiederum alle Monath zu Mixco zwey Krohnen von der Brüderschaft S. Hiacinti: ohne die Opffer an Silber/Federvieh und Wachslichtern/die man an den Tagen / wenn diese Messen gelesen worden/ brachte/ welches sich Monathlich auff neun und sechzig Krohnen be-

 lieff/

lieff/derer Bezahlung ich mich noch vor Außgang des Monaths gewiß zu versichern hatte.

Hierzu ist noch nicht gerechnet/was ich oben von den Bildern der Heyligen/die zu den Kirchen gehören/erwehnet habe/die stets an Geld/Geflügel/Warlichtern und andern Opffern an ihrem Tage dem Pfarren was eintragen. Solcher Gestalt war das Einkommen/so ich in diesen zweyen Dörffern hatte/nicht geringe: Denn es waren zu Mixco achtzehen solche Heyligen Bilder/und zu Pinola zwantzig/derer iedes mir an ihrem Festtage vier Krohnen brachte/dafür ich eine Messe lesen/predigen und procession halten muste: Dazu kamen noch allerley Federvieh/Indianische Hüner/Cacao, und andere Opffer/die man iedem Heyligen an seinem Fasttage brachte/und zum wenigsten drey Krohnen werth waren/so daß es jährlich zusammen mehr als 266. Krohnen außtrug.

Die vier Brüderschafften des Rosenkrantzes/derer drey zu Mixco, und eine zu Pinola war/brachten mir an den fünff vornehmsten Festen des Jahrs iede vier Krohnen: nemlich zwey Krohnen für die Messe an selbigem Tage/und zwey für die Messe des folgenden Tages/welche sie das Jahrgedächtnüß nennen/und für die/welche vor diejenigen/so von der Brüderschafft gewesen sind/gehalten wird: Die ohne die Opffer und Geschencke an Federvieh und Cacao mehr denn 80. Krohnen macheten.

Die Zwey Brüderschafften des wahren Kreutzes brachten mir an ihren Festtagen/deren der eine den 14. Septemb. und der andere den 3. May einfället/iede vier Krohnen für eine Messe an selbigem Tage zu halten/ und eben so viel für das Jahrgedächtnüß/und über diß noch alle Freytage in der Fasten zwey Krohnen/die zu Ende des Jahrs biß 40. Krohnen außtrugen; und alles diß/was ich bißher gemeldet/war gleichsam eine gewisse Rente in diesen zweyen Dörffern.

Es würde aber gar zu verdrüßlich seyn/alles das/was mir zufälliger weise einkam/zu rechnen: Die Opffer/die ich in Weynachten in diesen beyden Dörffern empfing/waren gewöhnlich 40. Krohnen werth; die am Grünen-Donnerstage und Char-Freytage 100. Krohnen: Die an Aller-Heyligen Tage 80. Krohnen; und 40. Krohnen am Mariä Licht-Messe Tage.

Ueber dieses hatte ich noch an den Festtagen (oder Kirchweihe Tagen) iedwedes Dorffes/die Opffer/welche alle die vom Lande/so ihrer Andacht halber dahin kamen/brachten; welches zu Mixco an Geld und Warlichtern 80. Krohnen/und zu Pinola mehr denn 50. Krohnen machte.

Die

Die Communicanten/derer ieder einen Real gab/brachten in den beyden Dörffern auffs wenigste 1000. Realen/ und die Beichten in der Fasten trugen ja eben so viel ein: ohne die andern Opffer an Eyern/ Honig/ Cacao, Federvieh und Früchten; und ohne das/ daß für iede Tauffe zweene realen/ zwey Kronen für iede Heyrath/ und eben so viel für iedes Begräbnüß gegeben wurde/ ja es vermachten etliche/ wenn sie storben/ zehn biß zwölff Krohnen/ daß fünff oder sechs Messen dafür zu ihrer Seelen Ruhe gelesen werdē sollen.

Hierauß ist nun leicht zu erachten/ wiewol die Geistlichen leben können/ und wie leichtlich sie hierzu lande reich werden können: Da doch die Dörffer Mixco und Pinola weit kleiner seyn/ als die in eben dem Thale gelegene Dörffer Petapa und Amatitlan, und in denselbigen noch bey weitem so viel nicht geopffert wird/ als an unterschiedenen andern Orthen: und dennoch brachten sie mir mit dem/ was in die Gottes-Kasten geleget worde/ und demjenigen/ was mir die Indianer zur Verehrung brachten/ wenn sie mich heimsuchten/ uñ zu andern extraordinar Messen/ mehr denn zwey tausend Krohnen Spanischer Müntze/ oder zum wenigsten 6000. Pfund Frantzösisch/ (das ist zwey tausend Reichsthaler) jährlich ein.

Dieses Beneficium nun dauchte mich viel eine beqvemere und mir verträglichere Wohnung zu seyn/ als das Kloster zu Gvatimala, da ich nichts anders thun konte/ als daß ich nur den Kopff mit Theologischen Fragen zerbrache/ und sonst wenig dafür zur Ergötzung hatte/ ausser daß mir die Studenten/ meine Zuhörer/ beyfielen/ und sich über meine Gelehrsamkeit verwunderten; da ich doch eben so wol/ als alle meine Ordens-Brüder darauff zu dencken hatte/ wie ich mich versorgen möchte: Zumal weil ich gesinnet war/ wieder nach Engelland zu reisen/ uñ auf so langer Reise sonst wenig hülffe zu hoffen hatte: denn weil ich alle gute Freunde hinter mir würde verlassen müssen/ vermeinte ich als denn keinen bessern Freund/ der mich zu Wasser und Lande begleitete/ zu haben/ als mein Geld.

Das erste/ was ich vernahm/ war/ daß ich mich in dē Registern der Einnahmen und Außgaben des Klosters zu Gvatimala umbschauete/ was und wie viel mein Vorfahre/ und die andern vor ihm jährlich wegen Mixco und Pinola dem Kloster verrechnet hatten/ damit ich mich so verhalten/ und meine Außgaben also einrichten könte/ daß ich ehrlich leben möchte/ und gleichwol die im Kloster mir zu dancken uhrsache hätten/ daß ich ihnen mehr gebe/ als noch keiner vor mir gethan hatte.

Ich befand also/ daß mein Vorfahre in seinen Rechnungen mehr nicht als 400. Krohnen geliefert hatte/ und daß gemeiniglich für ihm von diesen zwey Dörffern nur so viel war gegeben worden.

Ich nam deßwegen einesmahls Gelegenheit/den Prior, als ich sonst mit ihm redete/ zu fragen/ wie viel er verlangte/ daß ich ihm jährlich von diesen zweyen Dörffern/ so lange ich daselbst seyn würde/ geben solte? Er gab zur Antwort: Wann ich so viel gebe/ als mein Vorfahre gegeben hatte/ so wolle er sich gegen mir bedancken/ und mehr nicht von mir verlangen; sondern ich könte das übrige alles/ was ich auß diesen zweyen Dörffern bekommen würde/für mich behalten/und mir Bücher/Schildereyen/Chocolate, Maulthiere und Knechte dafür schaffen.

Ich sagte hierauff; ich hoffte ehrlich daselbst zu leben/und gleichwol dem Convent mehr/als keiner für mir gethan hätte/ zu geben; Und ich wolte gern des Beneficii verlustig seyn/wenn ich nicht jährlich 450. Krohnen ins Convent liefern würde.

Vor solch mein Erbieten bedanckte sich der Prior sehr höfflich gegen mir/ und versicherte mich/daß er es mir niemals an Weine wolte mangeln lassen/ sondern er wolte mich monathlich damit versorgen/ und mich jährlich mit Kleidung versehen/ welches mir ein grosser Vortheil war: solcher Gestalt war ich mit aller Nothwendigkeit versorget/ die gantze Zeit/ weil ich mich in Indien auffhalten würde.

Hieraus siehet man/ ob nicht ein Geistlicher/ der in America mit einem Beneficio versehen ist/ von 4000. oder 5000. Pfund Renten leben könne/ da er noch dazu auff Wein und Kleider nichts wenden darff; und Federvieh genug zum Geschencke bekomt: so ist das Fleisch auch in so wolfeilen Preiß/ daß man dreyzehen Pfund Rindfleisch für zwey Sols und sechs Dener (oder drey Kreutzer und drey Pfennig) kauffet: und ob er nicht Einkommens genug habe/ sich zu erlustigen/ Maulthiere/ Tapezereyen und Schildereyen Cabinette zu kauffen/und selbige mit Pistollen und Reichsthalern anzufüllen/mit welchen er nach Madrit handeln/und nachmals dafür/wie die meisten thun/ sich einguthes Bischoffthum zu wege bringen könne.

Nachdem ich mich in diesen zweyen Dörffeen gesetzet und eingerichtet hatte/war meine erste Sorge ein guthes Maulthier zu kauffen/ auff welchem ich/so offt es von nöthen seyn möchte/ beqvemlich von einem Dorff ins andere reiten möchte/ ich bekam bald eines/welches mich 80. Krohnen kostete/und

mir

mir/das Thal hurtig zu durchstreichen/ und die drey Meilen/so zwischen beyden Dörffern waren/ zu reisen gantz dienlich war.

Ob nun zwar mein meister Fleiß dahin gerichtet war/ wie ich in der Indianischen Sprache ie länger ie fertiger würde/ damit ich den Indianern predigen/und sie mich wol verstehen möchten; so unterließ ich doch auch nicht/ immer darnach zu trachten / wie ich wieder nach Engelland kommen möchte; und mich zu bemühen / daß ich von Rom oder aus Spanien Erlaubnüs bekommen möchte/ uñ zwar vermittelst eines Capitains/Nahmens Isidorus de Zepeda,welcher ein Kauffmann von Sevilien, und Patron eines dererjenigen Schiffe war / welche das erste Jahr/ als ich in Mixco mich gesetzet / für die Stadt Gvatimala Kauffmanns-Guth brachten.

Mit diesem Capitain/der offters durch Mixco reisete/schriebe ich an meine gute Freunde nach Spanien/die mir auch wieder antworteten/ aber mich meines Verlangens halber schlecht vergnügeten.

Die Freundschafft/die ich mit diesem Hauptmann gemachet hatte/war so groß / daß ich ihm meinen Anschlag offenbahrte / und ihn bath / mich in seinem Schiffe mit nach Spanien zu nehmen; er schlug mir es aber ab/und stellete mir für/in was für Gefahr er sich setzen würde/ wenn man ihn deßwegen beym Præsidenten zu Gvatimala verklagen würde/ rieth mir aber dargegen/ zu beiben/ wo ich war/ und mich mit Gelde zu versehen / daß ich / wenn ich Urlaub bekommen würde/ mit Ehren nach Hause reisen könte.

Als ich nun sahe/daß ich in diesem Lande bleibẽ muste/ergab ich mich dem Willen GOttes/als der schon Mittel und Wege würde zu finden wissen/mich wieder heraus zu bringen/weñ es seine Ehre uñ mein bestes erfordern würde.

Indessen blieb ich fünff gantzer Jahre in diesen beyden Dörffern Mixco und Pinola, da Ich denn weit bessere Gelegenheiten für mich ereigneten/ mich zu bereichern/ als noch keiner vor mir gehabt hatte.

Denn bald das erste Jahr/als ich da wohnete/ schickte Gott eine von den Egyptischen Plagen dahin/ nehmlich die Heuschrecken/ dergleichen ich vor diesem mein lebetag nicht gesehen hatte.

Sie sahen zwar den Europäischen Heuschrecken gleich/ sie waren aber viel grösser/und flogen miteinander Heerweise/ und in solcher Menge/daß sie die Lufft verfinsterten/und der Sonnen ihren Schein benahmen.

Aller Orthen/wo sie sich auß der Lufft niederliessen/ sahe man nichts als Verwüstung: Denn sie frassen nicht allein das Korn/sondern auch die Blätker und Früchte auff den Bäumen / worauff sie so häuffig fielen / daß von der Last die Aeste / daran sie sich hingen / zerbrachen / und von dem Stamme abrissen.

Die Heerstrassen waren damit gantz und gar bedecket / dergestalt daß die Maulthiere / weil sie ihnen umb die Ohren flatterten / und an die Füsse kützelten / alle Augenblick auffgesprungen.

Ich erinnere mich; daß ich selbst / als ich einesmahls über Land ging / so viel Beschwerung von ihnen gehabt habe / daß / wann ich nicht eine Larve mit Brillen vor meinen Angesicht gehabt hätte / ich unmüglich meine Reise hätte vollführen können.

Die Meyrer / die an der Sudseiten wohneten / klagten / daß sie fürchten / ihr Indigo, welches damals noch grüne und im wachsen war / würde ihnen gantz und gar von den Heuschrecken gefressen werden; Diejenigen / die da Zucker baueten / klagten gleichfals / daß es ihnen mit dem jungen Rohr nicht besser ergehen würde; am erbärmlichsten aber war zu hören das Wehklagen der Ackerleute im Thal / da ich war / indem sie besorgeten / es würde alles ihr Korn von dieser Armee Heuschrecken in einer Nacht auffgefressen werden.

Weil nun dieses eine Sache war / die das gemeine Wesen anging / so muste die Obrigkeit alle ersinnliche Mittel hervor suchen / durch welche dieses Ungeziefer auß dem Lande möchte verjaget werden.

Zu dem Ende musten alle Einwohner auß den Dörffern mit Trompeten und andern dergleichen Instrumenten auffs Feld gehen / umb sie durch das Getümmel zu erschrecken / und sie von den Orthen / wo sie den meisten Schaden thun konten / zu verjagen / welches denn auch glücklich von statten ging: Denn man muste mit Verwunderung sehen / wie sie / so bald sie das Geräusche / welches die Indianer macheten / empfunden / davonflogen.

Aller Orthen / wo sie sich niederliessen / auff den Bergen und Heerstrassen / liessen sie ihre Jungen / die auff der Erden umbher krochen / und auffs folgende Jahr noch eine andere Plage droheten / selbigem aber vorzukommen / wurde allen Einwohnern in den Dörffern befohlen / lange Gräben zu machen / und sie in denselbigen zu verscharren.

Durch dieses Mittel wurden mit grosser Mühe und nicht geringem Schaden der armen Indianer / dieses schädliche Ungezieffer in das Sudmeer gejaget / in welchen sie eben zu der Zeit / da ihre Jungen in die Erde verscharret

scharret wurden/ ihr Grab im Wasser funden; und weil man sie nicht alle zugleich auff einmahl begraben kunte/ so blieben noch einige übrig; weil ihrer aber nicht allzuviel waren/ so wurde man entlich auch noch mit ihnen fertig.

Unterdessen aber/ weil iederman auff solche weise beschäfftiget war/ vergassen die Priester ihres Amptes auch nicht; sondern sie stelleten aller Orthen processionen an/ hielten Messe/ und versuchten dadurch diese Pest auß dem Lande zu vertreiben.

Alle Bilder der Heyligen/ so zu Mixco waren/ wurden in procession auffs Feld getragen/ insonderheit aber die Bilder der H. Jungfrauen; und H. Nicolai von Tolentin, zu dessen Ehren man im Brauch hat/ kleine Brötlein/ auff welche des Heyligen Bildnüß gedrückt ist/ zu weihen/ von denen man glaubet/ daß sie die Pest/ das Fieber/ und allerley Gefahr und gemeines Unglück vertreiben.

Alle Ackerleute und Spanische Meyer im Thale kamen nach Mixco, und brachtem diesem Heyligen ihr Opffer/ liesen Messe lesen/ und dergleichen kleine Brodtleim weihen/ welche sie mit sich nach Hause nahmen/ und derselben ein Theil in ihre Korn warffen/ ein Theil aber hinter ihre Zäune und Gehäge vergruben/ des Vertrauens/ zum H. Nicolaus, daß diese Brötlein/ so in seinem Nahmen vergraben wurden/ verhindern würden/ daß die Heuschrecken in ihre Felder nicht kommen würden.

Wann nun die Heuschrecken fortzogen/ und hatten ihr Korn nicht beschädiget/ schrien sie überlaut/ O welch ein Wunderwerck hat unsere liebe Frau und der Heylige Nicolaus von Tolentin gethan! und liessen Messe lesen/ sich ihres Gelübdes/ welches sie in der Gefahr wegen der Heuschrecken gethan hatten zu befreyen: Dergestalt brachte mir ihre Andacht noch viel mehr Geld ein/ als ich sonsten von den Brüderschafften/ davon ich oben gesagt habe/ einzunehmen pflegte.

Folgendes Jahr wurde das gantze Land durchaus mit einer ansteckenden Kranckheit/ die ja so anfällig/ als die Pest selber/ war/ und Tabardillo genennet wurde/ heimgesuchet; es war eine arth eines Fiebers im Eingeweide/ welches kümmerlich biß auff den siebenden Tag wehrete; denn gemeiniglich sturben die Krancken an dritten oder fünfften Tage.

Die Leiber der Krancken gaben einen so üblen Geruch oder Gestanck von sich/ daß selbiger nicht allein das gantze Hauß; sondern auch alle/ die sie zu besuchen kamen/ anzustecken genug war,

Es fauleten ihnen die Lippen und Zunge/ und worden/ehe sie starben/so schwartz als eine Kohle.

Auß den Spaniern wurden ihrer wenig von dieser Kranckheit befallen/ allein die Indianer wurden durchgehends alle angesteckt.

Man sagte/ es hätte sich selbige in der Gegend umb Mixco angefangen/ von dannen sey sie von einem Dorffe ins andere biß nach Gvatimala fortgegangen/ und hernach sich immer weiter außgebreitet/ wie das vergangene Jahr die Heuschrecken/ welche auch von Mixco außgezogen/ und folgends das gantze Land durchstrichen waren.

Ich habe unterschiedene Personen/ die an dieser Kranckheit sturben/ besucht/ ohne einige andere Artzney zur præservation zu gebrauchen/ als daß ich an ein mit Essig genetztes Schnupfftuch roch/ durch welches Mittel nechst Gott ich mich von dieser Seuche befreyete/ da hingegen viel andere davon sturben.

Ich habe in Mixco neuntzig/ und in Pinola mehr denn hundert Personen zu begraben gehabt/ von derer jeweder/ die über acht Jahr alt war/ ich zwey Krohnen bekam/ eine Messe dafür zu lesen/ damit ihre Seele aus den Fegefeuer erlöset würde: so daß ich in weniger denn sechs Monath Zeit fast auff die 400. Krohnen einnahm/ und also hierdurch so wol/ als durch die Heuschrecken/ mich zu bereichern Gelegenheit hatte/ welchen Vorthel auch alle meine Nachbarn hatten.

Man möchte aber gedencken/ daß/ weil so viel Personen in diesen Dörffern gestorben/ ich sonsten von den gewöhnlichẽ Opffern desto weniger würde empfangen haben; allein das geschach nicht; Denn die Herren dieser beyden Dörffer bemüheten sich den Abgang auff folgende Weise wieder zuersetzen.

Nemlich; damit ihnen an der Schatzung/ die man ihnen vor der Kranheit zu bezahlen pflegte/ nichts entginge/ so liessen sie/ nachdem dieselbige auffgehöret hatte/ die Indianer zehlen/ und zwungen alle/ die über zwölff Jahr alt waren/ zu heyrathen/ welches für mich wieder eine neue Gelegenhet war/ Geld zu verdienen: Denn ich hatte von jeder Heyrath zwey Krohnen/ ohne die Opffer/ und befand sich/ daß ich/ in dieser Angelegenheit 80. Paar zu trauen bekam/ und also eine zimliche Summe davon einstrich.

Allein das war noch nicht das Unglück alle/ welches dieses Land betraff: Denn nachdem diese Kranckheit vorbey war/ regnete es so häuffig/ daß die Ackerleute fürchteten/ sie würden ümb alles ihr Korn kommen.

Denn einen gantzen Monath lang wurde alle Nachmittage die Lufft so voller

voller dicker und schwartzer Wolcken/ daß nicht allein der Tag dadurch verdunckelt ward; sondern es fielen auch solche hefftige Platz- und Guß-Regen/ daß sehr viel Korn dadurch verderbet/ und ein hauffen Indianische Häuser davon über einen hauffen geworffen worden: Was aber noch erschröcklicher war/ war daß es unter wehrenden Regen so häfftige Donnerschläge that/ daß man meinete/ es würde das gantze Land zu Grunde gehen.

Von einem solchen Schlage/ wurden zwene Menschen/ die miteinander in dem Thale Mixco reiseten/ dergestalt getroffen/ daß sie beyde Todt von ihren Mauleseln auff die Erde gefallen.

Ingleichen wurde die Capelle unser lieben Frauen von Berge Carmel in diesem Thale von Wetter angezündet/ und biß auf die Erden abgebrand/ dergleichen auch zwey Häusern am Küh-fluß wiederfuhr.

Ein anderer Donnerstrahl traff in der Kirchen zu Petapa den hohen Altar/ und zersprengete desselbigen Gemäure/ hernach fuhr er von einem Altar zu dem andern/ und leschete alle Gemälde und alles Gold aus/ ohne sonst einigen andern Schaden zu thun.

Ein Geistlicher/ so in dem Franzischkaner Kloster zu Gvatimala auff seinen Bette lag und schlieff/ wurde von einem solchen Wetter gleichfals erschlagen/ und sein Leichnam hernach so schwartz gefunden/ als wann er vom Feuer versenget were worden/ und gleichwohl spührete man nicht die geringste Spuhr einiger Verletzung an ihm.

Es geschahen dieses 1632. Jahr sonst viel andere Unfälle/ GOtt aber behütete mich allezeit auß Gnaden gantz wunderbarlich.

Dann als ich an einem Sonnabend zu Mixco voller Furcht und zittern in meiner Kammer betete/ schlug das Wetter an die Kirchmaure/ die zunechst an meiner Kammer war/ und erschlug im Hoffe zwey Kälber/ so an einem Pfal angebunden stunden/ und für das Kloster zu Gvatimala folgenden Morgen solten geschlachtet werden.

Der Blitz war so nahe und so entsetzlich/ daß meine Kammer voller Feuer zu seyn schiene/ und warff mich mit solcher Gewalt zu Erden/ daß ich eine weile vor Todt da lag/ und da ich wieder zu mir selber kam/ sahe ich ein hauffen Indianer umb mein Hauß/ weil sie nicht anders meineten/ als daß selbiges/ oder doch die Kirche/ vom Wetter angezündet seyn müste.

Diese Ungewitter brachten mir ebenfals nicht geringen profit: Denn/ wie oben gedacht/ die im Thal wohnende Spanier/ und Indianer stelleten häuffig Procesſionen an/ in welchen man die Bilder der Heyligen umbher trug/welches ohne Geld nicht verrichtet wurde/ weil ein jeder gewöhnlichem Brauche nach Opffer und Allmoſen brachte.

Den Sommer drauffentſtunden gantz ungewöhnliche Erdbeben/welche in Peru ſo groß waren/ daß die Stadt Truxillo, ſamt den meiſten Einwohnern/die damals in der Kirchen beteten/von der an unterſchiedenen Orthen auffberſtenden Erde verſchlungen wurde.

Der Schaden/ den ſie in der Gegend umb Gvatimala veruhrſacheten/ war bey weitem ſo groß nicht / als wol an andern Orthen / denn ſie thäten mehr nicht/als daß ſie einige Mauren zur Erden warffen/und die Kirchen erſchütterten: Gleichwol entſtunde davon eine ſo groſſe Furcht unter den Einwohnern/die ſich eines gleichen Unglücks beſorgeten/ als ihnen kurtz zuvor/ ehe ich ins Land kommen/begegnet war; daß ſie ſolches abzuwenden/voll Andachts wurden/und ſehr viel Meſſen leſen lieſſen.

Dieſe Erdbeben enſtehen zwar ſehr offte/ ſie wehren aber nicht gar lange/und empfindet man in ſelbigen dreyerley Bewegungen des Erdreichs: die erſte rücket es nach der lincken Hand/ die andere nach der rechten / und die dritte bringet es gleichſam wieder an ſeinen Orth.

Es iſt auſſer allem Zweiffel/ daß/ wenn ſie lange wehren ſolten/ kein Thurm noch einiges Gebäude ſo groß und ſo wol gebauet ſeyn würde/ welches ſie nicht der Erden gleich machen würden.

Ein ſolches Erdbeben entſtand einesmals zu Mixco, welches ſo ſtarck war/daß die Glocken anfingen zu klingen/ und der Glocken Thurm ſich nach der ſeiten hieng; ich war es aber ſo gewohnet/ daß ich umb deßwillen nicht einmahl auß meinem Bette auffſtund.

Allein dieſes Jahr jagten ſie mir eine ſo groſſe Furcht ein/ daß ich dafür hielt/ich würde verlohren ſeyn/wo mich nicht GOtt ſonderlich erhielte.

Denn als ich eines morgens in meiner Kammer ſaß und ſtudierete/ entſtande gantz unverſehens ein ſo hefftiges Erdbeben/ daß ich vom Tiſche auffſtand/und in ein Fenſter lieff/auß Furchte/es möchte/ehe ich die Stiegen hinunter kähme/das Hauß über einen hauffen fallen und mich erſchlagen.

Es war das Fenſter in einer dicken Mauren mit einem gewölbeten Bogen; welchen Orth die Spanier vor den aller ſicherſten halten/wenn ein Hauß einfället.

Ich war nährlich in das Fenſter kommen/ſo hörete das Erdbeben auff:

In-

Indem ich aber bey mir selber rathschlagte/ was ich thun solte/ ob ich an dem Orthe/wo ich war/bleiben/oder in den Hof hinunter gehen solte; siehe so kam ein anderes noch viel hefftigeres als das erste war; so daß ich gäntzlich fürchtete/ich würde erschlagen werden: Dann ich sahe wol/ daß/wenn das Hauß einfallen solte/mich dieses Fenster nicht beym Leben erhalten würde; sondern/ weil es weit und hoch war/und weder Glaßfenster noch höltzerne Fensterladen/Landes Gebrauch nach/ hatte/ würde ich durch selbiges hinab auff die Erden gestürtzet werden: Und also hatte ich zu fürchten/daß auff solchen Fall ich ohnfehlbar den Halß/einen Arm oder Bein brechen würde; wenn ich aber für mich selbst hinunter sprünge/ so könte ich mir zwar das Leben retten/ aber doch auch gewiß darüber zum Kriepel werden.

Die Bestürtzung/in welcher ich war/verhinderte mich/daß ich mich nicht resolviren konte; als aber mitten in dieser Verwirrung/ eine dritte eben so hefftige Erschitterung kam/ wurde ich meines Verstandes so gar beraubet/ daß ich bereits einen Fuß zum Fenster hinauß steckte/ und würde gewißlich hinab gesprungen seyn/ wenn mich GOtt nicht sonderlich zurücke gehalten/ und zugleich das Erdbeben auffgehöret hätte.

Auff solche weise hat mir GOtt zweymahl in Mixco mein Leben erhalten: Allein in Pinola war ich auch einmal in Gefahr umb einem Fuß zukommen/ und zwar durch ein Thierlein/welches viel kleiner ist als ein Floch.

Das Dorff Pinola, wird in den Indianischen Pancac genennet: Pan heisset so viel als drinnen oder drunter: und Car bedeutet dreyerley Sachen / erstlich Feuer; zum andern eine Frucht / die man sonst Gviava nennet; und drittens einen kleinen Wurm/welchen die Spanier nigva heissen/und in gantz Indien/doch an einem Orth mehr als an dem andern/ insonderheit aber/wo es viel Schweine hat/ gemeine ist.

Die Spanier sagen/ daß von solchen Würmern dem Franciscus Draco viel Soldaten/als sie in der Gegend Nombre de Dios ans Land getreten/und auf das hohe Gebürge S. Paul gegen Panama gestiegen waren/ getödtet worden seyn. Denn als sie das jücken an den Füssen gefühlet/und die Uhrsache desselbigen nicht gewust hatten / hatten sie selbige so lange und so sehr gekratzet/daß ihnen Geschwühre entstande / daran sie hatten sterben müssen.

Es halten zwar einige dafür / daß sich diese würme überall/in der Höhe/ und im niedrigen/und so wol auff den Tischen und in den Betten/als auff der Erden heckten: Allein die Erfahrung bezeugets/daß sie sich nur auff der Erden

den hecken/ und sonderlich wenn die Häuser unsauber gehalten/ und selten außgekehret werden.

Sie hengen sich gemeiniglich an die Füsse/ und kriechen in die Schuch/ selten aber an die Hände oder andere Theile des Leibes/ worauß abzunehmen ist/ daß sie sonst nirgends als auf der Erden gehecket werden.

Sie sind viel kleiner als die allerkleinesten Flöhe/ so daß man sie schwerlich ersehen kan/ und wann sie sich in den Fuß eingefressen haben/ so fühlet man eine Hitze und ein überaus hefftiges jücken.

Sie sehen alsdenn schwartz aus/ und sind nicht grösser als eine Nadelspitze/ und können leichtlich mit einer Nadel wieder außgegraben werden: Wenn aber das geringste bißlein davon zurücke bleibet/ so veruhrsacht es so viel Ungelegenheit/ als wenn der gantze Wurm wäre stecken blieben.

Wenn sie biß ins Fleisch sich eingefressen haben/ erwecken sie eine kleine Blase/ voller Nüsse/ die immer je länger je grösser wird/ biß sie einer Erbsen gleich wird/ und allezeit ein hefftiges schmertzhafftes jücken veruhrsachet/ und wenn man sie aufkratzet/ wird ein Geschwüre darauß/ welches den gantzen Fuß in Gefahr setzet.

Es halten einige dafür/ es sey am bestē/ daß man sie aus der Haut grabe/ wenn sie erst anfangen in derselbigen ein jucken zu erwecken: Weil aber solches wegen ihrer Kleinigkeit/ und daß sie leichtlich zerrissen werden/ schwer ist; so rühren sie die meisten nicht eher an/ als biß sie sich ins Fleisch gefressen/ und eine Blase von Nüßlein erwecket haben/ welche wegen ihrer Durchsichtigkeit leichtlich unter der Haut zuerkennen ist: Alsdenn graben sie mit einer Nadelspitzen rings umb die Blase her/ und machen sie mit samt der Wurtzel loß/ daß sie sie gantz mit der Nadelspitze heraußnehmen können: Dann wann sie zerstochen wird/ so wächset sie von neuem wider; wenn sie aber gantz heraus gebracht wird/ und man leget ein wenig Ohren-Schmaltz oder Aschen auff das Loch/ so ist in einem oder zweyen Tagen alles wieder geheilet.

Damit aber diese Würmlein nicht in die Füsse kommen/ so muß man die Strümpffe und Schuch und andere Kleider auf einen Schemel oder erhabenen Stuel legen/ und niemals baarfuß gehen.

Es ist aber eine wunderliche Sache/ daß die Indianer/ die doch baarfuß gehen/ fast niemals damit geplaget werden; dessen Uhrsache man zu seyn glaubt/ daß die Haut an ihren Füssen sehr harte sey; Dann wann selbige so

zarte

zarte wäre/als wie sie an deren Füssen ist/die Schuch und Strümpffe tragen/ würden sie ebenfalß davon anstoß haben.

Pancac oder Pinola ist diesen Würmlein oder Nigvas sehr unterwurffen/ wie ich solches selbst mit höchstem Verdruß erfahren habe: Denn als ich erstlich an selbigen Orth kam / und die Eigenschafft dieses Ungeziefers noch nicht kante/ließ ich eines so lange in meinem Füssen nisten/ und kratzte selbigen immer zu/ biß entlich ein so grosses Geschwüre drauß worde/daß ich einē Wund-Artzt brauchen/ und zwey Monath lang das Bette hüten muste; nach welcher langer Zeit ich mit Gottes Hülffe wieder gäntzlich gesund worde.

Damit aber unsere Nachkommen erkennen mögen/was für grosse Gnade die Göttliche Güte mir in diesen sehr weit von meinem Vaterlande entlegenen Ländern erzeiget habe/ so wil ich/ehe ich dieses Capitel schliesse / zuvor auch die übrigen Gefahren/darein ich gerathen bin/und wie mir GOtt auß selbigen wieder herauß geholffen hat/ beschreiben.

Es ist nicht ohne / es sind die meisten Indianer nur dem äuserlichen Scheine nach Christen/ heimlich aber sind sie der Zauberey und Abgötterey zugethan: Doch/weil sie meiner Seel sorge anvertrauet waren/ so ließ ich mir angelegen seyn / ihnen mit rechtem Eyffer den HErrn JEsum Christum zu predigen/ freundlich mit ihnen umbzugehen/und sie gegen der Spanier Grausamkeit zu beschützen/und hoffte sie hierdurch destomehr zugewinnen / daß ich sie desto besser in der Warheit und sonderlich von GOtt dem Vater und unserm HErrn JEsu Christo unterrichten könte.

Weil ich nun also in gutem Ansehen bey ihnen war/ und sie mich sonderlich liebeten / so beflisse ich mich / so offt ich konte / mich als ihren Freund zu erweisen / ich beklagte ihren Zustand / verthaidigte sie/so offt ein Spanier ihnen unrecht thun wolte / und hatte allezeit Wein und Brandwein bey mir auf der Kammer im Vorrath/umb ihnen / wenn sie mich zu besuchen kamen/ einen Ehren-Trunck zu bieten / oder wenn sie kranck / oder sonst betrübet waren/sie damit zu erqvicken; welches mich doch in Pinola bey nahe mein Leben gekostet hätte.

Denn ein Indianer auß diesem Dorffe/der einem eine halbe Meile weit davon wohnenden Spanier/ nahmens Francesco de Montenegro, dienete/ wurde einesmals von diesem seinen Herren/ darumb daß er gesagt hatte/ er wolle mir es klagen / daß er ihm seinen Lohn nicht geben wolle / so hefftig geschlagen / und übel zugerichtet/daß/ wenn ich nicht alsobald / als er war nach

 Hause

Hause bracht worden/einen Wund-Artzt von Petapa zu ihm hätte holen/und ihn verbinden lassen / er ausser allem Zweiffel davon würde gestorben seyn.

Ueber solches üble tractement, womit der Spanier dem Indianer begegnet/ klagte ich bey dem Præsidenten zu Gvatimala, welcher nach überlegung solcher Klage den Spanier in die Stadt forderte / und ihn so lange ins Gefängnis legte/biß der Indianer wieder gesund worden/und er eine genugsame Straffe bezahlet hatte. Uber dieses stellete ich in einer Predigt den andern Spaniern / seinen Nachbarn/ die Unbilligkeit solcher That für/ ermahnete sie/daß sie den armen Indianern nicht unrecht thun solten / und warnete sie daß ich es eben so wenig leiden wolte/ als wenn es mir selbst wiederführe/ indem ich sie als Neubekehrete/und junge Pflantzen des Christenthumbs betrachtete/die man nicht verdrüssig machen/ sondern vielmehr mit Gelindigkeit und Freundlichkeit zu JEsu Christo führen müste. Nachmals sagte ich den Indianern insgesamt/daß/wenn ihnen iemand unrecht thäte/so solten sie zu mir kommen/ und mir es klagen; ich wolte selbige bey der Obrigkeit so wol vortragen/ daß man ihnen zum recht verhelffen würde/ wie sie aus dem/ was ich bereits gethan/ genugsam abnehmen könten.

Diese Predigt kränckte den Montenegro so sehr/ daß er/ wie man mich berichtete / mir den Tod schwur. Ich gleichwol konte solches schwerlich glauben/und hielt dafür/daß es vielmehr eine Spanische Großsprecherey/ als ein ernstlicher Entschluß gewesen sey.

Einige meiner Freunde selbst warneten mich / ich solte mich wol in acht nehmen: Allein ich schlug diese Warnung auch in den Wind/ biß ich die jungen den Indianer/ die in meinem Hause dieneten/ sämtlich sahe gelauffen kommen;selbige warneten mich / ich solte mich in acht nehmen / und ja nicht aus der Kammer gehen / denn Montenegro were im Hofe mit einem blossen Degen/und wolte mich umbringen.

Ich befahl ihnen alsbald die Gerichte des Dorffs mir zu Hülffe zu holen: ehe sie aber kamen / machte sich der erzürnete Spanier wieder davon/ weil er sahe/daß er verrathen war.

Diese Begebenheit veruhrsachte/ daß ich meiner Schantze besser warnahm: Zu dem Ende ließ ich einen Schwartzen/einen starcken und behertzten Mann/ Nahmens Michel Delva holen/ daß er bey mir bliebe/ biß ich sehen würde/was des Montenegro böses Vorhaben entlich für einen Außgang gewinnen würde.

Fol-

Folgenden Sonntag/ als ich des Morgends nach Mixco gehen solte/ nahm ich meinen Schwartzen mit mir/ nebst einem dutzend Indianer/ daß sie mich begleiten solten; als wir nun durch ein Wäldlein/ so mitten im Thale ist/ gingen/ fand ich meinen Feind meiner warten; da er aber mein Geleite sahe/ hatte er nicht das Hertze mir was anders zu thun/ als daß er lose Worte gegen mir außstieß/ und sagte/ er hoffte mich wohl noch einmal alleine anzutreffen.

Hierdurch wurde ich gezwungen ihn noch einmal beym Præsidenten zu verklagen/ welcher solche Klage auch wol auffnahm/ und nach dem er Montenegro vier Wochen lang im Gefängniß gehalten hatte/ verwiese er ihn auff dreyssig Meilen vom Thale.

Ich wurde aber die Zeit über/ weil ich in diesem Thale wohnete nicht alleine von den Spaniern umb der Indianer willen verfolget; sondern ich lebte auch für den Indianern selbst in Gefahr/ als die nur dem äuserlichẽ Schein nach Christen waren. Ungeachtet aber ich mich in grosser Gefahr befand/ wegen der Feindschafft/ welche so wohl einer als der andere Theil gegen mich trugen; so beschirmete mich doch GOtt iederzeit gnädiglich/ und errettete mich auß ihren Händen.

Das 21. Capitel

Von den Zauberern/ und ihren Zaubereyen/ nebst dreyen merckwürdigen Begebenheiten von dieser Arth.

ES waren einige Indianer in Pinola, die der Zauberey sehr ergeben waren/ und die mit des Teuffels hülffe seltzame Sachen angaben.

Unter andern war ein altes Weib/ Marta de Carillo genand/ die bereits zu mehrmahlen war angeklaget worden/ daß sie unterschiedene Personen im Dorffe verzaubert hätte; sie wurde aber von den Spanischen Richtern/ weil man sie nicht überweisen konte/ loß gesprochen; wodurch sie ärger wurde/ als sie zuvorhin war; und ie länger ie mehr übels stifftete.

Es sturben/ weil ich da war/ zwey oder drey Personen in lauter Mattigkeit; die biß an ihr Ende beständig sagten/ daß sie diese Carillo umbs Leben brächte/ und daß sie dieselbige öffters umb ihr Bette mit grimmigen und erzörnten Angesichte sehen.

Die Indianer fürchten sich so sehr für ihr/ daß sie sich nicht unterstehen

 dörff-

dörfften / sie zuverklagen / oder irgend was mit ihr zu schaffen zu haben: Wodurch ich veruhrsacht wurde / mit dem Don Juan de Guzman, als Herren des Dorffs / zu reden / und ihm zu sagen / daß / wo er nicht rath schaffen würde / so würde sie ihm das gantze Dorff verwüsten.

Hierauff erhielt er vom Bischoffe eine Commission für mich und einen andern Inquisitions-Beampteten / ihr Leben und Sitten genau zu untersuchen: Als solches geschahe / brachten die Indianer schwehre Klagen wieder sie / und zeugeten die meisten Einwohner des Dorffs wieder sie / daß es Landkündig sey / daß sie eine Zauberin sey / und daß sie vormahls / ehe sie zum erstenmahl sey verklaget worden / aller Orthen / wo sie umb das Dorff gegangen sey / eine Endte mit sich hätte lauffen gehabt / die / wenn sie in die Kirche gegangen sey / für der Thüre so lange gewartet habe / biß sie wieder wäre herauß kommen / alsdenn sey sie wieder mit ihr nach Hause gegangen / und daß sie dafür hielten / diese Endte sey ihr Teuffel und Spiritus familiaris, weil die Hunde / so offt sie selbige an sie gehetzet hätten / sie niemals anlauffen wollen / sondern allezeit für ihr gelauffen wären.

Nachdem sie aber vor der Obrigkeit were verklagt worden / hätte man diese Endte nicht mehr gesehen; und hielte man davor / daß solches mit Fleiß geschehe / damit man nicht mehr Gedancken haben solte / als ob sie sich der Zauberey weiter annehme.

Dieses alte Weib war eine Wittbe / und dem Ansehen nach eine von dem ärmesten im gantzen Dorffe; und dennoch hatte sie allezeit Geld genug / ohne daß iemand wissen konte / wo sie es hernehme.

Indem ich nun diese geheime Untersuchung hilt / welches in der Fasten geschahe / zu welcher Zeit alle Einwohner des Dorffes beichten kamen / stellete sie sich ebenfals wie die andern ein / und brachte mir ein besseres Geschencke / als sonst iemand im Dorffe: Denn da man sonst gemeiniglich einen Real brachte / gab sie mir 4. Realen / einen Indianischen Han / Eyer / Fische und ein Töpffgen voll Honig.

Sie dachte durch solches Geschencke mich zu gewinnen / daß ich mir bessere Gedancken von ihr machen solte / als ich wol aus dem Berichte der Einwohner von ihr möchte geschöpffet haben.

Ich nahm ihr Geschencke an / und hörete ihre Beichte / in welcher sie aber nichts als nur geringe Dinge sagte / die man gar kaum unter die Zahl der erläßlichen Sünden hätte rechnen können. Dannenhero nam ich sie für / und examiaminirte sie etwas schärffer über den Verdacht/ in welchem sie bey allen Indianern war/ und insonderheit darüber/ daß einige auff ihrem Todtbette mir geklaget hätten/ daß sie von ihr wären bezaubert worden/ daß sie dieselbige vorher/ ehe sie wären kranck worden/ bedrauet/ und daß sie hernach in wehrender Kranckheit ihnen offters umbs Bette erschienen wäre/ und ihnen gedräuet hätte/ daß sie sie umbbringen wolle/ und sie doch sonsten niemand von den umbstehenden hätte sehen können.

Sie antwortete aber hierauff nichts anders/ als daß sie weinete/ und sagte/ es geschehe ihr unrecht/ daß man solche Sachen von ihr glaubte.

Ich fragte sie/ woher sie/ als eine arme Wittbe/ die keine Kinder hätte/ die ihr an der Hand stehen könten/ und kein Mittel hätte ihre Nahrung zu erwerben/ dennoch so viel Geld hätte/ daß sie mir mehr als die allerreichesten im Dorffe geben könte? woher sie den Indianischen Hahn/ den Fisch/ den Honig bekommen hätte/ indem sie nichts dergleichen in ihrem Hause hätte?

Hierauff gab sie zur Antwort/ daß sie GOTT lieb hätte/ und dieser hätte ihr das zum theil bescheret/ und das übrige hätte sie für ihr Geld gekaufft.

Ich fragte sie/ von wem sie es gekaufft hätte; sie sagte/ von denen im Dorffe.

Ich redete ihr hierauff starck zu/ und ermahnete sie zur Busse; sie solte den Teuffel verlassen/ und ferner keine Gemeinschafft mit ihm haben; worauf sie mir mit lauter Gottesfurcht und Andacht antwortete/ und bath mich inständig/ ihr das Abendmal zugleich mit den andern/ die es folgenden Morgen geniessen solten/ zu reichen.

Ich antwortete aber/ ich dörffte solches nicht thun/ weil Christus selber gesaget hätte/ man solte der Kinder Brod nicht den Hunden/ noch die Perlen den Säuen fürwerffen; ich würde ein grosses ärgernüß geben/ wenn ich sie/ die nicht nur der Zauberey wegen im Verdacht were/ sondern auch offentlich deßwegen sey angeklaget worden/ communiciren solte.

Dieses verdroß sie heftig/ so daß sie sagte/ es kränckte sie hertzlich/ daß da sie viel Jahre nacheinander die Comunion empfangen hätte/ sie nun in ihrem Alter derselbigen solte beraubet werden/ und fing darauf an bitterlich zu weinen: Aber alle ihre Thränen bewegten mich nichts im geringsten/ und ich blied feste darauff/ daß ich ihr das Abendmal nicht reichen wolle/ und wieß sie mit diesem Bescheide von mir.

Nachmittag/als ich mein Ampt in der Kirchen verrichtet hatte/befahl ich meinen Leuten die Opffer auffzuheben / und mir den Fisch / den die Alte gebracht hatte/ zur Mittags-Mahlzeit zuzurichten: er war aber kaum in die Küche gebracht worden/so fand ihn der Koch gantz faul/ stinckend und voller Würmer/daß er ihn wegwerffen muste.

Dieser erweckte in mir grossen Verdacht gegen die alte Hexe/und machte/daß ich den Honig/den sie mir geschencket hatte/besahe;un als ich ihn in eine Schüssel außschüttete/fand ich ihn voller Würme: Ihre Eyer konte ich zwar unter den andern nicht erkennen / weil ich ihrer bey nahe hundert denselbigen Tag bekommen hatte: als sie aber nach und nach verbrauchet wurden/ fand man etliche unter denselben verfaulet/und etlichemit todten Hünlein. Der Indianische Hahn ward den folgenden Morgen todt gefunden; und was die vier Realen an betrifft/ so konte ich zwar nicht wissen/ ob sie mich damit auch bezaubert hatte / denn ich hatte sie nebst vielen andern/die mir denselbigen Tag waren verehret worden / in meinen Schiebsack gestecket: Doch so viel ich mich alles dessen/was ich bekommen hatte/ erinnern konte/so befand ich/ daß mir vier Realen fehleten.

Den Abend drauff/ als meine Indianische Knechte schlaffen gegangen waren/blieb ich biß späth in die Nacht in meiner Kammer sitzen/ und studierete/weil ich folgenden Morgen an die / welche communiciren solten / eine Vermahnung thun wolte.

Da ich nun eine weile studieret hatte / zwischen zehn und eilff Uhren / ging plötzlich die grosse Thüre im Saale / neben welchem meine und meines Gesindes Kammern waren / nebst drey andern Thüren mit grossem Getümmel auff / und ich hörete iemanden in den Saal kommen / und eine zeitlang auff und ab gehen. Drauff hörete ich eine andere Thüre auffmachen/ durch welche man in den Orth ging/ wo das Geschirre für meine Maulthiere auffbehalten wurde / welches mich glauben machte/ es würde vielleicht mein Schwartzer/ der Michel Delva seyn / der offters gar späthe schlaffen ging/ sonderlich nach der Furchte/die mir Montenegro veruhrsachte / und er würde etwan seines Maul Esels Geschirre auffheben: Als ich ihn aber zwey oder dreymahl bey seinem Nahmen in meiner Kammer ruffte / bekam ich nicht ein einiges Wort zur Antwort; sondern ich hörete eine andere Thüre/ durch welche man in den Garten ging / auffmachen / welches mir ein solches Schrecken einjagte / daß mir der gantze Leib erschütterte / und die Haar auff

dem

dem Kopffe alle gen Berge stunden; ja ich hatte nicht einmal das Hertze meine Knechte zu ruffen/so gar war ich erschrocken.

Hierauff gerieth ich mit den Gedancken auff die alte Hexe/ und fing an GOtt anzuruffen/ daß er mich für ihrer Boßheit bewahren wolle: Bald kriegte ich wieder Muth/und empfand die Sprache/ die ich auß Schröcken verlohren hatte/ wieder frey; ruffte also meinem Gesinde/ und pochte mit einem Rohr/ damit sie mich hören möchten; denn ich unterstand mich nicht/ die Thüre auffzumachen/oder auß der Kammen zu gehen.

Von dem Getümmel/das ich machte/erwachten meine Leute/und kamen für meine Kammer-Thüre/und als ich auffgemacht hatte/ fragte ich sie/ ob sie nicht iemand auff dem Saale gehen/ und alle Thüren auffmachen gehöret hatten? sie antworteten; sie hatten geschlaffen/ und nichts gehöret; ausser ein einiger junge sagte/er hätte alles gehöret/und erzehlete mir alles mit eben denen Umbständen/wie ichs gehöret hatte.

Hierauff nahm ich mein Licht/und ging mit ihnen sämtlich auf den Saal/ die Thüren zu besehen/ die ich aber alle verschlossen fand/ wie meine Diener sagten/daß sie sie/als sie schlaffen gegangen waren/ verlassen hätten.

Darauß erkandte ich nun/daß mich die Hexe hatte erschröcken wollen/ aber mir keinen schaden hatte zufügen können.

Ich ging drauff wieder in meine Kammer und legte mich zu Bette/ ließ aber zweene meiner Knechte bey mir in der Kammer schlaffen.

Folgenden morgen ließ ich meinen Official zu mir fodern/ und erzehlete ihm/was mir die Nacht über wiederfahren sey: Er lachte darüber/und sagte/ es wäre die alte Carillo gewesen/ welche zum öfftern dergleichen Possen denjenigen/die sie erzörnet hätten im Dorffe mitgespielet; deswegen sey er auch den Abend vorher zu mir kommen/ umb mich zu bitten/ ich möchte sie communiciren/ damit sie mir nicht etwan was übels zufügte/ welches ich ihm aber eben so wol/ als ihr selbst/abgeschlagen hatte: er sagte drauff/ ich solte nur guthes Muths seyn/ denn er spühre nunmehr wohl/daß sie mir zu schaden keine Macht hätte.

Eben an selbigem Tage nach gehaltener Commonion kamen etliche der vornehmsten Indianer zu mir/und berichteten mich/ daß sich die alte Carillo vermessen hätte/ sie wolte mir darumb/ daß ich sie nicht hätte Communiciren wollen/gewiß ein stücklein beweisen/es gesche gleich auf was Weise es wolle.

Damit ich aber das Dorff von einem so bösen Thier befreyete/ so ließ ich sie

sie nach Gvatimala führen/ und schickte sie mit außführlichen Bericht alles dessen/ was man von ihr erfahren/ und den Zeugen wieder sie/ dem Præsidenten und Bischoffe zu/ die sie in ein Gefängnüß setzen liessen/ darinnen sie auch nach zwey Monathen starb.

Es waren noch viel andere Indianer in diesem Dorffe/ von denen man wunderliche Händel redete. Unter andern sagte man von einem Juan Gonzalez, daß er sich offt in einem Löwen verwandele/ und als er einesmals in solcher Gestalt gewesen/ sey er von einem armen einfältigen Spanier/ der sich vom jagen der Hirsche und anderer wilden Thiere in den Wäldern und auf den Bergen ernehrete/ im Gesichte an der Nase verletzet worden.

Denn als dieser eines Tages einen Löwen hinter einem Baume versteckt gefunden/ und nur desselbigen Schnautze ins gesicht bekommen können/ hatte er Feuer auff ihn gegeben; der Löw aber war alsbald davon gelauffen.

Eben denselben Tag wurde Gonzalez kranck/ und man schickte nach mir/ daß ich ihn solte Beichte hören: als ich zu ihm kam/ befand ich/ daß er im Gesichte beschädiget/ und die Nase gantz zerqvetschet sey: und da ich fragte/ wie er dazu kommen sey/ sagte Er/ er sey von einem Baume gefallen/ und hätte wenig gefehlet/ daß er sich nicht todt geschlagen hatte; gleichwol klagte er hernach den armen Spanier an/ daß er nach ihm geschossen hätte.

Als die Sache für den Richter gebracht wurde/ muste ich Zeugnüß ablegen/ daß Gonzalez zu mir gesagt hätte/ er wäre von einem Baum gefallen: Der Spanier wurde endlich abgehöret/ der sagte/ daß er nach einem Löwen in einem sehr dicken Gehöltze/ darinnen man keinen Indianer iemahls vermuthen würde/ geschossen.

Der Baum wurde gefunden/ und sahe man an demselbigen die Zeichen von dem Schusse; und Gonzalez selbsten gestand es/ daß dieses der Orth sey/ wo er wäre beschädiget worden. Und als man ihn examinirte/ warumb er nicht gefallen wäre/ und warumb er von dem Spanier/ als er kommen war/ den Löwen zu suchen/ nicht sey gesehen worden/ sagte er/ er sey entlauffen/ auß Furcht es möchte ihn der Spanier vollends gar erschiessen.

Weil aber seine meiste Antwort sehr liederlich/ des Spaniers Frömmigkeit iederman bekand/ und der Argwohn/ daß Gonzalez mit dem Teuffel umbginge/ im gantzen Dorffe groß war/ so wurde der Spanier von aller Anklage loß gesprochen/ und auff freyen Fuß gestellet.

Dieses aber ist nichts gegen dem/ was nach der Zeit einem Juan Gomez wie-

wiederfuhr; dieser war der vornehmste in dem Dorffe / beynahe achtzig Jahr alt / das Haupt / und Gouverneur des ansehnlichen Geschlechtes unter ihnen / dessen Meinung allezeit allen andern vorgezogen wurde / er schiene über dieses ein ehrlicher Mann zu seyn / der selten des Morgends die Messe / und Nachmittage die Vesper versäumete / und hatte der Kirchen des Orths viel geschencket.

Diser Indianer wurde einesmals / als ich zu Mixco ware / plötzlich kranck / so daß die Vorsteher der Brüderschafft der H. Jungfrau fürchteten / er möchte ohne Beichte sterben / und hernach ihnen ihre Nachlässigkeit verwiesen werden. Sie kamen derowegen umb Mitternacht zu mir nach Mixco, und bathen mich / ich möchte doch alsobald nach Pinola kommen / und den Juan Gomez zu einem seligen tode bereiten / als welcher sich hefftig nach mir sehnete / und von mir getröstet zu werden wünschte.

Ob es nun zwar eine gantz ungewöhnliche Stunde war / und es dazu häfftig regnete; iedennoch / weil ich davor hielt / daß solches die Christliche Liebe erforderte / so ließ ich mich nichts zurücke halten / sondern satzte mich zu Pferde / und ritt die drey Meilen bey finsterer Nacht und starckem Regen.

Als ich gantz durchregnet nach Pinola kam / ging ich alsobald in des alten Gomez Hauß / und fand ihn zu Bette liegen mit verbundenem Gesichte; er bedanckte sich gegen mir / daß ich die Mühe auff mich genommen / und seiner Seelen zum besten zu ihm hätte kommen wollen / er bath mich / ich möchte ihn Beichte hören / und bezeugete durch seine Thränen / und mit seiner Beichte ein Gottseeliges Leben / und ein grosses Verlangen durch den zeitlichen Todt zu JEsu Christo zu kommen.

Ich tröstete ihn / und bereitete ihn zum sterben; als ich aber / ehe ich von ihm ging / ihn fragte / was ihm schadete / sagte er / seine Kranckheit sey nichts anders als das Alter / und eine von demselbigen herrührende Schwachheit.

Hierauff gieng ich in mein Hauß / zog ein ander Hembd an / und legte mich nieder / ein wenig außzuruhen: Bald aber wurde ich wieder geruffen / dem Gomez die letzte Oelung / ohne welche die Indianer nicht leichtlich iemand sterben lassen / zu geben.

Als ich ihm die Nase / die Lippen / die Augen / die Hände und Füsse salbete / sahe ich wohl / daß er auffgelauffen und gantz blau war / ich achtete es aber nicht / weil ich meinete / es käme solches von seiner Kranckheit her.

Ich ging bey anbrechendem Tage wieder nach Hauß/und als ich ein wenig geruhet hatte/ klopfften etliche Indianer an meiner Thüre an/ Warlichte zu kauffen/die sie für die Seele des Verstorbenen Juan Gomez, der noch denselbigen Tag ansehnlich mit einer Messe solte begraben werden/ opffern wolten.

Ich stund alsbald auff/ und ging/ungeachtet mir die Augen gantz roth waren/weil ich die gantze Nacht nicht geschlaffen hatte/in die Kirchen/ allwo man bereits anfing das Grab zu machen.

Ich traff zugleich zweene oder drey Spanier/ welche nahe bey dem Dorffe wohneten/und diesen Morgen Messe zu hören komen waren/ an; diese gingen mit mir in mein Gemach/ und geriethen mit mir in ein Gespräche von dem Juan Gomez, da ich ihnen denn sagte / daß ich mich sehr vergnügt befinde ihn so Christlich sterben zu sehen / ich zweiffelte an seiner Seeligkeit im geringsten nicht/und wäre sein Todt den Einwohnern des Dorffes ein grosser Verlust/weil er ihre Haupt und Führer gewesen/und sie jederzeit weißlich und mit Verstande regieret hätte.

Hierüber lachten die zweene Spanier/ sahen einander an/und sagten/ich wäre von den sämtlichen Indianern zimlich betrogen/ und insonderheit vom Juan Gomez, wenn ich glaubte/daß er ein heiliger und ehrlicher Mann gewesen wäre.

Ich antwortete ihnen: sie wären der armen Indianer Feinde/ und dannenhero urtheilthen sie allezeit übel von ihnen: ich aber könte ihnen mit Warheit ein viel besseres Zeugnüs geben / weil ich wüste/ wie es umb ihre Gewissen stünde.

Einer aber auß ihnen wandte dagegen ein/ es schiene/ ich wüste wenig oder nichts aus der Beichte des Juan Gomez, was es für eine Beschaffenheit mit seinem Tode hätte/ und müste noch nichts von der gemeinen sage/ so im Dorffe umbginge/ seinen Todt betreffend/ gehöret haben: über welcher Rede ich mich einiger Massen entsätzete/ und sie endlich bath/ sie möchten mir doch die Warheit/ so viel ihnen von der Sache wissend wäre/ entdecken.

Hierauff sagten sie mir / daß die gemeine Rede gehe / daß Juan Gomez der grösseste Zauberer und Hexenmeister im gantzen Dorffe gewesen sey/und daß er sich habe pflegen in einen Löwen zuverstellen / und in solcher Gestalt auff dem Gebürge herumb zu lauffen. Er sey iederzeit ein todtfeind eines so genandten Sebastian Lopez, eines auch alten Indianers und Haupts eines andern Geschlechtes gewesen; nun wären diese beyde einander vor zwey Tagen auff dem Gebürge begegnet/ Gomez zwar in der Gestalt eines Löwen/ Lopez aber in der Gestalt eines Tiegers/und hätten sich grausamlich miteinander geschlagen/biß endlich Gomez, als älter und schwächer/ wäre ermüdet/ und solcher Gestalt von Lopez gebissen und zerschlagen worden/daß er davon hätte sterben müssen.

Uñ daß dieses war sey/erscheine daher/daß man den Lopez deßwegen ins Gefängnis gelegt/daß die beyden Geschlechter deßwegen miteinder im Streit wären/ und das Geschlecht und Verwandten des Gomez von Lopez und seinem Geschlechte satisfaction und eine grosse Summa Geldes forderten/ oder sie wolten die Sache für die Spanische Obrigkeit bringen; doch wolten sie solches noch nicht thun/ sondern sehen/ob die Sache gütlich zwischen ihnen selbst könte beygeleget werden; weil sie besorgten/ es möchte ihrem Dorffe nachtheilig seyn/und sie bey den Spaniern verhasset machen.

Dieser Bericht kam mir so seltzam vor/daß ich nicht wüste/was ich glauben solte/und machte/daß ich bey mir beschloß/nimmermehr keinem Indianer zu glauben/ wofern ich befinden würde/ daß Gomez ein Heuchler gewesen/ und mich also betrogen hätte.

Ich nahm also Uhrlaub von den Spaniern/und ging nach dem Gefängnüß/ in welchem ich den Lopez,mit Fesseln an den Füssen fande.

Als ich von dannen wieder nach Hause kam/ ließ ich einen Beampteten des Dorffs/der Algvazil-Major und mein sehr guter Freund war/zu mir kommen/und fragte ihn umbständlich/auß was Uhrsachen man den Lopez solcher Gestalt gefangen hielte.

Er wolte anfangs mit der Antwort nicht herauß/ und sagte/ er dörffte es umb der Indianer willen nicht wol offenbahren/zumahln man hoffte/es würde die Sache zwischen den beyden Geschlechtern bald hingeleget/ und nichts mehr davon geredet werden; weil eben damals die beyden Alcalden und Regidors mit den vornehmsten auß beiden Geschlechtern umb dieser Uhrsache willen auff dem Rathhauß beysammen waren.

Als ich nun sahe/ daß dieser Officirer so an sich hielt/ wurde ich noch begieriger zu wissen/ wie es mit der Sachen beschaffen sey/und trieb ihn/ mir die Warheit zu bekennen/sagte ihm auch selbst eines und das andere/was ich zuvorher von den zweyen Spaniern vernommen hatte.

Hierauff antwortete Er/daß/ wann sie sich miteinander vergleichen könten/so hätten sie nicht zu besorgen/daß die Spanier ihr Dorff in ein böses Geschrey bringen würden. Ich aber sagte/ ich wolte wissen/ warumb sie so in der Stille auff dem Rathhause beysammen wären.

Weil ich nun so hart auf ihn trang/ so versprach er/ wann ich ihn nicht melden wolte/mir die Warheit zu bekennen/ denn er fürchtete der sämtlichen Einwohner Unwillen/ wenn sie erfahren solten/ daß er mir den Handel entdeckt hätte.

Ich versprach ihm solches/und schänckte ihm ein Glaß Wein/ihm einen Muth zu machen; ihn versichernd/daß ihm deswegen/was er mir offenbaren würde/nicht das geringste Leid widerfahren solle.

Hierauff erzehlete er mir nun den gantzen Handel/wie mir die Spanier gesagt hatten/und satzte hinzu: Er glaube nicht/ daß die beyden Geschlechter sich würden vergleichen können/weil unter des Gomez Freunden etliche wärẽ/die dem Lopez/uñ allẽ denẽ/welche/wie er/mit dem Teuffel Gemeinschafft hätten/todt feind wären/ und nichts darnach fragten/ wann gleich des Gomez heuchlerisches Leben iederman kund würde: es wären aber dagegen andere/ die eben so Gottlose als Lopez und Gomez wären/ welche sich die Sache zu verdrucken bemüheten/aus Furcht/sie möchten mit allen andern Hexen und Zauberern im Dorff entdecket werden.

Da ich solches hörete/ ging es mir sehr zu Hertzen/ daß ich unter solchen Leuten wohnen solte/ die alles/was sie mit schwehrer Arbeit verdieneten/ der Kirchen gutes zu thun/ und den Heyligen zu opffern/ anwendeten/ und dennoch mit dem Teuffel Gemeinschafft hätten.

Es verdroß mich hefftig/zu sehen/daß ich Gottes Wort vergeblich predigte: und machte/ daß ich mir ernstlich vorsetzte/ forthin des Teuffels Arglistigkeit mich mit aller Macht zu widersetzen/ und ihnen mit grösserem Eyffer/ als ich bisher noch nicht gethan hatte/ die grosse Seelen-Gefahr/worein diejenigen sich setzten/die auff einigerley Weise mit dem Satan in Verständnüs lebten; umb sie damit zu bewegen/daß sie den Wercken des Teuffels absagen/ und durch auffrichtigen Glauben JEsu Christo anhangen möchten.

Als ich nun diesen Officirer von mir gelassen hatte/ging ich in die Kirchen zu sehen/ob das Volck zur Messe komen wäre/ich fand aber niemand daselbst/ ausser zwey Männern/ die dem Gomez das Grab machten.

Weil ich nun niemand antraff/ging ich wider in meine Kammer voller Bestürtzung über dem/was ich erfahren hatte/ und wuste nicht/ob ich ihn als einen Christen solte begraben lassen/weil er so/wie mir gesagt war worden/gelebet hatte.

Gleichwol dauchte mich/ich müste dem Zeugnüs eines einigen Indianers wieder ihn nicht bald glauben zu stellen/eben so wenig als ich den zweyen Spaniern dörffte/als die nur von hören sagen redeten.

Indem ich also im Zweiffel stund/was ich thun solte/ so kamen biß auff die zwantzig von den vornehmsten Indianern des Dorffs/ nebst den zweyen Bürgermeistern und Schöppen/samt dem gantzen Rathe zu mir/ und bathen mich/ ich möchte doch die Begräbnüs des Gomez diesen Tag auffschieben/ weil sie entschlossen wären/ einen Beampten von der Krohne kommen zu lassen/seinen Leichnam zu besichtigen/ und die Uhrsachen seines Todes zu untersuchen/weil sie besorgten/sie möchten hernach Ungelegenheit haben/ und der todte etwan wieder müssen ausgegraben werden.

Ich thät/als wenn ich gantz nichts umb diese Sache wüste/und fragte sie/ warumb sie solches von mir verlangeten? da erzehleten sie mir alles nach der Länge/und sagten/daß Zeugen im Dorffe wären/ die bejaheten/ daß sie einen Löwen und einen Tieger hätten mit einander streiten sehen/und daß einen Augenblick darauff diese Thiere für ihren Augen verschwunden wären/und hätten dagegen fast an eben dem Orthe den Juan Gomez und Sebastian Lopez von einander gehen sehen; und daß bald darauf Gomez, so von Schlägen gantz übel zugerichtet nach Hauß kommen sey / habe sich zu Bette geleget / von dem er auch nicht wieder auffgestanden sey; und daß er kurtz zuvor / ehe er gestorben / etlichen seiner Freunde bekennet habe / daß ihn Sebastian Lopez umbs leben brächte; worüber dieser sey angehalten/ und ins Gefängnüs gebracht worden.

Ferner sagten sie/ daß/ob sie gleich vormals von dieser beyden Menschen (die die Vornehmsten in ihrem Dorff gewesen wären/ und sie deshalben iederzeit in Ehren gehalten) Boßheit nichts im geringsten gewust hätten; so wären sie gleichwol bey dieser Begebenheit so wol von seiten des einē als auch des andern Geschlechts genugsam und warhafftig berichtet / daß diese zwey iederzeit mit dem Teuffel zuschaffen gehabt hätten/ welches den sämtlichen Einwohnern ihres Dorffes eine Schande wäre: Sie ihrerseits widersagten allen dergleichen boshafften und Gottlosen Vornehmen/und bäthen mich/ ich möchte die übelthaten/die einer oder der andere insonderheit begingen/nicht der gantzen Gemeine zu rechnen; sie wären entschlossen/ alle diese Unglückselige zu verfolgen/und sie nicht länger in ihrem Dorffe zu leiden.

Ich

Ich antwortete ihnen: Daß mir ihr Eiffer gantz wol gefiele; und vermahnete sie/ sie solten als gute Christen sich bemühen den Teuffel aus ihrem Dorffe auszubannen; sie hätten gar wol gethan/ daß sie nach Gvatimala geschickt/ und die Spanische Obrigkeit von diesem Fall benachrichtiget hätten; denn so sie es zu vertuschen gesucht hätten/ würden sie sämtlich/ als Mitschuldige am tode des Gomez, und Mithelffer solcher Werckzeuge des Teufels/ strafwürdig gewesen seyn.

Ich versicherte sie darneben/ daß ich keinen bösen Gedancken von ihnen hätte; sondern hielte sie vielmehr umb deswillen hoch und werth/ daß sie sich sämtlich dessen/ was sie thäthen/ entschlossen hätten.

Der Officirer von der Krohne/ nachdem man geschickt hatte/ kam selbigen Abend an/ besichtigte des Gomez Leichnam in meiner Gegenward/ und fand ihn gantz zerschlagen/ zerkratzt/ zerbissen/ und an vielen Orthen verwundet. Man hörete hierauff unterschiedene Zeugnüsse und Muthmassungen/ welche so wohl die Einwohner des Dorffs/ als die Freunde des Gomez ablegten/ wider den Lopez ab: Brachte ihn hierauff nach Gvatimala, da er nochmals in Gegenwart der Zeugen examiniret worde: und weil er sich nicht wol rechtfertigen konte/ sondern die Sache einiger Massen gestand/ worde er zum Strange verdamt/ und nachmals auffgehencket: Gomez aber an statt/ daß man ihn in dem Grabe/ so in der Kirchen für ihn gemacht worden/ begraben solte/ worde sonst in einen Graben verscharret.

In Mixco traff ich ebenfals etliche Indianer an/ die nicht weniger Scheinheilige waren/ als Gomez: Es waren vier Brüder Fuentes genand/ die Vornehmsten und reichesten im Dorffe/ und sonst noch mehr/ denn zehn andere.

Diese Leute führeten äuserlich ein erbares Leben/ waren freygebig gegen die Armen/ und wolthätig gegen die Kirchen/ andächtig gegen die Heiligen/ und liessen sich ihre Feste zu feyren einen grossen ernst seyn: aber in geheim waren sie die ärgsten Abgötterer.

Es war aber Gottes sonderlicher Wille/ daß durch mich die Wercke der Finsternüß/ die sie heimlich trieben/ offenbahret und ans Licht gebracht werden solten; ob gleich dieselbige in der Einsamkeit eines Waldes und Gebürges für den Augen der Welt eine lange Zeit versteckt gewesen waren.

Es waren eines Tages einige von diesen Leuten in einer Gesellschafft anderer/ die bessere Christen waren/ als sie/ da sie beym Truncke ihrer Chicha, ihren GOtt anfingen zu rühmen/ daß er ihnen weit besser gepredigt hätte/

te/als ich/ und daß sie von allem dem/ was ich ihnen von Christo sagte/ nichts glauben solten; sondern sie solten der alten Religion ihrer Vorfahren/ die ihre Götter/wie sichs gebührete/ angebethet hätten/ folgen/ und sich das Exempel der Spanier/die einen falschen GOtt anbeteten/ nicht verführen und betriegen lassen.

Die andern Christen/als sie diese Worte höreten/ entsetzten sich/ und fragten/wo denn dieser ihr GOtt wäre/ und konten mit grosser Mühe/ nachdem sie ihnen versprochen hatten ihnen zu folgen/ und ihrem Gott zu dienen/ kümmerlich von ihnen den Ort und das Gebürge/wo er anzutreffen sey/kaum erfahren.

Ob nun zwar die guten Christen den andern beym Soffe versprochen hatten/zu thun wie sie; jedennoch/als sie wieder alleine waren/ und ihre Zusage etwas reifflicher bedachten/ trieben sie aus selbiger/ als einer liederlichen Sache/wie auch auß dem gantzen Discurs nur ihr Gespötte.

Sie konten aber gleichwohl die Sache nicht so gar geheim halten/ daß selbige nicht einem Spanier/ der im Thale wohnete/ wäre zu Ohren kommen: Dieser/weil er es im Gewissen sich nicht zuverantworten getrauete/wenn er es nicht offenbahrete/kam zu mir nach Mixco, und sagte mir/ daß in diesem Dorffe etliche Indianer wären/ die einen Abgott anbeteten/ und sich rühmeten/daß er wider meine Lehre und zum Schutz der alten heydnischen Abgötterey geprediget hätte.

Ich danckte GOtt/ daß er täglich die Wercke des Satans zerstörete/ und bath den Spanier/er wolte mir doch sagen/ von wem er alle diese Dinge erfahren hätte; welches er auch that/ und mir denjenigen/ der es ihm gesagt hatte/nennete; und fügte hinzu/daß mir es derselbige selbst würde offenbaret haben/ wenn er sich nicht dieselbigen Indianer zu entdecken/ gefürchtet hätte.

Ich schickte also fort nach dem Indianer/und ließ ihn zu mir holen/ damit ich ich ihn gegen dem Spanier verhören könte: welcher mir in seiner Gegenwart alsbald bekandte/was er gehöret hatte/er hätte mir es aber zu sagen sich nicht unterstehen dörffen/weil er wol wüste, daß/wenn er diese Indianer verrathen würde, sie ihm mit des Teuffels Hülffe leides genung zufügen würden.

Ich widersetzte/daß/wenn er anders ein wahrer Christ sey/ er mit dem Teuffel kämpffen/ und sich gantz nicht für ihm fürchten müsse/ weil er ihm kein leid zufügen könte/wann GOtt bey ihm sey/ und er sich mit festem Glau-

ben

ben an JEsum Christum halte: und würde die Entdeckung dieses Götzens das Mittel seyn/diese Abgötterer zu bekehren/wenn sie nemlich sehen würden/ wie ohnmächtig ihre falsche Götter gegen dem wahren GOtt der Christen seyn.

Ueber dieses sagte ich ihm klar unter die Augen/ daß/ wann er mir nicht auffrichtig sagen würde / wer diese Indianer wären / und wo ihr Götze steckete/ so wolte ich ihn nach Gvatimala schicken/ da würde man ihn wol alles/ was er wüste/ bekennen machen.

Als er solches hörete / furchte er sich / und bekandte mit zittern/ daß es die Fuentes wären/ die sich dieses Götzens/ den sie ihren GOtt nenneten/ gerühmet hätten/ und daß sie zum Wahrzeichen des Orths/ eine Brunnqvelle und eine Fichte/ so für dem Eingange einer Höle an einem solchen und solchen Berge stünden/ gegeben hätten.

Ich fragte ihn/ob er den Orth wüste/und was das für ein Götze wäre: Er gab zur Antwort; er wäre offters auff demselben Berge gewesen/ da er wol zwey oder drey Qvellen gesehen hätte; er wäre aber niemals in einige Höle kommen.

Weiter fragte ich/ ob er wol mit mir gehen/und mir den Orth wolte entdecken helffen? allein er weigerte sich des/ auß Furcht für den Götzendienern/ und mahnete mich selbst ab/ich solte ja nicht dahin gehen/weil zu fürchten wäre/daß/ weñ sie ohngefähr daselbst seyn solten/ sie mich eher erschlagen/als sich würden wollen entdecken lassen.

Ich antwortete ihm/ich würde ein so gutes Geleite mit mir nehmen/ daß mich selbiges gar wol für ihnen beschützen würde; und daß ich das Vertrauen zu dem lebendigen und Allmächtigen GOtt hätte/daß er mich wieder diesen falschen GOtt beschirmen würde.

Ich wurde derohalben nebenst diesem Spanier schlüssig folgenden Morgen diesen Orth auffzusuchen/und noch drey oder vier andere Spanier samt meinem Schwartzen Michael Delva, und diesem Indianer mit mir zu nehmen: Den Indianer aber ließ ich diesen Abend nicht wieder heim in sein Hauß gehen/weil ich besorgete/er möchte den Anschlag im Dörffe entdecken/ und/wenn solches die Abgötterer erführen/möchten sie mir des Nachts zuvor kommen/und ihren Götzen aus diesem Orthe wegnehmen/und anders wohin tragen.

Indessen weigerte sich der Indianer stets/ mit zu gehen/ biß ich ihm entlich

lich dreuete/ich wolte die Gerichte holen/ und ihn arrestiren lassen; da willigte er endlich ein/und versprach mir/uns zubegleiten.

Damit Er aber mit niemand auß dem Dorffe/ und auch mit meinen Knechten nicht reden könte/ so bath ich den Spanier/daß er ihn mit sich heim nahme/und ihn den Tag uñ die folgende Nacht über wol verwahren solte/mit Versprechen/daß ich folgenden Morgen früh zu ihm kommen wolle; er solle aber ja indessen die Sache geheim halten: und ließ ihn also mit dem Indianer/ den er mit sich nam/von mir gehen.

Noch selbigen Tag ging ich nach Pinola den Schwartzen/Michael Delva, zu holen/und ihn mit mir nach Mixco zu nehmen/ohne daß ich ihm das wenigste von meinem Vorhaben sagte: Ich sprach auch unterwegens bey vier Spaniern meinen Nachbarn ein/ und bath sie/ wenn sie sich morgen früh wolten fertig halten/ mich in einer Verrichtung/ die die Ehre GOTTES antreffe/ zu begleiten: sie solten sich in dem Hause eines unserer Nachbarn versamlen/und/wann sie ihre Röhre wolten mit sich nehmen/würden wir uns vielleicht an dem Orte/ wo wir hingingen/die Zeit verkürtzen können/ich würde im übrigen sorge tragen/daß wir an Wein und Fleisch keinen Mangel haben würden.

Sie versprachen mir sämptlich mit mir zu gehen/ indem sie sich einbildeten / daß /. ob ich gleich sagte/es betreffe die Ehre Gottes/ ich dennoch kein ander Absehen hätte/als etwan einen Hirsch auff den Bergen zu jagen.

Ich war sehr wohl zu frieden / daß sie mein Vorhaben dahin deuteten/ ging drauff nach Hause / und ließ auf den Vorrath einen guten Schincken/ etliche gebratene/und etliche andere gekochte wolgepfeffert/und gesaltzene Hüner auff unsere morgende Reise zurichten.

Als selbiger anbrach/ fand ich meine gantze Gesellschafft in dem Hause deßjenigen/ der den Indianer in Verwahrung hatte/ beysammen/ von dannen wir insgesamt nach dem Orthe/wo die Götzendiener ihren Abgott anzubeten pflägten/welcher ohngefähr zwey Meilen von Mixco, nach dem Dorff S. Juan de Sacatepeqve zu/ entfernet war/giengen.

So bald wir in das Holtz kamen/ funden wir alsobald einen tieffen Grund/ durch welchen ein Bächlein lieff / welches veruhrsachte/ daß wir daselbst alles genau untersuchten: wir funden aber nichts von allem dem / was wir zu suchen kommen waren.

Von dannen stiegen wir aus dem Grunde auffwarts/ und nach langem suchen/ funden wir eine Brunnquelle: ungeachtet aber wir uns fleissig rings umbher umbschaueten/konten wir doch keine Höle zu Gesichte bekommen.

Solcher Gestalt suchten wir nun den gantzen Tag biß auff den Abend vergebens; so daß auß Beysorge/ wir möchten uns verirren/ wann uns die Nacht überfallen solte/meine Freunde anfingen verdrüßlich zu werden/ und vom wieder umbkehren zu reden.

Indem ich aber bedachte/ daß wir noch nicht einmahl den halben Wald durchgangen hätten/ und daß/wenn wir erst nach Hause kehreten/ und dann noch einmahl an diesen Orth gehen wolten/ wir leichtlich könten entdecket/ und unser Vorhaben verrathen werden: so hielt ich es für das Rathsamste/ diese Nacht in dem Walde/ da wir bereits gesuchet hatten/ zu schlaffen/ und zwar im Grunde/ wo es guth Wasser zu der Chocolate hatte/ und unter den Bäumen guth zu schlaffen war/da wir den folgenden Morgen unsere Untersuchung desto leichter würden fortstellen können.

Mit diesem Vorschlage war die gantze Gesellschafft zu frieden/ und die Nacht selbst war helle/ und das Wetter gantz stille/so daß alles unserm guten Vorhaben sich günstig erzeigete.

Wir machten ein Feuer zu unserer Chocolate, und hielten bey unserer kalten Küche eine gute Abendmahlzeit/ nach welcher wir die Nacht meistentheils mit Reden zubrachten/und hatten immer ein Auge auff unsern Indianer/ welchen ich dem Michael Delva zu verwahren übergeben hatte/ weil wir fürchteten/ er möchte uns etwan entlauffen.

So bald es Tag ward/ verrichteten wir unser Gebeth/und rufften Gott an/daß er uns diesen Tag unser Vorhaben wolle gelingen lassen/und uns die Höle der Finsternüs und Boßheit/in welcher dieser Werckzeug des Satans versteckt sey/entdecken/auff daß/wann selbiges ans Tagelicht gebracht worden/man dem wahren GOtt die Ehre gebe/ und seine Feinde zu schanden gemacht/und nach ihren Verdiesten möchten gestraffet werden.

Hierauff gingen wir von neuen in den Wald/ und stiegen einen rauhen und sehr steilen Berg hinauff/ auff welchem/nach dem wir aller Orthen an der Sudseiten gesuchet hatten/ wir uns wider nach der Norder seite wendeten/und daselbst wieder einen Abhang nach einem Grunde funden/welchen wir anfingen hinab zu steigen/ und uns in dessen aller Orthen fleissig umbsahen/ und zwar nicht vergebens: Denn ohngefähr eine halbe Meile von der

der Höhe des Berges / funden wir eine Spuhr eines etlicher Massen gebähnten Weges/welchem wir so lange folgeten/biß wir zu einer andern Brunqvelle kamen.

Wir suchten in selbiger Gegend umbher sehr genau/ und funden etliche Scherben von thönernen Schüsseln und Töpffen/und ein Stücke von einer Kohlpfannen/dergleichen die Indianer in den Kirchen brauchen/wenn sie für den Heyligen mit Weyhrauch räuchern.

Dieses machte uns glauben/wie es auch warhafftig war/ daß dieses ein Stücke von einem Räuchfaß wäre/ mit welchem diese Abgötterer ihrem Götzen geräuchert; in welcher Meinung wir noch mehr bestätigt worden/als wir erkandten/ daß es von solchem Gefässe war/ wie es zu Mixco gemacht wird/ und der Fichten Baum/ der uns alsbald drauff auch zu Gesichte kam / verstärckte unsere geschöpffte Hoffnung/daß wir nahe bey dem Orthe/ den wir so embsig gesuchet hatten / währen.

So bald wir nun nahe zu diesem Baume kamen/ funden wir zunechst dabey die Höle / welche inwendig sehr finster/ aber im Eingange gantz lichte war/und zugleich solche thönerne Gefässe/in welchen noch Asche war/aus welcher wir urtheilen konten/ daß Weyhrauch in selbigen gebrennet worden sey.

Weil wir aber nicht wusten/wie tieff diese Höle sey/ und was darinnen seyn möchte/so schlugen wir mit einem Feuerzeuge Feuer auff/ und zündeten zwey Lichter an/und gingen mit denselbigen in die Höle hinein.

Sie war im Eingange weit/und schiene anfangs gleich für sich zu gehen/ als wir aber hinein kamen/ befunden wir/daß sie nach der lincken Hand gegen dem Berge/doch nicht sonderlich weit hinein ging: Denn ohngefähr zwo Klafftern weit von dannen funden wir den Abgott auff einem kleinen Stülchen stehen/ und mit Leinwand zugedecket.

Er war aus einem schwartzen Holtze/ welches wie ein Agtstein gläntzte/ gemacht/ und schiene/als ob er gemahlet wäre/oder im Rauch gehangen hätte. Der Kopff biß an die Achseln sahe einem Menschen Kopffe gleich/ doch ohne Barth und Knebel; er sahe scheußlich auß / und hatte eine gerunzelte Stirne / und grosse weit auffgesperrete Augen.

So abscheulich aber / und förchterlich als er immer aussahe/ so hinderte uns doch solches nicht/ daß wir ihn nicht hätten wegnehmen sollen: Als man ihn aber von seinem Sessel auffhub / funden wir unter ihm etliche einfache

Realen / die ihme seine Diener geopffert hatten: Dieses machte/ daß wir noch weiter in der Höle herumb sucheten / und zwar mit gutem Gelücke: Denn wir funden auf der Erden noch unterschiedene andere einfache Realen/ samt etlichen Palmiten und andern Früchten / halb verbrennete Warlichter/ etliche Töpffe voll Mahis, ein klein töpffgen voll Honig / und etliche kleine Räuchfäßlein.

Hierauß konte ich abnehmē/ daß die Götzendiener eben also opfferten/ wie die Christen/ und wann mir nicht were gesagt worden/ daß sie diesen Götzen ihren GOtt nenneten/ würde ich sie eben so wenig haben tadeln können / als alle die andern Indianer in den Dörffern / die eben dergleichen Dinge opffern/ und für den Bildern der Heyligen auff ihre Knie niederfallen/ unter welchen Bildern etliche von Holtz nichts förmlicher gemacht sind als dieser Götze/ als welcher nicht/ wie ich vermeinte/ die Gestalt einer Bestie/ sondern eines Menschen hatte/ so daß sie ihm gar füglich den Nahmen eines Heiligen hätten geben/ und sich damit einiger massen entschuldigen können.

Es sey nun aber wie ihm wolle/ daß sie entweder solches nicht haben können/ oder nicht wollen thun/ so blieben sie doch beständig auf ihrem Irrthum/ daß dieses ihr GOtt sey/ der mit ihnen geredet habe: und als ich sie nachmals fragte/ ob dieses nicht etwan ein Bild eines Heiligen wäre/ als wie diejenigen/ so zu Mixco und in andern Kirchen wären? sagten sie nein/ sondern er wäre viel höher als alle Heiligen im gantzen Lande.

Wir waren hertzinniglich erfreuet/ als wir sahen/ daß unsre Mühe nicht vergebens gewesen/ und die Zeit nicht übel angeleget sey: Und nachdem wir den Götzen auß seiner Hölen hervor gezogen hatten / hieben wir ein Hauffen Aeste von den Bäumen/ und wurffen sie hinein/ damit niemand mehr hineingehen könte.

Wir verliessen hierauff den Orth / und luden den Götzen / den wir in ein leinen Tuch einwickelten/ damit man ihn an den Orthen/ wo wir durchgehen musten/ nicht sehe/ unserm Indianer auff. Umb ietzterwehnter Uhrsache willen/ hielt ichs für rathsam zu seyn/ zu warten/ biß es Nacht würde/ ehe wir in Mixco eingingen/ damit die Indianer im geringsten nichts spühren möchten.

Dannenhero blieb ich in eines Spaniers von meinen Geferten Hause biß es Abend war/ und bath ihn / in meinem Nahmen alle Spanier in der Gegend zu erinnern / daß sie sich auff künfftigen Sonntag früh nach Mixco in in die Kirche einfinden möchten/ denn ich besorgete mich/ es möchten die Götzendiener/derer viel waren/etwan sich wider mich aufflehnen; und ihnen zu sagen/ daß ich ihnen und ihren Schwartzen etwas wegen ihrer Brüderschafften vorzutragen hätte.

Dann ich wolte nicht/daß sie eher die geringste Wissenschafft von dieser Sache haben solten/biß sie in der Kirchen davon würden reden hören/ und den Götzen im Gesichte haben/auß Furcht/es möchte solches den Abgötterern zu Ohren kommen/und selbige aus dem Dorffe gehen/und sich von der Versamlung entbrechen.

Als es nun Nacht worden war/nam ich meinen Indianer und den Michael Delva zu mir/und ging nach Hause/schloß den Götzen in einen Kuffer ein/ und verwahrete ihn biß auff den nächsten Sonntag; den Indianer ließ ich auch nach Hauß gehen/und verboth ihm/nichts zu sagen/weil er wohl wüste/ was für übels ihm die Götzendiener zufügen könten; deßwegen er sich auch wohl zu hüten hatte/nicht zu melden/daß er mich begleitet hätte.

Den Michael Delva behielt ich bey mir/weil er gerne sehen wolte/wie die Sache ablauffen würde: und ich schickte mich auff künfftigen Sonntag eine Predigt zu halten über den 30. Verß/ des XX. Capitels des anders Buchs Mosis: Du solt nicht andre Götter haben neben mir: Welchen Text ich absonderlich bey dieser Gelegenheit erwehlete/ob es gleich nicht das Evangelium auff selbigen Sonntag war/auß welchem man sonst den Text zur Predigt zu nehmen pfleget.

Als nun folgenden Sonntag die Kantzel vom Küster zugerichtet war/ ließ ich den Götzen durch Michael Delva unter seinem Mantel verborgen in die Kirchen tragen/und ihn in die Kantzel legen/ damit man ihn eher nicht/als biß es mich würde Zeit düncken/sehen möchte/ und befahl ihm achtung zu geben/ daß/ wann das Volck zur Kirchen kommen würde/ ihn niemand erblickete.

Es war noch niemals ein so grosser Zulauff des Volcks/so wol von Spaniern als Schwartzen umbher in der Kirchen gewesen/als diesen Tag: Dieweil ich sie hatte erinnern lassen; alle mit Verlangen warteten/ zu hören/ waß ich ihnen sonderliches würde zu sagen haben.

Es waren auch wenig von den Einwohnern des Dorffs abwesend/auch die Fuentes selbst/ und alle die andern/welche des Götzendienstes wegen verdächtig waren/als welche an nichts weniger gedachten/ als daß man ihnen ihren Götzen auß seiner Höle solte weggenommen haben/ und daß er auf der Kantzel sey/und auff selbiger öffentlich zu ihrer Beschimpffung und Verwirrung solte auffgestellet werden/kamen diesen Tag in die Kirche.

Ich befahl nachmahls dem Michael Delva, sich unter wehrender Predigt zu nechst bey der Kantzel zu halten/und die Spanier / so umb die Sache wusten/und etliche andere Schwartze / seine guthe Freunde/ gleichfals zuerinnern / daß sie sich harte bey der stiegen/auff welcher man auff die Kantzel steiget/solten finden lassen.

Nachdem nun die Messe vollendet war/trat ich auf die Kantzel zu predigen : und als ich die Worte meines Textes vortrug/merckte ich/daß die Spanier und Indianer einander ansahen/weil sie nicht gewohnet waren/ Predigten über das Alte Testament zu hören.

In der Erklärung dieses Gebothes/erwiese ich/ was für eine schröckliche Sünde die Abgötterey für GOtt sey; in dem kein einiges Geschöpffe sey/ welches dem lebendigen GOtt/ dem Schöpffer aller Dinge / könte gleich geachtet werden/auch keines dem Menschen weder guthes noch böses thun könte / ohne GOttes Verhängnüß / und dannenhero solle man sie auch keines weges anbeten.

Vielweniger aber solle man diese Ehre denjenigen Dingen erweisen / die ohne Leben sind/als Holtz und Steinen/denen die Menschen wol einen Mund Augen und Ohren machen könten/ die aber dennoch nichts anders also todte Götzen weren/die weder reden / noch sehen/ noch hören könten / und wenn sie auch schon Arme und Hände hätten / doch weder sich selbst / noch auch vielweniger diejenigen / die sie anbeteten/ und für ihnen auff die Knie fielen/ beschützen könten.

Als ich meine Predigt biß auff die Helffte gebracht hatte/bückte ich mich in den Predigtstuel nieder / hub dieses schwartzes und schändliche Götzenbild in die Höhe/und stellete es zur seiten neben die Kantzel/und als ich indessen einige von den Fuentes und den andern starre ansahe / merckte ich/ daß sie die Farbe im Angesicht veränderten / roth worden/ und in höchster Bestürtzung einander anschaueten.

Hierauff bath ich nun die gantze Versammlung/sie möchte doch wol betrachten/was dieses für ein GOtt sey/ den einige unter ihnen anbeteten/ und sehen und mercken/ob irgend einer unter ihnen sey/der da wisse/ welches Theil des Erdbodems unter seiner Gewalt sey/und wo er herkomme.

Ferner/sagte ich/es hätten sich einige unter ihnen gerühmet/ daß dieses Klotz solle geredet/und wider das/was ich von JEsu Christo gelehret hätte/ gepredigt haben: Umb deswillen hätten sie es als einen GOtt angebetet/ und ihm Geld/ Früchte und Hönig geopffert; und für ihm Weyrauch geräuchert/und zwar in einer gewissen/ geheimen und unter der Erden verborgenen Höle; womit sie dennoch bezeugeten/ daß sie sich seiner offentlich schämeten/ und/ weil er also unter der Erdē versteck et worden/er unmittelbar dem Fürsten der Finsternüß zugehören müsse.

Hernach forderte ich ihn öffentlich auß/zu reden/und seine Sache zuvertheidigen; wo nicht/ so würde sein Stillschweigen alle seine Anbether zu schanden machen/und öffentlich beschimpffen.

Ich erwiese ihnen hierauff/ daß dieses nichts anders als ein stücke Holtz sey/welches durch Menschen-Hände also zugerichtet/ und derowegen nichts als ein todtes Götzenbild sey.

Ich redete lange Zeit wider ihn; und forderte den Satan/ der sich desselbigen als seines Werckzeuges bedienet hatte/ auß/ er solte ihn/wo er so viel vermöchte/von dem Orte/dahin ich ihn gesetzet hatte/wegnehmen; und solches thät ich/ zu beweisen/daß seine Gewalt/ gegen meinem Glauben an JEsum Christum/allzuschwach sey.

Nachdem ich nun mit guten Gründen wider ihn/ so viel es sich wegen der anwesenden Indianer einfältigen Verstandes thun ließ/ disputiret hatte/sagte ich zu ihnen / daß / wenn sich dieser GOtt für der Straffe/die ich ihm anzuthun willens wäre/schützen/und verwehren könte/ daß ich ihn nicht liesse in stücken hauen und öffentlich verbrennen/so dörfften sie dem Evangelio von JEsu Christo keinen Glauben zu stellen: würden sie aber sehen/daß er mir/der ich das allerschwächste Werckzeug des waren Gottes wäre/ zuwiderstehē keine Macht hätte; so bäte ich sie höchlich/sie wolten sich zu diesem wahren GOtt/ der alle Dinge erschaffen/bekehren/die Hoffnung ihrer Seeligkeit auf seinen Sohn JEsum Christ/der unser einiger Mittler und Seligmacher sey/setzen/ und forthin aller dieser heydnischen Abgötterey ihrer Vorfahren widersagen.

Im übrigen versicherte ich sie/daß ich/ was das geschehene anbetreffe/ für sie bitten/sie von der Straffe/mit welcher sie der Bischopff und Præsidente von Gvatimala billich belegen könten/ befreyen; und / wenn sie zu mir nach Hause kommen wolten/ wolte ich sie nach meinem besten Vermögen unterrichten/und sie auf den wahren Weg des Christenthums bringen und führen.

Nach

Nachdem ich also die Predigt/ ohne einigen Menschen zu nennen/ beschlossen hatte/ stieg ich von der Kantzel herunter/ und ließ mir den Götzen nachtragen; Ich hieß eine Axt und zwey grosse Körbe voll Kohlen bringen/ den Götzen in kleine Stücklein zerhauen/ und ihn ins Feuer werffen/ damit er für allem Volcke mitten in der Kirchen zu Aschen verbrand würde.

Als solches geschahe/ fingen einige von den Spaniern an zu schreyen: Victor, Victor! und andere sagten; Ehre sey unserm GOtt! die Abgötterer aber waren stille/und sagten nicht ein Wort: Nach der Zeit aber trachteten sie eiffrig darnach/wie sie mich umbbringen möchten.

Ich schriebe dem Præsidenten nach Gvatimala, und berichtete ihn/ was ich gethan hatte; wie ingleichen auch dem Bischopff als Inqvisitorn, für welchen die Erkäntnüß dieser Sache gehörete/ umb zu vernehmen/ wie ich mich gegen die Verbrecher/derer ich nur etliche/und zwar auch nur auß dem Bericht eines Indianers kennete/verhalten solle.

Sie danckten mir beyde für meine gehabte Mühe/ den Berg zu suchen/ und den Orth/in welchem der Götze gewesen/ zu entdecken/ und zugleich auch für den eiffer/den ich in dieser Sachen hätte spühren lassen.

Was das Verfahren mit den Abgötterern anbetraffe/so riethen sie mir/ ihrer so viel zu entdecken/als mir möglich wäre/uñ mich zu bemühen/sie zur Erkändnüß des wahren Gottes mit Freundlichkeit zu bekehren/ich solte ihnen bezeugen/daß ich mit ihrer Blindheit ein mitleiden hätte/ und ihnen versprechen/ daß ich ihnen von der Inqvisition verzeihung zu Wege bringen wolle/ wann sie nur ihres Verbrechens halber rechtschaffene Reue bezeugen würden; dann die Inqvisition, welche sie als junge Pflantzen ansehe/würde keines weges mit der Schärffe gegen sie verfahren/ als wie sie wol mit den Spaniern/wenn sie in dergleichen Laster verfallen sollten/umbgehen würde.

Ich folgete diesem Rath/und ließ die Fuentes heimlich zu mir kommen/ führete sie in meine Kammer/ und stellete ihnen die Gütigkeit der Inqvisition gegen sie für/weil sie hoffete/sie würden sich bekehren/ und forthin ein ander Leben führen.

Ich fand sie aber hartnäckigt/und gantz erzörnet/darumb/daß ich diesen GOtt/den sie so wol als viel andere Einwohner dieses Dorffs und von S. Juan de Sacatepeqve angebetet/ verbrand hätte.

Und als ich ihnen erweisen wolte/ daß man solchen Götzen keines weges wie GOtt anbeten solle/gab mir einer auß ihnen türstiglich zur Antwort; sie wü-

wüsteten gar wol/ daß dieses nichts anders als nur ein stücke Holtz wäre/ welches vor sich selbst nicht reden könte; weil es aber geredet hätte/ wie sie alle bezeugen könten/ so wäre es ein Wunderwerck/ dem sie billich gläubten und daß sie gäntzlich davor hielten/ daß GOtt in diesem Stücke Holtz wäre/ weil es mit seiner Predigt erwiesen hätte/ daß es nicht ein gemeines Holtz sey; sondern daß Gott darinnen sey/ und dannenhero ihm mit besserem recht geopffert/ und billicher verehret würde/ als die Heiligen in der Kirchen/ die noch niemals zu dem Volcke geredet hätte.

Ich wiederredete solches/ und sagte/ daß viel mehr der Teuffel als GOtt solche Rede gethan hätte/ wenn sie ja solches iemals gehöret hätten/ umb sie zu betriegen/ und zur Hellen zu führen; welches sie klährlich auß der Lehre/ die er/ wie man mich berichtet/ ihnen wieder JEsum Christum den eingebohrnen Sohn GOttes/ an welchem er sein wolgefallen habe/ geprediget hätte.

Bald antwortete mir einander ja so trotziglich/ als der erste; es hätten ihre Vorfahren vor Ankunfft der Spanier niemals etwas von JEsu Christo gehöret/ sie wüsten aber alzuwol/ daß selbige gleichwol ihre Götter/ die sie angebetet/ und denen sie Geschencke gebracht/ und ihnen geopffert hätten/ und daß dieser einer von den Göttern ihrer Vorfahren gewesen sey.

Wol denn/ sagte ich/ daß muß ja ein elender GOtt seyn/ weil er sich hat verbrennen lassen.

Ich sahe wol/ daß ich mit meinem Zureden nichts bey ihnen außrichtete/ und daß sie gantz verstockt waren; Dannenhero ließ ich sie wieder gehen/ wie sie kommen waren.

Es würden mich diese Leute gewißlich umbs Leben gebracht haben/ wenn mich nicht GOtt sonderlich beschützet hätte: Denn einen Monath hernach/ nachdem ich den Götzen verbrand hatte/ als ich vermeinete/ es wäre bereits alles vergessen/ und die Abgötterer gantz ruhig lebten/ dauchte sie es allererst Zeit seyn/ ihr böses Vorhaben zu Wercke zu richten.

Ich wurde solches zum erstenmahl gewar/ als ich einstens ein Getümmel von Leuten zu Mitternacht hörete/ welche umb mein Hauß und an meiner Kammerthüre waren: Ich fragte/ wer da sey; und furchte mich auffzumachen/ niemand aber antwortete mir: und weil sie nichts destoweniger nicht nachliessen an die Thüre zu stossen/ merckte ich/ daß es Leute wären/ die mit Gewalt hinein wolten.

Dieses veruhrsachte/daß ich die Tücher von meinem Bette nahm/sie zusammen knüpffte/und mit einem Ende an das Fenster knüpffte/umb mich an selbigen hinunter zu lassen/ und durch Hülffe der Nacht zu entfliehen/ im fall sie mit Gewalt die Thüre hätten erbrechen wollen.

Unterdessen/ als sie nicht auffhöreten an die Thür zu stossen/ ohne ein Wort zu reden/dachte ich/sie würden/wann ich überlaut ruffte/ sich fürchten und davon lauffen: Derowegen ruffte ich meinen Leuten/ die zu ende eines langen Ganges lagen/und den Nachbarn/ daß sie mir wieder die Räuber zu Hülffe kommen solten.

Meine Leute/die bereits von dem Getümmel erwachet waren/kamen alsbald zu sehen/was mir wäre; und meine Feinde/als sie jene kommen höreten/ lieffen die Stiegen im Hause hinab und davon/ und liessen sich selbige Nacht nicht mehr mercken.

Weil ich aber hieraus/wie häfftig sie mich hasseten/ und wie böse sie es meineten/ erkandte/so dauchte mich/es sey nicht sicher/so alleine mit den jungen in einem so grossen Hause/als wie das zu Mixco war/zu bleiben.

Derohalben ließ ich folgenden Morgen alsbald den Milchael Delva, welchem ich mich durchauß vertrauete/ und der allein ein halb dutzent Indianer konte zu Boden schlagen/holen/und ihm sagen/ er solte so viel Gewehre/ als er könte/zu meiner Beschützung mit sich bringen.

Ich behielt ihn funffzehn Tage bey mir/ und folgenden Sonntag/ ließ ich in der Kirchen melden/daß diejenigen/die des Nachts zu mir kommen waren/mich zuerschröcken/oder mir was leides zu thun/sich wol fürsehen solten/ weil ich mit allerley Gewähre genugsam versehen sey.

Ob sie nun zwar eine Zeitlang sich stille hielten/so liessen sie gleichwol von ihrem bösen Vorhaben nicht ab: Dann weil sie wusten/ das Michael Delva nicht bey mir in meiner Kammer lag/ kahmen sie funffzehen Tage hernach/ ohngefähr umb Mitternacht/ als ich bey lichte studierete/ wieder/ und schlichen die Stiege so leise herauff/ daß ich sie nicht hörete: Der Schwartze aber/ der nicht schlieff/hörete sie nichts destoweniger herauff steigen; stund derowegen gantz sachte von einem Tische/auff welchem er auff einer Decke lag/ auff/ ergreiff zwene Ziegel von denen/ die zu verfertigung einer gewissen Arbeit/ die ich machen ließ/ auff der Tafel lagen/ und schlich der stiegen zu: als er aber die Thür aufmachte/ohngeachtet ers sehr leise that/ wurden es die Verräther gewar/und lieffen/ ihr Leben zuerretten/ wieder die Stiege/ durch welche sie herauff kommen waren/ hinunter und davon.

Der

Der Schwartze lieff ihnen hurtig nach/ weil sie aber bereits weit von ihm waren/ und nicht wuste/wo sie hinlauffen möchten/ schmieß er ihnen seine zwene Ziegel nach den Köpffen/ so daß einer auß ihnen damit getroffen ward: Denn als er folgenden morgen durch das Dorff ging/ begegnete ihm einer von den Fuentes mit verbundenem Kopffe/und als er einige Indianer gefraget/was das bedeute/sagten sie ihm/er habe ein Loch am Kopffe/es wüste aber niemand/wo oder in was für Gelegenheit er selbiges bekommen hätte.

Als nun die Fuentes sahen/ daß ich vom Michael Delva stets bewachet wurde/kamen sie forthin nichtmehr des nachts in mein Hauß: unter dessen aber liessen sie doch den Widerwillen und den groll/ so sie wieder mich gefasset hatten/ nicht fahren.

Denn einen Monath hernach/ als ich glaubte/ sie dächten an nichts mehr/weil sie sich euserlich gegen mir gantz höflich und freundlich stellete; kam einer zu mir/ und bath mich/ im Nahmen ihres ältesten Bruders/ Paul de Fuentes, welcher sehr kranck/ und fast auff den Todt niederläge/ wann ich ihn besuchen/ihn trösten/und in der Christlichen Religion unterweisen wolte/ weil er warhafftig bekehret zu werden hertzlich wüntschte.

Ich/weil ich mir ein bildete/ es sey wahr/hörete diese Zeitung mit hertzlicher Freude an/ und weil ich nichts widriges argwohnete/ruffte ich GOTT ernstlich umb Beystand in der Bekehrung dieses Menschen an/ und ging voller Eyffer alsbald in sein Hauß/allwo meine Freude und mein Trost plötzlich in Verdruß und leid verwandelt wurde.

Denn als ich in das Hauß hinein kam/ fand ich die Brüder des Paul Fuentes alle/ und etliche andere/die wegen der Abgötterey verdächtig waren/ in einem Kreise beysammen; als ich aber sahe/daß Paul nicht bey ihnen war/ ging ich ein wenig zurücke/ und fragte sie/ wo er wäre/ weil es mir/ sie so versamlet zu sehen/verdächtig vorkam: Da ich aber sahe/daß sie von ihren Sesseln nicht auffstunden/ noch mir antworten wolten/ auch nicht einmahl ihre Hüte für mir abzogen/ fing ich an mich rechtschaffen zu fürchten/und mich einer Verrätherey zu besorgen: verließ ich sie/ und wolte wieder nach Hause gehen.

Ich hatte ihnen aber kaum den Rücken gewendet/siehe/so kommt Paul de Fuentes, der sich kranck gestellet/ und vorgeben lassen/ er wolle sich bekehren/ hinter seinem Hause/mit einem großē Stocke in der Hand/hervor/uñ hebet dē Arm in die Höhe/auf mich loß zu schlagē:so daß/wañ ich nicht mit beydē Händen seinen Stock ergriffen/und den Schlag auffgefangen hätte/er mich ohne allen Zweiffel mit dem ersten Streiche zu Boden geschlagen hätte.

Indem ich nun mit ihm rang/ und einer dem andern den Stock außzuwinden sich bemühete/ kamen die andern Indianer/ so im Hause sassen/ herauß in den Hoff/ welches/ weil er ein öffentlicher und gantz freyen Ort war/ für mich weitvortheilhafftiger war/ als, wenn dieser Angriff inwendig im Hause geschehen wäre.

Sie fielen alle über mich her/und zerreten mich einer auff diese/der ander auff die andere seite/und zerrissen mir meinen Habit an zwey oder drey Orthen; und einer unter ihnen stach mich/damit ich den Stock solte gehen lassen/ mit einem Messer in die Hand/davon man die Schramme noch heute zutage sehen kan/und ist gewiß/daß/wenn es nicht an so einem offenen Orthe gewesen wäre/ er mir das Messer ohnfehlbar in den Leib würde gestossen haben.

Ein anderer/da er sahe/ daß ich den Stock nicht wolte gehen lassen/fassete selbigen auch an/und stiessen er und Paul Fuentes mir ihn so häfftig wider den Mund/ daß sie mir etliche Zähne außstiessen/ und ich das Maul voller Blut hatte; auch von dem harten Stoß gantz schwindelnd zur Erden fiel: Ich kam aber bald wieder zu mich selber/ und stund wieder auff: und sahe wohl/ daß sie meiner spotteten/ gleichwol aber nicht das Hertze hätten/ mir ferners leid zuzufügen/weil sie sich besorgeten/ sie möchten verrathen werden.

Indessen schickte es GOtt/ daß eben zu der Zeit/ als ich zu Boden fiel/ eine Mulatische Sclavin die bey einem Spanier im Thal in Diensten war/ vorbey ging; die/als sie mich die Nachbarn/welche ziemlich wit entfernet waren/weil alle die nächsten Häuser den Fuentes zu gehöreten/umb Hülffen ruffen hörete/kam sie in den Hoff/und da sie mich gantz bluthig sahe/ meinete sie nicht anders/als daß ich tödtlich verwundet sey:uñ nach dem sie sie mit Schellworten als Mörder hefftig angefahren/ lieff sie durch die Gassen/ und schrie auß vollem Halse; Mordio! Mordio! in Paul de Fuentes Hofe/ biß sie mit solchem Geschrey auff den Marckt und das Rathhauß kam: Daselbst traff sie die Bürgemeister und Schöpffen nebst zweyen Spaniern an/ und erzehlete ihnen/was sie gesehen. So bald diese die Gefahr/in welcher ich war/ verstanden/ kamen sie im vollen Lauff mit blossen Degen in der Hand/ nebst den Gerichtsleuten in des Paul de Fuentes Hof/mich auß der Gefahr zuerretten.

Als aber die Abgötterer das Geschrey der Sclavinne höreten/ lieffen sie hier und dar hinauß/ sich zu verstecken/ und Paul de Fuentes gieng auch umb

sein

sein Hauß zuzuschliessen/und sich davon zu machen; weil ich aber sein Vorhaben merckte/ wendete ich alle meine Kräffte an/ihn zu halten/und zuverhindern/daß er nicht entlieffe/biß mir etwan niemand zu Hülffe käme.

Da nun die Spanier ankamen/und mich gantz bluthig sahen/ fielen sie mit ihren Degen über den Paul Fuentes her/ und würden ihn zweiffels ohn niedergemacht haben/wenn ich sie nicht abgehalten hätte/ und gesaget/ man würde nachmahls alles übel/ was ihm wiederfahren/ mir zuschreiben.

Ich bath aber die Gerichte/nichts von seinen Güttern/ ob er gleich reich war/anzugreiffen/sondern sich seiner Persohn zuversichern/ und ihn ins Gefängnüß zu legen/damit er für dem Præsidenten zu Gvatimala möge gerechtfertiget werden: welches sie auch gleich alsobald thaten.

Ich ließ hierauff von allem dem/was vorgelauffen war/ einen Bericht auffsetzen/da denn die Spanier und die Mulatische Sclavin zeugen musten/ daß sie mich an der Hand verwundet/daß Maul voll Blut/ und meine Kleider gantz blutig und zerrissen angetroffen hätten/ und diesen Bericht schickte ich mit Fleiß dem Præsidenten zu Gvatimala zu.

Dieser Handel aber wurde alsobald durch das gantze Thal ruchbar gemacht/und kamen alle Spanier/und boten mir ihren Beystand an: Michael Delva, der damals ohngefähr in eines Spaniers Hause gewesen war/ kam auch mit ihnen/und sie würden diese Nacht über den Indianern gewiß übel genung mitgefahren seyn/wenn ich sie nicht daran verhindert hätte.

Ich bath sie/sie möchten friedlich wieder nach Hauß kehren; weil ich weiter nichts fürchtete/ und sey gantz genung/wenn ich den Michael Delva zu meiner Beschützung bey mir hätte.

Sie wolten mich aber keinesweges verlassen/vorwendend/ daß diese Nacht weit gefährlicher für mich sey/ als ich nicht meinete/ dannenhero müste ich von mehr als einer Persohn verwachet werden. Dann sie besorgeten/ daß diese Abgötterer/wann sie bedencken würden/was sie den Tag über gethan/und wie sie deswegen vom Præsidenten zu Gvatimala ernstlich würden gestraffet werden/ und also sehen würden/ daß sie verdorben und verlohren wären; dörfften aus Verzweiffelung versuchen/ihren Bruder aus dem Gefängnüs zu erlösen/mich nochmals angreiffen/ und dann sich mit der Flucht erretten.

Ich dagegen konte mir keinesweges einbilden/es möchten auch die Spanier sagen was sie wolten/daß diese Leute Muths genung haben solten/sich solcher sachen zu untersangen / oder daß sie entlauffen solten/ weil sie allerseits Häuser in dem Dorffe/ und ihre Aecker umb dasselbige her liegen hätten: Nichts destoweniger willigte ich entlich ein/ daß sie mich diese Nacht nebst dem Michael Delva bewachen solten.

Nach dem Abendessen hielten sie Wacht rings umb mein Hauß / biß sie sahen/ daß alles stille war/und die Indianer schlieffen: Hernach stelleten sie Wachten umb das Gefängnüs / umb zu verhindern/ daß nicht iemand kommen/und den Paul de Fuentes loß zumachen versuchen möchte.

Sie waren aber mit aller dieser Vorsichtigkeit nicht vergnügt; indem sie meineten / sie/ derer nicht mehr als ein dutzent war/ wären so wol als ich in Gefahr / wenn die sämtlichen Einwohner auff anreitzung der Abgötterer auffrührisch werden solten: Sondern sie entschlossen sich/ die beyden Alcalden und zweene andere unter Officiren auffzuwecken / und sie in dem Dorffe die andern Fuentes,uñ übrige Abgöttische/die man kandte/ auffsucht zulassen/ umb sich ihrer zu versichern/und sie ins Gefängnüs zu legen/ biß man sie nach Gvatimala schicken könte/ wodurch man sie verhindern würde/ daß sie uns nicht allein nur diese Nacht / sondern auch ins künfftige / keinen schaden zufügen könten.

Mit dieser ihrer Einbildung und dem grossen Fleisse/ den sie mich zu beschützen anwendeten/waren sie Uhrsach/daß ich die gantze Nacht ungeschlaffen hinbrachte.

Sie giengen also hin/holeten die beyden Alcalden und die andern zwene Officirer/und brachten sie zu mir/und baten mich/ihnen vorzustellen/daß man nothwendig die übrigen Verbrecher suchen müsse.

Die armen Alcalden erschracken/daß sie zitterten/als sie zu so ungewöhnlicher Stunde so viel Spanier mit blossen Degen bey mir im Hause funden: Dannenhero hatten sie das Hertze nicht/ uns unser Begehren abzuschlagen/ und das/ was wir in dieser Begebenheit für nöthig achteten/ zu thun sich zuweigern.

Als sie nun umb Mitternacht auß meinem Hause gegangen waren/ suchten sie in allen Häusern des Dorffs / daß man vermuthete/daß sich die Fuentes, oder einige andere von denen/die ihnen in dem überfall beygestanden hatten/ möchten verstecket haben.

Sie traffen aber nicht einen einigen zu Hause an/biß sie in das Hauß des Laurentz de Fuentes,eines der vier Brüder/kamen; im selbigen funden sie sie/

und

und alle/ die bey dem verrätherischen Anfalle gewesen waren/ beysammen sauffen.

Weil nun das Hauß von allen seiten umbringet und besetzet war/ funden sie keine Gelegenheit zu entwischen oder davon zu lauffen; und da sie die Spanier mit blossen Degen kommen sahen/ begehrten sie im geringsten keinen Widerstand zu thun.

Wir erfuhren hernach/ daß/ wenn man nicht diese Vorsichtigkeit gebrauchet hätte/ sie diese Nacht gewißlich einen grossen Aufflauff im Dorffe würden erwecket haben/ uñ daß sie deßwegen sich versamlet hätten/ damit sie ihren Bruder befreyẽ/ mich noch einmal überfallen/ und deñ davon lauffen möchtẽ: deñ sie hatten nicht gewust/ daß ich von den Spaniern so wol bewachet würde.

Man fand ihrer zehne in diesem Hause beysammen/ die alle miteinander ohne einiges getümmel alsbald ins Gefängnüs gebracht/ und von den Spaniern bewachet wurden.

Folgenden Morgen schickte Don Juan de Guzman, Præsident zu Gvatimala, ein Gottsfürchtiger Herr/ nach dem er das/ was ich ihm vorhergehenden Tag geschrieben/ erwogen/ und mich in grosser Gefahr zu seyn besorgete/ einen Spanischen Gerichts-Bedienten nach Mixco mit einer weitläufftigen Befehl-schrifft/ alle die jenige Indianer/ die mich vorhergehendes Tages angegriffen hatten/ gefangen nach Gvatimala zu führen; und/ im Fall sie nicht anzutreffen seyn solten/ alle ihre Güter/ die sie zu Mixco und im Thal hätten/ einzuziehen.

Die Vorsorge aber/ die die Spanier vorhergehende Nacht gehabt hatten/ machte/ daß er sie alle besammen fand; und nachdem sie dem Officirer/ der sie nach seinem gefallen schätzte/ wie auch dem Michael Delva und zwey oder drey andern Spaniern/ welchen im Nahmen des Königes befohlen worde/ dem Officirer beyzustehen/ umb sie sicher nach Gvatimala überzubringen/ die Gebühr bezahlet hatten musten sie zu Pferde sitzen/ und wurden noch selbigen Tag für den Præsidenten gebracht.

So bald sie bey demselbigen angelanget/ wurden sie ins Gefängnüß geworffen/ und hernach verdammet/ daß sie solten öffentlich außgestrichen werden: Zweene auß ihnen wurden von Mixco nach dem Meer-Busem Thomas de Castillo verbannet/ und würde dieses den andern allen wiederfahren seyn/ wenn sie sich nicht gedemütiget/ und mich ersuchet hätten/ für sie zu bitten/ mit versprechen/ künfftig besser zu leben/ und/ dafern ihnen erlaubet würde/ wieder nach Mixco zu kehren / mich / der zugefügten Beleidigung wegen/ zu frieden zu stellen; auch/ da sie künfftig dergleichen was mehres Verbrechen solten/ wolten sie sich selbst gehangen zu werden strafffällig erkennen/ und aller ihrer Güter verlustig seyn.

Hierauff schickte sie der Præsident, nachdem er ihnen zuvorher noch eine Geldbusse aufferleget/ daß nemlich ieder auß ihnen der Kirchen zwantzig Kronen bezahlen solte/ die ich nach meinem Guthbefinden anwenden möchte/ wieder nach Hause; Da sie deñ ihrem Versprechen nach zu mir kamen/ sich demüthigten/ und mit heissen Thränen bezeugten/ daß ihnen das/ was sie gethan hatten/ hertzlich leid wäre; sie erkenneten/ daß sie sich den Teuffel/ solche böse that zu begehen/ hätten antreiben lassen; sie sagten aber hiermit allen seinen practiqven ab/ und wolten ins künfftige als gute Christen Leben/ und nicht mehr als nur einen GOtt anbeteten.

Ich wurde durch ihre Thränen / und durch die Zeichen ihrer Reue inniglich beweget; und weil ich sahe/ daß sie itzo weit begieriger waren JEsum Christum anzunehmen / als vor niemals / so ließ ich mir höchstangelegen seyn/ sie in seiner Erkändnüs zu unterrichten / und sie den Weg der Seeligkeit zu lehren.

Nach der Zeit blieb ich zwar nicht lange mehr in diesem Dorffe; doch spürete ich die übrige Zeit/ weil ich noch da war/ eine so grosse Veränderung an ihnen / daß ich gäntzlich glaubte / daß sie wahrhafftige Busse gethan hätten.

Ich habe diese besondere Historien nicht darumb von den Indianern erzehlet / daß ich die gantze Nation / die ich von Hertzen liebe / und für welche ich / wenn es zu ihren Besten und ihrer Seelen Seeligkeit hätte gereichen sollen/ mein Blut willig wolte vergossen haben / beschimpffen wolte: Sondern vielmehr / umb gegen sie ein Mitleiden und Erbarmnüs zu erwecken / daß sie nach so langer Zeit/ seint ihnen gepredigt worden/ dennoch meistentheils nur den äuserlichen Scheine nach/ und was den Gebrauch der Ceremonien an betrifft/ Christen seynd.

Sie sind in Warheit gar guter Arth / und lassen sich leichtlich weisen/ dannenhero würden sie leichtlich dahin zu bringen seyn/ daß sie den einigen GOtt anbeteten / wenn man sie nur in demjenigen/ was eigentlich zum waaren Gottesdienste gehöret/ unterwiese.

Das

Das 22. Capitel
Von den Uhrsachen/ umb welcher willen ich mich der vom General erhaltenen Erlaubnüß bedienen konte; von meinem Vicariat zu Amatitlan: Beschreibung selbiger Gegend/ und von den Sitten selbiger Einwohner/ rc.

EBen dasselbige Jahr/ als dieses Unwesen in Mixco vorging/ empfing ich auß Rom vom General des Ordens S. Dominici Erlaubnis nach Engelland zu kehren/ worüber ich mich höchlich erfreuete/ weil ich unter den Indianern zu leben überdrüssig war/ und mich verdroß zu sehen/ wie so gar wenig Nutzen ich schaffte: Sintemahl ich/ aus Furcht für der Inqvisition, mich ihnen die Evangelische wahrheit/ welche sie zu guten und wahren Christen im Hertzen hätte machen können/ zu predigen nicht unterstehen dorffte.

Ueber dieses merckte ich/ daß Antonio de Sottomajor, der Herr des Dorffes Mixco mir feind war/ daß ich zweene aus den Inwohnern des Dorffs lassen verbannen/ und die Fuentes wegen ihrer Abgötterey öffentlich beschimpffet hatte/ welches er auffnahm/ als wenn es den sämtlichen Indianern im Dorffe wiederfahren wäre.

Nachdem ich nun alle diese Sachen wol überleget hatte/ schrieb ich dem Provincial, der damals zu Chiapa war/ daß ich willens sey/ Krafft der Erlaubnüs/ die ich von Rom erhalten hätte/ wiederumb nach Hauß in mein Vaterland zu reisen.

Weiter aber alles/ was in Mixco vorgegangen war/ wie ich nemlich die Abgötterer zu rechte gebracht/ ihren Götzen verbrand/ und mein Leben in einer so guthen Sache gewaget hätte/ erfahren: auch über dieses wuste/ daß ich eine vollkommene Wissenschafft von der Sprache Poconchi erlanget hätte/ so wolte er in meine Abreise durchaus nicht willigen: sondern bemühete sich auffs äuserste/ mich mit guthem Worten zu bereden/ daß ich im Lande bleiben möchte: nicht zweiffelnd/ daß/ wie ich bishero Gott einen besonderen Dienst gethan/ also würde ich ins künfftige noch grössere thun können.

Und damit er mich desto eher dazu bereden möchte/ schickte er mir einen offenen Brieff zu/ in welchem er mich zu seinem Vicario über das Dorff und neue Kloster zu Amatitlan, worüber man damals bauete/ und durch selbiges das gantze Thal von dem Kloster zu Gvatimala absonderte/ erklährete.

Er bath mich/ solches als ein Zeichen seiner affection gegen mir/ und der Begierde mich zu befördern / anzunehmen/ nicht zweiffelnde/ ich werde/ weil ich die Indianische Sprache wol redete/ mehr als irgend ein ander zu desto schleuniger Verfertigung des Gebäues dieses Klosters beytragen; dannenhero er würde Gelegenheit bekommen/ mir künfftig ein ander Ampt/ welches mir nützlicher und einträglicher seyn würde/ zu verschaffen.

Ob ich nun zwar das auffgetragene Ampt nicht gar groß achtete/ auch nach künfftigen Ehrenstellen nichts fragte/ so hielt ich doch dafür/ daß dieses noch nicht die rechte Zeit sey/ die GOtt zu meiner rückkehre nach Engelland bestimmet hätte: denn ich sahe gar wol/ daß/ wenn der Provincial und der Præsident zu Gvatimala sich vereinigten/ sich meiner Abreise zu widersetzen/ wie ich wol aus des Provincials Schreiben/ daß sie solches zu thun willens wären/ abnehmen konte; so würde ich unmöglich fortkommen können/ ich wendete mich gleich/ nach welcher seiten ich wolte; sondern entdecket/ und mit Spott wieder zurücke geführet werden.

Dannenhero beschloß ich zu warten / biß der Provincial wieder würde nach Gvatimala komen/ damit ich mündlich mit ihm sprechen uñ ihm die Uhrsachen/ warumb ich dieses Land verlassen/ und wieder in mein Vaterland reisen wolle/ umbständlich fürtragen könte.

Solcher Gestalt nahm ich nun das Ampt zu Amatitlan freywillig an/ allwo ich weit mehr gewiñen konte / als in den zwey andern Dörffern/ in welchen ich nun fünff gantzer Jahre gewohnet hatte.

Denn ausser dem/ daß dieses Dorf weit grösser war/ als Mixco und Pinola zusammen/ die Kirche weit mehr mit Heyligen Bildern angefüllet war/ als die in den beyden Dörffern / und auch mehr Brüderschafften in selbigen waren; so hatte ich noch weit mehrere Einkommen von der Zuckermühle/ welche/ wie oben gedacht/ nahe bey dem Dorffe ist/ aus welcher mir die Schwartzen so wol als die Spanier/ täglich Opffer brachten.

Ich hatte ausser diesem grossem Dorffe Amatitlan, noch ein kleines unter meiner Auffsicht/ nahmens S. Christophal von Amatitlan, welches zwey Meilen weit von diesem entlegen war. Dieses Dorff S. Christoph. heist eigentlich in der Indianischen Sprache Palinha: Hà heist Wasser/ und Pali sich auffrechts halten/ und ist also aus zweyen Wörtern zusammen gesetzt / die so viel heissen als ein Wasser/ so gerade drüber ist.

Denn das Dorff liegt am Rücken des Wasser-Vulcans jenseit von Gva-

Gvatimala, und lässet nicht allein diesseits unterschiedene Qvellen springen: sondern es bricht auch aus einem hohen gleich über dem Dorffe gelegenen Felsen ein Wasser-Strom herfür / der von der Höhe herab fallend ein grosses Geräusche/ und nachmals eine sehr anmuthige Bach machet/ welche zur seiten des Dorffs hinlaufft: und hiervon haben die Indianer das Dorff Palinha, genennet/ wegen des hohen und geraden Felsens / aus welchem dieses Wasser entspringet.

Es wohnen viel reiche Indianer in diesem Dorffe/ die nach dem Sud-Meer handeln / und das Dorff ist dergestalt mit Fruchttragenden Bäumen beschattet/ daß es einem gemahleten Lustwäldlein gantz gleiche siehet.

Die vornehmste Frucht aber/ die sie haben/ ist die Pinas oder Ananas, welche in allen Höfen der Indianern wächset / und von den Spaniern zum einmachen sehr gesuchet wird/ weil sie die Zuckermühle so nahe dabey haben; wie denn dieses auch die aller Delicateste Confitur ist/ die ich in diesen Landen gessen habe.

Die Einwohner dieses Dorffs lösen viel Geld aus den Ceder-brettern/ so an der seiten dieses Berges in grosser menge wachsen/ die sie nach Gvatimala und andere umbliegende Orthe zum bauen verkauffen.

Der Weg zwischen Amatitlan und diesem Dorffe ist gantz eben und gleiche / unter einem Feuer-Vulcan, welcher vor diesem eben so viel Rauch und Dampff außgestossen hat / als der bey Gvatimala: nachdem aber selbiger auff der Höhe eine grosse Oeffnung bekommen / und eine grosse menge Steine in den Grund unter den Berge / so noch daselbst zu sehen sind / außgestossen hat; so hat er auffgehöret Steine und Rauch außzuwerffen / und füget der umbliegenden Gegend ferner keine Ungelegenheit zu

Zu meiner Zeit war einer / nahmens Juan Baptista von Gvatimala, der ließ an dieser Strasse eine neue Zucker-Mühle bauen / die nach iedermanns Meinung dieser Stadt einen grossen Nutzen schaffen wird.

Die Zeit über / weil ich zu Amatitlan war / hatte ich noch einander klein Dörfflein zu verwalten / nahmens Pampichi, welches am Fuß eines Berges jentseit des Sees lag / und nur eine nach Amatitlan gehörige Capelle hatte; Ich kam nur alle viertel Jahr einmahl mich zuerlustigen dahin: Denn dieses Dorff führet mit recht in der Indianischen Sprache den Nahmen Pampichi: Denn er wird zusammen gesetzt aus dem Wörtlein Pam, das ist: In oder drinnen/ und Pichi, Blumen / so daß es so viel heist als in den Blumrn/ weil es mit Blumen gantz umbgeben / und dannenhero sehr anmuthig ist: so kan man auch gantz beqvemlich auff den see spatzieren fahren/und sich mit der Fischerey erlustigen/weil die Kähnlein zu nächst bey den Häusern am Ufer stehen.

Solcher Gestalt hatte ich / so lange ich zu Amatitlan wohnete / die Wahl/ in welchem auß den dreyen Dörffern ich mir die Zeit verkürtzen wolte; Und weil ich sehr viel Seelen zu versorgen hatte/so fand ich allezeit einige in denselbigen/die meines Trosts von nöthen hatten.

Amatitlan war gleichsam die Residentz, gegen die andern beyde Dörffer zu rechnen; denn es mangelt da nichts an allem dem/ was den Geist erfrischen/und den Leib ernehren möchte/ wegen überflusses derer so vielerley Lebens-Mittel an Fleisch und Fischen.

Gleichwol machten die Sorge und und grosse Mühe/so ich des Klosterbaues wegen hatte / mich bald verdrüßlich in diesem grossen und schönen Dorffe zu wohnen.

Dann ich hatte vielmahls biß dreissig arbeiter / zuweilen mehr / zuweilen auch weniger / auff welche ich muste achtung geben/ und sie alle Sonnabend zu Abend außzahlen / welches mein Gemüthe sehr ermüdete / und mich am studieren verhinderte; und was noch mehr ist/ so war solches ein Werck/ dazu ich gantz keine Lust hatte / auch mir nicht die geringste Hoffnung machte/ iemals einige Ergötzlichkeit davon zu haben.

Dannenhero/als ich ein Jahr allda zugebracht hatte / ging ich zum Provincial nach Gvatimala und bath ihn nochmals auffs allerfleissigste/die Uhrlaub/so ich von Rom erhalten hatte/ wieder nach Engelland meinem Vaterlande zu kehren / und daselbst das Evangelium zu predigen/ (als mit welcher Bedingung mir selbige der General gegeben hatte) zu examiniren: Ich zweiffelte nicht / ich würde GOtt damit einen gantz angenehmen Dienst erweisen/setzte auch hinzu/daß ich mich im Gewissen verpflichtet befünde / das Pfund/so mir Gott anvertrauet hätte/ vielmehr zum besten meiner Landes-Leute/ als der Indianer und frembden anzulegen.

Er wendete dagegen ein/es wären meine Lands-Leute Ketzer/die/ wenn ich würde nach Hause kommen/ mich würden auffhencken lassen/

Ich gab ihm aber zur Antwort/daß ich ihnen ein besseres als dieses zutrauete/ und ich würde also unter ihnen Leben/ daß sie mich zu hencken nicht Uhrsache haben würden.

Nach

Nach lang gehabter Unterredung befand ich / daß der Provincial nicht zuerbitten war / und halb erzürnet zu mir sagte / er und die gantze Provintz hätten ein besonderes Absehen auf mich gehabt / mir so viel gutes zu thun / als ihnen immer würde müglich seyn; und ich wolte so undanckbar seyn / sie umb meiner Landes-Leute willen zu verlassen; von denen ich doch von meiner ersten Kindheit an gleichsam verstossen wäre worden.

Das 23. Capitel

Wie ich von Amatitlan nach Petapa kommen / und wie ich mir / ohngeachtet meinem Superiores mich zurücke zuhalten getrachtet / meines Generals Erlaubnüß zu nutze gemacht.

Ich konte leicht abnehmen / daß es vergebens war / ferner mit ihm zu disputiren / und daß es alles vergebens sey / ich möchte sagen was ich wolte: Dannenhero setzte ich mir für / mit der ersten Gelegenheit / so mir zu handen kommen würde / zu entwischen / und Krafft meiner von Rom empfangenen Erlaubnüs / ohne iemand etwas davon zu sagen / fortzugehen.

Indessen bath ich ihn allein / mich von Amatitlan wegzunehmen / weil ich mich nicht starck genug befinde diese schwehre Last zu tragen / auch nicht geschickt wäre den Bau des Klosters zu führen.

Ich konte dieses auch kaum / und mit grosser Mühe erhalten / indem er mir vorstellete / was mir es vor eine Ehre seyn würde / der Erbauer eines neuen Klosters zu seyn / und meinen Nahmen / zu ewiger Gedächtnüs an die Wand desselben geschrieben zusehen.

Ich sagte dagegen / daß ich dieses alles gantz nichts achte / und sey mir an meiner Gesundheit und Ruhe mehr gelegen / als an allen derogleichen Eitelkeiten.

Endlich muste er gleichwohl in mein Begehren einwilligen; und also gab er mir Befehl nach Petapa zugehen / und ließ den Vicarium von Petapa an statt meiner nach Amatitlan kommen / den Bau vollends zu vollführen.

In Petapa wohnete ich länger als ein Jahr in guter Vergnügung von allen weltlichen Dingen: Weil aber mein Vorhaben mir immer im Sinn lag / und mir wenig Ruhe ließ / entschloß ich mich endlich dieses Land zu verlassen / es koste auch was es wolle / und wieder nach Engelland zukehren; ungeachtet der Gefahr / darein ich mich begeben müste / und alles dessen was mir begegnen möchte / wann ich ertappet und wieder nach Gvatimala für den Præsidanten und Provincial gebracht werden solte.

Weil ich aber wohl sahe/ daß ich für mich allein schwerlich würde fortkommen können/ sonderlich die ersten zwey oder drey Tagereisen; auch über dieses unterschiedene Sachen zu verkauffen willens war / damit ich Geld bekäme/ so hielt ich dafür/ es würde besser seyn/ daß ich mich eines treuen Freundes Hülffe bedienete / als daß ich alles für mich alleine thäte.

Mich dauchte aber / ich würde keinen finden/ der sich zu diesem Anschlage besser schickte / als den Michael Delva/ dem ich mir iederzeit sehr zugethan und treu erfunden hatte/ und der sich mit einem wenigen vergnügen würde.

Ich ließ ihn derowegen von Pinola, wo er sich auffhielt / holen/ und nach dem ich ihn gebeten / die Sache geheim zu halten / sagte ich ihm/ ich müste/ mein Gewissen zu befriedigen / eine Reyse nach Rom thun/ und ich wolte nicht / daß sonst iemand das geringste davon wüste / als er alleine; Ich hätte willens wieder zukommen / wie viel andere / die eben diese Reise gethan/ und nach verfliessung zweyer Jahre / wieder in dieses Land kommen wären.

Ich wolte ihm von meinem Vorhaben/ nach Engelland zu gehen/ nichts sagen / aus Furchte / es möchte dem guten alten Schwartzen allzu nahe gehen / wenn er hören solte / daß er mich nimmer wieder sehen würde/ und dorffte er aus Liebe zu mir/ und wegen des Vortheils/ so er von mir genoß/ meinen Anschlag verrathen/ und solcher Gestalt denselben werckstellig zumachen/ zu verhindern trachten.

Der gute Schwartze erboth sich mit mir zu reisen/ ich schlug ihm aber solches ab / und sagte / er sey viel zu alt das Ungemach auff dem Meer außzustehen/ und weil er ein Schwartzer sey/ so dörffte er/ wenn wir in die ferne kämen / für einen flüchtigen Sclaven angesehen/ und gefänglich angenommen werden.

Diese meine Einwendung muste er selbst guth heissen / und weil er sahe / daß ich Uhrsache zu reisen hatte / erboth er sich / mich biß an das Gestade des Meers zu begleiten: Ich danckte ihm für solche Guthwilligkeit / und gab ihm etliche Maulthiere / Korn / Mahis, und etliche andere Dinge / darauff er sich verstand / zuverkauffen.

Was die Schildereyen / die ich in meiner Kamer hatte / anbetraff / dauchte mich / es würden selbige die Einwohner von Petapa wol kauffen / ihre Kirche damit auffzuputzen; derowegen redete ich mit dem Gouverneur davon / welcher darüber gantz froh ward.

Meine meisten Bücher und Haußrath aber verkauffte ich in Gvatimala, durch Hülffe des Michael Delva, der zwene gantze Monath / ehe ich abreisete / bey mir verbleiben muste; und behielt mehr nicht übrig als zwey Lederne Felleisen / nebst etlichen Büchern / und eine Madratze / auff der Reise darauff zu schlaffen.

Als ich nun alles / was ich verkauffen wollen / zu Gelde gemacht / befand ich / daß ich 9000. Stücke von achten Spanischen Geldes besammen hatte / die ich innerhalb zwölff jahren / so lange ich in diesem Lande gewesen war / gewonnen hatte.

Ich weil ich glaubte / daß mir eine so grosse Summa Geldes auff einer so weiten Reise / als ich thun solte / nur beschwerlich seyn würde / so kauffte ich für 4000. Krohnen Perlen und Edelgesteine ein / damit meine Bagage desto leichter würde / und den Rest meines Geldes thät ich theils in Säcke / theils vernehete ich in die Madratze / in willens unterwegens dafür Pistolen einzuwechseln.

Nachdem ich mich nun mit Gelde versorget hatte / versahe ich mich auch mit Chocolate und Confituren auff den weg.

Und weil ich gar wol bedachte / daß meine Flucht die erste Woche sehr behutsam angestellet werden müste / und daß meine Küsten nicht Tag und Nacht auff der Post / die ich zu nehmen gedachte / fortgebracht werden könten / so hielt ich vor nöthig / selbige vier Tage vorher / ehe ich aufbrach / voran zu schicken.

Ich dorffte keinem einigem Einwohner von Petapa vertrauen; derohalben ließ ich einen Indianer von Mixco, der mein besonderer Freund war / und den Weg / den ich gehen solte / sehr wohl wuste / holen; und entdeckte ihm te ihm mein Vorhaben / both ihm auch so viel für seine Mühe an / daß er gar wohl konte zufrieden seyn; und ließ ihn umb Mitternacht mit zwey MaulEseln / auf deren einem er reiten / und auf dem andern meine Sachen führen solte / voran gehen; mit Befehl / immer nach S. Michael oder Nicaragva fortzureisen / biß ich zu ihm kommen würde.

Also ließ ich ihn vier Tage vor mir abreisen / nach derer Verlauff ich mit meinem Schwartzen treuste nachfolgete / und den Schlüssel an meiner Kammer-Thüre stecken / und nichts als alte Scartecken im Hause legen ließ: und da alle Indianer schlieffem / gab ich dem Dorffe Petapa, dem Thal / und allen Freunden / die ich in America hatte / gute Nacht.

Ende des dritten Theils.

Neuer

Neuer Bericht
von den
Occidentalischen Indien.
Vierdter Theil.

Das I. Capitel
Von meiner Abreise auß dem Dorff Petapa, biß biß nach S. Trinidad, und was sich unterwegens zugetragen.

Als ich nun jüngstermeldeter massen mich auff die Reise machete/ war mein gröster Kummer/ welchen Weg ich nehmen solte/damit ich sicher gehen möchte; Ich ließ derowegen den Weg nach dem Meerbusem liegen/ ungeachtet es der beqvemste/ und der nächste nach dem Meer war; denn ich wuste/daß ich unterschiedene bekandte an selbigen Orthen antreffen würde/ und daß die Abreise der Schiffe sehr ungewiß/so daß man/ ehe sie unter Segel gegangen/ leichtlich von Gvatimala Befehl/mich anzuhalten/hätte ertheilen können.

Ich besorgete auch/daß/wenn ich zu Lande durch die Provintz Comayagva nach Truxillo ginge/ und daselbst der Schiffe erwartete/so möchte der Gouverneur des Orths/ auff erhaltene Nachricht vom Præsidenten zu Gvatimala,mich zur Rede stellen/ und mich wieder zurücke senden/oder doch den Schiffs-Patronen verbieten mich einzunehmen.

Ferner betrachtete ich/daß/wenn ich wieder nach Mexico und Vera Paz gehen wolte/ mir selbiger Weg itzo/ da ich alleine war/ noch zehenmahl beschwerlicher seyn würde/ als erstmals/ da ich in Gesellschafft meiner Freunde nach Chiapa kam; und sonderlich/ wenn ich den Michael Delva biß dahin zu Lande mit mir nehmen wolte.

Weil ich nun keinen von diesen dreyen Wegen gehen wolte/ so nam ich den vierdten durch Nicaragva und dem See von Granada, und schob meine Reise biß nach Weynachten auff/ weil ich wuste/ daß die Fregatten auff diesem See nach der Havana gewöhnlich mitten im Januario, oder auffs längsamste umb Lichtmesse ablieffen/ allwo ich noch vor der Zeit anzugelangen hoffete.

Damit man aber keine Gedancken haben möchte/ daß ich diesen Weg genommen hätte/ so schickte ich vor meiner Abreise durch den Michael Delva einem seiner guten Freunde ein Schreiben zu/ selbiges vier Tage nach meiner Abreise dem Provincial nach Gvatimala zu bringen/ in welchem ich von ihm höfflichen Abschied nahm/ und ihn bath/ mir es nicht übel nachzureden/ und mir nicht nachzuschicken: Denn weil ich eine vollgültige Erlaubnüs hierzu von Rom hätte/ so hielte ich davor/ ich könte mit gutem Gewissen/ ungeachtet er darein nicht willigen wolte/ nach Hause reisen/ zumal Leute genung im Lande vorhanden wären/ die die Indianische Sprache verstünden/ durch welche meine Stelle wieder ersetzt werden könte.

Und damit er mich auff der seiten nach Nicaragva nicht suchen liesse/ so unterzeichnete ich den Brieff/ als ob er im Dorff S. Antonio de Suchutepeqve, welches auff dem Wege nach Mexico, und also grade auff der andern seiten/ als wo ich zu reisete/ lieget/ geschrieben wäre.

Den folgenden Tag nach dem Fest der Heyligen Drey Könige/ war der 7. Januarii 1637. umb Mitternacht/ rith ich auß Petapa auß auff einem sehr guten MaulEsel/ den ich hernach unterwegens umb 80. Reichsthaler verkauffte/ und hatte ausser dem Michael Delva sonst keinen Menschen bey mir.

Und weil anfangs der Weg Bergan ging/ konten wir so geschwinde nicht fortkommen/ als wir wol wünschten: Denn es wurde Tag/ ehe wir den Gipffel des Berges Sierra redonda erreichen konten.

Dieser Berg ist in der Gegend sehr berühmt/ wegen der guten Weide/ für das Rind- und Schaffvieh/ die auf selbigem alsdenn angetroffen wird/ wenn die Thäler dürre werden/ und kein Graß mehr haben. Zugleichen finden die Reisenden auff diesem Berge besondere Erqvickung in einem Wirths-Hause/ in welchem sie wol bewirthet/ und mit Wein und Fleisch tractiret werden/ und wo man mit aller Bagage/ die man mit sich führet/ unter Dache seyn kan.

Ferner

Ferner ist auch auff selbigem ein schönes Vorwerck zur Viehzucht/ dergleichen kaum in der gantzen Gegend zu finden / und werden die Ziegen- und Schaff-Käse/ so daselbst gemachet werden/ für die besten selbigen Landes gehalten.

Dieser Runte-Berg liegt fünff Meilen von Petapa, und ich reisete mit grosser Behutsamkeit über denselbigen / auß Furcht/ iemanden von Petapa zu begegnen / wie ich denn einen Hauffen Indianer im Wirthshause liegend schlaffen ließ/ welche zwey Heerden Maulthiere/ so den Spaniern zustunden/ trieben/ und noch selbigen Tag nach Petapa ankommen solten.

Vier Meilen weiter hinüber von diesem Berge liegt ein Indianisches Dorff/ welches man los Esclavos oder die Sclaven nennet / nicht daß die Einwohner itziger Zeit Sclaven wären/ mehr als die andern Indianer; sondern weil sie vor alters zur Zeit des Käysers Montezuma und der Könige/ so ihme zugehöreten/ gegen den Einwohnern der andern Dörffer zurechnen/ für Sclaven gehalten wurden. Denn die Inwohner dieses Dorffes musten nach Amatitlan kommen / und als leibeigene Brieffe/ oder was man sonst wegschicken wolte/ durchs gantze Land tragen. Ueber dieses musten sie alle Wochen eine gewisse Anzahl Leute/ nachdem man ihrer bedurffte/ nach Amatitlan schicken / welche Brieffe/ und Lasten an andere Orthe tragen musten.

Von diesem Gebrauch hat Amatitlan seinen Nahmen bekommen/ massen selbiges ein Mexicanisches zusammen gesetzetes Wort ist / aus den Wörtern Amat, ein Bieff/ und Itlan eine Stadt; so daß Amatitlan eigentlich die Brieffe-Stadt (Schreiben-Dorff) heisset. Wie es denn auch warhafftig eine Brief-Stadt war: Deñ sie pflegten/ was sie wolten/ auf Baum-Rinden zu schreiben oder zu kratzen/ und selbige/ wie wir unsere Brieffe / aller Orthen hin/ auch gantz biß in Peru zu schicken.

Dieses Sclaven-Dorff liegt in einem Grunde/ hart an einem Flusse/ über welchen die Spanier eine schöne steinerne Brücke bauen lassen/ denn vormahls konte man mit den Maulthieren/ wegen seines schnellen Stroms/ und der häuffigen Steinrotzen/ so darinnen sind/ über welche das Wasser mit Gewalt hinschiesset/ nicht wol durchkommen.

Von diesem Dorffe / in welchem wir uns weiter nicht auffhielten/ als daß wir ein Glaß Chocolate truncken/ und unsern MaulEseln ein Futter gaben/ gingen wir noch selbigen Tag nach Agvachapa, welches zehen Meilen davon entfernet ist / und nahe am Sudmeer / und dem Hafen der Dreyfaltigkeit lieget / da wir des Abends anlangeten / nachdem wir denselbigen Tag / und ein Theil der Nacht / mehr den zwantzig Meilen über das Gebürge / und von dem Sclaven Dorffe biß dahin / auff einem sehr steinichten Wege gereiset hatten.

Das 2. Capitel

Fernerer Verfolg meiner Reise biß nach Realejo, einem Hafen am Sud-Meer; und von dem / was ich merckwürdiges auff dieser Strasse angetroffen.

DAs Dorff der H. Dreyfaltigkeit ist umb zweyer Dinge willen sehr berühmt in diesem Lande; das erste ist das thönerne Gefässe / so daselbst gemachet wird / das noch für besser gehalten wird / als das zu Mexco; das ander ist ein Orth ohngefähr eine halbe Meile von dem Dorffe / von welchem die Spanier sagen und festiglich glauben / daß es in Schlund von der Höllen sey. Denn es steiget unauffhörlich ein schwartzer dicker Rauch / der nach Schweffel stincket / und dann und wann schnell auffahrende Feuerflammen / von selbigem auff; und die Erde / wo solcher Rauch herauß bricht / ist niedrig und gantz nicht erhoben / und hatte sich noch niemals einiger Mensch / die Uhrsache zu erkundigen / hinzu machen können; denn alle / die solches zuthun sich unterfangen wollen / sind zur Erden geworffen worden / und sind in Gefahr ihres Lebens gewesen.

Es hat mir ein Geistlicher von meinen Freunden / dem ich billich Glauben zustelle / bey seinem Eide gesagt / daß / als er einesmahls mit einem Provincial diese Strasse gereiset / er sich entschlossen / umb seiner Begierde ein Genügen zu thun / an den Orth zu gehen / und die Uhrsache so seltzamer Reden / so man in dem Lande von diesem Rauche höret / zu erforschen.

Als er ohngefähr biß auff drittehalb hundert Schritte hinzugekommen / habe er ein so abscheuliches gedonner gehöret / daß er nebst dem grausamen Gestancke des Rauchs davon fast hätte zur Erden fallen müssen / so daß er wieder zurücke zu gehen sey gezwungen worden; und drauff sey er von einem hitzigem Fieber befallen worden / davon er hätte des Todes seyn mögen.

Andere sagen / daß / als sie nahe hinzu kommen / sie ein grausames Geschrey

schrey gehöret hätten/ als Leute die gemartert würden; ein Gerassel von eisernen Ketten/ und dergleichen Dingen/welches sie glauben gemacht/ daß es ein Schlund von der Höllen sey: Allein wie ich solches zu glauben für eine Einfalt halte; also lasse ich den Leser davon nach seinem gefallen urtheilen.

Ich meines theils weiß nichts anders davon zu sagen/ als daß ich den Rauch gesehen/und daß ich die Einwohner gefraget/ob sie nicht die Uhrsache davon wüsten; und ob sie niemals nahe dazu kommen?

Sie haben mir aber zur Antwort gegeben/daß sie nicht wüsten/woher solcher Rauch käme/auch sich niemals hätten unterstehen dörffen/nahe hinzu zugehen/sie hätten gesehen/ daß unterschiedene Reisende sich solches unterstanden hätten/sie wären aber halb todt zur Erden geworffen/oder von einem plötzen Schrecken überfallen worden/und hätten ein häfftiges Fieber bekomen: so gar/ daß sie/ als ich ihnen zuverstehen gab/ daß ich hingehen wolte/ mich warnigten/ich solte mich wohl fürsehen/ ich würde mich gewißlich in Lebens-Gefahr stürtzen.

Allein es geschach keines weges aus Furchte für dieser Spanischen Hölle/ daß ich mich eilfertig von diesem Orthe weg machte; sondern weil ich besorgete/es möchte mich etwan iemand ertappen/und mich anhalten.

Denn umb Mitternacht brach ich von diesem Orthe auff/ und kam folgenden Tag umb den Mittag in ein grosses Dorff Chalevapan genand/alwo mich die Indianer sehr wohl empfingen/weil ich die Poconchi oder Pocomanische Sprache so guth wie sie redete; und hätten mich gerne bey sich behalten/ daß ich ihnen auff den nächsten Sonntag predigen solte; welches ich auch würde gethan haben/ wenn ich nicht durch einne wichtigere Uhrsache mich auffs baldeste fortzumachen wäre angetrieben worden.

Ich stand an diesem Orthe in sorge/wie ich durch S. Salvador, eine Spanische Stadt/in welcher ein Mönchs-Kloster vom Orden S. Dominici ist/unerkand kommen solte; Dann für diesen furchtete ich mich mehr/ als sonst für irgend etwas/weil mich die meisten in selbigem Kloster kandten.

Umb dieser Uhrsache willen entschloß ich mich/ wann ich nahe bey die Stadt kommen würde/ von der Strassen abzugehen/ und in einem Spanischen Vorwerck einzukehren/gleich als hätte ich mich verirret: daselbst wolte ich die Zeit mit Chocolate trincken und mit Reden zu bringen/ und meine Maulthiere wol füttern/und hernach die gantze Nacht fortreisen/ damit ich folgenden Morgen schon weit von der Stadt und von den Geistlichen/ so in den Indianischen Dörffern daherumb wohnen/ möchte entfernet seyn.

Es ist die Stadt S. Salvador nicht reich/ ist auch nichts grösser als Chiapa. Sie hat einen Spanischen Gouverneur, und liegt ohngefähr 40. Meilen von Gvatimala; und ist gegen Norden mit einem hohen Gebürge/ welches sie Chuntales nennen/ und dessen Inwohner/ die Indianer/ sehr arm sind/ umbgeben.

Im Grunde/ darinnen die Stadt erbauet ist/ hatte es etliche Zuckermühlen/ und wird auch Indigo daselbst gemacht: doch sind die grösten Vorwercke/ in welchen Vieh auffgezogen wird.

Ich ritte auff den Abend von obengedachten Vorwercke/ nachdem ich mich wohl erqvicket/ und die Maulesel wol gefüttert hatte/ auß/ und ging gegen acht Uhr durch die Stadt durch/ ohne daß mich iemand erkennet hätte.

Mein Vorsatz war/ folgenden Morgen an einem grossen Fluß/ Rio de Lempa genand/ der zehn Meilen von S. Salvador entfernet ist/ zu gelangen; Denn zwey Meilen davon wohnete ein Indianischer Geistlicher/ der ins Kloster zu S. Salvador gehörete/ und sonderlich bekand mit mir war.

Ich förderte mich aber so sehr/ daß ich noch vor anbruch des Tages durch dieses Dorff kam/ und vor sieben Uhren des morgends an den Fluß gelangete; alwo ich meinen Indianer von Mixco mit meiner Bagaga antraff/ welcher früh umb 3. Uhr zwey Meilen von jentseit des Dorffs auffgebrochen/ und weiter fortzugehen gantz fertig war/ ich war hertzlich erfreuet/ daß ich ihn mit meinen Felleisen angetroffen hatte/ weil in diesen ein grosses Theil meines Vermögens stäckte.

Ich ruhete hier am Ufer des Flusses ein wenig auß/ und ließ meine Maulthiere weiden/ indessen machte der Indianer ein Feuer/ und richtete mir meine Chocolate zu.

Man hält darvor/ daß dieser Rio de Lempa der breiteste und grösseste Fluß unter allen in der gantzen Provintz Gvatimala sey/ und werden auff selbigem an diesem Orthe stets zwo Fehren gehalten/ auff selbigen die Reisenden mit ihren Maulthieren über zusetzen.

Es hat dieser Fluß die sonderliche Freyheit/ daß/ wenn iemand auff der seiten von Gvatimala oder S. Salvador, oder auch auff der andern seiten von S. Michael oder Nicaragua eine Missethat begangen hat/ und er kan sich über den Fluß auff die andere seiten reteriren/ so ist er in Sicherheit/ und darff ihm kein Gerichtsbedienter von der seiten/ davon er entflohen ist/ etwas thun/ oder ihn umb der begangenen Ubelthat rechtfertigen/ noch auch schulden halber anhalten.

Ob

Ob ich nun wol umb keiner von diesen beyden Uhrsachen flohe/so war ich doch hertzlich froh/daß ich diesen Orth erlanget hatte/ an welchem ich in ein befreyetes Land / in welchem ich hoffte sicher zu seyn/ übergehen solte: Denn wenn mich schon iemand verfolgen solte/ würde er doch weiter nicht/ als biß an den Fluß Lempa kommen: Mein Schwartzer aber lachete hefftig über diesen meinen Gedancken/ und sagte/ er wolte mich versichern/ daß ich nichts zu fürchten hätte/und daß alles wol ablauffen würde.

Wir kamen also glücklich über den Fluß/und gingen mit unserm Indianer nach einem zwey Meilen davon entlegenen Indianischen Dörfflein / in welchem wir eine so gute Mittag-Mahlzeit/als wir noch nie keine gehabt/seint wir auß Petapa abgereiset waren/hielten/und unsere Maulthiere biß umb vier Uhr Abends außruhen liessen; Hernach reiseten wir weiter fort mitten durch ein flaches ebenes und sehr sandigtes Feld/ und kamen in ein ander kleines Dorff/welches etwas mehr als zwey Meilen vom vorigen entfernet ist.

Den folgenden Tag hatten wir nur noch zehē Meilen biß nach S. Michael, den Spaniern gehörig/zu reisen. Und ob wol dieses S. Michael keine Stadt ist/so ist es doch fast so groß als S. Salvador, und hat gleichfals einen Spanischen Gouverneur. Es hat in selbigem auch ein Nonnen-Kloster / und ein Convent der Barmhertzigen / welche mich sehr freundlich empfingen: Denn ich begunte mich nun wieder sehen zu lassen / und verbarg mich nicht mehr/ massen ich auch willens war/mein Maulthier zuverkauffen / und zu Wasser/oder auff einem Arme des Meers/nach einer Stadt von Nicaragua nahmens Vieja zu gehen.

Ich wolte auch meinen Indianer wieder zurücke senden: weil er aber mich nicht eher verlassen wolte/ als biß ich würde nach Granada kommen/ und daselbst zu Schiffe gegangen seyn/ behielt ich ihn noch bey mir / zumahl da ich wuste/ daß er treu war/ und meine Sachen wol biß an diesen Orth gebracht hatte/ auch den Weg/den man nach der Stadt Granada nehmen muß/ wol wuste.

Dergestalt schickte ich ihn zu Lande nach Realejo oder Vieja, welche beyde Orthe nahe beysammen liegen/und auf dreissig Meilen von S. Michael entfernet sind/uñ ich blieb noch selbigen und den folgenden Tag biß auf den Mittag an diesem Orthe/allwo ich mein Maulthier verkauffte/weil ich wol wuste/ daß ich von Realejo biß nach Granada auff eine Tagereise von den Indianern einen MaulEsel umbsonst haben könte.

Ich

Ich schickte mit dem Indianer auch meines Schwartzens Maulthier zu Lande fort/und den folgenden Morgen ging ich nach dem Meerbusem/ der drey oder vier Meilen von S. Micheal lieget/ allwo ich Nachmittage mit andern Reisenden zu Schiffe ging/und den Tag drauff umb acht Uhr des Morgends zu Vieja ankam/da ich sonst zu Lande dahin zukommen drey Tage hätte anwenden müssen.

Das 3. Capitel

Abreise/ von Realejo auff dem Sud-Meer/ biß nach Granada: Beschreibung eines brennenden Berges/der Städten Leon und Granada, der Provintz Nicaragva, und anderer merckwürdigen Dinge.

FOlgenden Tag gegen Abend kam mein Indianer auch an/ und gingen drauff miteinander nach Realejo einem am Sudmeer gelegenen schwachen und gantz nichts befestigten Hafen/ alwo ich/ wann ich funffzehen Tage hätte warten wollen/ hätte ich können nach Panama zu schiffe gehen/ von dar ich nach Porto-Bello hätte reisen/ und daselbst die Spanische Gallionen erwarten können.

In Betrachtung aber/daß die Gallionen vor dem Monath Junio oder Julio nicht ankämen/und ich/ wenn ich so lange warten solte/ viel verzehren würde; wiewol ich hernach vielmahl gewünschet/ daß ich diese Gelegenheit genommen hätte/weil ich gleichwol entlich nach Panama und Porto-Bello gehen muste; wolte ich mich ihrer nicht bedienen.

Von Realejo nach der Stadt Granada ist der Weg so eben und so schön/ daß/weil zumal ein grosser Ueberfluß an Früchten und andern nöthigen Lebens-Mitteln in diesem Lande gefunden wird/ man mit gutem recht die Provintz Nicaragua ein irdisches Paradieß von America nennen kan.

Zwischen Realejo und Granada lieget die Stadt Leon, nahe an einem Vulcan oder brennenden Berge/ welcher sich vormals an seinem Gipffel geöffnet und im gantzen Lande umbher grausamen Schaden gethan hat: seint selbiger Zeit her aber hat er auffgehöret zu brennen/ so daß die Einwohner itzo seinet wegen gantz ohne sorgen sind; und sihet man weiter nichts/als bißweilen ein wenig Rauch; welcher gleichwol eine Anzeigung ist/daß noch eine schwefflige materie in diesem Berge verborgen sey. Es

Es war an selbigem Orth ein Geistlicher/ vom Orden der Barmhertzigen/ gewesen/ der sich eingebildet/ er habe einen grossen Schatz an selbigem Orthe entdecket/ durch welchen er sich und das gantze Land würde reich machen können. Denn weil er gäntzlich gegläubet/ daß das Metall/ das in diesem Berge brennete/ Gold sey; hatte er einen grossen Kessel machen/ und selbigen an eine eiserne Kette befestigen lassen/ in willens selbige in den Schlund des Berges hinunter zu lassen/ und selbigen vol geschmoltzenen Goldes herauf zu ziehen/ welches übrig gnug seyn würde/ sich ein Bischoffthumb zu erkauffen/ und seine gantze Freundschafft reich zu machen: Allein die Hitze dieses unter irrdischen Feuers war so groß gewesen/ daß/ so bald nur der Kessel hinab kommen/ die Kette auffgegangen und der Kessel geschmoltzen war.

Es ist die Stadt Leon sehr wohl gebauet; denn die Einwohner belustigen sich mehr an schönen Häusern/ und an der Land-Lust/ indem sie auff dem Lande alle Lebens-Nothwendigkeiten überflüssig finden; als daß sie grosse Schätze sammlen solten: Dannenhero findet man auch nicht so reiche Leute allhier/ als wie an vielen andern Orthen in America.

Sie vergnügen sich/ schöne Gärten zu haben/ Papagoyen/ und andere Sangvögel auffzuziehen; Fleisch und Fisch wolfeil einzukauffen/ und in schönen Häusern zu wohnen/ und ein sanfftes und müssiges Leben zu führen/ und bekümmern sich nicht groß umb die Handlung/ ungeachtet sie den See zu nächst bey sich haben/ von dannen jährlich auff der Nord-See Schiffe nach der Havana/ und über Realejo nach dem Sudmeere gehen/ von dannen sie gute Beqvemlichkeit nach Peru und Mexico zu handeln hätten/ wenn sie Beliebung dazu trügen/ und sich auff so ferne Reisen wagen wolten.

Die Edelleute in dieser Stadt sind fast so eitel und so dumm/ wie die zu Chiapa.

Und umb solcher Wollust willen/ die man an diesem Orthe geneust/ wird die gantze Provintz Nicaragva von den Spaniern des Mahomets Paradiß genandt.

Der Weg von der Stadt Leon nach Granada ist gantz eben uñ schlecht/ und ich kam in letzt gemeldeter Stadt glücklich und mit freuden an/ der Hoffnung/ ich würde nun eher nicht wieder zu Lande reisen dörffen/ als wann ich zu Douvre in Engelland würde angelanget seyn.

Zwey Tage hernach/ als ich an diesem Orthe angelanget/ und ein wenig/ unter lustiger Beschauung des Sees außgeruhet hatte/ wolte ich meinen Indianer

dianer und Schwartzen wieder zurücke schicken: Allein der ehrliche treue Michael Delva wolte mich durchaus eher nicht verlassen/ als biß er mich würde haben sehen zu Schiffe gehen/ und ich zu Lande seiner nicht mehr bedürffen würde.

Der Indianer wäre zwar auch gerne geblieben/ ich wolte aber es nicht zulassen/ in Betrachtung/ daß er Weib und Kinder hatte/ und derowegen selbige zu versorgen nothwendig wieder nach Hause muste.

Er war es endlich zu frieden/ und wolte lieber zu Fusse als zu Pferde nach Hausse wandern/ damit ich meine Maulthier verkauffen/ und noch ein stücke Güld drauß lösen könte: Ich erkante hierauß sein redliches Gemüthe/ und weil ich es für ihn besser zu seyn schätzte/ daß ich ihn baar außzahleten/ als daß ich ihm einen abgemergelten und matten Maulesel/ der vielleicht/ wenn er ihn nach Hause bracht hätte/ umbfallen möchte/ auff dem Halse liesse/ so gab ich ihm so viel/ daß er nicht allein unterwegens Maulthiere davor mieten/ und sich beköstigten; sondern auch hernach zu Hause sich davon ergötzen könte.

Endlich nach vergiessung vieler Thränen/ und Beklagung/ daß er mich schwerlich mehr wieder sehen würde/ nam er Abschied von mir/ drey Tage hernach/ nachdem wir in die Stadt Granada kommen waren.

Als ich nun mit meinem Schwartzen alleine war/ war unsere erste Sorge/ wie wir der zweyen Maulesel/ darauff der Indianer geritten und meine Bagage geladen gewesen/ loßwürden; Ick bekam nach so einer weiten Reise noch 90. stücken von achte (oder Reichtsthaler) dafür/ und dauchte mich/ sie sehr wohl ausgebracht zu haben.

Ich wolte haben/ es solte Michael Delva seinen Maulesel/ darauff er geritten war/ auch verkauffen/ so wolte ich ihm einen bessern/ darauff er beqvemer nach Hause reiten könte/ dafür kauffen: Allein der ehrliche Schwartze meinete es so guth mit mir/ daß er durchaus nicht zulassen wolte/ daß ich mir seinetwegen mehrere Unkosten machen solte/ weil ich auf einer so fernen Reisse noch Außgaben genung haben würde.

Nach diesem/ weil wir erfuhren/ daß die Fregatten noch kaum in vierzehen Tagen abseegeln würden/ so entschlossen wir uns/ über einen Tag oder zwene uns nicht in der Stadt auffzuhalten/ binnen welcher Zeit wir die Schönheit der Stadt/ und was in selbiger merckwürdig ist/ genugsam besehen konten; wir machten uns in ein nahe gelegenes Indianisches Dorff/ in wel-

welchem uns niemand kandte/ und gingen dann und wann einmal nach der Stadt/ umb mit einem Schiffer zu dingen/ daß er mich auff seiner Fregatte mit nach der Havana oder Carthagena nehmen solte. Denn ich besorgte/ wann ich in der Stadt bliebe/ es möchte mir/ wann die Heerden Maulthiere/ welche das Indigo und Cochenille von Gvatimala bringen/ umb selbiges auff die Fregatten einzuschiffen/ ankommen würden/ ohngefähr iemand bekandtes begegnen/ und mich verrathen.

Was wir merckwürdiges in dieser Stadt sahen/ waren zwey Klöster/ deren eines den Barmhertzigen/ und das andere den Francißkanern zustehet/ nebst noch einem Nonnenkloster/ welches sehr reich ist; die Pfarrkirche allhier/ ist gleichsam die Cathedral Kirche/ weil der Bischoff von Leon offters hier als in seiner Bischöfflichen Residentz-Stadt/ sich auffhält.

Die Häuser in dieser Stadt sind auch gar viel schöner/ als in Leon, hat auch weit mehr Innwohner/ und unter andern verschiedene Kauffleute/ deren etliche sehr reich sind/ und nach Carthagena, Gvatimala, S. Salvador uñ Comayagua, und auff dem Sudmeer nach Panama nnd Peru handeln.

Allein zu der Zeit/ wenn die Fregatten absegeln sollen/ so mag man diese Stadt billich für die allerreicheste im gantzen mitternächtischen America halten: Denn weil sich die Kauffleute von Gvatimala ihre Wahren über den Meerbusen von Honduras, wegen der zwischen diesem Orth und der Havana streiffenden Holländer/ zu schicken fürchten/ so halten sie dafür/ sie gehen sicherer/ wenn sie sie mit den Fregatten nach Carthagena schicken/ weil sich die Holländer nicht so offt in dieser Gegend/ als wie dorten/ sehen lassen.

Eben deßwegen wird auch zum öfftern/ sonderlich wenn man weiß/ daß Schiffe auff der See und gegen das Cap de S. Antonio sich sehen lassen/ das Königliche Silber durch diesen Weg über den See von Granada nach Carthagena gebracht.

Als ich in der Stadt war/ noch ehe ich in das Indianische Dorff beyseits ging/ kamen eines Tages zum wenigsten dreyhundert MaulEsel von S. Salvador und Comayagua, mit Indigo, Cochenille und Ledern beladen hinein: und zwene Tage hernach kamen drey andere Heerden Maulthiere von Gvatimala, deren eine das Königliche Silber/ und die andern beyden Zucker und Indigo brachten.

Nach dem ersten Hauffen fragte ich nicht viel; allein die andern veruhrsachten/ daß ich mich zu Hause in meiner Kammer hilt/ auß Beysorge/ es möchte/ wenn ich aus spatzierete / mich etwan einer von denen/ so von Gvatimala kommen waren / erkennen; doch gingen sie/ so bald sie ihre Maulthiere abgeladen hatten/ wieder zurücke/ und setzten mich wieder in die erste Freyheit.

Weil ich aber fürchtete / es möchten nochmehr andere nachkommen/ die mich so sehr / als die vorigen/ erschrecken möchten / so entwich ich/ wie vor gedacht/ auff ein/ ausserhalb ihres weges/ und eine Meile von der Stadt Granada entlegenes Dorff/ da ich die Zeit mit spazieren gehen vertrieb / und die daherumb wohnende Geistlichen von Orden der barmhertzigen Brüder/ denen die meisten Dörffer in der Gegend zugehören / besuchte/ und von ihnen wol gehalten wurde.

Sie sagten mir aber so viel Dinges von der Reise auff den Fregatten nach Carthagena vor/ daß mir bey nahe alle Lust diesen Weg zu nehmen verging.

Dann ob wol die Schiffe/ so lange sie auff dem See seegeln/ gantz sicher/ und ausser aller Gefahr sind / so wird doch diese Reise durch den Fluß / auff welchem die Fregatten auß dem See ins Meer gehen müssen/ und daselbst El Desaguadero genennet wird/ sehr beschwerlich gemacht/ so daß selbige zuweilen zwene Manat lang wäret.

Denn es ist auff selbigem der Wasser-Fall zwischen den Stein-Felsen so strenge / daß offters die Schiffe müssen auß und wieder eingeladen werden/ durch Hülffe der Maulthier/ die mit Fleiß dazu an selbigen Orthen gehalten werden/ daß sie die Kauffmanns-Güter von einem Magazin zum andern tragen; wie denn auch längst hin am Ufer des Flusses unterschiedene Indianer wohnen / welche die besagte Magazinen / worein die Wahren so lange verschlossen werden/ biß die Schiffe durch die gefährlichen Oerther kommen/ bewachen müssen.

Ueber diese Hindernüß/ die denen Reisenden nothwendig sehr verdrüßlich seyn muß/ weil sie sich fast alle Augenblick auffgehalten sehen/ hat es auch so eine grausame menge Mücken/ daß man gantz keine Lust auff solcher Reise haben kan; und ist an etlichen Orthen die Hitze so unerträglich/ daß ihrer viel davon sterben/ ehe sie noch einmal ans Meer gelangen.

Ob ich nun wol ein grosses Mißfallen an solchem Bericht hatte / so tröstete ich mich doch in meinen Gedancken damit / daß mein Leben in GOttes Händen stünde/ und daß die Fregatten alle Jahr den Weg gingen/ und man doch selten hörete/ daß etwan eine verunglückt worden wäre.

Ich

Ich ging auß diesem Dorffe zuweilen einmal in die Stadt/umb mich auff eine Fregatte auffzudingen/ die genaue Zeit des Auffbruchs zu erfahren/ und mich mit Chocolate und andern auff die Reise nöthigen Dingen zu versehen; denn was die Kost anbetraffe/so dingete ich mich bey meinem Schiff-Patron an den Tisch.

Man hatte sich entschlossen/daß die Fregatten in vier oder fünff Tagen unter Segel gehen solten; aber siehe! man wurde gantz plötzlich durch einen außdrücklichen Befehl von Gvatimala angehalten/ und verbothen/daß dieses Jahr die Fregatten nicht abgehen solten/ weil der Præsidente und der gantze Rath gewisse Nachricht bekommen hätten/ daß Engelländische und Holländische Schiffe im See wären/ die sich am Munde des Flusses Desagvadero, auffhielten/ und denen Fregatten von Granada auff den Dienst warteten/ und daß sie zuweilen die Insuln S. Juan und S. Catharina, welche die Engelländer damals eingenommen/ und die Providentz genennet hatten/ umbseegelten; welche Zeitung allen Kauffleuthen im Lande ein hefftiges Schrecken einjagete/ und den Præsidenten veranlassete/ des Königs Einkünffte in Sicherheit zu erhalten/damit er nicht einiger Nachlässigkeit möchte beschuldiget werden/ daß er nicht den Fregatten bey Zeite Ordre ertheilet/ weil er von der Gefahr/so auf der See wäre/ Nachricht gehabt hätte.

Diese Zeitung bekümmerte mich auß der Massen sehr/weil ich nicht wuste/wo ich mich hinwenden solte. Ich dachte zwar/ auf einem Schiffe/ so zu Realejo fertig nach Panama lag/ fortzukommen; als ich aber recht nach selbigem forschete/versicherten mich etliche Kaufleuthe/daß es bereits vor etlichen Tagen von dannen weggesegelt wäre.

Ich warf hierauf meine Augen nach Comayagua und Truxillo, und auf die Schiffe von Honduras: allein dieses waren nur vergebene Gedancken/die von meinem unruhigen Gemüthe/ und von der Verwirrung/darinnen ich stackte/herkamen: denn diese Schiffe waren auch bereits fort/biß auff ein kleines Schifflein/ welches von der Havana oder Carthagena Zeitungen überbringet/ denn diese zwey Städte haben den Brauch/ daß sie einander von den Schiffen/ so in See sind/Nachricht geben: Allein dieses wäre auch ein allzu verwegenes Vornehmen gewesen/ und meine Freunde wolten mir Durchauß nicht rathen/ mich auff ein so kleines Schifflein zu begeben.

Ich wurde hierdurch noch mehr bekümmert: mein einiger Trost war/ daß noch viel andere Reisende da waren/ welche nothwendig von hier/es sey auff was Arth es wolle / abreisen müsten; deßwegen entschloß ich mich/ihnen zu Meer oder zu Lande zu folgen.

Wir beredeten uns derowegen alle zusammen / daß wir eine Fregatte für uns mieten wolten/die uns nach Carthagena brächte: man schlug uns aber solches ab: Dann es wolte niemand umb unsert wißen sein Leben und Schiff in Gefahr setzen.

Als wir nun in dieser Angst bey den Kauffleuthen rathfragten/wie wir es anstellen müsten/daß wir noch dieses Jahr nach Spanien reisen möchten/ oder nach der Havana oder Carthagena kommen könten; so gab uns einer unter uns / der uns wol wolte / den rath / wir solten nach Costa ricca gehen/ allwo wir von Carthago auß Nachricht von einigem Schiffe entweder von dem Flusse de los Anzuelos, oder vom Flusse de Suere haben könten/ das nach PorroBello ginge/weil jährlich von diesen Orthen kleine Fregatten außlieffen/ die Meel/ Schincken / Geflügel und anderen Provlant/ den Gallionen zu Porto ricco zuführeten.

Diese Reise dauchte uns wol sehr Rauhe und beschwerlich zu seyn/ weil wir fast anderthalb hundert Meilen durch Berge und Wüsteneyen/ in welchen wir die Annehmlichkeiten von Gvatimala und Nicaragua nicht antreffen würden/zu gehen hätten/und könte gleichwohl geschehen/ daß nach solcher verbrachten Reisen wir gleichwol keine Fregatte/ so nach Porto ricco ginge/ antreffen dörfften.

Wir hattē aber alle so gar schlechte Lust wieder nach Gvatimala umzukehren/daß wir lieber noch weiter reisen/und alles dieses Ungemach außstehen wolten; wann wir nur endlich ein Schiff erlangen könten/ das uns zu den Gallionen/ welche allererst im Monath Junio oder Julio abseegeln solten/ brächte.

Also entschlossen wir/ ich und drey Spanier/ uns/nach Costa ricca zu gegehen/und zu versuchen/was wir an selbigem Orthe würden schaffen können.

Jeder von ihnen hatte/ so wol als ich / eine Last für einen Maulesel; aber kein Thier/dem sie dieselbe auffgeladen hätten: sie hielten es fürs rathsamste/ daß sich ein jedweder einen zu solcher Last kauffte / und hoffeten selbige nach vollendeter Reise zu Costa-ricca wieder zu Gelde zu machen; im übrigen wolten sie Maulthiere und Indianer von Dorff zu Dorffe mieten/ die ihnen durch die Gebürge und andere gefährliche Orther zu Wegweisern und Geleits-Leuten dienen solten.

Nun

Nun hätte ich wol gewünschet/ daß ich den Mauesel/ den ich zu S. Michael verkaufft hatte/ oder zum wenigsten seinen von denen/ die ich zu Granada ans Geld brachte/ noch hätte: Doch verließ ich mich auff meinen Schwartzen/ welcher mich baldest versahe/ und mir einen für funfftzig Stücke von Achten (Reichsthaler) kauffte/ mit welchem ich gedachte Reise wohl zu vollenden hoffete.

Mein getreuer Schwartze hätte gerne auch diese Reise mit mir gethan/ ja/ wenn ichs verlanget hätte/ die gantze Welt mit mir durchreiset: allein ich wolte nicht/ sondern danckte ihm von gantzem Hertzen für alles das/ was er mir guts erwiesen hatte: Und nach dem ich ihm ein Stücke Geld/ mit welchem er sehr vergnüget war/ gegeben hatte/ schickte ich ihn wieder zurücke/ in Hoffnung/ gnugsame Gesellschafft an den drey Spaniern zu haben.

Das 4. Capitel

Von meiner Abreise aus Granada: Begegnen einem ungeheuren Crocodil; von dem wir verfolget werden/ und kommen zu Carthago an: Beschreibung dieser Stadt/ und der Landschafft/ da wir durchreiseten.

Nachdem wir nun einen Indianer zum Wegweiser auffgenommen hatten/ reiseten wir gedachter massen alle viere von Granada ab/ und hatten zwey Tage lang die Vergnügung/ daß wir die Lüste dieses Mahometanischen Paradieses geniessen konten/ massen der Weg durchaus eben und gleiche/ die Dörffer lustig/ die Felder von Bäumen beschattet/ und aller Orthen ein grosser Ueberfluß von Früchten war.

Den andern Tag/ nach unserer Abreise aus der Stadt wurden wir von einem grossen ungeheuren Crocodille/ der aus dem See/ neben welchem wir herzogen/ gegangen/ und sich in einer Pfudel badete/ und in selbiger auff seinen Raub/ wie wir hernach gewar worden/ laurete/ hefftig erschrecket.

Denn anfangs wusten wir nicht/ was es war/ und meineten/ es wäre ein umbgefälleter Baum/ der im Wasser läge/ biß wir nahe bey ihm vorüber ritten/ da wurden wir seiner Schuppen gewahr/ und sahen/ daß er anfing sich zu bewegen/ umb auff uns zuzuschiessen.

Wir eileten/ auffs schnelleste wir konten/ von dannen; allein das Ungeheur

heur/daß einen von unser Gesellschafft zur Beute haben wolte/lieff uns schnelle nach/und jagte uns ein hefftiges Schrecken ein/weil wir sahen/daß es uns ie länger ie näher kam und uns bald ereilen würde.

Als wir nun in solcher Angst nicht wusten was wir thun solten/schrie uns einer aus den Spaniern/dem die Natur dieses Thieres besser als uns andern bekand war/zu/wir solten uns aus dem Wege auff eine seite wenden/und eine weile zwerchs Feld gerade zu reiten/ alsdann uns wieder auff die andere seite/ und solcher Gestalt immerfort bald auff diese seite/ bald auff die andere uns außdrehen/so würden wir der Bestien endlich entgehen können.

Dieser Unterricht rettete uns ausser Zweiffel das Leben: denn wir entkamen auff solche Weise dem ungeheuer/daß es weit hinter uns zurücke blieb: Und wenn wir es nicht also gemacht hätten/würde es uns unfehlbar ertappet/und einen aus uns/oder doch zum wenigsten einen von unsern Mauleseln verschlungen haben.

Denn wenn wir gerade für uns hinritten/ so lieff dieses Unthier ja so schnelle als immer ein Maulesel lauffen kan: Wann es aber sich nach uns umbwenden muste/ so blieb es wegen der schwere und Ungeschicklichkeit seines Leibes zurücke/und ließ uns Zeit/ daß wir einen guten Weg voraus gewinnen konten/biß wir ihm entlich gäntzlich entkamen.

Aus dieser Begebenheit erkandten wir die Natur dieses Thieres/ welches seine Grösse keines weges hinderte/ daß es nicht solte grade für sich so schnell lauffen/ als ein Maulthier laufft: Gleich wie aber der Elephant gar schwerlich wieder auffstehen kan/wann er zur Erden nieder gefallen ist; also kan dieses Ungeheuer/ wegen seines schweren und starrenden Leibes/ nicht fort/wenn es denselbigen gantz wenden soll.

Wir danckten GOtt/der uns aus so grosser Gefahr errettet/und namen uns forthin/so lange wir neben dem Ufer des Sees her reiseten/wohl in acht damit wir nicht zum andern mahl in selbige verfallen möchten.

Man kan die Grösse des Sees von Granada daraus abnehmen/daß wir den andern und dritten Tag nachdem wir aus Granada aufgebrochen/ und zum wenigsten zwantzig Meilen gereiset waren/ noch immer unweit demselbigen unsern Weg fortsetzeten.

Als wir aber diesen See aus dem Gesichte verlohren hatten/kamen wir auf einen bösen steinichten Weg/welcher sich mehr nach dem Sudmeer als der Nordsee zuneigete. Die

Die gantze übrige Zeit unserer Reise biß nach Carthago/sahen wir nichts merckwürdiges/als nur grosse Wälder gegen dem Sudmeer zu/ in welchen zum Schiffbau sehr dienliche Bäume gefunden werden/ ingleichen viel Gebürge/ und Wüsteneyen/ da wir zuweilen zwey Nächte nacheinander in Wäldern oder auff freyen Felde/ weit entfernet von allen Dörffern und Wohnungen der Indianer schlaffen musten.

Diß aber war in diesen Wüsteneyen unser Trost/daß wir allezeit einen Wegweiser bey uns hatten/und Hütten/darinnen wir uns lagern konten/ antraffen/welche die Obrigkeit der nächstangelegenen Orthe den Reisenden zum besten hatte bauen lassen.

Nachdem wir nun unzehlich viel Gefahren überstanden hatten/ kamen wir endlich in der Stadt Carthago an/welche wir so arm nicht funden/ als man sie uns zu Gvatimala und Nicaragua beschrieben hatte.

Denn weil wir Kauffleuten nachfragen musten/ die uns Gold und Silber wechselten/ so traffen wir einige derselbigen an/die sehr reich waren/ und über Land und Meer nach Panama, und über Meer nach Porto-bello, nach Carthagena, und der Havana, und von dannen nach Spanien handelten.

Es sind ohngefähr 400. Familien in dieser Stadt/und wird selbige von einem Spanischen Gouverneur regieret: Ingleichen ist in selbiger ein Bischöfflicher Sitz/und drey Klöster/ nehmlich zwey Mönchs- und ein Nonnen-Kloster.

So bald als wir nur in selbiger ankommen waren/ fragten wir dem/um dessen willen wir so viel Berge/Wälder und Wildnüssen durchzogen hatten/nach; nemlich einer Gelegenheit nach Porto Bello oder Carthagena zu schiffen: Und erfuhren/daß eine Fregatte auf dem Fluß de los Anzuelos, und noch eine andere auf dem Fluß de Suere gantz Seegel fertig läge. Und weil wir vernahmen/daß viel gemächlicher nach dem Fluß Suere, als nach dem andern zu reisen sey/ weil man mehr Zehrung/mehr Indianische Dörffer und mehr Spanische Meyereyen unterwegens anträffe/so beschlossen wir/ nachdem wir vier Tage zu Carthago verweilet hatten/ noch eine Reise nach der Nord See vorzunehmen.

Wir funden das Land an vielen Orthen sehr bergicht/doch waren immer Thäler dazwischen/ in welchen sehr gutes Korn wächset/ und wohneten die Spanier in feinen Meyerhöfen/ in welchen sie so wol/ als die Indianer in ihren Dörffern/ viel Schweine auffzihen/ wir funden aber die Indianische Dörffer gantz anders beschaffen/ als die/ welche wir in den Provintzen Gvatimala und Nicaragva hinter uns gelassen hatten: so waren auch die Inwohner ungeschickt und grob/ob sie gleich eben so wol als jene den Spaniern unterthänig seyn.

Wir kamen so eben zu rechter Zeit an den Fluß de Svere, daß wir nur drey Tage in einem nächst dabey liegenden Meyerhöffe/ biß zu unserer Abreise/ warten dorffte.

Der Schiffs-Patron war über unser Gesellschafft hertzlich erfreuet/ und erboth sich/ mich umbsonst mitzunehmen/ und verlangte von mir anders nichts/ als daß ich GOTT vor ihn bitten/und/daß er uns eine sichere Reyse/ die wir in dreyen Tagen zu vollenden hoffeten/ bescheren wolle/ anflehen solte.

Die Güther/ die wir in unserm Schiffe hatten/ waren Honig/Leder/ Speck/Meel und Geflügel.

Er sagte uns/daß die Gröste Gefahr/die wir außzustehen hatten/in Munde des Flusses wäre/ als wo er an einigen Orthen sehr schnelle fortschiffe/ und an andern Orthen sey er gantz seichte und voller Steinrotzen/ biß daß man endlich in die volle See komme.

Das 5. Capitel
Wie unser Schiff von einem Mulaten/ der unter einer Holländischen Flacke auff der See raubete/ genommen ward/ und wie er uns tractiret.

WIr kamen zwar glücklich aus dem Flusse in die See/als wir aber kaum zwantzig meilen geseegelt hatte/ wurden wir gewar/ daß zwey andere Schiffe grade auff uns zu kamen. Das Hertze fing uns an zu zittern/ und unser Schiffs-Patron furchte sich so wohl als wir/ weil er besorgte/es möchten Engelländische oder Holländische Schiffe seyn.

Weil wir aber weder Stücke noch einiges ander Gewehr hatten/ ausser fünff Mußqveten und ein halb dutzend Degen/ so hielten wir es fürs beste zu seyn/uns auf die Flucht zu begeben/ der Hoffnung/ wegen Leichtigkeit unsers Schiffes zu entkommen.

Allein wir hoffeten vergebens: Denn ehe wir noch fünff Meilen gegen

Por-

Porto-Bello zugesegelt hatten/so sahen wir von unsern Mostkörben/ daß es zwey Holländische Schiffe waren/ die viel geschwinder seegelten/ als unser kleines Schifflein: und kurtz drauff kam eines derselbigen/ welches ein Krieges-Schiff/ und für uns viel zu starck war/ bey uns an/ und commandirte uns durch einen Canon-Schuß/ daß wir die Seegel musten fallen lassen: und also ergaben wir uns ohne einige Gegenwehre/der Hoffnung/desto besser gehalten zu werden.

Ich kan die vielfältige Bekümmernüß und traurigen Gedancken/die damals mein Hertze/ welches weit tieffer herunter sanck als die Seegel unsers Schiffes/verunruhigten/unmöglich vorstellen.

Wie vielfältig mahl stellete ich mir das abscheuliche Bild des Todes für? und wenn ich mich gleich trösten und entschlüssen wolte/so sahe ich mich doch den Augenblick aller Hoffnung beraubet/ iemals nach meinem Vaterlande/ nach welchen ich mich so lange gesehnet/zu kommen.

Wie dem allen; es stund darauff/daß ich in einem Augenblick alles das/ was ich in zwölff Jahren zusammen gebracht/auff einmahl verlieren/ und einem Holländer wieder meinen willen das/ was mir die Indianer von Mixco, Pinola, Amatitlan und Petapa freywillig geopffert/hingeben solte.

Allein diese Gedancken wurden bald von den Holländern verstöret/ als die eher/als wir gewünschet hatten/an unsre Fregatten anlegten.

Ob uns nun zwar ihre Degen/ Mußqveten und Pistolen nur allzugrosse Furcht einjagten; so hatten wir doch in unserm Unglück noch einigen Trost/ als wir erfuhren wer dieses Schiff commandire, denn wir hoffeten/ daß/ weil er aus Spanischen Geblüthe entsprossen/ und unter den Spaniern erzogen worden/ er mit uns höflicher umbgehen werde/ als etwan die Holländer/die mit den Spaniern freundlich umzugehen wenig Uhrsach haben/zu thun pflegen.

Der Capitain dieses Holländischen Schiffes/war ein Mulatre, nahmens Diagvillo, in der Havana gebohren und erzogen/ allwo er noch seine Mutter hatte/welche ich daselbst gesehen/und noch selbiges Jahr/ als die Gallionen allda anlandeten/ umb auf die andern/ die von Vera-Cruz kommen solten/ zu warten/mit ihr geredet habe.

Dieser Mulatre, nach dem er vom Gouverneur zu Campeche, in deßē Dienstē er war/übel tractiret war wordē/nū sich zu rächen keine andere Gelegenheit sahe/ wagte sich in einem Schifflein auffs Meer/ und traff etliche Holländische

sche Schiffe / die auff ihren Raub laureten / an / bey welchen er glücklich ankam / weil er denn hoffte / besser bey ihnen als bey seinen eigenen Lands-Leuten gehalten zu werden / so ergab er sich ihnen / und versprach ihnen treulich / wider seine Nation / die so übel mit ihm umbgegangen war / massen mir nachmals gesagt worden / daß er gar zu Campeche sey außgestrichen worden / zu dienen.

Diesem seinem Versprechen kam er würcklich nach / und erwiese sich gegen die Holländer allezeit so geneigt und treu / daß er unter ihnen in guttes Ansehen kan / und an eine Persohn von ihrer Nation verheyrathet wurde / auch nachmals zum Capitain über ein Schiff / unter dem tapffern und großmüttigen Holländischen See-Helde / für welchem sich die Spanier so sehr fürchteten / und ihn Pie-de Palo, oder Stöltze-Bein hiessen / bestellet worde.

Dieser berühmte Mulatre nun legte mit seinen Soldaten an unsere Fregatte an / in welcher er schwerlich würde gefunden haben / was ihm für die Mühe gelohnet hatte / wenn die Indianische Opffer / die ich mit mir führete / gethan hätten; an denen ich diesen Tag auff die 4000. Stück / von achten [Reichsthaler] werth an Perlen und Edelgesteinen / und bey nahe 3000. an baarem Gelde verlohr.

Die andern Spanier verlohren auch iedweder etliche hundert Krohnen / welches den Holländern eine so angenehme Beute war / daß sie die grobe Kauffmanns-Güter an Speck / Meel und Geflügel wenig achteten / und schmeckte ihnen unser Geld viel süsser als aller Honig / den wir bey uns im Schiffe hatten.

Ich hatte noch einige andere Sachen / als ein Bette / auff dem ich lag / etliche Bücher / etliche auff Kupffer gemahlete Schildereyen / und etwas Kleider / welche ich mir von diesem Capitain außbath / welcher / in Ansehung meines Ordens / mir selbige willig schenckte / und sagte / ich müste Gedult haben / es könte mit meinen Perlen und Steinen nicht anders seyn; und gedencken / daß es hiesse: heute mir / morgen dir / es mache es das Glücke nicht anders / was es einem einen Tag geben / das nehme es den andern wieder.

Ich gedachte dabey auch dieses / und zog es auff mich / was man zu sagen pflegt; unrechtes Guth faselt nicht; übel gewonnen / übel zerronnen; denn ich verlohr alles das auf einmahl / was aus blinder Andacht der Indianer ich unter ihnen an mich gebracht hatte; so daß ich an statt aller dieser Opffer meilen nen Willen dem Göttlichen Willen auffopfferte / und ihn bath / mir die nothwendige Gedult zu geben / den so grossen Verlust willig zu ertragen.

Ich gestehe es daß es Fleisch und Blut sehr schmertzlich für kam: iedoch empfand ich in mir eine geistliche Krafft vom Himmel / die mich innerlich stärckte / und mich lehrete erkennen / daß es war sey / was S. Paulus in der Epistel an die Ebreer cap. 12 / v 11. saget: Daß nemlich alle Züchtigung / wenn sie da sey / düncke sie uns nicht Freude / sondern Traurigkeit seyn: Aber hernach gebe sie eine Furcht der Gerechtigkeit denen / die dadurch geübet sind.

Denn von dem Tage an befand ich mich innerlich in mir selbst ruhig / und in einer gäntzlichen Gelassenheit in den Willen meines GOttes / welchen ich zu geschehen wüntschte auff der Erden / im Meer / und in mir / wie er allezeit im Himmel geschiehet.

Ob nun zwar dieses der beste und vornehmste Trost / den ich haben konte / war / iedennoch hatte ich auch / aus zulassung des Schöpffers / noch einigen andern von seiten der Creatur / in dem / daß mir noch einige einfache und doppelte Pistollen / die ich in meine Madratzen / welche mir der Capitain aus Höfflichkeit und in Ansehung meines Habits / wiedergeben lassen / und in mein Wammest / das ich an hatte / vernehet / übrig blieben waren / und eine Summa bey nahe von 1000. Krohnen machten / welche sie gleichwol nicht gefunden hatten / als sie meine Sachen durchsucheten.

Als nun der Capitain und die Soldaten ihre Preise durchsucht / begunten sie sich auch mit den Speisen / so in unserm Schiffe waren / zu erqvicken; und stellete der ehrliche Corsare ein prächtiges Mittag-Mahl in unser Fragette an / wozu ich auch geladen worde; und weil er hörete / daß ich nach der Havana ging / tranck er mir / unter viel andern Gesundheiten / auch seiner Mutter Gesundheit zu / uñ bath mich / daß ich sie besuchen / uñ ihn ihr bestens emphelen wolte / denn umb ihrentwillen hätte er mich auffs höfflichste / als ihm wäre möglich gewesen / tractiret.

Ueber dieses sagte er / weil wir noch zu Tische waren / daß er mir zu Liebe / uns unsere Fregatte wieder geben wolte / damit wir wieder ans Land kehren / und ich einen sicherern Weg / als dieser wäre / nach Porto-Bello erwehlen / und meine Reise nach Spanien fortsetzen könte.

Nach vollbrachter Mahlzeit redete ich gantz allein mit dem Capitain / und sagte ihm / daß ich kein Spanier / sondern ein Engelländer von Geburth wäre; zeigete ihm auch die Erlaubnüs / die ich von Rom erhalten hatte / wieder nach

Engelland zu kehren; und dieweil die Engelländer und Holländer keine Feindschafft zusammen hätten/ so hoffete ich/er würde mir das/ was mir gehörete/lassen wieder geben.

Dieses mein Ansuchen aber war vergebens/denn nachdem er bereits alles/was in unserm Schiffe gewesen war/in seine Gewalt gebracht/ gab er mir zur Antwort; er wolte wünschen/ daß es in seinem Vermögen stünde/ mich ihm hiermit zuverbinden; allein es könte dißmahl anders nicht seyn / ich müste mit denen leiden / bey denen ich wäre gefunden worden/ nach dem Sprichwort/mit gefangen/mit gehangen; Ich könte sonst auch wol die andern Kauffmanns-Güter/die in unserm Schiffe gewesen wären / wieder fordern.

Hierauff bath ich ihn/er möchte mich mit sich nach Holland nehmen/ damit ich von dannen könte nach Engelland übergehen: er schlug mirs aber auch ab / und sagte/er ginge von einem Orth an den andern/ und wüste nicht/ wie bald er wieder nach Holland kehren möchte; er hielte sich alle Augenblick fertig mit einigem Spanischen Schiffe zu schlagen/und bey solcher Begebenheit/ dörfften mir die erhitzten Soldaten leichtlich übel mitfahren/ auß Beysorge/ ich möchte ihnen/wann sie von den Spaniern überwältiget würden/nachtheilig seyn.

Aus dieser Antwort sahe ich wol/ daß keine Hoffnung mehr übrig war/ mein verlohrnes Guth wieder zu bekommen: Darumb ergab ich mich/wie ich vor bereits gethan/nochmals der Göttlichen Providentz und Beystande.

Die Soldaten und Boots-Gesellen von dem Holländischen Schiffe brachten den noch übrigen Rest des Tages/ und folgenden Morgen mit Außladung unserer Fregatte/und Ueberbringung der Güter in ihre Schiff/ zu; indessen wurden wir als Gefangene auf den Meer bald da/bald dorthin herumb geführet.

Und ob wir wohl gedacht hatten/ sie würden sich an unserm Gelde vergnügen lassen; so befunden wir doch folgenden Morgen/ daß sie von unsern Hünern / und Speck zu essen beliebet hatten/ und daß sie unsers Meels zum Brod backen bedürfften; ja sie wolten ihnen mit unserm Honig ein süsses Maul/und aus den Ledern Schuch und Stieffel machen; denn sie nahmen alles weg/außgenommen mein Bette/meine Bücher/und meine Bilder nicht/ weil mir der Capitain/auß einer denen Corsaren sonst ungewöhnlichen Höfflichkeit/selbige geschencket hatte; wie er denn auch unserm Schiffer noch so viel Lebens-Mittel ließ/daß wir kümmerlich so lange davon zu zehren hatten/

biß wir zu Lande / wovon wir nicht allzuweit entfernet waren / kommen möchten: und als sie mit allem fertig waren / nahmen sie von uns Abschied / und bedanckten sich gegen uns für die gute Bewirthung.

Wir unserseits / die es sehr genung verdroß daß wir solche Gäste gehabt hatten / baten eins theils GOtt / daß er uns ein andermal für ihnen behüten wolle / eines Theils fluchten auch ihnen / sonderlich aber dem Mulatten / den sie einen Renegaden hiessen; theils auch lobeten GOtt / daß er sie beym Leben erhalten hatte; wir kehreten aber sämtlich wieder miteinander nach den Fluß Svere, von dannen wir komen waren / auf welchem wir im hinauffahren nicht anders meineten / als daß wir / nachdem wir unsere Güter verlohren hatten / auch endlich unser Leben einbüssen würden.

Das 6. Capitel

Wie wir wieder im Fluß de Svere außstiegen / und was uns daselbst begegnet / auch was wir sonsten biß nach Carthago merckwürdiges angetroffen.

ALs wir ans Land stiegen / bezeugeten sich die Spanier selbigen Orths sehr Mitleidig gegen uns über dem uns zugestossenem Unglücke; so gar daß sie uns mit ihren Allmosen zu Hülffe kamen / und eine gemeine Anlage uns zum besten unter sich machten.

Die drey Spanier / so in meiner Gesellschafft waren / hatten alle ihr Geld / und meistentheils ihre beste Kleider verlohren: doch hatten sie einige Wechsel-Brieffe / die ihnen zu Porto-Bello solten bezahlet werden / errettet; und ich hätte mögen wünschen / dergleichen / an statt meines verlohrnen Geldes / zu haben.

Hier wusten wir nun nicht / auff welche seite wir uns wenden solten. Wir nahmen uns vor / nach dem Fluß de los Anzuelos zu gehen / man sagte uns aber / daß die Fregatte auf selbigem bereits nothwendig müste abgeseegelt seyn / oder würden doch zum wenigsten alsdenn schon weg seyn / wenn wir dahin kommen würden / und wofern sie auf das Geschrey / daß Holländische Schiffe im Meere wären / nicht wären zurücke geblieben / so müsten sie ebenfals bereit genommen seyn / oder würden doch noch so wol / als wir / denselben zur Beute werden.

Dannenhero entschlossen wir uns / mit milden Beystand der umbher-

wohnen-

wohnenden Spanier/wieder zurücke nach Carthago zu kehren/ und daselbst uns umb besseren Rath/als dem wir für dißmahl gefolget/ zu bekümmern.

Unterwegens redeten wir mit einander von dem/was ein ieder unter uns errettet und davon gebracht hatte: Die Spanier hatten viel pralens mit ihren Wechselbrieffen/ welche ihnen zu Carthago würden außgezahlet werden/ und sie solcher Gestalt Geld bekommen: Ich aber wolte ihnen eben nicht auff die Nase binden/was ich noch hatte / sondern sagte nur/daß ich gleichwol auch noch was erübrigt hätte: Indessen worden wir miteinander eines/ daß wir auf unser gantzen Reise unsere Armuth wolten sehen lassen/ damit die Indianer und Spanier sich unser erbarmen/und ein Mitleiden mit unserm Verlust haben möchten.

Als wir zu Carthago ankamen/ bezeugete iederman/ daß ihm unser Unglück zu Hertzen ginge/so daß man besondere Allmosen für uns einsamlete.

Und weil man sich zu mir versahe/daß ich Messe lesen und predigen würde/wañ man es von mir verlangete/so schickte ich mich dazu/also daß ich mich wieder mit Gelde zuversehen begunte.

Gleichwol aber / weil ich wol sahe / daß ich in einem so armen Lande/ darinen ich unbekand war / nicht so viel für mich bringen würde/ daß ich mit Ehren nach Engelland kehren könte: so fiel ich wieder in die Versuchung/nach Gvatimala umbzukehren/mich versichernde/daß ich daselbst von meinen Freunden würde wohl empfangen werden/und mich so lange/ biß ich wieder eine Summa zu wegen gebracht/ feste setzen können.

Allein/weil ich merckte/ daß GOtt über mich erzürnet sey/und mir billich alles das/ was ich in zwölff Jahren zusammen geraspelt hatte/ wieder genommen/so satzte ich mir gäntzlich für/ meine Reise nach meinen Vaterlande fortzusetzen/und solte ich auch unterwegens das Brod betteln.

Damit ich aber den Spaniern nicht arge Gedancken/und mir nicht Ungelegenheit machen möchte/wenn ich meine Professions-Verrichtungen unterliesse/ so beschloß ich/ das/was man mir als einem frembden und reisenden für meine Predigten/und ander Verrichtungen/ die man von mir verlangen würde/geben wolte/anzunehmen.

Nachdem ich mir nun wieder ein Hertze gefasset/ und mir feste vorgesetzet nach Engelland zu reisen/ so forschete ich zu Carthago fleissig nach/ wie ich möchte nach Porto-Bello kommen: Allein diese Pforte/worauf ich einige Hofnung setzen könte/war noch immer verschlossen/doch wurde mein Vertrauen auf Gott deswegen nichts geringer.

In-

Indessen kamen ohngefähr dreyhundert unbeladene Maulthiere / nebst etlichen Indianern/Spaniern/und Schwartzen/von Gvatimala und Comayagva nach Carthago; welche sie über Land jentseits des Gebürges von Veragva trieben/umb sie zu Panama zu verkauffen.

Dieser Handel / welcher alle Jahr einmahl geschiehet / ist der einzige/ so zu Lande von Gvatimala, Comayagva und Nicaragva nach Panama, jentseit des engen Landstrichs/welcher zwischen dem Nord- und Sudmeer ist/getrieben wird.

Es ist aber diese Strasse sehr gefährlich/nicht allein wegē des bösen Weges/der Steinfelsen/und Gebürge/darüber man reisen muß; sondern auch wegen unterschiedener daselbst wohnenden wilder Völcker / welche die Spanier noch nicht haben bezwingen können; als die zum öfftern die Reisenden anfallen/ und sie/ wann sie mit den MaulEseln durch ihre Land gehen / erschlagen / sonderlich wann ihnen im geringsten was widriges zugefüget wird.

Dieser Schwürigkeiten aber ungeachtet/ so dachte ich doch darauff/ wie ich diese Reise mit den Maulthieren und Spaniern über Land nach Panama thun möchte; zumahlen/da die drey Spanier meine bißherige Reise Gefärten gleiches sinnes mit mir waren: und wenn nicht die Göttliche Schickung/ welche der Menschen thun besser als sie selber einzurichten pfleget / uns auff andere Gedancken gebracht hätte / würde es / wie wir kurtz hernach erfuhren/umb unser Leib und Leben geschehen gewesen seyn.

Dann wir erfuhren zu Nicoya, daß ein theil von diesen Spaniern und Eseltreibern von den Wilden wären erschlagen worden: Da es uns denn nicht besser würde ergangen seyn/ wann wir uns mit auff diesen gefährlichen Weg gewaget hätten. Es wurde mir solches aber zu Carthago von vielen Persohnen / die mir wol wolten / widerrathen; als die mir nicht allein die Gefahr von diesen Wilden Barbaren / sondern auch die beschwerligkeit über so viele Gebürge zu reisen zu Gemüthe führeten/ so daß ich ohne die höchste Lebens-Gefahr meinen Zweck dißfals nicht erreichen könte.

Als ich nun von diesem vornehmen auch wieder abgelassen hatte/ wurde mir von etlichen mir geneigten Kauffleuthen gerathen/ zu sehen/ob wir auff dem Sudmeer besser Glück haben möchten/als auf der Nordsee; wir solten derowegen nach Nicoya, und von dannen nach Chira und den Saltzbusen gehen/da wir ungezweiffelt Gelegenheit nach Panama zu schiffen finden würden.

Wir wurden zwar wol schlüssig/dieser guten Nachricht uns zu bedienen;

allein wir wusten auch/ daß dieses das letzte unterfangen war/und unsere letzte Hoffnung; und wenn uns dieser Anschlag mißlingen solte/so wäre kein ander er Weg nach Panama zu kommen mehr übrig/ als daß wir halb verzweifelt uns über das Gebürge de Veragua mit Lebens-Gefahr wageten/und ohne Wegweiser und Geleite mitten durch der wilden Indianer/welche jüngsthin die Spanier ermordet/ Land gingen: Oder daß wir durch den Weg/den wir kommen waren/ wieder nach Realejo kehreten/ da uns eben so wol unsre Hoffnung könte zu nichte werden/ und vielleicht noch ein Jahr würden warten müssen/ ehe wir Gelengenheit nach Panama zu fahren antreffen möchten.

Wir entschlossen uns derowegen/ dem Rathe unser guten Freunde zu folgen/ und nach Nicoya, und von dannen nach dem Golpho de Salines zu gehen/ da ich den schertzweise wider die drey Spanier/ so bey mir waren/sagte/ daß/wo wir daselbst nichts außrichten solten/ so müsten wir wie Hercules daselbst eine Säule auffrichten/ und daran schreiben; Non plus ultra, weil weiter hinaus kein Port noch Hafen wäre/in welchem wir uns nach Panama einschiffen könten.

Solcher gestalt war nicht möglich/daß ein Mensch mehr hätte thun köñen/ als wir thaten/ unsern Zweck zu erreichen; und insonderheit ich/ der ich alle Engelländer/die iemahls in diesem Lande gewesen sind/weit übertroffen: massen ich von Mixco biß nach Nicoya zum wenigsten sechs hundert Meilen/oder 1800. Englische Meilen von Norden gegen Suden gereiset hatte: ohne den Weg/den ich von Vera Cruz nach Mexico, und von Gvatimala nach Vera-Paz und Puerto de Cavallos oder Golfo dulce, und von dar nach Truxillo und wieder zurücke nach Gvatimala gegangen war/ welches zum wenigsten noch 1300. oder 1400. Engelländische Meilen darüber außträgt/ welches ich zu Nicoya auff eine Säule zu immerwährendem Gedächtnüs zu graben gedachte.

Ich hoffe aber/ daß das/was an selbigem Orte nicht geschehen ist/durch dieses mein Buch werde verrichtet werden/ und meine Historie/ die warhafftig und auffrichtig beschrieben ist/werde ein immerwährendes Gedächtnüs seyn einer Reise von 1100. Meilen/ oder 3300. Engelländischen Meilen/ welche ich auff dem Fußfesten Lande Americæ verrichtet habe/ ohne die Reisen zur See nach Panama, von Porto-Bello nach Carthagena, und von dar nach der Havana.

Das

Das 7. Capitel
Von unserer Abreise von Carthago, und was uns biß nach Nicaja begegnet; von dem Handel an selbigem Orth; und von einer besondern Purpurfarbe: Auch von dem grausamen Verfahren eines Spanischen Gouverneurs mit den Indianern.

Der Weg/auff dem wir von Carthago nach Nicoya gingen/war sehr bergicht/rauh, und verdrüßlich: Denn wir traffen nur gar sehr wenig Spanische Meyerhöfe und Indianische Dörffer an/ und über dieses waren sie auch sehr klein/ und derselben Inwohner arme elende Leute.

Nicoya aber ist ein sehr schönes Dorff/ und das vornehmste von einem Spanischen Gouvernement, in welchem wir einen/ nahmens Justus de Salazar, der Alcalde Major war/ antraffen; dieser empfing uns sehr höfflich/ und gab uns eine Wohnung ein/in welcher wir uns/ so lange wir da bleiben würden/auffhalten könten.

Er erfreuete uns auch höchlich/als er uns sagte/ daß/ ob gleich zur Zeit kein Schiff oder Fregatte im Golpho de Salinas wäre/ so zweifflete er doch gantz nicht/daß nicht ehestens einige von Panama kommen würden/umb Saltz und andere Kauffmanns-Güther/ jährlicher Gewohnheit nach/ einzunehmen.

Die Jahreszeit/ zu welcher wir daselbst ankamen/ war eben die rechte Zeit für mich/ wiederumb etwas Geld/ nach meinem so grossen Verlust/ zu verdienen: Denn es war eben in der Fasten/ zu welcher Zeit die Geistlichen die beste Erndte haben/ weil/ wie ich bereits oben erzehlet/ sie alsdenn sehr viel Geld von den opffern/die man ihnen/nach dem sie die Indianer Beichte gehöret/ und communiciret haben/ zu geben pflegt/ erheben.

Die Jahrszeit und der geistliche Franciscaner/ so die Sorge in selbigem Dorffe hatte/kamen mir sehr wol zu statten; Zumahlen ich mich mit fug nicht entbrechen konte die geistlichen Uebungen/so meiner profession zu kamen/ zu verrichten/ wann ich denen Spaniern zu Argwohn und übler Nachrede nicht Uhrsach geben wolte.

Dieser Geistliche war ein Portugiels, und hatte ohngefähr drey Wochen zuvor/ ehe ich an selbigen Orth kommen war/einen hefftigen Streit mit den

 Alcal-

Alcalde Major Justus de Salazar wegen der Indianer gehabt/ weil der Salazar allzu übel mit denselbigen umbging/ denn er brauchte sie als seine Leibeigene zu seinen und seines Weibes Diensten / ohne ihnen den geringsten Lohn für ihre Mühe und sauren Schweiß zu geben; und musten sie des Sontags so wol als die andern Tage arbeiten.

Der Geistliche/ der dieses nicht hatte vertragen können/ hatte den Indianern öffentlich von der Kantzel verbothen/ solches ins künfftige nicht mehr zu thun/ und dergleichen ungerechten Befehlen des Alcalde Majors weiter nicht zugehorsamen.

Justus de Salazar hingegen/ der im Kriege war aufferzogen worden/ und ehedessen in der Citadell zu Milan gedienet hatte / meinete / es wäre ihm der gröste Schimpff von der Welt/ wenn Er sich von einem Geistlichen in seinem Ampte solte hofmeistern / und sich derjenigen Mittel / durch welche er Gewinn zu suchen gewohnet war/ berauben lassen.

Umb deßwillen / nachdem sie zuvorher einander allerley Schmeehworte zu entbieten lassen / war er eines Tages voll Zorns/ mit blossem Degen in der Faust zum Geistlichen in sein Hauß kommen/ und würde ihn ohnfehlbar niedergemachet haben / wenn er nicht von etlichen damals gegenwärtigen Geistlichen wäre verhindert worden.

Der Geistliche / der ja so hitzig für der Stirn war als er/ der Meinung/ er würde ihn wegen seines Priesterlichen Ordens nicht anrühren dörffen/ wolte er anders nicht im Banne seyn/ flohe gantz nicht/ sondern widersetzte sich ihm/ und both ihm ihn zu schlagen: Welches den Salazar dermassen ergrimmete/ daß er den Degen auffhob/ und dem Geistlichen einen Streich damit auff den Kopff versetzen wolte: Der Geistliche aber wolte selbigen mit der Hand auffangen/ und verlohr darüber zwey Figer; und jener würde gewiß den Streich verdoppelt/ und ihn noch hefftiger beschädiget haben/ wenn nicht die Indianer darzwischen gelauffen wären sie voneinander gebracht/ und den Geistlichen in eine Kammer eingesperret hätten.

Justus Salazar wurde hierauff excommuniciret/ weil er aber sonst in gutem Ansehen war/ wurde die excommunication zeitlich von dem Bischoffe zu Costa ricca wider auffgehoben.

Hierauff verklagte er den Geistlichen bey der Cancelley zu Gvatimala, wo er wuste/ daß er durch Hülffe seiner Freunde und seines Geldes zeitlich mit diesem armen Priester würde fertig werden/ wie auch geschahe: Denn er brach-

brachte es dahin/ daß der Geistliche nach Hofe gefordert/ und umb seiner willen von Nicoya abgeschaffet wurde.

Zu der Zeit/ als ich da war/ hielt sich der Geistliche in seinem Hause eingeschlossen/ und hütete der Kammer/ wolte auch nicht Messe zu lesen/ zu predigen/ oder Beicht zu hören in die Kirchē gehen/ ungeachtet es die Jahrszeit sonderlich erforderte; er ließ aber solches durch einen andern Geistlichen verrichten/ welcher/ weil er alleine war/ unmöglich alles bestreiten/ und so einer grossen Menge Indianer/ Spanier/ Schwartzen und Mulaten/ die umb ihrer Andacht willen auß dem Dorffe und vom Lande zu ihm kamen/ predigen/ sie Beichte hören und communiciren konte.

Weil er den meine Ankunfft erfahren hatte/ so ließ er mich bitten/ ich möchte ihm in dergleichen Verrichtungen beystehen/ ich solte für meine Mühe bey ihm freyen Tisch/ und täglich eine Krohne für eine Messe haben; ausser dem/ was das Volck freywillig opffern würde/ wie ingleichen die Predigten/ für welche ich absonderlich belohnet werden solte/ nicht mit gerechnet.

Ich blieb in diesem Dorffe/ von der andern Woche in der Fasten an biß auff Ostern/ binnen welcher Zeit ich ohngefähr 150. Krohnen so wohl mit drey Predigten/ vor deren jede ich 10. Krohnen bekam/ als mit meiner ordinari Besoldung und den Opffern/ verdienete.

Die Woche vor Ostern bekamen wir Nachricht/ daß im Golpho de Salines eine Fregatte von Panama ankommen wäre/ worüber wir uns höchlich erfreueten. Dann uns wolte bereits bange werden/ daß wir so lange warten musten.

Der Patron von der Fregatte kam nach Nicoya, welches gleichsam die Hoffstadt dieser Gegend ist/ und ich nebst meinen drey Spaniern dingeten mit ihm/ was wir ihm/ uns biß nach Panama mit zu führen/ geben solten.

Es hat in der Gegend von Chira und dem Golpho des Salines einige Spanische Meyerhöfe/ und etliche kleine Dörfflein der Indianer/ welche der Alcalde Major, als seine Leibeigene brauchet/ indem sie ihm ein gewisses Kraut/ de la Pite genant/ spinnen müssen/ als welchs eine überaus angenehme Kaufmañs-Wahre in Spanien ist/ sonderlich wenn es zu Nicoya und in der Gegend mit Purpur gefärbet ist: Zu dem Ende sind eine gewisse Anzahl Indianer bestellet/ die am Ufer des Meers eine besondere Arth Schnecken so diese Purpurfarbe geben/ suchen müssen.

Purpura ist eine Arth Meerschnecken / welche gemeiniglich sieben Jahr alt wird: umb den Auffgang des Hundssterns verbirget sie sich dreyhundert Tage lang aneinander: man sammlet sie im Frühling / und wann sie eine an die andere gerieben werden / so geben sie einen Speichel oder dicken Safft von sich/wie ein geschmoltzenes Wax: Die so berühmte Farbe aber / womit die Kleider gefärbet werden / ist in dem Halse dieser Schnecke/ und die allerfeineste findet man in einer kleinen weissen Ader; sonst ist ihr übriger gantzer Leib nichts nütze.

Das Tuch von Segovien, so mit diesem Purpur gefärbet ist/ wird wegen der hohen Farbe die Elle biß auff zwantzig Krohnen verkaufft / und wird nur allein von den Aller grössesten Herren in Spanien getragen; gleich wie vor Zeiten der Purpur von Tyro allein von den edelsten zu Rom gebrauchet wurden/sonsten sind gar viel andere Arthen der Schnecke/die zum Färben gebrauchet werden/und werden selbige allhier in so grosser menge gefunden/ als wol sonst an irgend einem andern Orte.

Die vornehmsten Wahren zu Chira und dem Golpho des Salines sind nebst der mit Purpur gefärbten Pite, Saltz/ Honig/ Mahis/ Korn und Geflügel/ welche jährlich von denen/mit Fleiß deswegen von dannen gesendeten Fregatten/ nach Panama verführet werden.

Das 8. Capitel
Von unser Abreise auß dem Golpho de Salines auff dem Sud-Meer / und unterschiedenen Begebenheiten / biß wir nach Panama kamen.

Oben erwehnte Fregatte bekam zeitlich ihre Ladung/ und wir/als wir zu Schiffe traten/ bildeten uns ein / in fünff oder sechs Tagen gewiß zu Panama zu seyn.

Gleich wie es uns aber vorhero schon offters gantz widersinnisch ergangen war/ also geschach uns auch nochmahls auff dieser Reise; denn ob wir schon nicht gar weit zu reisen hatten/so hatten wir doch einen gantzen Monath lang mit den Winden/ Meer und dem Strom / wie man es nennet/ der im Meer offters so schnelle als auf den Flüssen ist/zu kämpffen.

Den ersten Tag unserer Abreise wurden wir vom Wind und Ungewitter gegen Peru biß unter die Linie getriben/ allwo wir wegen der hefftigen

gen Stürme/und übermässigen Hitze in einen solchen Stand gerichen/ daß wir uns unsers Lebens verziehen.

Nach acht Tagen aber/ als wir von einem Augenblick zum andern uns des Todes versahen/ gefiel es dem leben GOtt/ von dem/ und durch den alle Geschöpffe leben/ weben/und sind/uns neue Lebens-Hoffnung zu geben/ indem wir einen dienlichen Wind bekamen/ der uns aus dieser schmählichen Hitze und ungestümen Meer führete/ und uns nach den Perlen-Inseln und Puerto deChame/so an der Mittag seite des Gebürges de Veragva liegen/triebe/ von dannen wir in zwey Tagen auffs längste nach Panama zu kommen/ und unsere Ancker zu werffen hoffeten.

Allein diese unsere Hofnung wurde bald wieder zu nichte: deñ der Wind legte sich im Augenblick/ und die Ströme trieben uns funffzehen Tage lang des Nachts fast eben so weit wieder zurücke/ als wir den Tag über für uns bringen konten.

Wir würden sonder Zweiffel an diesem Orte umbkommen seyn/ weil wir also wider den Strom strebeten/wann sich nicht GOtt unser sonderlich erbarmet hätte. Denn ob es uns gleich an Speise nicht gebrach/ so hatten wir doch an Geträncke so grossen Mangel/ daß wir gantzer vier Tage lang nicht einen einigen Tropffen Wein oder Wasser/ oder irgend was anders/ das den Durst leschen könte/ zu trincken hatten; welches mich denn so wol als die andern zwang/meinen eignen Harn zu trincken/und den Mund mit Bleykugeln zu erkühlen: Dieses erqvickte uns zwar ein wenig/allein es würde ein allzu unkräfftiges Mittel die Natur in die Länge zu vergnügen gewesen seyn/ wann uns GOTT nicht nach seinem Rath einen Wind zugeschickt hätte/ der uns in einem Tage gantz und gar aus diesen Strömen geführet hätte.

Hierauff waren nun unsre erste Gedancken/ ans feste Land oder an irgend eine Insul/ derer eine grosse Menge in selbiger Gegend war/ zu fahren/ und Wasser zu suchen/ weil wir es unmöglich länger schaffen konten/ und sämtlich für Durst verschmachteten.

Der Schiff-Capitain wolte hierein nicht willigen/ sondern versicherte uns/ daß er uns noch diesen Tag zu Panama ans Land setzen wolle: Wir aber/ die wir ohne getruncken zu haben/ unmöglich weiter fahren konten/und keines weges uns todt zu Panama außladen zu lassen/ uns entschliessen wolten/ vermeinten/ es möchte uns dieses Versprechen allzu theuer ankommen

kommen/weil es uns unser Leben galt/ und wir es durchaus nicht noch einen Tag in solchen Zustand schaffen konten. Weil wir nun sahen/daß der Wind begunte schwach zu werden/ so baten wir ihn nochmahls sämtlich/ daß er an eine Insul anfahren wolte / damit wir möchten Wasser bekommen; als er uns aber solches noch weiter abschlug / wurden die drey Spanier und etliche Boots-Leute auffrührisch / und dreueten ihm/ mit blossen Degen in der Hand/ ihn niederzustossen/ wofern er nicht alsobald an eine Insul anfahren würde.

Weil es ihm denn eine schlechte Lust gab / die Degenspitzen gegen ihm zu sehen/ so kehrete er den Schnabel seines Schiffes gegen zwey oder drey Insuln/ die etwann nur zwey oder drey Stunden weit von uns entfernet waren.

Als wir hinzu kamen/ liessen wir den Ancker sincken / und worffen die Scholoupe ins Meer / da denn ein ieder der erste drinnen seyn wolte / umb bald zu Lande zu kommen/und sich satt Wasser zu trincken.

Die erste Insul/ auf welche wir kamen/war von dieser seiten unbewohnet / und lieffen wir lange Zeit hin und wieder/ und richteten doch nichts anders aus/ als daß wir uns erhitzten/und abmatteten.

Indessen weil ein ieder hin und her lieff/und einen Brunnen/ wiewohl vergebens/suchte/verirrete im mich im Walde / und hatte meine Schuch/ an den Felsen/ und Dornsträuche/ und ungebahneten Orten/ die ich durchlauffen hatte / gantz zerrissen: Meine Gesellschafft aber / war wieder in den Nachen getreten/ umb in eine andere Insul überzufahren / und hatte mich im Walde gantz alleine gelassen.

Als ich nun wieder heraus kam/und sahe/daß der Nachen weg war/meinete ich anders nicht / als daß es umb mich würde geschehen seyn: Denn ich dachte/sie würden Wasser gefunden haben/und wieder nach dem Schiffe zurücke gefahren seyn/und weil sie mich nicht gefunden hätten/ würden sie ihre Seegel auffziehen/und nach Panama zu fahren.

In solcher Angst ruffete ich denen auff dem Schiffe zu: Weil ich aber wohl spürete/daß meine Stimme zu schwach sey/daß sie mich im Schiffe hören solten / lieff ich zwischen den Felsen hin und her/umbzusehen/ ob ich nicht den Nachen irgend wo erblicken möchte; da ich erstlich gewahr wurde / daß er nicht bey dem Schiffe wäre/und selbigen hernach an einer andern/nahe bey der/worauff ich mich verirret hatte/ gelegenen Insul ersahe.

Ich hoffte derowegen/ daß sie mich nicht im stiche lassen würden/ sondern/ so bald sie würden Wasser gefunden haben/ würden sie wieder kommen/ mich zu suchen: Ich stieg also von den Felsen herunter/ und kam wieder ans Ufer/ an dem ich schattichte Bäume fand/ und etwas von kleinen Früchten/ womit ich mir auff eine kurtze Zeit den Mund erfrischete: Der Leib aber war dermassen erhitzet/ daß mich es unmöglich dauchte wieder zu mir selber zu kommen/ zumal mich einmal über das andere Ohnmachten anstiessen.

Endlich fiel mir ein/ ich solte mich baden/ und biß an die Hüffte ins Meer zu gehen/ umb mich abzukühlen: Ich zog mich derowegen aus/ und nachdem ich eine zeitlang mich im Wasser auffgehalten hatte/ ging ich wieder in den Schatten unter die Bäume/ und sanck in einen so tieffen Schlaff/ daß/ als der Nachen mich zu suchen kommen war/ mich die Schifleute mit allem ihren Geschrey nicht erwecken konten; so gar daß sie darüber auff die Gedancken geriethen/ ich müste gestorben seyn/ biß daß/ als sie ans Land gestiegen/ und mich hin und wieder gesuchet hatten/ mich entlich einer fand und aufweckte/ ausser dem war ich in Gefahr/ von etwan einem wilden Thier gefressen zu werden/ oder in dieser wüsten Insul elendiglich umbzukommen/ wann die Fregatte davon gesegelt wäre.

Als ich erwachte/ ward ich über dem Anblick meiner gewöhnlichen Gesellschafft sehr froh/ und war meine erste Frage/ ob sie Wasser gefunden hätten? worauf ich zur Antwort bekahm: ich solte nur auffstehen und trincken; sie hätten nicht allein Wasser gefunden/ sondern auch in einer andern Insul/ darinnen Spanier wohneten/ Pomerantzen und Citronen.

Ich gieng hierauff eiligst mit ihnen zu dem Nachen zu/ und so bald ich nur hinein gestiegen war/ gab man mir zu trincken/ so viel ich haben wolte.

Das Wasser war warm und trübe/ weil sich im schöpffen der Grund im Bronnen gerühret/ und sie von dem Kiese mit eingeschöpffet hatten/ davon sahe das Wasser so trübe und schlamicht aus.

Dessen aber ungeachtet tranck ich einen gantzen Topff voll aus/ und weil mein Magen aus Schwachheit selbiges nicht vertragen konte/ brach ich es gleich auff der Stelle wieder von mir; man gab mir darauff eine Pomerantz und eine Citrone zu essen/ der Magen aber sties es/ wie zuvor das Wasser/ auch wieder von sich/ und indem wir nach der Fregatte zu fuhren/ überfiel mich eine so starcke Schwachheit/ daß iederman vermeinte/ ich würde noch/ ehe wir an Bord kämen/ den Geist auffgeben.

Als wir auffs Schiff kommen waren / forderte ich noch einmal Wasser zum trincken/es war aber kaum hinunter/so muste es wieder fort: man brachte mich hierauff zu Bette / und ich hatte die gantze Nacht durch ein hitziges Fieber / so daß ich nichts anders als den Todt / und das Meer zu meinem Grabe erwartete.

Der Schiffer / als er sahe/daß sich der Wind gewendet hatte / war übel zu frieden / weil er besorgete / er würde mit dem damahligen Winde nimmermehr nach Panama kommen. Derowegen wolte er einen Weg gehen / den er vorhin noch nie versuchet hatte / nemlich zwischen den zweyen Insuln hin / auff welchen wir das Wasser gesuchet hatten/denn er wuste / daß der Wind / der uns auff dieser seiten zuwieder war / uns auff der andern seiten dienlich seyn würde.

Als es nun Abend worden/ließ er den Ancker aufwinden/und die Seegel außspannen/der Meinung/zwischen den beiden Insuln durchzufahren: Der Außgang aber erwiese / wie gefährlich dieses Vornehmen war / und daß es vielmehr ein verzweifeltes Wagen / als eine mit Vernunfft überlegte Sache sey.

Ich kan wol sagen / daß ich damals im Bette des Todes gelegen habe / und nichts darnach gefraget / wo mich der Schiffer und das Glücke hinführeten / wann nur GOtt meine Seele zu sich im Himmel auff nehme.

Die Fregatte war nehrlich in die Enge zwischen beyden Insuln kommen / so worde sie von dem strengen Strom allzunahe ans Land gerissen/und so hefftig an eine Klippe gestossen / daß das Steuer-Ruder hoch in die höhe fuhr / und dem Piloten fast gar auß den Händen gerissen worde/so daß er für Schrecken anfing zu schreyen / O allerheilichste Mutter GOttes / hilff uns / sonst sind wir verlohren!

Dieses Geschrey / und das Getümmel / welches die andern sämtlich im Schiffe machten/erschreckte mich biß auff den Todt / gleichwol errettete mich und meine gantze Gesellschafft GOtt aus dieser Gefahr / indem die Boots-Leute die gantze Nacht durch allen Fleiß und Mühe anwendeten / daß sie die Fregatte mit Hülffe ihres Nachens von diesem Felsen / an welchen sie zum dritten mahl gestossen worde/abbrachten.

Da nun endlich diese verdrüßliche Nacht vorüber war / brachten wir unser kleins Schiff auß aller dieser Gefahr in Sicherheit / und kamen zwischen diesen beyden Insuln durch auff die andere seite/von dar wir hurtig auf Panama zu seegelten.

Nachdem sich nun mein Magen wieder ein wenig erholet/ fing ich diesen Morgen wieder an zu essen und zu trincken / und auff dem Uberlauff herumb zu spazieren/ und ergötzte mich mit dem Anschauen der schönen Insuln bey denen wir vorüber fuhren.

Auff den Abend langeten wir im Hafen zu Perico an/ liessen das Ancker fallen/und warteten/ biß man morgen früh das Schiff zu visitiren kommen würde / indessen war der Schiffer zu Lande gegangen: Des Nachts aber wandte sich der Wind/ und kam so ein hefftiger Sturm/ daß wir unser Ancker verlohren / und fast biß nach Pacheqve getrieben worden/ und standen wir in sorgen/so weit in See getrieben zu werden/ daß wir Mühe genung haben würden/ wieder nach Panama zu kommen.

Allein der grosse GOtt/ dem Meer und Wind gehorsam sind/verwandelte diesen Sturm in einen beqvemen Wind/ der uns wieder nach Perico brachte/von dannen/nach dem man uns visitiret hatte/wir mit vollen Seegeln nach Panama zu fuhren.

Als wir nun nahe am Hafen waren/trieb uns der Wind / weil wir kein Ancker in unserm Schiffe hatten/ aufs neue wieder zurücke/und/wenn uns der Schiffer nicht ein Ancker gesendet hätte/so wären wir noch einmahl biß nach Pacheqve und auch noch ferner hinaus getrieben worden.

Wir blieben also/durch Hülffe dieses Anckers die gantze Nacht zu Perico, und waren höchst bestürtzt/darüber/daß es uns stets so wiedersinnisch erging; so gar daß einige sagten/wir müsten entweder bezaubert seyn/ oder einen excommunicirten unter uns haben/und wenn sie wüsten/welcher es wäre/wolten sie ihn über Bord werffen.

Unterdessen weil sie also miteinander redeten / wendete sich der Wind wieder/und nachdem wir den Ancker auffgewunden hatten/ setzen wir unsere Reise nach Panama fort / und kamen endlich mit Gottes Hülffe daselbst glücklich an.

Das 9. Capitel

Beschreibung von Panama; ihre Lage / und Kauff-Handel nach Peru und andere Orthe; die Arth der Regierung daselbst: Von meiner Reise biß nach Venta de Cruzes und auff dem Fluß de Chiagra.

WEil Ich mich denn damals wieder zimlich wol befand/ so blieb ich nicht lange auff der Fregatte/ auff der ich mein Leben zu endigen gedacht hatte/ sondern ging so fort ans Land/ ins Dominicaner Kloster/ in welchem ich mich biß an den funffzehenden Tag auffhielt/ binnen welcher Zeit ich Gelegenheit hatte/ alles das/ was merckwürdiges in dieser Stadt ist/ zubetrachten.

Sie wird wie Gvatimala, von einem Præsidenten und sechs Räthen/ und einer Cancelley oder Königlichen Kammer regieret/ und ist zugleich eine Bischöffliche Residentz.

Sie ist an der Seiten gegen dem Sudmeer weit besser befestiget/ als kein anderer Hafen von allen denen/ die ich an dieser seiten gesehen habe: und sind auch unterschiedene Stücke-Geschütze auffgestellet/ den Hafen damit zu beschützen.

Die Häuser hingegen sind die schlechtesten unter allen/ die ich an irgend einem Ort/ wo ich gewesen bin/ gesehen habe; weil Kalck und Steine daselbst sehr schwerlich zu haben sind/ so daß umb dieser Uhrsache Willen/ und wegen der grossen Hitze die Häuser meistentheils nur von Holtze gebauet sind.

Das Hauß des Præsidenten, und selbst die Wände der schönsten Kirchen sind nur von Brettern/ welche sie an statt der Steine und Ziegel/ und auch so gar der Dach-Ziegel/ ihre Häuser damit zu decken/ gebrauchen.

Die Hitze ist daselbst so groß/ daß der Einwohner gewöhnlicher Habith ist ein Wammest von durchhauener Leinwand/ und taffetne oder aus einem andern leichten Zeuge gemachte Hosen.

Fische/ Früchte und Küchenkräuter sind gemeiner/ als das Fleisch: Das frische Wasser von den Cocos-Bäumen ist der Weiber angenehmster Tranck; wiewol auch Chocolate und Wein aus Peru genung getruncken wird.

Die Spanier/ so an diesem Ort wohnen/ sind den Lüsten sehr ergeben/ insonderheit aber den Weibern/ und sind die schwartzen Weibes-Bilder/ derer es eine grosse menge allda hat/ und reich und galant sind/ fürnehmlich diejenige/ gegen welche sie in ungeziemender Liebe entbrennen.

Man hält Panama für eine der reichsten Städte in America, als welche über Land und durch den Fluß Chiagra mit dem Nordmeer/ und auff dem Sud Meer mit gantz Peru, Ost-Indien/ Mexico und Honduras Handlung treibet.

Denn

Denn nach diesem Ort werden die grössesten Reichthümer auß Peru in zwey oder drey grossen Schiffen gebracht/ welche in dem drey Meilen von der Stadt entlegenen Hafen Perico für Ancker liegen bleiben; weil die Ebbe und Fluth an diesem Ort so groß sind/ daß die grossen Schiffe nicht näher kommen können/ massen die Fluth sich biß auff eine Meile von der Stad erstrecket/und eine lange Strecke von Sandbencken trocken liegen lässet/ und den Ort sehr ungesund machet; worzu doch auch viel andere Morastige Orthe umb die Stadt nicht wenig helffen.

Es sind ohngefähr 5000. Einwohner in der Stadt/ und werden zum wenigsten acht Münchs- und Nonnen-Klöster von selbigen unterhalten.

Die grosse Hitze griff mich ziemlich an: dannenhero bemühete ich mich so guth ich konte/ie eher ie besser von dannen zu kommen.

Ich hatte die Wahl/zu Lande oder zu Wasser mit Gesellschafft nach Porto-Bello zugehen; weil ich aber die Schwerigkeit über das Gebürge zu steigen/ wenn ich die Reise zu Lande fürnehmen wolte/ behertzigte/ so entschloß ich mich auf dem Fluß Chiagra zusetzen; so daß ich umb Mitternacht aus Panama, nach Venta'de Cruzes, so zehen biß zwölff Meilen entfernet ist/abreisete.

Der Weg nach Venta de Cruzes ist meistentheils eben und wohl gebänet/und morgends und abends sehr anmuthig zu reisen.

Wir kamen des morgends umb zehn Uhr nach Venta de Cruzes, allwo lauter Eseltreiber und Schwartze/die die flachen Schiffe/ auff welchen die Güter nach Porto Bello gebracht werden/führen.

Ich worde von diesen Leuten sämtlich sehr wohl empfangen/und von ihnen auff künfftigen Sonntag zu predigen gebeten/ welches ich auch thät/und dafür samt der procession zwantzig Krohnen empfing.

Das 10. Capitel
Beschreibung des Flusses Chiagra von Venta de Cruzes an/ biß nach Porto-Bello, und was ich so wohl auf dem Flusse als auff dem Meere merckwürdiges gesehen.

Nachdem ich mich fünf Tage daselbst aufgehalten hatte/stiessen die Schiffe ab/und fuhren mit groster Mühe den Fluß hinab: Denn wir funden ihn an etlichen Orthen so gar seichte/ daß die Schiffe zum öfftern sitzen blieben/ und die Schwartzen alle ihre Kräffte dran strecken musten/sie wieder loß zu machen. Zuweilen traffen wir auch den Strom so strenge und schnelle an/daß wir als ein Pfeil unter die am Ufer stehende Bäume und Sträuche gerissen/und im einem Augenblick davon angehalten worden/und muste man/ uns loß zu machen/viel Zeit mit abhauung der grossen Aeste / so im Wasser waren/zubringen.

Und wann nicht nach acht Tagen es GOtt geschicket hätte / daß von einem starcken Regen in dem Gebürge der Fluß/welcher an sich selbst sehr seichte ist/ angelauffen wäre / so würde unsere Reise über die massen langweilig und verdrüßlich gewesen seyn.

Den zwölfften Tag/ nach dem wir uns eingeschiffet hatten/ kamen wir an das Meer/und stiegen an der Citadelle auß/ umb uns zuerfrischen.

Es müssen sich ohne Zweiffel die Spanier einbilden/ daß der strenge Strom/und die Seichten oder Sandbäncke/so in dem Flusse sind/ die Außländer genugsam abhalten könten/daß sie nicht denselbigen hinauff nach Venta de Cruzes gehen/ und Panama angreiffen; dann sonst würden sie vermuthlich diese Citadelle zu befestigen und in gutem standen zu erhalten bessere Sorge tragen/als wol geschiehet; massen sie/als ich da war/gantz und gar über einem hauffen fallen wolte.

Der Commendante in dieser Citadelle war ein gräulicher Säuffer/ der uns auch/weil wir da waren/tapffer zutranck/und weil er damals für sich und seine Soldaten einen Capellan von nöthen hatte/so hätte er mich gerne bey sich behalten; allein ich hatte wichtigere Verrichtungen/ die mich anders wohin forderten: so daß ich Uhrlaub von ihm nam; und im weggehen verehrete er uns einige Erfrischungen an Fleisch/Fischen und Confituren/und beuhrlaubte uns.

Als wir in die offene See kamen/ sahen wir erstlich das so genandte Escudo de Varagva, und ruderten nachmahls immer nahe am Lande hin auff Porto-Bello biß auff den Sonnabends Abend; da liessen wir unser Ancker bey einer kleinen Jnsul fallen/mit Vorsatz/folgenden Morgen in dem Hafen von Porto-Bello einzulauffen.

Die gantze Nacht hielten die Schwartzen Wache wegen der Holländer/ die/wie sie sagten/sich öffters an diesen Orthen verstecketen / und die Schiffe auß dem Flusse Chiagra überfielen: wir brachten aber die Nacht glücklich hin/und langeten folgenden Morgen zu Porto-Bello an.

Das

Das II. Capitel
Beschreibung von Porto-Bello; von dem starcken Handel/so daselbst getrieben wird: Und von den Gallionen/so zu diesem Handel gewidmet sind.

Dieser Hafen ist sehr wol mit zweyen an dessen Eingang erbaueten Citadellen befestiget/auff welchen allezeit fleissig Wache gehalten wird: Dergleichen auch in einem andern Castel/welches tieffer in dem Hafen hinein lieget/und das Fort S. Michael genennet wird/geschihet.

Als ich dahin kam/war mir es sehr verdrüßlich zu hören/ daß noch keine Gallionen auß Spanien ankommen wären/weil ich wol wuste/ daß ich ohne grosse Unkosten nicht lange allda verharren konte.

Ich tröstete mich aber damit/daß ich wuste/ daß dieses die Jahrszeit sey/ da sie ankommen solten/ und daß sie keines weges lange mehr aussen seyn konten.

Meine erste Sorge war/ eine Wohnung zu suchen; und waren dieselbigen dißmal so wohl zu haben/daß man mir unterschiedene umbsonsten anboth/ doch mit der Bedingung/ daß ich sie alsdenn/ wenn die Gallionen ankommen würden/wieder räumen/oder sie eben so theuer/ als einander/ bezahlen solte.

Es war aber ein Edelmann/ ein Königlicher Zoll-Einnehmer/ welcher mir eine Wohnung zu verschaffen sprach/die ich umb einen geringen Preiß auch dann/ wenn die Schiffe würden kommen/ und die Wohnungen am theuresten seyn würden/ haben solte: wir gingen miteinander eine auffzusuchen/ und vermittelte er es durch sein Ansehen dahin/ daß/ wenn die Flotte würde ankommen seyn/er in selbiges Logiament sonst keinen Menschen mehr einnehmen/sondern ich es die gantze Zeit über alleine für mich haben solte.

Dieses Logement war so klein/ daß mehr nicht Raum darinnen war/ als daß man konte ein Bette/ ein Tischlein/ein oder zwene Stühle setzen/und die Thüre ungehindert auff und zu machen: Gleichwol dorffte man für die Zeit/weil die Flotte im Hafen liegen würde/ welches ohngefähr vierzehen Tage wehret/ 120. Krohnen von mir begehren.

Denn weil die Stadt kleine ist/ und auffs wenigste 5000. Soldaten/ so zu Beschirmung der Gallionen mit überkommen/ nebst vielen Kauffleuten auß Peru, Spanien/ und andern Orthen/die zum Theil kauffen/zum Theil ihre Wahren zu verkauffen sich einfinden/ alsdenn in selbiger anzutreffen sind; so sind umb deßwillen auch die allerkleinesten Gemächer sehr theuer: massen es auch offters geschihet/ daß ihrer in der Stadt zu wenig sind/ so eine grosse Welt Volcks/ die zu selbiger Zeit ankommet/zu beherbergen.

Ich habe einen Kauffmann gekant/ der für einen Krahm von mässiger grösse tausend Krohnen gab/damit er in selbiger die funffzehen Tage über/ weil die Flotte da war/seine Wahren feil bieten konte.

Ich vermeinte/es sey für mich allzuviel/120. Krohnen für ein so kleines Gemach/welches nur ein Ratten-Nest war/ zu geben: so daß ich auß Verdruß zum Königlichen Zoll-Einnehmer sagte; ich sey für kurtzer Zeit erst auff der See beraubet worden/ und könte nebst dem/ was ich zu meinem Unterhalt brauchen/ und sich eben so hoch belauffen würde/ so grosse Unkosten nicht thun.

Man wolte aber/dessen ungeachtet/ nichts nachlassen; so daß der ehrlicke Zollmeister/aus Mitleiden gegen mir/ sich erbolh/ dem Wirthe sechzig Krohnen fur mich zu bezahlen/mit dem Beding/ daß ich die andere Helffte bezahlen solte: welches ich denn nothwendig eingehen muste/ wolte ich nicht draussen auff dem Pflaster liegen.

Ich mochte aber gleichwol eher nicht in diß theure Loch kriechen/als biß die Flotte ankam; sondern herbergte indessen in einem andern sehr schönen Zimmer/welches man mir indessen umbsonst eingeräumet hatte.

Indessen aber/ weil ich auf die Flotte wartete/ nam ich gleichwol etwas Geld ein/und einige Opffer für meine Messen/und zwey predigten/für deren iede ich funffzehen Krohnen empfing. Ich ging auch die Citadellen zu besehen/und fand sie sehr starck und wohl befestiget.

Am meisten aber entsetzte ich mich über der überauß grossen Anzahl Maulthiere/ die alle mit Silber/ in Stäben und Schienen/beladen von Panama kamen; so daß ich ihrer eines Tages über zwey hundert zehlete/die sonst nichts anders trugen/und alle auff dem öffentlichen Marckte abgeladen worden; auff welchem die Silber-schienen hauffenweise/wie die Steine auf den Gassen/ übereinander lagen/und unbewachet/ ohne sorge/ daß iemand was stehlen würde/gelassen worden.

Zehn Tage nach meiner Ankunfft langete die Flotte an; sie bestand aus

acht

acht Gallionen und zehn Kauffardey-Schiffen/ und ich wurde genöthiget in mein Loch zu kriegen.

Es war ein Wunder/ eine so grosse menge Volcks auff den Gassen zu sehen/ da wenig Tage zuvorher man fast nicht einen Menschen gesehen hatte.

Es wurden alsbald alle Dinge theuer; ein Hun/ für das ich auff dem Lande öffters nicht einen Real gegeben hatte/ galt zwölff Realen; und ein Pfund Rindfleisch galt zwey Realen/ da hingegen an andern Orthen/ ich dreyzehen Pfund für einen halben Real gehabt hatte: ingleichen wurde alle andere Speise so theuer/ daß ich nicht wuste/ was ich machen solte/ und mich mit Fischen und Schildkröten/ derer es viel da hat/ behelffen muste: und ob sie schon auch etwas theuer waren/ so war es doch die wolfeileste Kost/ die ich haben konte.

Es war werth zu sehen/ wie die Kauffleute ihre Wahren verhandelten; denn es wurde nichts nach der Ellen außgemessen/ sondern alles stückweise und nach dem Gewicht verkaufft; und die Bezahlung geschach nicht mit Müntze/ sondern mit Silberstäben/ die man wieget/ und für die Wahren hingiebet.

Dieser Marckt aber wäret länger nicht als funffzehen Tage/ in welcher Zeit die Gallionen mit nichts anders als Silber-Schienen und Stäben geladen werden; So daß ich sagen kan/ daß diese funffzehen Tage über in der gantzen Welt kein so reicher Jahrmarckt/ als der zu Porto-Bello, von den Kauffleuten auß Spanien/ Peru, von Panama und andern umbliegenden Orthen gehalten werde.

Das 12. Capitel

Wie schwer es hergegangen/ ehe ich nach Carthagena zu Schiffe gehen konte/ und was mir sonst merckwürdiges begegnet ist.

DOm Carlos de Ybarra, Admiral von der Flotte wendete allen möglichen Fleiß an/ dieselbige ie eher ie besser wider unter Seegel zu bringen/ wodurch die Kauffleuthe gleichfals sich mit ihren kauffen und verkauffen zu fördern/ und ihre Silber-Stäbe und Schienen zu Schiffe zu bringen genöthiget worden.

Ich erfreuete mich höchlich über solchen Eiffer/ denn ich sahe/ daß/ ie eher

sie

sie die Schiffe laden würden / ie weniger würde ich meinem Beutel schaden thun/und desto eher von diesem so ungesunden Orte/in welchem die übermässige Hitze nicht allein gifftige Fieber erweckte / sondern auch den Tod selbst veruhrsachte/wenn man sich nicht zur Regenzeit in acht nahm/daß die Füsse nicht naß wurden/ wegkommen.

Insonderheit aber die Zeit über/ weil die Flotte da liegt / kan man den Orth mit gutem Recht ein stetes offenes Grab nennen/ welches einen guten Theil von der grossen menge Volcks/so sich zu selbiger Zeit allda befindet/verschlinget: Wie denn das Jahr/als ich da war/geschach/daß mehr denn fünffhundert Personen an Kauffleuten / Soldaten und Bootsleuten/theils an hitzigen Fiebern/theils am Durchbruch storben/ weil sie zu viel Früchte gessen/ oder zu kalt getruncken/und andere excesse begangen hatten: so daß man von ihnen wohl hätte sagen mögen / sie hätten an diesem Orthe nicht einen Porto-Bello, sondern vielmehr Porto-malo [das ist/nicht einen schönen/ sondern bösen Hafen] gefunden.

Und weil dieses insgemein jährlich geschihet / so ist denen/ so über See kranck ankommen/oder allhier sich kranck einlegen / zum besten ein reiches Hospital in der Stadt erbauet worden / in welchem eine Anzahl Geistliche von der barmhertzigen Orden der Krancken pflegen/ und die Todten begraben.

Der Admiral, weil er besorgete/ es möchten die Kranckheiten allzusehr einreissen/wendete allen möglichen Fleiß an/die Flotte ie eher ie besser wieder ablauffen zu lassen/und kehrete sich nichts an das Gerüchte/daß drey oder vier Engelländische und Holländische Schiffe in der See kreutzeten/die vermuthlich darauff lauscheten/ob sie etwan eines der Spanischen Schiffe/ wenn es von den andern abkommen solte/wegnehmen möchten.

Mir hingegen brachte diese neue Zeitung nicht geringe Furcht / und machte/daß ich umb mehrerer Sicherheit willen/ auff einer Gallionen überzufahren trachtete: als ich aber wegen des Fähr-Geldes dingen solte/ forderte man von mir weniger nicht als 300 Krohnen / die ich doch ohne meine gröste ungelegenheit nicht geben konte.

Ich wendete mich derowegen zu einem Schiffer derer Kauffardey-Schiffe/ungeachtet ich wuste / daß ich auff diesen so gar sicher nicht seyn würde/als in einer mit Soldaten und Geschütze wohl bewehreten Gallion: Ich setzte aber mein Vertrauen auff GOtt / der eine Zuflucht ist / aller die ihn

fürchten

fürchten/derselbige verschaffte mir in dieser Angelegenheit/ daß ich gantz wolfeil und sicher diese Reise verrichten konte.

Denn als mir eines Tages mein Freund der Zoll-Einnehmer begegnete/ und meinen Kummer hörete/ hatte er nochmals ein Mitleiden mit mir/ und in Betrachtung/ daß ich erst für weniger Zeit wäre beraubet worden recommandirte er mich an einem Patron eines Kauffardey-Schiffes/ so S. Sebastian hieß/ von dem er verstanden hatte/ daß er einen Capellan auff sein Schiff verlange/ und selbigem freyen Tisch zu geben willens sey.

Der Patron/ der den Zolleinnehmer so wol als ich zum Freunde hatte/ versprach auff seine recommendation alsbald mich auff sein Schiff zu nehmen/ und mir den Tisch zu geben/ ohne einigen andern entgelt/ als daß ich GOtt für ihn und die seinigen bitten solte/ und versprach mir noch über dieß/ für alle predigten/ die ich auff seinem Schiffe thun würde/ mich absonderlich zu befriedigen.

Ich danckte GOtt für diese mir erzeigte Wolthat/ und erkandte hierauß so wol/ als auch auß vielen andern Begebenheiten/ seine väterliche Vorsorge/ mir Mittel/ nach Engelland wieder zu kehren/ zuverschaffen.

So bald die Schiffe ihre Ladung hatten/ brachen wir nach Carthagena auf/ und den Morgen drauf/ nachdem wir unter Seegel gegangen waren/ worden wir vier Schiffe gewahr/ welches den Kauffardey-Schiffen einige Furcht einjagte/ und machte/ daß sie sich so nahe/ als ihnen möglich war/ zu den Gallionen hielten/ als auf derer Macht sie sich mehr verliessen als auff ihre eigene Macht.

Das Schiff/ darauff ich war/ war leicht und schnelle zum seegeln: Und hielt sich dannenhero allezeit zunechst bey den Admiral, oder sonst eine Gallion: allein die andern Kauff-Schiffe alle kamen so langsam hernach/ daß zwey auß ihnen von den Holländern bey nachte genommen/ und fortgeschleppet worden/ ehe wir nach Carthagena kommen konten.

Die grösseste Furcht hatten die Spanier auff dieser Reise umb die Insul la Providenza, welche sie die S. Catharinen Insul nennen/ weil sie sich immer besorgeten/ es würden etwann einige Englische Krieges-Schiffe aus selbiger uns anzugreiffen herfür kommen.

Sie verfluchten die daselbst wohnenden Engelländer/ und sagten/ es wäre diese Insul itzo ein rechtes Raubnest/ und wo der König in Spanien nicht bey zeiten rath schaffen würde/ so würden sie den Spaniern gewißlich nicht geringen Schaden thun; denn diese Insul ligt nahe beym Außfluß des Flusses Desagvadero, und zwischen Porto-Bello und Carthagena, weßwegen nicht nur die Fregatten von Granada in Gefahr sind/ sondern auch die Gallionen, welche die Einkommen und den Schatz des Königs führen/ sich führzusehen haben.

Unter solchem fluchen und schmähen auff die Engelländer und die Providenz-Insul/ seegelten wir nach Cathagena zu/ allwo uns die vier Holländische Schiffe wieder auffs neue begegneten/ und noch mehr beym einlauffen in den Hafen unserer Schiffe zu nehmen dräueten.

Sie hätten auch solches wol thun können/ wenn sie das Schiff/ auff welchem ich war/ anzugreiffen sich hätten wagen wollen: Denn indem es sich umb das Vorgebürge wendete/ daß es in den Hafen einlieffe/ stieß es an den Grund/ und würde ohnzweiffel Schiffbruch gelitten haben/ wenn er felsicht/ und nicht sandicht gewesen wäre: Wir wurden aber auß dieser Gefahr/ durch Mühe und Fleiß unserer Bootsgesellen errettet/ ungeachtet uns die Holländer so weit sie konten/ die aber näher als ein Canonen-Schuß sich der Festung zu nahen nicht traueten/ verfolgeten.

Das 13. Capitel

Beschreibung von Carthagena, und was ich daselbst angemercket: Besondere Eigenschafft des Schweinenfleisches da zu Lande: Auffbruch der Gallionen von Carthagena nach Havana: Abreise derselbigen von Havana.

Solcher gestalt nun kamen wir in den Hafen von Carthagena, allwo wir acht oder zehn Tage stille lagen/ und ich traf daselbst einige gefangene Engelländer/ von der Providentz Insul an/ welche die Spanier im Meer auffgefangen hatten; unter denselbigen wahr der berühmte Capitain Rousl, und ohngefähr ein Dutzend andere/ welche angetroffen zu haben mir sehr lieb war; wiewol ich mich nicht allzufreundlich gegen ihnen bezeigen dorfte/ aus Furcht/ mich verdächtig zu machen.

Weil sie nun solten nach Spanien geschickt werden/ so wären sie gerne auff das Schiffe/ wo ich/ war gewesen/ umb auff selbigem mit über zufahren: Ich/ der ich solches eben so sehr wünsche/ als sie/ brachte es bey meinem Capitain dahin/ daß er mir zu liebe ihrer vier in sein Schiff nam; unter denselbigen war einer nahmens Edouard Layfield, welcher hernach/ als er von S. Lucar

nach

nach Engelland geschiffet/ von den Türcken gefangen worden/ und mir aus Türckey nach Engelland schrieb/und bath/ich möchte mich seiner annehmen/ und bemühen/ daß er aus seinem Gefängniß wieder erlöset würde.

Ich hatte grosses gefallen an seiner Conversation, und erweisete er sich sehr dienstfertig gegen mir/wodurch ich bewogen ward/ mit meinem Schiff-Patron und den Bootsleuten seinet wegen zu reden und für ihn zubitten/als welche sonst ihm und den andern Engelländern sehr übel würden mitgefahren seyn.

Indem wir nun zu Carthagena waren/ kam ein Geschrey / daß sechzig Holländische Schiffe in See wären/die den Gallionen auff den Dienst warteten / welches den Spaniern nicht ein geringes Schrecken einjagte/ so daß sie rath hielten/ob sie die Flotte an diesem Orth solten überwintern/oder nach Spanien abseegeln lassen.

Weil aber dieses Gerüchte falsch war / und bloß von den Einwohnern zu Carthagena war außgesprenget worden/ als die umb ihres eigenen nutzen willen gerne gesehen hätten / daß die Gallionen und Kauff-Schiffe sämtlich da geblieben wären: so gab Dom Carlos de Ybarra allen/ die ihm davon sagten/zur Antwort/ er fürchte sich nicht / und wenn der Holländischen Schiffe gleich hundert wären / und solte ihn nichts an der Reise verhindern/er hofte den königlichen Schatz sicher/ wie er auch hernach thät / nach Spanien überzubringen.

Von Carthagana waren wir nach der Havana acht Tage unterwegens/ und warteten daselbst auch acht Tage / biß die Flotte von Vera-Cruz zu uns kam.

In dem wir also warteten/ hatte ich Gelegenheit das feste Castel daselbst zu besehen/auff welchem ich gleichwohl mehr nicht als zwölff stücke Geschütz/ die sie die Zwölf Apostel nennen/ sahe/ welche doch einer Armee/so über Land/ oder auff dem Flusse Matanzes dafür komen solte/ keinen sonderlichen Schaden solten zufügen können.

Ich besuchte auch des Mulatten, der mir auff der See alles das meine genommen hatte / seine Mutter / und thät/ was ich konte / die armen gefangenen Engelländer zu trösten: Insonderheit aber den tapffern Capitain Rous, welcher zu mir kam/ und sich der Beschimpffung wegen/so ihm die Spanier auff dem Schiff/da er gefahren war / angethan hatten/ beklagte; Und er hatte / weil er den Schimpff unmöglich vertragen können/ ungeachtet er ein Gefangener war/ dennoch die/ so ihn verachtet/außgefodert/ und ihnen ein Cartel zugeschickt/sich mit ihm an irgend einem Ort in der Havana herumb zu schlagen.

Es war in Warheit eine That/ die ein genugsames Hertze in diesem gefangenen Engelländer wiese / und ihm zu grosser Ehre gereichte / daß Er die Kühnheit hatte / einem Spanier in seinem eigenen Lande ein Cartel zuschicken / und, wie man redet/ den Hahn auf seinem eigenem Miste anzugreifen.

Allein/so bald ich solches/ vermittelst des Edouard Layfield, erfuhr/dachte ich darauff/ wie ich diesen Handel auffs eheste / als ich konte / beylegen möchte; denn ich besorgte/es möchten ihn ihrer viel auff einmahl überfallen/und in stücken hauen. Ich schickte derowegen nach ihm/und ließ ihn ins Kloster/ worinnen ich mich aufhielt/ zu mir kommen/ und beredete ihn/ daß er sein Vorhaben / sich zuschlagen/ und seine Dapfferkeit zu einer Zeit und an einem Ort/ da ihm solches sein damaliger Zustand / als einem Gefangenen/ nicht wol verstattete/sehen zulassen/ fahren ließ.

Ich tröstete gleichfalß auch die andern in ihrer Betrübnüs/ und sprang ihnen/und insonderheit dem Layfield, in ihren nöthen bey/ so guth ich konte.

Nachdem ich auch nöthig hatte zuvorher etwas Artzney zu nehmen/ehe denn ich weiter zur See ging/so bekam ich hierdurch Gelegenheit/etwas/ das ich vorher noch nie gewust hatte / zu lernen / nehmlich welches das gesündeste Fleisch sey / welches die Medici in der Havana ihren Krancken verordnen / wann selbige den Leib zu reinigen Artzney gebrauchet haben.

Denn nachdem die von mir eingenommene Artzney ihre Würckung verrichtet hatte/ an statt daß ich etwan eines stückes Schöpffenfleisches oder eines jungen Huhns / oder einer andern verdaulichern Speise mich versahe/ worde mir/ auff verordnung meines Medici, ein gebratenes Schweinenfleisch aufgetragen: und als ich solches nicht essen wolte/ weil ich meinete/ es sey mir bey solchem Zustande nicht gesund / weil es nicht allein wieder aller Völcker Gebrauch sey; sondern solches Fleisch auch den Leib zu erweichen pflege; so gab mir der Medicus zur Antwort/ es habe das Schweinenfleisch hier zu Lande gantz eine andere und widrige Arth / als es an andern Orthen habe: ich solte nur von dem/was er mir verordnet hatte/essen/ er versicherte mich/ daß es mir nicht übel bekommen würde.

Gleichwie man aber das Schweinenfleisch an diesem Orth für gesund hält/

hält/und daß es sehr gute Nahrung gebe; also wird nach demselbigen das Fleisch von den Schildkröten/ mit welchem alle nach Spanien gehende Schiffe verproviantirt werden/ für das beste gehalten.

Man schneidet die Schildkröten in lange schmale Stücke/ wie ich bereits oben von den tassajos gesagt habe/saltzet sie ein/und lässet sie an der Lufft trocknen; und solches getrockneten Schildkröten Fleisches gebrauchen sich die Schiffleute auff der Reise nach Spanien; sie essen es mit einem wenig Knoblauch gekocht/und halten es für so wolgeschmackt als das Kalbfleisch.

Sie nehmen auch einiges Geflügel mit auff ihre Schiffe; und etliche Schweine/umb selbiger sich auff dem Tische des Patrons und Schiffs-Capitains zu bedienen / welches / dem vermuthen nach/ eine Kranckheit auff dem Schiffe erwecken solte / wenn nicht der Orth/ wo diese Thiere eingesperret sind/ fleissig gesaubert würde.

Auff dem Schiffe/wo ich war/ wurde alle Wochen ein Schwein geschlachtet/den Patron, den Piloten und die Passagirer damit zuspeisen.

Nach dem nun alle Schiffe sich mit Lebens-Mitteln auff die Reise nach Spanien versehen hatten/und alle den Kauffleuten zuständige Güter / samt den Königlichen Einkünfften innerhalb neun Tagen/die wir da verzogen/eingeladen worden/so hatten wir weiter nichts zu thun/als daß wir auf die Flotte von Vera-Cruz warteten/als die dē achten September bey uns ankomen solte.

Weil aber Dom Carlos de Ybarra sahe/ daß sie allzulange über die bestimte Zeit verzog/und sich für dem bösen Wetter/ und dem neuen Monden dieses Monaths/als welcher gemeiniglich die Reise durch die Meer-Enge von Bahama gefährlich macht//fürchtete; wolte er nicht länger warten/sondern beschloß/ sich auff die Reise nach Spanien auffzumachen.

Das 14. Capitel

Von dem Außlauffen der Gallionen auß der Havana: Ankunfft der Flotte von Vera Cruz: Wie ein Schiff mitten unter den Gallionen und der Flotte uns genommen worden: Und was sich ferner zugetragen / biß sich die Flotte geschieden.

WIr gingen derowegen an einem Sonntage früh unter Seegel / sieben und zwanzig Schiffe an der Zahl/diejenigen so von Honduras und den In-

Insula zu uns gestossen waren / mitgerechnet/ und lieffen immer eines nach dem andern aus dem Hafen in die volle See/ da wir denn denselbigen gantzen Tag in erwartung eines beqvemen Windes/ und biß das Schiff/ so uns nach dem Golph von Bahama führen solte/ aus der Havana auß lieffe/ mit laviren zubrachten.

Nachdem es aber war Nacht worden/ hätten wir wohl gewünscht/ daß wir noch in der Havana wären/ weil wir gäntzlich glaubten von einer mächtigen Holländischen Flotte umbringet zu seyn; denn es mengeten sich unterschiedene Frembde Schiffe zwischen uns ein/ so daß wir genöthiget worden / uns zum schlagen auff folgenden Morgen fertig zumachen.

Es worde Krieges-Rath gehalten/ und die gantze Nacht durch fleissig gewachet/ man machte die Stücke fertig/ verdeckte die Schiffe mit Blendungen/ und schickte die nöthigen Ordre an alle Gallionen und Kauffardey-Schiffe/ damit sie ihre Stelle und Ordnung zu halten wüsten.

Das Schiff/ worinnen ich war/ solte sich zum Admiral halten/ und dannenhero waren wir eines mächtigen Schutzes versichert. So waren auch unsere Leute allesamt muthig/ und zum schlagen begierig; und weil ich an diesen Kriegs-Zurüstungen schlechte Freude sahe/ so wiese man mir unter den Zwieback-Fässern einen Orth an/ wo ich mich verstecken/ und sicher seyn konte.

Indessen hatte ich dieselbige gantze Nacht zu thun/ indem ich alle die/ so im Schiffe waren/ Beichte hören muste: So daß ich auff den Morgen des Schlaffes gar sehr benöthiget war/ weil ich die gantze Nacht mit einer schweren Bemühung zugebracht hatte.

So bald aber der Tag anbrach/ worde uns der Kummer auff einmahl benommen/ indem wir sahen/ daß wir ohn Uhrsach uns gefürchtet hatten: denn es waren keine Holländische Schiffe/ sondern unsere Freunde/ die eben so wol wie wir in Furcht gewesen waren/ und sich zu schlagen fertig gemachet hatten.

Denn so bald wir ihre Flacken erkennen konten/ so sahen wir / daß es die Flotte war/ die wir von Vera-Cruz erwarteten/ und mit uns nach Spanien seegeln solte.

Sie bestand auß zwey und zwantzig seegeln/ und hatte sich nichts weniger versehen/ als uns ausserhalb der Havana anzutreffen; sondern meineten/ wir lägen noch in selbiger für Ancker: so daß sie sich die Nacht durch noch viel mehr für uns/ als wir uns für ihnen/ gefürchtet hatten.

Als

Als aber der Tag alle diese Wolcken zertrieben/uñ uns die Warheit entdecket hatte/wurden alle Kriegs-Bereitschafften beyseits gethan/und liessen sich dagegen die Trompeten/ die ein wunderwürdiges Echo gaben/ lustig hören: man sahe,da anders nichts / als die Nachen von einem Schiffe zum andern gehen/ um einander zubewillkomen; und einander/mit wünschung einer glücklichen Reise/ Gesundheiten zu trincken: und dieses wehrete den gantzen Morgen durch.

Mitten aber unter diesen Freuden'/ da unsere Flotte sich zwey und funffzig Seegel starck befand (wiewol wir nicht so genau die Anzahl der Flotte von Vera-Cruz, noch auch sie hinwiederumb die unsere wusten) hatten sich zwey unbekandte Schiffe mit unter uns eingemenget; die Engelländische Gefangene aber sagten mir/ daß das eine ein Englisch Schiff/, der Neptunus genand/wäre; dieses/nachdem es uns vor den Wind kommen/ verfolgte eines von unsern Schiffen/ so von Dunkerken war/und/nach dem es in Königliche Dienste zu S.Lucar und Cadiz genommen/ mit Zucker und andern reichen Gütern biß auf 80000. Krohnen werth in Indien war geladen worden: Und als es ihm die volle Lage gegeben/ und jenes hingegen mehr nicht als mit Zwey Canonen geantwortet hatte/zwunge es selbiges/daß es sich ergeben muste/ weil ihm die Flotte/ von der es allzuweit entfernet war/ nicht zu Hülffe kommen konte.

Es währete das Gefächte kaum eine halbe Stunde / hernach sahen wir dieses Schiff für uns wegschleppen: Welches denn alle Freude der Spanier in Fluchen und Lästern verwandelte.

Denn ein Theil derselbigen fluchete dem Capitain des genommenen Schiffes/ und nenneten ihn einen Verräther / der sich muthwillig ohne Widerstand ergäben hätte/weil man ihn diese Reise zuthun gezwungen hätte. Die andern flüchteten denen/die es genommen hatten/ und schalten sie Vollsäuffer/ ehrlose Diebe und Seeräuber.

Es waren einige/die griffen zu ihren Degen/und stelleten sich/als wolten sie diese Seeräuber in Stücken hauen; andere schlugen ihre Mußqveten an/ und wolten Feuer auff sie gehen/und die übrigen strampfften mit den Füssen/ und lieffen als Unsinnige auff den Ueberlauff des Schiffes herumb/ und thäten/als ob sie über Bord springen wolten/und ihnen nach schwimmen, sie knirscheten mit den Zähnen gegen den armen gefangenen Engelländern/und stelleten sich/als ob sie sie umb der That willen/ die ihre Landsleute gethan hatten/

mit den Dolchen niederstossen wolten; und ich muß gestehen/daß ich nicht wenig Mühe gehabt/zu verhindern/ daß alle diese Großsprecher dem Layfield nicht etwan übel mitführen/ weil er mehr als alle die andern ihrer Thorheit spottete/ und auff die Schmähworte/ so sie gegen ihm außstiessen/ antwortete.

Es wurde dem Vice-Admiral und zweyen andern Gallionen alsbald befohlen sie zu verfolgen/ allein es war umbsonst/denn der Wind war ihnen zuwieder: Solcher gestalt erfreuten sich diese zwey Schiffe ja so sehr/als es die Spanier verdroß; und weil sie erwünschten Wind hatten/ so gingen sie davon/ und konten sich rühmen/ daß sie zwischen zwey-und funffzig feindlichen Schiffen/und der grössesten Spanischen See-Macht eine so reiche Preise gemachet hätten.

Das 15. Capitel
Von dem/ was sich von der Zeit an/ als die Gallionen von der Flotte geschieden/ biß wir zu S. Lucar de Barra-meda außstiegen/ zugetragen.

NOch selbigen Nachmittag nahm die Flotte von Vera-Cruz ihren Abschied von uns/und lieff in die Havana ein/ weil sie auff die Reise nach Spanien nicht gnugsam mit Victualien versehen war: Wir aber setzten unsern Strich nach Europa zu immer fort/und fürchteten uns weiter für nichts als dem Golpho de Bahama, über welchen wir gleichwohl durch Hülffe der Piloten/die unser Admiral mit Fleiß dazu erlesen und gedinget hatte/glücklich kamen.

Jch halte es für unnöthig zu seyn/viel erzehlens zu machen/wie wir die Jnsuln S. Augustin uñ la Florida zu Gesichte bekommen/was wir für Sturm auf dieser Reise gehabt/von der unterschiedlichen Polus-Höhe/unter welcher wir gewesen/ und da wir ein und anderesmal so strenge Kälte/ als etwan im härtesten Winter in Engelland seyn kan/ gehabt haben.

Diß muß ich aber erzehlen/daß/als eines Tages unsere Schiffleute nicht wusten/ an welchem Ort wir waren/ wir ungezweiffelt an den Klippen von der Jnsul Bermuda würden Schiffbruch gelitten haben/ wenn nicht der helle Tag/ der eben zu rechter Zeit angebrochen war/ uns hätte den Orth/ auff den wir schnur grade zulieffen/ zuerkennen gegeben. An

An statt aber/daß die Spanier hätten GOtt dancken sollen / daß er sie für der Gefahr behütet hatte / fingen an auf die in der Insul wohnende Engelländer zu fluchen/und sagten/ sie hätten uns und alle in der Gegend bezaubert/ und erregten durch Hülffe des Teuffels/ allemal wenn die Spanische Flotte vorbey seegelte/ hefftige Ungewitter.

Als wir nun glücklich aus diesem gefährlichen Orte entkommen / seegelten wir auff die Insuln Tercera und Azores zu/und hätten gerne auff selbigen frisches Wasser eingenommen/weil das/was wir in der Havana mitgenemen hatten/gantz gelbe worden war/und so hefftig stanck/ daß wir uns die Nasen zuhalten musten/so offt wir trincken wolten.

Allein der strenge Dom Carlos, der nichts nach der andern Gesellschafft fragte/ ließ uns an der seiten der Insuln hinfahren/ wiewohl wir die folgende Nacht alle wünscheten/daß wir an selbige angefahren wären.

Denn ob gleich diese Insuln ihrer Meinung nach von den Engelländern nicht verzaubert sind / sondern von guten Catholischen bewohnet werden / so waren wir doch gleichwol nicht so bald von denselben vorbey kommen/ als sich ein so grausamer Sturm erhub/ dergleichen wir nicht gehabt hatten/seint wir aus der Havana außgelauffen waren.

Er wehrete gantzer acht Tage aneinander/wir verlohren in selbigem ein Schiff und wurden zwey Gallionen genöthiget zwey Canonen Schüsse zu thun/den andern dadurch die Noth/in der sie stackten/kund zu thun; umb deßwillen auch die gantze Flotte auff sie warten muste/ biß sie ihre grossen Maste und andere Schiffgeräthe wieder zurechte gemachet hatten.

Wir seegelten hierauff bald nach einer / bald nach der andern seiten/ ohne daß wir eigentlich wusten/ wo wir waren/ und beholffen uns in dessen mit unserm stinckenden Wasser / dessen täglich einem ieden mehr nicht als ein halb Maaß gereichet worde/so guth wir konten.

Drey oder vier Tage hernach / nachdem der Sturm sich geleget hatte/ wurden wir eines Landes gewahr/worüber ein ieder für freuden zu ruffen anfing/Spanien/Spanien.

Unterdessen weil man an Bord des Admirals Rath hielt/ was dieses für ein Land sein möchte/ verkaufften einige Fässer mit Zwieback/ und andere Fässer voll Wasser an die/welche desselbigen benöthigt waren; denn ein ieder bildete ihm ein/es wäre ein Vorgebürge von der Spanischen Küste.

Der Schluß aber in dem gehalten Rath/nachdem man näher ans Land kom-

kommen/war/daß es die Insul Madera wäre/womit ihrer viel die Wette/die sie untereinander angeschlagen hatten/verspielete/und sie auf die grobe Unwissenheit der Piloten zu schelten verursachte; wir musten uns aber sämtlich zur Gedult resolviren/weil wir sahen/daß wir das Ende unserer Reise noch nicht erreichet hatten.

Gleichwol erzeigte uns GOtt die Gnade/daß/nachdem wir diese Insul entdecket hatten/ wir einen beqvemen Wind bekahmen/der uns nach Spanien zu triebe/so daß wir nach zwölff Tagen Cadiz ersahen.

Hier lieffen nun einige Schiffe von uns ab/ der grösseste Hauffe aber ging förder biß nach S. Lucar, und unter diesen war auch das Schiff/darauff ich fuhr.

Als wir an den gefährlichen Orth kamen/den die Spanier la Barre nennen/ dorfften wir es nicht wagen/daß wir unser Schiff hätten unsern Piloten leiten lassen; sondern wir musten einen inländischen/ welche um des Gewinns willen so häuffig sich einfunden/daß ein iegliches Schiff seinen eigenen Piloten bekam/ der es in den Hafen führete/ auffnehmen; dergleichen durchgehends in allen Häfen/darein es gefährlich einzulauffen ist/zugeschehen pfleget.

Wir liessen also den 28. Novembr. 1637. ohngefähr umb ein Uhr Nachmittag die Ancker zu S. Lucar de Barra meda fallen/ und ich trat mit vielen andern Reisenden/nach dem wir zuvorher von den Zoll-Beampleten waren visitiret worden/GOtt Lob/glücklich ans Land.

Das 16. Capitel

Wie ich zu S. Lucar empfangen worden/und was mir ferner begegnet/ biß ich in Engelland glücklich ankommen.

OB ich nun wohl alsbald nach dem Dominicaner-Kloster hätte gehen können/ als in welchem der alte Bruder Paul von Londen noch lebete/ und sonder Zweiffel über meiner Wiederkunfft aus Indien sich höchlich würde erfreuet haben; so hielt ich es doch für mich beqvemer zu seyn/ daß ich diese Nacht bey meinen guten Freunden/ und bißherigen Reise-Gefährten/ so wol Spaniern als Engelländern/zu bleiben/und mit ihnen in ein Wirths-Hauß zu gehen/weil ich in demselbigen besser außruhen würde können/ als in dem Kloster/in welchem ich eine gar schlechte Münchs-Mahlzeit/ und

eine

eine enge Zelle antreffen/ und mit hunderterley Fragen von dem alten Fr Paul von Londen / wie es in Indien stünde/ und wie mir es die lange Zeit über ergangen sey/ geplaget werden würde.

Ich gieng also diesen Abend in ein Englisches Wirthshauß schlaffen/ in Gesellschafft der armen Gefangenen Engelländer / welche mir der Schiff-Pâtron auff mein Wort/ und mit der Bedingung/ selbige / wenn man sie verlangen würde/ wieder zustellen/ zu verwahren anvertrauet hatte.

Den Morgen darauff schickte ich durch meinen Freund den Layfield ein Schreiben ins Kloster an den Fr. Paul von Londen / welcher so bald / als er selbiges empfangen hatte/ zu mir kam/ und sich hertzlich erfreuete / daß er mich wieder sahe/ und nachdem wir eine weile miteinander geredet hatten / gab er mir Nachricht/ daß in dem Hafen Schiffe nach Engelland seegelfertig lagen.

Dieser alte Geistliche / der alters wegen bereits anfing kindisch zu werden/ verlangete nichts mehrer/ als daß ich nur bald nach Engelland fahren möchte / weil er sich einbildete / ich würde/ so bald ich nur daselbst ankommen seyn würde/ die Protestanten zu bekehren mir höchstangelegen seyn lassen; Dannenhero dauchte ihn ein ieder Tag/ biß zu meiner Abreise/ ein Jahr zu seyn/ und machte/ daß er sein euserstes that/ meine Reise zu befördern/ wornach mich denn ja so sehr/ als ihn/ verlangete / und würde gewiß gleich morgen auffgewesen seyn/ wenn ich ein beqvemes Schiff und Wetter dazu hätte antreffen können.

GOtt aber/ der fast in die hundert und dreissig Tage zur See mein Geleitsmann gewesen war/ und mitten in den grössesten und gefährlichsten Stürmen mich behütet hatte / schickt es bald hernach also/ daß ich meine Reise volkend glücklich zu Ende bringen/ und in mein Vaterland nach Engelland wiederkehren konte/ nach dem ich biß ins vier- und zwantzigste Jahr ausser Landes gewesen war.

Meine erste sorge zu S. Lucar war/ daß ich den geistlichen Habit ablegen/ und einen andern/ in welchem ich in Engelland erscheinen dörffte / anziehen möchte. Ich hatte/ nach einer Reise/ so von Petapa an biß nach S. Lucar fast ein Jahr gewehret / noch hundert Krohnen übrig/ davon ich mir von einem Engelländischen Schneider / ein weltlich Kleid machen ließ / und mich sonst auff die Reise nothdürfftig versahe.

Es lagen drey oder vier Schiffe gantz seegelfertig im Hafen / und hatten bißher allein auff unsere Flotte gewartet/ umb von selbiger einige Kaufmanus-Güter / und fürnehmlich von den Silber-Stäben zu übernehmen.

Ich hatte willens in das / welches zuerst abseegelte / zu gehen / weil mein Freund der Layfield in selbigem fuhr: Denn die Engelländische Gefangene wurden allhier alle frey gelassen / und mochten ihres gefallens wieder nach Hauß reisen: Aber es geschach auß sonderbahrer schickung Gottes / daß ich an solchem Vornehmen verhindert worde; denn wenn solches für sich gegangen wäre / so wäre ich itzo wie Layfield ein gefangener Türckischer Sclave: Denn bald den andern Tag drauff / als selbiges Schiff in See gelauffen war / wurde es von den Türcken genommen / und mit allen darauff befindlichen Engelländern nach Algier geschleppet.

Indessen bescherete mir GOtt eine viel sichere Gelegenheit / als diese gewesen / in einem Schiffe / welches dem Ritter Wilhelm Courtin zustand / und von einem Niederländer / nahmens Adrian Adrianzen, so damals zu Douvres wohnete / commandiret worde / mit selbigem dingete ich / was ich überhaupt für Kostgeld und Fehrlohn zahlen solte.

Dieses Schiff nun lieff / neun Tage nach meiner Ankunfft an diesem Orth / aus der Barre von S. Lucar, und wartete daselbst auff vier andere Schiffe / mit denen es in Gesellschafft seegeln wolte; doch war die fürnehmste Uhrsache / warumb es daselbst wartete / daß es einige Indianische Silber-stäbe / einnehmen wolte / welches es im Hafen auß Furcht der confiscation nicht thun durffte.

Als ich nun vorgesagter massen auff eine gantz andere Arth gekleidet war / auch bald eine gantz andere manier zu leben / als ich bißher gehabt / anfangen solte / und nun aus einem Americaner zu einem Engelländer worden war / so gab ich nach zehntägiger Verweilung in S. Lucar, dem Königreich Spanien und zugleich allem dem / was bißher Spanisch an mir gewesen / gute Nacht.

Ich nahm auch von dem alten Fr. Paul von Londen / und allen andern Bekandten Abschied / satzte mich auff ein Boot / und ließ mich durch die Barre biß an unser Schiff führen / welches noch selbigen Abend / in Gesellschafft vier anderer Schiffe / die Seegel nach Engelland zufliegen ließ.

Ich hätte hier Gelegenheit / alle diejenige Höffligkeit / die mir Adrian Adrianzen auff dieser Reise bezeigete / zu rühmen: Allein ich will vielmehr die Gütigkeit des Höchsten preisen / der uns so schönes Wetter und einen

so

so guten Wind bescherete/daß wir ohne einigen Sturm oder Ungewitter in dreyzehen Tagen nach Douvres kamen/ allwo ich ans Land trat / und das Schiff in Duns einlauffen ließ.

Die andern / welche zu S. Margareta außstiegen / wurden nach Douvres geführet/und daselbst von den Zoll-Bedienten visitiret: Ich aber/weil ich anders nichts als Spanisch redete/war ausser allem Verdacht/so daß mich kein einiger Mensch für einen Engelländer ansahe.

Zwey Tage hernach ging ich nebst etlichen Spaniern und einem Irrländischen Obristen auff der Post nach Cantorbery und von dar nach Graveland.

Als ich zu Londen ankam / war ich höchst bekümmert/ daß ich meine Muttersprache zu reden vergessen hatte / massen ich kaum dann und wann einig verbrochene Worte für bringen konte / und mich besorgen muste/ daß man mich schwerlich für einen Engelländer annehmen würde.

Jedennoch hoffte ich/ meine Verwandten/denen gar wol wissend war/ daß ich viel Jahre lang gleichsam verlohren gewesen/ würden mich noch wol erkennen/wann ich mich bey einem auß ihnen anmelden/und so lange auffhalten würde/biß ich wieder besser Englisch reden lernete.

Ich machte mich erstlich an Madame Penelope Gage, des Ritters Juan Gage, nachgelassene Wittib/ so in der S. Johannis Gassen wohnete: Zu selbiger ging ich den andern Morgen/ nachdem ich in Londen ankommen war/ umb von ihr zu erfahren/ wer meine Verwandten wären.

Denn ich besorgete / daß / wenn ich lange verzöge/und biß ich der Sprache wieder genugsam kundig und der Landes Sitten gewohnen würde/nachzuforschen/was mir mein Vater von seinem Vermögen verlassen hätte/wartete/ ich in Noth gerathen möchte: darumb hielt ich davor/ es wäre für mich am besten/ daß ich mich ihrenthalber erkundigte/ und sie anzutreffen bemühete.

Als ich zu der Madame Gage kam/ glaubte sie alsbald/ daß ich ihr Verwandter wäre; sie lachte meiner aber hertzlich / daß ich wie ein Indianer oder Frantzmann/und nicht wie ein Engelländer/ redete.

Sie erwiese mir alle Ehre in ihrem Hause/ und ließ mich in die Behausung einer meiner Brüder / der in der Gasse Longaker wohnete / und damahls in der Provintz Surry sich auffhielt / führen ; dieser/ so bald er meine Ankunfft erfahren / schickte einen eigenen Boten nach mir/und ließ mich

mich zu einem seiner Vettern/der zu Gatton wohnete/ und bey dem er damals war/holen/umb mit ihnen die Weyhnacht Feyertage zuhalten.

Dieser Vetter/ der mich als einen verlohrnen Sohn/ so sich nach vier- und zwantzig Jahren erst wieder gefunden/ ansahe/ empfing mich sehr wohl/ und tractirte mich überaus höflich; hernach schickte er mich nach Cheam zu Mr. Fromand, der auch unser Verwandter war/ bey dem ich biß auff der H. drey Könige Tag blieb/ und hernach mit meinem Bruder wieder nach Londen kehrete.

Also hat nun der Leser einen Americaner, welcher nach unterschiedenen Unfällen/so ihm auff der See und zu Lande zugestossen/ glücklich in Engelland angekommen ist/ gesehen/ und wird hoffentlich auß allen solchen Begebenheiten die grosse Gütigkeit GOTTES/ die Er mir armen elenden Sünder erwiesen hat/ erkennen und ihn mit mir preisen.

Ende des vierdten Theils.

Kurtzer Unterricht

Die Indianische Sprache / die man Poconchi oder Pocoman nennet / und in der Gegend umb Gvatimala, und an etlichen Orthen der Honduras gebräuchlich ist / zuerlernen.

Ob zwar die Indianer durch den täglichen Umbgang mit den Spaniern an vielen Orthen die meisten Wörter der insgemein gebräuchlichen Spanischen Sprache verstehen lernen; so daß ein Spanier unter ihnen hin- und wieder reisen / und wann er was von irgend einem Officirer / die zum dienst derer Reisenden in iedem Dorf bestellet sind / verlanget / kan verstanden werden.

Jedennoch weil nicht alle Indianer eine gleich vollkommene erkäntnüß der Spanischen Sprache haben / und diese unter ihnen so gebräuchlich nicht ist / wie ihre Mutter-Sprache; so haben die Geistlichen und Mönche allen möglichen Fleiß angewendet / die Sprachen unterschiedener Länder zu erlernen / und selbige in gewisse Reguln zu fassen / damit selbige diejenigen / die ihnen in ihren Ampte nachfolgen würden / desto leichter erlernen möchten.

Es ist aber zu mercken / daß keine Sprache bey den Indianern durchgehends gebräuchlich sey: sondern es sind dieselbigen so unterschiedlich / daß von Chiapa und den Zoqven an biß nach Gvatimala und S. Salvador, und die Gegend von Honduras zum wenigsten achtzehen unterschiedene Sprachen geredet werden / und trifft man Geistliche an / die derer sechs oder sieben fertig reden können.

Man unterweiset oder lehret und predigt auch den Indianern in keiner andern / als in ihrer eigenen Muttersprache / und weil / ausser den Pfarrern / sonst niemand dieselbige redet / so werden diese deßwegen auch von den natürlichen Landes-Einwohnern so lieb und werth gehalten.

Ob ich nun zwar die Zeit über / weil ich in diesem Lande mich auffgehalten habe/zwey gantz unterschiedliche Sprachen erlernet und reden konte: derē die eine Chacciqvel, uñ die andere Poconchi oder Pocoman genennet wird; iedeñoch/ weil die Poconchische die leichteste und zierlichste ist/ in der ich auch zu lehrē und zu predigen pflegte/ so habe ich für dienlich erachtet/ einige Regeln vō dieser Sprache/ nebst dem Vater Unser/ und einer Erklährung aller und ieder in selbigem enthaltenen Wörter/ dieser meiner Reise-Beschreibung beyzufügen/ damit die Nachwelt von selbiger einige Nachricht habe/ und sehen könne/ auff was weise man diese Barbarische Sprachen erlernen möge.

Es werden weder in der Poconchischen/ noch in einiger andern Sprache/ die unterschiedlichen Arthen zu decliniren/ wie in der Lateinischen/ angetroffen: Doch gleichwol werden in jener auff zweyerley Weise die Nomina decliniret/ und die Verba conjugiret/ und zwar vermittelst einiger particulen/ nachdem nemlich die Wörter entweder von einem vocali oder consonante anfangen: so hat es auch in solcher Sprache keine andere Casus, als die durch ietztgedachte particulen oder einige præpositiones bedeutet werden.

Die Particulæ, so bey Wörtern oder Nominibus, so von einem Consonanten anfangen/ gebrauchet werden/ sind diese:

Singular: Nu, A, Ru: *Plural:* Ca, Ata, Qvitacqve. Als; zum Exempel Pat, ein Hauß/ und Tat, der Vater/ werden also decliniret;

Singular:	Nupat mein Hauß/
	Apat dein Hauß
	Rupat sein Hauß
Plural:	Capat unser Hauß
	Apatta euer Hauß
	Qvipat tacqve ihre Hauß.
Singular:	Nutat mein Vater
	Atat dein Vater
	Rutat sein Vater
Plural.	Catat unser Vater.
	Atatta euer Vater
	Qvitat-tacqve ihre Vater.

Solcher gestalt werden die Nomina, so von einem Consonanten anfangen/ decliniret/ als:

Qveh, ein Pferd; Nuqveh, Aqveh, Ruqveh, &c.

Huh, ein Buch oder Papier/ Nuhuh, Ahuh, Ruhuh.

Moloh

Moloh ein Ey: Numoloh, Amoloh, Rumoloh.
Holom das Haupt: Nuholom, Aholom, Ruholom.
Chi der Mund! Nuchi, Achi, Ruchi.
Cam die Hand. Nucam, Acam, Rucam.
Chac Fleisch. Nuchac, Achac, Ruchac.
Car ein Fisch. Nucar, Acar, Rucar:
Cacar, Acarta, Qvicartacqve.
Chacqvil Menschen-Fleisch/ oder der menschliche Cörper.
Nuchacqvil, Achacqvil, Ruchacqvil.
Cachacqvil, Achacqvilta, Qvichacqviltaqve.

Es sind einige Wörter/ die mit tz einem dieser Sprache eigenen Buchstaben geschrieben/ aber mit tſ ausgesprochen werden/ als Tsi ein Hund/ und Tsiqvin ein Vogel.

Nutſi mein Hund/ Atsi dein Hund/ Rutsi sein Hund:
Catſi unser Hund/ Atsita euer Hund; Qvitſitacqve ihre Hund.
Nutſiqvin, mein Vogel/ Atsiqvin dein Vogel/ Rutsiqvin, sein Vogel:
Catsiqvin unser Vogel/ Atsiqvinta euer Vogel: Qvitſiqvintacqve, ihre Vogel.

Es haben in dieser Sprache die Caſus keine besondere Endigung/ wie in der Lateinischen/ sondern sie werden durch einige particulas oder præpoſitiones voneinander unterschieden: Als zum Exempel: wenn ich sagen sol: Peters Hauß/ so setze ich die Particulam poſſeſſivam Ru voran/ und den Nahmen des Eigenthums-Herren hernach/ und sage Rupat Pedro. Also den Dativum zu bedeuten gebraucht man die particul Re; zum Exempel; gebet dem Peter seinen Hund chayere Pedro rutſi.

Den Accuſativum zeiget die particula chi an/ wenn von Veränderung eines Orthes geredet wird; sonst aber wird das Wörtlein non gebrauchet: als zum Exempel: Ich gehe in des Peters Hauß; Qvino chi rupat Pedro.

Den Vocativum machet die particula ah oder ha; als: O mein Sohn/ [wenn man wünschet/] oder/ mein Sohn! (wenn man ruffet) ah vacun, oder havacun.

Der Ablativus ist mit dem Nominativo einerley/ und wird allein durch eine beygesetzte præpoſition davon unterschieden: als; in meinem Munde/ pan nuchi: mit meiner Hand chi nucam.

In, Ich/ und at ihr oder du/ werden nicht decliniret.

Das possessivum, vi chin meine/ wird gleichfals nicht decliniret/ wie ingleichen auch ave deine/ oder für dich.

Uñ ist hierbey zu mercken/ daß diese Sprache kein W hat/ wie die Englische Sprache: sondern der consonans V, oder der vocalis u, werdẽ wie das Englische W außgesprochen; also daß man zwar lieset Wacun mein Sohn/ Wichin, meine / oder für mich: awe deine oder für dich; man schreibet aber nur vacun, vichin, ave.

Die Particulæ oder Buchstaben/ die denjenigen Nominibus vorgesetzt werden/ welche sich von einem vocali anfangen / sind folgende:

Singular: v, au, r. *Plural.* c, oder qv; au, - ta, c, oder qv.-tacqve als zum Exempel; acun ein Sohn; ixim, Korn: ochoch ein Hauß; werden also decliniret:

Singul.	Vacun. mein Sohn	
	Avacun dein Sohn/	
	Racun sein Sohn	
Plural:	Cacun unser Sohn	
	Avacunta euer Sohn/	
	Cacuntacqve ihre Sohn.	Also auch
Singul:	Vixim mein Korn/	
	Avixim dein Korn	
	Rixim sein Korn;	
Plural:	Qvixim unser Korn.	
	Aviximta euer Korn/	
	Qviximtacqve ihre Korn.	Jngleichen/
Singul.	Vochoch mein Hauß/	
	Avochoch dein Hauß/	
	Rochoch sein Hauß.	
Plural:	Cochoch unser Hauß/	
	Avochachta euer Hauß/	
	Cochochtaqve ihre Hauß.	

Auff ebendiese Weise werden auch decliniret Abix, ein stücke besetes Land; Acal, die Erde: Vleu die Erde; Acach ein Hun. Und ist zu mercken / daß den Wörtern/ die sich von einem I anfangen/ in der ersten und dritten Person des Pluralis qv fürgesetzet wird/ da hingegen die andern alle in besagten Personen alleine ein C bekommen.

Wie

Wie nun/ meiner bißherigen Anweisung nach/ die Nomina vermittelst gewisser particuln decliniret werden; also werden auch die Verba durch Hülffe derogleichen particuln, und zwar unterschiedlich/ nachdem sie sich von einem vocali oder consonante anfahen/ conjugiret.

Die Verba, so sich von einem Consonanten anfahen/ haben gleich den Nominibus folgende articul:

Singul: Nu, na inru: *Plural:* Iaca, nata, inqvitacqve.

als zum Exempel; Locoh ich liebe/

Singular: Nulucoh ich liebe/
Nalocoh du liebest/
Inrulocoh er liebet.
Plural: Incalocoh wir lieben
Nalocohta ihr liebet
Inqvilocoh tacqve sie lieben. Also:
Singular: Nuroca oder Nurapa ich geissele/ oder schlage.
Naroca oder Narapa du geisselst/ oder schlägst.
Inruroca oder Inrurapa er geisselt/ oder schlägt.
Plural. Incaroca oder Incarapa wir geisseln oder schlagen.
Narocata oder Narapata ihr geisselt oder schlaget.
Inqvirocataqve oder Inqvirapatacqve, sie geisseln oder schlagen. Jngleichen
Singular: Nutsiba ich schreibe
Natsiba du schreibest
Inrutsiba er schreibt
Plural: Incatsiba wir schreiben
Natsibata ihr schreibet
Inqvitsibatacqve sie schreiben.

Es haben die Verba in dieser Sprache kein tempus imperfectum, auch kein præteritum als das perfectum, welches an statt der andern gebrauchet wird: Jngleichen haben sie auch kein futurum, sondern man bedienet sich an statt desselbigen des Præsentis, und giebet es der Verstand der Rede/ wann es das futurum bedeuten soll: als nulocho Pedro, ich liebe Petrum, oder ich werde Petrum lieben: tinlocho ich liebe dich/ oder ich werde dich lieben.

Zuweilen wird/ umb das futurum deutlicher außzudrucken/ dieses Verbum beygesetzt: inva ich wil: nava du wilst: inva er wil: als: inva nulocho Pedro ich wil Petern lieben.

Die Particulæ zu dem Præterito perfecto sind folgende:

Singular: ixnu, xa, ixvu: *Plural:* ixca, xa-ta, ixqvitacqve.

Da dann zu mercken ist/ daß in allen diesen particulen, und sonst durchaus in dieser Sprache der Buchstabe x außgesprochen wird wie das Englische sh, oder Französche ch: als nemlich ixnu, wird gelesen ishnu; xa wird gelesen sha; ixru, ishru: ixca, ishca: und so ferner:

Præteritum Perfectum.

Singul:	Ixnulocoh	Ich habe geliebt.
	Xalocoh	du hast geliebet.
	Ixvulocoh	er hat geliebet.
Plural:	Ixcalocoh	wir haben geliebt/
	Xalocohta	ihr habt geliebet/
	Ixqvilocohtacqve	sie haben geliebet.

Den Imperativum machen folgende particulæ:

Singular: cha, chiru: *Plural:* chica, chata, chiqvitaqve.

Als zum Exempel:

Singular:	Chalocoh	liebe du/ oder du solt lieben:
	Chirulocoh	er sol lieben:
Plural:	Chicalocoh.	Last uns lieben/ oder wir sollen lieben.
	Chalocohta	liebet ihr/ oder ihr solt lieben.
	Chiqvilocohtacqve,	sie sollen lieben.

An statt des Optativi braucht man den Indicativum mit Zusatz des Wörtleins ta, welches so viel heist als / O daß! wolte GOtt! zum Exempel: nalocohta Dios, O daß du GOtt liebetest! ixnulocohta Dios, ach daß ich Gott geliebet hätte!

Der Conjunctivus ist gleichfals auch eben der Indicativus, wann ihm die præposition vei vor/ und die particula ta nachgesetzet wird: als zum Exempel: vei nalocohta Dios, so du GOtt liebest: vei ixnulocohta Dios wenn ich GOtt geliebet hätte.

Sie haben auch keinen Infinitivum, sondern brauchen an dessen statt den Indicativum: als: Qvincolnutsiba ich kan schreiben: Qvinqvimi heisset sterben: nurach, ich verlange/ oder ich wüntsche: nurach qvinqvimi, ich verlange/ oder ich wüntsche zu sterben.

Ferner ist zu mercken/ daß die verba activa, wann mich und dich den Accusativum seqventem exprimiren/ mit der personâ agente oder die vor dem verbo hergehet/ zusammen gefüget werden durch folgende particulas, und im Præsente, mit qvin mich / ti, dich/ und im Præterito perfecto xin mich ixti dich; als zum Exempel Qvinalocoh, du liebest mich: Xinalocoh du hast mich geliebet: qvinraalocoh, du wirst mich lieben: qvinalocohta liebe mich: Oder/ helffe Gott/ daß du mich liebest: vei qvinalocoh wo du mich liebest/ vei xinalocoh wo du mich geliebet hast/ oder so du mich geliebet hättest: qvinarach nalocoh, du verlangest mich zu lieben/ oder du wüntschest mich zu lieben.

Also auch mit dem Accusativo der andern Person: tinulocoh ich liebe dich: ixtinulocoh ich habe dich geliebet: tiranulocoh, ich wil dich lieben: tinulocohta, wolte GOtt ich liebete dich: vei tinulocoh, so ich dich liebe: vei ixtinulocoh so ich dich geliebet habe/ oder geliebet hätte.

Weiter so werden auch diese zwey verba qvinchol ich kan/ und inva ich wil/ andern Verbis, waserley Person sie seyn/ zierlich beygesetzt; doch impersonaliter in der dritten Person im singulari: als zum Exempel: Incholnulocoh ich kan lieben: invanulocoh ich wil lieben; ixvainulocoh ich habe gewolt lieben: ixcholixnulocoh ich habe können lieben: ticholnulocoh ich kan dich lieben; tiranulocoh ich wil dich lieben.

Die Particulæ, so den Verbis, welche von einem Vocali anfangen/ beygesetzt werden/ sind folgende:

Singul: Inu, nau, inv. *Plural:* Inqv. oder inc. nauta; inqv-tacqve oder inc-tac-qve.

Zum Exempel eça heisset befreyen/ welches also conjugiret wird:

Singul: Inveça ich befreye/
Naveça du befreyest/
Inveça er befreyet.
Plural: Inqveça wir befreyen/
Naveçata ihr befreyet/
Inqveçatacqve sie befreyen.

A ist ein einfaches verbum, und heist so viel als Verlangen oder wüntschen/ oder ein Diag wollen wird aber niemals ohne itztbemeldete particuln gefunden.

Sing.	Inva ich wil	*Plur.*	Inca, wir wollen/
	nava du wilst/		navata ihr wollet
	Inva er wil.		incataqve sie wollen.

Also auch/ Iviveh Hören.

Sing. Invivireh ich höre/ *Plural.* Inqvivireh, wir Hören.

navi-

naviviręh du hörest.	Navivirehta ihr höret.
Inviviręh er höret.	Inqvivirehtacqve sie höreten.

Solcher gestalt habe ich nun kürtzlich gewiesen/ wie allerley nomina decliniret/ und verba conjugiret werden. Nun ist noch übrig/daß ich auch weise/wie die verba passiva formiret/ und mit diesen particulis conjungiret werden.

Die verba passiva, weil sie unterschiedliche Endungen haben/ so werden sie auch auff unterschiedene Weise formiret.

Insgemein wird von denjenigen verbis, die sich auff ein a endigen/dasselbige in passivo weggethan/ und dem letzten consonanti die Syllabe hi zugesetzet: Zum Exempel: nuroca ich geissele oder schlage: Das Passivum davon ist qvinrochi; also auch nurapa ich geissele oder schlage; hat im Passivo qvinraphi: Allein Nutsiba ich schreibe/ verändert im passivo das b in ein m, und hat qvintsimbi, ich werde geschrieben.

Die Verba, die sich auff ein h endigen/verändern dasselbige in ein onhi; als nulocoh ich liebe; qvinloconhi ich werde geliebet.

Also auch die sich auf ch endigen/ machen aus demselbigen hi: als invivirch ich höre; qvinivirhi ich werde gehöret: nusata ich lehre; qvincuthi ich werde gelehret/nach der ersten Regel.

Die aber auff sa außgehen / verändern das a in ihi, als zum Exempel invesa ich befreye; qvinosihi ich werde befreyet: nucamsa ich tödte: qvicamsihi ich werde getödtet.

Die sich in ach endigen/denen wird in passivo hi beygesetzt/ als nusach ich verzeihe/ qvinsacchi mir wird verziehen.

Die Particulæ, mit denen die verba passiva conjugiret werden/ sind folgende:

Sing. Qvin, ti, in; *Plural.* Coh. oder Co, tita, qvitacqve

als zum Exempel:

Singul:	Qviloconhi ich werde geliebet.
	tiloconhi du wirst geliebet.
	inloconhi er wird geliebet.
Plural.	Coloconhi wir werden geliebet.
	tiloconhita ihr werdet geliebet.
	qviloconhitaqve sie werden geliebet. Also auch
Singul:	Qvinrochi, ich werde geschlagen oder gestrichen/

tirochi

tirochi du wirst geschlagen.
inrochi er wird geschlagen.

Plural. Corochi wir werden geschlagen.
tirochita ihr werdet geschlagen.
qvirochitacqve sie werden geschlagen.

Die particulæ des temporis plusqvamperfecti sind:

Sing: Xin, ixti, ix; *Plural:* Xoh, oder xo, ixti-ta, xitacqve,

als zum Exempel:

Singul. Xinloconhi ich bin geliebet worden.
ixtiloconhi du bist geliebet worden.
ixloconhi er ist geliebet worden.

Plural: Xoloconhi wir sind geliebet worden.
ixtiloconhita ihr seid geliebet worden.
xiloconhitacqve sie sind geliebet worden.

Also

Singul: Xinrochi ich bin geschlagen oder gestrichen worden/
ixtirochi du bist geschlagen worden.
ixrochi er ist geschlagen worden.

Plural: Xorochi oder Xohrochi, wir sind geschlagen worden.
ixtirochita ihr seid geschlagen worden/
xirochitacqve sie sind geschlagen worden.

Imperativus passivus.

Tiloconhi werde du geliebet: tiloconhta werdet ihr geliebet; chiqviloconhotacqve sie sollen geliebet werden: Da dann die particula hi in ho verwandelt worden ist.

Der Optativus und Conjunctivus werden wie im Activo formiret; indem dem optativo ta, und vei dem conjunctivo beygesetzt werden/ alß:

Qvinloconhita wolte GOtt ich würde geliebet/
tiloconhita wolte GOtt du würdest geliebet/
inloconhita; wolte GOtt er würde geliebet/
Cohloconhita wolte GOtt wir würden geliebet/
tiloconhitata wolte GOtt ihr würdet geliebet/
qviloconhotatacqve wolte GOtt sie würden geliebet.

Also auch im Plusqvamperfecto mit Zusetzung der Syllabe ta, als zum Exempel:

Xinloconhita wolte GOtt ich wäre geliebet worden.
ixtiloconhita wolte GOtt du wärest geliebet worden.
ixloconhita wolte GOtt er wäre geliebet worden.
xocolonhita wolte GOtt wir wären geliebet worden.
ixtiloconhitata wolte GOtt ihr wäret geliebet worden.
xiloconhitatacqve wolte GOtt sie wären geliebet worden.

Hierbey ist zu mercken / daß die particula ta, vor das verbum vorangesetzet wird/wann selbigem ein oder mehr andere Wörter beygefüget werden; als: nimta qvinloconhi wolte GOtt ich würde höchlich geliebet: sonsten aber/wenn das verbum allein ist/wird die particula ta hinten nachgesetzet.

Der Conjunctivus wird also formiret: veiqvinloconhi wo ich geliebet würde: veitiloconhi, wenn du geliebet würdest/und so weiter.

Dieses ists nun / was man einen in dieser Sprache zu unterrichten pfleget: Welches wann man es nach den vorgeschriebenen Regeln wol fasset/ und also die principia recht begriffen hat/so kan man mit Hülffe eines Wörter-Buches leichtlich und in kurtzer Zeit diese Sprache reden lernen.

Wofern ich künfftig spühren werde / daß man ein dergleichen Wörterbuch in Druck verlangen wird/ will ich denen Liebhabern zugefallen mir die Mühe nehmen und eines verfertigen.

Indessen hoffe ich/es werde zum besten auffgenommen werden/ daß ich diesen kurtzen Unterricht/ als etwas seltzames und neues/ ans Tagelicht gegeben/um damit zu weisen/welcher gestalt man gantz leichtlich die Indianischen Sprachen erlernen könne.

Ich wil endlich zum Beschluß dieses Wercksleins/ dessen gleichen noch nie gesehen worden/ das Gebeth des HErrn/oder Vater Unser beyfügen/und selbiges auffs kürtzeste / als möglich ist/ erklären.

Catat taxah vilcat: Nimta tucaharſihi avi; inchalita avihauri pan cana. Invanivita nava yahvir vacacal, he invantaxah. Chaye runa cahubunta qvihviic; naſachtamac, he incaſachve qvimac ximacqvivi chiqvih, macoacana chipam catacchyhi, coaveſata china unche ſtiri, mani qviro, he inqvi, Amen.

Es ist zu mercken/ daß Catat nach der ersten Regel von declinirung der Nominum, prima Persona des pluralis sey/ welches auß der particula *ca* erkennet wird / als welches dem Worte *tat* ein Vater/beygesetzet ist/ so daß catat, so viel heist als Unser Vater.

Taxah

Taxah der Himmel/wird für das verbum vilcat auß Zierlichkeit/ und besonderer Arth dieser Sprache gesetzet/ anders als in der lateinischen/ da man saget: es in cælis; fast wie in der deutschen Sprache/da es auch nicht übel lautet/ wenn ich sage/ der du im Himmel bist. Man setzet es auch ohne einige præposition hin; da im Lateinischen/Grichischen und Deutschen allezeit die præposition vorher gehet; in dieser Sprache aber werden zum öfftern die præpositiones außgelassen/ oder drunter verstanden.

Vilcat du bist: ist die andere Person des Verbi Sum ich bin: Dieses Verbum ist ein anomalum, und wird nicht nach der Regel/wie die andern oben gesetzten verba, conjugiret: Zum Exempel:

Vilqvin ich bin	Vilcoh wir sind/
Vilcat du bist	Vilcatta ihr seyd/
Villi er ist	Vilqve tacqve sie sind.

Plusqvam perfectum.

Kinvi ich bin gewesen/	Xohvi wir sind gewesen/
ixtivi du bist gewesen/	ixtivita ihr seyd gewesen/
ixvi er ist gewesen:	xivitacqve sie sind gewesen.

Imperativus

Tivi oder tivo biß du:	Cohui ta oder chovo ta wir sollen seyn.
Chivi oder Chivo er sey.	Tivita oder Tivota seyet ihr/oder ihr solt seyn.
	Qvivita- oder qvivota-tacqve sie sollen seyn.

Der Optativus und Conjunctivus werden nach oben gegebnen Regeln formiret/ in dem dem præsenti und plusqvam perfecto des modi indicativi ta oder vei zugesetzet wird:

Nimta incaharcihi, O daß groß gemacht/ oder hoch gepriesen werde! Nim heist groß oder höchlich: ta ist die particula optativi: incaharcihi ist die dritte Person des verbi qvincaharcihi groß gemacht/ oder hochgepriesen werden/ und wird/ nach oben gegebener Regel/ vom activo nucaharsa groß machen/ hoch erheben/ formiret/ in dem das a zu ende in ihi verwandelt/und die particula passivi qvin zugesetzet wird.

Avi dein Nahme: Vi heist ein Nahme/und nach der oben gegebenen Regel von den nominibus,so von einem consonanten anfangen/ist a die particula secundæ Personæ. In-

Inchalita avihauri, es komme dein Reich. Inchali ist die dritte Person des verbi qvinchali, kommen; ta ist/ wie oben/ die particula optativi. Ihauri oder ihauric, ein Königreich: Deme die particula au, als das Kennzeichen der andern Person/ beygesetzt wird.

Pancana über unsere Köpffe. Dieses ist eine besondere Redens-Arth in dieser Sprache/ als welche/ wie alle andere Sprachen/ viel sonderliche und uns frembde Redens-Arthen/ und eigene Zierligkeiten hat/ dergleichen eine ist/ wann sie sagen/ dein Reich komme über unsere Köpffe. Pam oder pan ist eine præposition, und heisset so viel als/ in/ darinnen/ oder darüber: Na ein Kopff: nuna mein Kopff: cana unsere Köpffe; nach oben gegebener Regel: Dahero heisset bey ihnen ein Hut pannuna, das ist: Was auff unsern Köpffen ist.

Invanivi-ta nava, das/ was du wilst/ müsse geschehen. Man hat in dieser Sprache kein Wort/ das da heisse/ der Wille; sondern es wird durch ein verbum gegeben. invanivi ist die dritte Person vom verbo qvinvanivi geschehen seyn: Das activum ist nuvan ich thue; von diesem verbo werden unterschiedliche passiva gemacht/ als qvinvan, qvinvanhi, qvinvani, qvinvanivi, qvinbanàn, qvinvantihi, welches letztere so viel heist als: bald oder hurtig geschehen seyn.

Auff gleich weise wird allen verbis activis und Passivis die particula tihi beygesetzt/ wann man die Hurtigkeit oder den Fleiß in einem Dinge andeuten wil.

Nava ist die andere Person vom verbo inva, ich wil/ nach der Regel von den verbis, die sich von einem vocali anfangen.

Yahvir vach acal, ich habe auff dem Antlitz der Erden. Yahvir ist ein verbum, und heist: ich habe: vach das Antlitz; nuvach mein Antlitz: avach dein Antlitz/ ruvach sein Antlitz: acal heisset die Erde.

He invan taxàh, wie es geschehen ist im Himmel: He ist ein adverbium, heisset so viel als: wie: ivan ist die dritte Person des verbi passivi qvinvan geschehen seyn: taxah der Himmel/ wie oben/ ohne præposition.

Chaye runa, gieb heute: nuye ist die erste Person des temporis præsentis, und heisset: ich gebe: cha, ist nach oben gegebener Regel die particula secundæ Personæ imperativi: chaye gib du: chiruë er sol geben: runa heute.

Cahuhun taqvih viic, jeden Tag unser Brod: Hier ist zu mercken/ daß die particula: ca für das Wort huhun auß Zierligkeit gesetzet wird/ ob

es

es gleich zu dem Wort viic gehöret: Nuviic mein Brod: caviic unser Brod/ huhun heisset ein ieder oder ein ieglicher/ und wird nicht decliniret: qvih die Sonne oder der Tag.

Nasah ta camac, O daß du uns vergebest unsre Sünden: Es brauchen allhier die Indianer nicht den Imperativum, wie die Lateiner/ dimitte, oder die Deutschen/ vergieb: sondern sie brauchen den optativum mit der particula ta; nasah ist die zweyte Person des verbi nusah, ich vergebe: mac die Sünde; numac meine Sünde/ oder meine Sünden; camac unsre Sünden; sonst haben sie in dieser Sprache auch das Wort laval, welches auch die Sünde bedeutet.

He incasachve qvimac, wie wir vergeben ihre Sünden: incasach ist die prima persona pluralis, nach der Regel von den verbis, die von einem consonanten anfangen: ve wird umb zierligkeit willen hinten angehenget: qvimac ist die dritte Person im plurali.

Mercke/ daß im Dyscurs oder auch in einem Spruche/ bißweilen die particula tacqve außgelassen wird: als wie hier: qvimac ihre Sünden; da es nach der Regel heissen solte qvimactacqve.

Xim acqvivi chi-qvih, die gesündiget haben wieder unsern Rücken. Von dem Worte *mac* die Sünde/ kommet her das verbum *qvimacqvivi* sündigen: also auch vom Wort *laval* die Sünde/ kommet *qvinlavini* sündigen. Das verbum *qvimacqvivi* ist ein Deponens, derer es viel in dieser Sprache hat/ als: *qvincutani* predigen: und werden wie die passiva conjugiret.

Chiqvih ist auß der præposition *chi*, und dem Worte *ih* der Rücken/ zusammen gesetzt: Es wird wie die nomina, so von einem vocali anfangen/ decliniret/ und wenn die præpositio *Chi* dazu komt/ heisset es: wieder: als: *chivih* wieder mich: *chavih* wider dich/ *chirih* wieder ihn: *chiqvih* wieder uns: *chavihta* wieder euch: *chiqvihtacqve* wieder sie: Und wenn von einer dritten Person geredet wird/ so heist *chirih* wieder; als *chirih Pedro* wieder Petrum: wenn man von iemand in der tertiâ plurali redet/ so sagt man *chiqvih*/ als *chiqvih unche*, oder *chiqvih cunch elal* wieder alle.

Macoacana, du lässest uns nicht. Dieses Wort bestehet auß drey andern: Ma ist verbrochen/ auß dem Wort mani, welches so viel heisset als/ nicht; wie auch eben diese Bedeutung das Wort *manchueu* hat: *co* oder *coh* uns: und/ wie oben ist angemercket worden/ wird es hier dem verbo vorgesetzt/ und deswegen das *n* vornen vor dem verbo außgelassen/ indem es heissen solte *nacana*: als; *nucana* ich lasse/ *nacana* du lässest/ *inrucana* er lässet/ und so weiter.

Chipam catacchibi, in unserm versucht werden. Dieses ist wiederum ein besondere zierliche Redens-Arth in dieser Sprache/ da das verbum passivum an statt des nominis gebrauchet wird/ mit Beyfügung einer præposition: als hier *chipam* in: Da denn auch dem verbo die particulæ, mit welchen man die nomina decliniret/ zugesetzet werden. *nutacchi* heisset ich versuche/ dessen passivum ist *qvintacchibi* ich werde versucht: Wovon gemachet wird *nutacchibi* mein versuchet werden; oder meine Versuchung: *attacchibi* deine Versuchung/ *rutacchibi* seine Versuchung: *cattachibi* unsere Versuchung.

Coavesaca china unche tsiri, erlöse uns von allem Bösem. Invesa heisset/ wie oben gesagt/ befreyen oder erlösen. *Co* ist die prima persona pluralis, und wird dem verbo vorgesetzt/ wie ich kurtz vorher bey dem Worte *macoacana* erinnert habe. *China* ist eine præposition, und heisset drüber oder von. *Unche* alle oder alles; wird nicht decliniret: *tsiri* ist ein Adjectivum, und wird/wie alle andere Adjectiva in dieser Sprache/gantz nicht decliniret. Es heisset so viel als: böse: Zum Exempel: *tsirivinac* ein böser Mann/ *tsiri ixoc* ein böse Weib/ *tsiri chicop* ein böses Thier: Eben so wird es auch im plurali gebraucht.

Ohne ein substantivum bedeutet es neutraliter; als wie malum, pro mala res, so viel heisset/als etwas böses oder böse Sachen. Es kömt aber ein substantivum davon her/ nemlich *tsiriqvil* das böse/ oder ein böse Ding/ welche Bedeutung auch das Wörtlein *voron* hat.

Maniqviro das nicht gut ist: Diese Wörter sind beygesetzt umb besserer Erklärung willen der bösen dinge; zubedeuten/ daß man bitte/ erlöset zu werden von allem dem/ was nicht guth ist. *Mani*, wie oben gesagt/ heisset: nicht: *qviro*, ist wie *tsiri*, ein adjectivum, und heisset: guth/ und wird auch wie dieses gar nicht decliniret.

Qvirovinoc ein guter Mann: *qviro ixoc* ein guth Weib/ *qviro chicop* ein gutes Thier: Also auch im plurali *qviro vinac* gute Männer. Das substantivum, so von diesem adjectivo herkomt/ heist *qvirohal* die Güte, Gütigkeit; *chiohal* heisset eben das: *Qvirolah* das beste; *tirilah* das Böseste oder ärgste: Denn wenn lah einem adjectivo zugesetzet wird/ bedeutet es so viel/ als bey den Lateinern: valde, und bey den Deutschen/ sehr.

He

He inqvi, so wie er saget: Welches so viel heisset/ als/ wie der saget/ der uns dieses Gebet gelehret hat.

Qvinqvi heisset: ich sage: *tiqvi* du sagest; *inqvi* er saget: *cohqvi* wir sagen; *tiqvita* ihr saget; *tiqvitacqve* sie sagen.

Amen, alle Wörter/ die in der Indianischen Sprache nicht gegeben werden können/ werden auß der Spanischen/ oder andern Sprachen behalten/ als wie hier Amen: Also weil sie vor dieser Zeit keinen Wein gehabt haben/ so nennen sie ihn mit dem Spanischen Wort vino, wie wol ihn einige castillanaha, das ist Castilianisch oder Spanisch Wasser nennen: Also wenn sie GOtt nennen sollen/ so heissen ihn etliche Dios, wiewol ihn die andern *Nim Aval* oder den grossen Herren nennen.

Und dieses ist es/ was ich zur curiosität und etlichen meinen besondern Freunden zu gefallen von dieser Sprache/ von der man biß auff diese Zeit in Engelland noch nie nichts gewust/ viel weniger etwas gesehen hat/ im Druck habe herauß geben wollen.

Wann es sich etwan begeben solte/ daß irgend ein Kauffmann/ oder Bootsmann/ oder Schiff-Capitain an irgend eine dieser Küsten/ auff welchen er ohngefähr einen Pocomanischen Indianer antreffen könte/ anlauffen möchte/ so würde ihm dieser mein Unterricht guten Anlaß zu der Poconchischen Sprache geben/ so daß er ihn einiger massen würde verstehen können: Ich habe willens/ meinem Vaterlande zu dienst/ diesem wenigen künftig noch einen ansehnlichen Zusatz beyzufügen: Will aber indessen dem geneigten Leser genugsame Zeit lassen/ in diesem Unterricht/ den ich auffs kürtzeste/ als mir möglich gewesen ist/ gefasset habe/ nach belieben zustudieren.

E N D E.